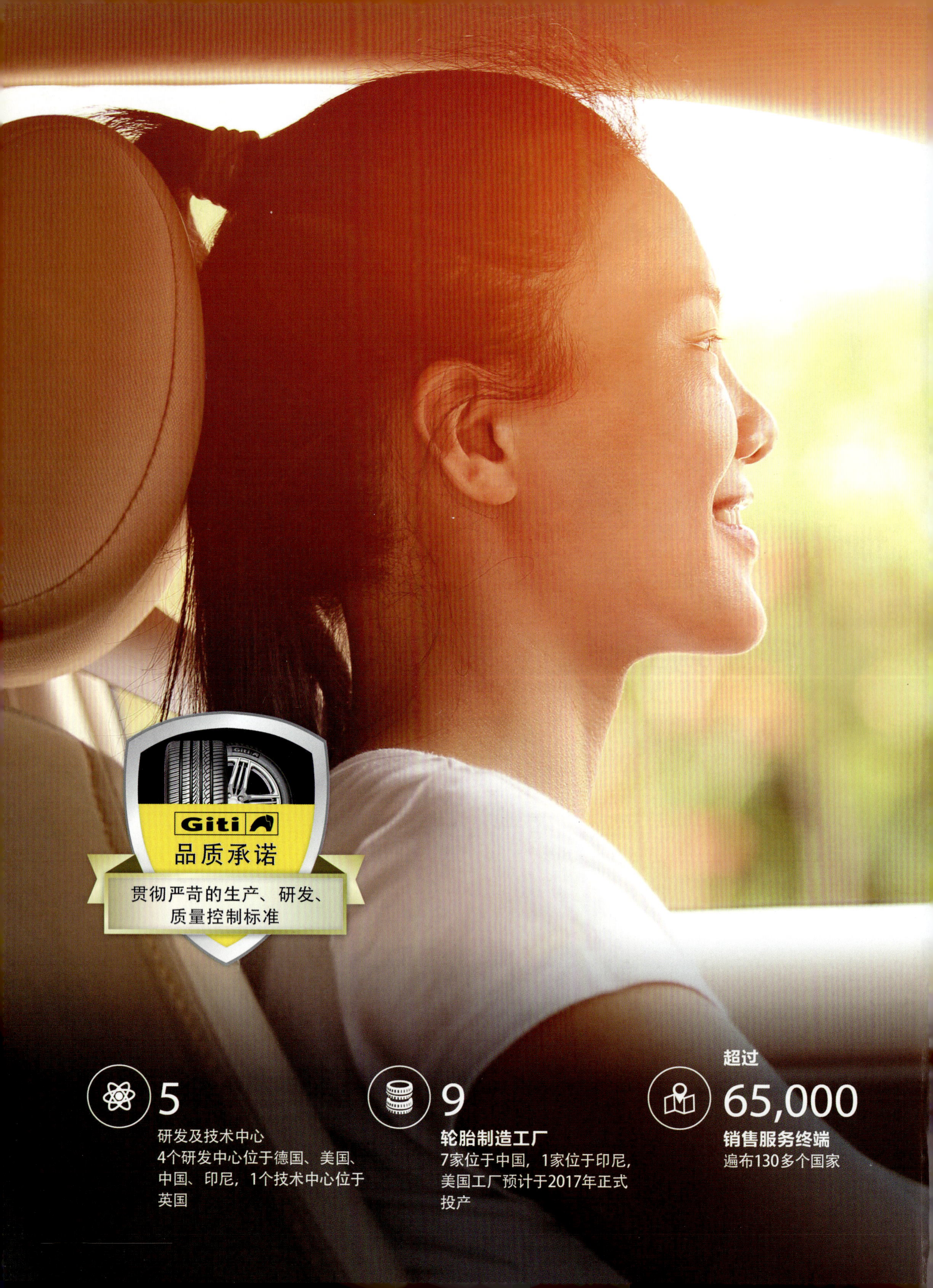
Giti
品质承诺
贯彻严苛的生产、研发、
质量控制标准
5
研发及技术中心
4个研发中心位于德国、美国、
中国、印尼，1个技术中心位于
英国
9
轮胎制造工厂
7家位于中国，1家位于印尼，
美国工厂预计于2017年正式
投产
超过
65,000
销售服务终端
遍布130多个国家

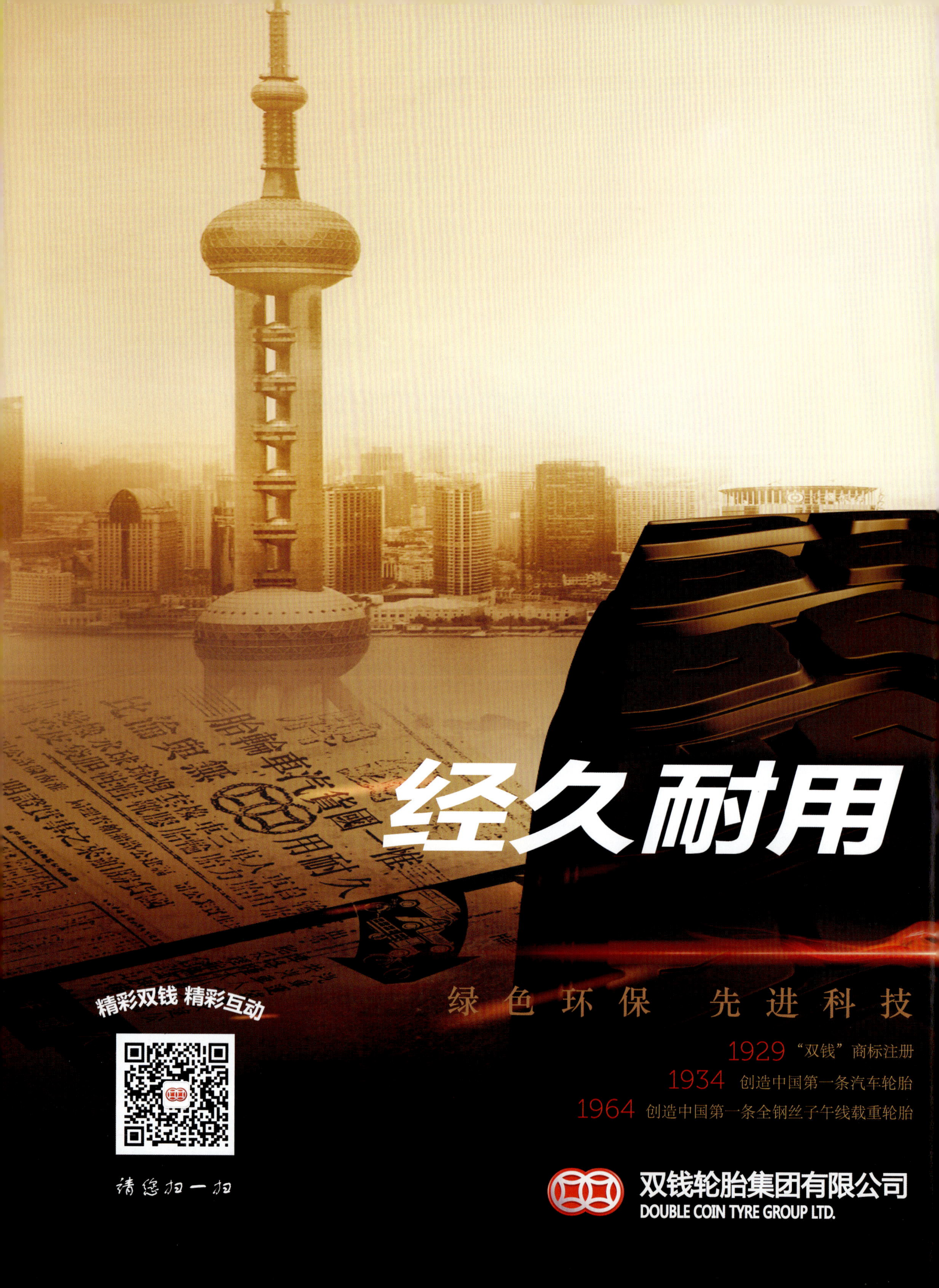

经久耐用
绿色环保 先进科技
1929 “双钱”商标注册
1934 创造中国第一条汽车轮胎
1964 创造中国第一条全钢丝子午线载重轮胎
精彩双钱 精彩互动
请您扫一扫
双钱轮胎集团有限公司
DOUBLE COIN TYRE GROUP LTD.

双钱轮胎
DOUBLE COIN TIRE
始终如一
超 长 寿 命　品 质 卓 越

西双版纳州龙新橡胶有限公司

公司简介

西双版纳州龙新橡胶有限公司成立于2010年5月21日，注册资本1.25亿元人民币，位于云南省西双版纳州勐腊县关累镇。　工厂始建于2012年，占地面积156亩，总投资3.89亿元。龙新于2015年建成并投产运营。2015年10月被授予西双版纳州“优秀民营企业”；2016年荣获“云南省科技型中小企业”的称号；2016年5月顺利通过ISO9001:2015 SGS质量管理体系认证。

公司始终秉承“以人为本”的思想，奉行“创新共赢”的价值观，遵循“诚信、融合、进取、互惠”的宗旨，以当前国际先进的橡胶加工技术为基点，全力打造世界名牌的经营理念。竭诚致力于与各界朋友真诚交流与合作，携手共创美好的未来。

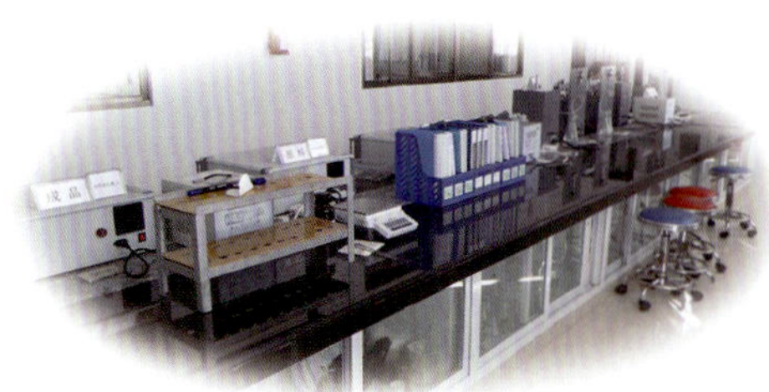

企业的发展历程

公司于2010年进行项目调研，2012年征地建厂，于2015年1月正式投产，目前公司拥有1个技术中心、1个动力车间、3条生产线、1个蒸汽式锅炉房、一套先进的污水处理系统以及一套先进的废气处理系统。

公司于2013年2月成立企业技术中心（原名技术部），于2016年通过州级技术中心认证。企业技术中心是目前国内先进的技术研究室，引进了国内外先进的技术设备，技术中心定编40人，面积350m²，下设综合组、中心实验室、工艺标准组、产品研发组。技术产品研发总投资1871万元，化验设备投资300万元，其中包括拥有研究开发用仪器设备及检测设备50多台套。生产使用的烘干系统采用蒸汽式烘干设备，其阀门采用英国进口阀门，充分回收冷凝水，节约20%能用量，且烘干系统温度波动控制在1℃以内，提高了产品质量。

技术中心当前在管理与运行机制建设方面的目标是：以增强自主创新能力、提升国际竞争力为目标，以开放式全面创新理念为指导，构建与集团发展战略和行业地位相适应的"一核多点、开放协同"的国内一流企业技术创新体系。

创新价值、精神、卓越服务

做橡胶产业优秀公司

行业地位及作用

（1）产能规模。目前，龙新公司年产橡胶6万吨，其单厂产能为国内领先，在同行业中有较高的地位。

（2）设备工艺。公司引进和采用当前国际先进的橡胶加工工艺和加工设备，拥有1条水线生产线、1条全乳标胶生产线、1条干搅生产线。生产使用的烘干系统采用蒸汽式烘干设备，电力系统采用企业自主建设的35kV变电站，提高了产品质量，在同行业中具有引领作用。

（3）环保措施。公司在环保项目建设中先后投入3200万元。废气处理系统采用除臭塔/水膜除尘工艺，废水处理系统采用生物切术、氧化、液氧等结合处理，其工艺在国内同行业中领先。

（4）公司在产品配方技术、新产品研发、原料及成品检测方面，较国内同行处于领先地位。

产品定位

公司地处边疆有利位置，利用澜沧江便利的水运优势，收集国内及东南亚质量不稳定或掺杂不一的天然橡胶产品及各类天然橡胶原料经过特种深加工工艺，经过一系列的检测和配比计算来提升产品一致性和稳定的质量，以适应高端轮胎制造商的要求。公司产品按照企业标准检验，在各项指标都达标的基础上保证一致性稳定，并增加了金属探测仪检测，对成品的化学性能及物理性能都有相应的品质检测。批量成品质量波动不大，并采取均值+3标准差(Mean+3SD)的计算法来确定产品的稳定性，产品综合机械性能优良，拉伸扯断、门尼等都优于国内标胶。深加工后的橡胶产品质量等同或超过进口国际技术标准橡胶。

西双版纳州龙新橡胶有限公司

产品介绍

我公司引进当前国际先进的马来西亚橡胶技术标准，结合国际橡胶检测标准制定了龙新企业标准；具备新产品研发的硬件条件和软件条件，能够据客户或市场潜在的需求，研发和生产新的天然橡胶分级产品。公司将所有原料通过检测和配比计算来提升产品一致性和稳定性，主导产品有SCR WF、TSR RSS、TSR 10、TSR 20、TSR CV胶及TSR 9710/9720等。

龙新与皓宇集团、建新轮胎有限公司、徐州徐轮橡胶有限公司等知名橡胶企业建立了深远长久的合作关系，并受到了国内外高端轮胎制造商的一致认可。

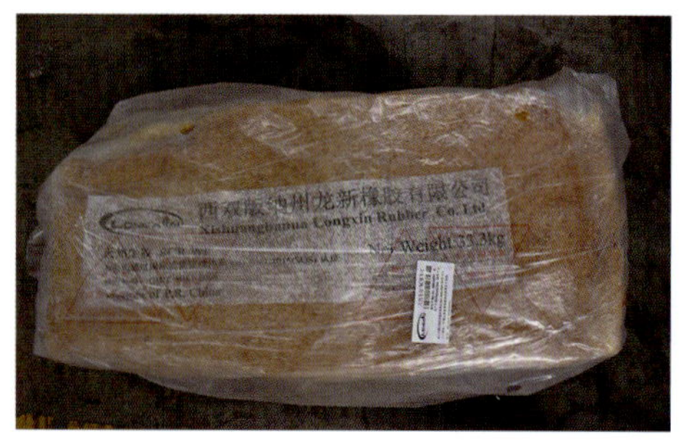

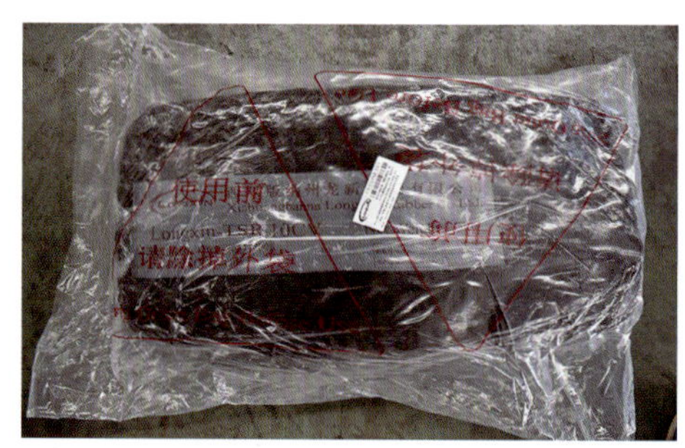

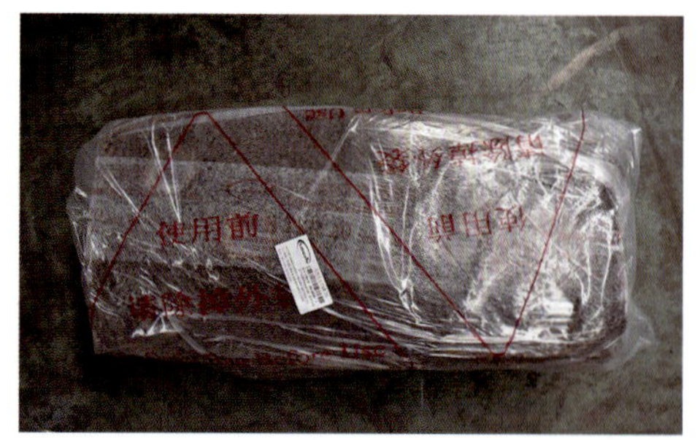

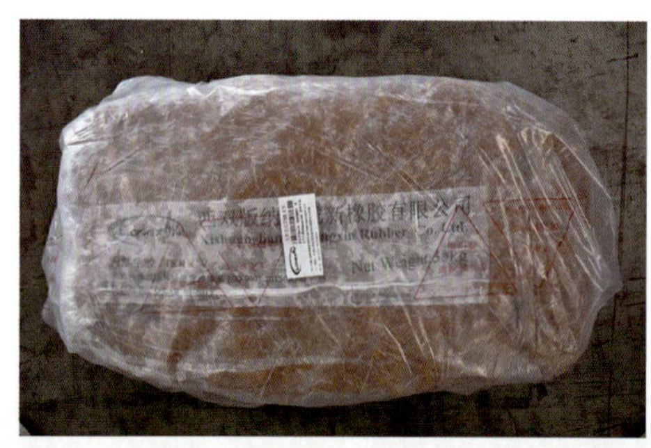

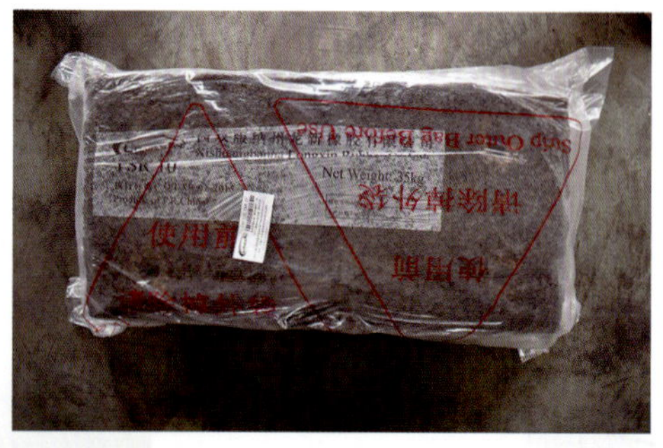

电话：0691-3029999
传真：0691-3029520
地址：云南省西双版纳州勐腊县关累镇盘先龙下寨
网址：www.longxin-rubber.com
企业邮箱：longxin@longxin-rubber.com

文化理念

企业生存靠市场，市场开拓靠产品，产品开发靠科技，科技进步靠人才。

(1)推行6S现场管理做为企业生产管理的风向标，“整理、整顿、清扫、清洁、素养、安全”，其作用是：提高效率，保证质量，规范员工工作素养，使工作环境整洁有序，预防为主，保证安全。

(2)求真务实，严谨高效。要求员工按照客观规律办事，脚踏实地，牢固树立求真务实的观念，保持严谨细致的工作作风和生活作风。时间上严格控制；要求上简洁明了；内容上紧凑实际；工作上谦逊务实。

(3)以人才为根本，以市场为导向，以质量为保证，以服务为宗旨。节约、团结、求实、创新；重科技，以科技促发展；强管理，向管理要效益。龙新人发扬以“实事求是、严格认真、密切协作、恪尽职守、奋发向上”的工作作风无私奉献于企业和社会。

企业愿景

一、创新精神、卓越服务：能够在中国乃至国际提供有别于竞争对手的高端产品和服务，不断追求产量质量提升和服务创新；

二、创新价值：能够作为橡胶标杆企业，带动国内橡胶产业的技术和服务提升，不断通过品牌创新、技术创新、服务创新等改善提升公司价值；

三、做橡胶产业优秀公司：面向未来，追求卓越，持续建设经济价值、社会价值集一体、受人尊敬的上市公司。把环境、安全和健康作为业务发展的首要标准，高度重视员工、股东和社会责任，着力打造绿色环保、质量安全的国际天然橡胶加工一流品牌。

创新价值、精神、卓越服务

做橡胶产业优秀公司

SNTON

方兴橡胶
OPALS
鸿 鹰
方兴轮胎
方 兴
集 团

商社化工于2005年通过 ISO9001:2000质量管理体系认证，2009年顺利通过 ISO9001:2008 质量管理体系认证。构建有完善的橡胶全产业链贸易服务网络，推进国际化的品牌营销战略。公司旗下拥有“圣然”天然胶品牌，“强仕、凯富仕、渝聘、渝路通”四大轮胎品牌。

商社化工在云南、缅甸、柬埔寨、越南等地设有大型橡胶种植及加工基地，在国内合作设立轮胎制造基地，在青岛、上海、深圳以及满洲里等城市和口岸设有分支机构。与泰国联益、美莱、诗董、泰华、宏曼丽，马来西亚长发、金马仕、复兴，越南橡胶工业总公司等大型橡胶企业建立长期合约关系，拥有行业资源优势。近年商社全面发力产业链建设，完善其橡胶全产业链布局。力争打造成橡胶全产业链国际供应商。

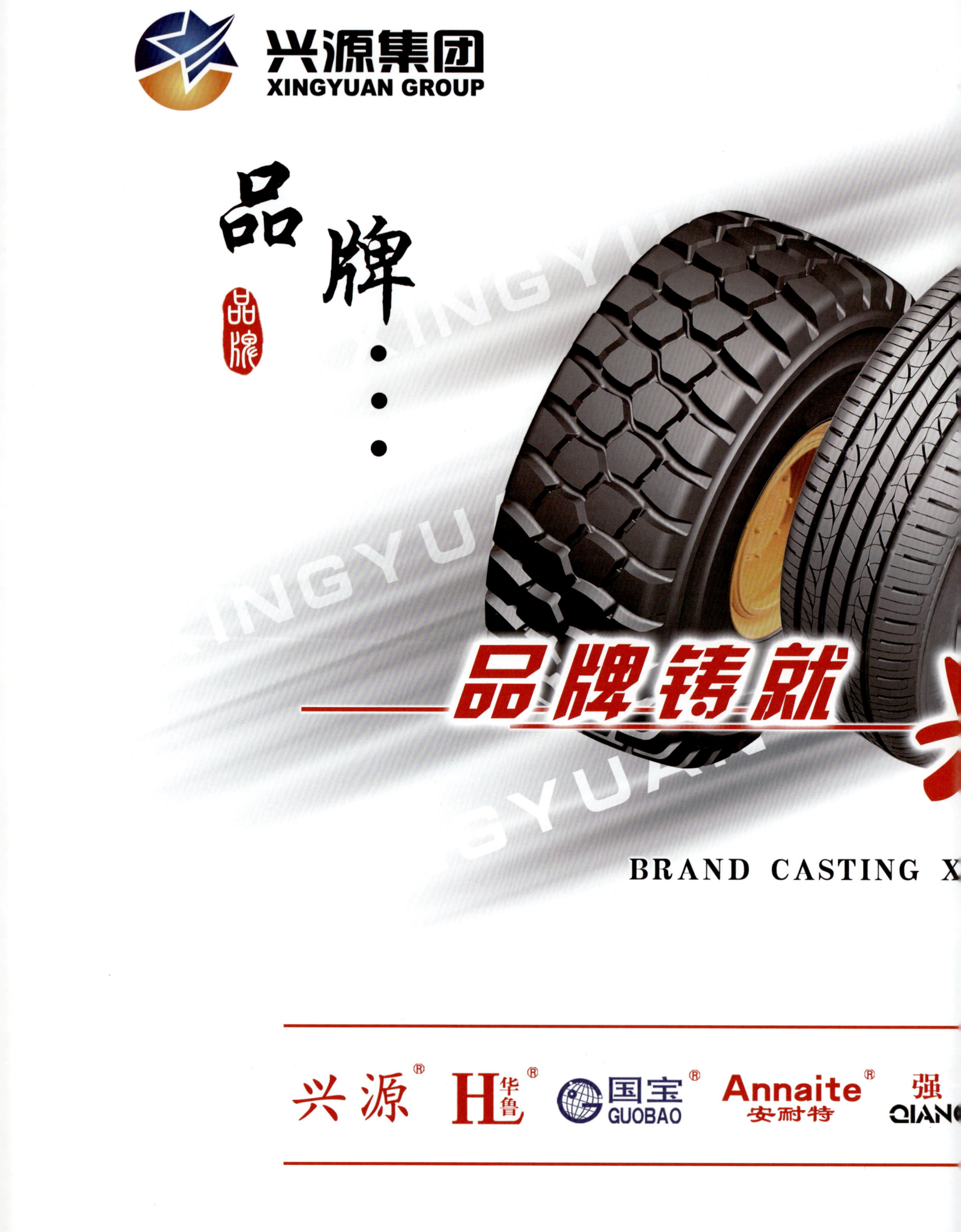

兴源集团
XINGYUAN GROUP
品牌
品牌铸就
BRAND CASTING
兴源®
华鲁®
国宝®
GUOBAO
Annaite®
安耐特
强

…源梦

…GYUAN DREAM

服务热线：0546-7721399
地址： 山东省东营市广饶县大王镇东工业园区
KAPSEN®
康佩森轮胎
HABILEAD®
海倍德轮胎

企业简介

山东中一橡胶有限公司是一家以生产高性能半钢子午胎、全钢子午胎、钢丝绳芯及织物芯橡胶输送带为主的研发制造型企业。

公司成立于2004年，占地面积60万平方米，员工2800多名，其中具有博士学位的5人，硕士学位的12人，本科以上学历的130人。企业先后引进了意大利鲁道夫压延机、日本神钢密炼机、德国特乐斯特三复合生产线、美国阿克隆动平衡均匀性等国际先进的生产、检测设备，并建立了完善的质量保证体系。目前拥有半钢子午胎年生产能力1800万条，橡胶输送带年生产能力2500万平方米。

公司拥有产品自主进出口权，企业先后被国家、省、市管理部门评为“中国质量诚信企业”“质量信得过单位”等。企业依靠自身完善的质量保证能力和过硬的产品品质一次性通过了ISO9001国际质量体系认证、全国工业产品生产许可证和“3C”强制性安全认证、ISO/TS16949质量管理认证、ISO14001环境管理体系认证、OHSAS18001职业健康安全管理体系认证、美国交通运输部DOT认证、欧盟E-mark、欧盟R117认证、中东地区GCC认证及巴西INMETRO认证、印度BIS认证、印尼SNI认证，其轮胎测试中心通过ISO17025标准实验室认可，产品符合REACH法规与标签法。

公司在2012年与美国太平洋工业公司协作成立了“山东省中美轮胎技术合作研究中心”，2015年与特拓(青岛)轮胎技术有限公司开展全方位技术合作，不断提升结构设计、配方设计、工艺设计、质量控制、性能仿真以及胶料的混炼技术，以创新智造引领市场。目前轮胎品牌有“乐路驰”“速达来”“JOYROAD”“CENTARA”“ARDENT”，输送带品牌有“畅流”等。半钢轮胎涵盖了18个系列500多个型号，以SUV、UHP和雪地胎为拳头产品，产品特点是高性价比、低碳环保、静音舒适和安全可靠，且拥有行业领先的缺气保用轮胎生产技术及获国家专利的耐刺穿防漏安全轮胎生产技术。公司倾力打造以智能制造为主导的工业4.0模式，全面开发绿色环保轮胎，为客户、消费者提供个性和定制化服务。以上产品市场遍及全国各地并出口到欧洲、美国、日本、中东、北美、澳大利亚、印度、非洲等100多个国家和地区，深得用户青睐。

地址：山东省东营市广饶县大王经济技术开发区　邮编：257335
全球服务热线：400-6617-999
网址：www.zhongyityres.com　　www.dawntech.net

贵州轮胎股份有限公司前称贵州轮胎厂，始建于1958年，1996年改制为上市公司，股票在深交所上市交易，简称“黔轮胎A”。是国家大型一档企业、全国520户重点企业、全国重点轮胎公司和工程机械轮胎配套、出口基地之一。主要生产“前进”、“大力士”等品牌汽车斜交轮胎、全钢载重子午线轮胎、工程机械轮胎、农业机械轮胎、林业机械轮胎、工业车辆轮胎、矿用轮胎和实心轮胎，规格品种多达2000多个，是国内规格品种较为齐全的轮胎制造企业之一。

贵州轮胎股份有限公司拥有雄厚的技术力量，建有国家企业技术中心和博士后科研工作站，长期从美国、日本、韩国、澳大利亚等国家聘请资深技术专家进行现场指导和产品研发。产品通过了ISO9001质量体系认证、ISO/TS16949质量体系认证、国家强制性（3C）认证、美国交通部DOT安全标志认证、欧共体E-mark产品认证和军工产品质量体系认证等。

贵州轮胎股份有限公司建立了完善的国内市场网络体系，产品除畅销国内市场外，还出口到美国、英国、意大利、南非等70多个国家和地区，年出口量占总销量的35%以上。

贵州轮胎股份有限公司

贵州轮胎
GUIZHOU TYRE CO.,LTD.

前进
ADVANCE
贵州轮胎股份有限公司
GUIZHOU TYRE CO.,LTD.
2号门

陕西延长石油西北橡胶有限责任公司

SHAANXI YANCHANG PETROLEUM NORTHWEST RUBBER LLC

陕西延长石油西北橡胶有限责任公司是由原凯迪西北橡胶有限公司、陕西延长石油集团橡胶有限公司、延长橡胶（泰国）有限公司整合重组而成立的国有独立法人公司，隶属于陕西延长石油（集团）有限责任公司，于2012年12月注册成立，注册资本10亿元，是一家集天然胶种植与加工、子午线轮胎、橡胶制品制造销售研发于一体的大型橡胶企业。公司前身西北橡胶总厂，创建于1959年，是为西北地区军工配套的大型综合橡胶企业，是国内军工橡胶制品的“摇篮”，曾为我国的“两弹一星”、海上舰船艇以及“中国飞豹”“神舟”系列飞船等国家重大建设项目提供科研成果和配套产品。

公司下设陕西延长石油集团橡胶有限公司、西北橡胶制品分公司、西北橡胶胶管分公司、延长橡胶（泰国）有限公司等4个实体单位，12个职能管理部门，总人数2800多人，其中具有高、中级专业职称的285人，总占地面积3650亩，主要产品有子午线轮胎、胶管、胶布制品、橡胶制品、板材、密封件、天然胶等七大系列，主要有全钢子午线轮胎、半钢子午线轮胎、工业钢丝管、中低压胶管、飞机软油箱、空投油罐、隔膜、飞机坐舱气密带、特种胶布、特种胶板、软体贮运容器、聚氨酯制品、橡胶零件、胶黏剂、军工混炼胶等上百个品种、千余种规格，主要应用于汽车、煤炭、工程机械、石油、化工、冶金、航空航天、国防军工、橡胶加工等行业。建立了覆盖全国的经营销售网络，打开了北美、欧盟、中东、澳大利亚、北非等国际市场。

Continental 德国马牌

大陆集团

大陆集团致力于开发为人们出行及货物运输提供服务的智能科技。作为可靠的全球汽车零部件及系统供应商、轮胎制造商及工业领域合作伙伴，大陆集团所提供的解决方案具有可持续性，让驾乘安全、舒适、个性化且经济适用。2016年，大陆集团在底盘与安全、车身电子、动力总成、轮胎及康迪泰克五大事业部的共同努力下，销售额为405亿欧元。集团在全球员工数量超过22万名，遍及56个国家和地区。

自从1994年正式开始在中国市场运营，大陆集团服务于各个汽车细分市场上主要的汽车生产商。与此同时，大陆集团也开发和生产材料、功能部件、零部件和系统，广泛应用于轨道交通、机械、工程、矿业及其他重要工业行业。目前，大陆集团在中国共设有26处生产基地、17个研发中心，员工总数超过25,000名，大陆集团五大事业部为中国市场提供定制化的解决方案。

德国马牌轮胎

轮胎制造商德国马牌轮胎自1871年成立以来，一直以不断创造前沿科技和高端品质体验完美结合的轮胎产品享誉全球，领跑欧洲原配胎市场。德国马牌轮胎长期致力于提高驾乘体验，遍布全球的24个生产与研发基地源源不断为科技创新提供支持，为乘用车与轻卡、卡车、公交车与工程车以及两轮车提供全面轮胎解决方案。2016年德国马牌轮胎在全球拥有超过50,000名员工，并创造出107亿欧元的销售额。

德国马牌轮胎在中国

2006年，德国马牌轮胎乘用车与轻卡轮胎业务正式进入中国市场，迅速以其精湛的德国工艺和值得信赖的卓越品质获得市场好评。德国马牌轮胎的零售网络遍布全国，凭借融合极致安全与领先科技的轮胎产品组合，为合作伙伴创造价值，为消费者带来无与伦比的驾乘体验。目前，德国马牌轮胎在中国大陆拥有超过3,000家授权零售店，始终以“高质量服务打动终端消费者”为理念，为消费者提供包括轮胎替换与维修在内的多项售后服务。德国马牌轮胎旗下更拥有全球性高端汽车服务品牌——BestDrive百世德，秉承德国标准的运营理念，为中国车主提供国际品质的卓越服务。

2017年3月，德国马牌轮胎在华的生产基地——合肥工厂三期扩建项目正式投产，乘用车轮胎产能将有望在2019年提升至1400万条。同时，德国马牌轮胎还启用了其在中国的研发测试中心，以及在亚太地区的培训中心，不断加强生产、研发、培训等资源建设部署，力促中国及亚太市场整体发展。

2016年9月，德国马牌轮胎宣布，专为亚太地区量身打造的两款全新第六代产品——UltraContactUC6和ComfortContactCC6正式上市。在机遇与挑战并存的中国市场，德国马牌轮胎始终秉承“立足市场，服务市场”的运营理念，着眼于更为长期稳健的市场发展空间，稳步前行。

近年来，德国马牌轮胎积极布局汽车后市场产业链，不断携手中国电商平台扩展本土营销版图。通过联动线上平台和线下实体门店，德国马牌轮胎致力于为客户创造更多价值，优化和提升顾客服务体验，进一步扩大其在华的品牌影响力。

德国马牌轮胎与足球

出色的技术，精准及灵活的操控以及团队精神，是德国马牌轮胎与足球的共同之处。德国马牌轮胎赞助足球赛事的历史最早可以追溯到1995年的欧洲冠军联赛，自此“足球营销”便成为了德国马牌轮胎全球范围内的市场营销战略。在之后多届欧洲冠军联赛，2006、2010、2014年三届世界杯以及2008、2012和2016年欧锦赛上都可以看到德国马牌轮胎赞助足球赛事的身影。通过提供赞助合作，德国马牌轮胎充分利用了足球运动这一得天独厚的平台，成功提升品牌在全球范围内的影响力，并借助丰富有趣的消费者活动，拉近品牌与消费者之间的距离。

此外，德国马牌轮胎已经正式成为在阿联酋举办的2019年亚洲杯的官方赞助商。同时，德国马牌轮胎在亚太地区还是中国足协中国之队及澳大利亚足球联盟的官方赞助商。

主要产品：

一、高分散白炭黑产品系列

1. 牌号：ZC-HD165MP、ZC-HD115MP

2. 用途：低滚动阻力轮胎、冬季轮胎

二、易分散白炭黑产品系列

1. 牌号：ZC-195、ZC-185、ZC-175、ZC-165、ZC-140、
   ZC-120、ZC-185MP、ZC-165MP
   ZC-200、ZC-195GR、ZC-185GR、ZC-175GR、
   ZC-165GR、ZC-140GR、ZC-120GR

2. 用途：轮胎、制鞋业、工业橡胶制品

三、超微细白炭黑产品系列

1. 牌号：SAI-779、SAI-779-1、SAI-800、SAI-160

2. 用途：混炼胶、硅橡胶制品

四、消光剂产品系列

1. 牌号：ZC-740、ZC-750、ZC-750Y、ZC-770

2. 用途：涂料、油漆

中国驰名商标 正盛股份

地址：福建省漳平富山工业园区白沙洋
ADD：Baishayang Fushan Industrial Zone, Zhangping city,Fujian China
电话/Tel：0086-597-7773291 7772688
传真/Fax：0086-597-7773010
E-mail：fjzsgf@163.com fjzpzc@163.com

宁波德泰化学有限公司

高纯环保炭黑 绿色生态企业

公司简介
Company Introduction

宁波德泰化学有限公司创建于2005年，坐落于宁波国家级石化经济技术开发区，是一家专业生产炭黑的国家高新技术企业。

公司通过ISO/TS16949质量体系认证，ISO14001环境质量体系认证，OHSAS18001职业健康安全体系认证。现拥有多条炭黑生产线，可生产六大系列橡胶轮胎用炭黑；多个应用于密封胶等行业的粉状炭黑；用于化纤、导电、油墨和塑料等高端应用领域的特种炭黑，可满足客户多元化、个性化的需求。

十多年来公司始终坚持“团结、务实、开拓、创新”的发展思想和“做精、做稳、做强、做大、做长”的经营理念，建立“以顾客为中心”的自我完善、自我改进的管理机制，实施ERP信息化管理系统，通过SPC的管控，采用PDCA方法，为客户提供质量稳定、价格合理的产品及优良的服务，精心打造德泰文化，塑造企业诚信标志。

公司将一直致力于生产高纯环保炭黑产品，打造绿色生态炭黑企业。

价值观Company Values

以精创业 以质强业 以信为德 以新求泰

管理方针Operation Guidelines

依法管理 预防污染 节能降耗 安全健康 稳定质量 追求卓越

地址（ADD）：宁波石化经济技术开发区凤翔路699号

NO.699,FENGXIANG ROAD,NINGBO PETROCHEMICAL ECONOMIC & TECHNOLOGICAL DEVELOPMENT ZONE.

电话（TEL）：0086-574-86555222　传真（FAX）：0086-574-86555258

邮编（P.C）：315204

E-MAIL ：NINGBODETAI@163.COM

厂区剪影
Factory Silhouettes

主要荣誉
Company Glories

郑州市双力化工产品有限公司

郑州市双力化工产品有限公司成立于2007年，位于河南省郑州市，是一家集生产、销售、研发为一体的现代化、专业化、国际化的橡胶助剂出口企业。

2008年，工厂--鹤壁市双力橡塑有限公司成立，双力化工正式进入促进剂生产领域。2009年底，鹤壁双力建成两条生产线，年产促进剂5500吨，在助剂领域有了一席之地。公司提出了第一个5年计划，用5年时间实现产销过亿元，把双力打造成行业内的知名企业。

2011年8月，M树脂综合利用项目投入运行，开创了行业循环经济全新模式。公司通过了ISO9001质量体系认证，14001环境体系认证以及18001职业健康体系认证，向规范化管理迈出了一大步。

2013年10月，鹤壁双力取得了河南省高新企业认证，成为浚县一家高新技术企业。同年，公司实现销售收入2.3亿元，实现利税3200万元,公司第一个5年计划提前完成，实现了“用5年时间产销过亿，让公司成为行业内的知名企业”的目标。

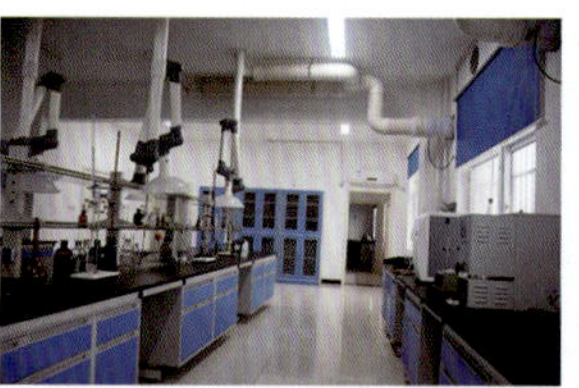

2014年1月，双力提出了第二个5年计划：用5年时间实现年产销10亿元，把双力打造成行业内的优秀企业。

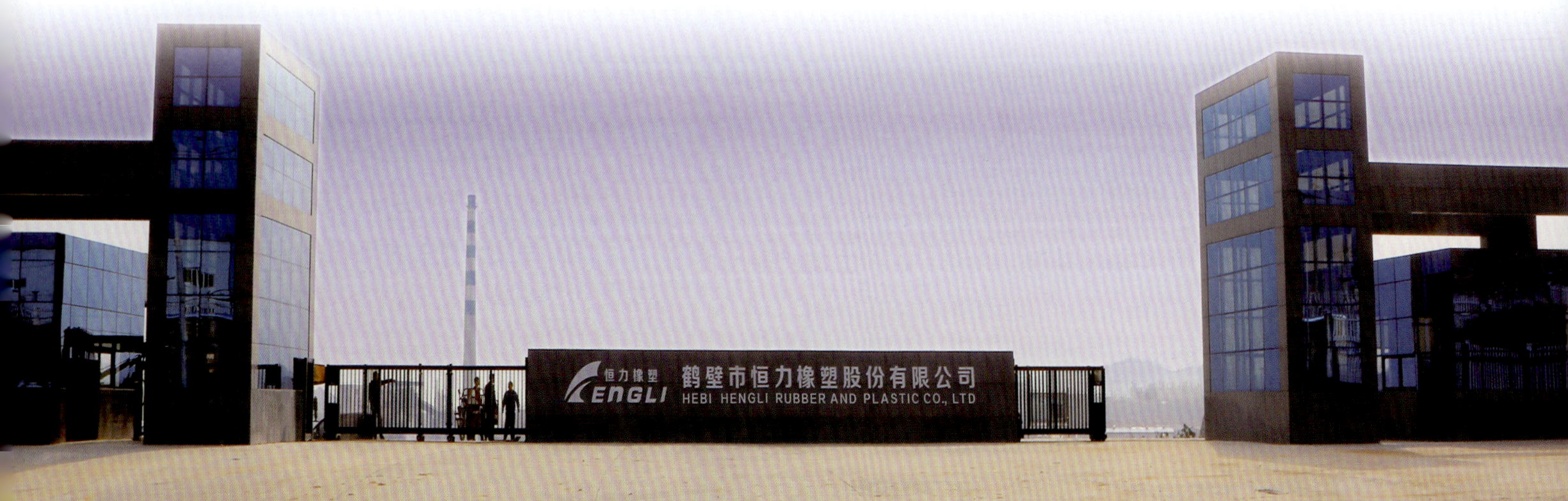

2014年8月新工厂鹤壁市恒力橡塑股份有限公司注册成立，2016年7月，恒力2万吨CBS车间建成投产，质优价廉的产品得到了全球客户的好评。

到2016年底，双力集团拥有3个贸易公司，2个生产基地近500亩，员工400多人、8条生产线，主要产品包括：促进剂M、DM、CZ、中间体BT、M钠盐以及塑解剂DBD，年生产能力3万吨，销售团队不断壮大，产品远销欧洲，亚洲，美洲，非洲等多个国家和地区。双力的品牌在全球市场不断的深入。至此，一个现代化的大型助剂企业轮廓已初步形成。

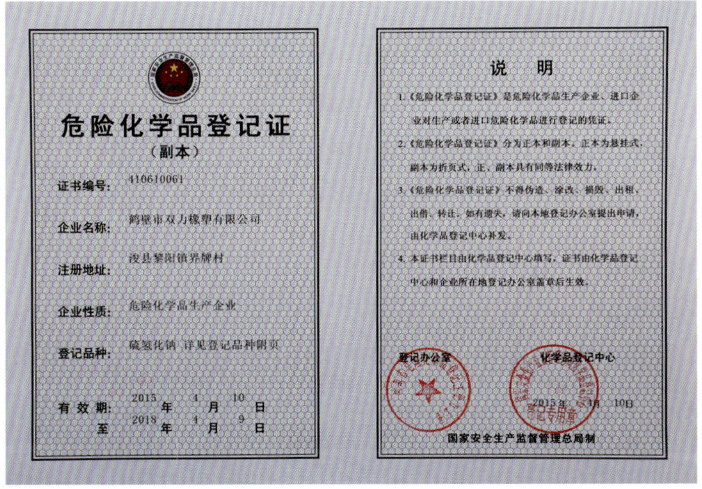

危险化学品登记证
（副本）

证书编号：410610061
企业名称：鹤壁市双力橡塑有限公司
注册地址：浚县黎阳镇界牌村
企业性质：危险化学品生产企业
登记品种：硫氢化钠 详见登记品种附页
有效期：2015年4月10日
至 2018年4月9日

说 明

1.《危险化学品登记证》是危险化学品生产企业、进口企业对生产或者进口危险化学品进行登记的凭证。
2.《危险化学品登记证》分为正本和副本，正本为悬挂式，副本为折页式，正、副本具有同等法律效力。
3.《危险化学品登记证》不得伪造、涂改、损毁、出租、出借、转让。如有遗失，请向本地登记办公室提出申请，由化学品登记中心补发。
4. 本证书栏目由化学品登记中心填写，证书由化学品登记中心和企业所在地登记办公室盖章后生效。

登记办公室　化学品登记中心
2015年4月10日
国家安全生产监督管理总局制

中国橡胶工业协会
会员证书
中橡协证字第 10041 号
发证机关 中国橡胶工业协会
发证日期 2017年04月30日
有效期限：2017年01月01日至2019年01月01日

单位名称
鹤壁市双力橡塑有限公司
主营范围
同企业法人营业执照
办公地址
河南省鹤壁市浚县黎阳镇界牌村
所属专业分会
中国橡胶工业协会橡胶助剂专业委员会

未来几年，我们将再建六条自动化生产线，设立省级研发中心，增加绿色环保产品，确立以环保、绿色促进剂为主轴的生产理念，为公司进入证券市场，早日实现从优秀到卓越的转变奠定坚实的基础。

双力化工，发展绿色循环经济，服务全球橡胶工业！

销售部：
郑州市双力化工产品有限公司
地址：郑州市金水区黄家庵路16号金印商务办公别墅区金果座L座
电话：0371-63659318　0371-63659198　86158658
传真：0371-63659728　0371-55950878
邮箱：sale1@doublevigour.com
网址：www.zz-chem.com　www.rubber-accelerator.com

工厂：
鹤壁市双力橡塑有限公司
地址：鹤壁市浚县黎阳镇精细化工园区
电话：13346641527
传真：0372-5579552
鹤壁市恒力橡塑股份有限公司
地址：鹤壁市鹤山区姬家山产业园
电话：0392-6689133
网址：www.henglichem.com

成就绿色里程

从原材料到生产，全程环保
提升橡胶性能，成就绿色里程

新 Applus IDIADA中国试验场

Applus IDIADA 中国试验场已开始运营并向汽车及轮胎行业的所有公司提供测试服务。

Applus IDIADA中国试验场位于山东省招远市。试验场一共有16条测试道路，是亚洲综合全面的试验场，其中的许多测试道路都是专门为轮胎的测试而设计的，不论是乘用车轮胎或是商用车轮胎，轮胎生产厂商均可在IDIADA中国试验场完成从轮胎的研发到评估以及认证的一系列测试。除此之外，试验场还为客户准备了不同类型，不同尺寸的车间，且车间内设备齐全，为测试的辅助工作做好准备。

Applus IDIADA从项目的一开始便参与其中，包括测试道路的初始的设计、施工中的质量监管以及验收。除此之外，Applus IDIADA还将以第三方的身份全权负责试验场的运营。

届时Applus IDIADA中国试验场不论是在测试道路的质量、场区的安全及保密性以及客户服务标准上都将和Applus IDIADA在西班牙的试验场保持一致。依靠Applus IDIADA中国试验场，国内乃至亚洲的汽车和轮胎生产厂商将享受与欧洲等同的测试服务。

试验场一期投入运营的测试道路有：多功能平台、动态广场、直线制动路、外部噪声路和一般连接路。轮胎生产厂商十分关注的其他测试道路如湿操控路、湿圆环、舒适性道路、干操控路和高速环道等将于接下来的几个月内陆续开放。

in YOUKU优酷 www.applusidiada.cn

基于这一综合全面的试验场，Applus IDIADA可以在汽车轮胎行业内提供包括工程研发以及评估的一系列测试服务。主要服务包括：

轮胎特性

车辆在道路上行驶其性能主要通过轮胎来体现。轮胎和地面接触所产生的作用力将传递给轮辋和底盘。与此同时，轮胎的表现也受车轮运动的影响，而车轮的运动由底盘系统来控制。鉴于此，轮胎与底盘系统的良好结合必须整合汽车和轮胎所有的特性来深入进行研究开发。

IDIADA 在该方面可以提供广泛的服务，通过一系列主观和客观的分析实现轮胎对整车性能的体现。

轮胎的主观评价

- 通过轮胎的表现对车辆的以下性能进行评估：舒适性、噪声、转向、纵向表现力以及响应能力。
- 冬季测试，湿地测试及干地测试
- 不同路面的使用例如试车场、冬季测试道路、赛道以及各种公共道路
- 开展项目管理，对不同轮胎进行评估
- 必要时进行联合测试

轮胎的客观评价

- 制动测试：在不同摩擦系数的路面上对减速性能以及制动距离进行测量。可能用到的路面包括水漂路、瓷砖路、高附沥青路、玄武岩路、磨光混凝土路以及碎石安全区。
- 弯道区域加速以进行滑水测试。
- 动态测试，干地湿地状态下轮胎动力效率的客观评价。
- NVH测试：轮胎的内部噪音，振动测试和外部噪音测试(惯性滑行)。
- 行驶阻力和排放：分析轮胎对整个车辆的行驶阻力和排放的影响。

通过车辆的耐久测试对轮胎磨耗进行分析

- 在道路干燥的条件下，全年在公共道路上进行测试
- 根据客户的参考路线开展试驾项目
- 对不同里程节点上的轮胎性能进行测量

除此之外，在轮胎认证方面可提供的服务有：

- 根据ECE R117法规开展ECE认证
- 按照INMETRO，SASO和其他标准在试验场进行测试(湿滑和滚动噪声)

Applus IDIADA 中国试验场

山东省招远市辛庄镇金港路1号　+86 (0535) 893 3658　icpg_client@idiada.com

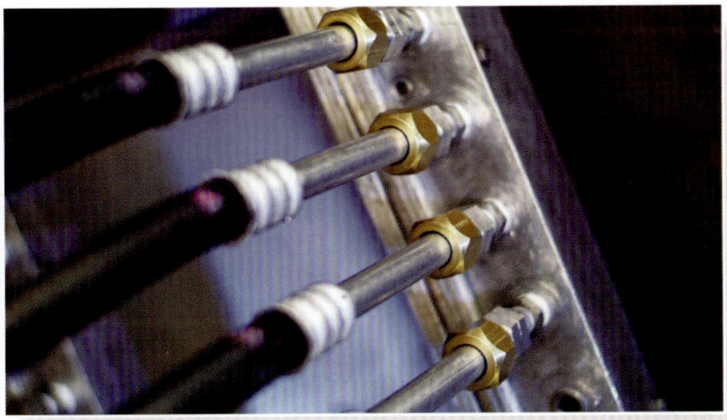

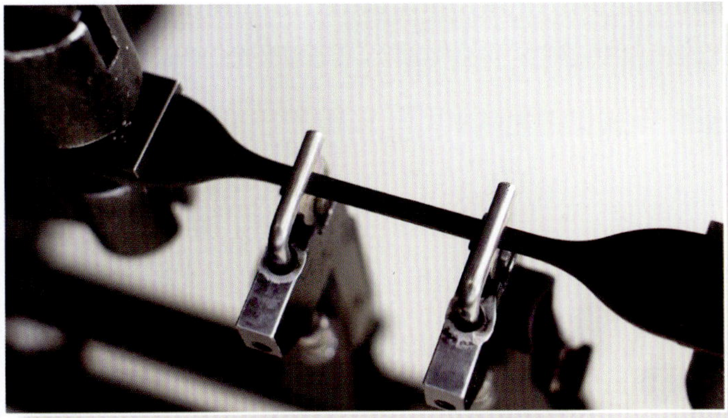

青岛致鉴检验有限公司

工作人员合影

青岛致鉴检验有限公司始建于2004年12月，位于青岛保税区北京路53号，占地约12900平方米。由山东出入境检验检疫局检验检疫技术中心独家投资建设，主要从事轮胎的安全性能和物理性能检测、乳胶制品及橡胶原料检测、机动车安全性能检测、环保性能检测以及车轮检测业务。公司下设轮胎及乳胶制品检测实验室、机动车检测实验室及综合业务部，其中轮胎检测和乳胶检测为国家重点实验室。

致鉴公司轮胎及乳胶制品检测实验室现有专业技术人员30人，其中高级职称6人，工程师10人，博士学位2人，研究生学位3人，本科及以上人员20人。试验场地3500平方米，检测设备55台，总投资达4000余万元，其中滚动阻力试验机2台，轮胎耐久高速试验机12台、24个工位，轮胎多功能强度试验机3台，澳大利亚进口乳胶制品六头爆破仪1套等。可承担轮胎国内外各种第三方认证检测，包括CCC检测、欧盟ECE、尼日利亚SONCAP、印尼SNI、巴西EMATRO、海湾GCC等、海关鉴定业务以及社会委托检测业务等。可按照国标、ISO标准、美国DOT标准、欧盟ECE标准、日本JIS标准以及其他国家的轮胎检测和认证检测标准进行检测。具体检测项目如下：

商品类别	检测项目
轮胎	滚动阻力
	安全性能：外缘尺寸、强度性能、脱圈阻力性能、静负荷性能、高速性能、耐久性能、低充气压力性能；
	物理性能：拉伸强度、热拉伸变形率、硬度、磨耗、黏合强度、钢丝圈抗张强力、帘布扯断强度等；
车轮	冲击性能、弯曲疲劳、径向疲劳；
乳胶制品	规格尺寸、扯断伸长率、爆破压力、爆破容量、针孔检测、包装完整性、热空气老化、传导性检测、硅油含量等；
橡塑原料	天然橡胶：挥发分、灰分、杂质、塑性初值、塑性保持率、氮含量、门尼黏度等； 塑料：熔体流动速率、密度； 胶乳：总固体含量、碱度、干胶含量、机械稳定度等；

实验室目前检测能力轮胎1900余批/年、乳胶制品100余批/年、橡塑原料50余批/年。检测周期7～10天。

2017年3月实验室新增车轮检测项目，成为检验检疫系统内首家具备车轮检测能力的实验室，现有专业技术人员4人。其中ITM-2型13°车轮冲击性能试验机一台，车轮径向疲劳试验机2台，车轮弯曲疲劳试验机2台。

实验室技术人员实力雄厚，多年来，主持完成了国家和省、市课题20多项。主持制定国家标准、检验检疫行业标准9项。发表国内外核心期刊论文30多篇，多项成果经鉴定达到国内/外先进水平，其中1项成果达到国际领先水平，为突破国外技术壁垒，服务检测把关提供了有力的技术支持。

致鉴公司机动车检测实验室现有专业技术人员10人，占地总面积约10000平方米，检测厂房面积约1800平米，规划建设的2条机动车安全环保性能检测线，检测设备17台套，总投资达300余万元，年检测能力5万辆机动车。可按照国家强制标准开展机动车尾气污染物、颗粒物浓度、速度、底盘动态、悬架性能、轴重、制动性能、前大灯灯光、侧滑等性能机动车安全环保性能检测。

轮胎强度性能检测

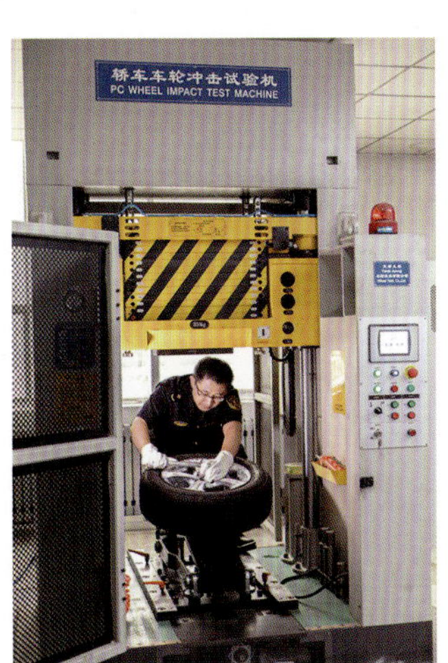

轿车车轮冲击检测试验

MTS轮胎滚动阻力试验机
进行ECE R117检测

橡胶的耐磨性试验

机动车检测实验室于2013年5月30日通过了国家相关部门的验收并开展进口汽车整车的检验，目前已有一条机动车安全环保性能检测线，第二条检测线已于2014年5月投入使用。

轻工实验室主要承担山东检验检疫系统所属的进出口鞋类产品监督抽查检验和社会委托检测业务，已通过国家资质认定和CNAS认可。实验室现有专业检测人员7人，其中高级工程师2人，工程师5人。实验室拥有约120平方米的恒温恒湿试验室，配置先进的国内外检测仪器40余台，设备齐全设施优良；可按照ISO国际标准、国家标准和行业标准方法，对各类职业鞋、防护鞋、安全鞋、劳动鞋、旅游鞋、运动鞋、皮鞋、胶鞋、布鞋、塑料鞋和室内鞋产品，开展约30多个物理及安全项目的检测，以及整体产品评价。实验室着力加强质量和技术管理，多次承担国内市场鞋类产品质量抽查，以准确的数据、快速的检测、优质的服务，赢得客户的信任。

致鉴公司严格按照CNAS-CL01《检测和校准实验室能力认可准则》（等同采用 ISO/IEC 17025）及其应用说明、国认实函[2006]141号《实验室资质认定评审准则》进行管理。以“整合资源、创新机制、开拓市场、增强实力、创建国际一流实验室”为目标，检测业务辐射全国，为全国轮胎及机动车生产、销售以及使用单位提供便捷、快速、准确的检测服务。

汽车灯光检测

轮胎高速耐久试验机检测结束后数据测量

抗张强度、伸长率测试

轮胎样品及试验轮辋的科学管理

地址：青岛保税港区北京路53号 | 电话：0532-86767125 | 传真：0532-86767125 | 邮箱：huangdaozhijian@163.com

中国化学工业桂林工程有限公司

CHINA CHEMICAL GUILIN ENGINEERING CO., LTD.

桂林橡胶设计院有限公司（全资子公司）

GUILIN RUBBER INDUSTRY R&D INSTITUTE CO., LTD.

CGEC办公楼

公司简介（Company Introduction）

中国化学工业桂林工程有限公司（CGEC）位于广西桂林市，其母公司中国化学工程股份有限公司（股票代码：601117）。CGEC致力于成为能为客户提供全过程和全方位服务的国际化工程公司。

行业地位（Industry status）

CGEC始建于1956年，是中国化学工程股份有限公司旗下的7家工程公司之一，是中国较大的橡胶工业工程公司，为国内外众多轮胎橡胶公司提供专业化的工程设计、咨询、工程总承包及项目管理服务，荣获多项奖励。

CGEC全资子公司—桂林橡胶设计院有限公司（原桂林橡胶工业新技术开发实业总公司），是中国较早的设计、研发橡胶设备的企业之一，拥有多项自主知识产权和专有技术，设有专有的生产和研发基地。

CGEC的橡胶机械产品几乎覆盖了所有中国大型轮胎橡胶企业，产品远销欧洲、东南亚、美洲等地区。目前，CGEC与米其林、普利司通、倍耐力、固特异、大陆等世界著名轮胎公司保持长期良好的合作关系。

工程案例（Project cases）

中煤平朔集团正嘉橡胶公司（胶管胶带EPC总承包）

天津国际联合轮胎橡胶有限公司（工程设计与项目管理承包）

杭州中策橡胶有限公司（工程设计与项目管理承包）

双钱集团（重庆）轮胎有限公司轮胎工业园区

业务板块（Business section）

- 橡胶机械研发
- 智能化物流系统
- 工程承包/项目管理
- 工程设计/咨询
- 工程监理
- 节能减排工程
  - ※ 硫化高效蒸汽节能系统
  - ※ 污水资源化
  - ※ 橡胶生产废气治理
  - ※ 海水淡化工程
  - ※ ……

为了创造低碳、清洁的环境和企业可持续发展
CGEC的工程师正在以下方向不断探索
节能工程、污水资源化、烟气治理、海水淡化……

CGEC将秉承科技创新的理念
致力于为您打造节能环保、信息化、自动化、
经济可靠的新型工厂

产品展示（Product Exhibition）

二/三/四复合挤出机
Duplex, triplex, and quadruplex extruders

二/三/四复合挤出生产线
Duplex, triplex, and quadruplex extrusion lines

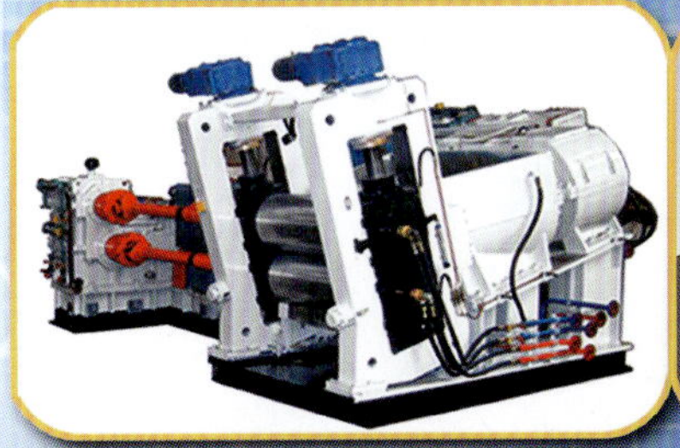

双螺杆挤出压片机
Twin-screw sheeter

宽幅胶片挤出生产线
Wide rubber sheet extrusion line

单辊筒机头挤出机
Single roller head extruder

轮胎内衬层/薄胶片挤出压延生产线
Tire inner liner/thin extruding&calendering line

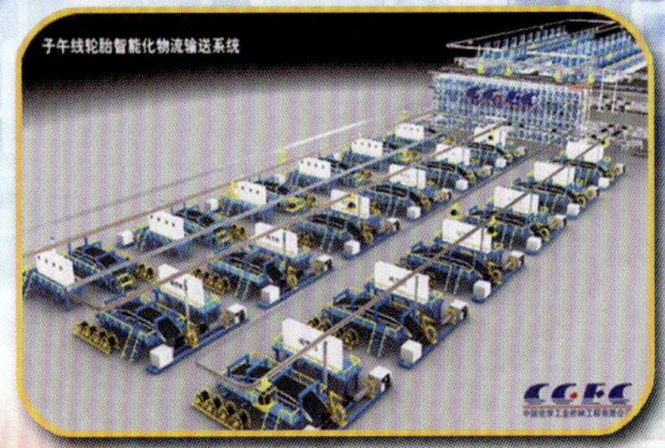

智能化物流系统
Intelligent logistics system

地址：广西桂林市七星路77号　　邮编：541004
电话：0773-5833045/5833829　　传真：0773-5833195
E-mail: cgec@vip.163.com　　网址：www.cgec.com.cn

安徽微威胶件集团有限公司

公司地址：安徽省桐城市
邮编：231460
联系电话：0556-6021292
传真：0556-6010888
网址：www.china-ww.com

安徽微威胶件集团有限公司（简称“安徽微威集团”）创建于1985年，座落在历史文化名城桐城市，是国家高新技术企业，安徽省创新型试点企业，安徽省产学研联合示范企业。公司注册商标“微威”。

公司占地面积6.6万平方米，建筑面积8.1万平方米；现有职工260余人，其中有各类专业技术人员83人，是专业设计、研发、生产经营汽车橡胶塑料零配件等的科技型企业。公司总资产1.22亿元，注册资金5128万元；公司主营业务收入1.5亿元，利润1600万元。拥有各种先进的生产、检测设备280余台/套。主要从事橡胶制品、塑料制品、环保产品生产、销售及技术研发和服务；汽车及零配件销售；模具制造、销售；烟机配件、仪器设备、电器设备、减震降噪设备制造、销售；减震降噪治理工程设计、施工；软件研发与销售；噪声、振动控制技术研发，培训与咨询服务，年生产能力800万/台（套）。

公司旗下拥有模具制造、胶管制品、塑料制品、冲压件制品和环保科技等11家子（分）公司，拥有一所省级减震降噪技术研究院。是中国汽车工业协会、中国橡胶工业协会等行业协会会员。2004年建立并实施ISO/TS16949汽车行业质量体系，2013年建立并实施ISO14001:2004体系和OHSAS18001:2007体系。公司与合肥工业大学联合成立了“安徽微威集团合肥工业大学减震降噪研究中心”，与重庆大学联合成立了“安徽微威胶件集团公司重庆大学光电工程学院智能材料研究中心”，与北京化工大学联合成立了“安徽微威集团北京化工大学橡塑新材料联合研究中心”，与广州大学工程抗震研究中心建立战略合作关系。先后组建省认定企业技术中心、安徽省汽车减震橡胶件工程技术研究中心、省级博士后科研工作站和省技能大师工作室。先后荣获国家“高新技术企业”“安徽省产学研联合示范企业”“安徽省创新型试点企业”“安徽省工业和信息化领域标准化示范企业”“安徽省诚信企业”“安徽省质量信得过企业”“安徽省专精特新中小企业”等殊荣。

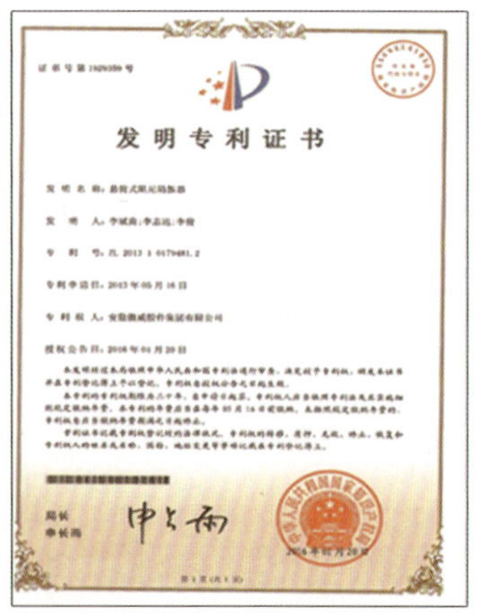

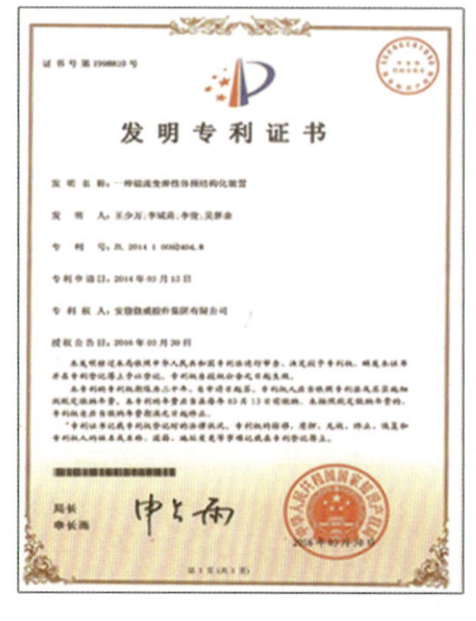

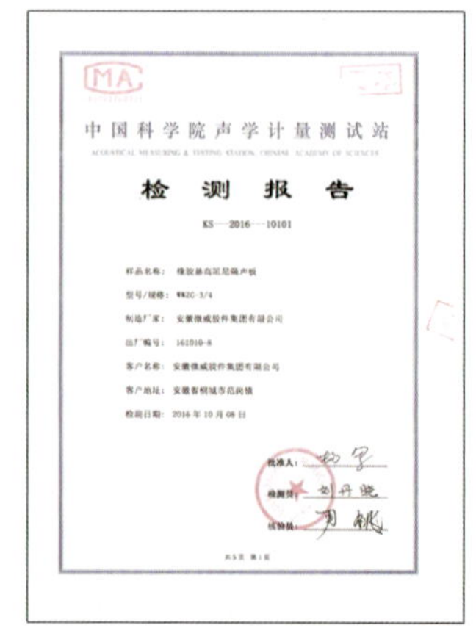

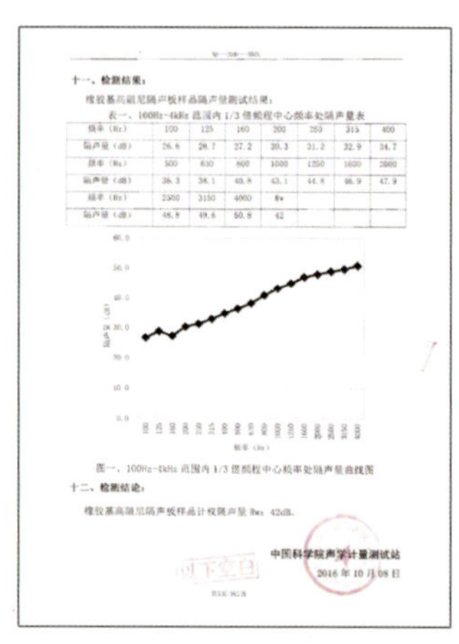

安徽微威
微威集团有限公司

WW
微威

微威研究院

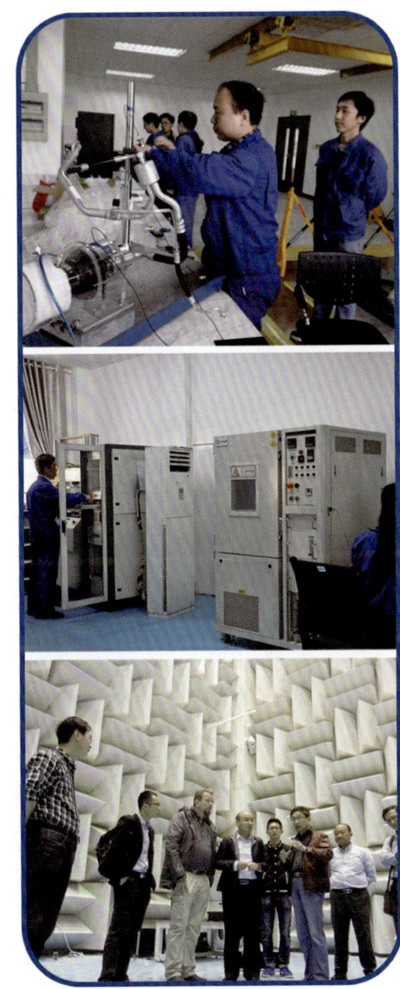

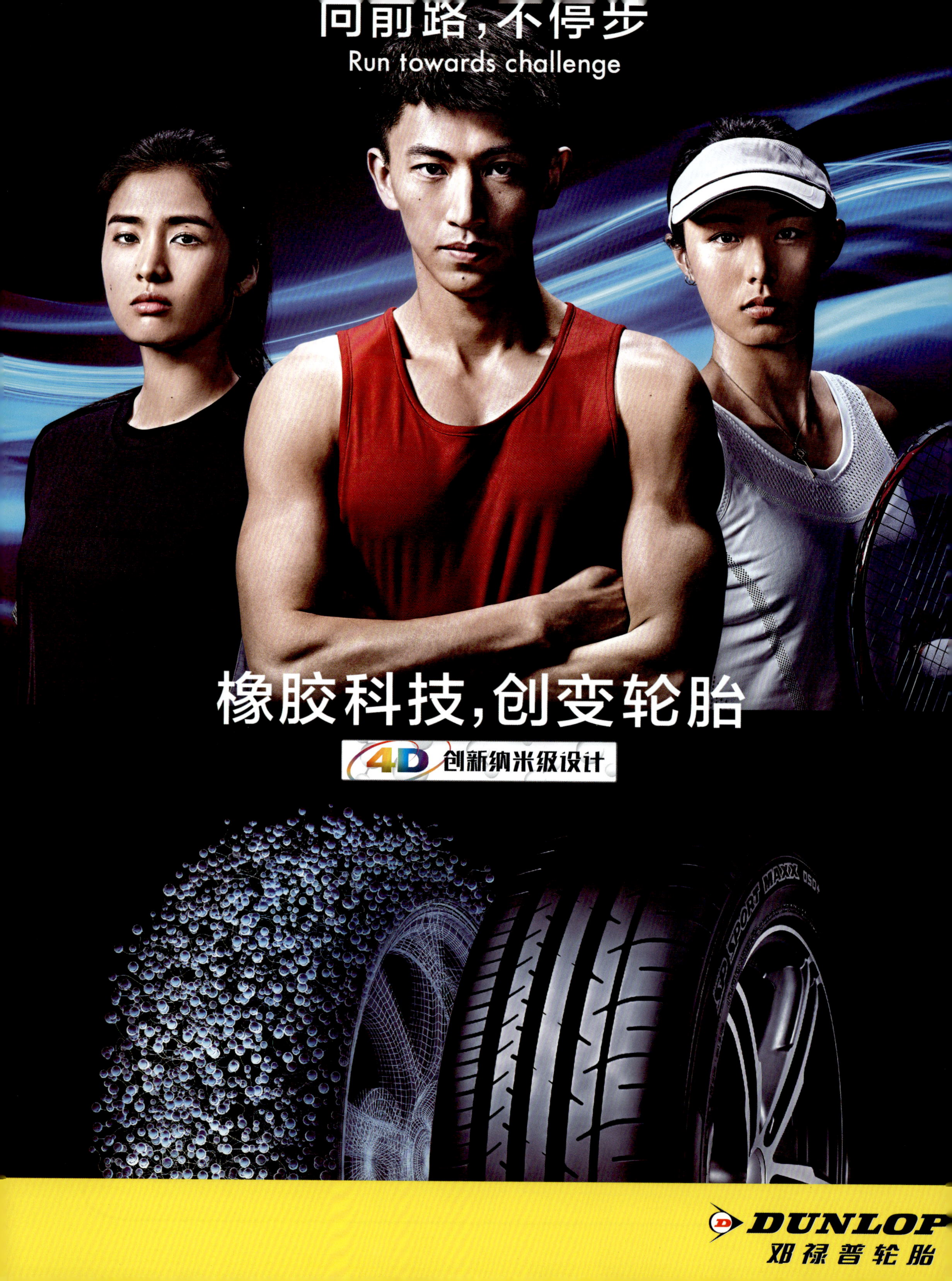

向前路，不停步
Run towards challenge
橡胶科技，创变轮胎
4D 创新纳米级设计
SPORT MAXX
DUNLOP
邓禄普轮胎

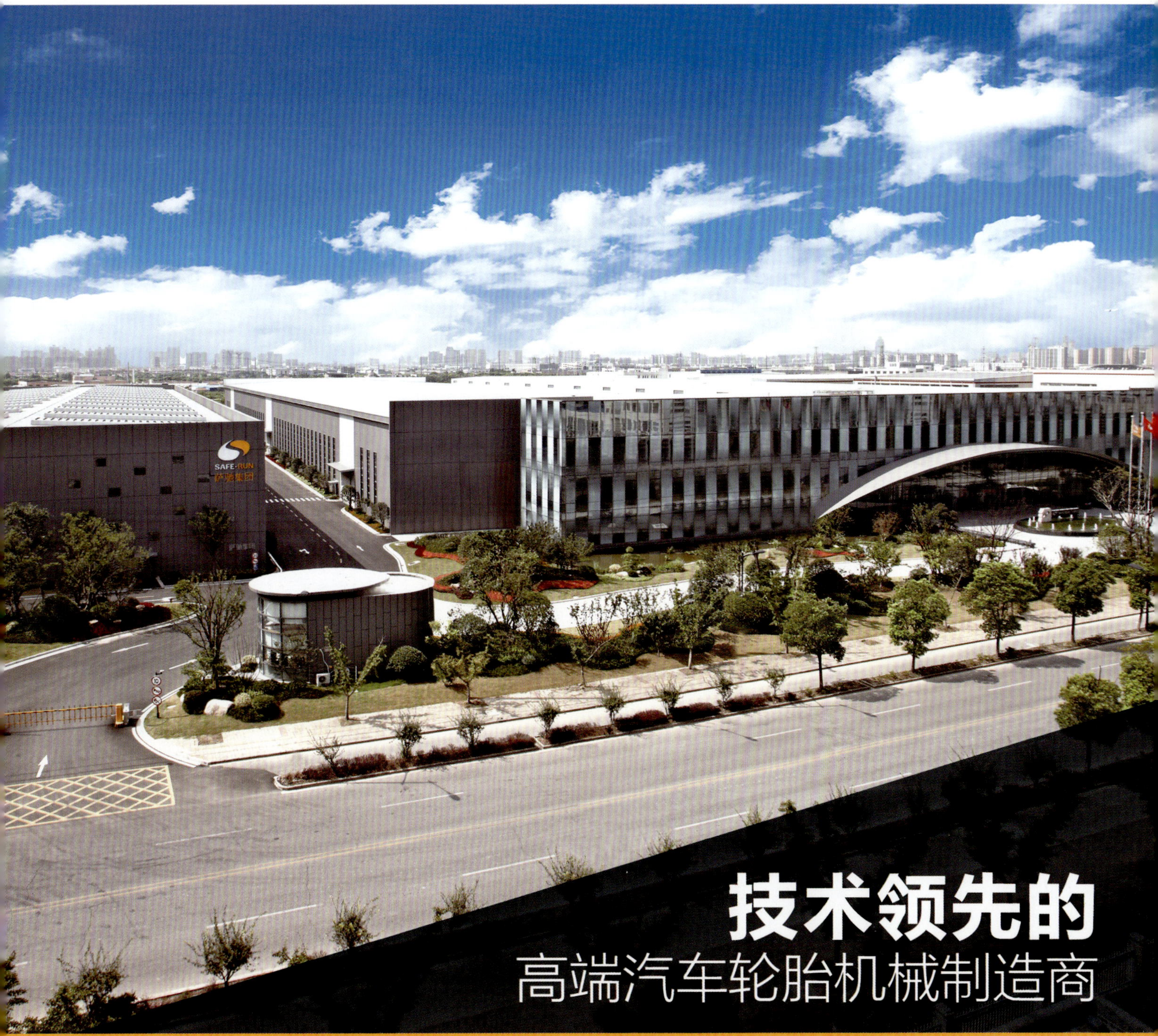
SAFE-RUN
技术领先的
高端汽车轮胎机械制造商

八亿橡胶

八亿橡胶有限责任公司是以山东能源集团为支撑，集全钢轮胎、半钢轮胎、输送带、天然橡胶等产品设计、研发、制造、销售于一体的国有企业。经过几年的探索发展，公司从默默无闻的新兴企业，逐步成长为含八亿轮胎全钢、亿和输送带、泰国橡胶等4家子公司，上下游产业集群发展，拥有强大竞争力和完善管理体系的大型现代化企业集团。

公司将科技和人才作为企业发展的动力源泉，先后建成了省级技术中心、CNAS国家认可实验室、国家高新技术企业和博士后工作站。立足高端市场，引进意大利、日本、德国等世界先进的生产设备，率先采用了ARP生胶破碎系统、SSM一步法低温混炼技术、三复合生产线和全钢液压硫化机等一系列先进的工艺系统，研发了31项具有自主知识产权的技术，先后通过了国家强制3C认证、美国DOT认证和ISO/TS16949、ISO14001、OHSAS18001等管理体系认证。

依靠过硬的产品质量和科学的营销理念，公司全方位、立体化地开拓国内外市场，通过冠名第三届全国智力运动会围棋赛事等一系列推广活动，提升市场知名度，树立全新品牌形象。目前，国内经销商已发展到200余家，销售网络覆盖全国，成功打入国际市场，远销亚洲、欧洲、非洲、美洲等60多个国家和地区，并成为陕西重汽的指定供应商。

作为山东省橡胶协会常务理事单位，公司被认定为十大专家级单位之一，荣获山东省“科技金桥奖”。

到“十三五”末，公司将具备年产全钢子午线轮胎500万条，各类输送带2000万平方米，形成20万吨橡胶加工的生产能力、迈入全国橡胶行业前列。

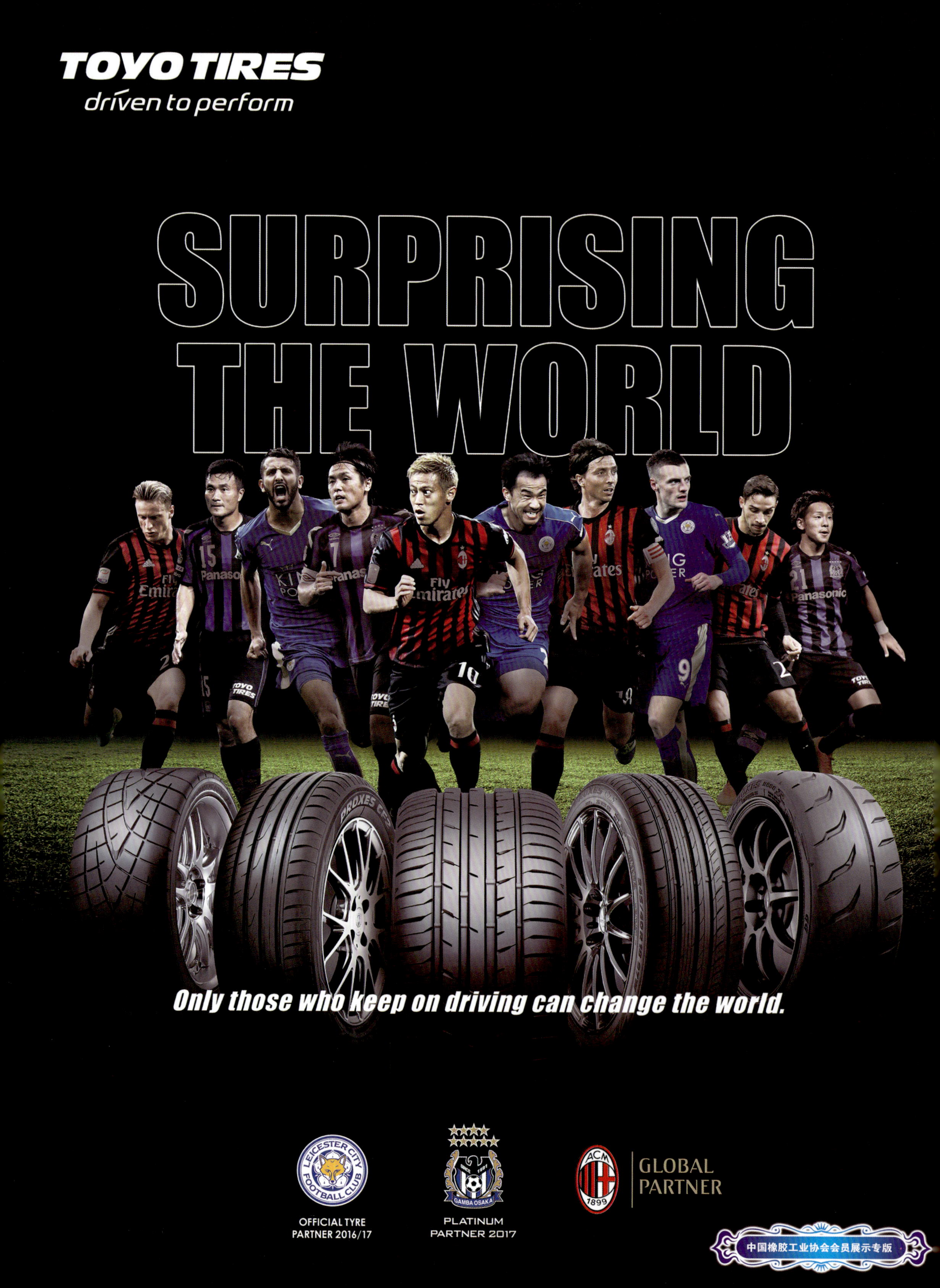
TOYO TIRES
driven to perform
SURPRISING THE WORLD
Only those who keep on driving can change the world.
OFFICIAL TYRE PARTNER 2016/17
PLATINUM PARTNER 2017
GLOBAL PARTNER
中国橡胶工业协会会员展示专版

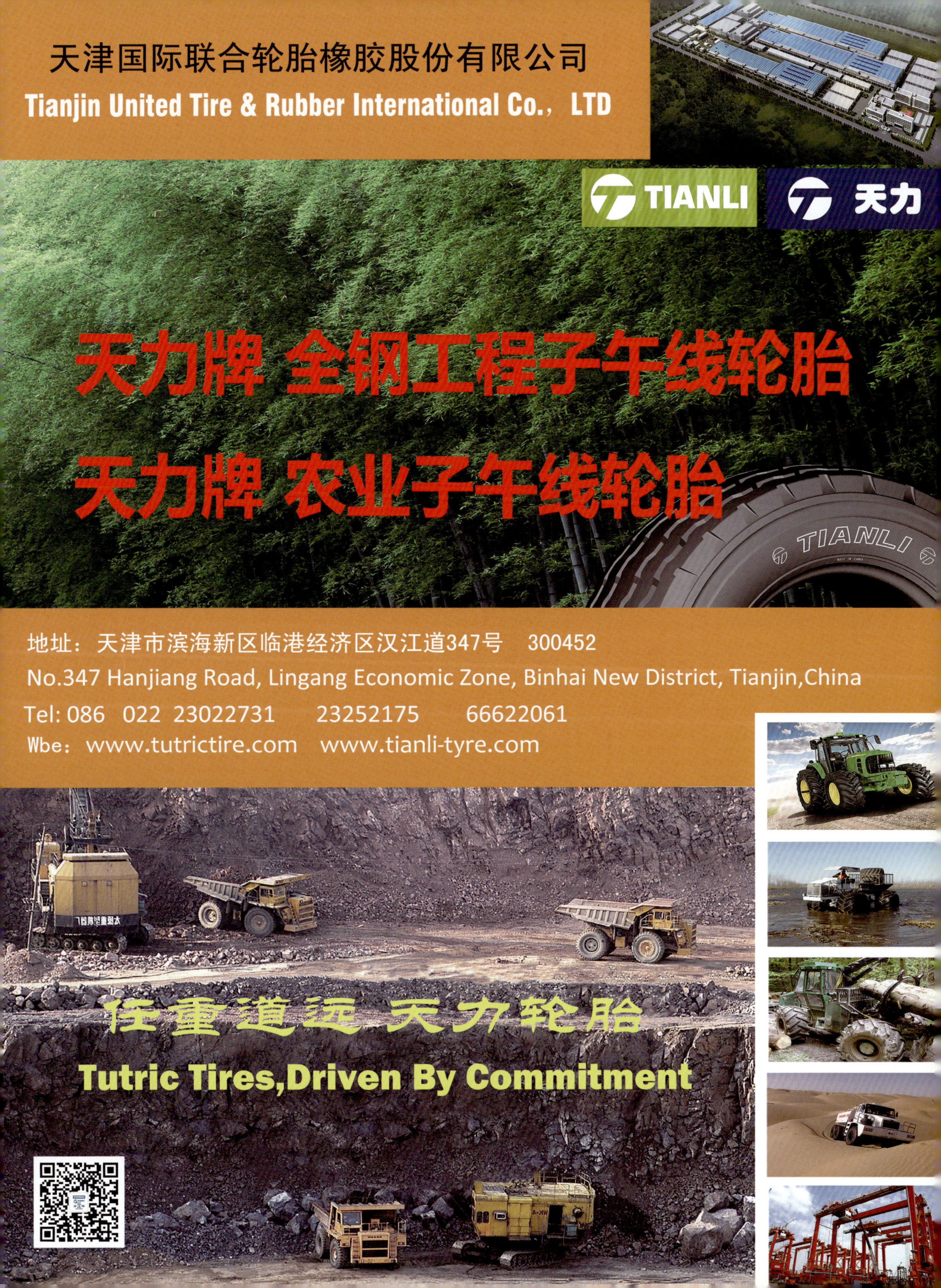
天津国际联合轮胎橡胶股份有限公司
Tianjin United Tire & Rubber International Co., LTD
TIANLI
天力
天力牌 全钢工程子午线轮胎
天力牌 农业子午线轮胎
TIANLI
地址：天津市滨海新区临港经济区汉江道347号 300452
No.347 Hanjiang Road, Lingang Economic Zone, Binhai New District, Tianjin,China
Tel: 086 022 23022731 23252175 66622061
Wbe：www.tutrictire.com www.tianli-tyre.com
任重道远 天力轮胎
Tutric Tires,Driven By Commitment

陆安轮胎，中国巨型全钢子午线轮胎的开拓者，——代表了中国先进技术水平

福建省海安橡胶有限公司是一家技术先进、资金雄厚的专业生产巨型子午线工程轮胎的公司。自1985年起，海安公司的创业团队开始涉及露天采矿的轮胎供应和轮胎承包项目。2005年12月，海安公司正式开始巨型子午线工程轮胎的研制和开发。经过20多年的技术检验和3年多的项目攻关，2008年6月30日，海安公司37.00R57全钢子午线轮胎成功下线。至目前，海安橡胶公司已有完备的生产线为100～400吨位矿用机械提供27.00R49～59/80R63共11个系列的高质量轮胎，满足不同矿山的需求。

如今，海安轮胎产品已遍布全球各地，与全球各大知名矿业公司有长期的合作关系，每年供应轮胎超过1.3万条，是世界主要巨型全钢子午线轮胎供应商之一。

福建省海安橡胶有限公司
厂址：福建省仙游县枫亭工业区A片区
电话：0594-7530308　传真：0594-7530301
网址：http://www.haiangroup.com
邮箱：tyrecare@haiangroup.com

图为使用“陆安”牌轮胎在矿山的实际工作场景

陆安巨型全钢子午线工程轮胎规格表

序号	规格	星级	花纹代号
1	27.00R49	★★	E-4
2	30.00R51	★★	E-4
3	33.00R51	★★	E-4
4	36.00R51	★★	E-4
5	37.00R57	★★	E-4
6	40.00R57	★★	E-4
7	46/90R57	★★	E-4
8	50/80R57	★★	E-4
9	53/80R63	★★	E-4
10	55/80R57	★★	E-4
11	59/80R63	★★	E-4

ANLUN 安仑
安仑炭黑 AN LUN CARBON BLACK
创新驱动发展，品质造就品牌

炭黑研发中心

中国橡胶工业协会会员展示专版

一个致力追求崭新橡胶成型的科技公司

A Fast Approach To Advanced Molding Technology

[经营项目]

橡胶自动射出成型机 · 真空罩油压成型机 · 立式自动油压成型机
自动胶囊射出成型机 · 强力加压利拿式密炼机
KD式胶粒制造设备 · 胶条制造设备
KD式胶片冷却机 / 开炼机
另承揽专用设备设计制造

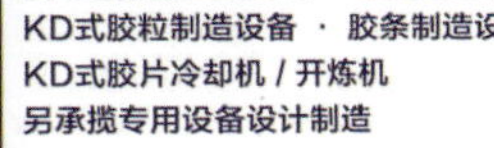

35年 专业全规格 一条龙服务

Y. 陽 昇 S.

无锡阳明橡胶机械有限公司
宜兴阳昇机械有限公司
江苏省宜兴市官林镇东虹路18号
邮编：214251
Tel ：0510-87205529,87205391~3
Fax ：0510-87205539
jackylai@yang-ming.com
www.yang-ming.com

北京市通广发工贸有限责任公司

Beijing TongguangFa Industry and Trade Co.,Ltd.

北京市通广发工贸有限责任公司成立于2000年，是一家专业从事橡胶机械生产和制造的民营企业，下设1家子公司——天津瑞利通机械制造有限公司。公司现有员工共170余人。其中北京市通广发工贸有限责任公司30余人，主要负责行政办公、财务税务处理、市场开发、技术开发及原材料采购等。天津瑞利通机械制造有限公司主要负责轮胎成型机的生产、安装调试及售后服务，主要员工140余人。厂区面积2万余平方米，生产厂房面积8000平方米，机械加工设备260余台。公司曾长期为多家知名轮胎设备制造企业配套生产各型轮胎成型机专用部件。同时我公司自2004年开始与日本普利司通公司合作，被指定为专业设备配套生产厂家，每年向普利司通公司提供数十套轮胎设备组件及部件产品。公司于2011年开始生产半钢子午线轮胎二次法成型机整机。公司主要产品有：半钢高级乘用及轻卡子午胎二次法成型机组，规格机型有1318机型、1620机型、1822机型、2226机型等。主要标准机型为全自动二次法成型机、斜交胎一次法成型机、全钢载重子午胎一次法成型机部件、半钢轻卡子午胎一次法成型机组件以及与上述系列产品相配套的各型成型机工装。

北京市通广发工贸有限责任公司致力于轮胎成型机的研发与制造，秉承“专业出精品”的工匠精神，现产品已覆盖国内外十几个国家及地区，产品及相关服务受到客户一致好评！

诚挚欢迎业界朋友莅临我司参观指导，希望与您携手共赢！

公司地址：北京市通州区新华大街北京ONE国际广场1406室

天津工厂：天津宝坻经济开发区宝富道11号

联系人：高来钢

电话：13621168060　010-53006031

新东岳集团自2003年10月改制以来，风雨砥砺，对接中国制造2025，深刻把握工业4.0概念，围绕“轮胎主业提质增效、其它产业做精做优”经营目标，发展成为集轮胎、电动车、还原胶、橡胶机械、食品、酒业等于一体的大型集团公司，主业轮胎综合经济指标居全国力车胎行业前列！

新东岳集团有限公司是以生产经营摩托车胎、电动车胎、自行车胎、农用车胎、高档彩胎、丁基内胎等为主导产品的现代化企业，具有40余年的轮胎制造经验和技术积淀，并参与制定多项国家及行业标准。公司现已形成年产1500万套摩托车胎、1500万套自行车胎、1000万条电动车真空胎、1000万条丁基内胎、500万套高档彩胎的生产能力；先后取得了中国强制性产品“3C”认证，通过了质量管理体系、环境管理体系、职业健康安全管理体系“三体系”认证以及美国交通部DOT、欧洲E-mark、印尼SNI等国家和地区标准认证；企业技术中心被评定为“省级技术中心”、企业“废橡胶再生与应用工程实验室”被评为“泰安市工程实验室”，先后获得70余项自主知识产权；2014年公司顺利通过“国家级高新技术企业”认定，并荣获2014年度“泰安市市长质量奖”，2016年度“东岳”牌“摩托车外胎”、“新智”牌“硫化橡胶粉常压连续脱硫设备”荣获“中国橡胶工业协会推荐品牌产品”；企业被山东省总工会授予“红旗单位”、被中华全国总工会授予“模范职工之家”以及被授予“青年就业创业见习基地”等荣誉称号。集团党委被评为“泰山先锋”基层党组织、“山东省先进基层党组织”。

公司产品凭借卓越的品质畅销全国各地，并出口欧洲、美洲、非洲、东南亚等多个国家和地区，企业综合经济指标位居全国同行业前列。企业依靠雄厚的实力，当选为第八届“中国橡胶工业协会力车胎分会理事长单位”、“中国橡胶工业协会副会长单位”。

WANDA TYRE

天津市万达轮胎集团有限公司

天津市万达轮胎集团有限公司坐落在中国北方经济中心天津市。公司毗邻京津塘高速公路，距首都北京、天津港、天津机场仅40分钟路程，交通极为便利，地理位置十分优越，为企业的后期发展提供了广阔空间。

万达轮胎集团创建于1988年，属民营股份制企业。公司占地面积20万平方米，现有资产10亿元，年产值20亿元。轮胎是技术密集、资本密集、生产密集型的规模效益型企业，为顺应企业发展的需要，集团公司于2013年在河北邢台地区投资3亿元建立了生产基地。该基地占地面积30多万平方米，新工厂的建成将进一步满足市场各级客户的需求，增加市场占有率。

公司是集汽车轮胎、摩托车轮胎、电动车轮胎、自行车轮胎、工程轮胎以及特种轮胎生产和销售为一体的专业性集团公司。产品销售市场遍及全国各地，产品远销海外100多个国家和地区。公司秉持“专注质量、用心服务”为核心价值，一切以用户需求为中心，不断开发新产品，潜心打造高品质产品，深受广大用户的欢迎。

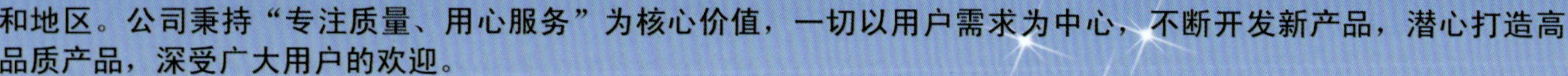

万达人经过奋斗和经验的积累，创造了一个又一个辉煌。万达人愿意为与合作伙伴实现利益共赢努力。愿意用我们共同的努力为繁荣市场经济贡献力量。

万达企业荣誉：

1. 1996年通过ISO9001质量保证体系认证。
2. 2000年通过美国交通部DOT安全认证。
3. 2002年轮胎产品通过国家强制性产品认证。
4. 2006年产品通过欧盟ECE认证。
5. 2014年企业通过ISO14000环境管理体系认证。
6. 2015年企业通过ISO/TS16949认证。
7. 从2006年至2014年连续8年获得天津市十佳民营企业称号。

联系地址：天津市北辰区津京塘高速公路宜兴埠收费处东
联系电话：022-26990915（办公/传真）
网址：http://www.tjwanda.com.cn

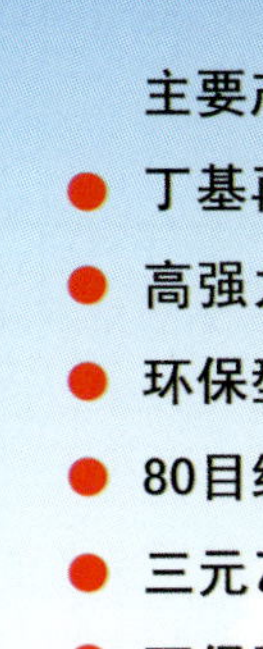

南回橡胶
Nanhui Rubber

年产12万吨再生橡胶生产企业

董事长：倪雪文

主要产品

- 丁基再生橡胶
- 高强力轮胎再生橡胶
- 环保型轮胎再生橡胶
- 80目细粒子再生橡胶
- 三元乙丙再生橡胶
- 环保型高强力再生橡胶
- 精细轮胎再生橡胶
- 彩色再生橡胶
- 5～80目轮胎胶粉胶粒

南通回力橡胶有限公司是中国大型再生橡胶生产企业，江苏省高新技术企业、江苏省循环经济示范单位、江苏省再生橡胶新材料产业技术创新战略联盟理事长单位。

公司拥有先进的生产检验设备、雄厚的技术力量，厚实的经济基础和科学的管理体系，具有年生产再生橡胶12万吨能力，其中丁基再生橡胶5万吨，轮胎再生橡胶5万吨，EPDM再生橡胶5000吨，浅色再生橡胶5000吨，胶鞋和杂品再生胶5000吨，轮胎胶粉和胶粒5000吨，产品畅销全国各地，并出口欧、美、亚、非等近百个国家和地区。

公司不断致力于提高产品质量，在全国同行业中率先通过ISO9001、ISO14001、OHSAS18001管理体系认证，公司建有废橡胶再生利用工程技术研究中心，再生橡胶通过欧盟官方正式注册。南回品牌驰名中外，产销量连续22年位居全国同行前列。

天台坤荣橡胶有限公司

天台坤荣橡胶有限公司，是一家专注于“废旧轮胎循环利用”技术研发与生产的高新技术企业，位于风景秀丽的浙江省天台县，成立于2007年12月，工厂占地面积20000余平米，固定资产8000多万元，现有员工120人。通过ISO14000环境管理体系认证及ISO9001质量管理体系认证，为“中国橡胶工业协会常务理事单位”，是中国橡胶工业协会废橡胶综合利用“常压连续脱硫生产再生胶应用示范企业”。

公司秉承“变废为宝，循环利用”的发展理念，脚踏实地，锐意进取，依靠先进的生产设备和卓越的生产技术，对废旧轮胎进行加工处理生产，按照市场需求不断开发新产品，现拥有8MPa～16MPa四大系列12个品种的再生胶，以及应用广泛的“改性脱硫胶粉”产品。产品投放市场以来，广受欢迎，供不应求，是国内优秀橡胶制品企业的优质供应商。产品广泛服务于中策集团、浙江三维橡胶制品股份公司、浙江天铁实业股份有限公司等企业。

公司自主开发的“塑化机”拥有自主知识产权，采用模块化、智能化的制造工艺，结构简单，易于操作，维护方便，长时间连续运转性能稳定，比行业目前普遍使用的“动态脱硫罐”节能20%以上。完全避免了其他同类设备生产过程中所产生的废水、废气对环境的污染。2017年4月公司生产的“塑化机”通过新产品鉴定，为再生橡胶行业的健康发展提供了先进、高效的生产装备。

天台坤荣橡胶有限公司将始终保持务实、创新、坚韧、担当的精神，始终以以废旧轮胎的科学循环利用与节能减排为己任，不断完善生产工艺、提升品质，与新老合作伙伴一起为资源综合利用作出自己的贡献。

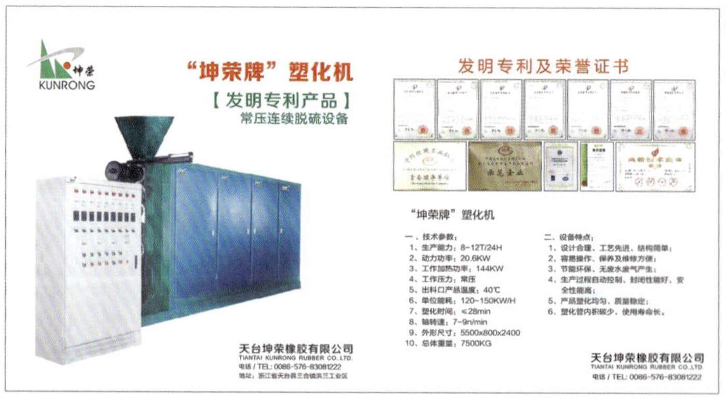

公司简介

青岛橡六输送带有限公司始建于1952年，迄今已有65年历史，是国内较早的输送带生产专业厂家，现隶属于中国化工集团公司，公司为“中国高强力输送带研发生产基地”；2017年被认定为“中国橡胶行业输送带技术中心”。公司所拥有的国内外享有盛誉的“橡六”“中华”“头马”牌产品，在煤炭、冶金、水泥、港口、矿山、电厂等领域内具有很强的竞争优势，多年来一直保持较高的市场占有率，在国内同行业中始终处于领军企业地位。

德国特勒斯特宽幅胶片挤出压延机

小药自动称量系统

科研实力

先后开发出耐高温系列输送带产品，研制开发耐灼烧金属网芯输送带、三元乙丙耐高温输送带、耐高温挡边输送带、耐高温提升带、耐高温钢丝绳芯输送带。

自主研制开发的安全型MT668标准阻燃钢丝绳芯输送带，其阻燃性能大大超过美、德、日等国家的标准，在国内率先取代进口产品，满足了煤矿井下安全生产的需要；自主研发的符合煤矿井下使用的MT669标准钢丝绳牵引输送带，以及引进英国芬纳公司技术生产的符合MT914标准的输送带，形成了安全型产品三大支柱。

2012年破解行业世界性难题，成功研制耐高温挡边输送带。

先后完成国家重点项目及新产品项目21项、技术开发项目64项，其中49项国内领先；拥有国内外多项自主知识产权。

主持起草了十几项国家标准，参与修订、审核了几十项行业标准。

节能降耗型的单层式尼龙、芳纶及钢丝绳网状结构输送带是公司输送带骨架材料变革中的又一次新飞跃，是输送带骨架材料历史上的突破和升级。

产品定位：以高端市场为主　兼顾中低端市场

服务宗旨：追求用户满意　为用户创造价值

主要产品：可根据客户要求作出特殊类型输送带

- 棉帆布芯输送带
- 尼龙帆布芯输送带
- EP帆布芯输送带
- 抗撕裂型钢丝绳芯输送带
- 煤矿用织物整芯阻燃输送带（PVC、PVG）
- 芳纶输送带
- 耐高温输送带
- 耐灼烧输送带
- 金属网芯输送带
- 钢丝绳牵引输送带
- 挡边输送带
- 提升式输送带
- 管状输送带
- 预埋线圈防撕裂输送带
- 抗冲击撕裂输送带

运行中的钢丝绳芯输送带

耐灼烧金属网芯输送带

公司地址：青岛市城阳区棘洪滩街道金岭一路
订货电话：0532－83848888
服务电话：0532－83847777
传真：0532－83826304
网址：http：// www.rubber6.com

安徽中意胶带有限责任公司

安徽中意胶带有限责任公司（以下简称中意胶带）是国家高新技术企业，全国制造业单项冠军培育企业，全国五一劳动奖状获得者，中国橡胶工业协会胶管胶带分会副理事长和安徽省橡胶工业协会理事长单位。主要从事输送带、高分子材料及制品的研发、生产和销售，为煤炭、冶金、电力、港口等重要行业提供输送带及相关产品和服务。公司拥有6条橡胶分层输送带生产线、4条钢丝绳芯输送带生产线和4条整芯阻燃带生产线。其中整芯阻燃带生产线拥有核心技术和自主知识产权，代表国内先进水平，旋转浇注聚氨酯胶辊生产线达到国际先进水平。公司具有2500万平方米高强力输送带、5000吨橡胶制品、聚氨酯胶辊和筛网的年生产能力，是全国高强度输送带和高分子耐磨材料的重要生产基地。

中意胶带在同行业率先建立了品牌培育管理体系，通过导入卓越绩效管理、品牌管理、风险管理、精益管理等先进的管理模式，不断提升公司质量、品牌管理水平。多年来，公司一直保持着安徽省质量奖、淮北市市长质量奖称号，被国家相关部门授予全国工业品牌示范企业；公司的淮兴牌高强力输送带系列产品、整芯阻燃带连续多年保持全国用户满意产品，被中国石化联合会授予推荐品牌产品。

中意胶带公司依靠科技进步，坚持自主创新，在行业率先建立以企业技术中心为主要方式的技术创新体系，在省级企业技术中心的基础上，先后建立了国家级博士后科研工作站、安徽省矿用输送带工程技术研究中心、安徽省高分子材料及制品工程实验室。公司与多家高校、科研院所建立了紧密的产学研合作关系，牵头组建安徽省热塑性弹性体产业联盟。中意胶带在输送带、高分子材料及制品领域拥有30多名由中高级技术人员及专家教授组成的研发队伍，拥有100余台研发及实验、检测设备，研发能力国内同行领先。多次承担国家及省市科技计划项目，先后荣获国家及省市科技进步奖15次，4项国家级重点新产品，10项省级高新技术产品和26项自主知识产权，主导制定9项国家及行业标准，先后被评为安徽省产学研示范企业、安徽省创新型企业、中国化工行业技术创新示范企业和国家知识产权优势企业。

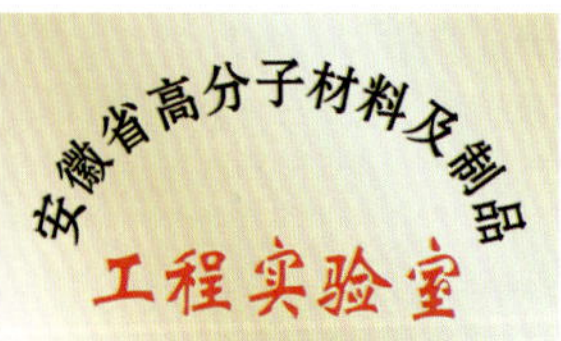

地址：安徽淮北经济开发区淮海东路157号　　邮编：235047
电话/传真：0561-3022135　　邮箱：ahzyjd@163.com

保定华月胶带有限公司

BaoDingHuaYue Rubber Belts Co.,Ltd

鼓式硫化机　　高级别PVCPVG阻燃带生产线　　钢丝绳芯输送带生产线　　恒张力成型机

保定华月胶带有限公司是生产、研发高端输送带的专业公司；是信息化与工业化高度融合的现代化企业；中国高强力输送带及TBM（隧道掘进机）专用输送带的主要生产基地。公司已通过ISO9001质量管理体系认证，14001环境管理体系认证，18001职业健康安全管理体系认证。公司是多项国家标准的起草单位，为橡胶工业协会质量授信单位，被河北省认定为高新技术企业。

我公司注册资金2亿元。产品包括钢丝绳芯输送带、PVC、PVG整芯阻燃输送带、管状输送带、波状挡边输送带、分层织物芯输送带、钢丝螺旋网芯耐烧灼输送带等以及由此延伸的产品如低滚动阻力输送带、直经直纬输送带、钢丝绳提升带、卫生带、聚酯螺旋网带、耐冲击输送带等上百个品种。

我公司的生产、检测装备在全国同行业中位居前列。为河北省输送带检测研发中心所在地。有与国际水平同步的密炼中心、采用自动纠偏恒张力成型机，硫化生产线采用加拿大PATHEX公司和德国Simpelkap公司技术，并结合实际情况进行了针对性改造升级；除了对标准所要求项目进行全部控制还增加了湿热磨耗试验机、分层带曲挠试验机等检测设备。

华月公司一直以技术创新作为推动企业进步的手段。技术团队的创新意识和高管团队的前瞻意识是技术研发优势的保证，公司以自主研发为基础，同时注重与高校和科研院所的交流、合作，充分利用其科研力量和研究成果，提高技术创新的起点，缩短技术产业化的时间。

华月公司可为客户提供“定制生产”服务及集输送线使用环保除尘为一体的在线承包服务。有针对性的为客户设计或改进产品，使输送带有更强的适应性，延长输送带的使用寿命，从而降低客户的采购成本和运行成本。

华月公司的营销网络已覆盖国内31个省、市、自治区以及欧洲、澳洲、美洲、非洲、东亚、东南亚、中亚的几百家冶金、煤炭、电力、建材、港口等企业。德国卡尔公司、韩国卡亚、土耳其NK公司、中国渤海钢铁集团、首钢总公司、中国神华集团、山西焦煤集团、中国国电、国家电投、海螺水泥、中联水泥、黄骅港等大型企业均与华月公司有长期稳定的业务关系。

公司始终秉承“质量铸造品牌，服务开拓市场”的企业理念，将“诚信、质量、安全、服务”的经营宗旨贯穿于每一个过程，在注重经济效益的同时更加注重社会效益。

我们希望同各界朋友携手合作，共同创造更加美好的未来。

地址：河北省博野县经济开发区　电话：0312—5888086　8349999　传真：0312—5888080　8349608
E—mail：xiaoshou@hbhuayue.com　网址：www.hbhuayue.com.cn

阳煤集团奥伦胶带分公司

阳泉煤业（集团）有限责任公司奥伦胶带分公司组建于1998年，是专业输送带生产企业。公司总资产7.2亿元，占地24万平方米，员工500人。公司现有12条生产线，生产能力330万平方米，年产值10亿元，输送带产品幅宽能达到2.5米。

公司PVC输送带生产线设备单机单产总产能居国内前列。同时拥有DLB2700×15600宽幅钢丝绳芯输送带生产线和配套的20工位自动配料机、GK 250E密炼机及自动开练系统、2800mm胶片挤出机、恒张力成型机等均为目前国内领先装备。

公司始终坚持科技创新是企业发展的动力，质量是企业生存的基石。通过了国际质量、环境、职业健康等管理体系认证。致力于掌握输送带前沿技术，2005年开发的阻燃橡胶叠层带，取得国内《检验合格证》和《煤矿安全标志》，结束了国内有证无产品的历史，是中国输送带国家和行业标准制定的成员单位。通过新产品的研发和参与输送带标准的制定，不断提高产品核心竞争力。

公司投资1000万元，建成1200m²的实验室，拥有完善、先进的输送带试验、检测设备。共有检测设备56台，能检测输送带产品的原材料、工艺过程，以及成品检测项目。完备的试验检测设备、严密的产品质量管控过程，保证了奥伦输送带的良好品质，塑造了奥伦产品的名优品牌。

公司拥有知识结构齐全的输送带研发团队，包括化工、高分子材料、工程、电气自动化等专业的中、高级技术人才65人，分布在科研、试验检测、技术管理、生产车间，用他们的知识和智慧从每一个环节保证奥伦输送带产品的性能，优化升级产品结构，不断满足客户的需求。

公司产品销往山西、陕西、内蒙古、宁夏、山东等地200多家企业，产品质量、性能得到用户广泛好评。

GUALN®
冠聯

太仓冠联高分子材料有限公司

Taicang Guanlian Polymeric Material Co.，Ltd

诚信服务
持续经营

混炼胶一揽子解决方案的提供者

公司介紹

- **冠联**是全球规模较大，生产和实验设备较先进的集研发、生产、销售、服务于一体橡胶混炼胶外资企业。创建于2004年10月。占地100亩，投资6000多万美元，员工300多名，研发技术人员70多人，高级工程师20多名，品质人员20多名。与多家高校建立了校企合作关系，建立了研究生工作站，博士后工作站筹建中。
- 现有混炼胶产能10万吨，2015年扩建后新增产能15万吨，总产能达到25万吨。
- 采用ERP 管理系统，对公司物料、采购、生产、物流、财务等进行系统管控。
- 采用德国软件控制系统，实现生产过程自动化、清洁化、提升品质竞争力。
- 为客户提供多元化的产品，满足客户多变的生产需求，全方位对接各橡胶应用领域。
  客户如康迪泰克、特瑞堡、哈金森(武汉)、东海橡胶、普利司通、住友轮胎、横滨橡胶、库博（芜湖）、莱尼电缆、博戈、中雅等。

经营范围及应用领域

- 轮胎类系列产品
- 输送带、传动带橡塑类系列产品
- 胶管类系列产品
- 运动器材、橡塑类鞋材系列产品
- 密封件、衬里胶类系列产品
- 胶辊类系列产品
- 减震胶类系列产品
- 电线电缆橡塑类系列产品

产品涉及行业：航空、航天、高铁、动车、城市轨道交通、汽车、海底隧道、桥梁、石油钻井平台、矿山、船舶、码头、电力建筑、造纸、运动器材等

密炼机　过滤机　压延线　裁纱机

研发中心

- 成立12个项目开发服务团队
- 拥有18项自主知识产权
- 国家重点实验室筹建中

生产设备

- 冠联公司现有混炼胶生产线11条。
  - 黑色：台湾200L(N型2台)、190L(E型2台)、150L(力拿2台)
  - 彩色：台湾100L(N型1台)、75L(N型2台)
  - 特种胶：台湾55L(力拿2台)
  - 过滤：德国进口过滤机（Φ150和Φ220)各1台
- S型四辊压延生产线（1830*610mm)及配套裁纱机1台
- 二期设备引进德国**HF**(法莱尔)**320L**(**E**型）密炼机**4**台（黑色)，日本**Kobelco**(神钢）**430L**(**Wi**型）密炼机**2**台(黑色)配进口双螺杆压片机及全自动小药备料系统，**2015**年**6**月正式投产

二期

检测中心

冠联公司拥有完备的橡胶原材料及混炼胶检测设备

- 环保性能测试设备：原子吸收分光光度计仪、荧光光谱仪等。
- 橡胶材料特殊性能测试设备：耐低温检测仪、耐油检测仪、臭氧老化机、热空气老化箱、高电阻计、氧指数仪、磨耗试验机、疲劳试验机等。
- 精密分析仪器设备：红外光谱仪、气相色谱仪、紫外分光光度计等。
- 橡胶材料常规性能检验设备：门尼机、硫变仪、拉伸试验机、硬度计、炭黑分散仪、比重计等。

胶片分条机

质量&环境体系认证

联系方式

公司名称：太仓冠联高分子材料有限公司
地址：江苏省太仓市陆渡镇三港村新浏路58号
总机：0512-82708291　传真：0512-82708295
邮编：215412　邮箱：gualn@gualn.com
网址：www.gualn.com.cn　联系人：周先生
手机：86 15151680888

高深橡胶 Gaoshen Rubber

高瞻远瞩 深展无限

西双版纳新高深橡胶股份有限公司成立于2010年，其前身为西双版纳高深橡胶产业有限公司，是专注于天然橡胶产业发展，集天然橡胶加工、种植、销售和研发于一体的国家农业产业化重点龙头企业。

公司注册资本1.2亿元，于2015年在“新三板”挂牌上市。目前，公司在国内外共设立8家橡胶加工型子公司，总产能25万吨，同时在老挝和缅甸种植天然橡胶15万亩。

自创立以来，公司本着诚信经营的原则，积极进取、勇于开拓创新的经营理念，经过多年的努力拼搏，积累了较强的竞争力，业务也不断发展壮大，与国内外知名企业如：普利司通、住友橡胶、韩泰轮胎、佳通轮胎、正新橡胶、双钱轮胎等建立了稳定而紧密的合作关系，构建了稳健的营销网络。

在业务取得连年突破的同时，公司更加大天然橡胶核心技术研究，一方面加强自身研发能力建设，推动公司技术中心转型为“云南省企业技术中心”，并获得自主知识产权12项；另一方面积极开展“产－学－研”合作，加速天然橡胶新材料研发，目前联合海南大学、云南省天然橡胶及咖啡产品质量监督检验站共建“云南省天然橡胶加工工程技术研究中心”。

高深橡胶的发展，见证了党和政府大力发展民营经济的正确决策。未来，我们将继续致力于引领天然橡胶产业的发展，发挥龙头企业的带动作用，不断开拓创新，应对全球天然橡胶领域日新月异的挑战。

加工厂概况

嵩明高深橡胶有限公司

嵩明高深橡胶有限公司位于云南省昆明市杨林工业开发区，设计产能5万吨，于2008年1月建成投产。2010年经认定为农业产业化经营重点龙头企业

海南高深橡胶产业发展有限公司

海南高深橡胶产业发展有限公司位于海南省儋州市木棠工业园区，设计产能7万吨，于2011年1月建成投产，是国内生产能力较大的国际标准橡胶加工厂

耿马高深橡胶有限公司

耿马高深橡胶有限公司位于云南省临沧市耿马县孟定镇，建设年产3.5万吨国际标准橡胶加工厂，2016年6月正式投入生产

德宏高深橡胶产业发展有限公司

德宏高深橡胶产业发展有限公司位于云南省德宏州芒市工业园区遮放片区，设计产能5万吨，于2012年建成投产，是德宏州天然橡胶加工龙头企业

大勐龙分公司

大勐龙分公司位于西双版纳州景洪市勐龙镇，设计产能3.5万吨，于2014年4月建成投产。该项目列入省2013年“212”工程重点工业建设项目

老挝高深资源开发有限公司

老挝高深资源开发有限公司位于老挝波里坎省，种植基地于2007年启动，2014年建成年产1万吨烟片胶加工厂

中国橡胶工业年鉴

CHINA RUBBER INDUSTRY YEAR BOOK

(2016～2017年)

中国橡胶工业协会　编

中国商业出版社

图书在版编目(CIP)数据

中国橡胶工业年鉴. 2016-2017年 / 中国橡胶工业协会编. --北京: 中国商业出版社, 2017.11
ISBN 978-7-5208-0125-6

Ⅰ. ①中… Ⅱ. ①中… Ⅲ. ①橡胶工业-中国-2016-2017-年鉴 Ⅳ. ①F426.7-54

中国版本图书馆CIP数据核字(2017)第293354号

责任编辑　张超美

中国商业出版社出版发行
(100053　北京广安门内报国寺1号)
010-63180647　www.c-cbook.com
新华书店北京发行所经销
北京科信印刷有限公司印刷
*
889×1194毫米　大16开　22.25印张　600千字
2017年12月第1版　2017年12月第1次印刷
定价:500.00元
*　*　*　*　*
(如有印装质量问题可更换)

《中国橡胶工业年鉴》(2016~2017年)编辑委员会

(委员名单排列以姓氏笔画为序)

《中国橡胶工业年鉴》编辑部人员名单

编辑说明

《中国橡胶工业年鉴》是由中国橡胶工业协会组织编纂的信息密集型工具书，具有资料权威、反应及时、连续出版、数据全面等特点。作为社会各界了解橡胶行业的窗口，《中国橡胶工业年鉴》能够为各级政府机关、研究机构、橡胶及相关行业企业以及社会各界人士和中外投资者提供丰富、翔实的行业资料。

该书按年度逐年编纂出版，宗旨是全面、系统、准确地记载我国橡胶工业的发展历程，指导我国橡胶工业科学发展。在编辑过程中，如实记载发展进程中的新特点和亟须解决的新问题，注意强化时代感和地方区域特色，重点介绍新情况、新成就，实现"知往鉴来，服务现实"，同时力求发挥该书在国民经济建设的资政、参谋和信息作用。

2016～2017年版《中国橡胶工业年鉴》为第16版，在保持基本框架相对稳定的前提下，对部分内容进行了更新、调整、充实。文章以2016年的数据为主、2017年上半年数据为辅，辑录了2016年中国橡胶工业的发展情况，包括轮胎、航空轮胎、翻新轮胎、力车胎、胶管胶带、橡胶制品、胶鞋、乳胶制品、废橡胶综合利用、天然橡胶、合成橡胶、生物基橡胶、橡胶助剂、橡胶骨架材料、炭黑、白炭黑、橡胶机械、轮胎模具等行业，及主要省(市、自治区)橡胶工业发展现状和项目进展情况，同时辑录了橡胶工业年度重大科技成果、橡胶工业进出口贸易、贸易摩擦、行业主要新闻、大事记、2016年中国橡胶工业协会工作报告和橡胶行业近5年的统计数据及会员单位销售收入排行榜、中国轮胎企业排名数据分析、国外轮胎行业发展概况等多个板块，资料丰富，内容翔实，数据可靠。

《中国橡胶工业年鉴》力求行业内容全面与深入，但由于各单位搜集数据的来源或口径不同，计算可能略有差异，编辑部工作人员尽了最大努力，力求做到数据统一、准确。因统计范围、统计口径的不同，文中部分数据可能与以往不具可比性，此种情况不一一注明。本书重要数据以统计部门公布的为准。

在编纂和出版过程中，承蒙各单位和诸多专家的大力支持，在此，特向为本书撰稿、审稿的有关单位和专家致以衷心的感谢！

编辑出版工作是一项系统工程，涉及到方方面面。由于编辑能力和水平有限，因稿源、编校、印刷等所造成的疏漏和差错在所难免，希望各界人士继续给年鉴工作以更多的支持和帮助，对书中错漏之处予以批评指正，以利今后改进提高。

《中国橡胶工业年鉴》编辑部

目　　录
Contents

主要橡胶制品及其配套行业
Major Rubber Product and Associated Industries

部分省市橡胶工业
the Rubber Industry in some Provinces and Cities

橡胶工业主要科技成果
Major Achievements of Science and Technology in Rubber Industry

贸易摩擦
Trade Friction

大事记
Chronicle of Events

橡胶工业进出口贸易
Import and Export Trade in Rubber Industry

中国橡胶工业统计
Statistics of China Rubber Industry

全球橡胶工业概况
Survey of global Rubber Industry

广告索引

扉 32、33：宁波德泰化学有限公司

扉 34、35：郑州市双力化工产品有限公司

扉 36、37：软控股份有限公司

扉 38、39：苏州宝化炭黑有限公司

扉 40、41：圣奥化学科技有限公司

扉 42、43：山东伊狄达汽车与轮胎试验场有限公司

扉 44、45：史密斯瑞华（苏州）测试有限公司

扉 46、47：青岛致鉴检验有限公司

扉 48、49：中国化学工业桂林工程有限公司

扉 50、51：无锡双象橡塑机械有限公司

扉 52、53：上海兰宝环保科技有限公司

扉 54、55：株洲时代新材料科技股份有限公司

扉 56、57：安徽微威胶件集团有限公司

扉 58：住友橡胶（中国）有限公司

扉 59：萨驰华辰机械（苏州）有限公司

扉 60：青岛双星营销有限公司

扉 61：浦林成山（山东）轮胎有限公司

扉 62：山东万达宝通轮胎有限公司

扉 63：八亿橡胶有限责任公司

扉 64：通伊欧轮胎（上海）贸易有限公司

扉 65：南港（张家港保税区）橡胶工业有限公司

扉 66：泰丰轮胎（江西）有限公司

扉 67：天津国际联合轮胎橡胶股份有限公司

扉 68：福建省海安橡胶有限公司

扉 69：山东西水永一橡胶有限公司

扉 70：东莞市福斯特橡塑科技有限公司

扉 71：苏州安仑化工有限公司

扉 72：潍坊科伦比恩化工有限公司

扉 73：无锡阳明橡胶机械有限公司

扉 74：北京市通广发工贸有限责任公司

扉 75：新东岳集团有限公司

扉 76：天津市万达轮胎集团有限公司

扉 77：南通回力橡胶有限公司

扉 78：天台坤荣橡胶有限公司

扉 79：青岛橡六输送带有限公司

扉 80：安徽中意胶带有限责任公司

扉 81：保定华月胶带有限公司

扉 82：阳泉煤业（集团）有限责任公司奥伦胶带分公司

扉 83：安徽中鼎密封件股份有限公司

扉84:太仓冠联高分子材料有限公司

扉85:建新赵氏集团有限公司

扉86:四川川环科技股份有限公司

扉87:上海学赫信息科技有限公司

扉88:昆明新高深橡胶有限公司

扉89:物产中大欧泰有限公司

扉90:石家庄志亿锌业有限公司

后彩91~93:阿朗新科高性能弹性体常州有限公司

后彩94、95:南京利德东方橡塑科技有限公司

后彩96、97:潍坊顺福昌橡塑有限公司

后彩98、99:中汽中心盐城汽车试验场有限公司

后彩100、101:乔治费歇尔精密机床(上海)有限公司

后彩102:青岛森麒麟轮胎股份有限公司

后彩103:彤程新材料集团股份有限公司

后彩104:风神轮胎股份有限公司

后彩105:山东玲珑轮胎股份有限公司

后彩106:文登市三峰轮胎有限公司

后彩107:锦湖(中国)轮胎销售有限公司

后彩108:华澳轮胎设备科技(苏州)股份有限公司

后彩109:中国石油天然气股份有限公司独山子石化分公司

后彩110:信汇聚合物(上海)有限公司

后彩111:上海诺甲仪器仪表有限公司

后彩112:江西黑猫炭黑股份有限公司

后彩113:云南云维飞虎化工有限公司

后彩114:无锡宝通科技股份有限公司

后彩115:浙江奋飞橡塑制品有限公司

后彩116:浙江沪天胶带有限公司

后彩117:浙江保尔力胶带有限公司

后彩118:浙江三维橡胶制品股份有限公司

后彩119:阜新环宇橡胶集团有限公司

后彩120:天津滨海中冠胶管有限公司

后彩121:安徽朗润新材料科技股份公司

后彩122:西双版纳路博橡胶有限公司

后彩123:中国石化集团南京化学工业有限公司

后彩124:山东斯递尔化工科技有限公司

后彩125:山西翔宇化工有限公司

后彩126:郑州金山化工有限公司

后彩127:汤阴永新化学有限责任公司

后彩128:潍坊龙达锌业有限公司

后彩129:宁波卡利特新材料有限公司

后彩 130:安徽瑞邦橡塑助剂集团有限公司

后彩 131:湖北福星新材料科技有限公司

后彩 132:广州市世达密封实业有限公司

后彩 133:河北华密橡胶科技股份有限公司

后彩 134:石家庄贝克密封科技股份有限公司

后彩 135:成都俊马密封件科技股份有限公司

后彩 136:际华三五一七橡胶制品有限公司

后彩 137:上海回力鞋业有限公司

后彩 138:鹤壁飞鹤股份有限公司

后彩 139:内蒙古富特橡塑机械有限公司

后彩 140:厦门科炬源自动化设备有限公司

后彩 141:临沭县中泰橡胶制品有限公司

后彩 142:青岛高机科技有限公司

后彩 143:上海理高化工有限公司

后彩 144:广州双一乳胶制品有限公司

后彩 145:蔚林新材料科技股份有限公司

后彩 146:浙江海利得新材料股份有限公司

封三:万力轮胎股份有限公司

封底:首长宝佳(上海)管理有限公司

主要橡胶制品及其配套行业

轮　　胎

2016 年，我国国民经济运行缓中趋稳、稳中向好，发展质量和效益提高。轮胎工业在国内经济，特别是汽车工业发展的带动下，紧跟国内外市场变化顺势而为、乘势而上，经济运行情况总体平稳好于预期，实现了“十三五”良好开局。但总体形势依然严峻，世界经济不稳定、不确定因素增多，贸易保护主义愈演愈烈，我国轮胎产能结构性过剩问题突出，橡胶等基础原材料、人工、能源价格进入上升通道，环保约束越发严重，无序竞争阻碍可持续发展。面对重重困难和挑战，轮胎行业和企业加大科技投入，依靠创新发展，调整结构去低端产能，实施智能制造，发展绿色轮胎，3 家企业资本运作成功上市，加快“走出去”拓展发展新空间，取得了较好的成绩。

【基本情况】

1. 轮胎行业发展整体情况

(1)2006 ~ 2016 年全国轮胎产量见表 1。

表 1　2006 ~ 2016 年全国轮胎产量　　亿条

年份	2006	2007	2008	2009	2010	2011	2012	2013	2014	2015	2016	2016 年同比增长/%	2006 ~ 2016 年年均增长/%
总产量	2.85	3.37	3.55	3.85	4.43	4.56	4.70	5.29	5.62	5.65	6.10	7.9	7.91
①子午线轮胎	1.84	2.37	2.67	3.01	3.75	3.98	4.14	4.76	5.11	5.15	5.65	9.7	11.87
其中：全钢子午线轮胎	0.38	0.51	0.57	0.68	0.87	0.91	0.95	1.07	1.12	1.10	1.21	10	12.28
半钢子午线轮胎	1.46	1.86	2.10	2.33	2.88	3.07	3.19	3.69	3.99	4.05	4.44	9.6	11.76
②斜交轮胎	1.01	1.00	0.88	0.84	0.68	0.58	0.56	0.53	0.51	0.50	0.45	-10	-7.77
子午化率/%	65	70	75	78	85	87	88	89	90	91	92.6	/	

注：①数据来源于中国橡胶工业协会轮胎分会统计和调查；②不包括摩托车、自行车轮胎等。

据轮胎分会统计和调查，2016 年全国汽车轮胎总产量约为 6.10 亿条，同比（下同）增长 7.9%；其中子午胎 5.65 亿条，增长 9.7%，斜交胎 0.45 亿条，下降 10%，子午化率 92.6%。子午胎产量中，全钢胎为 1.21 亿条，增长 10%；半钢胎为 4.44 亿条，增长 9.6%。由于国内车型结构变化，全钢载重胎更多向轻量化、无内胎和轻卡载重方向发展，半钢胎有向大轮辋、宽断面、扁平化和 SUV 车胎方向发展的趋势。全国轮胎行业产量增幅与汽车产量增幅基本接近。

根据表 1 数据可以看出，2006 ~ 2016 年全国轮胎产量平均增速为 7.91%，其中全钢胎增速为 12.28%，半钢胎为 11.76%。而 2016 年全国轮胎产量增长 7.9%，全钢胎增长 10%，半钢胎增长 9.6%，比微增长的 2015 年有所好转。

(2)2016 年中橡协轮胎分会统计 39 家轮胎生产企业主要经济指标见表 2。

我国汽车工业在经历过 2015 年的微增长后，2016 年产销情况有所恢复，见表 3。

2016 年，我国汽车产销分别为 2811.88 万辆和 2802.82 万辆，增长 14.46% 和 13.65%，增幅分别增加 11.21 个百分点和 8.97 个百分点。其中：乘用车产销分别为 2442.07 万辆和 2437.69 万辆，分别增长 15.50% 和 14.93%；商用车产销分别为 369.81 万辆和 365.13 万辆，分别增长 8.01% 和 5.80%。

表 2　2016 年中橡协轮胎分会统计 39 家轮胎生产企业主要经济指标

序号	项目	2016 年	同比/%
1	工业总产值(按现行价计算)/亿元	1625. 75	-1.79
2	轮胎产值	1532. 06	-0.77
3	子午胎产值	1293. 04	-4.06
4	工业销售产值(按现行价计算)/亿元	1537. 45	0.55
5	轮胎销售产值	1422. 08	0.85
6	出口轮胎交货值/亿元	517. 57	-4.25
7	子午胎	462. 50	-5.67
8	全钢胎	243. 18	-7.43
9	综合轮胎外胎产量/万条	35774	7.98
10	子午胎外胎	32711	10.17
11	全钢胎外胎	8793	8.88
12	出口轮胎交货量/万条	15957	3.57
13	子午胎	14896	3.86
14	全钢载重子午胎	3186	0.49
15	销售收入总额/亿元	1503. 42	-2.57
16	轮胎销售收入	1377. 62	1.40
17	子午胎	1220. 52	1.62
18	全钢载重子午胎	750. 86	-0.11

注:数据来源于中国橡胶工业协会轮胎分会。

表 3　2016 年我国汽车生产及销售情况

项目	2016 年产量/万辆	同比/%	2016 年销量/万辆	同比/%
汽车合计	2811.88	14.46	2802.82	13.65
乘用车	2442.07	15.50	2437.69	14.93
商用车	369.81	8.01	365.13	5.80

注:数据来源于中国汽车工业协会。

我国汽车生产及销售情况较 2015 年有所好转,这也是中国轮胎行业发展趋势在 2016 年整体有所上升的非常重要的原因之一。尤其是能代表国内经济发展情况的商用车市场,从 2015 年的负增长到 2016 年实现产量增长 8.01%,既刺激了整个轮胎配套市场,更带动了国内替换市场的活力。

2.2016 年部分轮胎企业销售收入情况

(1)2016 年部分轮胎企业销售收入情况

2016 年中橡协轮胎分会部分会员企业销售情况见表 4。

2016 年轮胎销售收入排名前 10 位企业见表 5。

表 4　2016 年中橡协轮胎分会部分会员企业销售情况

年份	单位数量/个	销售收入/亿元
2010	43	1530.80
2011	45	1846.04
2012	43	2055.71
2013	48	2094.84
2014	46	1895.82
2015	42	1536.78
2016	41	1478.41

注:数据来源中国橡胶工业协会轮胎分会。

表 5　2016 年轮胎销售收入排名前 10 位企业　万元

排名	公司名称	2016 年销售收入	同比/%
1	中策橡胶集团有限公司	1838326	8.8
2	佳通轮胎(中国)有限公司	1313726	-3.8
3	山东玲珑轮胎股份有限公司	905623	3.7
4	正新(中国)	887162	5.3
5	双星集团有限责任公司	725698	52.8
6	三角轮胎股份有限公司	666958	-6.8
7	兴源轮胎集团有限公司	663074	-19.4
8	赛轮金宇股份有限公司	636602	4.9
9	米其林(中国)	619756	27.6
10	双钱集团股份有限公司	590264	-2.0
	41 家企业合计	14784074	1.9
	前 10 家企业占比	59.8%	

注:数据来源于中国橡胶工业协会轮胎分会。

从表5可以看出,2016年前10强企业的销售收入占41家企业销售收入的59.8%,近3年来情况基本保持稳定。中策集团、玲珑轮胎、正新(中国)、双星集团、赛轮金宇、米其林(中国)这6家公司销售收入同比均有不同程度的增长,佳通(中国)、三角、兴源、双钱同比有所下降。

(2)部分会员企业轮胎出口情况

①轮胎出口总体情况

2016年我国轮胎出口交货量为16232.28万条,增长3.41%,其中子午胎出口交货量15170.99万条,增长3.71%;轮胎出口交货值525.24亿元,下降4.73%。

②轮胎出口交货值排序

2016年轮胎分会统计出口交货值前10名企业见表6。

表6 2016年轮胎分会统计出口交货值前10名企业 万元

排名	公司名称	出口交货值/万元	同比/%
1	中策橡胶集团有限公司	635473	15.72
2	佳通轮胎(中国)有限公司	548392	-13.33
3	赛轮金宇股份有限公司	423537	-2.53
4	三角轮胎股份有限公司	382808	-7.66
5	山东玲珑轮胎股份有限公司	333680	-15.46
6	风神轮胎股份有限公司	296010	-10.40
7	双星集团有限责任公司	228325	28.20
8	青岛森麒麟轮胎股份有限公司	196090	16.45
9	浦林成山(山东)轮胎有限公司	181257	-0.22
10	江苏韩泰轮胎有限公司	170978	-10.65

注:数据来源于中国橡胶工业协会轮胎分会。

从表6数据可以看出,除了中策、双星、森麒麟3家企业外,其他7家企业的出口交货值均有下跌,这充分说明了近年来国际贸易环境、出口政策不利对我国轮胎产品出口带来了非常大的影响。

③子午胎出口目的地情况

2016年子午胎出口目的地情况见表7。

表7 2016年子午胎出口目的地情况(按出口量排行)

半钢子午胎		全钢子午胎	
国　家	出口重量/千克	国　家	出口重量/千克
美国	230903584	美国	547322970
英国	172329780	阿联酋	154997687
澳大利亚	74189326	墨西哥	133129097
德国	71888535	沙特阿拉伯	131738864

续表 7

半钢子午胎		全钢子午胎	
国　家	出口重量/千克	国　家	出口重量/千克
沙特阿拉伯	69578581	澳大利亚	96171972
墨西哥	68859526	印度	90926370
加拿大	61350733	巴基斯坦	87008478
荷兰	57613800	伊朗	73073003
西班牙	53851536	菲律宾	64626394
巴西	52373816	加拿大	63312894

注:数据来源于中国海关。

④2016 年会员企业轮胎分类产量和出口交货量情况见表 8。

表 8　2016 年会员企业轮胎分类产量和出口交货量情况　　条

产品名称	轿车胎	轻载胎	载重胎	工程胎	工业胎	农业胎	实心胎	合计
产量	202049287	61673549	76199862	1999770	4785151	10161214	871388	357740221
子午胎	202044604	48758392	75029680	466216	747835	149825	0	327196552
斜交胎	4683	12915157	1170182	1533554	4037316	10011389	871388	30543669
出口量	100214481	26983096	28307822	865413	1332251	1495229	376978	159575270
子午胎	100212350	20475645	27628505	326525	258593	60539	0	148962157
斜交胎	2131	6507451	679317	538888	1073658	1434690	376978	10613113

3. 以上市公司为代表,内资企业需加大科研投入

近年来,内资上市公司科技研发投入占销售额的比例有所增加,但研发费用投入的绝对值与外资公司相比仍有较大差距。2014 ~ 2016 年我国部分上市轮胎公司研发费用投入情况见表 9。

表 9　2014 ~ 2016 年我国部分上市轮胎公司研发费用投入情况　　百万元

公司名称	2014 年	2015 年	2016 年
双钱股份	317.9	410.8	331.6
风神股份	343.9	202.3	199.3
玲珑轮胎	/	333.6	360.5
三角轮胎	/	144.2	125.7
赛轮股份	226.5	285.7	261.7
双星股份	107.7	103.5	113.6

注:数据来源于各公司年报。

一些知名的跨国公司在研发方面的资金投入约占年销售额的5%，如普利司通年研发费用近10亿美元，米其林每年用于研发的费用8亿多美元。

【行业大事】

1.落实供给侧结构改革，推进绿色轮胎发展

为了满足广大消费者对轮胎产品的新需求、新期待，落实中央提出的供给侧结构性改革战略，加快轮胎产业转型升级、结构调整，实现绿色轮胎产业化发展，中橡协带领轮胎行业、企业吸取欧美国家经验，历时4年努力，2016年6月15日推出中国《轮胎分级标准》《轮胎标签管理规定》，9月14日推出《轮胎标签管理规定实施细则》（试行），采取企业自愿申报，协会登记、审核、管理和批准的原则，企业可以按要求在替换市场张贴标签，使国内轮胎生产有据可依，为广大消费者选购轮胎提供方便。成功举办第二届"中国绿色轮胎安全周"，向广大消费者宣传绿色轮胎知识，倡导轮胎安全使用，由终端消费推动中国绿色轮胎健康发展，降低车辆的燃油消耗，减少汽车碳排放，降低空气污染指数，改善大气环境，促进自主品牌轮胎产品迈向中高端。

2.抓住"中国制造2025"契机，提高智能制造水平

目前行业已有多家轮胎企业在"智能制造"上先行，建设示范项目或智能工厂。继青岛森麒麟智能化工厂投产运行以来，2016年2月，三角集团全新打造的亚洲一流智能化高端乘用轮胎华阳基地正式投产，标志着三角轮胎智能制造迈上新台阶；2016年4月，双星集团董家口新厂国内第一条卡客车轮胎全自动生产线示范项目进入试生产阶段，企业创新发展模式重塑流程，从"卖产品"转向提供更多更好的服务转变，目前，双星青岛老工厂已经停产，其主要产能已搬迁至董家口工业4.0新工厂；2016年11月9日，万力轮胎合肥工厂投产，作为全领域智能化、全流程自动化、全方位绿色化的轮胎工厂，单个轮胎全工艺流程生产时间从48个小时降低至30个小时，人均产值达到332.58万元/年，是传统模式的3倍，产品质量一致性大幅提高，工业废水实现零排放，节水40万吨/年，节电2600万千瓦时/年。

3.抓住"一带一路"契机，拓展发展新空间

面对国内天然橡胶原材料短缺，美国等国家接连针对我国轮胎的"双反"贸易壁垒，许多企业认识到，只有走出去发展，才能用好国际国内两个市场，有效化解国内产能过剩和规避国外"双反"等问题。到目前为止，已有13个企业抓住"一带一路"契机，走出国门，以创建轮胎厂、橡胶园、橡胶加工厂或输出技术等形式，参与国际化经营，拓展发展新空间（见表10）。

4.加大自主品牌培育力度，提升品牌附加值

一年来，轮胎行业和企业注重品牌培育，提升产品质量，使自主品牌轮胎在国内外市场上信誉不断提高，得到消费者认可，品牌效应增强，市场竞争力提升。如双钱牌、风神牌、三角牌、朝阳牌等全钢子午胎在欧美市场反应良好。玲珑牌、万力牌、回力牌、双星牌、路航牌等半钢子午胎深受国内外用户欢迎。这些领军轮胎企业以品牌建设为引领，加快转型升级，不断提升品牌轮胎商业价值，收到了很好效果。

5.抓技术、抓研发、创新品，注入发展新动能

目前制造业正饱受"三低"、"三难"的困扰，既要进行转型升级，又要坚持模式创新，更要坚持技术创新，不断注入发展新动能。轮胎行业中一些重点骨干企业以科研为基础，市场为导向，产品质量和品牌建设为抓手，产学研用相结合，有力推动了企业做强做大。如我国第一个专业轮胎试验场——玲珑集团中亚轮胎试验场于2016年10月18日正式开业运营，这是我们国轮胎行业几代人盼望已久的大事，无疑将给我国轮胎行业提高新产品开发速度、进军配套市场、追赶世界先进水平提供强有力的技术支撑。玲珑轮胎公司还携手北京化工大学依托产学研优势开展石墨烯轮胎等新项目产品研究，该公司与相关单位完成的"节油轮胎用高性能橡胶纳米复合材料的设计及制备关键技术"，2016年上半年荣获国家科学技术发明二等奖。福建海安、三角、赛轮金宇打破了世界轮胎巨头的技术垄断，成功生产出世界最大的59/80R63、53/80R63巨型工程子午线轮胎。山东丰源轮胎制造股份有限公司具有世界先进水平的

表 10　轮胎行业走出去建厂、建胶园情况

企业名称	所在国家	产品名称	产能
赛轮金宇集团	越南胡志明市福东工业园	半钢子午胎	780 万条
		工程子午胎	4.5 万吨
		全钢子午胎	120 万条
	泰国	建立橡胶加工厂	5 万吨
玲珑集团	泰国春武里府	半钢子午胎	1200 万条
		全钢子午胎	120 万条
中策橡胶	泰国春武里府	半钢子午胎	600 万条
		全钢子午胎	120 万条
		斜交胎	30 万条
森麒麟公司	泰国立盛工业园	半钢子午胎	1200 万条
双钱轮胎	泰国罗勇府	全钢子午胎	150 万条
		工程子午胎	5 万吨
	泰国	合办橡胶加工厂	9 万吨
北京橡胶院承建乌兹别克斯坦橡胶厂	乌兹别克斯坦	半钢子午胎	300 万条
		斜交农业胎	20 万条
		输送带	10 万米
北京橡胶院承建孟加拉贾木纳轮胎厂	孟加拉国	半钢子午胎	150 万条
		全钢子午胎	100 万条
双星集团	马来西亚	建立橡胶加工厂	3 万吨
	哈萨克斯坦(计划)	全钢子午胎	60 万条
		斜交工程胎	1.5 万吨
奥戈瑞公司	印尼雅加达	全钢子午胎	200 万条
		半钢子午胎	800 万条
永一公司	老挝	建立橡胶园	30 万亩
恒丰公司	缅甸	建立橡胶园	3 万亩
八亿公司	泰国	建立橡胶加工厂	15 万吨
陕西延长	泰国	建立橡胶加工厂	10 万吨

注:数据来源于中橡协轮胎分会调查统计。

第三代“一次法混炼新技术与应用”项目、“碳纳米管材料在轮胎中的应用研究”项目双双通过中国化工学会组织的科技成果专家鉴定。双星集团建设全球研发中心，充分利用互联网，整合全球研发资源，建立全球开放的高性能轮胎研发、检测、认证平台和中心实验室。2016 年 11 月 29 ~ 30 日，中国民航局对森麒麟轮胎公司研制的波音 737 -600/700/800/900 型主轮胎（规格 H44.5 ×16.5 -2128PR）进行了飞行试验，并取得圆满成功，民航局向该公司颁发了 MDA 和 CTSOA 证书。这些成果的取得，证明我国轮胎工业在技术创新和科学发展方面正以坚实的步伐勇往直前。

6. 加强资产运作，上市进程加快

轮胎行业重视资本运作，2016 年又有 3 家企业上市融资。5 月 18 日，“双钱集团股份有限公司”更名为“上海华谊集团股份有限公司”，华谊集团借壳上市并募集资金 37 亿元，在很大程度上增强了企业的核心竞争力和抗风险能力，实现了上中下游一体化布局。7 月 6 日，山东玲珑轮胎股份有限公司在上海证券交易所鸣锣上市，募集资金 25.96 亿元，主要用于年产 1000 万条高性能轿车子午线轮胎技术改造项目和补充流动资金，有利于缓解资金需求压力，降低财务费用，增强持续盈利能力。玲珑轮胎将借助资本市场平台，加快推进品牌国际化进程，努力成为具有全球竞争力的世界一流轮胎企业。9 月 9 日，三角轮胎股份有限公司在上海证券交易所上市，成功实现了产业与资本融合。三角轮胎募集资金总额为 44.14 亿元，将投资于年产 200 万条高性能智能化全钢载重子午胎搬迁升级改造项目，以及南海新区 800 万条高性能乘用车胎转型升级项目。9 月 19 日，江苏通用科技股份有限公司在上海证券交易所上市，募集资金总额为 86060 万元，将投用于全钢二期工程项目和技术研究中心建设项目。

7. 轮胎行业准入实行公告管理

2016 年 4 月 13 日，工业和信息化部发布公告，公布了第一批符合《轮胎行业准入条件》的 23 家企业。随后又有 27 家轮胎企业提交了行业准入申报材料，经过专家组对申报材料的审查，对第二批中的山东地区 11 家企业的环保、安全、能耗、技术创新、研发中心等进行了现场核查。准入条件的实施，既有利于行业淘汰落后产能，又能规范轮胎工业科学发展。

8. 积极推进橡胶轮胎行业清洁生产

组织完成了《轮胎行业清洁生产评价指标体系》标准立项及开题报告的编写等工作。7 月 8 日，工信部和财政部发布了《重点行业挥发性有机物削减行动计划》，橡胶行业被列入挥发性有机物（VOCs）削减重点行业。中国橡胶工业协会据此启动了 VOCs 削减行动计划，作为橡胶行业“十三五”规划的重要工作，现已完成了《橡胶行业 VOCs 削减行动计划路线图》，组织征集橡胶行业 VOCs 削减技术示范应用案例的工作。

9. 中橡协及轮胎分会第九届理事会换届成功

4 月 27 日，轮胎分会在青岛成功召开 2016 年轮胎分会会员大会，双星集团有限责任公司董事长兼总经理柴永森出任轮胎分会第九届理事会第一任理事长。

11 月 23 日，中国橡胶工业协会在杭州召开了第九届会员代表大会，成功完成了换届改选。邓雅俐当选为中橡协第九届理事会会长，徐文英当选为副会长兼秘书长，范仁德为名誉会长，丁玉华、沈金荣、袁仲雪、储征宇、柴永森当选高级副会长。同时，沈金荣当选为中橡协主席团企业执行主席。

【存在问题】

1. 轮胎行业当前产能结构性过剩的矛盾没有根本改变，产品结构性调整进展缓慢、经济运行质量和效率不高，企业债务过重，信贷收紧，资金面风险加大。

2. 地方有关职能部门对企业和市场监管力度不平衡，造成轮胎企业间的竞争缺乏公平环境，有的轮胎企业产品价格低的离谱，行业市场竞争愈发残酷，产品同质化、企业趋同性、品牌效应低、服务缺少新意，售后“三包”服务不到位，破坏了市场的整体游戏规则。

3. 进口天然橡胶高关税政策严重阻碍了轮胎行业的结构调整和转型升级，无端大幅增加了国内市场轮胎产品的成本，政策制度的缺陷迫使本土轮胎企业只能走出口加工贸易的“独木桥”。

4. 轮胎出口市场对满足本土轮胎企业产能释

放意义重大，但对外依存度过高，竞相以低端化、低价化为主要手段抢占出口市场份额，自主品牌就会被不断边缘化，利润越来越稀薄。企业间的互相杀价，成为欧美发起“双反”的口实。

5. 面对接二连三的贸易摩擦，个别涉案企业拒不参加集体抗诉、坐享其成，缺乏现代民族企业应有的责任意识、担当意识、大局意识。完善轮胎出口经营秩序管理已迫在眉睫。

6. 轮胎行业面临经济下行压力，呈 L 型发展将是常态。有的企业对后市场的困难缺乏充分的思想准备，特别是对此轮复苏现象缺乏冷静和深入的分析，盲目乐观，甚至要进行新一轮的扩张，势必会造成新的产能过剩，加剧生产经营风险。

7. 本土轮胎企业技术创新能力弱、品牌建设意识弱、渠道建设弱的短板比较突出，急待突破和改善。

【展　望】

2017 年，我国进入了推进供给侧结构性改革的深化之年，轮胎行业仍将处在爬坡过坎艰难的调整期，轮胎行业仍要牢牢把握稳中求进总基调，牢固树立创新发展理念，坚持发展质量和效益为中心，有效规避风险，主动把握机遇，适应经济发展新常态。

1. 轮胎外胎产量预测

初步预测，2017 年轮胎总产量 6.35 亿条，增长 4.1%；其中子午胎 5.91 亿条，增长 4.6%（全钢胎 1.25 亿条，增长 3.3%；半钢胎 4.66 亿条，增长 5%），斜交胎 0.44 亿条，降低 2.2%，子午化率 93%。

2. 我国轮胎产业发展趋势

2017 年，注定是一个复杂、艰难的一年。虽然，我国在美国对华卡客车轮胎“双反”案中取得了历史性胜利，但行业还应保持清醒的头脑，半钢胎“双反”制裁影响依然不小，一些新的贸易壁垒措施还有可能不断出现。实行供给侧结构改革、“三去一降一补”是中央的重大战略部署，国内市场由于经济增速放缓，增长空间也继续受限。而橡胶等基础原材料成本、能源动力、环保、人工等制造成本都可能不断上升，出口利润可能进一步降低。按照国家产业政策及行业发展现状，轮胎企业优胜劣汰，整合步伐必将加快。

3. 主要工作

（1）规范经营秩序，实现公平竞争，积极应对贸易摩擦

①对美卡客车轮胎“双反”案虽然取得了胜利，但轮胎行业不能高枕无忧。因为以美国为代表的贸易保护主义并未停止。全行业和企业要充分认识自身的问题，运用倒逼机制加速产业转型升级，推进产品差异化创新和全球化布局，积极参与国际竞争合作，实现共赢。

②要珍惜胜利果实，加强自律和监督，积极配合国家有关部门对轮胎行业出口经营秩序的整顿和完善，惩恶扬善扶优扶强，创建公平竞争环境，是行业企业的共同呼声。

③要抓住卡客车“双反”案胜利的契机，大力弘扬团结意识、大局意识、担当意识，引导行业企业坚决用法律武器维护自身的合法利益。

④建立预警机制，及时将有关最新情况、案件进展和注意问题通报给企业，继续跟进印度对我国卡客车轮胎的反倾销案。

（2）继续认真做好《轮胎分级标准》出台后的后续推进工作

①要进一步加强对《轮胎标签管理制度》的宣贯，骨干轮胎企业积极申报、张贴标签，及时听取内外资轮胎企业意见建议，推进我国绿色轮胎标签制度的立法进程，促进低碳绿色发展、产品结构调整和产品升级。

②要积极依靠国家工信部、认监委等有关部门对这项工作的指导和支持，并不断加强同中汽中心、轮标委等有关部门、机构沟通，共同做好这项工作。

（3）引导企业理性投资，加大研发创新力度，主动加快淘汰落后轮胎产能

我国轮胎工业已进入微增长时代，提质增效、绿色发展、以机代人等是发展的主要趋势。轮胎企业要抓住机遇、加大科技投入、加强合作抱团攻关；坚定不移地调整轮胎产品结构、提高产品档次、丰富产品种类、引导新品消费、加快淘汰落后产能；要重视开拓新兴市场，内外销市场比例适中发展，不断降低外销市场依存度，实现由产品出口向品牌输出转变。

(4)要不断向国家有关部门呼吁,为企业争取政策

继续呼吁国家将天然橡胶视同石油等稀缺性战略原料,进口关税调整为零;取消《复合橡胶通用技术规范》;密切关注混合胶标准问题;轮胎出口实行全额退税或施行轮胎出口进项税全部抵扣;组织轮胎企业加强同上游国内天然橡胶生产企业、行业协会和农业部的沟通对话,争取双赢;支持绿色轮胎产业化发展,从法规、税收和资金等方面鼓励扶持绿色轮胎生产先行企业;给“走出去”企业提高国内原材料出口退税率;恳请国家在土地、资金、税收等政策上支持轮胎试验场建设和运营。

(5)要切实重视安全生产、节能降耗和环境治理

安全工作是生产经营活动的基石和保障,是涉及职工生命安全的大事,也关系到企业的生存发展和稳定。2016 年度轮胎行业的安全事故有上升势头,因此强化责任、强化管控、强化落地,确保安全运营是每个企业的第一要务。经历 6 年立法之路,《环境保护税法》将开始实施,轮胎行业作为用能大户,节能降耗,推广节能生产新工艺、新材料应用,加强对 VOCs 减排等环境治理的任务非常艰巨,骨干轮胎企业和相关行业专家要加强调研和实践,本着科学的态度和实事求是的精神,摸索制定出可行的标准和路线图,让轮胎行业企业能够用、用得起、用得好,一起行动、真抓实干,建美好家园、迎蓝天白云。

(史一锋)

力　车　胎

【基本情况】

2016 年,我国经济建设进入“十三五”规划时期。力车胎行业经过“十一五”和“十二五”的 10 年黄金发展期,不但牢固奠定了力车胎生产、消费和出口世界第一大国地位,而且生产装备、工艺技术和企业管理水平经过持续更新改进和消化吸收得到了显著提高。

2016 年,力车胎行业告别了以规模扩张为主导的高速发展时代,转入以质量、效益为主导的平稳发展时期,并在减速调整的进程中取得了行业整体生产运行缓中趋稳、产品出口持续向好、新产品与新技术研发不断结出硕果、优势企业引领行业发展的能力继续增强、上中下游产业协同创新热情高涨的良好效果。

2016 年,力车胎行业主导产品结构随同下游产业结构调整不断深化,以及智能城市建设的大力推进而继续发生变化,产品向中高端和创新型方向发展的趋势进一步凸显,具有鲜明创新性的免充气自行车胎率先从“概念”产品走向了现实市场,产品出口从传统的亚非拉地区走向欧美等发达国家市场。

2016 年,力车胎行业内外部环境发生的新变化、呈现的新趋势,为全面打开力车胎行业“供给侧”结构改革局面,推进行业整体走上提质量、创品牌、增效益的发展轨道,创造了更加有利的条件。

2016 年中国橡胶工业协会力车胎分会 41 家会员企业主要经济技术指标见表 1。

表 1　2016 年力车胎分会 41 家会员企业主要经济技术指标

指标名称	2016 年	同比/%
力车胎工业总产值(现价)/亿元	145.52	-1.34
力车胎销售收入/亿元	146.61	-1.95
力车胎产品出口交货值/亿元	40.74	7.80
力车胎实现利润/亿元	5.11	-16.39
全员劳动生产率/元·人$^{-1}$·年$^{-1}$	194826.60	-1.11
自行车外胎产量/万条	20869.1	-3.42
电动自行车外胎/万条	12147.0	-9.76
自行车内胎产量/万条	34398.5	15.30
摩托车外胎产量/万条	13686.8	4.20
摩托车内胎产量/万条	15757.4	-3.40
丁基内胎产量/万条	32799.2	6.00
内胎丁基化率/%	65.40	17.72

【市场供需】

1. 配套市场

据中国汽车工业协会统计,2016 年全国共生产摩托车 1682.08 万辆,下降(同比,下同)10.68%,产销量已连续 5 年下降。另据中国自行车协会统计,2016 年全国自行车产量约为 8005 万辆,下降

0.26%;2016 年全国电动自行车产量为 3215 万辆,增长 4.4%。综合以上数据,显示出包括电动自行车工业在内的下游产业,已经走过了以数量增长为主导的高速发展时期,产业调整转型在所难免,并将对力车胎行业未来的发展产生重大和深远的影响。

(1)摩托车工业经过近几年持续大幅度回落,年产量比巅峰时期下降了 38%,直接影响配套量比全盛时期减少约 2000 万条(套)。由于国内摩托车主流消费市场——农村市场逐步缩小,产品出口受世界经济复苏放缓和业内无序竞争等因素影响,未来一个时期摩托车产量仍将呈下降趋势,传统车型所占比重会进一步降低,但降幅将有所收窄并逐渐进入平稳发展阶段。

(2)自行车工业历经多年发展,现已形成珠三角、长三角、天津、河北平乡四大自行车产业集聚板块,大力发展中高端自行车并带动产业制造水平整体提升,是自行车产业发展的基本方向。在绿色出行的召唤下,自行车大有回归城市之势,但在现今城市交通出行方式已有多种选择的大背景下,自行车产量不会有太大的起伏,而产品结构将获得持续优化。

(3)电动自行车制造行业规模以上企业数量已超过 440 家,并初步形成天津、江苏、浙江三大制造板块,山东、广东、河南等地也逐步成为电动自行车制造企业的聚集地。电动自行车及其一系列衍生产品(电动摩托车、电动三轮车、低速电动四轮车)仍将以代步或运输功能为主,在当今大力发展新能源车型的引领下,兼有骑行省力、货运便捷、价格适宜等优点的轻便型电动化交通运输工具,仍继续保持相对平稳的发展势头。

2. 维修市场

根据相关专业机构的评估数据,2016 年全国摩托车社会保有量约 0.9 亿辆,脚踏自行车约 3.7 亿辆,电动自行车已经达到 2.5 亿辆,电动三轮车 0.5 亿辆。对比近几年的数字,自行车社会保有量保持了相对稳定,摩托车和电动自行车社会保有量呈此伏彼起趋势。2016 年,共享自行车在各大城市的爆发力度出人意料,如果共享自行车后续发展及配套管理趋向成熟和完善,自行车消费市场将形成两大群体,即以配套传统充气自行车胎使用为主的运行健身和娱乐休闲型的中高档自行车消费群(据不完全统计,目前全国举办的大小自行车赛事、骑行活动超过 3000 场,骑行爱好者达 800 万人且每年以 50% 的速度增长,百人规模以上的自行车俱乐部已超 3000 家),以及以配套免充气自行车胎使用为主的代步型大众化自行车消费群。在自行车市场细分驱动下,充气自行车胎加快向中高档发展,免充气自行车胎有可能逐步替代配套代步车型的充气自行车胎。电动自行车、电动摩托车、电动三轮车集自行车使用便利、低碳环保、价格适宜和摩托车省时省力、代步或短途货运两相宜等特性于一体,不论在城市还是乡村均有广袤市场,成长空间和发展前景仍然可期。受城市"禁限摩"和汽车、电动自行车工业迅猛发展影响,我国摩托车社会保有量尚未达到充分饱和即转入停滞下降周期,现阶段我国摩托车主要销往农村地区作为交通和生产工具,摩托车用于休闲和运动正持续升温但远未成为消费主流。综合我国地区经济发展差异和地形地貌、自然气候变化差异,以及摩托车满足人们出行便利性、经济性的有利补充等因素分析,摩托车在农村、山区和中西部地区仍将有一定的发展空间,摩托车保有量仍将长期稳定在一个较高的水平。

3. 国际市场

无论在发展中国家和地区还是在发达国家和地区,自行车、电动自行车和摩托车均有广泛需求,因此与上述车辆配套使用的力车胎产品在国际市场上也有很大的需求潜力和广阔的发展空间。相关资料显示,目前国际市场力车胎产品供需格局呈现出如下特点:

(1)发达国家和地区自行车用于代步通勤和用于休闲娱乐、运动锻炼的比例约为 4:6,电动自行车基本用于代步或休闲,摩托车基本用于运动娱乐;发展中国家和地区的自行车、电动自行车和摩托车基本用于交通和生产运输。

(2)部分发达国家轮胎企业仍保留高性能运动型自行车胎和高性能运动型子午线摩托车胎的研发和生产业务,发展中国家和地区力车胎产业近几年有局部(主要在东南亚、南亚地区)兴起的趋势,但尚未形成地区性产业规模和完整的产业链。

(3)我国是当今世界力车胎产品最大生产国和出口国,上中下游关联产业的发展趋于完备和成熟,在主流产品领域具有较强的竞争优势,近年在高性能力车胎研发制造方面也取得了突破性进展。海关统计资料显示,2016 年我国力车胎产品出口遍布包括欧美地区在内的 177 个国家。

2016 年行业主要产品出口量对比见图 1。2016 年力车胎产品出口地区分布比例见图 2。

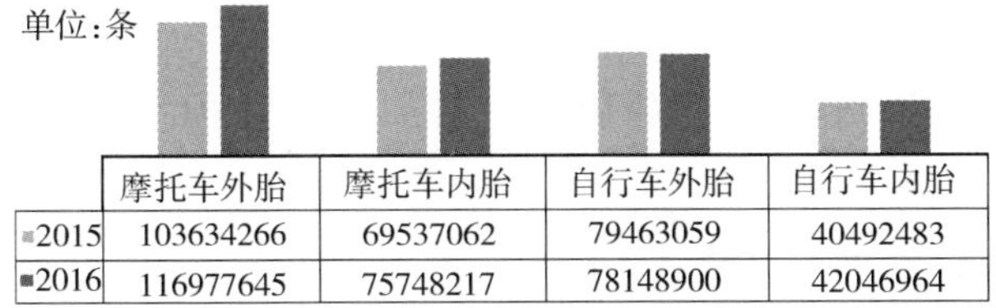

	摩托车外胎	摩托车内胎	自行车外胎	自行车内胎
2015	103634266	69537062	79463059	40492483
2016	116977645	75748217	78148900	42046964

图 1　2016 年行业主要产品出口量对比

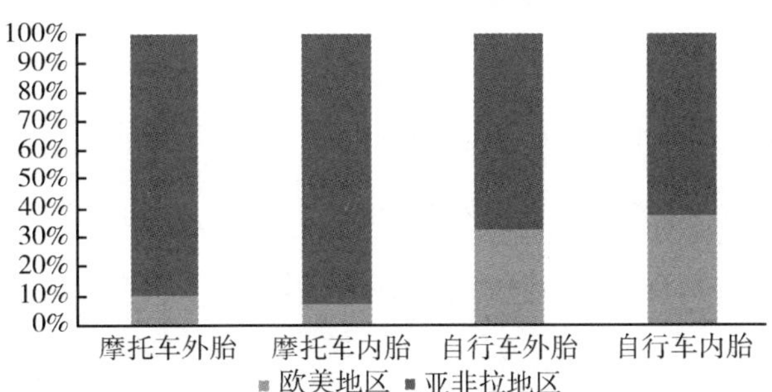

图 2　2016 年力车胎产品出口地区分布比例

【生产与效益】

2016 年,行业经济运行延续了 2015 年的下行趋势,但下行速度有所减缓,整体运行趋稳向好。从全年行业生产运行趋势观察,3 月份起行业生产运行整体回稳,并连续 6 个月保持了相对稳定的运行态势。进入 10 月份,随着生产企业和渠道对天然橡胶价格走高预期的增强,行业生产运行提速,第四季度工业总产值环比增长 14.57%、同比增长 8.12%。

2016 年力车胎市场供过于求的基本格局没有改变,年内部分生产企业还受到易地搬迁重建、环保限产或停产改造等因素影响,但行业整体生产仍然实现了回稳,一方面是 2015 年行业去库存效果明显,为 2016 年生产经营的平稳推进创造了条件;另一方面是出口量显著回升,以及部分高附加值或富有特色的新产品成功研发并相继投放市场的拉动。2016 年下半年天然橡胶等主要原材料价格持续大幅度攀升也在一定程度上影响了行业的生产运行节奏。总体而言,2016 年行业生产下行速度放缓,并不意味市场有效需求重上增长轨道,而更多的是对 2015 年行业产出总量深度下滑和后续原材料价格走高预期增强而做出的相应调整。

在行业产能结构性过剩严重,出口消化过剩产能受到局限,产品同质化程度偏高和企业营销模式雷同的情况下,2016 年仍然是行业价格竞争较为激烈的一年。进入下半年,天然橡胶价格呈震荡上行态势,至年终价格回升到 20000 元/吨以上,升幅达到 60%。国际原油价格持续上涨也带动了部分合成胶和帘子布、炭黑等材料价格上扬。在主要原材料价格大幅反弹的巨大压力下,力车胎生产企业于年底纷纷上调了产品售价(上调幅度约 5% ~15%),12 月份行业当月实现利润环比增长 57%、同比增长 23%,也是行业全年唯一实现利润同比增长的月份。显然,此番价格调整远不足以抵消一个时期以来生产、用工和环保成本不断攀升而形成的减利因素,也远未能扭转行业产品价格低位徘徊和盈利能力持续弱化的现状。2016 年行业销售利润率下降至 3.5%,大部分生产企业已处于保本微利边缘。

2016 年力车胎销售收入、利润前 10 名企业见表 2。自行车与摩托车内外胎产量前 10 名企业分别见表 3 和表 4。

表 2　力车胎分会会员企业 2016 年力车胎销售收入、利润前 10 名企业

排名	企业名称	销售收入/万元	实现利润/万元	利润率/%
1	中策橡胶集团有限公司	224184.4	8463.6	3.78
2	厦门正新橡胶工业有限公司	200484.0	23204.0	11.57
3	青岛喜盈门双驼轮胎有限公司	146043.1	2080.7	1.42
4	四川远星橡胶有限责任公司	128366.0	4066.0	3.17

续表 2

排名	企业名称	销售收入/万元	实现利润/万元	利润率/%
5	江苏三元轮胎有限公司	109710.0	2733.0	2.49
6	青岛东方工业品(集团)有限公司	105673.0	699.0	0.66
7	新东岳集团有限公司	94733.7	4682.8	4.94
8	天津万达轮胎集团有限公司	70591.0	456.0	0.65
9	江苏飞驰股份有限公司	57164.0	364.0	0.64
10	河北协美橡胶制品有限公司	34901.0	3161.1	9.06

表 3　2016 年自行车外胎产量、自行车内胎产量前 10 名企业

万条

排名	企业名称	外胎产量	排名	企业名称	内胎产量
1	天津万达轮胎集团有限公司	5987.0	1	厦门正新橡胶工业有限公司	8464.0
2	厦门正新橡胶工业有限公司	2925.0	2	天津万达轮胎集团有限公司	6858.0
3	中策橡胶集团有限公司	2796.0	3	江苏飞驰股份有限公司	4807.0
4	新东岳集团有限公司	1464.0	4	中策橡胶集团有限公司	4314.0
5	蚌埠伊诺华轮胎有限公司	1269.0	5	河北协美橡胶制品有限公司	3556.0
6	河北协美橡胶制品有限公司	959.0	6	新东岳集团有限公司	3546.0
7	江苏飞驰股份有限公司	924.0	7	福建和兴橡胶工业有限公司	841.5
8	巨丰(天津)轮胎有限公司	654.0	8	广州飞旋橡胶有限公司	634.2
9	山东新轮轮胎有限公司	608.0	9	山东新轮轮胎有限公司	550.0
10	山东吉路尔轮胎有限公司	507.4	10	山东荣城荣鹰橡胶制品有限公司	380.0

表 4　2016 年摩托车外胎产量、摩托车内胎产量前 10 名企业

万条

排名	企业名称	外胎产量	排名	企业名称	内胎产量
1	青岛喜盈门双驼轮胎有限公司	3058.1	1	江苏飞驰股份有限公司	2659.0
2	四川远星橡胶有限责任公司	1533.0	2	青岛喜盈门双驼轮胎有限公司	2402.1
3	厦门正新橡胶工业有限公司	1398.0	3	厦门正新橡胶工业有限公司	2295.0
4	新东岳集团有限公司	1314.0	4	四川远星橡胶有限责任公司	1477.0
5	江苏飞驰股份有限公司	970.0	5	青岛德基工具有限公司	1031.0
6	山东新轮轮胎有限公司	836.0	6	山东新轮轮胎有限公司	814.0

续表 4

排名	企业名称	外胎产量	排名	企业名称	内胎产量
7	中策橡胶集团有限公司	583.7	7	中策橡胶集团有限公司	788.2
8	青岛东方工业品(集团)有限公司	462.0	8	新东岳集团有限公司	748.7
9	江苏三元轮胎有限公司	412.6	9	青岛华达橡胶制品有限公司	699.0
10	江苏通用科技股份有限公司	382.8	10	福建和兴橡胶工业有限公司	641.6

【进出口】

据海关总署统计,2016 年我国力车胎产品出口呈现如下特点:

一是主导产品出口量回升。全年累计出口力车胎产品 31.29 万吨,增长 6.69%。其中,摩托车外胎和内胎出口量分别增长 12.88% 和 8.93%;自行车内胎出口量增长 3.84%,自行车外胎出口量下降 1.88%。

二是产品出口价格持续回落。2016 年,我国力车胎产品出口创汇 8.90 亿美元,下降 4.59%;产品出口平均单价(美元/千克)下降 10.57%,其中自行车外胎出口平均单价下降 8.39%。

2016 年力车胎分会会员企业出口交货值前 10 名企业见表 5。

表 5　2016 年力车胎分会会员企业出口交货值前 10 名企业

排名	企业名称	出口交货值/万元	同比/%	主要出口产品
1	青岛东方工业品(集团)有限公司	92752.0	2.16	自行车胎
2	厦门正新橡胶工业有限公司	68937.0	1.26	自行车胎、摩托车胎
3	青岛喜盈门双驼轮胎有限公司	51517.1	17.86	摩托车胎
4	中策橡胶集团有限公司	33097.3	4.72	自行车胎、摩托车胎
5	江苏飞驰股份有限公司	24015.0	-22.55	自行车胎、摩托车胎
6	江苏三元轮胎有限公司	19108.0	18.05	自行车胎、摩托车胎
7	天津万达轮胎集团有限公司	16456.0	4.31	自行车胎、摩托车胎
8	蚌埠伊诺华轮胎有限公司	14851.0	-1.93	自行车胎、摩托车胎
9	四川远星橡胶有限责任公司	13211.0	1.63	摩托车胎
10	广州飞旋橡胶有限公司	9371.5	-13.00	自行车胎

三是国际市场新空间继续得到拓宽。2016 年我国摩托车胎产品主要出口到非洲、拉丁美洲及东南亚地区,自行车胎产品出口到欧洲、北美洲、大洋洲地区的比例继续扩大。2016 年出口欧美(含日本、韩国、澳大利亚)等国家和地区的自行车外胎及内胎占其出口总量比例分别为 32.3% 和 37.3%,分别增加 3.6 和 0.5 个百分点。2016 年全国摩托车胎和自行车胎出口情况见表 6。

表 6　2016 年全国摩托车胎和自行车胎出口情况　　千克

项目	摩托车外胎		摩托车内胎		自行车外胎		自行车内胎	
出口总量/千克		116977645		75748217		78148900		42646964
出口总额/美元		318407769		182128637		219753940		169976879
出口均价/美元·千克$^{-1}$		2.72		2.40		2.81		3.99
出口方式								
进料加工		50885493		23641569		13170573		9060674
一般贸易		60171293		48622990		61109867		30020565
企业类型								
私人企业		65023364		61773871		27496669		18253317
集体企业		6013850		5017138		8993246		2317516
外商独资		17196921		5404556		20424020		13359526
中外合资		26003837		2911661		10025405		5132461
国有企业		2730943		629965		11209560		2966443
发货地	山东青岛	37896478	山东青岛	41087279	厦门特区	10898912	厦门特区	7368162
	浙江杭州	9405533	广东广州	3613640	天津北辰	7971783	深圳特区	4075895
	广东广州	8615530	山东东营	3607307	浙江杭州	6760342	浙江杭州	3658111
	厦门特区	6212107	山东潍坊	2672344	深圳特区	5273078	天津北辰	1964038
	四川成都	6052191	福建三明	1544219	天津西青	4887452	江苏南通	1833154
出口国别（地区）	尼日利亚	22328797	尼日利亚	15815035	墨西哥	9350717	巴西	3313944
	哥伦比亚	11524208	巴西	5273325	哥伦比亚	4099956	美国	3271558
	墨西哥	6672796	马来西亚	4477072	日本	3668729	墨西哥	3025096
	菲律宾	6080465	菲律宾	4007003	俄罗斯	3031658	德国	2304550
	秘鲁	4029819	墨西哥	3674183	德国	2713150	尼日利亚	1749330

注:数据来源于海关总署。

随着“十一五”“十二五”期间行业技术创新取得的进步,以及经济全球化和全球经济一体化的趋势不断增强,我国力车胎生产企业不断重视和加强面向国际市场的产品结构调整和市场布局调整。在亚非拉传统出口地区,摩托车胎出口量得到巩固和逐步提升;在欧美日等新兴市场,自行车胎出口量实现稳步增长。世界力车胎市场潜力巨大且前景广阔,从现阶段情况分析,劳动力成本和环保成本节节上升以及东南亚、南亚力车胎产业的兴起,必将对我国力车胎产品在国际市场的竞争力带来一定程度的影响。国际贸易保护主义抬头和行业内相互压价竞销,则是影响我国力车胎产品出口“量增价稳”诸因素中的主要因素。

随着我国进入中等收入国家行列,多元化的价值观逐步呈现,消费者对中高档和高档自行车、摩托车的需求日益增长。据有关资料显示,从2012 年起,我国年进口自行车超过 10 万辆,2016 年共进口自行车 10.41 万辆,且多为售价万元左右的高档车型;进口的摩托车基本为 250mL ~ 400mL 的大排量车型。消费者购买的进口自行车或摩托车需要更换轮胎时,基本以选购进口的高品质、高性能轮胎为主。即便是国产或合资品牌的高档自行车或摩托车,也有部分选择进口世界知名品牌的自行车胎或摩托车胎与之配套,以整体提升整车品牌形象和市场定位。在 2016 年第二十六届中国国际自行车展览会上,参展车辆装配的自行车胎,国际品牌(法国米其林、德国马牌、意大利维多利亚、日本 IRC 等)所占比例增大,独立参展的国外自行车胎生产厂商也较以往大为增加。海关总署提供的统计数据显示,2016 年我国进口摩托车胎比上年有较大幅度增长,进口自行车胎则有所减少,进口产品平均价格相对保持稳定。2015 ~2016 年摩托车胎和自行车胎进出口量价对比见表 7 和表 8。

表 7　2015 ~2016 年摩托车、自行车胎出口量价对比

	项目	摩托车外胎	摩托车内胎	自行车外胎	自行车内胎
2015 年	出口总量/千克	103634272	69537062	79643059	40492483
	出口总额/美元	315902479	192888375	244453941	179850505
	出口均价/美元·千克$^{-1}$	3.05	2.77	3.07	4.44
2016 年	出口总量/千克	116977645	75748217	78148900	42646964
	出口总额/美元	318407769	182128637	219753940	169976879
	出口均价/美元·千克$^{-1}$	2.72	2.40	2.81	3.99

注:数据来源于海关总署。

表 8　2015 ~2016 年摩托车、自行车胎进口量价对比

	项目	摩托车外胎	摩托车内胎	自行车外胎	自行车内胎
2015 年	进口总量/千克	179897	19929	2050192	242291
	进口总额/美元	1242148	125011	18164997	1999910
	进口均价/美元·千克$^{-1}$	6.90	6.27	8.86	8.25
2016 年	进口总量/千克	294649	40900	1980789	218426
	进口总额/美元	2019018	266413	16477489	1756182
	进口均价/美元·千克$^{-1}$	6.85	6.51	8.32	8.04

注:数据来源于海关总署。

【产业布局】

2016 年行业结构调整继续深入推进,部分低质低效产能相继退出。根据中国橡胶工业协会力车胎分会了解的情况,近两年来已经关闭、停业的力车胎生产企业有 10 多家,山东胶南、河北邢台等周边地区众多家庭作坊式工厂也渐趋式微。由于目前力车胎行业生产企业大部分为中小微型民营企业,在"新常态"经济环境和行业进入机制与退出机制尚不完善的情况下,小微企业虽然综合实力低下,但经营手法灵活,求生意志顽强,可以较长时间地承受来自大企业"质与量"的双重挤压,因此"十三五"时期是行业结构调整从量变向质变逐步演进的过程。

2016 年,除个别企业搬迁或技改工程外,业内未有较大规模的重复性建设项目,如天津市万达轮胎集团有限公司在河北广宗县的日均产能 30

万条力车胎生产基地易地搬迁建设工程整体竣工投产;徐州汉邦橡胶有限公司年产摩托车胎600万条搬迁重建项目已进入设备安装阶段;江苏飞驰股份有限公司占地面积100亩及投资2亿元的盐城新洋经济区迁建项目于2016年底正式启动。此前,行业内有的企业从单一生产力车胎内胎产品向生产力车胎外胎产品延伸,从生产力车胎产品向生产汽车轮胎产品延伸,部分企业早前已办理土地使用规划而尚未正式动工,也因为受到近一个时期以来市场需求变化和融资压力增大等因素影响而继续处于暂缓建设与观望等待状态。

近年来,汽车轮胎制造企业"走出去"的步伐已经迈开,力车胎行业中也有部分企业实现了海外布局。如正新、建大两家台资企业已分别在越南、印度尼西亚、印度投资设厂,中策橡胶集团于2017年3月正式启动中策(泰国)工厂二期斜交工业胎、摩托车胎项目。但是,业内尚未显现赴海外投资办厂的风潮。此外,受市场需求变化、环保政策收紧和上游关联产业现行布局等方面影响,力车胎产业由东部地区向中西部地区转移的进程有所放缓。中国橡胶工业协会力车胎分会对会员企业的统计数据显示,2016年行业集聚程度未有发生明显变化,鲁豫、江浙、川渝地区仍然是现阶段国内力车胎产品的主要产区。

【技术进步】

随着我国经济建设不断向前发展,以高品质、高附加值和高性能运动型自行车胎、摩托车胎为代表的高端产品市场已经在国内初步形成,国际市场新领域的拓展也亟需加快出口产品的结构调整。此外,人工成本的不断攀升和2015年起国家新环保法的实施,也为力车胎行业推进技术创新与产品升级提出了新的课题、注入了新的动力。

1. 以提高自动化水平为重点推进行业升级

我国力车胎行业技术装备经过"十一五"和"十二五"的持续更新改造,大型企业和部分发展较快的中型企业,无论是大型密炼机组、四辊驱动压延机组、胎面挤出冷却联动生产线等通用装备,还是成型、硫化等专用设备,都较以往上了一个台阶,个别企业已经配备了"轴交叉"四辊压延机组、冷喂料三复合胎面挤出机、胶囊反包成型机、成型芳纶胎圈的高档自行车胎成型机、液压三层胶囊定型硫化机等技术指标性能已经达到国际先进水平的生产装备。中小型企业虽然在生产装备系统改造升级方面的投入能力不足,但也有部分企业因地制宜建起新厂房,购置了较为先进的专用装备用于生产档次相对较高的产品。根据行业技术装备现状,为在"中国制造2025"战略和"互联网+"背景下推进行业转型升级,2016年中国橡胶工业协会力车胎分会制订了《力车胎行业工业自动化指导意见》,提出了"十三五"时期行业实施自动化改造的15个主攻项目。2016年,继内胎硫化成功应用机器人作业后,有的企业与相关机构合作研发的外胎硫化机器人进入样机现场调试阶段,有的企业全面应用了技术相对精简但有助于提高产品质量的外胎硫化机械手作业。钢丝圈生产线也在实现自动成圈和脱股的基础上,由单股单圈的多工位作业向单股多圈的单工位或双工位作业改进,钢丝圈生产效率得到大幅度提升。

2. 专用装备由滞后研发向同步或超前研发过渡

过去一个时期,力车胎专用装备更新或专用原材料应用,通常由力车胎生产企业向设备制造企业或原材料供应商提出开发要求,近年这种状况正在发生变化。2016年,已有装备制造企业着手研发子午线摩托车胎成型机、胶帘布裁剪后自动接头、自动卷取装置,内胎压出、贴嘴、接头自动生产线,内胎后工序自动生产线。还有企业正在开发双气室(胶囊内侧与中心机构之间增设一个蒸汽气室,避免热量传递到主机其他零件上)的3层单开胶囊硫化机,既适应未来的小批量多品种生产趋势,又进一步降低能源损耗。生产高性能力车胎产品所需的芳纶纤维材料也实现了国产化。可以预见,随着我国基础工业的不断发展进步,上中下游产业互动合作空间不断扩大、层次不断提升,力车胎专用设备制造研发将逐步从按需研发走向超前研发。

3. 产品创新与升级继续结出丰硕成果

2016年,行业产品创新最大的亮点是配套共享自行车使用的免充气自行车胎。目前,这种新型免充气自行车胎主要分成两大类,一类是在传统自行车外胎的内腔装填海绵状发泡物材料替代传统的充气内胎，天津、江苏、浙江等地区部分力车胎生产企业已有生产这类产品，其中产量较大的是正新、建大、朝阳等品牌；另一类是外型为镂空蜂窝状圆孔结构的采用无毒环保材料（非普通橡胶）制造的免充气自行车胎，由于这种产品无论是所用材料（有专家初步分析认为是橡塑并用）、产品物理结构，还是生产工艺及装备，均与传统充气轮胎有着极大差异，因此目前这款产品在国内主要由广州、深圳等地几家非传统力车胎制造企业的新建企业生产。据有关资料介绍，目前国外也有企业在研发新型免充气自行车胎，有企业采用3种以上高分子材料研制出轻量化的实心自行车胎，这款实心自行车胎既非采用泡沫材料填充，又非镂空减震结构，而且在不影响轮胎主要性能的前提下，成功将实心自行车胎重量减轻40%以上，达到兼具防爆、免充气、轻量化及多种色彩的可能性，其生产工艺采用一体成形注射技术，能有效节省人力、能源以及资源的耗费。从自行车胎发展趋势看，通勤车型和儿童玩具车通常在路况相对平整、骑行速度相对缓慢的条件下使用，装配此类车型的轮胎，大有由充气向免充气过渡之势，至于哪种结构类型的免充气自行车胎能够成为主流，还要看今后新技术、新材料研发应用的进展情况。能够在舒适感、安全性和成本价格上寻找到最佳平衡点的产品，就有可能成为主流。

2016年，还有不少高附加值和富有特色的力车胎产品相继问世，如四川远星橡胶有限责任公司在第36届（2016秋季）全国摩托车及配件展示交易会上发布了全新研发的摩托车和电动车“全功能钢丝胎”。中策橡胶集团研发出用于体验极速动感的半热熔摩托车胎，以及将轿车子午线轮胎技术用在电动车轮胎上的子午电动车胎系列和增加骑行安全保护性能的彩光线系列电动车胎。天津市万达轮胎集团有限公司采用全新开发的WDCT技术以及特制的纳米双配方技术，研发出能够适应各种路况及复杂气候条件的新一代自行车胎产品。江苏通用科技股份有限公司成功研发出在胎冠使用两层钢丝带束层，且具有子午线结构特性的半钢三轮车胎。山东新轮轮胎有限公司自主研发的强体防爆边系列摩托车胎和电动车胎。腾森橡胶轮胎（威海）有限公司与哈尔滨工业大学（威海）联合开展了《高性能摩托车轮胎关键技术研究与开发》、《纳米填料—强威粉在轮胎气密层中的应用》两个项目，圆满达成预期目标，顺利通过威海重大科技专项计划项目验收。

【问题与建议】

1. 加快行业“供给侧”改革步伐

经过前几轮的行业结构调整，现有力车胎行业企业中，大部分是改革开放30多年来，通过灵活高效的经营方式或政策扶持，采取低成本进入模式而发展起来的民营企业。在当今力车胎产品市场基本饱和，人口红利逐步减少，环境治理日益加严，价格竞争异常激烈，原有的各种非核心优势逐步丢失的情况下，企业生存与发展面临着严峻考验。鉴于当前行业生产集中度偏低、中小微企业所占比例大、创新能力相对低下，产品同质化程度高、优势企业发展受到行业价格竞争拖累的现状，有必要进一步加快行业“供给侧”改革步伐。行业企业对现阶段行业状况和本企业实际，应进行深入透彻分析，找出本企业的相对优势并加以重点培育提升，做到“有所为有所不为”，集中资源全力打造本企业的核心竞争优势，坚定不移地走专业化、差异化发展之路。

力车胎行业产品升级换代的步伐要紧贴或超前于整车产业转型升级的节奏，赶在国际知名品牌尚未对国内力车胎产品高端市场形成垄断格局之前，确立起几个消费者和行业公认的高端品牌，形成10多家分别在摩托车胎、自行车胎、电动车胎或低速度多用途轮胎领域拥有强大研发和生产能力的领跑企业，为行业走向力车胎制造强国的各项调整措施顺利推进落实，提供一个良好、有序、健康的行业氛围与市场环境。

2. 切实转变发展方式提升行业运行质量

虽然力车胎产品刚性需求依然存在，以及中高档产品需求不断增加，为力车胎行业未来持续发展和转型升级提供了新的机遇和动力，但现阶段行业产能严重过剩所引发的行业价格竞争已经蔓延到一线品牌，导致行业盈利能力不断弱化，即使是行业骨干企业，其研发投入和装备更新周期也受到不同程度影响。市场经济条件下，任何一个非垄断行业，企业的进入和退出始终处于动态变化之中，就传统制造业而言，在市场需求饱和、行业产能过剩状态下，新的进入者多为高起点进入，并具有较强的后发优势。因此，行业结构调整阶段，与其频繁运用价格杠杆冲击市场价格体系以争夺市场份额，不如在技术创新与产品升级上努力与竞争品牌拉开更大的距离，把产品品质和生产效率提升获取的收益，以合理的比例追加投入到新一轮的研发创新和人力资源优化提升之中，形成良性循环，这样既可以缓和价格竞争的冲击，又能够有足够的底气和实力抗衡高起点进入的新挑战者。

3. 加大海外市场拓展力度

从多年来海关统计的数据看，我国力车胎产品主要出口地区是非洲和拉丁美洲。亚洲尤其是东南亚、南亚地区对力车胎产品也有巨大需求，但进入亚洲市场将面对一些本土企业和在此设厂生产的跨国公司竞争，相对于非洲和拉丁美洲，市场拓展有一定难度。不过，亚洲地区也是发展中国家比例较大的地区，主流市场需求的产品恰好就是目前国内企业生产技术最为成熟的产品，只要深入做好亚洲市场调研分析，找准市场切入点、规划好渠道网络的延伸路径，更重要的是结合亚洲各地区特定的环境气候对产品性能的不同要求，设计和生产出既有显著性价比优势又充分满足当地使用条件要求产品，就有可能逐步扩大我国力车胎产品在亚洲市场上的份额和影响力。此外，欧美等发达国家和地区需求的通勤型自行车比例约在 45% ~20% 左右，这类车型所装配的自行车胎，我国力车胎企业同样已经具备成熟的生产能力，关键是产品安全性能和环保指标检测必须完全符合进口国的要求，产品的舒适度、外观精美度需要跟上国际潮流。随着我国经济建设不断发展，人民生活水平不断提高，国内市场对产品的需求标准也会逐步与欧美市场接轨，重视做好产品改进升级工作，既可以打开产品出口新空间，又为适应国内市场的未来发展做好充分准备。

4. 深入推进以自动化为重点的技术创新

把生产自动化摆在行业技术创新的重要位置，是基于力车胎行业的劳动密集程度、生产效率、产品质量一致性、生产过程物耗能耗控制等已经与当今社会的变化发展不相适应，生产自动化成为化解上述问题的首选方案。只有实施自动化改造，才能抵消人口红利势微对行业发展的消极影响；才能把质量管理全面提升到“质量是生产出来的”和“质量是设计出来的”的层面；才能打破自然人的体能极限把生产效率提升到一个全新的高度。诚然，行业创新工作不仅要推动行业装备技术进步，同时也要推动行业发展观念的转变，不断优化企业管理和创新商业模式，尤其是加快人才队伍建设，加大内部专业人才培训力度，按照《中国橡胶工业强国发展战略研究》中提出的力车胎行业强国目标和战略措施，分阶段、有步骤地从各方面积极推进行业发展方式转变，为行业持续发展注入源源不断的新动力。

（陈志海）

胶管胶带

2016年是“十三五”开局之年，胶管胶带行业以结构调整、转变发展方式为主线，以质量、效益为中心，经受住了经济与市场环境深度调整带来的冲击和考验，实现了行业经济增速止跌回稳，稳中有进，各项工作取得突出成绩，实现了“十三五”的良好开局：行业规模稳定增长，结构优化升级；技术创新成效突出，品牌效应明显上升；智能制造得以突破，转型发展迈出新步伐；节能减排、绿色发展进展突出。

2017年，是国家落实“四个全面”战略布局、推进供给侧结构性改革的深化之年。胶管胶带行业遵循创新、协调、绿色、开放、共享的发展理念，顺应国内外经济技术发展趋势，按照《中国制造2025》《中国橡胶工业强国发展战略研究（胶管胶带篇）》《胶管胶带行业三年结构调整方案》和《胶管胶带行业“十三五”发展规划指导纲要》的部署要求，坚持以提高经济发展质量和效益为中心，以结构调整、科技创新、智能转型、绿色发展、标准建设、品牌战略为着力点，主动适应经济发展新常态，保持胶管胶带行业经济运行稳中有进，推动全行业发展提质增效升级，加快推进胶管胶带由大向强发展。

【基本情况】

1. 2016年胶管胶带行业运行基本情况

2016年下半年开始，以橡胶为代表的原辅材料价格上涨剧烈，产品成本持续增加，给胶管胶带生产、销售带来巨大挑战。整体来看，2016年胶管胶带行业延续了2015年下半年经济低迷、需求不旺的态势，加之新环保法的实施，各地方加大对橡胶生产企业的监管力度，部分区域出现了较多胶管胶带企业停产，企业生产经营遇到极大困难，全行业经济技术指标呈下滑趋势。进入三季度，由于各种成本飙升导致全行业经济效益不佳，但由于钢铁、煤炭等行业经济形势见好以及汽车产销增加，使胶管胶带行业的产销数据呈现稳定上升。

其中，进入2016年三季度以后，在国家出台稳增长政策影响下，钢铁、水泥等行业经济运行态势有所好转，煤炭行业去产能成效明显，价格合理回归使输送带生产企业订单有所增加，但应收账款仍居高不下。原材料价格上涨而胶管胶带产品却普遍存在低价竞争现象，企业利润受到前所未有的挤压；由于2016年汽车产销量急剧放大，汽车胶管和汽车传动带产品一改近年产销量涨幅逐渐趋窄的态势，但同时又面临下游持续不断的降价要求和进口汽车的双重压力。

其他领域胶管胶带产品市场形势同宏观经济走势大同小异，部分适用新兴产业需求的产品或技术，以及专注细分市场或从事差异化市场开拓的企业经济效益较好。

据中国橡胶工业协会胶管胶带分会对52家重点企业统计，2016年完成现价工业总产值207.0亿元，同比（下同）增长0.71%；完成销售收入199.02亿元，下降1.65%。主要产品输送带产量2.85亿 m^2，下降5.66%；V型带产量13.93亿A米，下降20.37%；胶管产量1.55亿B米，增长1.90%。实现出口交货值23.74亿元，增长8.54%；出口率（值）11.47%，提高0.83个百分点。实现利税23.34亿元，增长5.58%；实现利润15.58亿元，增长9.05%；销售收入利润率7.83%，提高0.77个百分点；出现亏损企业8家，亏损额1.04亿元。产成品库存24.44亿元，下降8.71%。2016年与2015年同期主要指标增幅对比状况见图1。

2. 2017年行业运行态势分析

综合全面情况看，当前胶管胶带行业面临传统产品需求增速下降，产能过剩和同质化矛盾突出，创新能力不强，资源环境约束进一步增强，环保压力空前严峻，库存上升，应收款增多等问题。

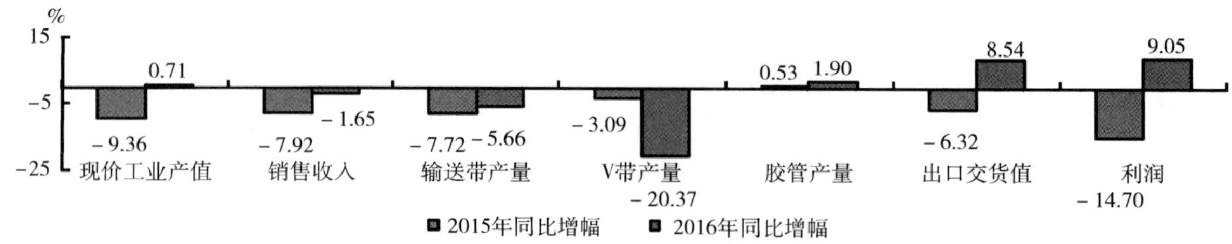

图 1　2016 年与 2015 年同期主要指标增幅对比状况

2017 年胶管胶带市场需求增长有限。一是胶管胶带行业最主要应用领域煤炭、钢铁、水泥等行业都是产能过剩或存在限制增长产能的行业，国家和地方政府陆续出台更加严厉淘汰这些行业落后产能的政策，钢铁和水泥行业首当其冲；此外这些行业又是环保和节能减排的重点针对目标，为减少其产能及对环境的危害，国家和地方政府正在陆续出台限产的路线图和时间表。二是国家和地方控制碳排放量的强制规定会大大减少对煤炭的需求，同时国家从加强安全生产的角度，出台了关闭部分煤矿的强制措施。三是汽车限购政策和房地产整顿方面的一系列政策和对新能源汽车的政策扶持，以及汽车产销不会存在 2016 年的增长势头，下游的降价要求会成为常态，都会对胶管和传动带市场需求产生重大影响。四是虽然截止 4 月底橡胶材料价格已跌去了 2016 年三季度的涨幅，但劳动力成本和其他成本的增长压力依然存在。国内胶管胶带下游需求不旺、环保压力加大成为制约企业发展的主要因素。

据胶管胶带分会对 53 家重点企业统计，2017 年 1 ~ 8 月，完成现价工业总产值 159.81 亿元，增长 14.51%；完成销售收入 151.0 亿元，增长 12.59%。主要产品输送带产量 2.21 亿 m^2，增长 8.33%；V 型带产量 8.96 亿 A 米，降低 0.92%；胶管产量 1.27 亿标米，增长 27.10%。实现出口交货值 17.70 亿元，增长 3.51%；出口率（值）11.08%，降低 1.18 个百分点。实现利税 18.25 亿元，增长 19.94%；实现利润 12.85 亿元，增长 30.54%；销售收入利润率 8.51%，提高 1.17 个百分点；出现亏损企业 5 家，亏损企业亏损额 2680 万元。产成品库存 25.51 亿元，上升 20.91%。胶管胶带专业 2017 年 1 ~ 8 月与上年同期主要指标增幅对比状况见图 2。

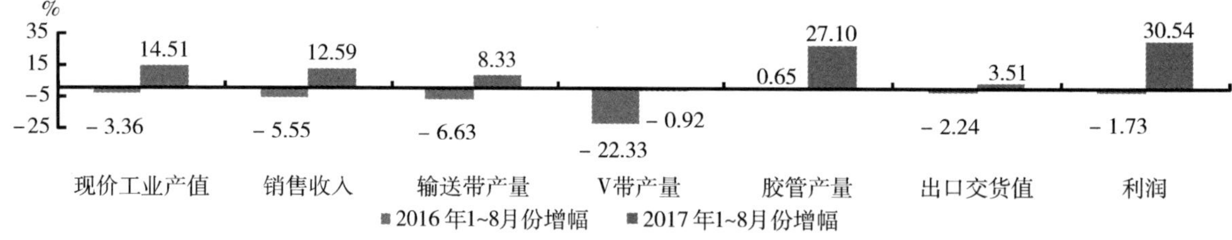

图 2　2017 年 1 ~ 8 月份与上年同期主要指标增幅对比状况

2017 年胶管胶带行业市场形势及经济效益好于 2016 年。一是为企业减负政策效果逐步显现，大部分企业会有一定的受益；二是行业创新动能集聚已久，会有效释放；三是在环保和市场竞争双重作用下，行业产业集中度有所提高，有利于行业降低成本；四是部分企业的环保投入此前基本完成，后期环保投入压力小；五是优秀企业技术改造和技术进步已经达到较为先进的水平，致使行业的整体技术水平大幅提升；六是汽车行业作为国民经济的支柱产业在我国仍然还会有 5 年以上的中高速期，对行业形成长期利好；七是橡胶价格已从高位下滑，有效降低了产品的材料成本。

3. 行业转型升级取得新进展

天津鹏翎胶管股份有限公司坚持“成本优先”管理思路，加大推进内部挖潜的力度，细化多个方面的管理降成本活动，不断提优化公司管理水平，根据新品开发和当期销售情况及时做出市场开发调整策略，不断优化客户结构和推进产品升级换代，2016 年度冷却胶管及总成产品、燃油胶管及总成产品的技术水平继续保持行业内领先地位。2016 年公司实现营业总收入 10.88 亿元，增长 10.4%；营业利润增长 14.65%；利润总额增长 22.87%；完成了 27 种新橡胶配方、9 种新生产工艺的开发和 22 种塑料新材料、工艺的开发及应用；开发 256 个新产品项目（涉及新产品数量 2744 种）、完成新产品转产 703 种。重点开发了南北大众汽车 MQB 平台车型和 SUV 等车型的冷却管路项目、一汽轿车空调管项目、众泰汽车等客户的尼龙管项目，均成功实现量产；比亚迪汽车、江淮汽车、江铃汽车等客户的涡轮增压管项目，成功进入小批量生产。同时，2016 年在燃油管路、涡轮增压管路、空调管路开发方面均实现了重大突破；重点推进信息化建设项目，建立统一的协同工作平台，对接融合公司内部各 IT 系统的信息，逐步消除信息“孤岛”现象；积极拓展新型轻量化 PA 管路产品，尤以汽车涡轮增压 PA 吹塑管路为推进重点，已经初步形成了“橡胶 + 工程塑料”的双主线产品体系。

无锡宝通科技股份有限公司不仅大力进行产品创新，还在理念创新和模式创新方面取得进展。2016 年宝通科技实现营业总收入突破 14 亿元，增长 211.74%。主要得益于公司当年成功收购了广东一家互联网公司，主营手机游戏海外发行，产品主要市场是港台和东南亚地区，以及韩国等国家，2017 年重点推向欧洲和北美市场。另外，公司首创系统总包、租赁经营新型商业模式，在输送带传统产业升级方面，从简单的卖产品发展到卖服务，打造输送系统总包服务业务。推广以客户为中心的供应服务商模式，在行业内率先实施效率更高、装置更加灵活、服务更加专业的营运一体化解决方案，已经培育了多个国内输送系统总包服务项目，并把这一商业模式拓展至澳大利亚，成为全球领先的输送系统总包服务一体化提供商。

山东美晨科技股份有限公司 2016 年实现营业收入 29.98 亿元，增长 66.23%；实现营业利润 5.32 亿元，增长 122.44%；实现利润总额 5.22 亿元，增长 109.62%。公司业绩增长显著，主要因园林绿化板块在保持原有业务优势的基础上，加大了大型市政园林绿化项目的开拓和实施力度，使公司销售收入和毛利额大幅增加，净利润也增幅较大。公司汽车配件板块通过客户结构优化、产品升级换代等措施，同时受汽车行业市场回暖的影响，营业收入大幅提高，从而带动公司利润增长较快。

浙江双箭橡胶股份有限公司成功打造信息化经营全面管控平台，不断提高信息处理的速度和效率，并以此为基础实现业综合 ERP 系统及办公自动化系统的整合，实现企业的一体化运作。

三力士股份有限公司在包布 V 带成型设备自动化改造取得重大进展后，目前正在建设智能工厂。

2016 年成功上市的川环科技股份有限公司实现了连续 5 年的业绩增长，营业收入达到 5.1 亿元，增幅达到 15.66%；净利润为 8432.83 万元，增长 29.4%，业绩增速达到 2012 年以来的最高值。公司业务增长主要来源是燃油系统胶管、冷却系统胶管、新开发的尼龙软管和涡轮增压管产品。2016 年，川环科技申报国家专利 15 项，其中发明专利 2 项，实用新型专利 13 项；已授权国家专利 10 项，其中发明专利 2 项，实用新型专利 8 项。

河南省金久龙实业有限公司实施了基于云数据支持的汽车传动带智能化生产线改造项目，预计 2017 年 12 月建成投产，将拥有 4 大系统支持的智能化、信息化生产运营和服务平台，即 PLC 智能控制成型机系统；云数据支持的在线采购、质量控制、生产、销售、核算 ERP 系统；自动控制硫化系统；物流在线服务系统。

有的胶管胶带企业配置了能够保证日常生产经营管理高效运作的硬件设施，计算机软件运用已延伸到财务、销售、采购、仓储、成本、计划、生产、工艺、研发等各领域，拥有光纤网络，各部门质检实现局域网信息共享，为保证数据安全实行异地存储。

【品牌和影响力】

1. 中国资本市场再添新军

2016 年，四川川环科技股份有限公司和浙江三维橡胶制品股份有限公司于 9 月 30 日、12 月 7 日先后成功登陆创业板和上海主板，中国资本市场再添胶管胶带新军。

四川川环科技股份有限公司产品范围涵盖燃油系统胶管、冷却系统胶管、制动系统胶管、动力转向胶管、车身附件系统胶管、进排气系统胶管等。经过10多年的不懈努力，川环科技取得了发明以及实用新型专利25项，拥有汽车胶管NBR+PVC共混改性技术自主开发的燃油管、通气管等多项核心技术，拥有EPDM耐高温胶料配方技术自主开发的冷却水管、液压制动软管等多项公司专有技术，这些核心技术和配方对公司产品在与外资领先品牌的竞争中发挥着重要作用。其中，川环科技拥有自主知识产权的柔性FTPV超低渗透环保燃油管、混合动力新能源汽车发动机燃料管路系统、超低渗透PR合金汽车空调软管、轿车高压动力转向软管总成等多项国家级重点新产品，产品综合性能达到了国际先进水平。公司公开发行所募资金将投资于“车用流体软管扩建项目”“车用涡轮增压胶管建设项目”和“研发中心扩建项目”等三大项目。其中，车用流体软管扩建项目计划总投资为1.86亿元，建设“多层复合尼龙树脂软管生产线”“车用空调橡胶软管生产线”“特种低渗透软管生产线”，这三类技术均为公司成熟且国内领先的技术。

浙江三维橡胶制品股份有限公司是全国唯一一家输送带和V带产销量皆排名前10名的企业。公司年产2.5亿Am橡胶V带和2500万㎡输送带，形成了规模经济。公司依靠科技进步，相继开发出农用联组V带，安全型、节能型、环保型V带，阻燃钢丝绳芯高强力输送带和PVC/PVG织物整芯阻燃输送带产品等。

2. 输送带、胶管、V带10强企业

2015～2016年全国胶管胶带10强企业及胶管胶带行业最具成长性企业名单分别见表1～4。

表1　2015～2016年全国输送带10强企业

排名	企业名称
1	浙江双箭橡胶股份有限公司
2	山东康迪泰克工程橡胶有限公司
3	无锡宝通科技股份有限公司
4	浙江三维橡胶制品股份有限公司

续表1

排名	企业名称
5	青岛橡六输送带有限公司
6	阜新环宇橡胶(集团)有限公司
7	山西凤凰胶带有限公司
8	安徽中意胶带有限责任公司
9	保定华月胶带有限公司
10	阳泉煤业(集团)有限责任公司奥伦胶带分公司

表2　2015～2016年全国胶管10强企业

排名	企业名称
1	天津鹏翎胶管股份有限公司
2	四川川环科技股份有限公司
3	浙江峻和橡胶科技有限公司
4	山东美晨科技股份有限公司
5	山东悦龙橡塑科技有限公司
6	河北恒宇橡胶制品集团有限公司
7	南京利德东方橡塑科技有限公司
8	青岛三祥科技股份有限公司
9	漯河利通液压科技股份有限公司
10	广州胶管厂有限公司

表3　2015～2016年全国V带10强企业

排名	企业名称
1	三力士股份有限公司
2	浙江三维橡胶制品股份有限公司
3	尉氏县久龙橡塑有限公司
4	河南省金久龙实业有限公司
5	宁波伏龙同步带有限公司
6	浙江奋飞橡塑制品有限公司
7	宁波丰茂远东橡胶有限公司
8	浙江保尔力胶带有限公司
9	浙江紫金港胶带有限公司
10	佳木斯惠尔有限责任公司

表 4　2015 ~ 2016 年胶管胶带行业最具成长性企业

排名	企业名称
1	上海永利带业股份有限公司
2	陕西延长石油西北橡胶有限责任公司
3	山东威普斯橡胶股份有限公司
4	江苏凯嘉胶带有限公司
5	上海五同同步带有限公司
6	浙江元创橡胶履带有限公司
7	保定海川胶带制造股份有限公司

3. 团体标准化工作启动

2016 年中国橡胶工业协会全面启动团体标准化工作，胶管胶带专业积极响应，以“上水平、补短板、填空白”为定位要求，制定了中国橡胶工业协会标准（胶管胶带专业）体系表，采取分会提出起草计划和企业主动申请起草计划相结合的办法，培育和发展胶管胶带专业团体标准，满足市场多样化需要。2017 年有 7 件团体标准列为起草计划，其中 3 件于 2017 年上半年组建编制小组进入编制阶段，分别为：《V 带行业清洁生产技术规范》《耐热阻燃钢丝绳芯输送带》《具有耐磨覆盖层的大倾角整体织物芯输送带》。

4. 首批技术中心获认定

根据《中国橡胶工业协会行业技术中心（签约检验测试中心）认定管理办法（试行）》，2017 年，浙江双箭橡胶股份有限公司、青岛橡六输送带有限公司和阳泉煤业（集团）有限责任公司奥伦胶带分公司 3 家企业技术中心被中国橡胶工业协会认定为中国橡胶行业技术中心，这也是输送带领域首批被认定的技术中心。

其中，认定浙江双箭橡胶股份有限公司技术中心为中国橡胶行业节能环保输送带技术中心，青岛橡六输送带有限公司技术中心为中国橡胶行业高强力输送带技术中心，阳泉煤业（集团）奥伦胶带分公司技术中心为中国橡胶行业矿用输送带技术中心。

此外，中国橡胶行业节能环保输送带技术中心（浙江双箭橡胶股份有限公司技术中心）先后通过省市的技术中心认证。该技术中心人才实力雄厚，研发经费充裕，近 3 年分别占销售收入 3.16%、3.10%、3.22%，研发仪器设备投入达 1500 万元，涵盖输送带基础研究、产品研发、应用测试全过程；国际合作经验丰富，与日本、美国、澳大利亚等国际先进企业展开合作。公司每年开展新产品新工艺项目 6 ~ 8 项，从 2005 年至今已经开展科研项目 63 项，包括国家星火计划项目“管状输送带”、国家重点新产品“节能型高耐磨橡胶输送带”项目；与日本、美国等知名输送带企业技术合作，开展耐高温织物芯输送带、橡胶输送带鼓硫一体化生产技术、过滤机用橡胶输送带、特高强钢丝绳芯输送带、新型大倾角花纹输送带等研发。

中国橡胶行业高强力输送带技术中心（青岛橡六输送带有限公司技术中心）先后通过山东省和青岛市的技术中心认证。技术中心的技术来源主要为自有技术，同时采取产学研相结合的方式共同提升企业技术力量。青岛橡六输送带有限公司主导产品为高强力输送带和阻燃输送带，多年一直保持较高的市场占有率，为国内最大的输送带制造商。

中国橡胶行业矿用输送带技术中心（阳煤集团奥伦胶带分公司技术中心）通过了阳泉市技术中心认证。奥伦胶带目前拥有 10 条生产线，具备年产能 330 万平方米输送带规模。奥伦公司注重科技进步和技术改造，2005 年研发的煤矿用橡胶叠层阻燃输送带，在国内第一家取得煤安标志，填补了国内外空白；2011 年，在国内第一家研发矿用低烟低毒整芯阻燃输送带，烟密度和氯化氢释放量大幅降低，达到了国际电工组织 IEC61034 标准水平，在煤矿井下具有极为广泛的推广应用价值。

5. 全面引入环保和绿色发展理念

新环保法的实施，使胶管胶带行业面临环保的巨大压力，行业正视污染现状，全面建立产品绿色制造规范标准体系，引导行业绿色发展。

阳煤集团奥伦胶带分公司重视环保工作，成为全国输送带行业首家承担输送带生产过程挥发性有机物（VOCs）达标治理技改工程项目的企业，为全行业挥发性有机物达标治理提供了借鉴经验。该公司煤改气及挥发性有机物达标治理技改工程是山西省环保和华北六省区环保重点治理项目，同时也是全国输送带行业清洁生产重点试验项目。在输送带硫化过程将燃煤锅炉改为燃气导热油炉加热的方式，经实际运行，符合 GB/13271－2014《锅炉大气污染物排放标准》，且热效率较高、控制系统先进、自动运行、无人操作，达到远程监控。采用美国爱德旺斯（无锡）的烘箱设备，将 PVC 阻燃输送带生产线烟气无组织排放改造为负压状态下的直燃式烘箱有组织排放技术，改造后的 PVC 直燃式生产线采用烟尘冷凝＋静电除尘＋离子液吸收的 VOCs 治理技术，是国内输送带行业首家采用这项技术的企业，不仅在国内同行业是创新性实践，也是国际同行业的创新性技术。炼胶和橡胶硫化工艺的 VOCs 治理采用生物洗涤＋低温等离子技术，技术安全、可靠，属于目前世界上废气净化领域的前沿技术。

就胶管胶带行业环保问题，行业正在做好相关工作：一是认真开展行业环保情况调研，为上级决策提供依据；二是研究制定《胶管胶带应用绿色原材料推荐目录》的可行性，通过使用环保原材料从源头上遏制污染的产生，满足绿色胶管胶带生产工艺和技术的要求，并可以带动相关产业实现绿色化，加速全产业链升级；三是培育绿色生产工艺；四是协助地方产业集群搭建环保公共平台；五是维护胶管胶带企业的正当环保权益；六是协助政府部门推进环境信用体系建设，同时积极通过各种途径反映会员企业环保方面的愿望和诉求，维护会员的合法权益；七是组织或参加行业关于环保发展战略、管理体制、国内外发展趋势、原材料情况等的调查研究，为政府有关部门制定行业环保发展规划提出建议，推动行业环保新产品、新工艺、新技术和新材料的开发应用。

6. 积极争创协会推荐产品品牌

浙江双箭橡胶股份有限公司、无锡宝通科技股份有限公司、浙江三维橡胶制品股份有限公司和青岛橡六输送带有限公司的普通用途钢丝绳芯橡胶输送带获得 2017 年度协会推荐品牌称号；天津鹏翎胶管股份有限公司、四川川环科技股份有限公司、青岛三祥科技股份有限公司的真空制动胶管获得 2017 年度协会推荐品牌称号；浙江三维橡胶制品股份有限公司、尉氏县久龙橡塑有限公司和河南省金久龙实业有限公司的一般传动用普通 V 带获得 2017 年度协会推荐品牌称号。详情见表 5。

表 5　胶管胶带行业获 2017 年度中国橡胶工业协会推荐品牌产品名单

产品名称	企业名称	商　标
普通用途钢丝绳芯橡胶输送带	浙江双箭橡胶股份有限公司	双箭
普通用途钢丝绳芯橡胶输送带	无锡宝通科技股份有限公司	BOTON 宝通
普通用途钢丝绳芯橡胶输送带	浙江三维橡胶制品股份有限公司	THREE V
普通用途钢丝绳芯橡胶输送带	青岛橡六输送带有限公司	橡六
真空制动胶管	天津鹏翎胶管股份有限公司	鹏翎
真空制动胶管	四川川环科技股份有限公司	川环
真空制动胶管	青岛三祥科技股份有限公司	SUNSONG
一般传动用普通 V 带	浙江三维橡胶制品股份有限公司	THREE V
一般传动用普通 V 带	尉氏县久龙橡塑有限公司	耐驰
一般传动用普通 V 带	河南省金久龙实业有限公司	金久龙

7. 胶管胶带添加质量授信新产品

2016年底，中国橡胶工业协会分别对四川川环科技股份有限公司的两件胶管产品和浙江三维橡胶制品股份有限公司的两件输送带产品予以质量授信。2017年初，河北恒宇橡胶制品集团有限公司和广州飞旋橡胶有限公司也提交了质量授信申报材料，分别涉及胶管、输送带、V带3件产品，均符合质量授信条件。中国橡胶工业协会为企业颁发质量授信证书，授权企业在产品销售过程使用“中国橡胶工业协会质量授信标志”，其他几家企业的申请正在审查中。

8. 两家企业进入工信部“制造业单项冠军企业培育”名单

2017年1月17日，工业和信息化部、中国工业经济联合会以工信部联产业函〔2017〕28号文件，公布了第一批制造业单项冠军示范（培育）企业名单。其中示范企业54家，培育企业50家，橡胶行业企业占7家，主营产品分别为橡胶制品、助剂、模具、输送带、炭黑等。浙江双箭橡胶股份有限公司的橡胶输送带和安徽中意胶带有限责任公司的整芯阻燃输送带进入工信部“制造业单项冠军企业培育”（第一批）名单。

9. 21家胶管胶带企业跻身中国橡胶工业百强

2017年有11家输送带企业、5家传动带企业和5家胶管企业进入中国橡胶工业百强名单。详情分别见表6～表8。

表6　2017年进入中国橡胶工业百强的输送带企业　　亿元

序号	企业名称	主营业务收入
1	浙江双箭橡胶股份有限公司	9.12
2	浙江三维橡胶制品股份有限公司	7.57
3	山东康迪泰克工程橡胶有限公司	6.85
4	保定华月胶带有限公司	6.47
5	阳泉煤业（集团）有限责任公司奥伦胶带分公司	6.29
6	山东威普斯橡胶股份有限公司	6.00
7	无锡宝通科技股份有限公司	5.05
8	张家港市华申工业橡塑制品有限公司	5.02
9	安徽中意胶带有限责任公司	4.87
10	阜新环宇橡胶（集团）有限公司	4.27
11	青岛橡六输送带有限公司	2.26

表7　2017年进入中国橡胶工业百强的胶管企业　　亿元

序号	企业名称	主营业务收入
1	天津鹏翎胶管股份有限公司	10.88
2	浙江峻和橡胶科技有限公司	8.50
3	四川川环科技股份有限公司	5.09
4	河北恒宇橡胶制品集团有限公司	4.68
5	南京利德东方橡塑科技有限公司	4.25

表 8　2017 年进入中国橡胶工业百强的 V 带企业

亿元

序号	企业名称	主营业务收入
1	三力士股份有限公司	8.05
2	尉氏县久龙橡塑有限公司	6.63
3	宁波丰茂远东橡胶有限公司	4.60
4	河南省金久龙实业有限公司	4.26
5	浙江奋飞橡塑制品有限公司	3.91

10. 制动胶管产品质量国家监督抽查结果公布

2016 年 12 月 30 日，国家质量监督检验检疫总局公布了制动胶管产品质量国家监督抽查结果，在抽查的 50 家企业生产的 50 批次制动胶管产品中，除有 1 批次产品黏合强度项目（河北斯耐尔液压器材有限公司 2016 年 7 月 26 日生产的斯耐尔牌产品）不符合标准规定外，均符合标准规定。本次共抽查了天津、河北、上海、江苏、浙江、安徽、山东、湖北等 8 个省、直辖市 50 家企业生产的 50 批次制动胶管产品。包括液压制动胶管、气压制动胶管和真空制动胶管 3 种产品。

抽查是依据 GB 16897 – 2010《制动软管的结构、性能要求及试验方法》等标准的要求进行的，对影响制动胶管产品的主要性能和指标，如缩颈后的内孔通过量、爆裂强度、耐臭氧性、最大膨胀量、抗拉强度、耐高温脉冲性、气密性、耐氯化锌性、耐负压后外径变化量、耐变形性、黏合强度等 11 个项目进行了检验。

【主要问题】

以雾霾治理为切入点的环保政策、原材料价格的大幅波动、非理性的价格战等，是行业面临的重大问题。

在竞争本来几近白热化“低价战”的胶管胶带行业，自 2016 年初遭遇橡胶原材料上涨，不仅涨幅迭创新高并且迄今已传导到整个胶管胶带产品生产加工领域的成本。天然胶价格走势连创新高，合成橡胶原材料丁二烯价格猛涨，带动合成橡胶价格上升，骨架材料、炭黑等基本材料均出现较大幅度的上涨，各类助剂、辅助材料的价格纷纷上扬，造成了胶管胶带产品成本的急剧上升，使企业利润不断下滑。

进入 2017 年 3 月以后虽然橡胶材料又出现连续下跌，但其他方面后续上涨压力仍然十分巨大。国家发布“最严治超令”，运输费用上涨；受排污费、环境保护、停产限产等各种因素的影响，以及货币政策、汇率波动、宏观调控，甚至行业垄断等，导致企业成本被动上涨。而成品油价格的上调多于下调，整体上调幅度较大，进一步增加了企业的生产成本。

在国内外市场需求不景气的情况下，胶管胶带企业依然存在盲目压价保量的恶性竞争，有部分企业为回笼资金，不顾及成本压力，继续逆势压低成品售价，造成市场恶性循环，当现金流不足以维持企业正常运转时，将直接导致企业的破产。

汽车胶管和传动带由于汽车工业的产销保持增长，并且原配市场门槛较高，市场竞争相对不及输送带等产品激烈。但是，在国内经济有所下行的形势下，这些产品都面临下游持续不断降价的压力。输送带产品由于产能较大，出现量大价低、库存增加、经济效益差的局面，部分企业加大出口力度，又进一步加剧了本已不景气的国际市场竞争，行业内亏损企业家数和亏损额迅速放大，停产和半停产企业之多为近年所罕见。

【建议】

当前，中国经济已经进入新常态，经济增速放缓，行业也告别了高增长时代，进入发展过渡期，行业面对需求下滑、产能过剩、恶性竞争和环境压力等诸多挑战，因此行业的未来将是结构调整、创新发展、转型升级，步入整合优化、重组提升的时期。

1. 转变观念，积极变“制造”为“智造”和“创造”

推进供给侧结构性改革，是最新改革要求。行业必须寻求智能转型、绿色发展和结构优化，这是关乎胶管胶带行业能否适应经济发展的新常态，走出以“创新智能”开拓发展新路子的必要举措。胶管胶带行业一定要从投资驱动向创新驱动转变，通过技术创新、商业模式创新，集中突破一批基础共性和核心关键技术，提供行业可持续发展的原动力；要抓住新一轮技术创新的浪潮和信息化发展的趋势，大力发展智能制造，用信息技术改造传统产业，进行智慧工厂等智能制造试点示范项目试点；加强技术改造，解决产业结构调整和升级中的一些技术薄弱环节和需要产业化的环节。

2. 采取有效措施提高产业集中度

要继续优化胶管胶带产业结构，发展新型产品；加大淘汰落后产能力度，继续化解产能过剩的矛盾，推动企业兼并重组，改造提升传统产业。从近年全球非轮胎50强排行榜来看，居于前5位的企业销售额占世界非轮胎总销售额的50%以上，具有高度的产业集中度，同时这些企业都是国际知名品牌，其技术和理念一直引领行业的发展。因此，提高产业集中度和创新仍是企业提升核心竞争力的重要因素。

中国胶管胶带企业应该注重创新，通过创新消灭同质化、摆脱低端化，坚定走差异化发展道路。在产品开发、配方调整、结构设计等方面应用新技术、试验新材料，实现产品创新。而单一企业，特别是民营企业在技术储备和研发资金投入方面先天不足，因此以几家企业联合或联盟的形式或将成为首选，企业的兼并重组、规模化发展将成为新趋势。为有效实施精益生产智能制造，通过组成若干胶管胶带产品精益生产智能制造产业联盟，搞好试点，逐步推动整个行业的智能制造。通过走精益化道路，借助国家和地方政府政策资金支持、产业联盟的建设、人才的培养，无论胶管胶带行业老企业的循序渐进，还是新企业的一步到位，都将最终实现智能制造的目标。

胶管胶带企业也可以由上下游企业组成产业创新联盟，利用互联网建立制造服务平台，以延伸发展服务型制造和生产性服务业，改变恶性竞争的销售模式，如搭建输送带等产品的制造服务联盟和平台等。

胶管胶带的地方产业集群可以组建技术创新联盟、信息联盟、检测中心联盟、物业联盟、市场开拓联盟、物流联盟、人才培训联盟、环保与节能减排联盟、对外贸易联盟、电子商务联盟等，既可以充分利用相应资源又避免了同质竞争。

3. 认真实施“十三五”规划

当前，产能结构性过剩是制约胶管胶带行业发展的一个全局性矛盾。行业按照《胶管胶带行业“十三五”发展规划纲要》的方向，制定了《胶管胶带行业结构调整三年行动方案》，尤其是输送带行业结构性过剩问题突出，提出了化解产能过剩、优化产业结构的目标方向和具体办法。一是要把好控制总量这个“总开关”，不能再加剧产能过剩的矛盾；二是要淘汰落后产能，落后产品、工艺和装备。胶管胶带行业要完善行业自律机制，把节能环保和技术产品升级作为重点，促进行业升级。

4. 要牢牢把握绿色环保的理念

胶管胶带企业亟须“补齐环保短板”，过去高速发展的历史阶段，不同程度存在重视生产轻视环保的问题，在新环保法实施后问题开始集中暴露。环保问题业已成为企业去留与存亡的关键。

绿色环保已经成为发展的主流，胶管胶带企业不但要在制造过程中注重节能减排，更要注重环保材料的应用，促进绿色产品产业化进程，加快产品升级换代，以及环保原材料的绿色化生产。

5. 引导行业认真践行《中国胶管胶带行业自律公约》

为了规范胶管胶带行业市场交易和竞争，在《胶管胶带行业规范市场秩序自律准则》的基础上，正在积极推动制定其他配套行规行约，如保护知识产权和人才有序流动等方面的自律准则。

已制定的《输送带单位产品能源消耗限额》作为团体标准已经发布实施，开始采取措施抓好标准的宣贯，为企业做好相关服务。一是引导输送带企业做好节能工作，二是配合节能达到先进值的优秀企业争取政策扶持和相关的节能激励政策。继续依据《输送带产品价格监测与出口预警的办法》,将"输送带产品生产基本成本"每两季为一个周期发布常态化;及时发布钢铁、煤炭、水泥、电力、港口等下游行业协会、集团、大型企业以及有关外商和贸易机构公布的信息,为行业供需双方开展价格谈判提供支持;同时,将成本价的下限作为出口警示价格,强化自律诚信、全面服务行业和企业。

6. 健全胶管胶带专业多层次人才培养体系

人才是第一资源,推行胶管胶带工业精益生产、智能制造,不仅需要一大批从事胶管胶带科研开发、生产技术、企业管理、产品营销等专业人才,而且更需要一批跨学科、跨行业的复合型人才。

7. 坚决防范资金风险

胶管胶带行业很多企业出现资金链断裂现象,其原因是多方面的,保证企业资金周转的流畅对健康发展至关重要。有的胶管胶带企业为开拓客户以及受卖方市场的影响,赊销占很大比例,造成资金在客户占压过多,甚至导致企业瘫痪;有的为保证生产和供应,从银行贷入大量资金,形成非良性循环,推高了财务成本,还给企业带来很大的包袱。胶管胶带企业在经营中应杜绝赊销,实行规范现款结算,只有这样才能确保周转,避免资金被长期占压以及资金链断裂给企业带来致命的风险。

8. 充分发挥行业技术中心作为行业公共资源的作用

充分发挥行业技术中心(签约检验测试中心)在胶管胶带行业技术创新体系和企业创新能力建设中的引导和示范作用,按照特色和专长,研究方向要各有侧重,科学合理划分不同的技术服务方向。对已经认定的3家输送带专业技术中心要给予大力扶持,使其作为行业的公共资源,在逐渐形成自身竞争优势的同时,推动全行业的技术创新,促进行业结构调整和技术升级,成为面向行业、开放式、具有国内领先水平和国际先进水平的技术开发基地,使行业技术中心具备开发和推广本行业共性、关键性、前瞻性技术的能力,基本掌握本行业国际先进水平的关键技术和国家重点建设所需的工艺技术及装备的研制开发能力。

(1)围绕胶管胶带行业的技术进步和产业升级,以国家重点技术创新项目和建设项目为依托,推动以产学研结合等多种合作形式与企业(企业集团)、高等院校、科研机构联合开发,重点解决行业发展中重大的技术瓶颈。

(2)向有关部门推荐承担和参与国家重大科技攻关项目、重点建设项目以及基础研究项目的投标工作,发挥综合优势,组织和参与跨行业的联合攻关、开发,提高技术集成能力和装备成套能力。

(3)代表行业开展国际合作,加快对国际先进技术的引进、消化、创新,并向本行业推广。参与国际竞争,把具有自主知识产权的胶管胶带先进技术和产品输出到国外,扩大国际市场份额。

(4)在国家有关职能部门的监督指导下,坚持公正性原则,做好标准、计量、检测等工作;发挥大型科技企业的辐射作用,帮助其他企业开发新产品,提高工艺技术水平,培养人才,面向社会搞好技术中介等服务;为其他企业生产中的关键难题进行技术诊断和提供服务。

(5)承担研究胶管胶带行业技术发展现状、趋势,积极为政府部门制定产业技术政策、行业发展规划、产业结构调整战略等宏观决策提供科学依据。强化标准引领和保障作用,围绕重点领域组建标准推进联盟,研制对提升产业竞争力具有重要影响的关键技术标准,通过标准固化创新成果、推动创新成果应用、增强市场信心,促进标准与技术和产业发展的紧密结合。积极参加各类国际标准化活动,主导和参与国际标准制定,增加国际标准话语权,提升我国相关产业的国际竞争力。

(6)委托胶管胶带专业的行业技术中心为企业或行业内提供培训、检测、技术咨询、参与标准制定等服务,充分发挥技术中心在促进社会科学研究技术方面的创新。

(7)委托胶管胶带专业的行业技术中心打造多层次人才队伍。集聚培养高水平领军人才与创新团队,开展人才引进、人才培养、人才培训、人才交流。建立和完善人才培训服务体系,加强专业技术人才和高技能人才队伍建设,把创新精神与企业家精神、工匠精神有机结合起来。

(8)积极协调政府主管部门制定鼓励性政策,推动政府购买服务,由胶管胶带专业的行业技术中心承担第三方科技成果或新产品新技术鉴定。

(9)授权胶管胶带专业的行业技术中心承担相应技术或服务方向的市场或技术争议处理资格。

9. 把制定团体标准作为实现转型升级的有效抓手

通过开展团体标准化工作(中国橡胶工业协会标准)激发广大企业的活力,制定大量满足市场和创新需要的胶管胶带标准,促进形成产学研相结合的团体标准研制模式,增加标准的有效供给,发挥团体标准作为市场自主制定标准的优势,助推建立“政府主导”制定标准与“市场自主”制定标准协同发展、协调配套的新型标准体系。制定团体标准未来是我国胶管胶带标准化工作的重要组成部分并将发挥积极作用,同时也将创建团体标准中国品牌,乃至世界标准品牌。

政府和行业协会要依法坚持公平对等原则,维护企业和行业的合法权益,进一步推动自律公约的实施,履行企业社会责任,缓解无序竞争和过度扩张,为自律诚信企业创造更多的市场机会。继续加大行业先进典型和正面形象宣传力度。继续推进产品名牌战略。全面提高胶管胶带产品的档次和市场竞争力,引导和鼓励企业制定品牌培育规划,实施品牌经营战略。尤其加大在胶管胶带下游主要用户中推介行业中优秀企业及其品牌的宣传力度,提高优秀企业及品牌的知名度和影响力。

胶管胶带行业发展优势和困境共存,机遇与挑战同在,要继续转变观念,把握时机,勇于挑战,落实《胶管胶带十三五发展规划纲要》的目标,建设胶管胶带行业强国。

(陶大君　李　鸿)

橡 胶 制 品

【基本情况】

1.2016 年橡胶制品行业经济运行情况

2016 年是"十三五"开局之年,在改革创新深入推进和宏观政策效应不断释放的前提下,制品行业加大供给侧改革力度,产品结构调整和更新步伐持续加快,行业经济保持了总体平稳、稳中向好的发展态势,主要经济指标均保持增长。其中工业总产值、出口产品交货值、销售收入和利润总额同比均保持增长。与 2015 年相比,工业总产值和销售收入的增速放缓,出口产品交货值和利润总额的增速同比有所增加。

根据中国橡胶工业协会橡胶制品分会对 58 家重点会员企业的统计,2016 年共完成工业总产值 418.25 亿元,同比(下同)增长 11.93%,减少 6.74 个百分点。出口产品交货值 93.42 亿元,增长 13.82%,提高 3.39 个百分点,占工业总产值的比重为 22.33%,比上年同期略有增加。实现销售收入 412.39 亿元,增长 11.89%,减少 9.66 个百分点。实现利润总额 38.81 亿元,增长 26.37%,提高 14.23 个百分点。共有 11 家企业亏损,亏损面 20.75%,比上年同期略有扩大。2016 年橡胶制品行业主要经济指标同比增幅情况见图 1。

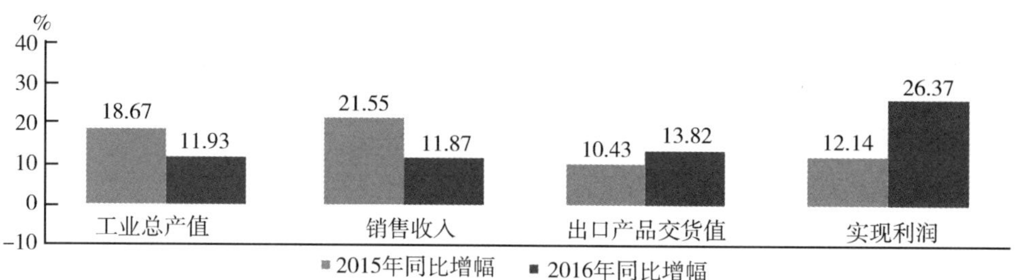

图 1　2016 年橡胶制品行业主要经济指标同比增幅情况

2016 年橡胶制品行业主要经济指标增长情况见图 2。

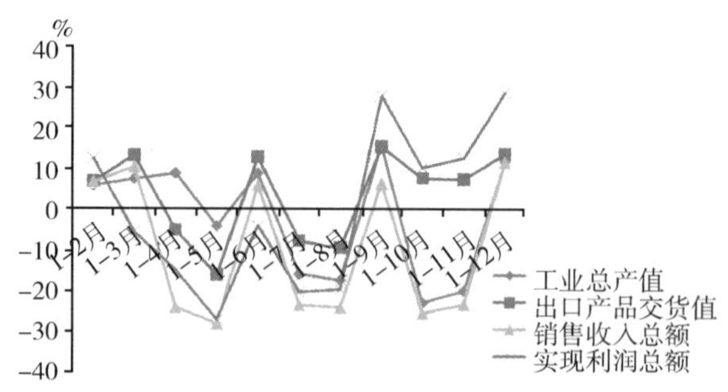

图 2　2016 年橡胶制品行业主要经济指标增长情况

与上年同期相比,2016 年,分会统计的 14 种主要产品中,11 种产品产量有不同程度增长。其中,橡胶水坝、出口汽车橡胶配件和骨架油封增幅较大,分别增长 26.95%、20.26% 和 18.13%;O 型密封圈、纯胶密封条、复合密封条、工业胶布、桥梁支座、橡胶护舷、制动皮碗皮膜和汽车减震制品产量也都有不同程度的增长;胶辊、伸缩缝和橡胶防腐衬里 3 种产品产量有不同程度下降,其中橡胶防腐衬里产量降幅最大,达 6.59%。

2016 年主要产品产量同比增长情况分别见图 3 和图 4。

2016 年,随着国家安全环保要求日益严格,原材料价格上涨,人民币持续贬值,国际国内经济环境错综复杂,工业经济向好的基础尚不牢固。需求结构不合理、回款难、费用高依然拖累企业盈利,对中小制品企业影响较大。

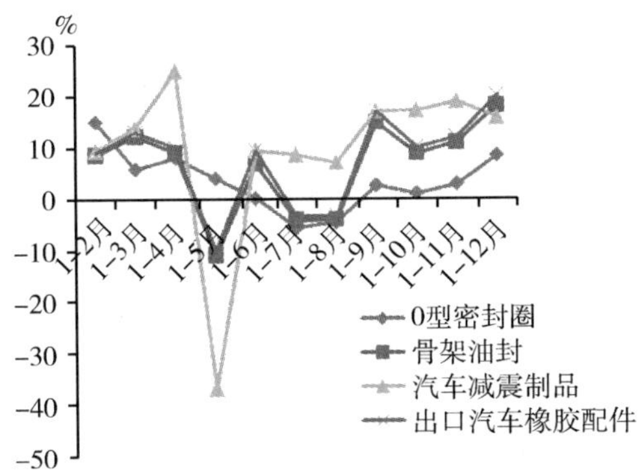

图3 2016年主要橡胶制品产量增长情况

2.2016 年橡胶制品行业销售收入排名(前 10 名)

根据橡胶制品分会统计数据,2016 年行业销售收入前 10 名企业为安徽中鼎控股(集团)股份有限公司、株洲时代新材料科技股份有限公司、宁波拓普集团股份有限公司、建新赵氏集团有限公司、陕西延长石油西北橡胶有限责任公司、江阴海达橡塑股份有限公司、大连巅峰集团、山东美晨科技股份有限公司、南京金腾橡塑有限公司、衡水中铁建工程橡胶有限责任公司。

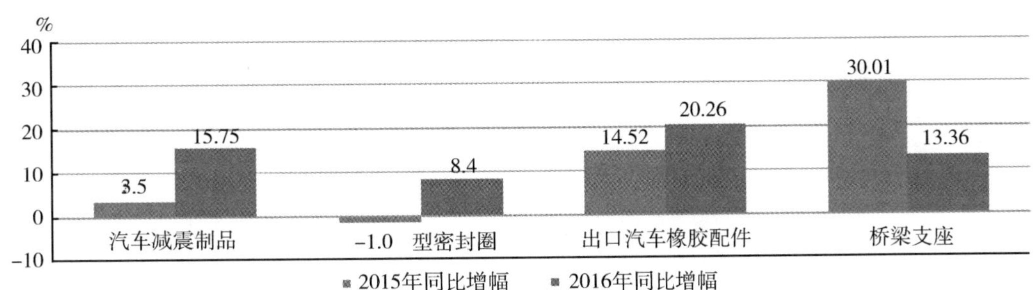

图4 2016年主要产品同比增长情况

2016 年橡胶制品行业前 10 名企业销售收入增长情况见图 5。

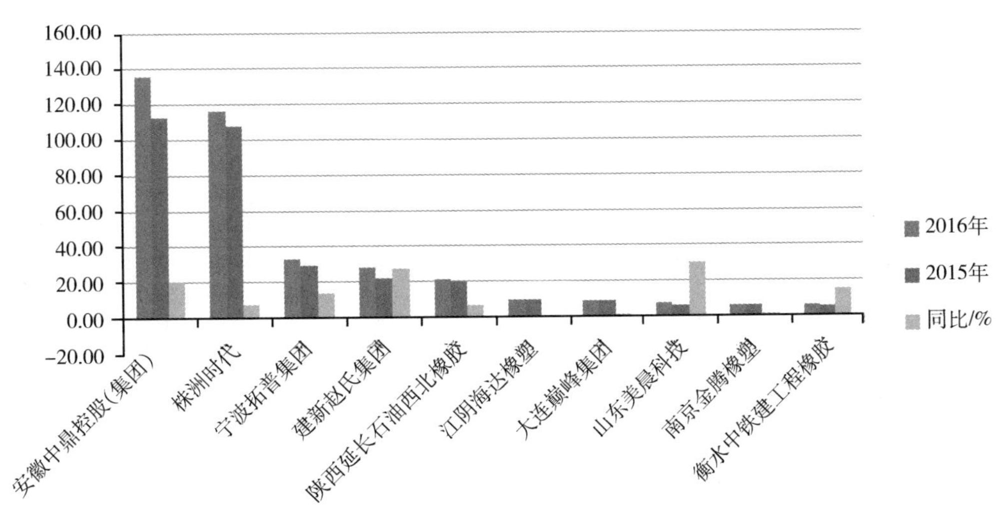

图5 2016年橡胶制品行业前10名企业销售收入增长情况

3.橡胶制品行业各种橡胶消耗情况

根据制品分会的统计数据,2016 年行业各种橡胶消耗量保持增长,预计 2017 年主要橡胶使用量仍然保持增长态势。2016 年主要橡胶消耗情况见图 6 和图 7。

4.2017 年上半年橡胶制品行业经济运行情况

据橡胶制品分会对橡胶制品 57 家重点会员企业的统计,2017 年上半年橡胶制品行业主要经济指标均保持增长,上半年实现现价工业总产值 220.72 亿元,增长 14.34%,增速较去年同期提高

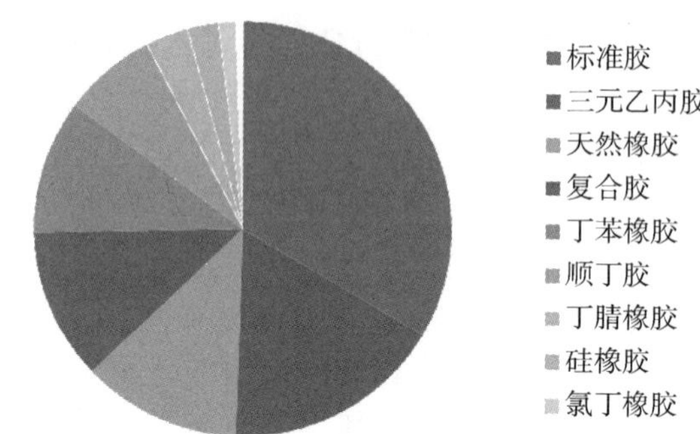

图 6　2016 年橡胶制品行业主要橡胶消耗比例

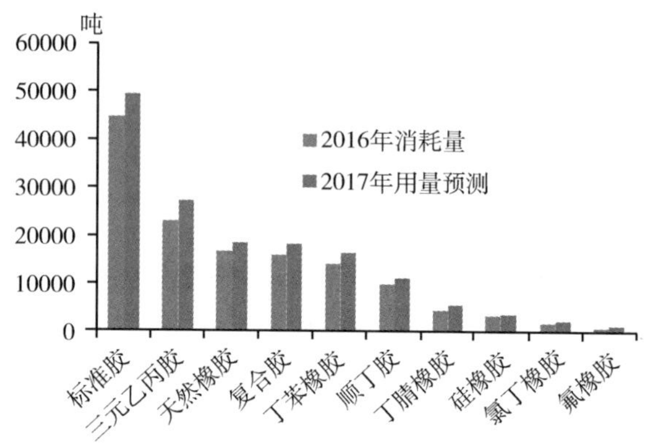

图 7　2016 年橡胶制品行业主要橡胶消耗量

4.90 个百分点；实现销售收入 205.85 亿元，增长 7.68%，提高 1.56 个百分点；完成出口交货值 56.56 亿元，增长 29.78%，提高 16.58 个百分点；出口率(值)25.62%，提高 3.05 个百分点；实现利税 25.60 亿元，增长 19.79%；实现利润 18.25 亿元，增长 30.28%，提高 34.60 个百分点；主要产品汽车减震制品产量 26.78 亿个，增长 22.75%，O 型密封圈产量 20.53 亿个，增长 15.50%；出口汽车配件 64.74 亿个，增长 22.96%；销售收入利润率 8.87%，提高 1.54 个百分点；出现亏损企业 7 家，亏损面 12.28%，亏损额 593 万元，比上年同期大幅减少；产成品库存 27.0 亿元，上升 23.33%。

与 2017 年一季度相比，二季度各项主要经济指标增速均有增长。其中，工业总产值、出口产品交货值、销售收入和利润总额增速分别提高 3.59、18.51、4.63 和 19.77 个百分点。

与去年同期相比，2017 年上半年 16 种主要产品中，7 种产品产量有所增长。其中，伸缩缝和骨架油封产量增幅较大，分别达 28.96% 和 24.61%；O 型密封圈、制动皮碗皮膜、汽车减震制品、橡胶防腐衬里和出口汽车橡胶配件产量都有不同程度的增长。9 种产品产量有所下降，桥梁支座和橡胶水坝产品产量降幅较大，分别达 39.17% 和 32.43%；纯胶密封条、复合密封条、工业胶布、胶辊、橡胶护舷、铁路减震制品和橡胶止水带产品产量都有不同程度下降。

表 1　近年来协会统计主要橡胶制品产量增长情况

万个

产品名称	2011 年	2012 年	2013 年	2014 年	2015 年	2016 年	2017 年上半年
O 型密封圈	85621	154697	161821	147753	128825	142243	205260
骨架油封	86744	80163	86918	89778	101161	119055	62011
制动皮碗皮膜	1293.06	1288.32	847.6	687.39	445.10	447.74	226.73
汽车减震制品	343927	371580	400576	447139	462203	531822	267783
桥梁支座	54.07	49.16	95.51	70.28	91.37	103.06	28.3

近年来协会统计主要橡胶制品产量增长情况见表 1。

5. 行业存在的主要问题

目前，国内橡胶制品行业还是处于小而散的局面，尽管行业前 10 名企业在发展中不断做大做强，但尚未形成明显的集中度，从事制品行业的小企业偏多，总体研发能力较差，技术人员缺乏，我国中高档橡胶制品市场还是主要被外资企业占据，一些性能和可靠性要求高的产品主要依赖进口。主要问题表现在以下几个方面：

(1)品牌影响力不高，缺乏国际知名品牌，不利于提升整个中国制品行业的形象。

(2)产品同质化、恶性竞争严重。如工程橡胶产品采用低价中标的方式，不但降低了企业效益，而且严重影响产品质量。

(3)研发能力差,技术人员比例为5%左右,现有研发基础设施水平不高,缺乏与国际先进水平同步的技术装备和技术含量高的高端产品。

(4)产品专业化、规模化生产程度差,存在结构性产能过剩。

(5)生产装备相对落后,自动化水平低。

(6)部分重要橡胶原材料需要大量进口,受制于人,影响了行业的进步。

(7)企业信息化管理水平不高,管理方法相对落后。

6.行业龙头企业经济稳步发展

2016年橡胶制品行业前10名企业销售收入共计372.41亿元,占行业统计数据的90%,增长14.34%。其中,销售收入增幅较大的企业有:山东美晨科技公司增长30.30%,建新赵氏集团增长27.46%,安徽中鼎控股(集团)增长20.38%,衡水中铁建工程橡胶增长14.88%,宁波拓普集团增长13.68%。前10名企业中只有一家企业销售收入出现负增长。

从排名情况来看,前3名企业保持稳定。2016年制品行业销售收入过百亿的企业仍然只有安徽中鼎控股(集团)股份有限公司和株洲时代新材料科技股份有限公司,并且双双进入2016年度全球非轮胎橡胶制品50强排行榜前20强。株洲时代新材2015年排名第28位,2016年跃升至第16位;安徽中鼎密封件从2015年的第36位到2016年的第19位。

纵观行业发展特点,兼并重组对橡胶制品企业销售额增长及快速扩张贡献巨大。株洲时代新材料2016年进入20强席位,主要是收购了德国ZF集团。安徽中鼎密封件排位提升也是得益于前几年间的多次海外收购。

橡胶制品行业龙头企业在中国橡胶工业百强排名中同样占用重要地位,2017年有10家企业入选中国橡胶工业百强企业。详见表2。

表2　2017年进入中国橡胶工业百强橡胶制品企业

序号	入选百强企业名称
1	安徽中鼎控股(集团)股份有限公司
2	株洲时代新材料科技股份有限公司
3	宁波拓普集团股份有限公司
4	陕西延长石油西北橡胶有限责任公司
5	江阴海达橡塑股份有限公司
6	大连巅峰集团
7	山东美晨科技股份有限公司
8	南京金腾橡塑有限公司
9	衡水中铁建工程橡胶有限责任公司
10	衡水橡胶股份有限公司

7.2016年行业发展主要成就

(1)2016年11月24日,在中国橡胶工业协会举办的第十七届全国橡胶工业信息发布会上,中国橡胶工业协会认定株洲时代新材料科技股份有限公司、青岛海力威新材料科技股份有限公司、辽宁省铁岭橡胶工业研究设计院、大连巅峰集团、安徽微威胶件集团有限公司5家企业技术中心为行业技术中心,山东美晨科技股份有限公司检测中心为协会签约检验测试中心。这是中国橡胶工业协会经过严格筛选和审查,在制品行业推出的首批行业技术中心和检测中心。这5家企业技术中心各具优势,研究方向各有侧重,产品各有特色,从轨道交通减震降噪材料(制品)、汽车橡胶密封和减震制品到工程橡胶制品,都是橡胶行业重要产业和高端产品。

(2)根据中国橡胶工业协会中橡协字(2016)72号文件,由中国橡胶工业协会组织制定的《锥台型橡胶护舷》标准编制工作已经启动,标准起草牵头单位为特瑞堡工程系统(青岛)有限公司,国内主要护舷制造企业参加了本标准的编制,目前编制工作如期进行,预计2018年6月完成。

(3)美国《橡胶与塑料新闻》周刊公布了2016年度全球非轮胎橡胶制品50强排行榜,株洲时代新材位列第16位,较2015年的第28位上升12位,成功晋升全球非轮胎橡胶制品20强;安徽中鼎密封件从2015年的第36位上升到2016年的第19位。

此前,世界非轮胎橡胶制品前20名企业一直被欧、美、日等国家占据，中国制品企业在全球非轮胎橡胶制品行业的地位实现重大突破，具有重要意义。

(4)时代新材在德国锡根与庞巴迪公司正式签署全球战略合作伙伴协议，对时代新材到2020年在庞巴迪交通运输部轨道车辆转向架弹性悬挂部件方面所占有的市场份额进行了明确的约定，未来5年市场份额将比目前有大幅度提高。此次协议的签订具有里程碑式的意义，意味着双方将在技术、商务、管理等各个方面进一步加强战略合作，实现共赢。

(5)2016年7月22日，ISO/TC269 AHG11第一次专家会议在时代新材召开，来自中国、日本和奥地利的9位专家参加了会议，时代新材将主导推进轨道车辆橡胶悬挂部件首项国际标准编写。此次主导推进的ISO标准涉及产品均为时代新材主导产品，且为轨道车辆橡胶悬挂核心部件，将帮助时代新材获取更多的行业话语权，极大地提升该公司橡胶减震制品在国际轨道交通领域的行业地位及影响力。

(6)2016年西北橡胶主要经营指标再创新高，预计营业收入达2.7亿元(不含税)，利润总额4100万元，为"十三五"规划及今后企业发展奠定基础。

(7)2016年7月，西北橡胶塑料研究设计院有限公司超大型密封件成功配套亚洲最大空间环境模拟器(内径17米，为亚洲最大，世界第三)，为企业今后生产超大型密封件配套奠定了坚实基础。

(8)2016年5月15日，北京化工大学—安徽微威集团橡塑新材料联合研究中心正式挂牌成立，微威集团在进一步推进产学研合作、提升科技创新能力和水平方面迈出了新的步伐。

(9)2016年10月，安徽微威集团荣获2016年安徽省工业和信息化领域标准化示范企业，这将推动企业以科技创新、提升技术标准水平，以技术标准引领产业转型发展。

(10)2016年6月，河北省交通工程配套产品产业技术研究院通过省科技厅评估，该院是以衡水中铁建工程橡胶有限责任公司为依托，联合石家庄铁道大学、湖北工业大学及北方材料科学与工程研究院有限公司共建。通过挖掘、整合企业、高等院校、科研院所的优质创新要素，打造"自主创新、重点跨越、支撑发展、引领未来"的有效模式；推动相关企业进行技术升级，通过关键技术的研发转变产业结构；以技术人才的扩散和流动实现产业转型，构建并形成更高品质的产业集群，从而搭建起以企业为主体、市场为导向、产学研相结合的技术创新平台；聚集高层次产业技术人才、发挥各自的优势和特长，加快产业科技进步和成果转化，让研究院成为产业发展的战略智库、共性关键技术的研发平台、高新技术企业的联合共同体、新型科技型企业的孵化中心、产业技术人才的聚集高地、国际、国内产业技术的交流展示平台，推动产业转型升级。

(11)2016年8月，中铁建公司VOCs治理取得阶段性成果。其先后与多家环保设备生产厂商合作，投资600多万元对原有的环保设施进行了升级改造，改造项目经检测符合国家标准规定，正在着手项目整体验收。

【产业集聚区经济发展情况】

1. 浙江宁海橡胶产业概况

浙江宁海县是我国汽车零部件生产基地，截至2016年底，该县拥有汽车零部件生产企业150余家，从业人员2万余人，工程技术人员1500多人。2016年规模以上企业实现产值91.54亿元，销售收入86.47亿元，年产值超亿元的企业20余家。宁海县拥有院士工作站2家；博士后工作站3家；国家认可实验室3家；国家级高新技术企业26家；省级企业研发中心6家，市级企业技术工程中心15家。同时还获得市级以上名牌产品13个，获得市级以上知名商标19件。近年来成功参与了2个国家标准的制订。先后被相关部门、协会授予"中国汽车零部件制造基地""中国(宁海)汽车橡胶部件产业基地""浙江省汽车橡胶零部件省级高新技术特色产业基地""宁波市汽车零部件(宁海县)产业基地"等荣誉称号。

经过长足发展，宁海县汽车零部件行业形成了以建新、双林、捷豹、天普、永信、光明等一批具有特色和拥有自主品牌的龙头企业，极大地提高了该县汽车零部件行业的知名度和影响力。宁海县汽车零部件产业具有鲜明的特点，主要体现在以下3个方面：

(1)产品种类多、配套档次高

宁海县汽车零部件行业依托宁海模具产业基地的优势，涉足到汽车零部件除发动机、车身、轮胎外几乎所有产品的生产，主要产品有油封及密封系列，减震系列，点火系统，管路系统系列，传动制动系列，动力装置类，汽车底盘类，电器、仪表及相关配件类等。

据不完全统计，宁海县汽车零部件企业为不同汽车制造企业配套生产的产品达上千种，国内市场主要为一汽大众、上海大众、上海通用、东风汽车、长安福特、神龙汽车、北京现代等国内主要主机厂家配套，国际市场主要为奔驰、宝马、德国大众、通用、丰田、沃尔沃等著名品牌的生产厂家配套。全县规模以上企业基本上都为主机厂提供一级配套或二级配套服务。由于与主机厂建立了紧密联系，宁海县汽车零部件企业紧跟整车产品发展步伐，不断地开发新产品，并注重中高档产品的研发，使产品覆盖面不断扩大，配套档次稳步提高，主导产品70%以上都实现了与整车厂配套生产，得到主机厂的普遍好评与赞誉。

(2)科技创新强，技术进步快

十几年来，特别是汽车橡胶部件产业基地创建以来，宁海县汽车零部件企业在发展壮大自身规模的同时，大力实施技术改进和科技创新，切实提高企业研发能力，取得了丰硕的成果，开发生产市级以上新产品、新技术、新工艺300多项。像建新赵氏集团有限公司主持的奥迪A6、宝来A4车门玻璃密封条项目被列入国家火炬计划重点项目，宁波永信汽车部件制造有限公司开发的汽车燃油蒸发污染物控制装置(新型扩散板炭罐)项目被列入科技型中小企业技术创新基金项目和国家火炬计划项目，此外还有其他多个项目入围宁波市火炬计划。

在加快技术进步同时，宁海县汽车零部件企业加快技术改造步伐，每年平均用于技术改造的资金达5亿元，先后引进了多功能橡塑挤出机、GSB-2型高速编织机、全自动配方炼胶生产线、汽车用同步带生产线、臭氧试验机、MTS三轴向动静态弹性体测试仪等生产检测设备，大部分生产和检测设备属21世纪的新型设备，生产和检测设备在全国同行业中处于领先地位，极大地提高了宁海县汽车零部件产品质量和交付能力。

(3)管理理念先进，质管体系完善

宁海县汽车零部件企业主要为汽车制造企业配套，其产品具有更高的要求，特别是安全性能方面的要求，企业必须建立一套与汽车行业相适应的质量管理和质量保证体系。十几年来，规模以上企业先后通过了ISO9000系列质量体系认证和ISO/TS16949质量体系认证，其中通过ISO14000认证的企业有32家，5S、6S、7S现场动态管理得到普遍实行，不仅极大地提高了企业管理水平和产品质量，而且为企业进入主机厂或主机配套体系提供了必要的通行证，也为企业进一步开拓国内外市场，提高市场竞争力提供了保障。

宁海县汽车零部件企业开发生产的产品大多数与汽车整车制造厂和零部件总成生产企业提供一、二级配套，与主机厂配套的产品约占产品总数的75%。主要产品有：

①油封、密封系列配件

油封、密封系列主要产品有防尘罩系列、橡胶密封件、密封垫系列、发动机汽缸密封件系列、制动气室橡胶隔膜、制动轮缸密封卷、门窗密封条等。代表企业为建新赵氏集团有限公司，该公司系国家高新技术企业、长春一汽共同体成员单位，主要生产汽车门窗密封条与橡胶减震器，产品在国内与一汽大众、上海大众、上海通用、神龙富康、奇瑞、北京奔驰-克莱斯勒配套，在国外与美国通用、克莱斯勒、德国大众、奥迪配套。

②减震系列配件

减震系列主要产品有发动机减震支架、汽车变速箱支承、汽车减震制品系列、空气悬挂橡胶衬套、减震支架、空气弹簧、各种车辆减震产品等。代表企业有建新赵氏集团有限公司、捷豹集团有限公司等。

③点火系列配件

点火系列主要产品有汽车点火线圈高压橡胶管、高压点火线高压护套系列，橡胶护套及连接器系列等。代表企业为宁波光明橡塑有限公司，该系列产品广泛用于汽车、家用电器、电动工具及连接器密封件等领域，该公司一流的产品和服务赢得了诸如德尔福、百得国际集团、通用、福特等跨国公司的信赖与合作。

④管路系列配件

管路系统产品主要有供油管、动力转向回油系统、燃油系统管路总成等。代表企业为宁波市天普橡胶科技有限公司,公司拥有先进的橡胶复合混合线,以及从美国和德国引进的大型橡胶注射机以及真空硫化设备等,产品主要为马自达、本田、福特、日产、东风等汽车企业配套。

⑤传动制动系列配件

宁海县传动系列产品主要是汽车用同步带,代表企业为宁波捷豹集团有限公司和康迪泰克传动系统有限公司。宁波捷豹集团有限公司是国家高新技术企业,上海大众公司共同体成员单位,专业生产操纵系统、动力传动系统等配套橡胶及塑料件总成零部件。康迪泰克传动系统有限公司为德国独资企业,专业开发、生产和销售汽车和工业传动带,产品主要配套上海大众、一汽大众及华晨宝马。

⑥汽车发动机系统配件

产品主要集中在汽缸体、汽缸盖、汽缸套、汽缸、汽油箱及汽油管等范围,代表企业是宁海县海裕铝业有限公司。该公司专业从事铝合金压铸件的生产,主要产品有汽车发动机的铝压铸件及总成发动机支架、气缸盖罩、油底壳、出水口、进水口等配件,是上海大众,安徽江淮、奇瑞等汽车公司的一级配套供应商,产品出口欧美主要国家。

⑦汽车底盘系统配件

底盘类产品主要以金属件为主,代表企业为宁波永信汽车部件制造有限公司和宁波沃特汽车部件有限公司。宁波永信汽车部件制造有限公司专业生产研发汽车底盘部件,主要产品有汽车燃油蒸发污染物控置装置、换档操作机构总成、悬挂系统部件、转向系统零部件等,是上海汽车、比亚迪汽车、吉利汽车等国内主机厂的一级配套企业,也是是韩国现代、福特等二级配套企业。宁波沃特汽车部件有限公司专业从事汽车冲压焊接件研发、生产,已成功开发出汽车底盘控制臂、汽车减震冲压部件、汽车底盘拉杆等五大系列产品,其中汽车底盘控制臂系列为金杯面包车、北京吉普、奇瑞 A21 等配套。

⑧汽车车身系统配件

从事此类产品生产的企业数量较多,代表企业为宁波双林汽车部件股份有限公司和宁波南星汽车部件有限公司。宁波双林汽车部件股份有限公司致力于汽车座椅系统,内外饰系统,空调、照明系统,动力系统的塑料件等零件部件及总成和全系列高精度模具的开发与生产,分别与通用、福特、丰田、大众、佛吉亚、法雷奥、李尔等诸多国内外著名厂商建立了长期合作的伙伴关系,产品远销欧、美、日、韩等国家和地区。宁波南星汽车部件有限公司主要生产汽车电动玻璃升降器总成、雨刮臂、电机等各种汽车零部件,产品远销欧美,并可根据用户要求定制各类电动玻璃升降器、刮水器及电机等零部件。

⑨汽车电器系统配件

宁海县汽车电器系统主要产品有汽车电线、电流传感器等,代表企业为宁波卡倍亿电气技术有限公司。该公司专业生产汽车电线电缆、汽车电流传感器、汽车电子调节器等产品,广泛应用于大众、奥迪、宝马、福特、日产、沃尔沃等著名品牌,也生产多种标准的汽车电线,包括德国标准系列、美国标准系列、日本标准系列产品等。

2. 辽宁铁岭橡胶产业概况

(1)铁岭橡胶制品产业发展历史及特点

橡胶制品产业是铁岭市的传统产业,在全国具有很高知名度。早在上世纪 50 年代,国家从战略布局出发相继在全国范围内建立了 4 家橡胶研究所,其中在辽宁省铁岭市建立了辽宁省铁岭橡胶研究所(原隶属辽宁省工业厅,现隶属于铁岭经济开发区管理委员会),即现在的辽宁省铁岭橡胶工业研究设计院。铁岭橡胶研究院是一家以橡胶制品为研发方向的专业科研机构,也是铁岭市橡胶行业协会会长单位,中国橡胶工业协会常务理事,橡胶制品分会第九届理事会副理事长单位。

上世纪 80 年代,铁岭市橡胶产业逐步形成了以国有企业为主体,合资企业、民营企业为辅的较好发展局面,进入了快速发展的快车道。铁岭市委市政府科学制定橡胶制品产业发展规划,以铁岭橡胶研究院为龙头,带动全市橡胶制品行业发展,使橡胶制品产业真正成为铁岭市工业发展最具潜力和竞争力的优势产业。

铁岭橡胶研究院始建于1957年，是集混炼胶研发生产和橡塑制品研发设计生产、检测于一体的科研生产机构，产品和技术服务遍及国内外各个行业；是承担国家化学石油橡胶配件质量监督检验中心、辽宁省橡胶制品质量监督检验中心工作的专业科研单位；是中国橡胶行业协会橡胶密封制品(铁岭)技术中心，这是协会在该领域认定的全国唯一橡胶密封制品技术中心，实现了橡胶行业密封技术的众多突破。

(2)铁岭橡胶制品产业发展情况

截至2016年，铁岭市拥有橡胶制品企业300余家，销售收入近15亿元，从业人员2万多人，据不完全统计，规模以上企业80家，销售收入近10亿元。橡胶产品覆盖汽车、冶金、矿山、电子、油田、军工、航空航天、核电工程等重点领域，部分产品可以替代进口并实现国产化，产品质量达到国际水平。

①产业链条完整、规划合理

铁岭橡胶产业在全国同行业中具有比较优势。主要表现在：

一是产业链条完整。在整个橡胶产业中，拥有集混炼胶生产、橡胶制品研发设计、生产、检测于一体的铁岭橡胶研究院，该院既是铁岭橡胶行业的龙头企业，同时又兼具国家级“中小企业公共服务示范平台”和国家级“高新技术企业”服务平台，省级重点中小企业公共技术服务平台，省级科技企业孵化器，省级重点实验室，省级技术创新平台，中国橡胶行业橡胶密封制品(铁岭)技术中心；拥有东北唯一一家具有第三方公证地位的橡胶专业质量监督检验机构——辽宁省橡胶制品质量监督检验中心；拥有年产5000吨混炼胶供给平台；2015年与沈阳化工大学签订了产学研合作协议作为技术研发支撑；拥有年产值近3亿元的华晨橡塑公司等一大批橡塑骨干企业；拥有如铁岭辽河橡塑制品有限公司、铁岭蓝天橡胶制品有限公司、铁岭橡胶研究所制品厂等特色橡胶制品生产企业；拥有铁岭桦林浮动油封有限公司、铁岭助驰橡胶制品有限公司等配套企业；拥有专业生产橡胶机械的天实化工机械有限公司等橡胶机械生产企业；还有生产橡胶制品模具的专业厂家，如铁岭巨龙橡胶模具有限公司、东北模具有限公司等。

二是拥有大量的专业技术人才。原国有橡胶企业退休的高级技术人才，大部分作为企业的技术顾问服务于铁岭各类橡胶企业，还拥有大批熟练的技术工人和即懂管理又掌握经营渠道的人员，现有从事该行业的技术人员约2000人，技能较高的技术工人近2万名，为广大企业的发展提供了技术人才保障。

三是拥有自主知识产权产品比例较高。多项产品荣获国家和省(部)、市级科技成果。近年来共获得国家、省(部)、市科技成果奖励69项，其中省部级以上奖励32项；取得发明专利50余项。研发的主要产品有：轧机油膜轴承密封(冶金行业用)获国务院重大成果奖、氨化粒化器橡胶件获国务院重大技术装备二等奖；复极式离子膜烧碱橡胶垫片获原化工部科技进步一等奖，单极式离子膜配套橡胶件获原化工部科技进步二等奖；东风机车用橡胶系列产品获得省科技进步二等奖；污水提升泵站用吸入室内衬获市科技进步一等奖，页岩气水平井多段压裂可钻桥塞胶筒获市科技进步二等奖；2014年申请两项发明专利《一种防爆橡胶密封圈组合物的制备方法》《一种全焊接球阀用防爆橡胶密封圈组合物》现在公示中。当前铁岭橡胶研究院与中广核合作研制的核电产品和正在生产的中石油井下钻井用封隔器胶筒产品分别处于研制和申报专利中。现在生产的船尾轴用油封和车用氟橡胶产品已经替代了国外产品，深受客户的好评。

四是近年来，铁岭市高度重视橡胶产业的发展，科学规划，合理布局。如铁岭经济开发区帽山橡塑产业园、开原巨子塑料模具机械产业园等多个专业生产园区的建立，为橡胶产业的发展奠定了坚实的基础。更为有利的是与橡胶制品行业相关的产业基地的建设催生了橡胶企业的发展，如铁岭的辽宁专用车生产基地、昌图换热设备产业基地、开原起重机械产业基地等，而且也为铁岭橡胶产业集群的建设提供了强有力的发展依托。

②设备国内领先，提高竞争力

辽宁省橡胶制品质量监督检验中心2017年新引进检测设备20余台，其中高低温拉力试验机不仅可以精确测试材料的拉伸强度、拉断伸长率等数值，而且可以在零下60℃ ~250℃的极端条件下观察材料变化并得出实验数据;旋转油封试验台能够更加真实地模拟实际工况,比如泥沙环境等,可以进行多种复杂情况下的产品测试;400℃高温的电热鼓风干燥箱等是全国少有的尖端实验设备。

2014 年铁岭橡胶研究院建成两条年产 5000 吨全自动混炼胶供给平台,保质、保量统一供应混炼胶,统一配送。它不仅完成了统一采购原材料、统一生产,还为全市工业物流配送发展起到了推动作用。同时,符合国际、国内对减少工业企业污染物排放的总体要求,对打造铁岭市橡胶制品产业示范区奠定了坚实的基础。

③龙头企业牵动,发展平台模式

铁岭橡胶工业研究设计院科技股份有限公司(以下简称“科技公司”)成立于 2015 年 4 月 17 日,是以铁岭橡胶研究院和其他骨干橡胶企业以股份制形式共同发起成立的。公司成立后,确定企业经营模式为“平台”发展模式,即以公司为平台,实施“内联外引”。内联:就是将铁岭众多(据不完全统计有 300 家)橡胶企业各自为战的分散经营模式通过股份或协议形式把大家联合起来。外引:就是以具有 60 年橡胶制品生产历史的橡胶研究院为龙头,对外寻找合作伙伴,与上下游企业、有实力企业进行合作,承接合同;再将承接的合同分散到内联企业当中,实行统一排产。同时公司以研发、创新为依托形成产品定制服务,创立“TXJ”铁岭橡胶品牌。科技公司的成立成为铁岭市橡胶制品企业的“创新大本营”,在这里,各企业之间攻坚克难,改变过去行业内斗、互相压价的低端竞争模式,展现出抱团取暖共谋发展的良好态势,也因此释放了原有橡胶制品企业的产能,实现了合作共赢。

④创新实力增强、提升市场占有率

铁岭橡胶制品企业在龙头企业的带动下,整体创新实力不断增强,也在更多领域占领了市场,军工、钢铁甚至核电行业都有铁岭橡胶制品的身影。铁岭橡胶研究院设计研发的核电站主泵轴封用耐高温辅助密封 O 型圈已投入市场,该产品耐辐射,不易老化,填补了国内技术空白。研发设计的污水提升泵站用吸入室橡胶内衬也应用在各大城市的地铁建设中,使铁岭橡胶制品顺利打入城建领域。创新技术大大拓展了铁岭橡胶制品的市场占有率以及竞争力。

【面临的环保问题】

近年来国家对环保特别重视,国家环保督察组先后到各地监督检查环保落实情况,对不符合环保要求违规排放污染物的企业进行限产、停产、关闭乃至承担刑事责任。

由于 2014 年以前环保法对企业污染物排放无要求(只对臭气浓度有要求),2014 年以后才限制了最低排放限值。因此,目前大部分企业在环保方面都没有采取什么措施,特别是炼胶车间和硫化车间产生的废气一般都直排到大气中,这种不达标排放的情况今后是绝对不允许的。

制品行业在环保排放方面任重道远,制品分会在树立环保达标示范工程方面正在积极努力。目前已经协助几家制品企业在做环保解决方案的调研和评估工作,待环保达标示范项目完成取得成效后将在制品行业全面铺开。希望通过协会的积极引导和推动,让制品企业彻底解决环保困扰的重大问题,使橡胶行业真正实现绿色、健康、和谐发展。

【展　望】

展望未来,随着国际国内形势的发展,全面深化改革的政策将进一步激发市场的活力,工业化、信息化、城镇化和农业现代化深入推进,“中国制造 2025”、“一带一路”、京津冀协同发展、长江经济带等战略的全面实施,也将给橡胶行业发展带来新的机遇。预计 2017 年,汽车、铁路制品及出口橡胶产品的增幅将会有进一步的提升。此外,将会有越来越多的企业谋求走出去开拓国际市场,出口产品占比将逐渐加大,橡胶制品企业将不断向国际化迈进。

(杨　莉)

胶　鞋

【基本情况】

2016年是“十三五”开局之年,在“中国制造2025”和“一带一路”发展战略的基础上,供给侧结构性改革和绿色可持续发展战略持续推进,通过改革实现产业转型升级,淘汰落后产能,消除低价无序竞争给产业升级和环境带来的不利影响。2017年,国家环保部又进一步加强了环保督查力度,对助剂类生产企业产生直接影响,一年多来助剂类产品价格始终处于高位,给制鞋行业带来了环保压力和成本影响。2016年开始,国家有关部门针对挥发性有机物加大了整治力度,为解决制鞋企业挥发性有机物的排放问题,中国橡胶工业协会对制鞋行业大气污染物排放限值团体标准进行了立项。

2016~2017年,面对经济下行压力,严格的环境要求,迫使企业加快转型升级步伐。

2016年10月,中橡协胶鞋分会完成了国家工信部制鞋行业挥发性有机物削减计划路线图并上报中橡协。路线图从原材料替代、有组织排放、末端治理、集中炼胶等方面对行业挥发性有机物做出了具体要求。

2016~2017年胶鞋行业的重点任务:一是继续推动胶鞋生产设备的自动化和智能化升级,优化和改进生产线布局,以机器替代人工为开发方向,优先在脏、累、险生产环节使用自动化和智能化替代,同时最大限度减少人为因素产生的加工误差;二是推动行业环保治理工作,为胶鞋企业提供技术信息,包括胶鞋加工过程中产生的挥发性有机物成分和含量等信息,以及治理方面的相关常识和知识。

【产品产量】

中国橡胶工业协会对2016年部分重点企业统计数据显示,2016年胶鞋产销量同比下滑幅度较大。产量合计27637.58万双,下降(同比,下同)7.89%。其中,布胶鞋为24955.87万双,下降9.31%;全胶鞋1048.30万双,降低17.26%。实现胶鞋销售量28472.90万双,下降0.72%,其中内销量25613.03万双,下降3.46%。2016年胶鞋分会产量前10名企业见表1,2016年各省市胶鞋产量情况见表2。

表1　2016年胶鞋分会产量前10名企业　　万双

企业名称	2016年产量	同比/%
四川省资阳市征峰胶鞋有限公司	4408.00	-14.85
际华三五三七制鞋有限责任公司	3672.00	-16.03
际华三五一七橡胶制品有限公司	2160.00	-28.38
青岛环球集团股份有限公司	1795.00	-11.01
浙江环球鞋业有限公司	1684.91	5.80
上海回力鞋业有限公司	1502.18	19.80
山东鲁泰鞋业有限公司	1478.00	0.41
际华三五三九制鞋有限公司	1394.33	-9.50
浙江中远鞋业有限公司	1202.00	5.71
浙江人本鞋业有限公司	1117.00	6.53

注:数据来源于中橡协胶鞋分会。

表 2　2016 年各省市胶鞋产量情况　　万双

地区	2016 年	2015 年	同比/%
全　国	56366	57358	-1.7
北　京	110	155	-29.0
天　津	2061	2130	-3.2
河　北	308	547	-43.7
山　西	0	0	—
内蒙古	0	0	—
辽　宁	98	157	-37.6
吉　林	0	0	—
黑龙江	0	0	—
上　海	267	349	-23.5
江　苏	647	836	-22.6
浙　江	5016	5561	-9.8
安　徽	442	741	-40.4
福　建	9246	8484	9.0
江　西	842	590	42.6
山　东	0	50	—
河　南	6889	6420	7.3
湖　北	107	114	-5.4
湖　南	4797	7024	-31.7
广　东	2529	2707	-6.6
广　西	0	0	—
海　南	0	0	—
重　庆	17049	14762	15.5
四　川	406	581	-30.0
贵　州	4952	5551	-10.8
云　南	360	412	-12.5
西　藏	0	0	—
陕　西	241	188	28.0
甘　肃	0	0	—
青　海	0	0	—
宁　夏	0	0	—
新　疆	0	0	—

注:数据来源于中国石油和化学工业联合会。

【品种与质量】

以工艺来区分,鞋类生产主要有热硫化工艺、冷粘工艺、注塑和浇注工艺,胶鞋企业在生产过程中对 4 种工艺均有采用。

热硫化工艺技术是最传统、最经典的工艺,主要特点是生产成本较低,防滑耐磨性能好,结实牢固,适合日常休闲和一般运动穿用,特别适合重体力劳动穿用,市场较广泛,但款式多样化及材料变化不如冷粘鞋。一些企业为提升自身竞争力和抗风险能力,已由单一热硫化工艺向冷粘、注塑与热硫化相结合的方向发展,许多专业生产硫化鞋的企业购入了冷粘鞋生产线,注塑鞋机和浇注鞋机,也开始生产冷粘鞋和浇注鞋。

冷粘工艺鞋类产品主要适合运动穿用,目前大多数专业运动鞋都采用冷粘工艺制作,还有一部分特殊运动鞋采用硫化与冷粘工艺相结合完成,冷粘鞋所用的鞋底材料,都采用硫化工艺技术完成。

在个人防护用品行业,主要以防水全胶鞋、防火消防靴为主,浇注工艺主要生产以聚氨酯材料为主的防砸、防穿刺等功能性的安全鞋。

目前,胶鞋分会正在联合有关大学和研究机构,并结合工厂的实际情况,帮助开发胶鞋联帮橡胶注射新工艺。

产品质量方面,除保证正常耐穿用性能外,还增加了对人体健康和环境友好方面的新要求。

【经营效益】

中橡协对 2016 年胶鞋行业的统计数据显示,胶鞋行业实现工业总产值 452115.94 万元,实现销售产值 467668.89 万元,下降 1.83%;实现出口交货值 76213.33 万元,增长 15.32%;利润总额 25342.80 万元,下降 24.72%。2016 年亏损企业 3 家,亏损额 3324.56 万元,比上年减少 1 家,但亏损额增加 1936.13 万元。2016 年和 2017 年上半年重点胶鞋企业经济指标完成情况见表 3,2016 年和 2017 年上半年实现利润前 10 名胶鞋企业情况见表 4,2016 年胶鞋行业主要经济指标完成情况见表 5。2016 年我国橡胶鞋靴制造行业固定资产投资情况见表 6。

表3　2016年和2017年上半年重点胶鞋企业经济指标完成情况

经济指标名称	2016年	同比/%	2017年上半年	同比/%
胶鞋工业总产值/万元	452115.94	-7.52	215768.42	0.27
胶鞋销售产值/万元	467668.89	-1.83	222948.78	-0.71
产品出口交货值/万元	76213.33	15.32	33757.03	8.17
产品产量/万双	27637.58	-7.89	13453.47	-0.76
出口胶鞋/万双	3218.08	24.87	1580.59	13.19
胶鞋销售量/万双	28472.90	-0.72	14145.16	2.50
胶鞋内销量/万双	25613.03	-3.46	12512.87	0.63
胶鞋销售收入/万元	577218.99	2.04	284970.07	8.92
胶鞋利润总额/万元	25342.80	-24.72	12368.01	10.69
天然胶消耗量/吨	21803.78	-15.12	12804.62	-10.49
职工平均人数	20847.00	-4.42	19978.50	-8.02
职工工资总额/万元	63472.62	9.95	33734.88	46.54

注:数据来源于中橡协胶鞋分会。

表4　2016年和2017年上半年实现利润前10名胶鞋企业情况　　万元

企业名称	2016年利润额	同比/%	2017年上半年利润额	同比/%
际华三五三七制鞋有限责任公司	8466.22	-5.45	3484.37	4.26
上海回力鞋业有限公司	3305.74	65.15	2506.89	44.96
际华三五三九制鞋有限公司	2112.44	3.75	1303.96	2.95
浙江天宏鞋业有限公司	1945.00	102.82	612.00	46.41
四川省资阳市征峰胶鞋有限公司	1492.00	-8.30	793.00	35.56
浙江环球鞋业有限公司	1455.00	21.96	720.00	30.43
浙江中远鞋业有限公司	1192.00	-68.88	1540.00	-1.47
浙江人本鞋业有限公司	1123.90	5.72	513.00	4.48
山东鲁泰鞋业有限公司	1113.00	9.44	286.00	-63
山东赛格鞋业有限公司	581.00	46.72	268.00	-45.42

注:数据来源于中橡协胶鞋分会。

表 5　2016 年胶鞋行业主要经济指标完成情况

万元

经济指标	2016 年	同比/%
统计企业数	556	—
亏损企业数	59	25.5
亏损额	22253	20.4
应收账款	585031	0.7
产成品	260153	-1.5
流动资产平均余额	2315577	4.3
存货	518129	-3.1
资产总计	4248939	2.2
负债合计	1867121	-1.5
主营业务收入	8396330	8.2
产品销售成本	7441500	8.3
产品销售费用	157365	2.0
管理费用	283730	5.4
财务费用	58212	4.9
利息支出	40089	-7.5
利润总额	424485	13.1

注:数据来源于中国石油和化学工业联合会。

【基建技改】

目前,国内已形成鞋业几大产业集群,主要有晋江制鞋产业集群,在晋江政府的主导下建立了鞋城,通过招商引资的方式,打造当地制鞋产业聚集区优势。广东制鞋产业集群进一步弱化,由于以前承接的大部分是台资和韩资的代工厂,目前由于成本等因素的影响,大部分工厂已向东南亚转移。同时,东南沿海的传统制鞋产业区正在逐步向中西部转移,中部地区也积极建设产业园区吸引投资。河南省漯河市、周口市,以及上蔡县、睢县等地承接制鞋产业转移步伐加快,温县、偃师等地产业也有一定规模。目前在郑州正在积极打造“中国中部国际鞋都”“国家级鞋业研发中心”和“国家级鞋业特色旅游观光文化产业园”。安徽宿州以及贵州六盘水等地也积极承接东部地区制鞋产业转移。河北省安新县三台镇的运动鞋产业集群,目前发展较快,但因国家在规划雄安新区,因此该制鞋产业集群的发展存在不确定性因素。

瑞安一直都是传统的热硫化工艺鞋的生产聚集区,位于江南新区核心地段的高铁新城商贸区瑞安鞋项目一期工程已完工,总占地面积 45298 平方米,总建筑面积 101919 平方米,总体以“一城九区十中心”为业态布局规划,包括品牌展贸区、国际贸易区、时尚名品区、金融服务区、流行潮流区、奥特莱斯区、工厂集成区、电商产业区、商务延展区等。

2016 年 7 月 8 日,工业和信息化部、财政部联合发出《关于印发重点行业挥发性有机物削减行动计划的通知》(以下简称《通知》),橡胶行业、制鞋行业等 11 个行业被列入挥发性有机物(VOCs)削减重点行业。为减少 VOCs 的产生和排放,改善大气质量,提升制造业绿色化水平,《通知》明确:橡胶行业和制鞋行业的主要任务是实施工艺技术改造工程。制鞋行业的主要任务是帮面加工推广采用热熔胶型主跟包头、定型布等材料;帮底粘合工序鼓励使用水性胶黏剂替代溶剂型胶黏剂;研发应用粉末胶黏剂;限制有害溶剂、助剂使用等。

根据要求,胶鞋分会在 2016 年 10 月份完成了制鞋行业挥发性有机物削减行动计划路线图,主要目标是截至 2018 年 12 月 31 日,减少苯、甲苯、二甲苯等溶剂、助剂使用量 20% 以上,并在充分调研的基础上,对 VOCs 成份进行分析。在现有技术条件下,初步确定与橡胶加工(包含硫化)的密切关注物质为非甲烷总烃,与黏合相关的密切关注制物质为苯、甲苯、二甲苯。

胶鞋分会理事长单位际华三五一七橡胶制品有限公司陆续完成新产业的建设,其炼胶基地采用先进的基于 MES 的智能化密炼系统,从根本上杜绝了颗粒物和挥发性有机物的无组织排放,在行业内率先采用生物法对环境进行治理。浙江中瑞橡胶有限公司也采用先进的智能密炼系统,在区域内实现集中炼胶试点,通过集中治理进行环境保护。

表 6　2016 年我国橡胶鞋靴制造行业固定资产投资情况

橡胶靴鞋制造行业固定资产投资	2016 年	2015 年	同比/%
计划投资/万元	1549532	1415637	9.5
实际完成/万元	1120013	841241	33.1
施工项目/个	243	213	14.1
投产项目/个	175	161	8.7

注:数据来源于中国石油和化学工业联合会。

【科技创新】

中国制鞋企业目前已意识到科技创新对企业的重要性、必要性和紧迫性,因此很多企业正在努力建设本企业的创新体系和搭建本企业的创新平台。

1. 行业技术心建设

根据中国橡胶工业协会制定的《建立橡胶行业技术中心管理办法》要求,胶鞋分会率先在行业内建立了两家行业技术中心,分别授予际华三五一七橡胶制品有限公司为鞋材及工艺技术中心,际华三五三七制鞋有限公司为制鞋技术中心。两家行业技术中心通过近一年的运行,在打造创新服务平台方面做了大量工作,特别是在环保型胶黏剂研发应用、环保工艺、智能制造等方面为行业做出了示范作用。在智能制造、"两化"融合、结构调整、装备升级等方面取得了一定成绩,下一步将进一步完善行业技术中心,创新服务行业的机制和体制。

2. 企业技术创新

(1)际华三五一七橡胶制品有限公司针对"脏、累、差、险"工序以及标准化要求高的工序实现"以机代人",炼胶、硫化、成型等生产工艺部分实现智能化、自动化、信息化,解决了生产过程中的难点问题,降低了工人的劳动强度,提高了产品质量。

在胶料混炼工序,采用上辅机物料自动称量系统,解决了人工配料环境脏、称量不精准的问题;采用下辅机自动翻胶系统,解决人工翻胶累及操作上的人身安全问题;应用一步法低温混炼,减少了胶料焦烧的质量问题。混炼中心原材料与成品的出入库实现智能物流,降低劳动强度,实现减人增效。目前该公司混炼中心一期年产 8 万吨混炼胶项目正在建设中。

在成型工序,智能自动化扫描喷印机、智能切割裁断设备及自动绷帮上浆机的应用,提高了产能与生产效益;应用机械手刷胶浆工作站、机械手打粗鞋底工作站,解决行业的痛点问题,同时标准化的操作可提高产品的外观质量与内在性能;成型线上的自动配送,操作工不需搬着鞋楦操作,降低劳动强度。

在硫化工序,该公司橡胶制品产业园年产 6000 吨橡胶制品的平板硫化设备全部实现自动进出模,降低劳动强度;采用 PLC + 触摸屏电脑全自动控制,实现硫化工序的自动化,并采用智能小车进行物流转运。目前已投入生产使用。

硫化鞋智能装备生产线项目已完成调研工作,正在进入实施阶段。

通过采用生产执行(MES)系统,实现了对生产车间的原材料检验、原料库存、生产计划、生产进度、工艺、胶料库存、质量、设备、成本等有效的信息管理和控制,实现生产管理的动态化、规范化、可视化和生产过程的合理化。该公司橡胶制品产业园的 MES 系统已投入使用;混炼中心的 MES 系统设计已完成,正在建设中;制鞋产业园 MES 系统项目正在招标准备阶段。

在挥发性有机物 VOCs 减排方面,该公司通过气体收集,经微生物吸收分解,控制甲醛、氨、乙二醇、酯类等挥发性有机物的排放。

(2)际华三五三七制鞋有限责任公司围绕行业发展瓶颈,大力开展技术创新活动。围绕绿色、环保、智能制造开展工作,研究开发水基环保热硫化胶鞋高性能黏合剂并在产业化方面取得了突破。与四川大学、解放军军需装备研究所、浙江大学、贵州大学、贵州师范大学和外部企业产学研合作攻关项目3项，与制鞋强国意大利开展国际合作项目2项，承担贵州省重大技术攻关项目2项，自行研究项目5项，成功完成《吸湿排汗海绵的研制》科技成果，成功开发瓷砖光滑地面防滑大底及胶鞋产品，为胶鞋适应地面变迁找到了着力点。

3. 智能装备的研发与应用

2017年6月，际华三五一七橡胶制品有限公司和东莞意利自动化有限公司正式签约制鞋智能化流水线合作研发项目，标志着硫化鞋智能化生产线的研发和应用正式启动。

从行业整体来看，智能化的流水线占比很少，主要是和实现的功能、价格等因素有很大关系。受工艺限制，目前国内外智能化流水线部分技术还不成熟，只能部分替代人工，而且造价较高，标准化程度要求高，提升了企业改造成本，大多数企业还是以观望为主，以上因素制约了行业智能化的发展。

【进出口贸易】

1. 中橡协统计出口数据

中橡协统计数据显示，2016年胶鞋会员企业实现出口交货值76213.33万元，上涨15.32%；胶鞋出口量为3218.08万双，增长24.87%。2017年1～6月胶鞋出口交货值为1995.00万元，降低19.00%；胶鞋出口量为1580.59万双，提高13.19%。详见表7。

表7　2016和2017年上半年胶鞋出口前10名会员企业情况　　万元

企业名称	2016年出口交货值	同比/%	2017年上半年出口交货值	同比/%
山东赛格鞋业有限公司	12924.00	17.12	8365	23.01
山东鲁泰鞋业有限公司	9863.00	106.08	8909	49.50
浙江大桥鞋业有限公司	7066.00	-13.92	-	-
大连金弘橡胶有限公司	5604.00	10.51	1995	-19.00
广东思迪嘉鞋业有限公司	5217.09	34.39	2605	19.61
浙江中远鞋业有限公司	5081.00	-69.37	5827	-9.18
青岛环球集团股份有限公司	5080.00	8.74	1850	-26.02
上海回力鞋业有限公司	4767.24	-5.01	1613	-21.03
河北京力鞋业有限公司	3500.00	-10.92	1394	-14.48

注：数据来源于中橡协胶鞋分会。

2. 海关总署统计出口数据

海关总署进出口数据显示，2016年全国橡胶鞋靴出口量为233049.56万双；进口量为674.97万双。2017年1～6月出口量为35483.42万双，进口量为337.55万双。详见表8和表9。2016年以来，国家不断通过调整关税、设立自贸区、国外签订自由贸易协定等政策来促进进出口贸易的发展。橡胶鞋靴进口量以每年50%左右的速度增长，国外品牌和产品的涌入势必冲击国内胶鞋市场，做强做大本土品牌迫在眉睫。另外，胶鞋出口平均单价与进口胶鞋平均单价相比差距明显，显示出我国低端出口和高端进口状况并没有改变。

表 8　2016 年我国胶鞋进出口情况

产品	出口数据					进口数据				
	数量/万双	同比/%	金额/亿美元	同比/%	均价/美元·双$^{-1}$	数量/万双	同比/%	金额/亿美元	同比/%	均价/美元·双$^{-1}$
64019210:橡胶制鞋面的中、短统防水靴(过踝但未到膝)	4722.31	-12.78	3.82	-18.06	8.09	5.25	46.82	0.01	54.22	22.68
64019900:其他橡或塑外底及鞋面的防水鞋靴	1372.39	15.01	0.70	-5.11	5.07	6.27	-33.55	0.01	-32.19	13.29
64041100:橡或塑外底,纺织材料鞋面运动鞋靴等	6615.56	2.87	8.55	5.27	12.93	450.45	136.48	0.86	138.47	19.17
64041910:橡胶或塑料制外底,纺织材料制鞋面的拖鞋	220339.30	0.00	25.74	0.00	1.17	213.00	0.00	0.12	0.00	5.56
合计	233049.56		38.80			674.97		1.00		

表 9　2017 年 1 ~6 月我国胶鞋进出口情况

产品	出口数据					进口数据				
	数量/万双	同比/%	金额/亿美元	同比/%	均价/美元·双$^{-1}$	数量/万双	同比/%	金额/亿美元	同比/%	均价/美元·双$^{-1}$
64019210:橡胶制鞋面的中、短统防水靴(过踝但未到膝)	2167.74	-3.81	1.60	-8.22	7.36	2.50	-5.74	0.004	-23.24	16.66
64019900:其他橡或塑外底及鞋面的防水鞋靴	709.94	-1.64	0.33	-2.17	4.66	2.12	-43.61	0.003	-48.66	13.44
64041100:橡或塑外底,纺织材料鞋面运动鞋靴等	2901.68	-7.23	3.75	-4.15	12.93	299.05	56.98	0.650	85.22	21.74
64041910:橡胶或塑料制外底,纺织材料制鞋面的拖鞋	29704.06	21.31	3.75	32.12	1.26	33.89	3.56	0.030	75.25	8.90
合计	35483.42		9.42			337.55		0.687		

注:表 8、表 9 数据来源于中国海关总署。

3. 主要进出口国家/地区海关统计数据

详见表 10 ~ 表 13。

表 10　海关代码 64019210 进出口国家/地区统计数据

国家/地区	2016 年				2017 年 1 ~ 6 月			
	进口量	进口额	出口量	出口额	进口量	进口额	出口量	出口额
北美洲	11552	236213	22480589	174330610	2493	46599	7884019	63398121
加拿大	0	0	2080493	16160433	2	402	915460	8047519
美国	11552	236213	20400096	158170177	2491	46197	6968559	55350602
大洋洲	0	0	1361014	8052801	0	0	975654	5086757
澳大利亚	0	0	645853	3493583	0	0	487203	2332625
新西兰	0	0	648728	4127239	0	0	438031	2520656
非洲	0	0	999800	7022256	4	60	536298	3455306
拉丁美洲	0	43	451224	2823820	10	412	294120	1595942
欧洲	13905	492821	15443650	92280339	5306	179685	7558551	44584807
德国	3	17	2909116	14687347	0	0	1312904	6491764
法国	12902	413291	1527351	8700142	4869	160009	900631	5361664
瑞典	15	1701	1559577	9432584	14	2563	827560	4669613
丹麦	0	0	1341405	9095117	0	0	641529	4104017
英国	20	1882	4714567	29894351	0	0	1920209	11737934
亚洲	35434	462729	17484029	99264186	15751	190021	7595602	41712134
柬埔寨	2279	38580	758	2935	1900	39191	537	766
朝鲜	0	MYM0	889300	2549193	0	0	686982	2556935
日本	14505	206980	14348699	77624522	2230	38569	5922420	31208059
中国台湾	3580	14560	175592	1432964	3733	14363	36034	256720
越南	0	0	23681	287640	5	337	22669	245146

注:数量:千克,金额:美元。数据来源于中国化工信息网。

表 11　海关代码 64019900 进出口国家/地区统计数据

产销国	2016 年				2017 年 1 ~ 6 月			
	进口量	进口额	出口量	出口额	进口量	进口额	出口量	出口额
美国	110	2333	2734529	20807699	23	953	1068286	5561314
日本	262	8452	1781431	9877237	3	109	763523	6618573
英国	8	268	1181026	7602144	9	39	461127	1992497
韩国	121	5931	899509	3929742	0	0	369755	3128801
瑞典	0	0	375844	2796880	0	0	332827	2983000
菲律宾	0	0	268089	2787744	0	0	166587	1273300
越南	1362	79800	143695	2399850	1	174	501	1884
印度尼西亚	2554	74794	11461	98444	2	96	19332	43756
中国台湾	19146	73870	54991	325690	5489	17688	26209	174532
泰国	1761	41938	184985	431307	54	3737	101992	280591
意大利	801	24308	15081	71402	5	305	114	2395
法国	5502	15830	147352	818792	690	4334	73572	406282

注:同表 10。

表 12　海关代码 64041100 进出口国家/地区统计数据

国家/地区	2016 年				2017 年 1～6 月			
	进口数量	进口额	出口数量	出口额	进口数量	进口额	出口数量	出口额
美国	127763	4857520	11772211	356835328	9018	505719	4681082	140200745
比利时	1	241	3271184	93228018	0	0	1763972	53308476
日本	337	25947	6031190	70505032	1587	58685	2699065	29703602
中国香港	1166	76224	1091265	34550535	128	3282	308724	9369088
荷兰	10	1601	1282201	31507125	2	242	439271	11733975
英国	223	15492	1572270	28045692	27	4812	674739	12547717
韩国	34113	347935	1790963	27212471	15321	297610	1070798	15930596
印度尼西亚	1681909	43463521	97421	1969329	1431761	40973932	53037	1120211
越南	1521271	33960588	82937	1568441	767675	20444682	32695	728958
德国	6725	445987	956834	21150852	1938	231919	524868	12342501
缅甸	4296	156787	2519016	11388953	5475	180734	1185565	5002550

注：同表 10。

表 13　海关代码 64041910 进出口国家/地区统计数据

国家/地区	2016 年				2017 年 1～6 月			
	进口数量	进口额	出口数量	出口额	进口数量	进口额	出口数量	出口额
美国	1600	101777	15589542	146479257	0	0	10930590	100519224
日本	972	34625	13557302	91297412	322	7105	6754467	48038552
英国	0	33	6613507	51973015	1	870	3703191	30477427
法国	7	367	3993644	29981889	0	0	2127964	15731741
德国	669	29398	2914324	22310912	72	1671	1897485	15002211
韩国	4030	42401	2759864	24317055	1557	55217	1365043	13112065
西班牙	3231	151159	2758211	20506525	2931	149793	1729539	14244594
意大利	3875	786524	2555033	16796204	3587	878785	1113315	7066394
中国台湾	8557	54090	1780396	7213328	7441	32323	809545	3628515
荷兰	0	0	1644999	12876793	0	0	1067357	8026599
越南	44172	903546	123552	2503002	42387	1018182	61324	698641
柬埔寨	18957	102581	14135	74672	488	11267	13815	175583
缅甸	19358	93117	3204	39376	0	0	15214	102350

注：同表 10。

【标准实施】

2017 年 6 月 20 日，中国橡胶工业协会发布了《绿色鞋用材料 限量物质要求》系列团体标准，自 2017 年 10 月 1 日实施。系列标准包括《绿色鞋用材料 限量物质要求 第 1 部分：鞋底》（T/CRIA 17001.1－2017）、《绿色鞋用材料 限量物质要求 第 2 部分：橡塑部件》（T/CRIA 17001.2－2017）、《绿色鞋用材料 限量物质要求 第 3 部分：胶粘剂》（T/CRIA 17001.3－2017）、《绿色鞋用材料 限量物质要求 第 4 部分：鞋帮》（T/CRIA 17001.4－2017）、《绿色鞋用材料 限量物质要求 第 5 部分：金属附件》（T/CRIA 17001.5－2017）。

之所以发布团体标准，是因为目前实施的 GB 25038－2010《胶鞋健康安全技术规范》、GB 25036－2010《布面童胶鞋》、GB 30585－2014《儿童鞋安全技术规范》等国家强制标准，都对鞋类产品中有害物质限量做了明确规定,但在鞋用材料方面还没有相对应的标准可执行。

为了提升鞋用原辅材料的环保性能,打造具有技术能力和社会责任感的企业群体,推动整个行业持续健康发展,同时使鞋用原材料在获取、生产、使用、废弃等不同环节中资源能源消耗少、污染排放低、环境影响小、对人体健康无害、便于回收再利用,符合产品性能和安全要求的目标,建立行业内绿色鞋用材料标准势在必行。

中橡协胶鞋分会通过调研发现,行业上下游企业并未形成系统的化学品管控,鞋类生产企业无法确定使用原辅材料所生产的产品能否满足国家相关标准的要求,而产品逐批检测成本太高,一旦不符合要求的产品流入市场,企业将可能面临高额处罚和赔偿责任,同时产品对人体健康安全以及环境都将产生不良影响。以出口为主的鞋类生产企业,需要面对客户提出的一系列化学测试要求,检测成本高,而且经常重复测试。因此,为了提升品质的同时控制成本,胶鞋分会计划推出绿色鞋用原辅材料合格供应商认证,以期通过供应链的管理来引领和规范胶鞋产业,促进优质产品生产企业更好发展。该系列标准将是支撑绿色鞋用原辅材料合格供应商认证的技术依据。

2017 年开始实施的胶鞋国家标准还包括 5 月 12 日发布、12 月 1 日起实施的 GB/T 22756 - 2017《皮凉鞋》,以及 7 月 1 日起实施的 6 个国家标准,分别是 GB/T 33384 - 2014《胶鞋术语》、GB/T 33390 - 2016《鞋类、鞋类和部件中存在的限量物质 二甲基甲酰胺的测定》、GB/T 33391 - 2016《鞋类、鞋类和部件中存在的限量物质 多环芳(PAH)的测定》、GB/T 33426 - 2016《胶鞋 有机锡化合物含量试验方法》、GB/T 33427 - 2016《胶鞋 多环芳含量试验方法》、GB/T 33393 - 2016《鞋类 整鞋试验方法 稳态条件下热阻和湿阻的试验方法》。

【品牌建设】

2017 年 3 月,中国橡胶工业协会公布了 2017 年度中国橡胶工业百强企业(中橡协字〔2017〕15 号),5 家胶鞋行业企业入围,在“2017 中国橡胶工业年会”上接受了表彰。

这 5 家企业分别是:上海回力鞋业有限公司、际华三五三七制鞋有限责任公司、四川省资阳市征峰胶鞋有限公司、际华三五一七橡胶制品有限公司、浙江中远鞋业有限公司。

于 2017 年 6 月 22 日 ~24 日在重庆召开的胶鞋行业年会上,命名际华三五三七技术中心为胶鞋行业技术创新优秀团队,授予蒋绮云胶鞋行业特殊贡献奖,陈为库胶鞋行业突出贡献奖。4 家企业荣获胶鞋行业党政工团宣传工作先进企业称号,16 家企业荣获胶鞋行业统计工作先进企业称号。

【存在问题】

尽管胶鞋行业在品牌建设和科技创新方面取得了长足进步,但仍然存在以下问题:

1. 整个行业的环保水平亟待提升。行业的大部分生产企业对国家环保发展战略认识还不到位,在环保材料替代(例如选择水性胶黏剂等)、环保工艺替代(例如采用下落式炼胶和集中炼胶等)、废气及颗料物收集、末端治理等方面都普遍存在问题;企业的环境管理机构设置不完善,人员不到位,环境管理制度无中长期规划和计划,关键制度还不健全。另外,行业的环保标准还需要进一步细化和完善。

2. 产品智能制造方面,整个行业的智能装备水平还较低,在密炼、缝纫、成型、立体仓储等工序的装备智能化方面亟待提升。目前以际华三五一七为代表的企业正在开始智能密炼、智能制造等方面的工作,以中瑞橡胶高分子材料股份有限公司为代表在产业聚集地提供集中智能炼胶产品,这些都成为行业智能制造的示范。

3. 行业研发投入不足。整个行业研发投入占销售收入不足 1%,而国际知名品牌研发投入都在 3% 以上,这直接导致企业核心技术竞争力较低,技术创新意识和研发能力不足,特别是在鞋类基础研究方面与国际知名品牌还有相当的距离。例如某些国际品牌早在 20 多年前就开展了基于生物力学的基础研究,研究成果可以直接应用于新材料、新工艺、新产品和新商业模式的开发,而我国能开展这方面研究的企业很少,应用成果就更少。

4. 自主品牌的出口量极少,缺乏世界级的民族品牌。我国胶鞋行业仅有部分龙头骨干企业创出中国名牌,占据中国的中低端市场,还没有形成与世界名牌抗衡的实力。我国海关出口的硫化鞋有90%是贴牌出口;大多数胶鞋生产企业开拓海外市场的能力有限,被动适应市场,有70%是通过代理商转口到目标市场,直接到海外建立销售网络的企业很少。国内消费市场又被欧美的国际品牌所蚕食,高端品牌在占领一线市场的同时,又相继进入二三线城市,挤占了国内胶鞋品牌市场份额,内销市场竞争激烈,国内企业面临较大的市场竞争压力。

5.绿色产品体系亟待完善。绿色产品体系包括上游供应商的绿色体系和绿色产品,制造商的绿色体系和绿色产品。胶鞋分会已完成绿色鞋用材料限量物质要求团体标准,下一步还将完成绿色鞋用材料能耗及产品回收利用等方面的标准,通过标准来完善行业的绿色产品体系。

【措施建议】

为了适应对环境保护和绿色可持续发展的新要求,建议:

1.国家和地方有关部门对积极进行环保升级的企业给予政策和资金方面的支持,设立专项资金鼓励企业进行环保原材料替代;鼓励企业采用下落式环保密炼机;鼓励有条件的地区采用集中炼胶,从而对生产环境实现集中治理;鼓励企业在生产过程中收集"三废"并进行末端治理。

2.建议国家认证认可监督管理委员会将绿色鞋用材料标准纳入到中国绿色产品认证标志认证体系中。

在自动化智能制造方面建议:

1.企业应主动提升自动化、信息化、智能化水平,建立基于生产执行系统的(MES)智能化生产线,建立智能立体仓储系统,物流实现机器人小车运输。

2.建立鞋类个性定制系统,通过建立鞋类数字化标准流程,利用数字化技术,完成脚型和鞋楦的激光扫描测量,建立电子鞋楦数据库,通过生物力学测量和数据库,帮助企业完成消费者个性定制需求。

【展　望】

1.胶鞋行业转型升级必将带来行业新活力

随着供给侧结构性改革的深入,胶鞋行业加快转型升级步伐,大力开展环保治理,行业必将重新洗牌,有实力和社会责任感强的企业将迎来发展机遇。

2.智能制造必将成为行业发展的必选之路

按照《中国制造2025》战略规划,智能制造将是每个行业的必然选择。制鞋行业要充分利用信息技术,对整个制造企业的子系统实现高度柔性化和高度集成化,并对制造业领域智能信息进行收集、存储、完善、共享、继承和发展,将来基于生产执行系统(MES)的智能生产线必将成为企业主流生产线。

3.绿色产品成为必然趋势

鞋类产品主要是与老百姓生活密切相关的民生产品,环保安全健康问题日益受到各国的重视。国家目前出台了多项与鞋相关的限量物质标准,胶鞋分会也制订了绿色鞋用材料限量物质要求,将帮助制鞋企业从材料关管控好有害物质的流入,从而保证产品符合绿色产品要求,同时分会还将企业绿色制造纳入管理体系,通过帮助企业实施管理体系,全面实现产品绿色化,顺应绿色潮流。

4.个性定制将在未来几年内兴起

鞋类个性定制将在未来几年内兴起,基于三维扫描和生物力学测量技术的个性定制系统将在未来几年内兴起,通过三维扫描和生物力学测量,可以反映出每个消费者不同的个性需求和穿用习惯,因此一旦快速加工技术成熟,个性定制将兴起。

胶鞋行业将根据《中国制造2025》、国家环境保护政策以及橡胶行业强国战略的要求和安排,积极进行探索和实践,实现行业的转型升级,绿色可持续发展,为实现中华民族伟大复兴的"中国梦"而作出应有的贡献。

(刘兰翎　王　刚　杨　青)

乳胶制品

2016 年是“十三五”的开局之年，也是乳胶行业面临严峻困难和挑战的一年。在全球经济复苏乏力，国际贸易保护主义严重，国内经济调整下行压力增大的环境下，乳胶行业国际市场、国内市场受阻。至 2016 年 12 月份，天然胶乳价格上涨至 16700 元/吨，与 2015 年同期相比增长了 80.71%，增大了企业成本控制的压力。

乳胶行业经济增速放缓，迫切要求进行结构转型。在国家坚持稳中求进、加快经济结构调整优化、依靠科技创新、强化经济发展方式转变的政策环境下，乳胶制品企业在 2016 年注重经济运行质量，维护行业和企业的共同利益，抓住行业发展中出现的契机，积极开展生产经营活动，企业在艰难中跋涉、在逆境中求生存，取得了一定的成效。

【基本情况】

乳胶行业产品出口一直占有较大的份额，2016 年扭转了出口下滑的趋势，实现了一定增长。在国内市场，企业不断挖掘潜力，加大科技创新力度，保持了乳胶行业稳定发展。2016 年中国橡胶工业协会乳胶分会统计 28 家企业主要经济技术指标完成情况见表 1。

表 1　2016 年中橡协乳胶分会统计乳胶行业主要经济技术指标完成情况　　亿元

指标名称	2016 年	2015 年	同比/%
产品销售收入	33.24	31.21	6.50
工业总产值	31.55	30.92	2.04
工业销售产值	33.11	30.99	6.84
工业增加值	8.64	7.62	13.39
出口交货值	13.17	12.35	6.64
实现利润总额	1.98	1.80	10.00
实现利税总额	3.46	2.76	25.36

从表 1 可以看出，2016 年乳胶行业产品销售收入、工业总产值、工业销售产值、工业增加值、出口交货值、利润总额和利税总额等各项主要经济指标与 2015 年同期相比（同比，下同）均有所回升。

【国内外贸易】

2016 年，乳胶行业生产销售形势依然非常严峻，手套类产品的出口量与内销量基本持平，反映出目前国外与国内乳胶制品市场的供需关系保持相对稳定。

1. 产销凸显严峻形势

据乳胶分会对 28 家会员企业的统计，2016 年安全套产品产销量略有下降，橡胶外科手套、检查手套、家用手套、工业手套产销量降幅比较大，织物浸渍胶乳防护手套增幅较大，见表 2。

从表 2 可以看出，2016 年织物浸渍胶乳防护手套产销量增长 20% 以上，实现了连续 3 年持续快速增长，成为行业生产销售中的一个亮点。橡胶安全套、橡胶外科手套产销量大幅下降，与 2016

年国内新增生产线造成产能过剩、行业恶性竞争有较大关系。家用手套、工业手套产销量大幅下降,主要原因是家用手套、工业手套出口受阻以及国内市场疲软,生产企业适度调整了生产规模和经营策略,积极拓展国内市场,减少出口带来的压力。总体而言,乳胶制品行业正在艰难中跋涉。

表2　2016年中橡协统计主要乳胶制品生产销售情况

产品名称	2016年	2015年	同比/%
橡胶安全套/亿只			
产量	35.02	35.45	-1.21
销量	35.50	36.11	-1.69
橡胶外科手套/亿副			
产量	4.10	4.17	-1.68
销量	4.19	4.12	1.70
检查手套/亿只			
产量	13.90	15.83	-12.19
销量	14.59	15.80	-7.66
家用手套/亿副			
产量	1.1995	1.5126	-20.70
销量	1.2363	1.4164	-12.72
工业手套/亿副			
产量	0.6208	0.7362	-15.68
销量	0.6768	0.7315	-7.48
织物浸渍胶乳防护手套/亿副			
产量	3.4096	2.7914	22.15
销量	3.3594	2.7630	21.59

2.内销、出口保持平稳

乳胶行业出口比值多年来一直超过一半以上。但近年来,受世界金融危机和马来西亚等国家乳胶制品产能大幅扩张的影响,行业产品出口比值逐年下降。2016年,乳胶制品出口比值为36.77%,与2015年相比略有提高。见表3。

橡胶安全套、外科手套、医用检查手套等乳胶制品归类于医疗器械产品。家用手套、工业手套、织物浸渍胶乳防护手套、指套等乳胶制品与民众生活以及安全防护密切相关。在国家扩大消费、以人为本等政策措施的大力推动下,乳胶制品的国内需求仍将呈一定的增长势头。在2016年织物浸渍胶乳防护手套内外销势头良好的同时,橡胶安全套、橡胶外科手套等产品出口呈现不同程度的下降,行业外销状况不容乐观。

表 3　2016 年中橡协统计主要乳胶制品内销和出口情况

产品名称	2016 年	2015 年	同比/%
橡胶安全套/亿只			
内销	22.98	24.61	-6.62
出口	12.52	11.50	8.87
橡胶外科手套/亿副			
内销	3.44	3.19	7.84
出口	0.75	0.93	-19.35
检查手套/亿只			
内销	7.10	7.88	-9.78
出口	7.49	7.93	-5.55
家用手套/亿副			
内销	0.4295	0.4336	-0.95
出口	0.8068	0.9828	-17.91
工业手套/亿副			
内销	0.4488	0.4827	-7.02
出口	0.2280	0.2488	-8.36
织物浸渍胶乳防护手套/亿副			
内销	1.4763	1.2710	16.15
出口	1.8310	1.4920	26.21

【生产与效益】

乳胶制品企业充分利用国家稳定经济、扩大内需及主要原材料天然胶乳价格持续回落的有利条件，加强企业管理，提质降耗，挖掘内部潜力，进一步提高企业经济运行质量。

1. 重点抓好经济运行质量，保持行业持续稳定发展

2016 年乳胶行业产品销售收入前 10 名企见表 4。

表 4　2016 年乳胶行业产品销售收入前 10 名企业

万元

排名	企业名称	2016 年	2015 年	同比/%
1	山东星宇	67846.00	56413.00	20.27
2	桂林紫竹	27232.60	27328.60	-0.35
3	上海科邦	21380.50	20273.00	5.46
4	北京华腾	19012.80	21413.50	-11.21

续表 4

排名	企业名称	2016 年	2015 年	同比/%
5	广州双一	18883.00	17109.00	10.37
6	张家港大裕	14650.28	11438.83	28.07
7	北京瑞京	14095.60	13898.10	1.42
8	湛江汇通	13163.00	13592.00	-3.16
9	苏州嘉乐威	8579.00	10369.00	-17.26
10	天津中生	8517.00	8835.00	-3.60

从表 4 可以看出,2016 年乳胶行业前 10 名企业中,有 5 家企业销售收入取得了一定增长,其中山东星宇手套有限公司、广州双一乳胶制品有限公司、张家港大裕橡胶制品有限公司的增长幅度分别为 20.27%、10.37%、28.07%。但总体来看,企业销售收入增幅放缓;同时,有 5 家企业销售收入下降,上年同期为 4 家。说明行业发展遇到了一定困难,在发展中也将面临很多不确定因素。

2. 出口形势有所好转,国家政策支持需加大

2016 年乳胶行业出口交货值前 10 名企业见表 5。

表 5　2016 年乳胶行业出口交货值前 10 名企业　　万元

排名	企业名称	2016 年	2015 年	同比/%
1	山东星宇	39585.00	31883.00	24.16
2	张家港大裕	14036.62	10727.04	30.85
3	北京华腾	11826.51	14415.93	-17.96
4	广州双一	9007.00	8131.00	10.77
5	镇江苏惠	7900.00	8187.00	-3.51
6	安徽豪杰	6207.00	5733.00	8.27
7	张家港宏裕	6161.00	7954.00	-22.54
8	湛江汇通	5568.00	3658.00	52.21
9	桂林紫竹	4020.40	4155.70	-3.26
10	天津中生	2555.00	3092.00	-17.37

从表 5 可以看出,2016 年乳胶行业出口交货值前 10 名企业中,有 50% 的企业出口交货值取得了增长。其中湛江汇通药业有限公司、张家港大裕、山东星宇手套有限公司积极开拓橡胶安全套、丁腈手套、织物浸渍乳胶防护手套出口市场,成绩显著,这 3 家企业出口交货值增幅分别为 52.21%、30.85%、24.16%。山东星宇手套有限公司加大外贸出口力度,连续 3 年保持出口交货值大幅增长。由于乳胶制品使用的天然乳胶大部分产自泰国等东南亚国家,国内乳胶制品生产企业大部分从国外进口原料,乳胶进口关税 900 元/吨(从量税)或 10%(从价税),两者从低计征关税。但从东盟等

地区进口的乳胶制品(安全套、外科手套等)是免税的,这种不公平的竞争,造成了东南亚国家乳胶工业的快速发展,大大降低了国内生产企业的生产优势,削弱了我国乳胶制品国际市场竞争力。

【行业政策】

从2016年开始,实施了20多年的《计划生育避孕药具政府采购目录》正式取消,符合《中华人民共和国政府采购法》及其相关条款的安全套供应商都有资格参与安全套政府采购的公开招投标。中橡协乳胶分会加强和国家卫生计生委各部门的密切沟通,在维护行业利益、抵制低价恶性竞争方面做了大量积极有效的工作,确保了2016年安全套政府采购工作重大变革后的平稳过渡。

【百强企业与推荐品牌】

获得2016年中国橡胶工业协会百强企业荣誉的企业有:山东星宇手套有限公司、桂林紫竹乳胶制品有限公司、上海科邦医用乳胶制品有限公司、北京华腾橡塑乳胶制品有限公司。

获得2016年中国橡胶工业协会推荐品牌的产品是:青岛威蝶乳胶制品有限公司威蝶牌橡胶工业手套、顺丰盛乳胶制品有限公司的祥宝牌橡胶工业手套。

【科技与创新】

2016年,技术创新、销售模式创新、设备自动化、管理精益化已成为乳胶行业创新发展的主旋律。

1. 建设创新体系,助力企业适应发展新常态

(1)提升品牌,精细管理。我国乳胶制品行业大而不强,一是多年来过分注重技术复制和短期效应,忽视技术研究和产品差异化开发;二是国际先进企业持续创新技术和运营体系,保持其品牌、成本、效益先进性,对我国产品市场竞争构成很大压力。因此,行业需要下决心摆脱目前产品同质化和低端化的不利局面,转变旧的发展模式,转向依靠创新体系平台内涵的发展思路上来。

(2)引入先进的科学管理手段和工具。乳胶行业要紧跟发展的要求,结合自身实际,开展"精益管理",实现持续改善,并将其作为企业管理的目标和方向。建立和完善企业的管理体系,促使转变员工观念,整体提高企业管理水平。

(3)创新营销模式。乳胶制品企业应顺应时代变化,转变营销理念,在做好传统销售的基础上,掌握和运用新型营销手段,利用电商平台,扩大网络销售渠道。学会应用新型物流和配送平台实现智能化仓储等。2016年,广州双一乳胶制品有限公司创新销售模式,通过网络电商平台,加大安全套品牌"米奥"的宣传力度,在短短一年多时间内取得了显著的成效,在行业中独树一帜。

(4)提高产业集中度。近几年,马来西亚、泰国等国的生产规模快速提升,已经严重影响国内企业的生存和发展,提高产业集中度迫在眉睫。国内企业必须进行优化整合,做大做强企业,组建乳胶航母,发挥规模优势。近年来,行业中的山东星宇手套有限公司、山东英科医疗制品有限公司、蓝帆医疗股份有限公司等企业不断扩大生产规模,在各自的领域内已逐步形成规模化优势。

2. 坚持循环经济理念,实现转型升级

(1)新材料、新工艺的应用。采用杜仲胶和天然胶乳的高度亲和工艺技术,消除乳胶中的蛋白,开发和生产无过敏反应的低蛋白质或无蛋白质天然胶乳手套,大力开展聚氨酯系列、氯丁胶系列、丁腈胶系列等合成胶乳制品和低亚硝铵乳胶制品的研究。

(2)淘汰落后产能,逐步实现设备自动化、智能化。目前,乳胶制品企业仍然属劳动密集型企业,随着社会的发展,劳动力越来越短缺且成本不断攀升,这就要求企业必须淘汰以手工为主的传统工艺和设备,不断提高设备的自动化程度,提高劳动生产率。希望更多的乳胶制品企业使用自动脱膜、自动上料、自动包装、医用手套自动吹气检测、自动电子检测等自动化、智能化设备。

(3)调整工艺、节约能源、保护环境。国家对企业环保的监测和管理力度不断加大,2016年乳胶制品企业因环保(燃煤锅炉及污染物排放)问题不达标造成关停的现象屡见不鲜,给行业敲响了警钟。乳胶行业应积极应用节能技术,如使用热载体锅炉代替蒸汽锅炉降低煤耗;变频调速节电技术能有效降低电耗;蒸汽冷凝水回收利用新技术降低能耗、改善环境等。推广新能源(如太阳能)和节能环保材料在生产中的运用。从厂房设计到设备制作以及生产的全过程都要充分遵循节能环保、绿色生产的理念。

3. 发挥协调作用,促进行业健康发展

(1)利用行业团体标准平台,建立行业准入机制,强化医用制品(安全套、外科手套等)的监管力度,限制和淘汰落后产能发展。国家对进入生产医疗器械类乳胶制品安全套、外科手套等生产企业实行分类准入制度,具有相应资质的投资者才能进入该行业。但准入批准权在各省市的药品食品监督管理局,准入把握尺度相差甚远,以至生产企业良莠不齐。因此,通过建立准入机制的约束,使企业具备生产医疗器械必要的硬件设施和软件资源,保证产品的质量和安全。同时制定落后产能的退出政策,优胜劣汰。

(2)创立拥有自主知识产权的核心技术。通过产、学、研合作的方式积极开发研制一批具有国际水平的自主知识产权技术,建成一批有世界水平的科研开发、制造、培训与信息中心。通过提升企业的研发实力,积极推广新工艺、新技术,生产出竞争力、技术含金量更高的产品。

(3)继续呼吁国家合理调整相关进出口关税,避免进口制品压制行业发展。协会继续反映行业企业的呼声,向国家建议考虑政策上的平等,对进口天然胶乳减免进口环节关税、增值税,加征进口乳胶制品关税。

(4)参与乳胶制品国际标准制修订,加快国内胶乳产品相关标准制修订步伐。我国是一次性橡胶手套、橡胶安全套生产的主要国家之一,要争取在一次性手套、橡胶安全套国际标准的制定上拥有话语权,有条件的企业要积极争取和参与相关工作。

(5)推动安全套政府采购的科学化,向国际标准和规范看齐。安全套是与人民生活密切相关的安全性要求较高的特殊产品,一旦放开没有后续的配套管理手段,会存在很多问题。2016 年是我国取消安全套政府采购目录的第一年,在国家卫计委药具管理中心、协会以及各安全套企业的配合下,政府采购工作得到了较好的完成。但在实施过程中也发现了很多亟待改进的问题,2017 年协会仍将持续关注这一工作,配合国家和相关企业把这项工作落实好。

【基础设施建设与技改】

今年以来国家相继出台了简政放权、深化金融投资改革、利率机制改革、加大经济结构调整力度等一系列改革举措,对拉动中国经济回暖并加速转型升级将起到非常重要的作用。国家发展的新思路、新常态,将使乳胶行业迎来一个难得的发展契机。

乳胶行业中民营企业发展迅速,在 2016 年安全套、医用手套、检查手套、工业和家用手套市场需求有所减缓的形势下,乳胶行业的一批新企业建成投产。比如河北优科斯橡胶科技有限公司 2 条安全套、2 条家用手套生产线正式投产,武威市安琪伟业科技发展有限责任公司 4 条安全套生产线投产。部分民营企业继续扩大生产规模,比如上海科邦医用乳胶器材有限公司 4 条高效能医用手套生产线竣工,山东星宇手套有限公司 4 条丁腈手套生产线建成、自主研发的 3 条热敏压纹劳保手套生产线投产。2016 年全国在建并投产的医用手套、丁腈手套生产线不低于 50 条。

桂林紫竹乳胶制品有限公司计划整体搬迁至临桂秧塘工业园;苏州嘉乐威企业发展有限公司(江阴嘉乐威乳胶制品有限公司)正在实施向苏州新厂区的搬迁工作中;大连乳胶有限责任公司开始筹建公司整体搬迁。各企业将利用搬迁契机,合理布局规划,优化流程、更新设备,按照 GMP 规范新建厂房设施,实现企业长远发展。

【存在问题】

1. 外贸出口形势不容乐观

国际经济形势短期向好,但内生动力依然不足,世界经济虽然仍将保持温和性复苏态势,但不稳定、不确定性因素依然较多。虽然国际市场对乳胶制品的需求总体上会逐步上升,但由于国际市场竞争激烈及市场疲软,国内乳胶制品出口形势依旧严峻。从乳胶分会的统计数据可以看出,2016 年乳胶制品出口交货值有所增长,但我国乳胶产业与东南亚国家相比已没有优势。

2. 国外乳胶制品大举进入国内市场

我国天然胶乳的进口关税为 900 元/吨,而对乳胶制品的进口依然实行零关税，这种不合理的关税政策，为国外乳胶制品企业创造了商机，大量低价一次性乳胶检查手套等乳胶制品充斥我国市场，已经对我国乳胶制品行业造成严重的影响。

3. 成本大幅攀升

一是企业用工成本持续上升。企业规范用工和用工需求的迫切性，使乳胶行业用工成本大幅攀升。据行业28家企业的报表显示，2016年，企业月人工平均费用达到4764元/人，增长了7.15%。二是环保投入加大。最严环保法实施，企业在锅炉、污水处理设施方面将投入大量资金，以确保达标排放，符合环保要求，从而加大了企业的经济负担。

4. 行业自主创新能力不强，管理水平参差不齐

由于乳胶行业进入门槛低，行业规模小，很多企业限于自身的经济实力和创新理念，在管理、工艺、设备上自主创新投入的人力、物力不足，无法推动行业整体水平的提高。此外，部分企业在引进先进技术和管理方面不能很好地自我消化吸收，以致无法达到预期效果。

5. 产能过剩

2016年国内新上10多条安全套、乳胶检查手套生产线。但产品市场需求总量没有增加，供大于求就会造成低价恶性竞争。在客户无法对产品质量进行鉴别的情况下，卖家无底线的经营，最终扰乱了市场。

6. 产业集中度低，品牌力不强

与东南亚国家（尤其是马来西亚）相比，国内乳胶行业企业规模都比较小，产品也比较单一，基本上是以分散独立的方式生产经营。与发达国家相比，我国产品品牌力较弱，规模较小，一旦遇到市场急剧变化和流动资金短缺等问题，就会造成经营困难甚至倒闭，企业抵御市场风险的能力不强。

7. 国家对乳胶行业扶持和监管力度不够

一是国家对进口原料要缴关税和增值税，对进口东盟的乳胶制品免税，这对我国乳胶行业极不公平，使我国乳胶制品企业一直在夹缝中艰难生存。二是药监部门没有从源头上把好生产许可关，导致生产企业良莠不齐，产品质量相差很大，伪劣产品充斥国内市场。

8. 国外企业产能持续扩大，冲击国内市场

从2016年我国乳胶制品进口情况就可见一斑。我国进口橡胶安全套4342113千克（折合14.32亿只），下降1.34%；进口平均单价37.3262美元/千克（折合约0.1131美元/只），下降了41.07%，是出口安全套平均单价的3.57倍。

同期，进口橡胶外科手套1450044千克，下降14.05%；进口平均单价6.0131美元/千克，下降2.22%，比出口平均单价高出13.70%。

进口其他橡胶手套29858360千克，增长14.16%；进口平均单价4.2131美元/千克，下降6.66%，低于出口平均单价24.47%，价格远低于我国同类产品出口价格。显示出国外大量质量低劣的“垃圾产品（裸手套）”正以逐年增长的趋势充斥国内市场。

2016年，我国橡胶安全套出口受阻，下降13.96%；橡胶外科手套出口增长9.30%；橡胶其他手套出口增长5.67%。而国外乳胶制品在不断扩大国内市场，面对此况，应该引起行业和政府有关部门的高度重视，制定相应的对策措施，保护国内乳胶制品企业的利益。

【对策与措施】

1. 国内外经济环境逐步向好

欧美国家采取了一系列刺激经济发展的措施，各国也在加强推动经济合作的各项措施，实体经济的发展也出现了一些好的势头。

2. 天然胶乳价格持强劲回升

主要原因是全球橡胶市场已经连续4年下跌，目前已经走出下跌通道，出现强劲回升的势头。天然胶乳大环境向好，价格在一定范围内的上涨，对乳胶制品行业来说利弊并存，利大于弊。

3. 乳胶制品行业各企业间紧密团结、共渡时艰

乳胶制品企业通过技术交流，对行业焦点、热点问题的研究和探讨等形式，增进了企业间的相互了解，加强了信任，共同携手面对和解决行业发展中出现的诸多问题，特别是在应对环保压力、行业产品价格自律、诚信经营等方面展现了良好的沟通基础。乳胶行业抵御风险能力不断提高，企业之间团结与合作日渐增强。

【发展目标】

展望2017年，全球经济发展前景仍存在不乐观因素。世界发达国家乳胶制品需求疲弱，国外乳胶制品企业集团持续扩充产能，并低价位充斥国内市场，我国乳胶制品的出口将面临更大的挑战。国内经济发展速度放缓，存在增收进口天然胶乳关税等不利因素，乳胶制品企业发展仍将面临严峻的困难。随着国家继续有效实施积极的财政政策和稳健的货币政策、创新宏观调控思路，同时在“一带一路”国家发展战略的支持下，乳胶行业齐心协力、共克难关，行业仍将会保持一定幅度的增长势头。总体估测，2017年我国乳胶行业的增长率为1%左右，实现平稳发展。

（涂燕玲）

废橡胶综合利用

2016年是我国“十三五”规划开局年，也是经济发展转型年，在中国橡胶工业协会和废橡胶综合利用分会理事会的正确引导下，废橡胶综合利用行业面对经济发展的不利形势，主动进行转型升级，加强设备研发与使用，不断提高清洁生产水平，在常温粉碎、连续脱硫、环保助剂研发、使用与推广等方面都取得了实质性进步。特别是在常压连续脱硫方面，更是涌现了江苏中宏、南京绿金人、青岛中胶、天台坤荣等行业标志性企业。在协会的推动和行业共同努力下，废橡胶综合利用行业整体生产面貌正在发生深刻变化，加强科技创新，推进行业绿色转型升级，实现绿色发展正在成为行业共识。同时，为完成“十三五”设定的淘汰“小三件”、淘汰煤焦油、改变脱硫方式、加快自动化生产工艺为重点工作的目标任务，打下了良好基础。

【基本情况】

1. 规模

中国是世界上废橡胶产生量最大的国家。废橡胶来源主要是废橡胶制品，即报废的轮胎、力车胎、胶管、胶带、胶鞋、工业杂品，以及橡胶企业生产产生的边角余料和废品。轮胎消耗生胶约占橡胶消费量的65%，其他为35%，废橡胶总量的70%来自报废的汽车轮胎。

据不完全统计，2016年我国仅废旧轮胎产生量就达到3.5亿条，重量达到1270万吨，不包括大量报废的力车胎、胶管胶带、胶鞋和橡胶密封件等橡胶制品，这些废橡胶数量也在几百万吨，并且每年都以8%左右的速度增长。

2016年，我国再生橡胶产量达到460万吨，同比（下同）增长5.02%；胶粉产量65万吨，增长8.33%。生产再生橡胶的主要材料是胶粉，460万吨再生橡胶需388万吨胶粉，连同直接应用胶粉65万吨，胶粉产量达到453万吨。因此我国不仅是世界上最大的再生橡胶生产国，也是最大的胶粉生产国。2016年，世界再生胶产量660万吨，我国产量占世界产量的70%左右。

在胶鞋、丁基、丁腈、三元乙丙等多种再生橡胶中，轮胎再生橡胶是再生橡胶品种的主流，其产量占再生橡胶总量的85%以上。

2. 再生橡胶是废橡胶利用的主要方式

目前，我国废橡胶利用主要方式有轮胎翻新、再生橡胶、橡胶粉、热裂解4种。其中，再生橡胶已成为继天然橡胶、合成橡胶之后，中国橡胶工业不可或缺的第三大橡胶资源；橡胶粉直接应用是被国际公认的环保型、资源型无害化加工利用方式。再生橡胶作为循环经济资源化高分子材料已有160年的历史，按橡胶烃计算，每吨再生橡胶可替代天然橡胶或合成橡胶45%，可节省有机合成制取合成橡胶5吨原油，具有特殊的资源地位。

2011～2016年我国胶粉和再生橡胶产量见表1，2011～2016年我国废橡胶处理量见表2，2011～2016年我国废橡胶利用主要产品见表3。

表1　2011～2016年我国胶粉和再生橡胶产量　　万吨

年份	2011年	2012年	2013年	2014年	2015年	2016年
胶粉产量	36	40	50	55	60	65
再生胶产量	300	350	380	410	438	460

注：数据来源为中国橡胶工业协会测算数据。

表2　2011～2016年我国废橡胶处理量　万吨

年份	2011年	2012年	2013年	2014年	2015年	2016年
再生胶	300	350	380	410	438	460
硫化橡胶粉	36	40	50	55	60	65
合计	336	390	430	465	498	525
处理废旧轮胎	403	468	516	558	600	630
废旧轮胎产生量	970	1018	1080	1145	1200	1270
占比例/%	41.6	46.0	47.8	48.7	50	49.6

注:数据来源为中国橡胶工业协会废橡胶综合利用分会测算数据。

表3　2011～2016年我国废橡胶利用主要产品　万吨

年份	2011年	2012年	2013年	2014年	2015年	2016年
再生胶	300	350	380	410	438	460
增长/%	11.1	16.7	8.6	7.9	6.8	5.0
硫化橡胶粉	36	40	50	55	60	65
增长/%	20.0	11.1	25.0	10.0	9.1	8.3
合计	336	390	430	465	498	525
增长/%	12.0	16.1	10.3	8.1	7.1	5.4

注:数据来源为中国橡胶工业协会废橡胶综合利用分会测算数据。

为防止废旧橡胶固体废弃物污染环境,达到化害为利、变废为宝,充分利用废旧橡胶生产再生胶,是解决中国橡胶资源匮乏、弥补资源不足的重要途径。再生胶含量高达50%左右的高分子橡胶烃恢复性、20%以上的炭黑含量以及一比例的橡胶助剂含量,在确保橡胶制品满足质量指标的前提下,合理掺用再生胶,可减少新胶消耗和炭黑、橡胶助剂、填充剂用量;实现3吨再生胶可替代1吨生胶应用的基本功能,实现中国特色废橡胶综合利用在橡胶工业循环经济中再生原料、再生产品的最佳环保价值观。2016年再生胶利用率见表4。

表4　2016年再生胶利用率

行业分类	消耗比例/%	数量/万吨	节约生胶/万吨
轮胎	30.00	138.00	46.00
非轮胎	70.00	322.00	107.33
力车胎	40.00	184.00	61.33
胶管胶带	15.00	69.00	23.00
胶鞋	5.00	23.00	7.67
橡胶制品	10.00	46.00	15.33

3. 地域分布

再生胶生产在我国是废橡胶利用的主力军，其本身具有良好的性价比。世界再生胶产量73%在中国，中国再生胶生产企业除澳门、香港外，遍布中国各省、市、自治区。我国生产再生胶企业数量达620多家，主要集中在河北省(97家)、河南省(64家)、浙江省(56家)、山东省(55家)。硫化橡胶粉企业生产规模在5000吨的有300多家。全国年产能超过600万吨，区域性规模年生产能力基本达到20万吨以上，其中规模在1万~9万吨的100余家，总生产能力约300万吨/年；规模在0.6万吨以上的500余家，总生产能力约300万吨/年。

4. 工艺、工装创新及节能

废旧橡胶综合利用范畴中，再生橡胶产品70%来自废旧轮胎，淘汰存在安全隐患的"小三件"，应用自动化水平较高的轮胎双轴破碎机已成为趋势，并形成了对废全钢子午胎、半钢子午胎的胎体分解，骨架材料分离及全面综合利用。废旧轮胎到再生橡胶生产全过程耗能由"十一五"的980千瓦时降至"十二五"的880千瓦时，降耗11%。

5. 环保和低碳

本产业中再生资源化规模企业100%以上实现了环保综合治理，85%以上达标排放，占总数60%的小规模企业在国家加大环保治理的前提下，提高了环保意识，开始配套专用环保设备，按国家制定的《轮胎翻新行业准入条件》《废轮胎综合利用行业准入条件》《废旧轮胎综合利用行业准入公告管理暂行办法》和正在走程序的《再生橡胶行业清洁生产评价指标体系》《橡胶工业污染防治技术政策》进行环保达标治理和整改。

淘汰"小三件"，改变废轮胎粉碎工艺；淘汰煤焦油，制定再生胶行业自律标准；改变再生胶高温高压脱硫工艺，采用常压连续脱硫工艺，成为产业向低碳绿色经济转化目标。

废轮胎绿色自动化粉碎生产线、硫化橡胶粉常压脱硫、联动环保再生橡胶装备及技术，结合卧式胶粉冷却干燥技术与装置，再生橡胶自动缠绕自动称量下片成套装置应用，可减少操作人员50%，节能20%，提高产量25%。

动态脱硫内冷式高效废气净化环保装置的研发应用，对现有脱硫罐进行改造应用，为避免先污染后治理重复投资，制约动态脱硫罐数量增加，缓解环境压力，为完善常压连续脱硫工艺争取时间。该装置是在罐内将胶粉进行冷却，排料温度低，对稳定再生橡胶质量提供了保证。

【生产与效益】

废橡胶综合利用行业在2016年实现探底回升，工业总产值在7月份达到33971.26万元低点后，回升低位平整；再生胶、胶粉产量分别在4月、7月达到61326.83、22879.51吨的低点后也处于缓慢回升状态。下半年，特别是进入四季度后，随着天然橡胶价格逐步走高，行业整体利润也有所回升，但是原材料废轮胎市场价格也抬升较快。

从废橡胶综合利用分会对30家重点企业的统计数据来看，2016年1~12月，再生胶、胶粉现价工业总产值390128万元，下降2.37%；销售收入359384万元，下降1.83%；实现利润31585万元，增长1.83%；实现利税43114万元，下降2.69%；再生胶、胶粉总产量1000663吨(其中，普通再生橡胶456252吨，特级再生橡胶144883吨，特种再生橡胶67951吨，胶粉331577吨)，增长7.35%；销售量974929吨，增长9.50%。

2016年再生胶销售收入、产量以及硫化橡胶粉产量前10名企业见表5~7，2016年再生胶及硫化橡胶粉主要经济指标完成情况见表8~9。

表5　2016年再生胶销售收入前10名企业(根据32家企业填报资料整理)

序号	企业名称	销售收入/万元
1	南通回力橡胶有限公司	36721
2	莱芜市福泉橡胶有限公司	36005
3	山东新东岳再生资源科技有限公司	29912

续表 5

序号	企业名称	销售收入/万元
4	仙桃市聚兴橡胶有限公司	24851
5	京环兴宇(唐山)橡塑环保科技有限公司	16627
6	广西远景资源再生股份有限公司	13640
7	江西亚中橡塑有限公司	11751
8	湖北华亿通橡胶有限公司	11677
9	临沭县中泰橡胶制品有限公司	10748
10	邹平县友海金属制品有限公司	10036

表 6　2016 年再生胶产量前 10 名企业(根据 32 家企业填报资料整理)

序号	企业名称	产量/吨
1	南通回力橡胶有限公司	97355
2	莱芜市福泉橡胶有限公司	82787
3	山东新东岳再生资源科技有限公司	81122
4	仙桃市聚兴橡胶有限公司	77789
5	湖北华亿通橡胶有限公司	68808
6	京环兴宇(唐山)橡塑环保科技有限公司	50440
7	广西远景资源再生股份有限公司	45992
8	天台坤荣橡胶有限公司	39160
9	临沭县中泰橡胶制品有限公司	38712
10	晋江华鑫塑料橡胶制品有限公司	32350

表 7　2016 年胶粉产量前 10 名企业(根据 32 家企业填报资料整理)

序号	企业名称	产量/吨
1	广西远景资源再生股份有限公司	50837
2	南通回力橡胶有限公司	35709
3	京环兴宇(唐山)橡塑环保科技有限公司	34700
4	湖北宏鄂远橡塑环保科技有限公司	25666
5	清远结加沥青改性材料科技有限公司	23470
6	湖北华亿通橡胶有限公司	20560
7	泸州市万发橡胶厂	16570
8	仙桃市聚兴橡胶有限公司	15804
9	邹平县友海金属制品有限公司	10584
10	莱芜市福泉橡胶有限公司	6693

表 8　2016 年再生胶主要经济技术指标完成情况(根据 32 家企业填报资料整理)

项　目	2016 年	2015 年	同比/%
工业总产值(按现行价)/万元	390128	399586	-2.37
其中:再生胶产值	260856	274216	-4.87
工业销售产值(按现行价)/万元	382014	389712	-1.98
产品出口交货值(现价)/万元	11763	13918	-15.48
工业增加值/万元	97532	99897	-2.37
再生胶产量(合计)/吨	669086	639683	4.60
其中:通用型再生胶产量	456252	422750	7.92
特级再生胶产量	144883	127160	13.94
特种再生胶产量	67951	89773	-24.31

注:数据来源为中国橡胶工业协会废橡胶综合利用分会统计。

表 9　2016 年胶粉主要经济技术指标完成情况(根据 32 家企业填报资料整理)

项　目	2016 年	2015 年	同比/%
胶粉产量/吨	331577	292460	13.38
产品销售率/%	97.43	95.51	2.01
应收账款/万元	52946	49720	6.49
产成品库存(按现行价)/万元	21442	25528	-16.01
产品销售收入/万元	359384	366065	-1.83
实现利润总额/万元	31585	31016	1.83
实现利税总额/万元	43114	44308	-2.69
全员劳动生产率/万元·人$^{-1}$	16.32	16.46	-0.88

注:数据来源为中国橡胶工业协会废橡胶综合利用分会统计。

从行业上游废轮胎市场来看,其受两个因素制约,一是环保,二是天胶价格。2013 年起,环保问题就开始影响废橡胶综合利用行业。2016 废旧钢丝胎市场价格在 7、8 月份时候,因受环保和“毒跑道”事件的影响,价格下行较为明显,南方部分地区还出现了每吨 450 元的历史低价。临近年末,废旧钢丝胎市场价格出现明显上涨,河北玉田地区 12 月分甚至出现 720 元/吨的年内最高价位。

据中橡协废橡胶综合利用分会 2017 年 1 ~ 3 月对 30 家会员单位统计,3 月份市场情况好转明显,行业盈利能力有所恢复,胶粉、再生胶产量均有所增长,更可喜的是利润的增长。2017 年 1 ~ 2 月份行业统计利润下滑,但一季度实现利润总额 6018.22 万元,增长了 0.41%;3 月份实现利润总额 2294.55 万元,增长了 0.63%。

在行业市场、价格进入相对稳定的时期,建议企业更加重视绿色转型和清洁生产,通过加强现场管理、改进生产工艺和装备来达到清洁生产，做到生产过程和产品双环保，促进企业提质增效，不断提高企业的市场竞争能力。

2017 年 1 ~3 月再生橡胶销售收入、产量以及硫化橡胶粉产量前 10 名企业见表 10 ~ 12，2017 年 1 ~3 月再生胶及硫化橡胶粉主要经济技术指标完成情况见表13 ~ 14。

表 10　2017 年 1 ~3 月再生胶销售收入前 10 名企业（根据 32 家企业填报资料整理）

序号	企业名称	销售收入/万元
1	南通回力橡胶有限公司	12192
2	莱芜市福泉橡胶有限公司	9557
3	福建环科化工橡胶集团有限公司	8003
4	山东新东岳再生资源科技有限公司	7018
5	安徽宏磊橡胶有限公司	4248
6	仙桃市聚兴橡胶有限公司	3701
7	湖北华亿通橡胶有限公司	2780
8	广西远景资源再生股份有限公司	2647
9	京环兴宇（唐山）橡塑环保科技有限公司	2430
10	山东舜合胶业有限公司	2288

表 11　2017 年 1 ~3 月再生胶产量前 10 名企业（根据 32 家企业填报资料整理）

序号	企业名称	产量/吨
1	莱芜市福泉橡胶有限公司	23571
2	南通回力橡胶有限公司	21130
3	湖北华亿通橡胶有限公司	16384
4	福建环科化工橡胶集团有限公司	12862
5	仙桃市聚兴橡胶有限公司	11740
6	晋江华鑫塑料橡胶制品有限公司	8790
7	临沭县中泰橡胶制品有限公司	8138
8	京环兴宇（唐山）橡塑环保科技有限公司	8100
9	山东舜合胶业有限公司	7730
10	清远结加沥青改性材料科技有限公司	7520

表 12　2017 年 1～3 月胶粉产量前 10 名企业

序号	企业名称	产量/吨
1	湖北华亿通橡胶有限公司	15774
2	清远结加沥青改性材料科技有限公司	7520
3	山东舜合胶业有限公司	7050
4	京环兴宇(唐山)橡塑环保科技有限公司	4300
5	泸州市万发橡胶厂	3155
6	邹平县友海金属制品有限公司	2141
7	莱芜市福泉橡胶有限公司	2124
8	仙桃市聚兴橡胶有限公司	1591
9	辽宁广天环保科技有限公司	1550
10	苏州角直再生资源集散交易有限公司	724

表 13　2017 年 1～3 月再生胶主要经济技术指标完成情况

项　目	2017 年 1～3 月	2016 年 1～3 月
工业总产值(按现行价)/万元	35430.16	37341.44
其中:再生胶产值	25177.14	25984.78
工业销售产值(按现行价)/万元	34814.35	37009.72
产品出口交货值(现价)/万元	1075.64	1052.81
工业增加值/万元	8857.54	9335.36
再生胶产量(合计)/吨	62572.91	61361.28
其中:通用型再生胶产量	43188.44	41139.68
特级再生胶产量	13190.23	12668.22
特种再生胶产量	6194.24	7553.38

注:数据来源为中国橡胶工业协会废橡胶综合利用分会统计。

表 14　2017 年 1～3 月胶粉主要经济技术指标完成情况

项　目	2017 年 1～3 月	2016 年 1～3 月
胶粉产量(合计)/吨	25481.89	26817.978
产品销售率/%	93.97	95.66
应收账款/万元	45503.59	53585.97
产成品库存(按现行价)/万元	24170.64	23060.43

续表 14

项　目	2017 年 1 ~ 3 月	2016 年 1 ~ 3 月
产品销售收入/万元	32463.42	34619.01
实现利润总额/万元	2356.95	2588.12
实现利税总额/万元	3315.58	3390.93
全员劳动生产率/万元·人$^{-1}$	1.42	1.41

注:数据来源为中国橡胶工业协会废橡胶综合利用分会统计。

【技术进步】

2016 年,在废橡胶综合利用行业的共同努力下,行业整体生产面貌正在发生深刻变化,加强科技创新,推进行业绿色转型升级,实现绿色发展正在成为行业共识。举办的具体活动和取得成果如下:

1. 协会组织两次论坛交流,助推行业转型升级

2016 年 6 月 28 日,在无锡召开了“2016 全国首届废橡胶绿色利用技术交流会”,会议提供了最新政策信息,交流了行业最新技术和趋势;10 月 27 日,在马鞍山召开“全国废橡胶绿色利用信息与技术论坛”,部分企业介绍了在废橡胶综合利用方面的先进经验,分享科技创新的成果。

2017 年 3 月,在中国橡胶年会沙龙区举办“废橡胶绿色转型”分论坛,中胶橡胶资源再生(青岛)有限公司介绍了最近几年来在再生橡胶绿色制造方面取得的成功经验,不仅实现了再生橡胶产品的环保,还实现了生产过程的环保清洁。南京绿金人橡塑高科有限公司分享了通过鉴定的“LJR - 5000Y 型绿色高效连续制备再生胶生产线”的最新情况,以及正在试运行的胶管生产技术和设备。北京万向新元科技股份有限公司介绍了废气净化设备,并针对目前行业急需解决的废气处理问题给出了解决方案。

2.“以机代罐”淘汰动态脱硫罐成为转型升级目标,多家常压连续脱硫设备和工艺相继通过鉴定

成套常压连续脱硫设备逐步在行业得到推广应用。

江苏中宏环保科技有限公司研发的“环保智能化设备制造万吨再生橡胶生产线”除了在江阴高新开发区公司本部建设了 2 条展示应用示范生产线外,已在 2016 年出口卡塔尔,并在福建、安徽等省市设立了紧密型合作生产企业。

北京化工大学承担的国家 863 计划,研发的“多阶螺杆 5000 吨连续环保脱硫生产线”在南京绿金人橡塑高科有限公司实施,已在重庆市九龙橡胶制品制造有限公司、衡水华瑞工程橡胶有限责任公司、京环兴宇(唐山)橡塑环保科技有限公司运行,近期又成功签约中策橡胶以及捷克、斯洛伐克等国家的企业。

中胶橡胶资源再生(青岛)有限公司研发的“环保节能型万吨废轮胎再生橡胶生产线”除了在河北生根开花,并在青岛本部建立了示范线生产再生胶产品,已经与青岛混炼胶工厂合作,加工的混炼胶供应胶南橡胶企业应用。

青岛化院高分子机械研究开发中心研发的绿色环保一体化单螺杆脱硫技术 2 条生产线,2016 年底在上海嘉定通过美国客商验收交付;安徽世界村新材料有限公司整合美国、意大利、加拿大等世界领先技术,建设智能化示范生产线为核心目标项目即将完成。

都江堰市新时代工贸有限公司研发的常压连续脱硫装备,2016 年不断提升改进又有了新的创新提高,已经在辽阳县鼎理橡胶制品有限公司成功应用。

天台坤荣橡胶有限公司在引进常压连续脱硫设备的基础上,成功应用传统装备进行预加工程序,获得质量提高、产品稳定的佳绩。

多家常压连续脱硫设备和工艺相继通过鉴定。

(1)2017 年 1 月 8 日,江苏中宏环保科技有限公司研制的“环保型智能化废橡胶再生成套设备(ZH－FYJ)”新产品,在江阴市通过江苏省经济和信息化委员会组织的专家鉴定。意见如下:该产品自主创新开发了干态法常压连续断硫螺杆挤压生产技术,核心工装设计采用单螺杆大长径比复合剪切挤压结构,再生过程稳定可靠;开发了独特的末端压力可调系统,可在选定再生物料门尼黏度值条件下自行控制工作温度,实现了生产过程的智能化控制;建立了“大数据管理”的远程控制平台,对用户设备运行数据可实施全过程跟踪及分析,实现产品全生命周期管理;该产品实现了环保清洁生产工艺要求,与传统动态脱硫再生工艺相比,生产过程中无废水废气排放,可大幅度减少 VOCs 的排放量,节能 40% 以上,减少操作人员 70% 以上,具有显著的社会及经济效益;产品经江苏出入境检验检疫局机电产品及车辆检测中心检测,各项指标均符合 Q/320281BGS01－20/6 标准要求,经用户使用,质量稳定,反映良好;企业管理规范,生产条件和检测手段完善,可满足批量生产要求;该产品符合国家支持、鼓励和推广应用产业政策;该产品属国内首创,达到国际领先水平。

(2)2017 年 2 月 22 日,南京绿金人橡塑高科有限公司研制的“LJR－5000Y 型绿色高效连续制备再生胶生产线”通过了江苏省经济和信息化委员会组织的专家鉴定。专家委员会认为,该产品采用双螺杆＋多螺杆组合完成废橡胶再生全过程,其技术特点和创新点:通过动力模拟、螺杆扭矩计算、剪切力场模拟、喂料速度计算、冷却速率计算,研制完成了年产 5000 吨级生产线的主机挤出脱硫设备和挤出精炼设备;自主研发了连续恒温预加热装置、防黏连双阶双转子冷却装置、倾斜式侧喂料装置等,完善了生产线的合理衔接串联,实现了整条生产线的连续化、自动化和智能化;结合对废胶粉摩擦传递、复杂传热、渗透传质过程的研究、动态温度场模拟分析,优化设计了与之相适应的脱硫及降门尼工艺条件,结合自主研发的高性能环保再生配方,实现了再生橡胶制备工艺的连续、节能、环保,产品性能优异、稳定;首次用双螺杆＋多螺杆制备了多品种环保颗粒状再生橡胶,进行了应用技术研究,解决了传统块状再生橡胶下游应用难分散、能耗高、易焦烧的难题。产品经检测,所检项目指标符合《绿色高效连续制备再生胶生产线》Q/32011LJR001－2016 企业标准,用户反映良好。该生产线负荷运行过程符合国家环保要求,企业生产工艺装备、检测手段、质保体系能满足生产要求。

(3)通过评审鉴定。2017 年 4 月 10 日,天台坤荣橡胶有限公司“节能环保型管式再生胶常压连续脱硫设备”通过浙江省科技厅、经信委委托浙江省火炬科技评估中心组织的鉴定。鉴定意见为:设备采用夹层循环水冷却、两级加热、五联动力、蛇形/S 形快速拆卸、模块化电控装置等专利技术,具有设计合理、结构新颖、集成度高、节能环保等特点;获得 7 项实用新型专利、技术处国内领先水平。

3. 企业转型升级加快,2 家企业登陆新三板

2016 年 6 月 27 日,广西远景资源再生股份有限公司成为第一家在新三板上市的废橡胶综合利用企业。该公司主要产品为 YP03 活化胶粉系列、SBS 卷材改性剂、道改沥青专用胶粉系列,主要应用于建筑防水中的沥青改性和道改沥青改性。

2016 年 12 月 5 日,广东隽诺环保科技股份有限公司在北京全国中小企业股份股转中心办公大厅举办了“新三板”上市挂牌敲钟仪式。

4. 完成“十三五”研发与制定项目申报评审

2016 年 3 月和 5 月,废橡胶综合利用分会组织专家对 13 家企业申报的废橡胶资源化、无害化、智能化螺杆挤出再生新技术项目、研发不添加化学助剂的再生橡胶脱硫工艺项目、研发螺杆挤出智能化脱硫技术与设备示范项目、年处理 10 万吨废旧轮胎综合利用示范工程项目、年产 11 万吨废旧轮胎再生精细胶粉及后续产品项目等 21 个项目进行了评审。项目针对废橡胶、废旧轮胎的常温、冷冻粉碎,环保型助剂和不添加化学助剂的螺旋、螺杆脱硫方式,传统生产方式联动化、新型创新自动化,片状、颗粒状成型等关乎行业转型、产业升级的科技创新和工艺装备研发以及技术完善等,为实现企业提质增效和达到行业“十三五”制定目标奠定了基础。

5. 编制《再生橡胶行业清洁生产评价指标体系》(征求意见稿)

在国家发改委、环保部、工信部《清洁生产评价指标体系制(修)订计划(第一批)》项目中,《再生橡胶行业清洁生产水平评价》(项目计划号:2009-2836T-HG)标准由石油和化学工业橡胶及再生产品质量监督检验中心负责完成。从2009年12月到2016年8月,经过前后6个年头9个阶段完成了修改稿等工作。

【百强企业与推荐品牌】

1.推进品牌建设,引导行业健康发展

为使再生橡胶产品满足“产品安全、使用安全”的要求,依据协会推荐品牌产品工作的通知要求,推出2015年、2016年符合欧盟REACH法规再生橡胶作为协会推荐品牌。见表15~16。

表15　2015年协会推荐品牌产品

品　名	企业名称	品牌
符合欧盟REACH法规再生橡胶	昆明凤凰橡胶有限公司	昆凤
	江西亚中橡塑有限公司	圣橡
	江西国燕高新材料科技有限公司	国燕
	都江堰市新时代工贸有限公司	龙头
	江西利新橡胶有限公司	利新

表16　2016年协会推荐品牌产品

产品名称	企业名称	品牌
硫化橡胶粉	京环兴宇(唐山)橡塑环保科技有限公司	兴宇
硫化橡胶粉	湖北华亿通橡胶有限公司	华亿通
硫化橡胶粉	湖南合得利橡胶科技有限公司	合得利
双轴常温自动破碎生产胶粉生产线	江苏瑞赛克环保设备科技股份有限公司	RSK
硫化橡胶粉常压连续脱硫设备	南京绿金人橡塑高科有限公司	绿金人

2.橡胶百强企业

在2017中国橡胶年会上,中国橡胶工业协会发布了“2017年度中国橡胶工业百强企业”,其中,废橡胶综合利用行业共有5家企业上榜,见表17。

表17　2017年度中国橡胶工业百强企业(废橡胶综合利用企业)

序号	企业名称	主营业务收入/亿元
1	南通回力橡胶有限公司	3.67
2	莱芜市福泉橡胶有限公司	3.60
3	山东新东岳再生资源科技有限公司	2.99
4	仙桃市聚兴橡胶有限公司	2.48
5	京环兴宇(唐山)橡塑环保科技有限公司	1.66

3. 开展行业自律活动,规范产品标准

2016 年 6 月,中央电视台对废橡胶"毒跑道"进行了专题报道,在社会上引起巨大的震动。为了促进废旧轮胎在绿色环保框架下的循环利用,满足体育运动场地对塑胶跑道原料—轮胎橡胶颗粒的环保安全需求,规范塑胶跑道对轮胎橡胶颗粒产品的生产要求,支持体育产业发展,向塑胶跑道采购、施工单位推荐提供质量稳定、符合塑胶跑道用轮胎橡胶颗粒生产企业。

经企业申报,中国橡胶工业协会组成专家组,对企业申报材料进行了严格审核。推荐丹东市富润橡胶有限公司、京环兴宇(唐山)橡塑环保科技有限公司、莱芜福泉橡胶有限公司、湖北华亿通橡胶有限公司、天台坤荣橡胶有限公司、安徽世界村新材料有限公司、延边路兴再生资源有限公司、桦甸市腾盛橡胶制品有限公司、江苏苏瑞克环保设备科技股份有限公司、泸州市万发橡胶厂、湖南合得利橡胶科技有限公司、苏州市角直再生资源集散交易有限公司、福州德裕塑胶有限公司等 13 家企业为协会推荐"塑胶跑道用轮胎橡胶颗粒生产企业"。

2017 年初,为了规范橡胶粉的生产,为防水卷材行业在防水卷材的生产、使用、施工中提供质量稳定、符合要求的橡胶粉生产企业,在行业中开展了评选推荐"防水卷材用橡胶粉"定点生产企业的活动。根据中橡协利字(2017) 2 号文件,经企业申请、专家审核、分会报告、中国橡胶工业协会审核确定,推荐南通回力橡胶有限公司、莱芜市福泉橡胶有限公司、京环兴宇(唐山)橡塑环保科技有限公司、焦作市弘瑞橡胶有限公司、天台坤荣橡胶有限公司、安徽世界村新材料有限公司、湖北华亿通橡胶有限公司、广西远景资源再生股份有限公司、临沂启泰橡胶有限公司、泸州市万发橡胶厂、清远市结加精细胶粉有限公司、湖南合得利橡胶科技有限公司、四川邑诚科技有限公司等 13 家企业为首批防水卷材用橡胶粉定点生产企业。

【政策研讨】

1. 积极参与国家产业政策制定,向国家反映企业诉求

利用各种不同的场合、方式,向国家部委介绍反映行业存在的"小三件""煤焦油""脱硫罐"成为直接影响行业安全、环保、绿色转型、智能发展的现实问题。

为推进废橡胶综合利用行业的健康持续发展,国家发改委分别在 11 月 17 日、11 月 28 ~ 30 日在北京、南通、上海等地召开了废旧轮胎回收利用座谈会和废旧轮胎回收利用情况专题调研,废橡胶综合利用分会秘书长祁学智参加了调研组,并在 11 月 17 日北京座谈会上提供了《我国废橡胶回收与利用方面的措施与建议》《关于废旧橡胶回收利用问题的补充建议》的报告。

11 月 28 ~ 30 日,为解决废轮胎带来的黑色污染问题,国家发改委环资司副司长马荣带队,组成了联合调研组,成员有工信部节能与综合利用司调研员李洪良、国家环保部土壤司固废处副处长戴祥、商务部流通发展司节能环保处主任科员郑辉、国家发改委环资司循环经济处主任科员吕峥、环保部固废中心综合业务部副主任、中国橡胶工业协会废橡胶综合利用分会祁学智、中国轮胎循环利用协会会长朱军、中国汽车维修行业协会行业发展部主任沈弘。

调研组在南通回力座谈时, 倪雪文理事长汇报了当前行业发展面临的困难和问题,并就行业的可持续发展提出了建议:一是从实际出发,完善回收体系;二是建立废旧轮胎回收利用的专项资金;三是加大力度,推行行业准入制度;四是加大税收优惠;五是科技部门加大支持力度,集中解决废旧橡胶、废旧轮胎利用当中的关键技术;六是继续坚持禁止废旧橡胶、废旧轮胎的进口。

2. 国家对废橡胶综合利用行业的政策支持力度不断加码

1 月 11 日,国家发改委办公厅印发了《"互联网 +"绿色生态三年行动实施方案》(发改办环资〔2016〕70 号),尝试建立逆向回收渠道,推广"互联网 + 回收"、智能回收等新型回收方式。

2 月 4 日,工信部、财政部、商务部、科技部公布电器电子产品生产者责任延伸首批试点名单(工信部联节函〔2016〕51 号),积极探索适应行业特点的生产者责任延伸新模式。

3 月 24 日,工信部印发了《绿色制造 2016 专项行动实施方案》(工信部节〔2016〕113 号)。

4月22日,工信部办公厅发布了《关于征集工业资源综合利用先进适用技术装备的通知》(工信厅节函〔2016〕264号)。

5月5日,商务部、发改委、工信部、环保部、住建部、供销合作总社发布了《关于推进再生资源回收行业转型升级的意见》(商流通函〔2016〕206号)。

6月30日,工信部印发了《工业绿色发展规划(2016-2020年)》(工信部规〔2016〕225号)。

7月8日,工信部、财政部下发了《关于印发重点行业挥发性有机物削减行动计划的通知》(工信部联节〔2016〕217号)。就废橡胶综合利用实施工艺技术改造工程指出:再生胶行业全面推广常压连续脱硫生产工艺,彻底淘汰动态脱硫罐,采用绿色助剂替代煤焦油等有毒有害助剂。

9月14日,工信部发布《绿色制造工程实施指南(2016-2020年)》。要求废橡胶综合利用行业绿色制造标准体系基本建立,绿色设计与评价得到广泛应用,推广普及绿色产品,到2020年完成处理废旧轮胎850万吨/年主要指标。

12月14日,工信部、科技部、环保部发布《国家鼓励的有毒有害原料(产品)替代品目录(2016年版)》(工信部联节〔2016〕398号)。

12月21日,工信部、商务部、科技部发布《关于加快推进再生资源产业发展的指导意见》(工信部联节〔2016〕440号)。

12月25日,国务院办公厅下发《关于印发生产者责任延伸制度推行方案的通知》(国办发〔2016〕99号)。

【展　望】

2016年,我国共进口天然橡胶(含乳胶、复合胶、混合胶)约448.37万吨,较去年增加4.63%。

据公安部交管局统计,截至2016年底,全国机动车保有量达2.9亿辆,其中汽车1.94亿辆;机动车驾驶人3.6亿人,其中汽车驾驶人超过3.1亿人。2016年新注册登记的汽车达2752万辆,保有量净增2212万辆,均为历史最高水平。汽车占机动车的比率持续提高,近5年占比从50.39%提高到65.97%。国家信息中心信息资源开发部主任徐长明表示,根据每个国家汽车市场发展分析,9年后(2025年)中国汽车保有量将达6亿辆。

综合以上数据和相关信息,一方面随着社会经济和汽车工业的发展,橡胶工业对橡胶资源的需求将会进一步扩大;另一方面汽车保有量的增加势必增加废旧轮胎产生量。防止废旧轮胎堆积,避免引发类似西班牙环境污染事件发生,是废橡胶综合利用行业的社会责任,也是我国保护环境开展橡胶资源再生利用的一项长期发展战略,是中国橡胶工业循环经济发展不可或缺的重要一环,是国家在橡胶行业中政策支持、鼓励的重点。

2017年,为落实创新驱动发展战略,国家相关政策实施细则陆续出台,废橡胶综合利用行业如何紧贴相关扶持政策,获得国家财税支持,提升行业和企业竞争力、创新力,加快实施创新驱动发展战略,打造经济发展新引擎,整合创新发展要素,成为新的平台。

2017年,随着政府和社会关注度提升、行业企业积极担当,悄然转型创新研发和引进创新,再生胶自动、智能化生产方式将成为新常态。最为明显的体现在以下3点:

一是产品将更加环保多样,再生产品的应用将更加广泛。

2017年,行业企业不断加快环保治理和装备技术升级,注重拓展再生产品特别是胶粉差异化生产和应用使用,规避同质化恶性竞争,严格遵循绿色发展、智能发展、清洁生产要求,推动转型、装备升级。都江堰市新时代、江阴迈森、天台坤荣、山东新智、泰安金山等企业展开的对常压连续脱硫设备的研发制造取得一定进展,江苏中宏、青岛化院、中胶橡胶、南京绿金人、安徽世界村等企业均以实际行动展开对再生胶传统动态脱硫和捏炼机、精炼机压延工艺研制。

协会向发改委建议,鼓励支持胶粉应用,加大胶粉应用范围试点,加大使用胶粉进行沥青改性、橡胶制品生产等方面的应用;对再生胶应用进行立法,建立再生胶使用标准,促进废橡胶、废旧轮胎的循环利用;探索橡胶制品企业与废橡胶综合利用企业建立回收与利用联动的发展模式,在保证产品质量的前提下,提高废橡胶再生资源的综合利用,真正做到物尽其用;建议政府推动优先采购废橡胶再生制品,鼓励使用废橡胶资源循环再生产品。从最近出台的440号文件来看，国家也采纳了协会的建议。相信使用橡胶粉和再生胶，促进资源循环利用将获得越来越多的认可，逐步成为社会共识。

二是生产过程将更加清洁绿色。

在440号文件中提到，要引导和推进“十三五”时期再生资源产业持续健康快速发展，主要任务是：绿色化发展，保障生态环境安全。将绿色化理念贯穿到再生资源产业链的各环节和全过程，从回收、分拣、运输，到加工、循环化利用、再制造以及废物处理处置，严格执行环保、安全、卫生、劳动保护、质量标准，推动再生资源综合利用企业完善环保制度，加强环保设施建设和运营管理，推进清洁生产，实现达标排放，防止二次污染，保障生态环境安全。

废旧轮胎列入重点领域。提出要“研发和推广高效、低耗废轮胎橡胶粉，新型环保再生橡胶及热裂解生产技术与装备，实现废轮胎的环保达标利用。到2020年，废轮胎回收环保达标利用规模达到850万吨，轮胎翻新率达到8%～10%。”要做好废橡胶清洁化利用示范：开发再生橡胶绿色化、智能化、连续化成套设备，推广连续密闭再生胶生产，培育10家左右废橡胶清洁化和高值化利用示范企业。

在国家部委的支持引导下，我国废橡胶清洁化利用现状正在得到逐步改善，莱芜市福泉橡胶有限公司、京环兴宇（唐山）橡塑环保科技有限公司、沭阳乐福橡塑工业有限公司、仙桃市聚兴橡胶有限公司、四川省隆昌海燕橡胶有限公司、湖南天立橡胶有限公司、江西利新橡胶有限公司、新乡市橡塑工业有限公司、广西远景资源再生股份有限公司、昆明凤凰橡胶有限公司等一大批规模企业都在积极行动，争取成为废橡胶清洁化利用事实示范企业。

三是行业将快速实现标准化，规模企业将引领行业发展。

随着行业的快速转型升级，在环保和技术双重压力下，在行业“准入制”影响下，一批粗放式、作坊式的小企业将完成其在行业的历史使命，一大批经受住考验、转型成功的企业将迎来新的发展机遇。

循环经济的兴起，也使得越来越多的社会资本开始投身废橡胶综合利用行业，2015年底，原唐山兴宇橡塑工业有限公司与北京环卫集团合作成为国有控股企业，成立京环兴宇（唐山）橡塑环保科技有限公司；安徽世界村新材料有限公司是由上市公司重点高新技术企业红太阳集团投资成立的一家大型民营科技型企业。行业内广西远景、广东隽诺企业成功上市，江苏中宏、南京绿金人等企业的进入都为行业的发展增添了新鲜血液。随着循环经济不断推行，废橡胶综合利用行业存在的小而散、脏乱差将逐步成为历史，行业规范化、标准化发展正在逐步变成现实。

（祁学智）

翻新轮胎

【基本情况】

2016 年是“十三五”开局之年,我国轮胎产量已连续 12 年居世界之冠,2016 年产量达到 6.1 亿条,而翻胎产量仅 800 万条,与 2015 年持平,比 2012 年的 1500 万条下降近半。

近年来,我国轮胎已出现结构性产能过剩,库存积压增多,再加上“不三包胎”压价竞争,致使轮胎生产微利,翻新轮胎更是“雪上加霜”。通常翻新胎的价格是新胎的一半,而有些“不三包胎”比翻胎还便宜,再加上 GB 7258 - 2012《机动车运行安全技术条件》2014 年修订版规定公路客车前后轮都不得使用翻新轮胎,致使翻新胎行业非常不景气。

翻新胎统称轮胎再制造,是把旧胎进行修补,重新更换胎面(甚至修补胎侧),使轮胎使用寿命延长,通常可翻新 3 次。之前我国因载重汽车普遍超载严重,胎体损坏严重,翻新轮胎大部分是客车轮胎,但《机动车运行安全技术条件》2014 年修订版的新规定等于给翻新轮胎判了“死刑”。

翻胎乃各国普遍采用的方法,我国是轮胎生产第一大国,机动车保有量 2.79 亿辆,其中汽车 1.72 亿辆,当然也是旧轮胎产生量最多的国家,据统计,我国 2016 年产生废旧轮胎近 3.5 亿条。

我国翻新轮胎标准 GB 7037 - 2007《载重汽车翻新轮胎》与世界各国翻新轮胎标准基本相同,GB 7037 标准应高于 GB 7258 标准,且全世界没有哪个国家规定翻新轮胎不准使用在客车后轮上,只有少数国家规定前轮不准使用翻新轮胎,而我国却规定公路客车前后轮都不准使用翻新轮胎。而且,由于我国高速路收费,载重车多超载,胎体受损,多数不能翻新,大多都是一驶到废,只有公路客车不超载,轮胎可翻新,但 GB 7258 又不准使用,由此我国翻新胎行业也随之萎缩。2012 年,我国翻新轮胎 1500 万条,到 2015 年降到 800 万条,翻胎率仅 2.2%,而世界平均翻新率是 60%,欧美在 90% 以上。目前,我国翻胎率只有世界平均翻新率 1/30。为此,中国轮胎循环利用协会多次要求修订 GB 7258,但至今无丝毫进展。

众所周和,翻胎不仅节能减排,减少黑色污染,更有巨大的社会效益和经济效益。一条翻新胎,其价格是新胎的 1/2,消耗的能源和材料是新胎的 1/4,1 条新胎可翻新 3 次,即 1 条顶 4 条。而且翻胎胎面是用平板硫化机单独生产,压力可达 70kg/cm^2,而新轮胎生产是整体硫化(蒸汽加压),压力只有 30kg/cm^2,因此翻新胎面更密实,更耐磨,翻新胎寿命比新胎高出 25%。

值得一提的是,我国的翻胎技术和装备已达国际先进水平,由于国内市场受阻,技术和装备只好都出口国外。只有矿山工程轮胎可避开 GB 7258,翻新一条最高价值 50 万元,且已创新采用“刻花法”,可省掉模具成本并仍然使用硫化罐,一罐可硫化多条轮胎,效益更好。我国的翻胎方法也达到世界先进水平,如激光散斑检验、钉孔检查、X 光透视,汽压检查等,全部手段先进齐全,可确保翻胎质量安全。

1937 年我国建立了第一家翻胎厂,至今已有 80 年历史。新中国成立后,随着汽车的逐年增加,更随着循环经济深入发展和节能减排持续推进,翻胎产业发生了巨大变化。2012 年前,我国翻胎业总体保持了持续快速发展的良好态势,已形成了完整的产业体系。遗憾的是 2012 年出台的 GB 7258 标准,使翻胎行业开始下滑,现年翻胎量还不如 10 年前(2006 年)。

【产业情况】

随着汽车工业的快速发展和逐年增加,更由于循环经济深入发展和节能减排持续推进,翻胎产业发生了翻天覆地的变化。2012 年前,我国翻胎行业总体保持了持续快速发展的势态,已形成完整产业体系。翻新轮胎若与欧美翻胎率持平

(90%),我国年产新胎5.6亿条,那就有翻新胎5亿条/年,若能达到世界平均值60%,也有3亿多条。交通运输部统计数字显示,我国现有载客汽车845759辆,载货汽车14533561辆,公共汽电车573000辆。若这些汽电车的轮胎都经过3次翻新,其节能减排和经济效益将极其可观。

1.产业规模

我国翻胎行业已进入世界大国行列,现有翻胎企业1000家以上,年产能2000万条以上,其中翻胎年产量在1万条以上的有50家,10万条以上的有15家,年产能规模最大的为30万条。2012年全国翻胎产量1500万条,近2年产量下降了一半,其中80%集中在客货载重汽车,轿车轮胎尚无翻新,航空轮胎占10%,矿山轮胎占20%。

2.技术装备

目前"热翻"法因需长时间高温硫化(145℃左右),胎体易老化,一般只能翻新一次,故已逐渐退出历史舞台。目前翻胎行业普遍使用"冷翻"法,温度在110℃以下,即预硫化翻胎。采用包封套(保护胎体),可罐式硫化且一次硫化多条。近年来,我国翻胎技术水平不断提升,多采用二次预硫化新工艺,轮胎一般可翻新3次以上,最多可翻新7次。

据青岛龙奔翻胎公司承诺,对翻胎也可实行"三包",保证翻胎里程是同规格新胎里程的120%以上。目前其翻新胎不仅作为替换胎,还可供新车配套,如绍兴大金龙(新客车)和深圳集装箱新车,已将其翻新胎作为原配胎使用。其先进的翻胎技术已出口,翻新的主要装备已实现机电一体化,计算机数控检测,如激光散斑检查、汽压检测、钉孔检验等高端技术。

3.产业分布

现我国各省和自治区(包括西藏)均有翻胎企业,但最多分布在江苏、浙江、山东、广东等发达地区。

4.产业政策

我国积极推行节能减排,近年国务院及工信部等主管部门出台了一系列相关产业政策,大力扶持翻胎及循环利用行业的发展。如2016年工业和信息化部发布2016年第55号公告《轮胎翻新准入条件》。符合《轮胎翻新准入条件》的企业名单,见表1~4。

表1 符合《轮胎翻新行业准入条件》企业名单(第一批)

序号	省(市、区)	企业名称	主要业务
1	北京	北京吉通轮胎翻修利用有限公司	轮胎翻新
2		北京金运通大型轮胎翻修有限公司	轮胎翻新
3	河北	行唐县恒盛通达轮胎再生有限公司	轮胎翻新
4	江苏	江苏逸盛投资集团有限公司	轮胎翻新
5		南通巨轮轮胎制造有限公司	轮胎翻新
6	浙江	杭州中策橡胶循环科技有限公司	轮胎翻新
7	福建	晋江东风橡胶有限公司	轮胎翻新
8	山东	庆云华泰橡胶制品有限公司	轮胎翻新
9	青岛	赛轮金宇集团股份有限公司	轮胎翻新
10	四川	四川省新者三益翻胎有限公司	轮胎翻新

表 2　符合《轮胎翻新行业准入条件》企业名单（第二批）

序号	省（市、区）	企业名称	主营业务
1	江苏	连云港市强顺橡胶制品有限公司	轮胎翻新
2	山东	高唐兴鲁—奔达可轮胎强化有限公司	轮胎翻新
3	青岛	青岛铭隆工贸有限公司	轮胎翻新
4	四川	四川省眉山交通翻胎厂	轮胎翻新

表 3　符合《轮胎翻新行业准入条件》企业名单（第三批）

序号	省（市、区）	企业名称	主营业务
1	青岛	青岛裕盛源橡胶有限公司	轮胎翻新
2	广东	东莞市鸿运轮胎有限公司	轮胎翻新
3		揭阳市大力士轮胎科技有限公司	轮胎翻新

表 4　符合《轮胎翻新行业准入条件》企业名单（第四批）

序号	省（市、区）	企业名称	专业领域
1	大连	大连守信轮胎翻新有限公司	轮胎翻新
2	江苏	宜兴市恒运通轮胎有限公司	轮胎翻新
3	山东	济宁力神轮胎循环利用科技有限公司	轮胎翻新
4	河南	郑州万通汽车轮胎有限公司	轮胎翻新
5	广东	东莞市贝司通橡胶科技有限公司	轮胎翻新

为探索再生资源产业发展新机制、新模式，提高再生资源行业整体水平，由企业自主申报、地方工业和信息化主管部门推荐，并经专家评审和公示，工业和信息化部于 2015 年 12 月 21 日下发通知（工信部节〔2015〕468 号文件），确定了国家资源再生利用重大示范工程，9 家废橡胶综合利用企业的资源再生利用项目入围，见表 5。

我国旧轮胎翻新行业实施的国家和行业标准见表 6。

表 5　国家资源再生利用重大示范工程（废旧轮胎领域）

项目名称	申报企业	省（市、区）
废旧轮胎再生利用工程项目	江苏强维橡塑科技有限公司	江苏
废轮胎回收全产业链资源化再生利用项目	天津海泰环保科技发展有限公司	天津
30 万吨废旧轮胎（橡胶）建设项目	京环兴宇（唐山）橡塑环保科技有限公司	河北
综合性废旧轮胎资源再生利用项目	晋江东风橡胶有限公司	福建
年处理 13 万吨废旧轮胎智能化清洁重大示范工程项目	江西国燕高新材料科技有限公司	江西

项目名称	申报企业	省(市、区)
10 万吨废旧轮胎综合利用生产胶粉示范工程建设项目	绵阳锐洋新材料技术开发有限公司	四川
废旧轮胎橡胶资源再生利用项目	杭州中策橡胶循环科技有限公司	浙江
20 万吨/年处理废旧轮胎循环利用项目	贵州安泰再生资源科技有限公司	贵州
废旧轮胎 11 万吨生产线技改项目	宁波华星科技有限公司	宁波

表 6　我国旧轮胎翻新行业实施的国家和行业标准

序号	标准号	标准名称
1	GB 7037 – 2007	《载重汽车翻新轮胎》
2	GB 14646 – 2007	《轿车翻新轮胎》
3	GB 13651 – 2009	《航空翻新轮胎》
4	HG/T 3979 – 2007	《工程机械翻新轮胎》
5	GB/T 21286 – 2007	《充气轮胎修补》
6	HG/T 4123 – 2009	《预硫化胎面》
7	HG/T 4124 – 2009	《预硫化缓冲胶》
8	GB/T 26732 – 2011	《轮胎翻新工艺》
9	SB/T 10655 – 2012	《商用旧轮胎回收选胎规范》
10	SB/T 10834 – 2012	《废轮胎回收体系建设规范》
11	SB/T 11107 – 2014	《废轮胎回收与管理规范》

【存在问题】

1. 受 GB 7258 标准的约束，我国轮胎翻新率仅为 2.2%，发达国家在 90% 以上。目前，我国新胎和翻胎之比为 33:1，远低于世界平均水平14:1。

2. 我国对轮胎翻新认识不足，在国外，政府鼓励使用翻新轮胎，到了磨耗极限必须翻新，否则车辆年检不通过，出事故保险公司不理赔。而我国则疏于监管。

3. 我国产业政策不利于轮胎翻新，在发达国家享受废旧物资处理补偿政策和免税政策。特别是我国 2012 年实施的 GB 7258 标准中规定："公路客车的所有车轮及其转向轮都不得装用翻新轮胎"，对翻新轮胎一票否决。

4. 我国废旧轮胎回收体系、政策和制度不健全，市场缺乏监管。发达国家对于废旧轮胎回收利用已经建立了完整的法律和政策体系，还有专项基金和补偿制度，有力支持了废旧轮胎综合利用。目前，我国还没有建立规范的废旧轮胎回收法规体系，90% 以上废轮胎是由民间个体自发收购和自由交易，给土法炼油和小再生橡胶生产商提供了原料来源。由于回收者的无序竞争层层倒卖和转运，浪费了运输资源，推高了废旧轮胎回收的市场价格。

（程　源）

天 然 橡 胶

迄今为止,世界上已发现能产天然橡胶的植物达2000多种,其中有产能的为巴西橡胶树、木薯、银色橡胶菊(银胶菊)、橡胶草、桑科印度榕、杜仲、蒲公英及部分仙人掌类植物等。但在生产上作为以采胶为主推广种植的只有巴西橡胶树(三叶橡胶树)和银胶菊,杜仲和蒲公英都在试验研究中。巴西橡胶树具有经济寿命长、产量高、品质好、加工易、采胶成本较其他种类低以及综合利用程度高等优点,目前,除墨西哥种植少量银胶菊并有产品在生产上使用外,其余99%以上的天然橡胶都产自巴西橡胶树。

【生产情况】

1. 世界天然橡胶生产及贸易概况

(1)橡胶种植面积增长放慢

2016年,全球橡胶种植面积为1447.2万公顷,同比(下同)增长仅0.41%。其中,亚洲国家橡胶种植面积为1305.8万公顷,比上年增加4.7万公顷。天然橡胶生产国组织(ANRPC)成员国橡胶种植面积共1205.8万公顷,比上年增加4.2万公顷,增长0.35%。世界前10位植胶国家分别为:印度尼西亚、泰国、中国、马来西亚、越南、印度、缅甸、柬埔寨、老挝和菲律宾。见表1。

表1 世界主要植胶国家 万公顷

排名	国家	植胶面积
1	印度尼西亚	363.9
2	泰国	358.6
3	中国	115.8
4	马来西亚	109.2
5	越南	97.2
6	印度	82.7
7	缅甸	65.1
8	柬埔寨	39.9
9	老挝	26.9
10	菲律宾	23.4

从植胶面积增长速度看,ANRPC成员国中,2016年菲律宾和柬埔寨植胶面积增长速度明显快于其他国家,分别增长5.3%、2.9%;其次为印度、马来西亚、印度尼西亚和泰国,增长速度分别为2.0%、1.2%、0.5%、0.3%;中国植胶面积与上年基本持平;泰国、斯里兰卡分别减少1.4万公顷和1.2万公顷。

(2)产量增长平缓

2016年,全球天然橡胶产量为1237.9万吨,增长1.19%,供应增长持续放慢。最近3年,全球天然橡胶产量平均增长率仅为0.14%,供过于求的局面得到改善。

初步统计,2016年亚洲天然橡胶产量达到1143.1万吨,占全球的92.3%。ANRPC成员国的天然橡胶产量为1116.9万吨,增长1.23%,约占全球的90.2%。其中,泰国、印度尼西亚、马来西亚和越南天然橡胶产量分别为457万、315.5万、65.0万和104.9万吨,占全球天然橡胶产量的76.1%;中国减产明显,全年产量为77.4万吨;印度产量为62.5万吨。见表2。

表2 世界主要天然橡胶生产国产量 万吨

排名	国家	产量
1	泰国	457.0
2	印度尼西亚	315.5
3	越南	104.9
4	中国	77.4
5	马来西亚	65.0
6	印度	62.5
7	科特迪瓦	35.6
8	缅甸	19.7
9	巴西	19.3
10	柬埔寨	14.7

2. 中国天然橡胶生产情况

虽然受天然橡胶价格持续低迷的影响，农户扩大种植橡胶的积极性降到低点，扩大种植的农户极少，农垦企业也在谋划实施种植业结构改革，但由于香蕉等热带水果的价格也从前两年的高价快速回落，农垦和地方胶园改种香蕉或其他热带水果的趋势也几乎停滞。初步统计，到2016年底，我国橡胶种植面积为1737万亩，与2015年基本持平。

虽然2003～2008年以来扩大种植并已经割胶的橡胶树进入高产期，三大植胶区全年也没有发生重大灾害性天气，年末价格上涨又提振了胶农的割胶积极性，但年初推迟20天左右割胶，并且受胶价持续低迷影响，10月份前部分胶园弃割或间歇性停割，抵消了扩大种植胶园进入高产期增加的产量，因此全国天然橡胶产量并未增加。根据初步统计，2016年我国天然橡胶产量为77万吨，比上年减产约4.3万吨，降低5.1%。

2016年，我国生产的初制品主要有：全乳标准胶约38万吨，5号标准胶约2万吨，10、20号和少量专用标准胶25万吨左右，浓缩胶乳（折干胶）12万吨左右。主要流向是：全乳标准胶全部流向期货市场，5号标准胶流向高档制品厂，10、20号和专用标准胶流向轮胎和管带生产厂，浓缩胶乳流向全国各乳胶制品厂和太空气球等乳胶制品企业。

【贸易情况】

1. 世界贸易情况

2016年，全球天然橡胶出口量为987万吨，与上年基本持平。ANRPC成员国共出口天然橡胶898.9万吨，比上年减少2.1万吨，降低0.2%。泰国、越南、印度尼西亚、马来西亚的出口量分别为387.3万吨、118.6万吨、252.8万吨、107.7万吨，合计占ANRPC出口总量的96.4%。

2016年，全球天然橡胶进口量为1043万吨，比上年增长0.38%。ANRPC成员国共进口天然橡602.1万吨，比上年增加3.2万吨，增长0.5%。中国进口各种天然胶共448.4万吨（含复合橡胶和混合橡胶，胶乳未折算为干胶），增长5.41%。美国进口天然橡胶96.4万吨，增长1.2%；日本进口天然橡胶67.8万吨，降低2%；马来西亚进口86.6万吨，降低11.3%；印度进口45万吨，与上年持平。

经过连续3年全球天然橡胶供应减缓，特别是2016年第二季度主要产胶国减少出口，并增加天然橡胶在公路沥青等其他领域应用，从而增加本国的消费量，全球天然橡胶供应逐渐出现偏紧现象。从8月底开始，在中国轮胎生产和出口保持增长，全球天然橡胶消费需求增速明显大于供应增速、原油价格复苏、东南亚货币和人民币贬值等多方面因素影响下，天然橡胶价格逐步回升。2016年国际市场马来西亚20号标胶年平均价格为1374美元/吨，比2015年增长0.8%；泰国烟片胶年平均价格为1647美元/吨，比2015年增长3.6%。

2. 中国贸易情况

2016年，我国进口天然橡胶、复合橡胶和混合橡胶共448.4万吨，其中进口天然橡胶250.1万吨，比上年减少20.4万吨。由于复合橡胶标准实施限制了下游的使用，而合成橡胶税目下的混合橡胶（海关编码400280）未对其所含的天然橡胶比例明确规定，许多企业转向进口混合橡胶，从而使今年复合橡胶进口大幅减少，混合橡胶进口量大幅增长。2016年全年复合橡胶进口15.9万吨，比上年减少85.2万吨；混合橡胶进口182.4万吨，比上年增加128.6万吨。

2016年，虽然我国卡客车轮胎出口遭受美国“双反”调查，但欧盟市场需求回缓，向印度、中东和非洲等新兴市场出口量增加，尤其是我国9月份开始实施史上最严《超限运输车辆行驶公路管理规定》后，国内重型卡车及其轮胎需求量增加，促使我国大轮胎厂开工率保持稳定并且比上年略高。在轮胎需求增加和出口增长的影响下，我国天然橡胶消费量相应增加，测算2016年全国天然橡胶消费量为486万吨，比上年增长3.8%。

2016年，天然橡胶价格走势大致可以分为4个阶段：

第一阶段是1～2月份低位震荡期。国内市场维持2015年的走势，虽然处于停割期间，但是国内库存处于高位水平，使得天然橡胶现货供应充足。此阶段国内轮胎开工率处于低位，橡胶需求减少，价格低迷不振。

第二阶段是3～4月份小幅上涨期。进入3月份，天然橡胶市场迎来一波上涨趋势，一直持续到4月中旬。受国际原油价格回暖，国内开割缓慢、供应趋紧，主产国遭遇严重干旱，下游轮胎开工率大幅上涨等因素影响，国内天然橡胶价格走高。

第三阶段是5～9月行情整理期。国内胶园开割，主产国正处于割胶旺季，天然橡胶供应充足，国内市场价格低位震荡。

第四阶段是9～12月份大幅上涨期。市场迎来2016年的"疯牛"阶段。在国外市场局部供应紧张，国内青岛保税港区橡胶库存较低，下游轮胎企业开工率处于高位等多重利好带动之下，现货市场价格持续上涨。

【发展措施】

1.2016年我国发展天然橡胶产业的主要措施

（1）坚持保护方针和扶持措施

①国家对天然橡胶产业一直保持1.05亿元的基本建设投资支持；

②增加了良种补贴并加大了补贴力度，拓宽补贴范围；

③对天然橡胶非生产期抚育管理资金的补贴政策开始试点；

④对垦区（含植胶农场）实施危房改造补贴；

⑤对天然橡胶合作社给予引导性扶持；

⑥更新胶园可享受林业补贴政策，2016年落实补贴资金5000万元，支持新建30个标准化抚育技术示范片，建设面积3万亩；

⑦天然橡胶生产纳入了农业保险的支持范围；

⑧从"十一五"开始，天然橡胶科技研究被列为国家50个重点农业产业技术体系中予以扶持。

（2）2016年及最近国家和有关部门、行业组织出台的主要扶持措施

①规范复合橡胶、混合橡胶进口。一是国家质检总局、海关总署发布公告，对天然橡胶进出境目录进行了调整，自2016年2月1日起对复合橡胶严格按照国标（生胶含量不超过88%）实施进境检验检疫；二是国家标准委和国家标准总局专门召开会议，部署《国家混合橡胶技术规范》制定工作，争取2017年颁布实施。

②国家将天然橡胶植区定为重要农产品生产保护区。最近，国务院以国发（2017）24号文确定：以海南、云南、广东为重点，划定天然橡胶生产保护区1800万亩。

③为进一步规范橡胶原料生产，保障橡胶制品质量，保障天然橡胶、合成橡胶生产者利益，根据会员和橡胶生产者的诉求，中国合成橡胶工业协会和中国天然橡胶协会共同制定并颁发了《混合橡胶通用技术自律规范》。

（3）农垦植胶区改革情况

①根据党中央、国务院关于促进农垦改革发展的意见要求，农垦植胶区各级政府及时出台了相应落实措施，如海南省发布关于推进新一轮海南农垦改革发展的实施意见，云南省发布关于深化农垦改革发展的意见，广东省农垦总局根据中央文件对直属垦区提出要求，深入推进垦区改革发展。

②2016年9月21日，中国农业产业发展基金、中国信达资产管理有限公司正式注资广东农垦旗下广垦橡胶集团，给企业注入了内生动力，广垦橡胶集团通过实施海外重大项目并购和内部股权改革，将在"一带一路"上不断展现新的作为。

③8月26日，广垦橡胶集团与泰国泰华树胶公司战略合作签约仪式在曼谷世贸中心拉开帷幕。股权交割完成后，广垦橡胶以持有约60%的股份控股全球第三大天然橡胶生产企业泰国泰华树胶公司，股权投资总额达18亿元。控股泰华后，广垦天然橡胶年加工能力达到150万吨，种植面积达200万亩，一跃成为全球最大的天然橡胶全产业链经营企业。

④中化国际（控股）股份有限公司对全球最大的橡胶生产贸易商之一新加坡合盛树胶公司进行并购，提升了我国对天然橡胶的掌控能力。

⑤创新经营理念，打造现代企业机制。加快天然橡胶产业化、规模化进程，树立联合起来干大事，共同抵御抗击市场风险的意识。海南省农垦总局、云南省农垦总局、广东省农垦总局、中国热带农业科学院橡胶研究所共同发起成立中国农垦大胶商，将通过实施"协同、交叉、一体化"战略，

培育具有市场竞争力、资源控制力和国际影响力的农垦国际大胶商。

⑥开展“联合、联盟、联营”方式,不断增强产业活力。海南橡胶集团联合清华大学、北京化工大学、海南大学、中国热带农业科学院和北京、沈阳、曙光橡胶研究设计院及风神、赛轮金宇等20多个单位组建了“中国先进橡胶联盟”,开展技术创新活动。

【科技发展】

1. 2016年5月,中国热带农业科学院橡胶研究所唐朝荣团队在国际学术权威刊物《Nature Plants》的Latest Research发表了橡胶树基因组研究新成果,获得了一个高质量橡胶参考基因组,提出了橡胶物种进化和乙烯刺激产胶的新观点。研究发现在橡胶树进化过程中,与产胶密切相关的REF/SRPP基因家族发生了显着扩增,并且发生了乳管细胞特异性功能分化,同乳管中大橡胶粒子的发生、橡胶高产性状密切相关,推测是橡胶树抗虫机制的重要组成部分,成为橡胶物种进化的重要推动力。研究人员还发现乳管内源乙烯的合成能力很低且不受乙烯刺激诱导,但却存在活跃的乙烯信号应答与传递通路,从源头上阐述了乙烯刺激橡胶增产的原因。

2. 在中国热带农业科学院的支持下,中国天然橡胶协会组织广东阳东昌威刀具有限公司、热科院橡胶所、广东农垦等单位成功研发出免磨割胶刀,目前已推广100多万套。

3. 2016年12月16日,广东农垦热带作物科学研究所等《橡胶工厂化育苗技术推广》项目获2014~2016年度全国农牧渔业丰收奖农业技术推广成果奖一等奖。

4. 在中国天然橡胶协会组织下,北京天一瑞博生物科技有限公司、海南天然橡胶产业集团有限公司、云南西双版纳顺达有限公司成功实施了天然鲜胶乳生物保存,目前已在海胶部分加工厂推广使用,为天然橡胶实现无公害生产打下了良好的基础。

5. 中国热带农业科学院研发的电动割胶刀问世。

6. 海胶集团与海南大学及军工部门合作,成功研发了国产军用航空轮胎胶,填补了国内空白,改变了军用航空轮胎用胶依赖进口的局面。

【走出去】

通过资本重组、兼并、收购、并购、入股、控股等多种方式,进入境外天然橡胶产业,利用国外优质土地资源和适宜的气候条件,逐步扩大天然橡胶资源供给力。

近年来,许多企业根据国家“走出去”的发展战略,开展了境外植胶。目前广东农垦已在马来西亚、泰国、柬埔寨建立了橡胶园和加工厂;云南农垦等已在中缅、中老边境植胶多年;中化国际(控股)股份有限公司持续推进以资源为核心的上游延伸战略,先后并购马来西亚EUROMA RUBBER公司、新加坡上市公司合盛(GMG)和泰国德美行(TBH),在东南亚、非洲、南美洲建立了24个橡胶园和5家加工厂,土地达225万亩。最近,广垦橡胶又成功收购了泰国泰华公司;海南农垦先后在非洲塞拉利昂、印度尼西亚开展天然橡胶国际合作的前期准备工作,并签订了合作协议书;广东雄集进出口集团在印度尼西亚取得30万亩胶园土地的长期使用权和经营权;威海投资集团计划在柬埔寨购植胶土地150万亩,现已购得15万亩并陆续种上了橡胶。目前,我国已在全球建有完善的销售网络和物流体系,2016年加工和销售天然橡胶达200多万吨。

【存在问题】

1. 国外优势资源对国内产业造成严重冲击

我国加入世界贸易组织后,对我国天然橡胶产业产生了一定影响。这些源自国外优势资源的贸易冲击,使我国天然橡胶产业竞争力逐年下降,使得原先具有比较收益优势的天然橡胶产业失去吸引力,胶园被严重弃管弃采甚至毁胶改种的情况频发,熟练胶工流失严重,广大胶农生活陷入困境。

一是国产天然橡胶价格急剧下跌。天然橡胶均价由2012年的29700元(吨价,下同)跌至2015年的10000元,目前在每吨11000元左右徘徊,已跌至生产成本的下限。按目前产业维持简单再生产算,国有植胶区吨成本约为19000~21000元,民营胶园吨成本约为15000元(税费少),植胶者生产每吨干胶亏损达5000~9000元。

二是出现了胶园被严重弃管弃采甚至毁胶改种的情况。据不完全统计,2015年,被砍伐胶园达17万亩,在980多万亩投产胶园中,停产达140多万亩,延迟投产胶园达50万亩,停停割割胶园超过200万亩,未投产树丢荒弃管率达80%,农垦胶园施肥量由每株每年1~2千克减到0.3千克,甚至不施肥,民营胶园失管荒芜。原有的橡胶加工厂生产能力只利用了1/3。目前,在胶价低迷、地租走高的双重影响下,海南、云南已出现砍胶改种其他作物的情况,仅云南西双版纳就被砍12万亩,海胶已开始将胶园改种水果等短期作物。

三是熟练胶工严重流失。2015年以来海南农垦已有8000多名割胶工弃胶改行,割胶工流失率达30%。胶工年龄偏大,目前45岁以上的胶工已占到60%以上。云南农垦弃管弃采胶园占30%,民营胶园弃管毁胶严重,多数胶园停产,半数以上胶园弃管,有12万多亩条件优越的胶园被砍改种其他作物。据了解,2016年5月底,海胶集团缺胶工5000多名,云南应割胶而被迫停割的胶园占20%,广东要延到7月视胶价情况定割停。

四是植胶区社会不稳定因素增加。云南植胶区农场部分职工要求退包橡胶园享受最低生活保障政策,海南一些橡胶工人要求恢复按月发工资机制。

2.开放的环境、大量的进口和低迷的胶价与维护我国天然橡胶产业持续健康发展之间的矛盾日益突出

一是上世纪建设的并已投产和即将投产的900万亩胶园梯田,因长期失修,几乎失去了保水培肥功能,原以1:0.6比例建设的防护林带大多已残缺不全,防护能力大大降低,田间道路、排水沟等设施许多已丧失了作用。导致目前我国大面积胶园亩产量不足70千克(主产国120千克),单产水平在世界40多个植胶国家中,已从上世纪90年代的前11位跌落为目前的末几位。

二是胶园老、残、次胶树多,浪费了有限的植胶资源。目前我国待更新的亩产不足50千克的老、残、低产胶园仍有近200万亩,占收获面积的20%以上,这部分胶园都处在一类宜植区,产能本该占目前国内产胶量的35%以上,但目前只为14.5%,不仅效益低下,而且还浪费了我国有限的植胶资源。

三是胶园抗逆能力弱,胶树非生产期延长。我国未投产需抚管的胶园达680万亩(2011年),尽管近几年胶价上扬,却因相当多生产企业和胶农的胶树还处于非生产期,没有享受到价格上涨的好处,生产者难于用自筹资金作补充,加上目前的物价水平和人工成本上扬,胶价上扬的有限增收也只是杯水车薪。据调查,因投入严重不足,目前有60%的幼龄胶园要抚管8~10年才能达到投产标准,大大超过了“橡胶树植后抚管6~7年应投入生产”的国家标准。按现有幼龄胶园面积计算,每延迟投产一年,相当于减少投产胶园100万亩,若按现代胶园亩产干胶100千克计,因非生产期延长,每年将减收橡胶10万吨。另外,抚管不到位的胶树,抗逆能力减弱,在我国风、寒、病、虫频发的植胶区,每年将增加损失率10%以上。

四是自动化程度低,在繁重的手工劳动中运行。橡胶产业田间作业机械化程度低,除开荒、运输外,一般都由人工操作,特别是割胶劳动强度极大,现代人一般都不愿意干或出高薪聘请,加大了劳动成本甚至出现劳动力亏缺现象。另外,初加工设备落后,自动化程度低,产出小,生产成本居高不下。

3.科技创新严重不足

一是橡胶树育种周期长达30年,但天然橡胶科研投入断断续续,科研队伍不稳定、良种苗木基地建设水平低、新的育苗技术推广缓慢;二是科技投入少,生产上应用的常规技术措施都被打了折扣,导致胶树死皮、风寒病灾频发。据统计,当前我国投产10年以上的胶园,因死皮无法产胶的胶树已占到20%以上(相当于100多万亩),而且每年都以2%~3%(相当于10万~15万亩)的速度上升,加上风寒病灾,每年减收橡胶至少达10万吨。

【2017年产业发展前景展望】

1.产业整体形势不容乐观

由于经济大气候仍未有明显好转,目前,天然橡胶市场价格仍低于生产成本,各主产国采取了限产、提前更新等措施,预计随着世界经济发展及需求恢复增长，天然橡胶供给过剩局面将逐步得到扭转，2020年后，世界天然橡胶供需将恢复到紧平衡状态。预计2017年市场价格将缓慢回升，生产者对市场预期的信心逐步增强，胶园弃割漏割现象将逐渐减少，生产管理投入会有所增加，开割面积稳中有升，单产小幅增长。

2. 产品用途进一步拓展

我国是橡胶制造业第一大国。天然橡胶应用涉及轮胎、胶鞋、力车胎、乳胶制品、胶管胶带和橡胶制品等6大类10万余种产品。此外，约有20万吨天然橡胶作为辅料，广泛用于塑料、沥青、混凝土构件，枕头、床垫相关的家居生活等非橡胶领域。在目前的技术条件下，没有任何产品能够完全替代天然橡胶，特别是在航空、航天、载重运输等对综合性能要求较高的领域，几乎全部需要使用天然橡胶。随着科技不断进步，天然橡胶在新技术、新材料、尖端产品等领域的用途将进一步拓展，前景广阔。

展望2017年，天然橡胶市场价格已低于生产成本，下跌空间有限。同时，需求端环境明显改善，国内PMI表现超预期，经济企稳回暖，汽车产销形势良好，轮胎企业开工率较高、出口和内销形势较为乐观；供应端产能过剩有所缓解，各主产国采取了限产、提前更新等措施控制产能，青岛保税区库存持续下降，目前位于历史低点。预计2017年下半年天然橡胶市场价格将缓慢回升。生产者对市场预期的信心会增强，胶园弃割、漏割现象将会减少，生产管理投入会有所增加。预计2017年开割面积稳中有升，单产小幅增长。若不出现重大自然灾害和经济投机因素，2017天然橡胶种植面积将稳定在1740万亩左右，年产量将恢复至80万吨以上。

【政策建议】

1. 加强天然橡胶基地建设。加大对天然橡胶生产基地支持力度，推进产业向优势区域转移，加快植胶区基础设施和配套建设，加快胶园更新改造，建设高标准胶园，夯实产业发展基础，满足正常的经济发展需求。

2. 加强天然橡胶科技研发与应用。我国天然橡胶产业正处于转型升级的关键时期，建议结合市场需求，加大科技投入和研发力度，强化基础和应用技术研究，重点支持高效割胶、优良品种选育、全周期间作、新型生产模式、生产机械、特种胶等研发及推广应用，促进产业向深加工方向拓展，提高产品附加值。

3. 加大补贴和培训力度。良种和割胶技术是天然橡胶生产的关键环节，直接影响产量和经济周期。进一步加大天然橡胶良种、植胶、抚育、更新改造补贴政策力度，扩大实施区域，提高补贴标准，使政策惠及更多胶农。同时，通过"阳光工程"等开展培训和举办割胶工技能大赛等多种方式，不断提高割胶技术水平，提高割胶生产效率。

4. 鼓励生产经营者调整思路。我国天然橡胶生产经营者要主动适应市场规律，在市场不利的情况下，主动调整生产策略和方法。大力推广新割制，采用5天一割等低频刺激新技术；大力发展林下种养产业，套种茶叶、南药、鲜切叶等经济作物，套养土鸡、旱鸭等畜禽，提高土地产出率，促进胶农和企业增收。

5. 完善价格保护和政策保障力度。给予天然橡胶产业更大的支持力度，完善天然橡胶收储机制，研究建立目标价格制度，在市场价格过高时补贴低收入消费者，在市场价格低于目标价格时按差价补贴生产者。加强天然橡胶境外生产、加工、贸易等领域的指导和扶持。规范天然橡胶贸易进口，打击走私行为。

（郑文荣）

合 成 橡 胶

【基本情况】

2016年世界经济缓慢增长，全年增速3.1%。美国、日本经济增速止跌回升，但仍低于2015年；欧元区略高于2015年；新兴经济体增速放缓，但巴西、俄罗斯等国家逐渐摆脱衰退，印度小幅回升。2016年中国经济企稳，GDP增速6.7%，超额完成年初目标。

互联网和汽车带动消费企稳，房地产和基建带动投资降幅收窄。房地产、基建和汽车的好转利好工业：价格大幅反弹、企业利润大幅回升。三季度，史上最严治理超载法规出台，加之1.6升及以下乘用车购置税减半即将于年末到期等政策刺激，2016年国内汽车产销增速达14.8%，较上年增加11.5个百分点。同期，轮胎产量，特别是子午胎产量增速也由上年的2.2%提升到11.4%。

受汽车业利好带动，国内橡胶需求总体呈增长态势，但受到合成橡胶价格快速上涨的负面影响，天然橡胶实际消费增量较大，替代了部分合成橡胶消费。但总体看，2016年国内合成橡胶行业景气度较上年提升。

2016年我国合成橡胶（七大基本胶种及SBCs，下同）表观消费量为461.7万吨，同比（下同）增长7.6%。截止2016年底，我国合成橡胶生产能力为609.6万吨，年内新增14万吨，装置平均开工率在55.7%左右。全年顺丁橡胶及丁苯橡胶平均价格上涨29%和20%。

【生产现状】

1. 产能增速继续放缓，增加的主要是SBCs、丁基橡胶、顺丁橡胶；中国石化、中国石油、外资企业占比下降，民营等其他企业占比增加

2016年，我国合成橡胶生产企业为61家，年末总产能达609.6万吨，当年新增产能14万吨，增长2.4%，增速大幅放缓。其中产能有变化的是顺丁橡胶、SBCs和丁基橡胶。

2016年新建装置包括：烟台浩普新材料6万吨/年顺丁橡胶装置，宁波科元、宁波金海晨光新建SBS装置。改造装置包括：华宇橡胶8万吨/年顺丁橡胶装置改造成6万吨/年SBS装置。扩建装置包括：双惠橡胶SBS装置、浙江信汇丁基橡胶装置等。

2016年，丁苯橡胶、顺丁橡胶和SBCs年产能仍排在前3位，合计占当年国内合成橡胶总产能的78.3%，较上年下降约0.1个百分点。2016年我国合成橡胶各胶种生产能力分布见图1。

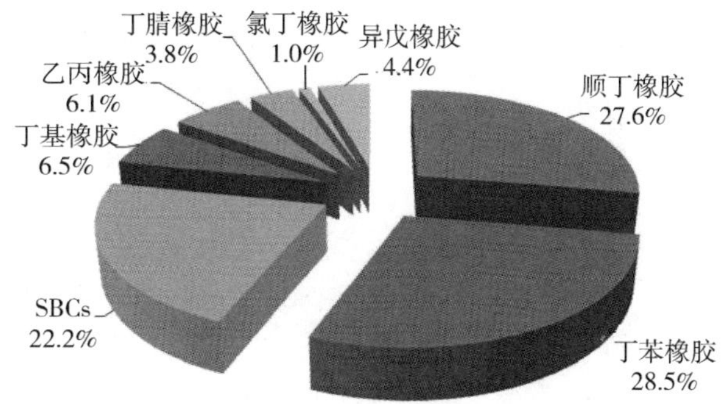

图1　2016年我国合成橡胶各胶种生产能力分布

从投资主体看，2016年其他合成橡胶企业产能占比较上年提高1.4个百分点；中石油、中石化两大集团产能占比有所下降，分别减少0.7和0.5个百分点；涉外企业占比也小幅下降。中国石化集团仍是最大的合成橡胶生产企业，产能占比为国内总量的30%左右；民营和地方企业排名第二位，产能占国内总量的26%；随后是外资企业和中国石油集团，中国石油集团占总量的1/5。2016年我国合成橡胶各投资主体能力分布见图2，2016年我国合成橡胶企业生产能力情况见表1。

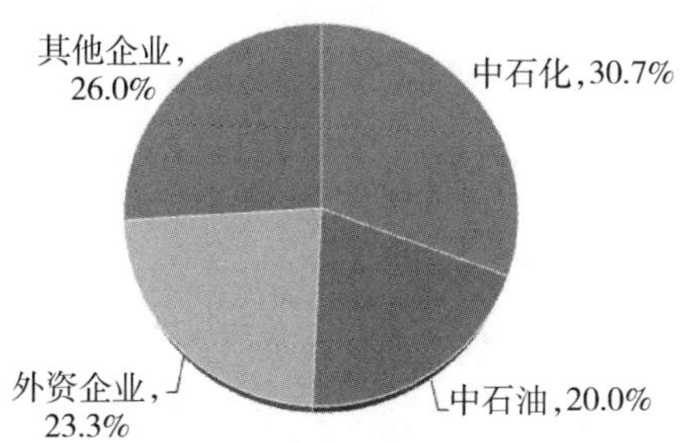

图2　2016年我国合成橡胶各投资主体能力分布

表 1　2016 年我国合成橡胶企业产能情况

万吨/年

品种	SBR	BR	SBCs	IIR	EPR	NBR	CR	IR	合计
中国石化集团	**50.0**	**71.0**	**42.0**	**13.5**	**7.5**	**0**	**0**	**3.0**	**187.0**
齐鲁石化	23.0	7.0	0	0	0	0	0	0	**30.0**
燕山石化	3.0	15.0	6.0	13.5	0	0	0	3.0	**40.5**
巴陵石化	0	6.0	28.0	0	0	0	0	0	**34.0**
茂名石化	0	10.0	8.0	0	0	0	0	0	**18.0**
高桥石化	4.0	18.0	0	0	0	0	0	0	**22.0**
扬子金浦	10.0	10.0	0	0	0	0	0	0	**20.0**
福橡化工	10.0	5.0	0	0	0	0	0	0	**15.0**
上海中石化三井	0	0	0	0	7.5	0	0	0	**7.5**
中国石油集团	**56.5**	**41.0**	**9.0**	**0**	**8.5**	**6.9**	**0**	**0**	**121.9**
吉林石化	14.0	0	0	0	8.5	0	0	0	**22.5**
大庆石化	0	16.0	0	0	0	0	0	0	**16.0**
兰州石化	15.5	0	0	0	0	6.9	0	0	**22.4**
独山子石化	7.0	5.0	9.0	0	0	0	0	0	**21.0**
锦州石化	0	5.0	0	0	0	0	0	0	**5.0**
抚顺石化	20.0	0	0	0	0	0	0	0	**20.0**
四川石化	0	15.0	0	0	0	0	0	0	**15.0**
涉外企业	**32.0**	**7.2**	**63.0**	**5.0**	**21.0**	**11.0**	**3.0**	**0**	**142.2**
南通申华	18.0	0	0	0	0	0	0	0	**18.0**
惠州李长荣	0	0	32.0	0	0	0	0	0	**32.0**
普通利司(惠州)	5.0	0	0	0	0	0	0	0	**5.0**
台橡宇部(南通)	0	7.2	0	0	0	0	0	0	**7.2**
台橡(南通)实业	0	0	6.0	0	0	0	0	0	**6.0**
天津乐金(LG)	0	0	6.0	0	0	0	0	0	**6.0**
宁波科元	0	0	12.0	0	0	0	0	0	**12.0**
镇江南帝	0	0	0	0	0	5.0	0	0	**5.0**
朗盛台橡(南通)	0	0	0	0	0	3.0	0	0	**3.0**
山纳合成橡胶	0	0	0	0	0	0	3.0	0	**3.0**
宁波欧瑞特	0	0	2.0	0	0	0	0	0	**2.0**
辽宁北方戴纳索	5.0	0	5.0	0	0	0	0	0	**10.0**
镇江奇美	4.0	0	0	0	0	0	0	0	**4.0**
台塑合成橡胶(宁波)	0	0	0	5.0	0	0	0	0	**5.0**

续表 1

企业名称	SBR	BR	SBCs	IIR	EPR	NBR	CR	IR	合计
朗盛(常州)	0	0	0	0	16.0	0	0	0	**16.0**
宁波爱思开	0	0	0	0	5.0	0	0	0	**5.0**
南京金浦英萨	0	0	0	0	0	3.0	0	0	**3.0**
其他企业	**35.0**	**49.0**	**21.5**	**21.0**	**0**	**5.2**	**2.8**	**24.0**	**158.5**
杭州浙晨	10.0	0	0	0	0	0	0	0	**10.0**
天津陆港	10.0	0	0	0	0	0	0	0	**10.0**
山东华懋	5.0	10.0	0	0	0	0	0	0	**15.0**
华宇橡胶	0	8.0	6.0	0	0	0	0	0	**14.0**
新疆蓝德	0	5.0	0	0	0	0	0	0	**5.0**
山东万达	0	5.0	0	0	0	0	0	0	**5.0**
浙江传化	0	10.0	0	0	0	0	0	0	**10.0**
齐翔腾达	0	5.0	0	0	0	0	0	0	**5.0**
山东聚圣	0	0	6.0	0	0	0	0	0	**6.0**
茂名众和	0	0	3.0	0	0	0	0	0	**3.0**
珠海奥圣	0	0	0.5	0	0	0	0	0	**0.5**
浙江信汇	0	0	0	10.0	0	0	0	0	**10.0**
盘锦振奥	0	0	0	6.0	0	0	0	0	**6.0**
青岛伊科思	0	0	0	0	0	0	0	3.0	**3.0**
茂名鲁华	0	0	0	0	0	0	0	1.5	**1.5**
山东神驰	0	0	0	0	0	0	0	3.0	**3.0**
淄博鲁华	0	0	0	0	0	0	0	5.0	**5.0**
抚顺伊科思	0	0	0	0	0	0	0	4.0	**4.0**
青岛第派	0	0	0	0	0	0	0	1.5	**1.5**
宁波顺泽	0	0	0	0	0	5.0	0	0	**5.0**
浙江赞昇新材料	0	0	0	0	0	0.2	0	0	**0.2**
山西合成橡胶(蓝星)	0	0	0	0	0	0	0	0	**0**
重庆长寿	0	0	0	0	0	0	2.8	0	**2.8**
浙江维泰	10.0	0	0	0	0	0	0	0	**10.0**
宁波金海晨光	0	0	3.0	0	0	0	0	3.0	**6.0**
新疆独山子天利实业	0	0	0	0	0	0	0	3.0	**3.0**
山东京博石油化工	0	0	0	5.0	0	0	0	0	**5.0**
双惠橡胶南通	0	0	3.0	0	0	0	0	0	**3.0**
烟台浩普	0	6.0	0	0	0	0	0	0	6.0
合计	**173.5**	**168.2**	**135.5**	**39.5**	**37.0**	**23.1**	**5.8**	**27.0**	**609.6**

注:中石化集团能力含合资企业全部能力。

2. 合成橡胶总产量继续增长，SBCs、丁基橡胶增量较大；前10大企业产量占全国总量的一半以上，SBCs生产集中度最高

2016年我国合成橡胶总产量为339.7万吨，增长9.3%。从品种看，仅NBR产量有所减少，其他品种产量均有所增加。其中丁基胶是增量最大的品种，除中石化产量减少外，其他装置负荷均有所提高，尤其是上年新投产装置；受效益较好影响，SBCs产量增幅也较大。2016年我国主要合成橡胶企业生产情况见表2。

表2　2016年我国主要合成橡胶企业生产情况

万吨

品种	SBR	BR	SBCs	IIR	EPR	NBR	CR	IR	合计
中国石化	40.23	35.94	35.92	1.18	3.01	0	0	0	**116.28**
中国石油	26.72	27.64	13.12	0	3.52	5.08	0	0	**76.08**
涉外企业	24.63	4.56	48.80	1.00	5.20	6.94	1.91	0	**93.04**
其他企业	12.18	18.37	3.75	11.92	0	1.34	1.62	5.12	**54.30**
全国合计	**103.76**	**86.51**	**101.59**	**14.10**	**11.73**	**13.36**	**3.53**	**5.12**	**339.70**
同比/%	**4.8**	**7.3**	**14.8**	**59.2**	**0.2**	**-5.5**	**10.5**	**4.9**	**9.3**

注：中石化集团能力含合资企业全部产量。

2016年国内合成橡胶生产企业共61家，中国石化及中国石油共有15家，但产量占到总产量的56.6%，较上年减少3.4个百分点；涉外企业17家，产量占到总量的27.4%，较上年增加2.2个百分点；其他企业29家，产量占16%，较上年增加1.4个百分点。

前10家企业的产量占全国总产量的56.2%，集中度相对较高，但较上年减少近3个百分点。从品种看，顺丁橡胶、SBCs、丁基橡胶、丁腈橡胶占比较上年提高，前10大合成橡胶企业中SBCs集中度最高达72.8%。2016年我国前10位合成橡胶企业生产情况见表3。

表3　2016年我国前10位合成橡胶企业生产情况

万吨

品种	SBR	BR	SBCs	IIR	EPR	NBR	CR	IR	合计
齐鲁石化	28.3	7.5	0	0	0	0	0	0	**35.8**
巴陵石化	0.05	0	26.1	0	0	0	0	0	**26.2**
惠州李长荣	0	0	25.0	0	0	0	0	0	**25.0**
独山子石化	4.3	3.4	13.1	0	0	0	0	0	**20.8**
南通申华	16.8	0	0	0	0	0	0	0	**16.8**
茂名石化	0	8.5	7.2	0	0	0	0	0	**15.7**
燕山石化	0	11.6	2.6	1.2	0	0	0	0	**15.4**
高桥石化	1.1	8.4	0	0	3.0	0	0	0	**12.5**
兰州石化	6.8	0	0	0	0	5.1	0	0	**11.9**
吉林石化	7.3	0	0	0	3.5	0	0	0	**10.8**
小计	**64.7**	**39.4**	**74.0**	**1.2**	**6.5**	**5.1**	**0**	**0**	**190.9**
占全国比/%	**62.4**	**45.5**	**72.8**	**8.5**	**55.4**	**38.2**	**0.0**	**0.0**	**56.2**

3. 供应增速放缓、需求增速略有加快,装置利用率提高,行业平均开工率升至56%左右

2016 年,我国合成橡胶产能增速放缓至2.4%,低于7.6%的需求增速,装置平均利用率提升至55.7%,较上年提高3.5个百分点。

从企业性质看,中国石化与中国石油装置开工率较高,2016年两大集团装置开工率分别为62.2%、62.4%,其中中石化开工率与上年持平,中石油较上年大幅提高4.4个百分点;涉外企业和其他企业装置开工率为65.4%和34.2%,以民营为主的其他企业开工率最低,外资企业成为国内开工率最高的企业,这与外资企业中SBS占比较高有关。

从品种看,受兰化等装置检修时间较长影响,2016年国内丁腈橡胶行业平均开工率较上年下滑,其他橡胶品种均较上年有所提高。其中,SBCs是开工率最高的品种,主要是受盈利能力较好的带动。近年国内合成橡胶各品种平均开工率变化趋势见图3。

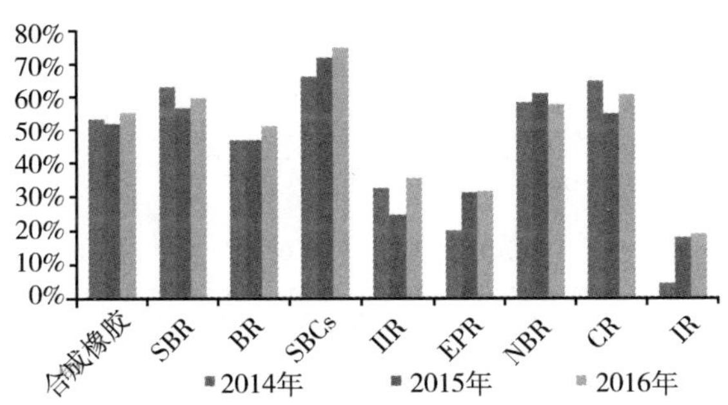

图3 近年国内合成橡胶各品种平均开工率变化趋势

注:开工率以年末能力计算。

【进出口】

1. 剔除混合橡胶影响,合成橡胶进口总量小幅增长。韩国、美国和日本仍是主要进口来源,来自俄罗斯、新加坡和美国的进口量快速增加。山东、浙江进口有所增加,上海、江苏和广东进口有所减少

据海关统计,2016年我国合成橡胶进口量为331.5万吨,增长67.2%。其中税则号40028000(天然橡胶与合成橡胶的混合物)进口量为182.4万吨(多为天然橡胶混合胶),增长239%。剔除混合胶后,估计2016年我国合成橡胶及胶乳(未折干)进口量约149.1万吨,增长3.2%。

以下内容按海关统计口径进行分析。

(1)EPR、BR、SBRL、IIR和SBCs进口量减少;其他品种进口量均有所增加,其中IR进口大幅增加,SBR进口增幅也较大。2016年我国主要合成橡胶品种进口情况见表4。

表4 2016年我国主要品种合成橡胶进口情况

品种	进口量/万吨	同比/%	占比/%
SBR	41.0	10.9	12.4
EPR	24.0	-9.5	7.2
BR	22.4	-3.2	6.7
HIIR	21.2	17.4	6.4
SBR胶乳	8.6	-18.8	2.6
NBR	8.8	6.5	2.7
IIR	6.2	-9.2	1.9
SBCs	6.0	-6.5	1.8
IR	4.1	62.5	1.2
CR	1.8	1.0	0.5
其他	187.4	227.2	55.6
合计	331.5	67.2	100.0

注:数据来源于中国海关,除七大合成橡胶及SBCs(固体)外,还含有胶乳、混合橡胶等其他产品。

(2)韩国、美国和日本是我国进口合成橡胶主要来源地,2016年占进口总量的24%,受混合胶进口量大增影响,占比较上年大幅下降。其中,来自韩国、日本、中国台湾地区的进口量减少;来自俄罗斯、新加坡和美国的进口量快速增加;受混合胶影响,来自泰国的进口量继续快速增加。2016年我国合成橡胶主要进口国家和地区见表5。

表 5　2016 年我国合成橡胶主要进口国家和地区

进口地	进口量/万吨	同比/%	占比/%
韩国	32.0	-12.9	9.7
美国	24.5	9.7	7.4
日本	23.1	-10.8	7.0
俄罗斯	14.2	21.0	4.3
中国台湾	7.7	-3.0	2.3
新加坡	9.9	13.6	3.0
泰国	86.8	235.6	26.2
其他	133.3	125.8	40.2
总计	331.5	67.2	100.0

注：数据来源于中国海关，除七大合成橡胶及 SBCs（固体）外，还含有胶乳、混合橡胶等其他产品。

(3)一般贸易、进料加工贸易仍是我国合成橡胶进口的主要方式，2016 年占 74%。其中一般贸易量占比大幅增加，主要是混合胶大量以合成橡胶名义进口造成的，同时也造成来进料加工贸易比例大幅下降。边境小额贸易、保税货物量占比大幅增加。2016 年我国合成橡胶各种贸易方式进口情况见表 6。

表 6　2016 年我国合成橡胶各种贸易方式进口情况

贸易方式	进口量/万吨	同比/%	占比/%
一般贸易	244.9	100.6	73.9
进料加工贸易	52.6	-0.5	15.9
保税区转储	24.8	67.3	7.5
来料加工装配	2.5	-57.5	0.8
边境小额贸易	1.9	40.1	0.6
保税仓库货物	4.7	287.8	1.4
其他	0.1	44.3	0.0
合计	331.5	67.2	100.0

注：数据来源于中国海关，除七大合成橡胶及 SBCs（固体）外，还含有胶乳、混合橡胶等产品。

(4)我国合成橡胶主要进口省、市同时也是轮胎、制鞋等企业聚集地区。其中，山东省是进口量最大的省份。受混合胶影响，2016 年海关统计的各省市合成橡胶进口量均较上年大幅增加。2016 年我国主要省、市合成橡胶进口情况见表 7。

表 7　2016 年我国主要省市合成橡胶进口情况

进口省、市	进口量/万吨	同比/%	占比/%
山东	88.0	74.9	26.5
浙江	53.3	96.0	16.1
重庆	37.5	346.2	11.3
江苏	34.3	29.5	10.3
上海	30.2	19.1	9.1
广东	23.4	3.2	7.1
福建	17.9	71.8	5.4
安徽	10.9	96.9	3.3
其他	10.9	104.5	10.9
合计	331.5	67.2	100.0

注：数据来源于中国海关，除七大合成橡胶及 SBCs（固体）外，还含有胶乳、混合橡胶等产品。

若单独统计混合橡胶，山东省、浙江省、上海市、江苏省、福建省进口量均迅猛增加。扣除其影响后，除浙江和山东外，广东、江苏和上海进口七大合成橡胶及 SBCs 的数量较上年有所减少。2016 年我国七大胶种及 SBCs、混合橡胶主要省、市进口情况见表 8。

2. 出口量及出口额止跌回升；主要出口周边国家和地区；乙丙橡胶出口量继续大幅增加，异戊胶与卤化丁基胶出口增幅也较大；浙江、广东和山东地区合成橡胶出口增幅较大

据海关统计，2016 年我国合成橡胶出口量为 20.9 万吨，增长 10.2%；合成橡胶出口金额为 4.30 亿美元，均价为 2056 美元/吨，分别增长 1.9% 和下降 7.5%。

表 8　2016 年我国主要省市部分合成橡胶进口情况

进口省、市	七大胶种及 SBCs/万吨			天然胶与合成胶混合物/万吨		
	2015 年	2016 年	同比/%	2015 年	2016 年	同比/%
山东	29.5	32.1	8.9	19.2	54.3	182.8
上海	20.5	20.0	-2.6	4.9	9.5	93.9
江苏	19.0	18.0	-4.8	4.4	14.0	218.2
广东	17.6	16.1	-8.3	1.2	3.5	191.7
浙江	13.3	16.3	22.9	11.4	34.5	202.6
福建	8.7	8.7	0.7	1.4	8.6	514.3
其他	23.7	24.2	2.1	11.3	58.0	413.3
全国总计	130.4	135.4	3.8	53.8	182.4	239.0

注：数据来源于海关进口税则号统计数据，与中国石化经济技术研究院研究数据有所不同。

(1)我国合成橡胶主要出口到周边国家和地区，其中出口至中国香港、印度尼西亚和土耳其增加较多，出口到泰国、比利时、中国台湾等地有所减少。2016 年我国合成橡胶主要出口国家和地区见表 9。

表 9　2016 年我国合成橡胶主要出口国家和地区

出口地	出口量/万吨	同比/%	占比/%
越南	2.24	25.8	10.7
泰国	1.99	22.1	9.5
中国香港	0.98	-38.8	4.7
印度尼西亚	1.01	-31.8	4.8
比利时	1.62	11.0	7.7
印度	1.21	-4.0	5.8
中国台湾	1.25	12.6	6.0
土耳其	0.85	-20.6	4.1
美国	1.09	10.1	5.2
韩国	1.17	62.5	5.6
其他	7.50	27.6	35.9
合计	20.91	10.2	100

注：数据来源于中国海关，除七大合成橡胶及 SBCs(固体)外，还含有胶乳等其他产品。

(2)我国合成橡胶主要以一般贸易方式和进料加工贸易出口，占比为 83.8%。2016 年我国各种贸易方式合成橡胶出口情况见表 10。

表 10　2016 年我国各种贸易方式合成橡胶出口情况

贸易方式	2015 年/万吨	2016 年/万吨	同比/%	2016 年占比/%
一般贸易	8.79	10.44	18.8	49.9
进料加工贸易	7.57	7.08	-6.5	33.9
保税区转储	1.71	1.73	1.2	8.3
来料加工装配	0.49	1.30	165.3	6.2
保税仓库货物	0.20	0.21	5.0	1.0
边境小额贸易	0.05	0.08	60.0	0.4
其他	0.16	0.07	-56.2	0.3
合计	18.98	20.91	10.2	100.0

注：数据来源于中国海关，除七大合成橡胶及 SBCs(固体)外，还含有胶乳等其他产品。

(3)2016 年我国乙丙橡胶出口继续大幅增加,异戊橡胶、卤化丁基橡胶出口增幅也达 1 ~ 2 倍,丁腈橡胶、SBCs、顺丁橡胶出口也有所增加;普通丁基橡胶、丁苯橡胶出口量则有所减少。2016 年我国主要合成橡胶品种出口情况见表 11。

表 11　2016 年我国主要合成橡胶品种出口情况

出口品种	2015 年/万吨	2016 年/万吨	同比/%	占比/%
SBR	4.48	3.96	-11.6	18.9
BR	2.22	2.39	7.7	11.4
IIR	1.44	0.83	-42.4	4.0
SBCs	1.61	1.77	9.9	8.5
SBRL	1.36	1.36	0.0	6.5
NBR	0.69	0.76	10.1	3.6
CR	0.18	0.17	-5.6	0.8
EPR	0.52	1.27	144.2	6.1
IR	0.06	0.19	216.7	0.9
HIIR	0.28	0.59	110.7	2.8
其他	6.13	7.62	24.3	36.4
合计	18.98	20.91	10.2	100.0

注:数据来源于中国海关,除七大合成橡胶及 SBCs(固体)外,还含有胶乳等其他产品。

(4)出口主要集中在合成橡胶企业所在地。2016 年浙江省和湖南省、山东省合成橡胶出口增量较大,而北京市、上海市等地出口下降较多。2016 年我国主要省市合成橡胶出口情况见表 12。

表 12　2016 年我国主要省市合成橡胶出口情况

出口省市	2015 年/万吨	2016 年/万吨	同比/%	占比/%
江苏	6.77	7.01	3.5	33.5
广东	3.72	3.92	5.4	18.7
浙江	2.00	2.48	24.0	11.9
湖南	1.65	1.91	15.8	9.1
山东	1.42	1.65	16.2	7.9
上海	1.84	1.50	-18.5	7.2
河北	0.35	0.76	117.1	3.6
北京	0.52	0.36	-30.8	1.7
其他	0.71	1.32	85.9	6.3
合计	18.98	20.91	10.2	100.0

注:数据来源于中国海关,除七大合成橡胶及 SBCs(固体)外,还含有胶乳等其他产品。

【消　费】

2016 年在政策刺激下,我国汽车产销增速加快,产销量分别为 2811.9 万辆和 2802.8 万辆,分别增长 14.8% 和 13.9%,增速上升 11.5 和 9.2 个百分点。

受汽车及房地产、基建投资等行业拉动,我国轮胎产量及出口增速由负转正。据国家统计局和海关数据,2016 年我国轮胎外胎产量(包含部分摩托车轮胎)为 9.47 亿条,增长 8.6%;出口 2.77 亿条,增长 8.2%。其中,轮胎外胎出口美国数量继续减少,但降幅收窄至 15.3%。

从制鞋行业看,2016 年,我国胶鞋产量为 6.64 亿双(国家统计局仅统计胶鞋产量数据),下降 1.7%;鞋靴产品(含所有品种)总出口量达到 92.9 亿双,同比继续减少,降幅为 6.6%。

汽车及轮胎业的回升,使得橡胶消费增速略有加快,2016 年我国合成橡胶表观消费量为 462 万吨,同比增长 7.6%。

2016 年,丁基橡胶、异戊橡胶、SBCs 表观消费量增幅较大,丁苯橡胶、顺丁橡胶和氯丁橡胶消费量也有所增加,但乙丙橡胶及丁腈橡胶的表观消费量有所减少。2016 年我国合成橡胶消费情况见表 13。

表 13 2016 年我国合成橡胶消费情况

品种	产量/万吨	净进口量/万吨	表观消费量/万吨	消费量同比/%
SBR	103.8	36.4	140.1	6.6
BR	86.5	20.0	106.5	4.9
SBCs	101.6	3.4	105.0	13.0
IIR	14.1	26.0	40.1	25.1
EPR	11.7	22.7	34.4	-8.6
NBR	13.4	8.0	21.4	-1.4
CR	3.5	1.6	5.1	8.5
IR	5.1	3.9	9.1	23.0
合计	339.7	122.0	461.7	7.6

注：表中合成橡胶仅指七大合成橡胶及 SBCs（固体），其中 SBCs 进口量中含部分其他合成橡胶。数据来源于中国石化经济技术研究院（EDRI），与海关数据有所不同。

【价格与毛利】

1. 轮胎用合成橡胶品种价格大幅上涨

2016 年，轮胎用顺丁橡胶、丁苯橡胶等合成橡胶价格总体呈震荡攀升走势，其中四季度价格快速上涨达 2013 年以来的新高。

2016 年一季度在上年末触底的基础上继续回升，二季度窄幅震荡走势，三季度后期在国家治理超载新规的刺激下，合成橡胶需求快速回升，加之原料丁二烯价格上涨的带动、年末购置税优惠政策退坡、四季度是传统汽车销售旺季等利好因素带动下，合成橡胶价格大幅上涨，年末价格回升至 2012 年三季度末四季度初的水平。

2016 年内最高价格出现在 12 月 19 日当周，顺丁橡胶（高顺）及丁苯橡胶（松香）周平均价格分别为 20688 元（吨价，下同）和 19840 元；年内最低价格出现在年初，两胶种的周平均价格分别为 8088 元和 8830 元，年内最大波幅分别达 134% 和 145%。

2016 年国内市场顺丁橡胶（高顺）及丁苯橡胶（松香）年均价格分别为 12128 元和 11784 元，分别上涨 28.9% 和 20.2%。

受库存居高不下的影响，2016 年天然橡胶价格涨幅较小，远低于合成橡胶。其中，三季度后期开始，随着合成橡胶价格的快速攀升，天然橡胶与合成橡胶价格出现倒挂。从全年来看，国产全乳胶和沪胶平均价格分别为 11551 元和 12766 元，分别增长 0.4% 和 2.5%。2016 年我国橡胶价格走势见图 4。

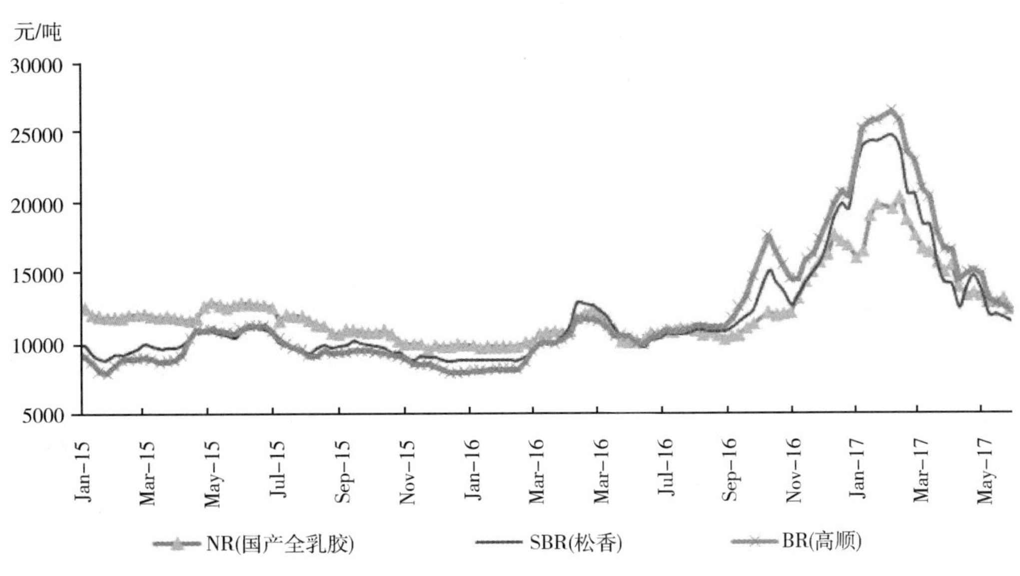

图 4 2016 年我国合成橡胶价格走势

2. 合成橡胶盈利水平没有明显改观，顺丁橡胶及丁苯橡胶仍在盈亏平衡点附近

2016 年，丁二烯价格走势与合成橡胶基本一致，年度均价大幅上涨，且涨幅高于合成橡胶。国内市场丁二烯年度均价为 9884 元，上涨 36.5%，涨幅高于顺丁橡胶和丁苯橡胶各 7.6 和 17.1 个百分点。

同年，原料苯乙烯价格也止跌回稳，国内市场年均价格小幅增长 0.5%。

2016 年合成橡胶与原料价格均呈上涨趋势，但原料丁二烯涨幅较大，挤压了顺丁橡胶及丁苯橡胶毛利空间。其中，丁苯橡胶装置亏损略有加大，顺丁橡胶装置维持盈亏平衡态势。2016 年我国合成橡胶毛利变化趋势见图 5。

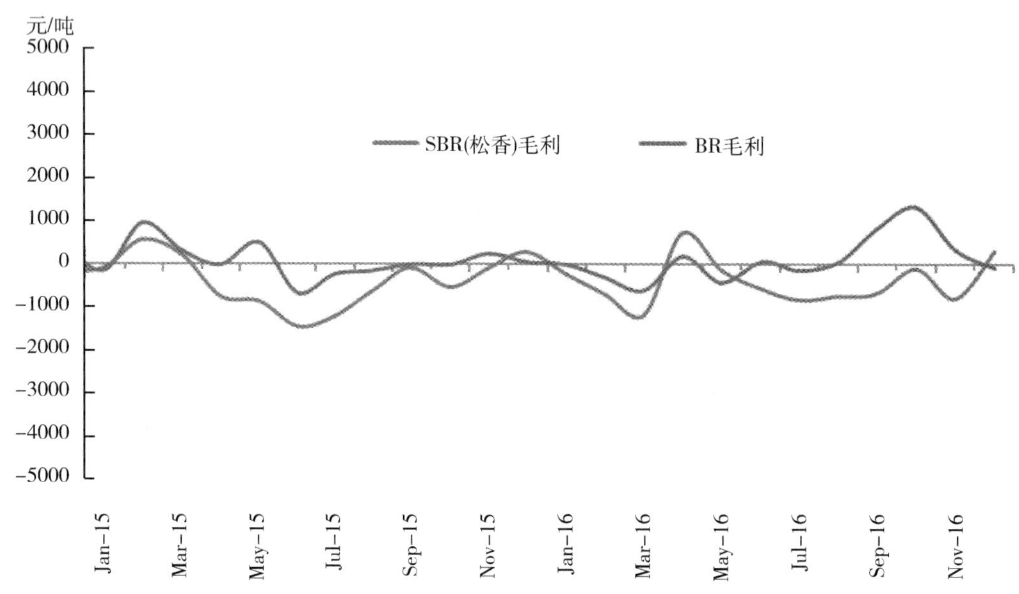

图 5　2016 年我国合成橡胶毛利变化趋势

【基建与技改】

1. 金海晨光 SBS/ SIS 装置建成投产

2016 年 8 月中旬，宁波金海晨光 3 万吨/年 SBS/SIS 装置进入 SIS 生产阶段，主流牌号 JH－8151 正式下线。该公司弹性体项目于 2015 年 5 月 19 日打桩开工建设，2016 年 5 月 27 日高质量中交。该装置 A 线主要生产热塑性弹性体 SBS 和 SIS 产品，产能为 3 万吨/年，可生产 SBS 和 SIS 共 5 个牌号的产品。

2. 四川石化签署钕系稀土顺丁橡胶改造项目技术协议

中国石油四川石化公司于 2016 年 10 月签署了 5 万吨/年钕系稀土顺丁橡胶改造项目技术协议，成为国内首家引进国外顺丁橡胶技术的企业。该项目引进俄罗斯工艺技术，这一技术已在俄罗斯下卡姆斯克石化橡胶厂和西布尔公司应用，其产品供应米其林、普利司通、固特异、马牌等多家全球知名轮胎企业。四川石化公司与技术转让方青岛维实催化新材料科技有限责任公司和设计方山东三维石化工程股份有限公司签署三方协议，在四川石化 15 万吨/年镍系顺丁橡胶装置基础上通过局部改造，实现 5 万吨/年钕系顺丁橡胶的设计产能，并可与原有镍系顺丁生产正常切换。

3. 烟台浩普新材料公司顺丁橡胶装置建成投产

烟台浩普新材料科技股份有限公司 6 万吨/年高顺顺丁橡胶装置 2016 年 5 月 15 日一线试运行，2017 年初正式投产。

【科技创新】

1. 乙丙橡胶新牌号打破国外垄断

2016 年 2 月 27 日，吉林石化研究院开发的新牌号乙丙橡胶 J－5105 在有机合成厂乙丙橡胶 C 线上生产出合格产品，标志着该新牌号产品工业化成功，打破了国外产品的垄断，填补了国产乙丙橡胶在汽车海绵密封条生产领域的空白。

这种乙丙橡胶新牌号主要用于生产汽车海绵密封条，其性能指标与国外产品性能相当，具有较高的ENB含量（>8%）、中等乙烯含量（55%），加工应用时表现出良好的挤出尺寸稳定性、较快的硫化速度、良好的弹性、较佳的制品外观等特点。同时，55%乙烯含量比国外产品略高，增强了胶料的填充性和制品的挺性，降低了制品成本。

2. 巴陵石化医用热塑橡胶 SEBS 批量供货

2016年5月，国内医疗器械行业的代表性企业山东威高集团批量采购中石化巴陵石化的医用级热塑橡胶SEBS产品。这标志着巴陵石化在高端医用级SEBS研发生产方面取得重大进展，打破了美日企业多年垄断的局面。

研究表明，SEBS是医用输液管的理想材料，因为其在加工、应用过程中不使用任何增塑剂，使用后的材料在焚烧时也不产生“二噁英”。由于医用器械的独特性，以及新材料应用需长期临床和毒理研究，国内医用输液管材料长期从美国和日本高价进口。巴陵石化是国内首家采用自主知识产权技术、实现SEBS工业化生产的厂家，其领衔开发的“新一代高性能苯乙烯类热塑性弹性体（SEBS）成套技术”项目，荣获2014年度国家科学技术进步二等奖。

2014年，医用SEBS由用户完成药液吸附、临床等测试。从2015年至2016年4月底，巴陵石化合成橡胶事业部共进行了10次医用SEBS产品工业试验。目前，医用SEBS工业品已通过美国食品药品监督管理局（FDA）、美国药典（USPⅥ）、中国药典等系列测试，产品通过下游用户正式进入医院供患者使用。

3. 普利司通拟采购中国产溶聚丁苯胶

2016年4月，普利司通总部向独山子石化公司发布了溶聚丁苯橡胶2564S量试指示书，标志着独山子石化公司生产的溶聚丁苯橡胶2564S正式进入普利司通原料采购名录。

2009年9月，独山子石化公司10万吨/年SSBR装置在原有2557A、2564A产品基础上，通过采用克拉玛依环保型填充油NAP10，先后开发了2564S、72612S和2557S环保型产品，取得较好的市场应用效果，其中2564S、2557S形成规模化生产与应用。经过多年的市场应用反馈，其高乙烯基SSBR已成为国内轮胎企业目前唯一认可的国产溶聚丁苯橡胶产品，产量和性能均达到国内领先水平。

4. 巴陵石化热塑性弹性体4个新牌号开发成果显著

据报道，中国石化巴陵石化公司2015年度科学技术进步奖22个获奖项目中，合成橡胶事业部4个弹性体新牌号产品开发及应用项目获奖。

根据我国北方道路建设市场差异化需求，该事业部开发了改性沥青专用牌号YH-4306，此牌号为高性能星形苯乙烯—丁二烯—苯乙烯嵌段共聚物，其品质处于国内领先水平。使用其改性沥青的高等级路面可适应极端气候，使用寿命长，道路维修频次减少，维护费用降低。已小批量成功用于宝汉高速公路、青银高速公路、兰州中川国际机场等高标准施工样本路段。

该事业部针对高性能轮胎开发的新工艺合成SSBR新牌号产品，具有滚动阻力低、抗湿滑性能和耐磨性能好等特点，其综合性能与国际同类产品相当，得到了轮胎企业的认可，已经申请3件专利。还根据市场需求开发了塑料改性用SSBR新牌号产品，性能与国际同类产品相当，申请并获得1件授权专利。

该事业部开发了适合电线电缆包覆料的SEBS新牌号产品，提高了与各种无机填料、有机极性材料的相容性，为我国电线电缆料高档化、特种化和专用化提供了新材料。

5. 乌鲁木齐石化成功研发丁苯橡胶改性沥青并推向市场

乌鲁木齐石化公司通过向基质沥青中添加丁苯橡胶、橡胶油等助剂，开发出符合交通运输部聚合物改性沥青技术（JTGF40-2004）指标要求的SBR类改性道路沥青产品。该产品具有优良的力学和耐高、低温性能，可以有效缓解沥青路面开裂现象，增强路面抗水能力，大幅提高路用性能和耐久性，满足恶劣气候地区公路建设的需求。2016年中，该公司生产的首批200吨改性沥青销往西藏日喀则地区。

6. 齐鲁石化钼系橡胶研发取得突破

2016年，齐鲁石化橡胶厂与青岛科技大学、北京化工研究院等单位共同合作，其新型钼系催化剂中试工艺开发及胎面胶工业应用研究取得较大突破，即将进入中试实验，为新型钼系高乙烯基丁二烯橡胶进入市场打下良好基础。

钼系高乙烯基丁二烯橡胶是现阶段适合我国工业水平的高性能、低成本、有广阔市场和发展前景的轮胎橡胶新品种。与轮胎用通用橡胶相比，具有密度更小、质量轻、环保节能等优点，用于轮胎胎面有望节油5%～8%，有效降低汽车废气排放量。同时，采用钼系高乙烯基丁二烯橡胶制得的轮胎制品，兼具有良好的乘坐舒适性和行驶安全性以及较长的使用寿命。

自2012年起，齐鲁石化即与青岛科技大学合作进行此橡胶品种的中试开发和生产，2014年完成了产品工艺包开发。目前，已完成产品中控分析检测方法及标准，为下一步中试生产做好了准备。

7. 普利司通新型合成胶有望投入生产

不久前，普利司通公司成功研发一种新型合成异戊二烯橡胶（IR）。它通过一种新的聚合催化剂，来精确改变分子结构。

普利司通称，新型IR在耐用性和节能性方面优于天然橡胶，计划2020年将IR用于实际生产中。

异戊二烯橡胶的生产通常使用锂、钛或钕作为催化剂，普利司通使用钆做催化剂，是一种全新的变革。虽然钆催化剂可以精确改变分子结构已被广泛熟知，但是使用温度必须在0℃以下，导致可利用性低，以及制造工艺难以实施。

普利司通最新研发的钆催化剂，可以在40℃以上被利用，以改变IR分子结构，且该温度范围可用于工艺制造。新的钆催化剂相比普通的钆活跃性更高，使得其可利用性更强。

【行业信息】

1. 朱拜勒石化合成橡胶工厂开始试运行

据报道，沙特基础工业公司于2016年4月宣布与埃克森美孚合资的朱拜勒石化公司（Kemya）合成橡胶生产工厂开始试运行。合资公司投资34亿美元，双方所持股权相等。该工厂设计产能为40万吨/年，包括11万吨/年的卤化丁基橡胶以及合计29万吨/年的三元乙丙橡胶、炭黑、丁苯橡胶和聚丁二烯橡胶。该工厂的产品将在亚洲和中东市场销售。

2. 朗盛和沙特阿美完成创建合资企业交易

2016年4月，德国朗盛公司和沙特阿美公司完成合成橡胶合资企业Arlanxeo（阿朗新科）的组建，双方出资比例均为50%。该交易是在2015年9月对外宣布的，合资企业已经在2016年2月份之前收到所有相关的反垄断批准。

沙特阿美已经正式收购朗盛公司合成橡胶业务50%股权以创建Arlanxeo合资公司。合资公司50%股权已经转移至沙特阿美在荷兰的一家子公司。作为回报，朗盛已经收到约12亿欧元的现金收益。

朗盛表示，公司计划将该交易收益中大约4亿欧元用于实现业务的有机增长，4亿欧元用于偿还债务，另外约2亿欧元用于股票回购。组建合资企业也标志着沙特阿美公司进入了合成橡胶领域。

3. 我国对日美欧产氯丁橡胶启动反倾销复审调查

2016年5月9日，我国商务部发布公告，对原产于日本、美国和欧盟的进口氯丁橡胶反倾销措施进行期终复审调查。在反倾销期终复审调查期间，对涉案产品继续按照原有征税范围和税率征收反倾销税。

该次复审的倾销调查期为2015年1月1日至2015年12月31日，损害调查期为2011年1月1日至2015年12月31日。

2016年3月2日，商务部收到重庆长寿化工有限责任公司和山西合成橡胶集团有限责任公司代表国内氯丁橡胶产业正式递交的反倾销措施期终复审申请书。申请人请求商务部裁定维持对原产于日本、美国和欧盟进口氯丁橡胶实施的反倾销措施。

2005年5月10日，商务部发布2005年第23号公告，决定对原产于日本、美国和欧盟的进口氯丁橡胶征收反倾销税，实施期限为5年。其中，美国公司反倾销税率为151%，日本公司为2%～151%，欧盟地区反倾销税率为11%～151%。

2010年8月24日，商务部发布公告，决定将原产于日本的进口氯丁橡胶所适用的反倾销税税率调整为：日本电气化学工业株式会社 9.9%，东曹株式会社 10.2%，昭和电工株式会社 20.8%，其他日本公司 43.9%。2011 年 5 月 10 日起，商务部公告，对原产于日本、美国和欧盟进口氯丁橡胶继续征收反倾销税，实施期限为 5 年。

4. 旭化成欲对其新加坡公司装置进行扩能

2017 年 7 月 24 日，日本旭化成宣布将扩大新加坡生产基地溶聚丁苯橡胶（SSBR）产能。

据悉，2016 年以来，日本旭化成公司就对其子公司旭化成新加坡橡胶公司 SSBR 装置扩能进行可行性研究。这家子公司在新加坡有两套 SSBR 装置，合计产能为 10 万吨/年。首套 5 万吨/年 SSBR 装置在 2013 年建成投产，第二套相同产能的装置在 2015 年建成投产。

目前，旭化成公司拥有 24 万吨/年 SSBR 产能。除新加坡外，其在日本川崎和大分还有 SSBR 装置。

5. 燕山石化橡胶系统通过汽车行业质量管理体系认证

经过一年多的体系运行，2016 年 3 月，英国一家认证公司开始对燕山石化进行第一、二阶段外审；6 月又进行不合格项整改现场验证，最终通过 ISO/TS 16949：2009 管理体系审核，并获得证书。

至此，燕山石化公司橡胶系统顺利取得在全球通用的汽车行业质量管理体系 ISO/TS 16949 认证，在中国石化系统内尚属首家。

ISO/TS 16949 是由世界知名汽车制造厂商组成的国际汽车工作小组（IATF）拟定，经提交国际标准化组织予以批准出版，是全球性汽车工业技术规范。许多国际知名的橡胶下游用户都将其作为评定高等级供应商的必备条件之一。

燕山石化公司橡胶装置包括 12 万吨/年顺丁橡胶装置、9 万吨/年 SBS 和溶聚丁苯橡胶混合装置、9 万吨/年丁基橡胶装置，以及 3 万吨/年的钕系顺丁橡胶装置、3 万吨/年的异戊橡胶装置等。

【展　望】

2017 年，世界经济温和增长，全年增速较上年有所加快。其中，美国经济保持稳步增长，欧元区持续复苏，日本经济小幅改善，新兴经济体有所好转，中国经济稳中求进。

受上年度汽车政策刺激提前透支、房地产严控新政出台等因素影响，2017 年上半年国内汽车总体产销不旺，但商用车好于乘用车。预计下半年，随着汽车销售旺季到来，年末政策优惠进一步退坡等影响，汽车销售在四季度将有所回升。

从 2017 年全年来看，国内合成橡胶消费增速放缓。合成橡胶供应仍呈过剩态势，但新增能力减少，装置开工率有所提高，预计产量也将有所增长，净进口量增加；产品价格前高后低，全年均价同比下降，橡胶行业盈利状况没有明显改观。

（杨秀霞）

生物基橡胶

生物基橡胶是指由生物资源通过生物、化学以及物理等方法制取的天然橡胶，如杜仲胶、银菊胶、蒲公英胶、生物基合成橡胶（由各种生物基单体如生物基乙烯、丙烯、丁二烯、异戊二烯等合成），具有绿色、环境友好、原料可再生以及可生物降解的特性。

随着全球经济的快速发展，能源危机与环境污染越来越受到人们的关注。如何保持经济的可持续发展是目前需要迫切解决的问题。近年来，针对三叶天然橡胶地域性生长环境限制、三叶胶白叶枯病（SALB）的威胁以及石油资源面临枯竭的局势，中国、欧洲、美国和日本等国家和地区都在积极开展寻求新型生物橡胶资源的工作。我国橡胶消耗量已经连续14年居世界首位，受地理区域的影响，我国天然橡胶自给率不足20%，自2013年以来，我国天然橡胶进口量已经连续3年突破400万吨（含复合胶或混合胶）。使用生物基橡胶作为可再生原材料，可以减少对化石资源的依赖，降低投资成本，减少对环境的影响。开发新型天然橡胶替代资源的目标，不只是减少我国天然橡胶进口依赖度，更重要的是寻求橡胶工业可持续发展的未来，这不仅仅是中国政府和橡胶行业的重要使命，也是全球橡胶行业共同追求的目标。

【杜仲胶】

杜仲（Eucommia ulmoides Oliv）属被子植物门、双子叶植物纲的金缕梅亚纲、杜仲目的唯一一科，属乔木。在植株的叶、皮、根皮和果皮中均富含有一种白色丝状的，或细小的淡黄色颗粒杜仲胶。杜仲科是比较古老的孑遗植物，是我国特有树种，在杜仲的叶片中含胶量为2%～5%、树皮中含胶量为6%～12%、种子果皮中的含胶量为12%～20%。

杜仲橡胶是具有橡塑二重性的优异高分子材料，广义讲，分为天然杜仲橡胶与合成杜仲橡胶两类。二者与天然橡胶化学成分相同，但分子结构不同，杜仲胶为反式聚异戊二烯，三叶天然橡胶则为顺式聚异戊二烯。世界上有2000多种植物中含有顺式异戊橡胶，而含有反式异戊橡胶的植物却很稀少。天然反式聚异戊二烯橡胶目前主要包括杜仲橡胶、古塔胶和巴拉塔胶。天然杜仲橡胶是由杜仲树的籽、叶、皮、根中通过物理或化学提取法而制得。古塔胶主要由马来亚半岛、印度尼西亚等热带地区产的山榄科植物的树皮和树叶中的胶乳制得。巴拉塔胶主要由产于圭亚那和委内瑞拉等地的一种山榄科植物的胶乳制得。合成杜仲橡胶则由石油裂解后所得的 C_5 馏分中的异戊二烯在特定的催化条件下聚合制得。

杜仲胶作为一种特殊功能型高分子材料，具有优异的耐疲劳、耐磨、防震及抗撕裂性能，以及具有易结晶、熔点低、绝缘性强、耐水湿、抗酸碱、热塑性好和形状记忆优良等特征。基于杜仲胶独特的结构与性能，可以开发出三大类不同用途的材料：橡胶高弹性材料、低温可塑性材料及热弹性材料，广泛应用于橡胶工业、航空航天、国防、船舶、化工、医疗、体育等国民经济各领域，产业覆盖面极广。不同分子量的杜仲胶又可以适应不同制品的应用需求。国内外的应用研究和实践证明，杜仲胶独具的橡塑两重性和极高的黏结性能，使其在很多方面的性能均大大优于三叶天然橡胶，通过与三叶橡胶和其他合成橡胶及塑料共混或改性，可以制备多种综合性能优异，适用于航空、航海、医疗等领域的特殊橡胶制品，也可以用于生产安全、长寿命的节油轮胎及其他橡胶制品。

1. 国外杜仲胶研究进展

在日本能源省资助下，日本大阪大学2007年与我国西北农林科技大学、日本日立造船公司合作，在我国河南省灵宝市建立了杜仲胶提取试验装置，采用生物降解和水洗相结合的技术提取杜仲胶含量80%以上的杜仲粗胶，再使用氯仿等溶剂萃取，得到杜仲精胶。日立造船公司作为该发明的专利所有权人已先后在中国和美国等国家申请了专利保护。近年日立造船公司又开发了新的生物法去除杜仲胶中杂质的方法，并申请了专利。

日立造船功能性材料研究室与大阪大学工学院2011年共同成立了杜仲胶协作研究所，重点开展生物基杜仲胶的应用研究。该团队对杜仲胶的物理、化学性能和硫化杜仲胶性能进行了一系列研究，认为天然杜仲胶分子量超过200万，可以解决分子量只有几万至几十万的化学聚合物所不能解决的难题。

日立造船公司在我国杨凌建立了生物基杜仲胶试验装置，在山西省拥有9万株杜仲种植基地。日立造船杜仲研究所在NEDO项目支持下，利用杜仲非食性物质生物——反式聚异戊二烯改性生物聚乳酸，开发成功高功能生物复合材料。添加10%～30%生物反式聚异戊二烯，通过动态交联，可将产品耐冲击性提高16～25倍，延伸性能提高9～30倍，被认为可用于3D打印树脂、汽车、输送设备等领域。

日本通过对生物基杜仲胶改性开发的形状记忆树脂，也可用于3D打印、汽车部件以及家用制品的制造等。利用生物基杜仲胶改性聚丙烯塑料，大大改善了其耐冲击性能和弯曲弹性。

日本可乐丽公司拥有一套百吨级合成杜仲胶装置，产品主要面向医疗产品。

美国固特异公司从20世纪开始研究合成杜仲胶在轮胎中的应用，内容涉及杜仲胶在轮胎胎面底层的应用，专利文献显示，可以有效降低滚动阻力。还提出将合成杜仲胶作为补强聚合物材料应用，以改善轮胎耐磨性能。

此外，美国马里兰大学研究开发医疗用合成杜仲胶低温热收缩聚合物材料。

加拿大开展了用合成杜仲胶做黏结材料的研究；日本大赛路株式会社开展了环氧化改性杜仲胶的研究；日本可乐丽公司开展了杜仲胶制鞋应用研究。国外多家研究机构、高校开展了合成杜仲胶改性及共混研究。

2. 我国杜仲胶发展概况

(1)国内杜仲胶产业化现状

2013年10月，我国第一套年生产能力1.5万吨的合成杜仲胶生产装置建成投产，生产出合格产品。目前可以根据市场的不同需求提供不同门尼黏度6个类别的产品。

2015年7月，我国首套百吨级连续化天然杜仲胶生产装置在湖南湘西老爹生物有限公司建成投产，成功生产出纯度大于94%的天然杜仲精胶。该公司在开展杜仲胶工业化装置攻关的同时，已将通过中型装置生产的杜仲胶先后提供给国内轮胎、高铁及汽车部件、运动鞋等领域开展应用试验。在该公司资助下，由沈阳化工大学材料科学与工程学院院长方庆红教授带领的研究团队和沈阳三橡轮胎公司合作，添加该公司生产的天然杜仲胶，已试制成功两批杜仲胶航空轮胎，经测试，抗撕裂强度、耐老化性能、耐疲劳性能、耐磨性及抗屈挠性能等多项力学性能得到改善，抗屈挠性能改善尤为突出。中国南车株洲时代新材料公司采用该公司提供的天然杜仲胶制成的高铁减震部件显示出优异的抗疲劳和抗撕裂性能。

2015年底，湘西老爹生物有限公司在北京中关村注册成立了杜仲胶集成材料研究院，致力于杜仲胶集成材料的开发和应用研究。

2015年10月，我国第一套全酶解生物杜仲胶提取装置在贵州铜仁建成。采用生物酶酶解杜仲植物组织，使天然长丝杜仲胶游离出来，通过分离过滤浓缩酶解液同时获得杜仲药物成分。实现了杜仲胶提取无化学药品的全酶解，保证了杜仲胶长丝的高聚合度。2016年10月在浙江丽水建成第二套酶解提取装置，生产出批量产品。

(2)国内杜仲胶应用开发进展

①应用于绿色轮胎制造

杜仲胶(TPI)可以硫化成弹性体，也可以与其他通用橡胶共混共硫化作为弹性体应用。根据合成杜仲胶用于轮胎的试验数据，硫化杜仲胶的滚动阻力和生热是最低的，仅为乳聚丁苯橡胶的50%左右，而且任何胶料(包括具有低滚阻、低生热效果的溶聚丁苯胶在内)与TPI并用，都能明显降低其滚动阻力和生热。经轿车和轻型载重子午胎试用证明，在胎面胶中使用20～25质量份TPI，可降低轮胎滚动阻力 15% ~20%，即可节省汽车燃油消耗 2.5% 左右。据此，1 吨 TPI 用于轮胎，可节油 70 ~80 吨，减少 CO_2 排放 200 吨左右。据悉，目前下游客户已经采购青岛第派新材公司生产的合成杜仲胶进行试用，试验效果良好，并考虑进行下一步批量试验。美国固特异公司连续几年批量进口第派新材公司生产的合成杜仲胶用于高性能轮胎的制造。

北京橡胶工业研究设计院在全钢子午线轮胎胎面中应用天然杜仲胶，试验表明，并用天然杜仲橡胶配方的撕裂性能和屈挠性能均优于纯胶配方，且随着替代份数增加，撕裂强度增大。认为杜仲胶在全钢子午线轮胎中的应用前景广阔，除胎面外，还可用于轮胎的其他部位。

②基于杜仲橡胶为载体的绿色高性能复合橡胶助剂的开发

北京橡胶工业研究设计院以天然杜仲橡胶为载体，通过有机硅类物质复合改性，充分利用杜仲橡胶在高弹性橡胶态的优异性能，以及有机硅材料能够在填料与橡胶之间形成桥键，提高胶料撕裂性能的特点，开发出适宜在轮胎中应用并能够提高轮胎胎面胶抗撕裂性能的新型绿色高性能橡胶复合助剂。

研究数据表明，杜仲橡胶复合助剂可以有效提高橡胶的耐磨性、回弹性、拉伸强度、抗撕裂强度和加工性能。

③杜仲胶航空轮胎通过动态模拟试验

由湘西老爹生物有限公司支持、沈阳三橡股份公司协助，沈阳化工大学材料工程学院院长方庆红教授主持研制的添加了湘西老爹生物有限公司生产的天然杜仲胶制备的生物基杜仲胶航空轮胎，近期通过了动态模拟试验。测试结果表明，各项性能达到标准要求。杜仲胶航空轮胎的滑跑距离、起飞着陆载荷、起飞着陆速度均达到同规格航空轮胎最高水平。

④开拓杜仲胶集成材料新用途

北京老爹杜仲胶集成材料研究院院长严瑞芳研究员在其创建的杜仲胶材料工程理论基础上又提出了杜仲胶集成材料的概念，对不同分子量的杜仲胶对应于不同应用领域的集成材料的开发和应用进行了进一步研究，取得了极有价值的研究进展。例如，在航空材料方面的新用途、适用于防护领域的新材料以及高强度黏合剂的应用等。

⑤减震、抗疲劳橡胶制品应用开发

鉴于硫化 TPI 具有定伸强度高、耐疲劳性能优异、生热低、弹性好等特点，是制作减震制品的最佳材料之一。目前减震制品主要以天然橡胶（NR）为主要原材料，在耐疲劳性、永久形变等性能方面仍存在短板。经国内减震制品企业试验，证明 TPI/NR 体系减震制品的动态屈挠效果提升 2 ~3 倍，极大地提高减震制品的使用寿命。如果由 TPI 制成的减震制品广泛应用于高速火车、汽车行业，对于提高其安全性能将有突出的效果。目前下游客户已经进行批量试产，市场反馈良好。

⑥杜仲胶自修复弹性体材料研发成功

杜仲胶是性能独特的生物高分子，不仅具有优异的耐疲劳、耐磨、抗酸碱性能，而且具有形状记忆优良等特征。对其接枝改性后可获得自修复能力。沈阳化工大学杜仲胶研究团队研发出杜仲胶自修复功能弹性体材料。通过向杜仲胶中引入大量的动态可逆的离子或化学键，赋予其犹如生命组织体固有的自修复功能，修复效率可达 90% 以上。该自修复功能弹性体材料可应用于机器人、电动汽车及锂离子电池及人造肌肉，不仅可自动修复使用过程中造成的损耗，而且可延长使用寿命和降低成本，应用潜力广泛。也可广泛应用于航空航天、国防、船舶、医疗、各领域。

⑦增韧聚乳酸（PLA）取得成功

沈阳化工大学材料科学与工程学院院长方庆红带领的研究团队采用杜仲胶改性技术增韧聚乳酸（PLA），使其韧性增加 24 倍，达到国际先进水平，进一步拓展了杜仲胶的应用领域。

聚乳酸（PLA）是一种可生物降解的热塑性聚酯，因其良好的生物相容性、生物降解性、优异的机械性能等优点，在生物医用材料和通用塑料领域都展现出了广阔的应用前景。常温下聚乳酸是一种硬而脆的透明材料，抗冲击性和柔韧性差，限制了 PLA 的应用。制备一种全生物基的聚乳酸共混物，并实现高抗冲击性能，对于扩大杜仲胶的用途和限塑绿色发展具有极其重要的意义。

⑧杜仲胶/聚烯烃（EUG/PP，EUG/POE）热塑性弹性体（TPV）的制备

沈阳化工大学杜仲胶研究团队先后进行了杜仲胶/聚烯烃(EUG/PP,EUG/POE)制备热塑性弹性体的研究工作,研究结果表明:在动态硫化EUG/PP共混体系中,随着EUG含量的增加,共混物的冲击强度有较大幅度的提升,共混物的拉伸强度也得到提高,并且极大改善了POE永久变形的问题,有效扩展了POE应用领域。在保证力学性能不下降的前提下,所制备的TPV同时具有良好的塑料可重复加工性能和耐老化性。该杜仲胶聚烯烃热塑性硫化胶可广泛应用于汽车、航空航天、仪器仪表以及阻尼减震领域。

⑨其他应用

杜仲胶在高铁零部件、航空胎、军用鞋、汽车部件、油田管道、桥梁减震材料、胶带制品等领域均已得到应用。

【其他生物基橡胶】

1. 国外生物基橡胶发展概况

(1)银菊胶

银胶菊是一种多年生作物,大约需要18个月就可以收获,保留根部,生长一年后连根收获重新种植。银菊胶植物中胶含量5.5%,树脂含量6.5%。

近年来,银菊胶的开发应用进入快速发展期。银菊胶除物理机械性能与天然胶相近外,其最大特点是不含蛋白质,非常适合制造医用手套等医疗产品。美国农业部自2000年开始,将开发无过敏性反应的天然胶乳列入美国农业研究机构项目发展计划。2012年初,普利司通和固铂轮胎公司先后宣布进行银菊胶用于轮胎制造的研究工作。美国Yulex公司近年与相关企业和研究机构合作,在银胶菊综合开发方面取得很大进展。将银胶菊的树脂提取后用于制造涂料和黏合剂,剩余不含树脂的部分用来提取橡胶,提胶后的余渣进一步用来生产复合板、建筑材料和用作肥料等。将胶乳和树脂分离后,从树脂中回收萜类化合物、脂肪酸等。胶渣可以转化为生物能源,经发酵可以转化为乙醇,经裂解可以制成生物燃料,经汽化可以生成合成气,燃烧用于发电等。

2013年1月,Yulex公司与意大利埃尼集团旗下Versalis公司建立战略合作关系,致力于开发和生产以银菊胶为基础的生物橡胶。其后又先后与倍耐力轮胎、固铂轮胎公司合作开展银菊胶在轮胎领域的应用开发。由倍耐力轮胎制造的首条银菊胶轮胎于2016年问世。

日本普利司通公司继2015年试制成功银菊胶轿车胎以后,2016年5月,在美国宣布成立生物基橡胶研发中心,配备了40名研究人员,由普利司通美国轮胎公司配合项目的进行。

在多家企业和研究机构的参与下,银菊胶的应用开发取得快速进展,继银菊胶胶乳上市后,又开发出了可代替石油基合成橡胶的固体橡胶,可广泛应用于制鞋、玩具、医疗材料、轮胎及汽车部件等。其不仅可以替代天然橡胶,还可以替代石油基合成橡胶如异戊橡胶、氯丁橡胶、丁腈橡胶和丁苯橡胶。Yulex公司称,用银菊胶制成的制品实现了更佳的性能平衡,例如更高的延伸性能和更低的弹性模量以及更好的低温性能。

2017年3月,美国农业部宣布,农业研究服务中心的化学家Colleen McMahan、分子生物学家Grisel Ponciano等开发了完全基因改良的银菊胶品种,可以增加胶的产量和生物产量,已向普利司通公司在美国的试验基地提供3000株苗做栽培试验。

(2)蒲公英胶

2007年,固铂和普利司通在美国俄亥俄州开展了第一个蒲公英提取橡胶的试验项目。2012年,普利司通公司与美国俄亥俄州立大学合作,用自主开发的提胶技术,成功地从哈萨克斯坦等地原产的蒲公英根部提取出制作轮胎用的天然橡胶。2014年,普利司通用蒲公英橡胶完成轮胎试生产,并计划在2020年以后将蒲公英橡胶轮胎投入实际使用。

2012年,阿波罗轮胎公司制造了第一条用蒲公英胶和银菊胶制造的轮胎,并做里程试验。福特汽车公司和俄亥俄州立大学也从全新角度对蒲公英胶展开研究,比如作为杯架、地垫和汽车内饰材料的抗冲改性剂等。

德国大陆集团2010年底联合明斯特大学开始对蒲公英橡胶开展研究。目前,项目组已将提取得到的蒲公英橡胶用于试制轮胎和其他橡胶配件。在2014年德国汉诺威举办的国际汽车展(IAA)上,德国大陆公司展示了由蒲公英橡胶制成的第一批试验轮胎。大陆公司将这种蒲公英橡胶命名为Taraxagum。2016年6月，该公司宣布利用蒲公英橡胶“Taraxagum”制造出了轮胎，并且正在进行测试。蒲公英橡胶是德国大陆与弗劳恩霍夫研究所、Julius Kuehn研究所、ES－KUSAP植物育种公司等共同研制出来的。胎面全部使用蒲公英天然橡胶聚合物。该公司将在德国安克拉姆建立一个专门的研究机构，计划到2021年总投资达到3900万美元。项目将着重研究俄罗斯蒲公英的种植及加工产业化。研究工作涵盖俄罗斯蒲公英的栽培、产量优化，以及胶的提取和加工。大陆公司已用蒲公英橡胶生产出冬季乘用轮胎和发动机减震垫，并致力于在未来5～10年推出商用车轮胎产品。

（3）生物基合成橡胶

目前国外已开发成功的生物基合成橡胶主要包括生物基乙丙橡胶、生物基异戊二烯橡胶和聚丁二烯橡胶等。

2011年，朗盛公司在巴西生产出首批生物基Keltan Eco三元乙丙（EPDM）橡胶，所用原料为来自可再生资源甘蔗衍生的乙烯。这种生物基乙烯采用巴西甘蔗制成的乙醇经脱水后制得。巴西Triunfo集团目前生产4万吨/年常规乙丙橡胶，预计将来Triunfo装置中4万吨/年能力的1/4专用于生产生物基三元乙丙橡胶。基于Keltan Eco聚合物开发的橡胶制品，可用于封装冷却剂、蒸汽、合成液压油、刹车液以及航空液压油。这种新开发的材料能够承受150℃高温，并且具有优异的压缩保持能力。目前，朗盛有6款生物基橡胶聚合物产品面市。除了用于流体运输密封外，Keltan Eco 6950与Keltan Eco 9950拥有较高的相对分子量以及约9%的第三单体，是车身海绵密封条的理想原料。再如，Keltan Eco 5470具有较高的乙烯含量，已被用作门窗密封条，且正在接受严密的热塑性弹性体（TPE－V）、人工跑道与草皮应用评估。

日本可乐丽公司开发了高性能轮胎用生物基液体法呢烯橡胶（LFR），该橡胶使用美国阿米瑞斯公司（Amyris）开发的生物二烯烃单体作原料，将液体法呢烯橡胶添加到橡胶中用于轮胎制造，在不降低耐磨性能的情况下，可以降低滚动阻力，并有显著的节油效果。

日本味之素有限公司与普利司通公司合作开发出生物基高顺式异戊二烯橡胶，其中单体异戊二烯来自生物质材料。

意大利Versalis公司和一家生物工程技术公司Genomatic合作，以甘蔗为原料，建成一套生物基聚丁二烯装置。该装置首先采用低成本技术生产出1,3丁二醇（1,3 BDO），经过纯化、脱水，生成丁二烯，采用阴离子和齐格勒纳塔催化剂制得生物基聚丁二烯橡胶。初步测试认为，符合工业标准要求。

法国全球生物能源公司也已经开发出利用可再生原料生产丁二烯的技术。米其林集团与法国Axens公司和法国石油可再生能源研究所（IFPEN）也正在联合开发生物基丁二烯（bio－butadiene）生产技术。该合作项目名为“生物蝴蝶”（Bio Butterfly），该项研究将集中于5个关键的挑战性课题：生产生物丁二烯的经济竞争力；减少对环境的影响，尤其是贯穿于整个生产链的碳排放量（与化石燃料比较）；制造出高性能合成橡胶并使该工艺适应生物丁二烯的所有用途；降低投资成本；为法国未来的生物合成橡胶工业做准备。

杜邦与固特异轮胎公司合作，正在开发生物聚异戊二烯（BioIsoprene）。该技术是通过生物在发酵过程中获得高分子弹性材料。美国阿米瑞斯公司与米其林公司也在合作开发生物基异戊二烯。从事生物产品生产的丹麦丹尼斯克（Danisco）公司旗下的酶技术分部杰能科（Genencor）公司与固特异公司联合开发从可再生原材料制取异戊二烯的工艺，研究开发发酵过程用于制取生物异戊二烯。

【国内在其他生物基橡胶的研发概况】

1.蒲公英胶

2012年5月，山东玲珑轮胎有限公司与北京化工大学就蒲公英橡胶开发在北京签订了战略合作框架协议。2013年5月，内蒙古锡林郭勒多伦县教育科技局与北京化工大学弹性体中心、中国热带农业科学院湛江试验站共同合作完成“蒲公英橡胶草种质改良及综合应用技术”的研究与开发项目，同时签署了种植协议。在新疆、内蒙古、黑龙江、山东、广东、海南等地建立了种植基地。2014年,玲珑轮胎出资对蒲公英橡胶的前期基础研究进行资助和支持,并利用提取的蒲公英橡胶制造出3条蒲公英橡胶概念胎。2014年4月24日,由北京化工大学、玲珑轮胎、中国热带农业科学院等国内14家相关领域研究机构共同集结而成的"蒲公英橡胶产业技术创新战略联盟"在京成立,并于2016年9月组织召开了中、俄、美蒲公英橡胶高端论坛。

2. 生物基工程弹性体

生物基工程弹性体是由可再生的生物质资源,比如玉米、土豆、甘蔗等经发酵得到生物基单体,比如癸二酸、衣康酸、丁二酸、1,3-丙二醇及1,4-丁二醇,再经化学合成得到弹性体聚合物。生物基弹性体可以像传统的天然橡胶或者合成橡胶一样制成轮胎以及其他一些橡胶制品。以北京化工大学为代表的高校及研究机构在生物基工程弹性体领域取得了一系列的研究成果,主要包括:聚酯基生物基工程弹性体、生物基形状记忆聚合物、生物基导电聚酯、衣康酸酯基生物基工程弹性体、大豆油基生物工程弹性体等。

【生物基橡胶发展前景预测】

鉴于化石资源的不可再生性和三叶天然橡胶的种植区域局限性,开发新型可再生橡胶资源已经成为橡胶领域可持续发展的必然趋势。我国是石油和天然橡胶资源进口依赖国,发展生物基橡胶资源对于减少对石油资源的依赖度具有重要战略价值。目前全球可利用的生物质具有很大的潜力,约为9亿吨,其中中国每年可利用的生物质约为2.2亿吨。由此可见,我国具有很大的生物质资源潜力,石油基合成橡胶已经有上百年发展历史,其经济性和效率都已经处于非常高的水平。生物基合成橡胶虽然才刚刚起步,还不能与石油基合成橡胶直接竞争,但这无疑是一个充满希望的朝阳行业。

世界4大轮胎企业普利司通、米其林、固特异和大陆轮胎都在追求经济-友好轮胎的3Rs(Raw materials, Rolling resistance, and Recycling.绿色原材料、低滚动阻力和可循环性)。普利司通公司声明,到2050年轮胎制造将全部使用可再生材料。美国银菊胶从培育到提取和应用已经取得一系列突破性进展。杜仲胶是我国独有的可再生、可持续、生物基橡胶提取原料。杜仲胶的发展亦将会拉动一个包括杜仲中药、杜仲保健、杜仲食品、杜仲饲料添加剂等领域的庞大生物产业链。国家林业局发布了《全国杜仲产业发展规划(2016-2030年)》,全国多个省份也将杜仲产业发展纳入本省"十三五"规划中,杜仲种植面积进一步扩大,杜仲资源综合开发不断深入,杜仲胶生产装置也在陆续建成,杜仲胶的应用开发已取得一系列突破性进展。杜仲胶不仅在一定程度上可取代部分三叶天然橡胶,由于其分子量高和橡塑两重性的独特性能,也将会解决石油基橡胶不能解决的问题。

(王凤菊)

橡胶助剂

【基本情况】

天然橡胶是1493年哥伦布发现新大陆时发现的“树的眼泪”,但直至1839年美国人固特异发现硫黄可作为硫化剂使橡胶交联,才使橡胶有了使用价值,从此诞生了世界橡胶工业。因此,记入史册的世界橡胶工业的起点是1839年。而硫黄作为硫化剂一直沿用178年至今。所以,橡胶助剂是橡胶工业不可缺少的重要原材料,包括硫化和硫化活性剂、促进剂、防老剂、加工型助剂和特种功能性助剂五大类数百个品种产品。

进入21世纪以来,我国橡胶助剂行业始终贯彻中国橡胶工业协会橡胶助剂专业委员会提出的“坚持科技进步,以环保、安全、节能为中心,发展绿色化工,突破关键技术,打造世界橡胶助剂工业强国”的方针,取得持续、健康、稳定的发展。

多年来,橡胶助剂产品结构的调整成效显著,含亚硝胺的有毒有害产品基本被淘汰,产品的绿色化率超过92%,个别未被完全取代的产品绿色化进程正在加速进行。在2012年国家重点科技支撑计划“橡胶助剂的清洁生产工艺和特种功能性产品开发”项目全面通过验收的基础上,橡胶助剂的清洁生产工艺取得显著成效,清洁生产工艺路线的开发和实施是确保助剂生产过程绿色环保的重要措施,我国橡胶助剂行业通过清洁生产带动全行业的发展,并逐步引领中国橡胶助剂走向世界,行业整体清洁生产技术水平已进入国际先进水平的行列。

自2014年起,中国橡胶助剂行业又开始了自动化、信息化、智能化的新征程。据助剂专委会对会员单位的统计,2016年橡胶助剂总产量112.1万吨(全国约121万吨),增长(同比,下同)11%;总销售额增长7.7%;产品出口占比约33%,与2015年相当,产品产销量仍居全球第一。

2016年,因下游产品需求增加,橡胶助剂市场见好,加上自动化和环保措施得力,企业总体效益有一定提升。但因许多不确定因素的存在,如何确保全球供应链持续稳定是中国橡胶助剂行业必须正视的问题。

于2015年1月1日开始实施的新环保法,首次提出了对违法者采用严厉的行政处罚手段,确保环保治理依法办理。中国橡胶助剂行业重新审视自身的环保措施及达标情况,提出了更高的绿色化工行业自律标准,要求企业加大环保投入,努力为贯彻新环保法作出新的贡献,为建设“美丽中国”打出硬拳头。

“十三五”期间,行业关注于提高过程效率,实现节能减排、绿色化和安全生产,在设备小型化和微化工技术方面加快取得突破。

微化工技术最直观的感受就是能显著缩短反应时间和缩小反应系统的体积。让反应时间从几小时至几十小时缩短到几十秒、甚至几秒,让体积庞大的传统反应容器瘦身至以升、毫升为单位的桌上微反应器,改变化学工业一些环节污染重、能耗高和安全性差的传统形象,实现化工生产过程的强化、安全、微型化和绿色化,大幅提高化工生产的资源和能源利用效率。

2016年始,微化工技术以它独有的魅力让人们对未来的橡胶助剂生产充满遐想。蔚林新材料科技股份有限公司、山东尚舜化工股份有限公司、山东斯递尔化工科技公司、南京曙光化工集团、阳谷华泰化工股份有限公司、天津科迈化工股份有限公司等企业已步入微化工技术领域,并与大专院校建立了产学研结合机制,可望在1~2年取得产业化成果。

科技创新、绿色化工是中国橡胶助剂工业永恒的课题,在此基础上中国橡胶助剂行业正进一步掀起自动化、信息化、精细化管理新高潮,显著提高了劳动生产率,将行业做大做强,为世界橡胶工业服务。

科技创新是行业发展的驱动,近年来橡胶助剂企业普遍建立了自己的研发中心和创新平台,创新机制的建立和人才培养的贡献不断使中国橡胶助剂走向世界,目前中国橡胶助剂总产量已占全球75%以上,在全球有了绝对的话语权。见表1。

表1　2006~2016年中国橡胶助剂产量占全球的比例　　万吨

年份	2006年	2007年	2008年	2009年	2010年	2011年	2012年	2013年	2014年	2015年	2016年
中国助剂产量	39	47	52	66	76	82	89	100	113	110	121
世界助剂产量	112	117	114	108	124	129	130	141	143	145	152
占世界比例/%	34.8	40	45.6	61.1	61.3	63.6	68.5	70.9	79	76	79.6

注:数据来源于中橡协橡胶助剂专业委员会。

【产品与产量】

我国2006~2016年橡胶助剂各类产品产量见表2。据助剂专委会对会员企业的统计,会员单位产量占全国总产量的90%以上。

表2　2006~2016年我国主要橡胶助剂的产量　　万吨

产品名称	2006年	2007年	2008年	2009年	2010年	2011年	2012年	2013年	2014年	2015年	2016年
防6PPD	3.63	5.06	6.96	7.69	11.50	12.10	13.50	17.40	21.80	19.31	18.95
防4010NA	1.63	1.90	1.88	2.42	3.50	2.94	2.10	0.32	0.33	0.95	0.97
防TMQ	4.67	4.98	4.88	7.40	9.80	9.20	9.90	9.47	9.70	12.00	11.22
防BLE	0.01	0.15	0.37	0.33	0.27	0.28	0.23	0.34	0.13	—	0.13
防A	0.32	0.10	0.09	0.09	0.12	0.26	0.3	0.14	0.13	0.08	—
防D	0.29	0.08	0.09	0.11	—	0.14	—	—	—	—	—
二苯胺类					1.50	1.76	2.06	2.00	2.00	2.00	2.00
酚类及其他	0.75	1.23	2.51	2.48	1.36	1.52	1.13	1.85	2.82	3.43	4.20
防老剂合计	**11.3**	**13.50**	**16.70**	**20.50**	**28.05**	**28.20**	**29.22**	**31.52**	**36.91**	**37.77**	**37.50**
促MBT	2.73	2.88	3.81	4.56	5.30	6.78	6.90	6.77	6.14	3.84	2.63
MBTS	2.68	2.98	2.84	3.28	3.70	3.70	4.10	4.40	4.43	5.17	4.76
CBS	3.11	3.69	4.03	4.50	4.60	4.80	5.50	6.77	6.99	7.32	7.47
NOBS	1.09	0.60	0.77	0.67	—	0.59	—	—	—	—	—
TBBS	2.51	4.22	4.24	4.30	4.30	4.55	5.20	5.60	7.27	6.10	6.98
DCBS	0.47	0.98	0.68	0.91	0.73	1.17	1.20	1.38	1.67	1.90	1.93
DPG	0.83	0.95	0.66	0.88	1.12	1.25	1.40	1.80	1.65	1.30	1.43
TMTD	1.10	1.20	2.09	1.85	1.91	1.50	1.50	2.01	1.43	1.22	2.32
其他	1.87	2.00	2.21	2.26	3.06	2.83	3.93	5.00	6.39	6.87	5.60
促进剂合计	**16.39**	**19.50**	**21.33**	**23.21**	**24.72**	**27.06**	**29.73**	**33.73**	**37.47**	**33.95**	**33.10**
不溶性硫黄	2.33	2.50	1.92	3.63	3.87	4.89	5.90	6.84	9.21	7.65	8.30
黏合体系	2.90	4.00	4.08	4.44	5.05	6.30	6.00	6.90	8.59	8.03	10.80
加工助剂	6.00	7.50	7.58	7.73	8.42	7.20	10.20	14.20	13.74	14.00	19.80
助剂总产量	**38.90**	**47.00**	**51.70**	**59.50**	**70.10**	**75.73**	**82.05**	**93.19**	**105.92**	**101.40**	**112.10**

注:数据来源于中橡协橡胶助剂专委会统计。

从表2数据可见，2016年我国防老剂的优秀品种——对苯二胺和喹啉类产品产量占防老剂产量的83.1%，主要代表产品是防老剂6PPD和TMQ。目前还没有发现其综合老化性能，特别是防臭氧老化性能超过防老剂6PPD的防老剂产品。促进剂仍然是以迟效性次磺酰胺类产品为主导，占促进剂总产量50%，主要代表是促进剂CBS、TBBS和DCBS。高热稳定性不溶性硫黄国内还需部分进口，主要生产企业继续扩大规模，连续化生产新技术有了突破，可望实现产量和质量的快速提升，全面替代进口。功能性黏合体系助剂和加工助剂持续稳定增长。

【主要产品】

1. 防老剂

据会员单位统计，2016年防老剂产量37.47万吨，约占橡胶助剂总产量的37.2%，是我国第一大类橡胶助剂产品。

防老剂主要品种对苯二胺类和喹啉类产品，主要是6PPD(4020)、4010NA和TMQ(RD)，合计占防老剂产品的83.1%，其中以6PPD的综合防老性能最好，其余产品还有二苯胺类和酚类等，如DF34、防264和防2246等。为满足市场需求，除江苏圣奥外，6PPD等对苯二胺类防老剂在尚舜化工、翔宇化工、江苏爱特恩等企业均已投产销售，尚舜化工建成的万吨级连续自动化包装线，大大提高了生产效率。防老剂TMQ在提高防老效果、增加二聚体含量方面取得稳定进展，并开发了固体酸作催化剂的清洁工艺。此外，酚类及其他浅色防老剂仍有发展空间。

防老剂主要生产企业有中石化南京化工公司、江苏圣奥科技有限公司、科迈化工股份有限公司、山东尚舜化工有限公司、山东斯递尔化工有限公司、山西翔宇化工有限公司、河南省开仑化工有限责任公司、江苏爱特恩高分子材料有限公司、山东迪科化工有限公司、南京燕江化工有限公司、宁波海利化工有限公司、常州新兴华大明化工有限公司等。防老剂6PPD中间体RT－培司清洁生产工艺曾获国家科技进步二等奖，6PPD新工艺改进曾获得中国石油和化学工业联合会科技进步二等奖。防老剂TMQ新工艺技术获得天津市科技进步奖。

2. 促进剂

据会员单位统计，2016年促进剂产量33.12万吨，占橡胶助剂总产量29.6%，与2015年相当，略低于防老剂产量，是我国第二大类橡胶助剂。

次磺酰胺类促进剂均由促进剂M衍生而得，因此，M的清洁工艺至关重要。2013年由阳谷华泰开发的溶剂法精制粗M获得成功，万吨级生产装置已经投产，基本无废水产生，清洁工艺技术达国际领先水平，获得中国石油和化学工业联合会科技进步一等奖；近年来，生产持续稳定，产品质量和收率均符合设计要求。其他主要促进剂生产企业也针对促进剂M的酸碱法精制方法的废水问题做了大量工作，取得显著成效。促进剂生产过程的氧气氧化和双氧水氧化工艺替代传统次氯酸钠氧化工艺取得重要进展，正不断扩大产业化规模，某些企业已经开始尝试微反应通道新型合成技术。微化工技术将从根本上改变我国促进剂行业大釜间歇生产的现状，将带来颠覆性效果。

促进剂的主要生产企业有山东尚舜化工有限公司(世界最大的促进剂供应商、上市公司)、山东阳谷华泰化工股份有限公司(上市公司)、科迈化工股份有限公司、蔚林新材料科技股份有限公司、河南开仑化工有限责任公司、山东斯递尔化工有限公司、荣成化工总厂有限公司、鹤壁联昊化工有限公司、鹤壁华夏化工有限公司、黄岩浙东橡胶助剂化工有限公司、连云港连连化学有限公司、宁波硫化聚合物化工有限公司、江苏卡欧化工有限公司、鹤壁双力橡塑有限公司、浙江超微细化工有限公司等。2016年我国橡胶促进剂产量仍处于世界领先地位，产品价格自2013年以来有所提升，仍保持较好的经济效益。

3. 硫化和硫化活性剂

硫化和硫化活性剂主要包括不溶性硫黄(IS)，硫化树脂201、202、2402，硫黄给予体DTDM，过氧化物硫化剂，湿法纳米氧化锌，有机锌，活化剂，抗硫化返原剂PK－900等，统计数据不包括普通硫黄和普通氧化锌。

"十一五"国家科技支撑计划"橡胶助剂的清洁工艺和特种功能性产品开发"项目中包括"万吨级高热稳定性不溶性硫黄的技术开发"，目前已在山东尚舜化工有限公司建成，并通过科技成果鉴定，获得中国石油和化学工业联合会科技进步一等奖，已扩建为3万吨/年生产装置并投产运行，为我国高热稳定性不溶性硫黄的自主开发和满足需求起了重要的示范作用。阳谷华泰化工股份有限公司、无锡华盛化工、河南省开仑化工有限责任公司等企业都已成功开发了高热稳定性不溶性硫黄产品。协会统计，2016年不溶性硫黄产量8.27万吨，增长8%，预计2～3年，我国高热稳定性不溶性硫黄需要部分进口的状况可以基本改变，并可加大出口量。近年来，高热稳定性硫黄在连续化生产工艺、高分散性能及检测方面取得新进展，对其标准制定提出了积极的新建议。

由江苏爱特恩高分子材料有限公司开发的有机锌活性剂和洛阳蓝天化工科技有限公司开发的湿法纳米活性氧化锌获得应用和推广，由于材料的活性高、用量低，有效降低了锌的含量，具有良好的环保效应，有机锌产品已批量出口。

硫化和硫化活性剂的主要生产企业有山东尚舜化工有限公司、阳谷华泰化工股份有限公司、无锡华盛化工有限公司、山西太原化工研究院、河南省开仑化工有限责任公司、无锡钱桥（江阴）化工有限公司、无锡强盛化工有限公司、洛阳蓝天化工科技有限公司和江苏爱特恩高分子材料有限公司等。

4. 加工型橡胶助剂

加工助剂是20世纪80年代，随着子午线轮胎原材料国产化而发展起来的，多年来一直稳定发展。协会统计，2016年产量达19.85万吨，比2015年有较大提高，占橡胶助剂总产量的17.7%。主要包括防焦剂CTP，塑解剂SJ103、DBD，增塑剂A，各类分散剂FS－97、FC303、DP600、AT、ZD、TB系列，增黏树脂203、204、TKM，C_9复合树脂，补强树脂205、206、PF，热稳定剂HS－80，流动助剂AT－42，均匀剂H501、40MS、60NS、FR－40、ZD－9，隔离剂，脱模剂DH系列、AT－20、FC－60、好优达SW系列等。

多年来我国防焦剂CTP产量一直世界领先，随着绿色轮胎白炭黑用量的增加，白炭黑分散剂的研发和生产取得较好的效果。抗硫化返原剂的开发效果较好，近几年来微晶腊、均匀剂、隔离剂和各类树脂的开发和生产取得较大进展。2016年，增黏树脂、补强树脂项目获得中国石油和化学工业联合会科技进步一等奖。

主要生产企业有阳谷华泰化工股份有限公司、武汉径河化工有限公司、杭州中德化学工业有限公司、华奇（中国）化工有限公司、江苏卡欧化工有限公司、河南永新助剂有限公司、莱茵化学（青岛）有限公司、山西省化工研究院、太原元太生物化工有限公司、青岛德慧化工有限公司、青岛福诺化工科技有限公司、青岛福凯橡塑新材料公司、上海化大有限公司、承德福瑞化工有限公司、山东迪科化学科技有限公司、烟台新特耐化工有限公司、大连厚德橡胶科技发展有限公司、青岛海佳助剂有限公司、青岛中海嘉新材料有限公司、上海大成化工有限公司、常熟德润精细化工有限公司、大庆华科化工有限公司、郑州金山化工有限公司等。

5. 特种功能性橡胶助剂

特种功能性橡胶助剂主要为黏合体系助剂，包括硅烷偶联剂Si－69，R系列黏合剂RS、RF、RE、RC、RA、RH，HMTA，AIR系列，钴盐RC系列产品RC－N10、RC－S95、RC－D20、RC－B23、RC－B16等。近几年开发的提高气密性助剂和低生热防肩空等新型助剂获得推广应用。中橡协统计，2016年产量10.8万吨，增长达30%，占橡胶助剂总产量的8.9%。

主要生产企业有南京曙光化工集团有限公司、江苏国立化工科技有限公司、常州曙光化工厂、江苏卡欧化工有限公司、河南天益化工有限公司、宁波钴业化工有限公司、山东日照岚星化工有限公司、大连天宝化工有限公司、江苏爱特恩高分子材料有限公司、山东迪科化工公司、烟台宏泰达化工有限公司等。多年来，我国硅烷偶联剂产品在国际上具有举足轻重的地位，曾获得国家科技进步二等奖。

2013年，南京曙光化工集团在南京化工园区新建厂区，体现了高起点、高技术、高自动化水平的建设方针，成为我国橡胶助剂自动化建设的示范工程。2014年4月，助剂专委会组织专家和前10名企业现场参观学习，对推动行业提高自动化水平和精细化管理起了重要作用。

【科技进步】

国家自1985年设立国家级科学技术进步奖以来，橡胶助剂行业获得了6项国家奖励项目和百余项省部级科技成果。20世纪90年代以来获得的国家奖励项目见表3。

表3　20世纪90年代以来橡胶助剂获国家奖励项目

序号	年份	项目名称	奖励等级	主要完成单位
1	1990年	橡胶硫化剂不溶性硫黄IS系列的研究	国家科技进步二等奖	北京橡胶院、上海京海化工厂
2	1994年	苯乙烯－茚树脂	国家技术发明四等奖	即墨市琴波化工厂
3	1997年	钴盐型橡胶与镀黄铜钢丝帘线黏合剂RC系列的研究	国家科技进步二等奖	北京橡胶院、镇江冶炼厂
4	1998年	橡胶防老剂4020连续一步法合成工艺	国家科技进步三等奖	南京化工厂
5	2002年	年产6000吨子午线轮胎专用有机硅烷偶联剂	国家科技进步二等奖	南京曙光化工总厂
6	2004年	亲核芳环取代氢新途径及液相催化氧化新方法制备RT－培司	国家科技进步二等奖	山东圣奥化工公司

2001年，助剂专委会在成立之初，就提出了“大力推进橡胶助剂的清洁生产”的意见，重点进行产品结构调整替代有毒有害产品，获得全行业的支持。进入“十一五”，逐步形成了中国橡胶助剂工业的发展方针：“坚持科技进步，以环保、安全、节能为中心，发展绿色化工，突破关键技术，打造世界橡胶助剂工业强国”。并组织企业实施“十一五”国家科技支撑计划项目“橡胶助剂清洁生产工艺和特种功能性产品开发”，极大地推动了全行业的科技进步，提高了企业的经济效益和社会效益，全面提升了我国橡胶助剂工业的整体国际竞争力。

继2009年出版《中国橡胶助剂工业科技发展报告》后，2011年出版了《中国橡胶助剂工业的清洁生产》作为“姊妹篇”，阐述了中国橡胶助剂工业的绿色发展进程和理论、与实际相结合的清洁生产技术。

根据行业做大做强、建设世界橡胶助剂工业强国的目标，2014年4月在考察南京曙光化工集团的专家委员会扩大工作会议上，橡胶助剂专委会向行业提出了“提高自动化水平、提高劳动生产率、加强精细化管理”的目标：提高人均对企业工业总产值的贡献、提高人均对纯利润的贡献，降低单位产品水、电、煤的消耗。实现这些管理目标，将有利于增强我国助剂的国际竞争力，在世界橡胶助剂工业强国的行列中更上一层楼。

进入21世纪以来，国家将绿色橡塑助剂和清洁生产技术列入国家科技创新指南目录。10余年来，橡胶助剂行业先后获得国家项目支持约百余项，包括中小企业创新基金项目、国家重点新产品计划项目、国家科技支撑计划项目和“863”项目等。近两年各省（市、自治区）加强了对科技创新的支持，推动了橡胶助剂行业的绿色化工的产业化建设。21世纪以来我国省部级以上橡胶助剂绿色化工重大项目见表4。

表4　21世纪以来我国省部级以上橡胶助剂绿色化工重大项目

序号	项目名称	项目来源	完成单位	效果
1	RT-培司清洁生产工艺技术	国家	山东圣奥化工	获2004年国家科技进步二等奖,实现对苯二胺类防老剂的清洁生产,达国际领先水平。
2	防焦剂CTP新工艺	国家	阳谷华泰公司	建成世界最大的CTP生产装置,获山东省科技进步一等奖
3	6000吨/年硅烷偶联剂全封闭生产技术	国家	南京曙光化工集团	大大提升了我国硅烷偶联剂在全球的地位,成为世界前3名,获2002年国家科技进步二等奖,现已扩大至万吨规模。
4	万吨级TBBS生产技术开发	国家	中橡协材料研究开发中心、阳谷华泰公司	为替代致癌产品NOBS、全行业开发NS快速发展起了示范作用,目前NS成为促进剂第一大品种,全面满足需求。
5	促进剂TBBS氧气氧化技术和水资源综合利用	国家	阳谷华泰	替代次氯酸钠氧化工艺;COD排放达60以下,水资源综合利用率92%以上,TBBS氧气氧化法已建成5000吨/年生产装置,正待扩大。
6	高热稳定性不溶性硫黄生产技术	国家	山东尚舜化工	建成3万吨级生产高热稳定性不溶性硫黄生产线,实现硫黄回收使用。
7	促进剂TBzTD生产技术开发	国家	蔚林科技	可替代会产生亚硝胺的致癌物的TT等产品,已形成产业化规模,进入市场。
8	以高聚物为载体的预分散橡胶助剂	国家	连连化学公司、北京万汇一方、宁波硫华聚合物公司	建成万吨级生产装置,带动行业预分散技术发展,实现橡胶助剂剂型改造,实现绿色环保。
9	促进剂XT-580生产技术开发	国家	山东迪科化学	替代会产生亚硝胺致癌物的促进剂NOBS。
10	万吨级湿法氧化锌生产线建设	河南省	洛阳蓝天	建成产业化装置,获中国石化联合会科技进步奖。
11	有机锌硫化活性剂开发	江苏省	江苏爱特恩	降低活性剂锌元素含量,符合欧盟REACH法规要求,形成产业化规模,并有出口。

续表 4

序号	项目名称	项目来源	完成单位	效果
12	促进剂 M 溶剂法精制新技术	山东省	山东戴瑞克	获得中国石化联合会科技进步一等奖，建成了万吨级溶剂法 M 产业化装置，大大减少了污水排放。
13	浅色非污染防老剂的技术开发	山东省	山东斯递尔	为浅色橡胶制品提供了新型防老剂产品，形成了产业化规模。
14	开发固体酸替代盐酸作催化剂的 TMQ 高效新工艺	天津市	科迈化工	提高防老剂有效成分的含量，大大减少废水排放，新建成产业化规模，进入市场，获天津市科技进步奖。
15	低生热、防肩空助剂的产品开发	山东省	烟台宏泰达	建成了产业化规模，提高了轮胎的使用寿命。
16	提高胶料气密性能助剂开发	山东省	山东迪科	提高胶料气密性能，在轮胎气密层中有广泛应用，形成产业化。
17	高效环保橡胶隔离剂的开发	山东省	山东福诺化工	采用无毒材料，大大提高胶料隔离效果，产品质量与国外同类产品相当，形成产业化规模。

随着新环保法的实施，橡胶助剂企业大力加强了环保措施，推广环保成果；继续进行产品结构调整，发展清洁生产，加大环保投入，树立清洁生产、绿色化工是橡胶助剂行业发展的永恒主题的理念。

2015 年 4 月 27 日，山东阳谷华泰化工股份有限公司在上海举办了以绿色环保为中心暨促进剂 M 万吨级溶剂法特别技术和促进剂 TBBS 氧气氧化 5000 吨/年生产技术的新闻发布会，向全世界展示了橡胶助剂行业绿色制造的示范，有力地推动了行业的绿色发展。

2016 年始，微化工技术逐步引起中国橡胶助剂行业的注意，通过微反应通道合成技术实现化工生产过程的强化、安全、微型化和绿色化，大幅提高化工生产的资源和能源利用效率。橡胶助剂专委会将联手中国化工学会连续跟踪微化工技术在橡胶助剂工业中的应用和产业化推广，促进我国橡胶助剂的传统工艺产生革命性创新。

【企业发展】

我国橡胶助剂企业不断实现规模化、集约化，2015 年产品产量已占世界产量的 75% 以上，2016 年占 79.6%。橡胶助剂专委会会员单位工业总产值近 200 亿元。其中，20 亿元以上的企业 2 家，10 亿元以上企业 6 家，5 亿元以上企业 9 家。9 家大型企业的产品集中度达 70%，行业集中度的提高大大提升了下游企业和外资企业对中国助剂的信任度和依赖度。9 家企业均被中国橡胶工业协会评为 2017 年度橡胶行业百强企业，见表 5。行业已有尚舜化工公司和阳谷华泰公司 2 家上市公司。至 2016 年已有 5 家公司在新三版上市，分别是蔚林科技、连连化学、卡欧化工、江苏华盛、江苏华星。随着新环保法的实施，企业不断加大环保投入，有的向工业园区转移，企业的自动化程度不断提高，未来企业的整合势在必行。橡胶助剂企业只有坚持科技创新、清洁生产、行业和谐自律互联互通，才能在发展绿色化工的道路上持续前进。

表 5　2016 年橡胶助剂 5 亿元以上企业

序号	单位名称	工业总产值/万元	总产量/吨	出口量/吨
1	圣奥化学科技有限公司	232670	135886	51876
2	山东尚舜化工有限公司	225010	131324	44217
3	科迈化工股份有限公司	178769	95178	38418
4	山东阳谷华泰化工股份有限公司	142155	70120	15093
5	彤程新材料集团股份有限公司	130585	89568	34884
6	蔚林新材料科技股份有限公司	108190	51527	12732
7	南京曙光硅烷化工有限公司	60889	36139	13853
8	南京化学工业有限公司	52460	48079	6847
9	山东斯递尔化工科技有限公司	50688	38488	13301

【展　望】

尽管从 21 世纪开始，中国橡胶助剂的清洁生产已取得重大突破，总体水平已在世界前列，但与新环保法要求相比，橡胶助剂的清洁生产仍然任道重远。如前述，各项清洁生产工艺技术虽然取得重要成果，但离全面推广应用仍存距离，需加大推广力度；清洁生产技术投入的资金明显不足；部分中小企业对新环保法尚存侥幸心理，致使市场出现不公平竞争状况，亟待通过行业自律得以解决。

目前，中国橡胶助剂工业在产品数量、质量和清洁生产方面已进入世界橡胶助剂工业强国的行列，但在自动化水平、质量标准和精细化管理等方面仍存在差距。具体表现在如下几个方面：

第一，部分重要产品供不应求，依赖进口。如重要的橡胶硫化剂高热稳定性不溶性硫黄是高性能轮胎包括航空胎和军工产品的重要配套材料，年需求量约 6 万吨，虽然国家项目曾给予支持，但由于技术难度大，规模化不足，目前仍有 20% 以上依赖进口。且生产技术与国外尚有差距，国外是连续生产，我国大多仍是间歇生产，影响产品质量稳定性。

第二，产品标准落后。标准指标往往不能反映产品的质量水平特别是应用效果。检测方法、检测仪器不统一，同一样品在不同单位检测数据差异明显，直接影响产品质量和用户使用。特别是对军工使用的产品缺乏有力有效的认证机构。

第三，清洁生产工艺技术、产品结构调整任重道远。个别大吨位产品，如促进剂 M 的废水处理虽有示范工程，但全面推广还不够。还有相当部分产品未进行欧盟 REACH 法规注册或未达到相关指标，一定程度上影响产品的出口，也反映了绿色化工的差距。

第四，对用于军工产品的橡胶助剂没有规范的管理措施，不能确保军用橡胶助剂产品质量，导致军用橡胶制品配方跟不上新材料的发展，甚至还沿用落后的、不环保的老产品，影响军品质量。

第五，整体自动化水平较落后，人均工业总产值贡献处于行业中等水平，必须加快自动化、信息化步伐，建设现代化、智能化生产企业。

这就需要橡胶助剂行业在以下方面进行创新和突破，缩小与发达国家、先进产品的差距。

1. 突破关键技术、全面实现清洁生产工艺

(1)促进剂 M 的清洁生产工艺

促进剂 M 是我国 1952 年开发并长期使用的一种通用型噻唑类促进剂，它还是优良品种次磺酰胺类促进剂的原料，年产量 15 万 ~20 万吨，其中 70% ~80% 用作其他促进剂的原料和医药中间体。

目前多数企业采用“苯胺法”在高温、高压下合成，制得粗 M，再将粗 M 精制。一般反应收率仅为 85%，且精制过程采用酸碱法产生大量废水，通常1吨产成品会产生30～40吨含盐有机废水，COD含量在4000mg/L以上，治理非常困难。因此，M的清洁工艺技术是“十二五”期间行业的重中之重。

“十二五”期间M的清洁工艺技术已经有了一定进展，企业通过对反应过程参数的调节和采用溶剂法替代酸碱法进行精制，大大减少了废水排放，多数企业达到含盐废水排放在5～10吨。2014年，阳谷华泰首先开发了溶剂法替代传统酸碱法的精制工艺，是M清洁工艺的重大突破，工艺技术达到国际领先水平，获得中国石油和化学工业联合会科技进步一等奖。目前，已有数家企业开发了不同溶剂的精制工艺，但还需在行业全面推广这一技术。

(2)次磺酰胺类促进剂的氧气、双氧水氧化工艺

次磺酰胺类促进剂主要以TBBS和CBS为主导，其合成方法均是以促进剂M为原料，与其他不同基团的胺类物质反应，然后氧化制得。其氧化反应是关键，多数企业采用次氯酸钠、氯气、硝酸钠为氧化剂，产生大量含盐有机废水。如促进剂NS，用这种常规的氧化方法，每吨产成品将产生含盐有机废水8～10吨。因此，改造氧化工艺，采用最有效的氧气氧化剂或双氧水进行氧化反应，可杜绝含盐有机废水产生。而且全过程的用水量大大减少，是一种清洁生产工艺，当然该工艺的安全配套措施十分重要。目前，该项技术开发已初见成效，阳谷华泰在建成了千吨级氧气氧化示范工程基础上，2014年已建成了5000吨/年TBBS的氧气氧化生产线，2016年已准备扩产，在行业中需进一步推广应用。

(3)不溶性硫黄连续生产工艺

我国20世纪70年代已成功开发了两步法生产不溶性硫黄的技术，2011年总产量4.5万吨。但随着子午线轮胎胶料和工艺性能要求提高，普通不溶性硫黄的热稳定性等指标已经不能满足要求。高热稳定性不溶性硫黄的测试指标是在120℃×15分钟条件下，不溶性硫黄的保持率要在40%以上。目前，我国大多数企业的不溶性硫黄在105℃×15分钟条件下不溶性硫黄的保持率可达70%～80%，但在120℃时急骤下降。

“十一五”期间，高热稳定性不溶性硫黄生产技术开发已列入国家科技支撑计划。目前，已在山东尚舜化工建成3万吨级生产装置并达产，在继续扩大规模，但还不能满足行业需求。“十三五”期间，连续法生产技术的发展和推广将结束我国高热稳定性不溶性硫黄依赖进口的局面。

(4)预分散橡胶助剂

预分散橡胶助剂是一种清洁工艺技术开发的成果，也是我国橡胶助剂剂型改造的重要措施，有利于产品国际化。“十二五”国家科技支撑计划已立项予以支持，连连化学万吨级装置建成，宁波硫华聚合物有限公司逐步成为品种齐全、可实现私人定制的预分散橡胶助剂企业，推广力度大。截至目前，大型橡胶助剂企业均建成了各自产品的预分散生产线，产品在国内外销售。随着我国低温一次法连续混炼技术的推广应用，预分散助剂将有更广阔的发展前景。

2.加强产品结构调整，继续加大替代有毒有害产品的力度

随着全球绿色化、低碳经济的发展，新的法规不断出现，橡胶助剂产品结构的调整将是长期的。

(1)秋兰姆类超促进剂等产品的替代

近年来，次磺酰胺类大品种促进剂NOBS被TBBS等产品成功替代，仅有超促进剂TMTD、TMTM及氨基甲酸盐类ZDC等产品由于亚硝胺的问题尚在逐步被替代，他们的主要替代品TBzTD(二硫化四苄基秋兰姆)和TIBTM(一硫化四异丁基秋兰姆)均已开发成功，但急需降低成本，实现市场化供应。

(2)关于含多环芳烃(PAHs)芳烃油的替代

芳烃油是指芳香烃的碳原子占油分子中碳原子的20%～30%以上的油品，是橡胶软化剂，在橡胶工业的消耗量占石油系软化剂的77%，仅橡胶加工行业年需求超过20万吨。

欧盟2005/69/EC法规对苯并芘(BaP)为代表的8种多环芳烃予以限制，从2010年1月1日起，产品中8种多环芳烃含量不得超过10mg/kg，其中BaP＜1mg/kg。因此环保型芳烃油的开发迫在眉睫。

我国已有很多企业参与了环保型芳烃油的开发，并以德国汉圣公司的VICAEC500为目标，“十

三五”期间,仍需加大开发和产业化力度,满足行业需求。

(3)关于氧化锌的减量和替代

欧盟2003/105/EC法规已将氧化锌列入对环境有害的物质清单中,我国对氧化锌的生产也进行了限制。米其林公司曾提出减少氧化锌用量50%~80%的目标。因此,近年来研制环境污染少、活性高的硫化活性剂,降低氧化锌用量已成为重要课题。开发高比表面积的纳米氧化锌、纳米无机填料载锌技术和有机锌化合物等技术已取得产业化成果,进一步完善这类技术,扩大产业化能力,加强推广应用是未来3~5年的重要任务之一。

3. 坚持绿色制造,掀起自动化、智能化高潮,全面实现强国目标

我国橡胶助剂行业面临着坚持绿色制造、实现低碳经济,掀起自动化、智能化建设,全面实现强国目标的重任。

2014年4月,橡胶助剂行业将自动化、信息化、智能化作为一个新的起点,提升以人均销售额、人均利润、吨产品动力消耗为新的目标。预计,目前至2020年,橡胶助剂产量和销售额增长率每年仍将保持在7%以上,2016年为8%,前9名大型企业的产业集中度达70%以上。年人均销售额由目前80万元增至100万~150万元,通过技术创新、采用清洁生产技术生产的新产品实现吨产品能耗降低30%,产品绿色化率达95%以上。目前大型企业基本实现中控自动化生产工艺,并不断由间歇生产向连续化生产过渡。“十三五”期间将加大推广力度,将绿色化、自动化、智能化紧密结合在一起。

4. 加强微化工技术开发应用力度,实现生产工艺技术的重大突破

如前述,微化工技术将精细化工研发过程中低效的、间歇的合成工艺转变为的可控的、连续流的工艺。实现化工过程节能降耗、化工系统微型化和绿色化,并提高过程安全性,反应时间可从几小时缩短到几十秒,展示了微化工技术激动人心的一面。

微化工技术开启了高效精细化工的时代,对传统化工装置而言是革命性的颠覆。美国康宁公司、德国拜耳公司开发的微反应器已实现了产业化先例。我国自2001年开始自主研发,目前已有多条生产线投入产业化运行,实现了与国际基本同步。

预计在未来5~10年,微化工技术将会在精细化工、纳米材料等领域率先得到推广,我国橡胶助剂行业特别是促进剂行业大多是传统的间歇式生产,微化工技术的开发和应用具有十分重要的意义。期待在2~3年内,橡胶助剂行业将建成多个产业化示范工程,并不断推广应用。

5. 坚持和谐稳定发展,确保全球供应

中国已是全球橡胶助剂产品的重要供应商,承担着稳定全球供应的责任,然而,橡胶助剂生产却存在许多不确定因素,企业机制、企业文化、技术创新、环保制约和上下游市场变化都需要企业家具有敏锐的洞察力,坚持协调发展互联互通,橡胶助剂和谐稳定发展之路才能越走越宽广。

《中国制造2025规划》对制造业的智能发展提出了更高要求;未来的“十三五”,将是中国橡胶助剂工业向新的目标攀登的5年,行业应继续坚持科技进步,以环保、安全、节能和智能化建设为中心,发展绿色化工,打造世界名牌,逐步开创微化工技术,争取生产工艺取得颠覆性重大突破,在世界橡胶助剂工业强国的道路上不断攀登新的高峰,真正成为世界橡胶助剂的领头羊。

(许春华)

骨架材料

中国是世界橡胶工业大国，自2002年起至今中国生胶消耗量稳居世界第一，2005年起轮胎产量超过美国稳居世界第一。中国也是橡胶骨架材料的生产和消耗大国，橡胶骨架材料是橡胶工业重要的原材料之一，现有橡胶制品基本上都是橡胶与骨架材料及各种配合剂的复合产品。骨架材料的作用是承受来自橡胶制品内部和外部的作用力，提高制品的强度，并限制其变形量，保持尺寸稳定，而且在很大程度上决定着橡胶制品的使用功能、应用领域、使用寿命、产品价值和成本。因此对橡胶骨架材料的质量要求严格，要求其品种、结构、规格的多样性和系列化，以适应各类橡胶制品的需求。

【基本情况】

2016年，在全球经济复苏及中国结构性改革初见成效的双重拉动下，中国经济实现平稳发展，多项宏观经济指标趋于改善，经济运行基础得到进一步增强。随着经济大环境的不断向好以及行业整合成效的不断释放，国内骨架材料行业自二季度起持续回升。

据中国橡胶工业协会骨架材料专业委员会对35家主要会员企业统计，2016年骨架材料总产量355万吨，同比（下同）增长10%。其中，钢帘线产量209.8万吨，增长18.3%；胎圈钢丝79万吨，增长15.8%；管带钢丝10.2万吨，增长3.5%；锦纶帘布25.1万吨，增长14.5%；涤纶帘布25.6万吨，增长13.9%；帆布5.5万吨，下降22.2%。完成现价工业产值约217.8亿元，增长14.5%；利润8.7亿元，增长116.5%。

2016年受轮胎行业需求增加及原材料价格上涨因素影响，主要骨架材料价格持续上涨，个别品种甚至一度出现供不应求局面，企业利润大幅提高，经营状况明显改善。见表1。

表1　2016年中国橡胶工业百强企业骨架材料行业入选企业

序号	专业	企业名称	主营业务收入/亿元
1	钢丝	江苏兴达钢帘线股份有限公司	57.0
2	钢丝	贝卡尔特（中国）	50.0
3	钢丝	山东胜通钢帘线有限公司	49.8
4	纤维	神马集团实业有限公司	33.0
5	纤维	浙江海利得新材料股份有限公司	24.9
6	纤维	江苏海阳化纤有限公司	24.6
7	钢丝/纤维	骏马化纤股份有限公司	20.1
8	钢丝	首长宝佳集团有限公司	17.0
9	纤维	亚东工业（苏州）有限公司	14.4
10	钢丝	山东大业股份有限公司	13.9

【生产现状】

纵观世界橡胶工业用骨架材料发展，仍为钢丝、聚酯、尼龙（尼龙66和尼龙6）、人造丝和芳纶五大类。钢丝产量和耗用量占首位，一般乘用胎钢帘线材料约占胎体总重量的10%，载重胎钢帘线材料约占胎体总重量的15%，巨型工程子午胎中钢帘线比重达到55%。聚酯需求增长最快，耗用量占第二位。在半钢子午胎中HMLS型聚酯工业丝占首位，新产品聚萘二甲酸乙二醇酯纤维用量呈上升趋势，芳纶纤维用量和使用领域日益增加。

我国橡胶工业骨架材料工业经过60余年发展，已建成品种规格基本齐全、产品质量优秀、配套设施完善的完整工业体系，成为世界骨架材料生产大国。现生产企业约百家，总产量约占世界总产量的1/4。

我国橡胶工业用骨架材料与国际上采用的品种类似，主要是锦纶（包括锦纶66和锦纶6）、涤纶和钢丝类，高性能芳纶纤维的用量逐渐增加，其中轮胎用骨架材料用量最大。目前，高强度合成纤维工业丝和高强度钢丝是橡胶工业用骨架材料的主导品种。大宗产品已由供不应求转向供需平衡甚至供大于求，部分产品如锦纶、涤纶、钢丝均有进出口，而且出口量逐年增长。

骨架材料产品包括锦纶66、锦纶6、改性锦纶66、涤纶（含高模低收缩品种）、钢丝、芳纶、玻璃纤维等材料制成的帘布；各类交织帆布；整体带芯织物；传动带和胶管用各类软硬线绳；轮胎、输送带、胶管用各类钢帘线，胎圈钢丝和钢绳；橡胶企业用各类垫布和经处理的各类短纤维；相关的配套原材料和设备等。

目前国内骨架材料在橡胶工业产品中的选用情况如下：

斜交载重胎、工程胎、越野胎以传统锦纶6和锦纶66帘布为主；载重子午胎以钢帘线为主；轻载子午胎胎体以HMLS涤纶帘布为主，部分规格用钢丝和锦纶66（改性锦纶66），带束层用钢帘线；乘用子午胎胎体以涤纶帘布为主，带束层用钢帘线，部分规格冠带层加用锦纶或芳纶、锦纶或涤纶的复合帘线；芳纶在部分工程胎作缓冲层或在部分子午胎中作胎体层，在轮胎和橡胶管带中应用量日益增加。自行车胎、手推车胎、摩托车胎、农用轮胎以锦纶6为主。

输送带以涤纶/锦纶交织帆布或纯涤纶和纯锦纶类帆布、涤纶为主的整体带芯帆布为主，部分输送带采用钢丝绳或芳纶作增强层。传动带、同步齿形带以高强涤纶线绳为主，玻璃纤维线绳、芳纶线绳为辅，其中切割式传动带以高强涤纶硬线绳为主。胶管以高强涤纶为主，其次是钢丝、芳纶。

现将2016年我国主要橡胶骨架材料生产和消耗情况作简要介绍。近几年骨架材料会员企业主要产品产量见表2。

表2　2011～2016年骨架材料会员企业主要产品产量　　吨

产品名称	2012年	2013年	2014年	2015年	2016年
钢帘线	1437000	1735000	1907000	1827000	2097933
胎圈钢丝	534000	541000	496000	604000	790283
锦纶帘布	231000	244000	257000	222000	251290
涤纶帘布	133000	177000	204000	219000	255630

注：表中数据为中橡协骨架材料专业委员会会员单位统计数据。

2016年全国轮胎总产量6.1亿条，其中子午胎产量5.65亿条，斜交胎0.45亿条，子午胎中全钢胎产量1.21亿条。据此推算，2016年锦纶帘子布需求约16.6万吨，涤纶帘子布17.2万吨，钢帘线180.2万吨，胎圈钢丝63.5万吨。2013～2016年轮胎用骨架材料消耗量见表3。

表 3　2013～2016 年轮胎用骨架材料消耗量　万吨

产品名称	2013 年	2014 年	2015 年	2016
钢帘线	160.9	169.7	166.7	180.2
胎圈钢丝	53.6	56.6	57.0	63.5
锦纶帘子布	18.1	17.3	16.9	16.6
涤纶帘子布	14.8	16.0	16.2	17.2

注:数据来源为中国橡胶工业协会骨架材料专业委员会。

1. 纤维帘子布生产和消耗情况

①锦纶帘布

我国锦纶工业丝主要用于斜交胎、自行车胎、力车胎和农用胎帘子布,其次是输送带用涤纶/锦纶和纯锦纶帆布领域。在传动带应用中,锦纶 6 主要用于片基平带,锦纶 66 用于弹性 V 带和弹性多楔带。锦纶 6 帘子布约占 80%,锦纶 66 帘子布约占 20%。

21 世纪初是我国锦纶工业丝及帘布的发展高潮,但盲目发展造成产能严重过剩,行业整体效益下滑。近年来,锦纶帘布应用于汽车配套、农业轮胎、工程机械轮胎等市场领域,需求增长缓慢,尤其是 2006 年以后斜交胎市场趋于萎缩,我国锦纶帘布产能基本没有继续发展,一部分厂家因持续亏损而关停,随着部分企业退出市场,目前行业供需基本平衡,市场竞争趋于理性化,企业利润尚可。

锦纶帘子布主要生产企业有骏马化纤股份有限公司、宁波锦纶股份有限公司、神马集团实业有限公司、江苏海阳化纤有限公司、杭州帝凯工业布有限公司、安徽佳元工业纤维有限公司、山东东平金马有限公司、山东合盛化纺有限公司、山东时风集团、山东翔宇化纤纺织有限公司、江阴市强力化纤有限公司等。2016 年我国主要锦纶帘子布生产企业产量见表 4。

表 4　2016 年我国主要锦纶帘子布生产企业产量　吨

主要生产企业	品种	2016 年产量
神马实业股份有限公司	锦纶 66	64300
骏马化纤股份有限公司	锦纶 6	57000
宁波锦纶股份有限公司	锦纶 6	50700
江苏海阳化纤有限公司	锦纶 6	41000
杭州帝凯工业布有限公司	锦纶 6、66	30000

注:数据来源为中国橡胶工业协会骨架材料专业委员会。

过去的几年,我国子午胎保持高速增长,全钢子午胎市场继续扩大,对锦纶传统重点市场斜交胎市场挤压严重,锦纶 6 帘子布市场需求逐渐萎缩。但是未来几年,随着子午化率增速的放缓,锦纶 6 帘子布市场萎缩速度将下降,轮胎对锦纶 6 帘子布的耗用量将维持在 18 万吨/年。乘用车迅速发展带动了半钢子午胎的快速发展,使得改性锦纶 66 帘子布销量稳步提高。随着我国基础建设的较快发展,工程轮胎以年均 20% 以上的速度增长,带动了锦纶 66 帘子布需求的较快增长。新的增长机遇带动了国内锦纶 66 市场的扩大,国内锦纶 66 工业丝、帘子布生产厂家主要有中国平煤神马集团、英威达(上海)、杭州帝凯等。

②涤纶帘布

涤纶帘子布产量快速增加与我国涤纶工业丝产能快速增长密切相关,也反映出我国帘子布产品结构在逐渐发生变化。同时,《产业结构调整指导目录(2005年本)》也将"高等级子午线轮胎及配套专用材料、设备生产"列入鼓励发展类项目。这为涤纶帘子布产品提供了强有力的政策支撑,将拥有良好的市场发展前景。

但目前涤纶帘布需求量和产能迅速增长,高模量低收缩涤纶帘布市场从开始的供不应求已达到目前的供过于求状态。目前我国涤纶帘子布主要生产企业有骏马化纤股份有限公司、晓星化纤(嘉兴)有限公司、山东博莱特化纤有限公司、安徽佳元工业纤维有限公司、亚东工业(苏州)有限公司、联新高性能纤维有限公司、江苏太极实业新材料公司、浙江尤夫科技工业有限公司、浙江海利得新材料股份有限公司、可隆(南京)特种纺织品有限公司等。2016年我国主要涤纶帘布生产企业产量见表5。

表5　2016年我国主要涤纶帘布生产企业产量

吨

主要生产企业	2016年产量
晓星化纤(嘉兴)有限公司	50500
联新高性能有限公司	45000
骏马化纤股份有限公司	37000
江苏太极新材料有限公司	22600
浙江海利得新材料有限公司	20690
山东海龙博莱特化纤有限公司	19379
亚东工业(苏州)有限公司	15200
安徽佳元工业纤维有限公司	13822

注:数据来源为中国橡胶工业协会骨架材料专业委员会。

2.钢丝骨架材料生产和消耗情况

①钢帘线

由于钢帘线产品和汽车及轮胎行业息息相关,我国钢帘线生产企业也多数与汽车企业,特别是轮胎企业以及港口和交通发达地区伴生而居,呈现出钢帘线产业发展集中于少数地区的区域特点。国内两大巨头生产企业江苏兴达和贝卡尔特占据了我国钢帘线市场的半壁江山,为我国钢帘线产业发展作出了重要贡献。

由于钢帘线技术含量高,生产工艺十分复杂,保证产品质量稳定难度较大,能够大批量生产复杂结构、高质量、多品种、高性能以及为轮胎厂提供解决方案的企业不多。我国主要钢帘线生产企业有江苏兴达钢帘线股份有限公司、贝卡尔特(中国)、高丽制钢(中国)、首长宝佳(中国)、湖北福星科技股份有限公司、东京制纲(常州)有限公司、湖北佳通钢帘线有限公司、骏马化纤股份有限公司、山东胜通钢帘线有限公司、山东大业股份有限公司、山西腾升钢帘线有限公司、江苏宝钢精密钢丝有限公司、河南恒星科技股份有限公司。2016年我国主要钢帘线生产企业产量情况见表6。

表6　2016我国主要钢帘线生产企业产量

万吨

生产企业	2016年产量
江苏兴达钢帘线股份有限公司	61.0
贝卡尔特(中国)	47.0
山东胜通钢帘线有限公司	27.3
首长宝佳(中国)	18.8
骏马集团	15.6
湖北福星科技股份有限公司	9.5
恒星科技股份有限公司	9.3
高丽制钢(中国)	5.5
山东大业股份有限公司	4.7
晓星钢帘线(青岛)有限公司	4.3
江苏宝钢精密钢丝有限公司	2.4
金井特线工业(上海)有限公司	1.6
东京制纲(常州)有限公司	1.5
山西腾升钢帘线有限公司	0.8

注:数据来源为中国橡胶工业协会骨架材料专业委员会。

②胎圈钢丝

多数钢帘线生产企业均能生产胎圈钢丝，经过多年的发展，胎圈钢丝行业已趋于平稳，目前国内生产企业约30家，其中年生产能力在2万吨以上的企业有10家左右，约占国内市场份额的70%以上，行业集中度较高，其中山东大业市场占有率已达25%以上。2016年我国主要胎圈钢丝生产企业产量见表7。

表7　2016年我国主要胎圈钢丝生产企业产量

万吨

生产企业	2016年产量
山东大业股份有限公司	20.8
江苏胜达科技有限公司	10.2
高丽制钢(中国)	8.6
山东大王股份有限公司	8.0
江苏兴达钢帘线股份有限公司	7.3
贝卡尔特(中国)	6.4
山东创大钢丝制品有限公司	6.4
浙江天伦钢丝有限公司	4.0
山东胜通钢帘线有限公司	3.9
湖北福星科技股份有限公司	1.7

注：数据来源为中国橡胶工业协会骨架材料专业委员会。

【展　望】

国内骨架材料行业已经度过了高速发展时期，各品种产品均出现不同程度的产能过剩，竞争日趋激烈。随着绿色轮胎的不断发展，对骨架材料的产品性能和绿色环保指标提出越来越高的要求。预计未来几年骨架材料行业发展趋势主要有以下特点：

1.由于轮胎向轻量化发展，国家也有节能减排的要求，更高强度的钢帘线产品如ST/UT产品过去几年产量已有大幅增长，未来将得到更多的应用；异型胎圈钢丝和超高强度胎圈钢丝的开发应用，能降低轮胎重量，明显降低滚动阻力，节能效果明显；帘线结构也将不断改进，耐腐蚀、橡胶渗透性、黏合力等性能不断提高，以适应轮胎行业的发展要求。

2.绿色轮胎的发展对原材料有更高的要求，一些更环保的材料和工艺将逐渐被应用。贝卡尔特公司研发的三元合金产品已在国内推广，可大幅降低轮胎中有毒有害钴盐的应用；纤维帘布的浸胶体系中含有有毒有害的甲醛和间苯二酚，目前国外一些企业已要求原材料中去除，相关课题已列入工信部2017年有毒有害产品(原材料)替代目录，国内很多企业也进行了相关研究，如江苏太极、金华亚轮等企业已取得重要进展，并进行了相关性能测试，有待在全行业推广。

3.伴随国内信息化、智能化浪潮席卷制造业，国内众多大型轮胎企业已纷纷迈向智能制造，骨架材料行业也将逐步向智能制造迈进，实现装备、生产过程和管理的智能化。目前有多家大型企业已进行尝试，如山东胜通钢帘线三厂在2016年已全面实现智能化生产，产品质量和生产效率得到很大提升。

2017年中国橡胶骨架材料产业面临机遇与挑战并存，并延续2016年的稳定发展态势。据预测，2017年全国轮胎产量将增长3%～5%，骨架材料行业也将继续稳定增长，企业产能将进一步释放。预计2017年产量将有5%左右的增长，全国钢帘线产量215万吨、胎圈钢丝80万吨、锦纶帘子布26万吨、涤纶帘子布27万吨。

但是国内需求并未改善，国外贸易保护主义依然盛行，未来依然有许多不确定因素，骨架材料行业切勿再次盲目扩张，加剧恶性竞争，应控制全行业产量，实现企业有持续利润，加大科研投入，进行产品升级和新材料开发，推进企业智能制造，加快全行业转型升级步伐，以满足橡胶行业日益发展的新需求。

（于　涛）

炭 黑

【基本情况】

1.2016 年炭黑行业经济运行情况

2016 年炭黑行业经历了低迷、彷徨、启稳，逐步走向稳中趋好。在这个过程中，企业从加强管理入手，维护自身利益，抑制市场不正当竞争行为，在风起云涌的市场中艰难前行，然而，在炭黑行业严重依赖原料油市场的情况下，炭黑的主要原材料煤焦油价格扶摇直上，增长幅度一度高达 50% 以上，严重侵蚀了炭黑行业的盈利能力，但在全行业的共同努力下，炭黑产销量实现了稳步增长，完成了行业稳中有升、扭亏为盈的目标。

从 2016 年炭黑产销量增长情况看，明显好于 2015 年。从 2010 年开始，连续 6 年炭黑产量增长率呈逐年下降趋势，2015 年是一个拐点，炭黑产量出现负增长，2016 年显示向稳中有升、稳中趋好的方向转化。

据中国橡胶工业协会炭黑分会测算，2016 年全国炭黑产量 522 万吨，同比（下同）增长了 4.3%，销售量也得到了稳步增长，产品销售率达到 100.17%。

据中国橡胶工业协会炭黑分会对 37 家重点炭黑企业统计，2016 年完成现价工业产值 174.14 亿元，下降 4.15%；实现销售收入 170.54 亿元，下降 1.63%。炭黑总产量 410.66 万吨，增长 5.03%；其中湿法炭黑产量 407.31 万吨，增长 7.05%。实现出口交货值 23.26 亿元，下降 20.12%，出口率（值）13.36%，下降 2.67 个百分点；出口炭黑 55.96 万吨，下降 5.23%，出口率（量）13.63%，下降 1.47 个百分点。实现利税 11.98 亿元，增长 94.08%；实现利润 2.81 亿元，去年同期行业亏损；销售收入利润率 1.65%，提高 1.82 个百分点；出现亏损企业 9 家，亏损额 2.08 亿元。库存 39.19 亿元，上升 18.22%。详见图 1～6。2016 年重点炭黑企业生产情况见表 1。

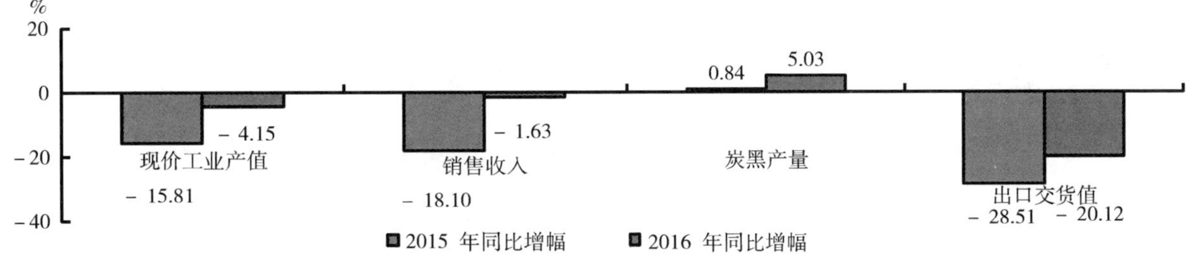

图 1　2016 年与 2015 年同期炭黑主要指标增幅对比情况

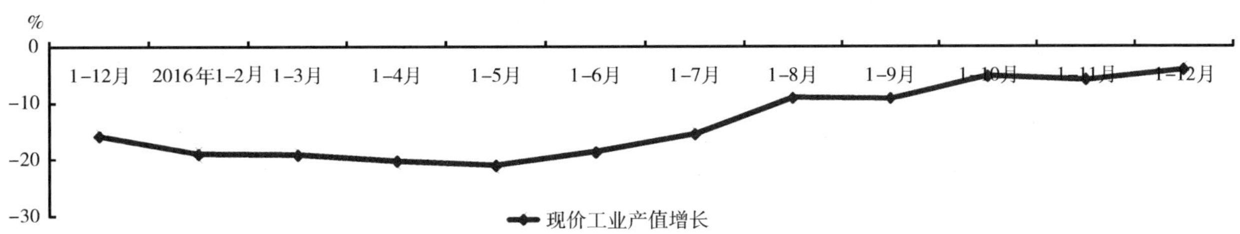

图 2　2016 年炭黑现价工业产值同比增长情况

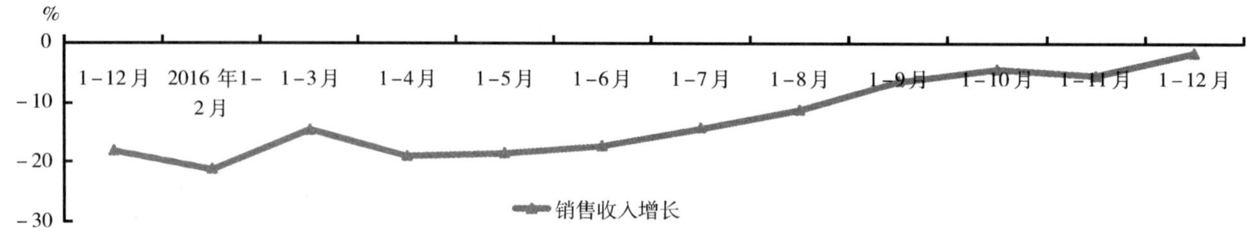

图3　2016年炭黑销售收入同比增长情况

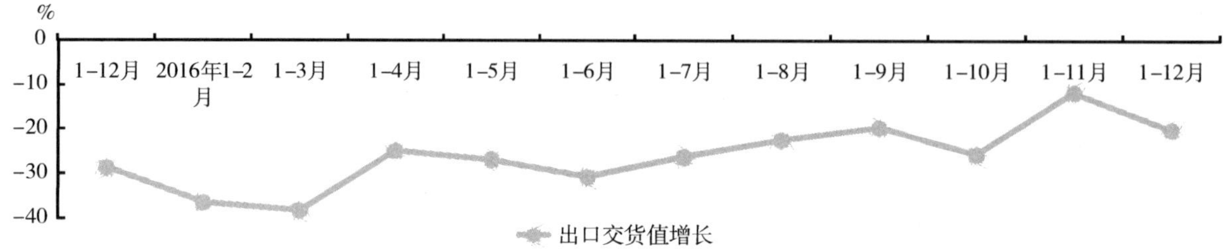

图4　2016年炭黑出口交货值同比增长情况

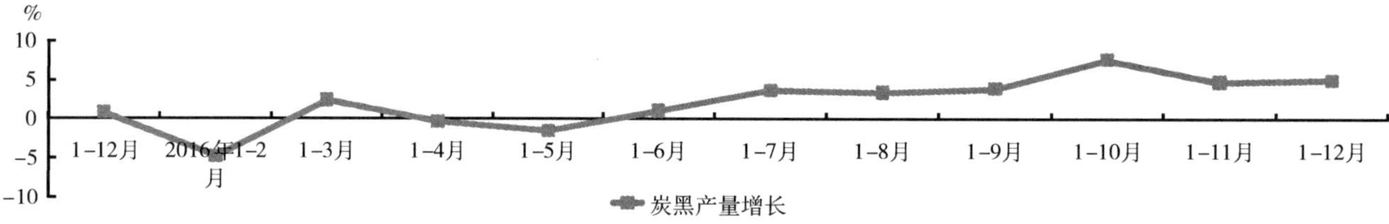

图5　2016年炭黑产量同比增长情况

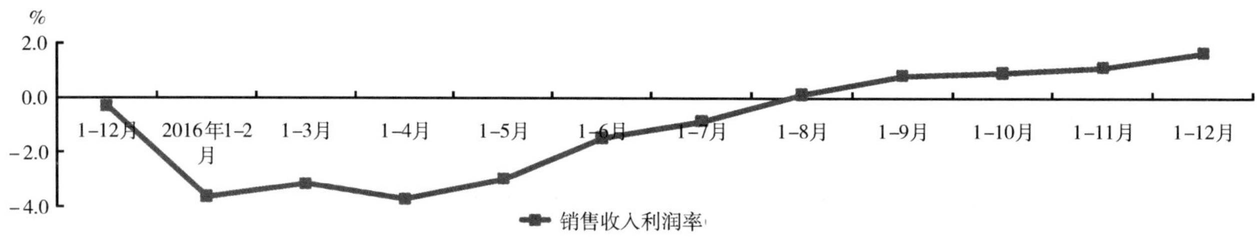

图6　2016年炭黑行业销售收入利润率情况

炭黑行业在经过了十几年的高速增长后，从2010年出现下降的拐点，炭黑产量增长率开始逐年递减，企业发展模式发生了变化，由单纯的基本建设投资拉动生产，到转变产品结构，加强企业管理，重视环境保护，提高产品质量，降低产品消耗，逐步走向现代化工厂，产业分级模式发展，企业在各自领域建立自己的客户群，在市场上建立有序的竞争格局。

表1　2016年重点炭黑企业生产情况

序号	单位名称	炭黑产量/吨	同比/%
1	江西黑猫炭黑股份有限公司	1026284	3.87
2	卡博特化工有限公司	560000	12.00
3	龙星化工股份有限公司	449402	10.95
4	山西永东化工有限公司	202568	31.29

续表 1

序号	单位名称	炭黑产量/吨	同比/%
5	苏州宝化炭黑有限公司	194999	-4.02
6	山东金能科技股份有限公司	193388	6.50
7	山西安仑化工有限公司	188927	23.66
8	山东贝斯特化工有限公司	182402	55.34
9	山西三强炭黑厂	152460	6.78
10	大石桥市辽滨碳黑厂	148485	11.89
11	云南云维飞虎化工有限公司	125470	155.01
12	山东耐斯特炭黑有限公司	123586	25.04
13	石家庄市新星化炭有限公司	102530	4.62
	以上企业合计	3650501	13.24
	其他企业合计	1570403	-11.86
	全国炭黑产量合计	5220904	4.30

注:数据来源为中橡协炭黑分会统计数据。

2.2017 **年上半年炭黑行业生产经营情况**

2017 年上半年,炭黑企业不断提高管理水平和经营效率,主动防范和化解各种生产经营风险,积极寻找新的经济增长点和突破口,注重发展差异化、高性能、高附加值产品,不断加快产品结构调整步伐,更加注重节能和环保,充分利用国际国内两个市场和两种资源,不断增强竞争优势,行业逐步走向稳中趋好。

(1)产销量实现稳步增长

据中橡协炭黑分会统计,上半年,会员企业完成炭黑产量 213 万吨,增长 10.7%;销售量为 231.5 万吨,增长 7.8%,基本达到产销平衡。在经历了几年的低迷后,炭黑产量增长率又重新回到两位数。

近年来炭黑产量增长情况分为两个阶段,一是 2010 年以前炭黑产量增幅基本为两位数;二是 2010 年之后受后金融危机的影响,产量增长率持续下滑,至 2015 年滑至谷底,呈现负增长,2015 年以后逐步走向稳中趋好,至 2017 年上半年实现了两位数增长,见图 7。

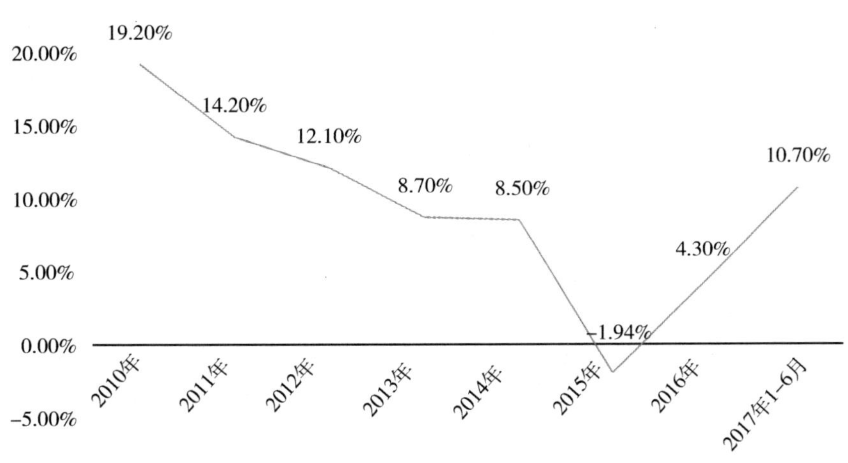

图 7　2010 年至 2017 年 1 ~ 6 月炭黑产量增长率示意图

近年来，炭黑企业更加注重品牌建设和节能环保，建设绿色美丽的厂区环境，实现现代化公司发展模式。尤其是行业龙头企业、上市公司，如江西黑猫炭黑股份有限公司、苏州宝化炭黑有限公司、龙星化工股份有限公司、山西永东化工股份有限公司等企业具有强劲的发展势头，带动了整个行业的发展。2017 年上半年炭黑产量前 10 家企业合计达到 148 万吨，占协会统计总产量的 70%，产业集中度较高。2017 年 1～6 月重点企业炭黑产量见表 2。

表 2　2017 年 1～6 月重点企业炭黑产量

序号	企业名称	炭黑产量/吨	同比/%
1	江西黑猫炭黑股份有限公司	494082	-2.73
2	龙星化工股份有限公司	221845	1.83
3	山西安仑化工有限公司	122809	47.44
4	山西永东化工股份有限公司	115958	31.02
5	苏州宝化炭黑有限公司	107462	17.12
6	山东金能科技股份有限公司	96845	14.04
7	大石桥市辽滨碳黑厂	94000	26.10
8	山东贝斯特化工有限公司	84966	-4.66
9	山西三强炭黑集团	80628	7.48
10	山东耐斯特炭黑有限公司	64788	8.46
	合计	1483383	8.07

注：数据来源为中橡协炭黑分会统计数据。

(2)原料油价格波动挤压炭黑利润空间

进入 2017 年，国内高温煤焦油市场涨不停歇，一季度整体涨幅约为 30.46%，二季度价格短暂回落后又延续了疯狂上涨的态势，市场价格大幅飙升，几乎是竞标就涨价，大有达到每吨 3000 元关口的态势。同时，煤焦油产量不乐观，货源紧张形势依旧。这种情况导致炭黑生产成本压力大幅增加。为了减少亏损，确保炭黑企业微薄的利润空间，炭黑价格也进行了调整。此外，受国家环保政策的影响，河北、山东、山西等炭黑生产大省企业开工率均受到不同程度的影响，部分炭黑品种出现紧缺，货源紧张也促使炭黑价格上调。

【进出口情况】

1. 出口情况

(1)2016 年我国炭黑出口情况

据海关统计，2016 年我国出口炭黑 73.3 万吨，下降 0.05%，基本与去年同期持平；出口额为 5 亿美元，下降 16.26%；出口平均价格为 685 美元/吨，上年同期为 817 美元/吨，降幅达 16.15%。

从出口国家来看，我国对外出口数量最多的前 3 名国家是泰国、印度尼西亚和日本，占出口总量的 53%，但对这 3 个国家的出口价格是最低的；出口价格最高的前 3 名国家和地区是中国台湾、韩国和美国，土耳其紧随其后，波兰出口数量很少，仅出口 47 吨，但出口价格达到 1666 美元/吨。2016 年我国炭黑主要出口国家和地区情况见表 3。

表3　2016年我国炭黑主要出口国家和地区

序号	国家/地区	出口量/吨	出口额/美元	出口均价/美元·吨$^{-1}$	数量同比/%	金额同比/%
1	泰国	188531	122688910	651	26.50	3.93
2	印度尼西亚	134661	88443594	657	21.00	1.24
3	日本	66143	47172714	713	-17.55	-28.79
4	越南	63602	42138514	663	21.04	0.89
5	印度	57370	38538706	672	-28.03	-30.93
6	中国台湾	54113	41782549	772	-10.42	-21.33
7	马来西亚	37312	24387694	654	7.45	-17.12
8	韩国	25664	18928062	738	-37.97	-45.91
9	斯里兰卡	13437	8542573	636	0.01	-18.30
10	巴基斯坦	11719	7855864	670	-15.46	-28.49
11	土耳其	9420	6779644	720	-32.38	-44.43
12	美国	7583	5495015	725	-48.66	-55.04
13	英国	5138	3349782	652	-18.03	-29.02
14	波兰	47	77819	1666	-99.04	-97.73
	以上合计	674739	456181440	676	-232.00	-411.00
	其他国家合计	58360	45955517	787	232.00	395.00
	总合计	733099	502136957	685	-0.05	-16.26

注:数据来源于国家海关。

(2)2017年上半年炭黑出口情况

据国家海关统计,2017年上半年,我国出口炭黑36.2万吨,增长3.2%,基本与去年同期持平,国外需求比较稳定;出口交货值3.16亿美元,增长37.9%,主要是由于国内原料油价格大幅攀升,带动了炭黑出口额增长。

从出口国家来看,我国出口到泰国的数量仍位居榜首,达到9.2万吨,增长8.7%;其次是对印度尼西亚出口7.2万吨,增长20.9%;出口到菲律宾的炭黑数量增幅最高,达到112%。详见表4。

表4　2017年1~6月我国炭黑出口情况

序号	国家/地区	出口量/吨	出口额/美元	数量同比/%	金额同比/%
1	泰国	92121	77345547	8.73	51.00
2	印度尼西亚	72625	62226150	20.89	68.97
3	越南	41548	36942385	29.38	81.59

续表 4

序号	国家/地区	出口量/吨	出口额/美元	数量同比/%	金额同比/%
4	日本	36489	30369108	5.71	29.36
5	中国台湾	30829	28118026	12.85	35.47
7	印度	21527	19148036	6.25	54.10
6	马来西亚	19269	15574449	4.16	30.57
8	菲律宾	6794	5090781	111.98	80.70
9	韩国	6583	6754476	-57.61	-37.61
10	土耳其	4331	4227689	-20.82	10.66
11	斯里兰卡	3520	2834836	-53.85	-36.88
12	巴基斯坦	3219	2846958	-59.27	-42.69
13	美国	968	1367089	-82.78	-64.68
	以上合计	339823	292845530	5.25	40.95
	其他合计	22821	23229847	-20.16	7.94
	总计	362644	316075377	3.18	37.85

注:数据来源于国家海关。

2. 进口情况

(1)2016 年我国炭黑进口情况

据海关统计,2016 年我国进口炭黑 9 万吨,增长 8%。我国炭黑进口量最多的前 3 名的国家是美国、韩国和日本,占我国总进口量的 56%,平均进口价格为 2416 美元/吨,远高于出口炭黑的平均价格,可以推断,进口的特种炭黑品种居多。在进口炭黑中,从俄罗斯联邦进口的炭黑价格最低,为 1087 美元/吨,但其增长速度也最快,增长了 115.9%。2016 年我国炭黑主要进口国家及地区见表 5。

表 5　2016 年我国炭黑主要进口国家及地区

序号	国家/地区	进口量/吨	进口额/美元	进口均价/美元·吨$^{-1}$	数量同比/%	金额同比/%
1	美国	20426	54178898	2652	18.24	7.29
2	韩国	17213	24758043	1438	-7.69	-17.22
3	日本	13560	37144736	2739	13.75	11.47
4	中国台湾	7855	16207206	2063	-8.85	-10.69
5	德国	6032	22356480	3706	19.64	15.70
6	泰国	5445	5531903	1016	17.48	-24.94
7	加拿大	5413	9941462	1837	8.05	8.97

续表 5

序号	国家/地区	进口量/吨	进口额/美元	进口均价/美元·吨$^{-1}$	数量同比/%	金额同比/%
8	比利时	5066	25940927	5121	38.37	44.97
9	荷兰	2768	7384981	2668	42.03	25.89
10	新加坡	2408	6711552	2787	-13.25	1.88
11	俄罗斯联邦	1621	1762517	1087	115.90	46.93
12	意大利	1010	2098479	2078	28.43	21.62
	以上合计	68391	159838286	2337	-16.00	-20.00
	其他国家合计	22201	59059082	2660	642.00	881.00
	总合计	90592	218897368	2416	7.77	5.76

注:数据来源于国家海关。

(2)2017 年上半年我国炭黑进口情况

据国家海关统计,2017 年上半年我国进口炭黑 5 万吨,增长 13.6%,说明国内高品质特种炭黑需求量有所增长,增长率与国内炭黑产量基本保持同步;进口额为 1.18 亿美元,增长 10.3%,进口量与进口额增幅均达到了两位数,与前几年相比有较大提升。从我国炭黑进口国家看,美、日、韩排前 3 名,占我国总进口量的半壁江山;进口量增幅最高的国家是泰国,达到 106.4%。详见表 6。

表 6　2017 年 1 ~ 6 月我国炭黑进口情况

序号	国家/地区	进口量/吨	进口额/美元	数量同比/%	金额同比/%
1	美国	11263	28966836	16.93	11.12
2	日本	7420	20305090	9.89	16.36
3	韩国	6981	11786920	-24.27	-8.20
4	中国台湾	5033	8226799	16.26	-5.31
5	泰国	4928	5061846	106.37	87.57
6	加拿大	3670	6402623	44.09	36.32
7	德国	3202	10256816	15.68	-7.58
8	比利时	2676	14857132	14.12	21.59
9	新加坡	1669	3991945	43.88	16.52
10	荷兰	1078	3091019	-1.28	3.25
11	意大利	527	1064739	-2.77	1.80
12	俄罗斯联邦	507	609134	-14.21	-15.03

续表 6

序号	国家/地区	进口量/吨	进口额/美元	数量同比/%	金额同比/%
13	印度	189	315478	76.64	28.96
14	沙特阿拉伯	168	115090	–	–
15	瑞典	83	138624	31.75	30.84
	以上合计	49394	115190091	13.46	10.45
	其他合计	859	2337616	19.47	4.71
	总计	50253	117527707	13.56	10.33

【存在问题】

近期,中央环境保护督察组对全国不同省市开展了环保督察工作,炭黑企业面临巨大压力,多数企业在治理好粉尘、污水的前提下,又开始新一轮脱硫脱硝环保投资项目。尤其是 2016 年冬季,因空气流通不畅,雾霾多发,一些重点雾霾地区的炭黑企业实行了限产等多项措施,采取的手段有联网在线监测,大部分企业都是省环保厅直接联网在线监测,有的是国家环保部联网在线监测。一些地方政府纷纷出台了比国家环保标准更为严厉的环保指标限制,如山东、杭州等地要求二氧化硫≤$50mg/m^3$、氮氧化物≤$100mg/m^3$,这两项指标均高于《锅炉大气污染物排放》标准中二氧化硫≤$400mg/m^3$、氮氧化物≤$400mg/m^3$ 的要求。企业被迫纷纷在短时间内投资上马脱硫脱硝项目。据测算,企业投资一套脱硫脱硝设备约需投资 2400 万元,而且设备运转费用高、寿命短,给企业带来了相当大的成本支出。

【展　望】

目前,我国炭黑行业在技术创新能力、产业结构优化和品牌建设等方面与发达国家相比仍存在一定差距。随着资源环境对炭黑行业的约束日趋强化,行业发展面临更多的挑战,深入推进供给侧结构性改革,是行业解决现有矛盾、突破发展瓶颈、实现转型升级的唯一出路。

一是重视品牌建设,重视消费者行为需求的变化,提升产品的市场美誉度和客户认可度,改变动辄就降价促销的低级竞争方式,通过品牌建设和优质服务来提升产品的口碑。二是规范市场竞争秩序,理智适度控制产能增长速度,使供应和需求保持相对平稳,避免因为供需关系波动性失衡而影响市场情绪、损害市场信心。三是加强新产品研发和技术进步,要以市场需求为导向,既要关注绿色轮胎对炭黑质量的需求,也要关注炭黑在非轮胎橡胶制品领域的应用,不断提升核心技术,力求发展特色产品来增加经济效益。

（丁丽萍）

白 炭 黑

沉淀法白炭黑

【基本情况】

2016年上半年，沉淀法白炭黑行业总体表现为供大于求，生产厂家以销定产；下半年受国家深入开展供给侧改革和环保执法趋严影响，上游纯碱行业在北方多地相继出现停、限产现象，导致纯碱原料价格大幅上涨，在下游需求相对稳定的市场环境下，白炭黑产品价格阶段性保持了同步上涨，促使2016年白炭黑产品销售收入显著增长，利润同比大幅增长，同时由于轮胎用白炭黑消费增长，抵消了白炭黑部分过剩产能，表现为量价齐增的良好局面。

截至2016年底，国内沉淀法白炭黑生产厂家50家，较上年减少两家，产业集中度进一步提高，总生产能力达的203.6万吨（不包括已关停的厂家生产能力），实际产量达到135万吨。其中，规模在5万吨以上的企业数量增加至15家，产能为141.1万吨，产量100.10万吨，同比（下同）产能增长2.3%，产量增长10.6%。2016年全国沉淀法白炭黑生产能力5万吨/年以上厂家见表1。按企业规模划分2016年全国沉淀法白炭黑生产能力和产量见表2。

表1 2016年全国沉淀法白炭黑年生产能力5万吨以上厂家

序号	企业名称	生产能力/万吨	备注
1	无锡确成硅化学有限公司	24.0	民营企业
2	罗地亚白炭黑（青岛）有限公司	14.5	外资企业
3	横店集团浙江英洛华硅材料有限公司	13.0	民营企业
4	株洲兴隆化工实业公司	12.0	民营企业
5	三明市丰润（含丰源）化工有限公司	11.0	民营企业
6	赢创嘉联白炭黑（南平）有限公司	10.0	外资企业
7	福建三明正元化工有限公司（含三明巨丰化工）	9.5	民营企业
8	青州联科白炭黑有限公司	8.0	民营企业
9	通化双龙化工有限公司	6.6	民营企业
10	沙县金沙白炭黑有限公司	6.5	民营企业
11	山东金能煤炭气化有限公司	6.0	民营企业
12	黑猫炭黑股份有限公司	5.0	民营企业
13	无锡恒诚硅业有限公司	5.0	民营企业
14	三明同晟化工有限公司	5.0	民营企业
15	嘉翔（福建）硅业有限公司	5.0	民营企业
	合计	141.1	

表 2　2016 年全国沉淀法白炭黑生产能力和产量(按企业规模划分)

企业规模/万吨	企业数(家)	占比/%	生产能力/万吨·年$^{-1}$	占比/%	产量/万吨	占比/%
≥5	15	30	141.1	69.30	100.1	74.15
2~5	15	30	42.5	20.87	25.1	18.59
1~2	13	26	16.7	8.20	7.9	5.85
<1	7	14	3.3	1.62	1.9	1.41
合计	50	100	203.6	100.00	135.0	100.00

从企业的地区分布看,国内沉淀法白炭黑企业 84% 以上分布在华东地区,并集中在福建、山东、江苏 3 省,主要因为沉淀法白炭黑生产主要原料纯碱和石英砂集中在华东地区,同时华东地区是我国轮胎工业、制鞋工业集中地区。2016 年全国沉淀法白炭黑生产能力和产量按地区划分见表 3。

表 3　2016 年全国沉淀法白炭黑生产能力和产量(按地区划分)

企业所在地区	企业数(家)	占比/%	生产能力/万吨·年$^{-1}$	占比/%	产量/万吨·年$^{-1}$	占比/%
华东	36	72	171.7	84.33	114.0	84.44
中南	7	14	16.8	8.25	13.2	9.78
华北	5	10	6.5	3.19	3.2	2.37
西南	1	2	2.0	0.98	1.0	0.74
东北	1	2	6.6	3.24	3.6	2.67
合计	50	100	203.6	100.00	135.0	100.00

近年来国内众多白炭黑企业按照现代企业制度规范公司治理,完善公司法人治理结构,拓展融资渠道,化解资金短缺问题,取得较好成果。据统计,国内现有沉淀法白炭黑产品的企业在沪市、深市、创业板和新三板挂牌上市的公司有 7 家(不包含山东海化和重庆建峰已暂停白炭黑生产的企业)。详见表 4。

表 4　全国沉淀法白炭黑上市公司生产能力和产量

序号	股票名称	股票代码	生产能力/万吨·年$^{-1}$	2016 年白炭黑销售收入/万元	备注
1	黑猫股份	002068	5.0	8414.22	深市,股份制企业
2	龙星化工	002442	3.0	7986.32	深市,股份制企业
3	多氟多	002407	1.0	–	深市,股份制企业
4	双龙股份	300108	6.6	17460.18	创业板股份制企业
5	同德化工	002360	1.0	4071.11	深市,股份制企业
6	确成硅化	833656	24.0	80283.92	新三板股份制企业
7	凌玮科技	838929	0.5	18767.74	新三板股份制企业
	合计		41.1		

注:数据来自 2016 年上市公司年报。

【进出口贸易】

我国沉淀法白炭黑生产企业已达到国外同类企业的生产规模,原材料及动力消耗已和德固赛、罗地亚、PPG 等国外知名企业相差无几,并且产品质量可满足国际主流市场需要。依靠价廉优势,我国白炭黑产品开始加速进入国际市场,主要出口国为韩国、巴西、东南亚各国等。2016 年,白炭黑出口量达到 391900.732 吨,增长 4.22%;进口量达到 66846.433 吨,增长 4.47%。从 2014 年开始,海关在进出口贸易数据统计中把二氧化硅划分为硅胶和其他二氧化硅,其他二氧化硅(产品代码 28112290)主要为沉淀法白炭黑、气相二氧化硅。

2016 年其他二氧化硅进出口情况见表 5。

表 5 2016 年其他二氧化硅进出口情况

月份	进口量/千克	出口量/千克	进口额/美元	出口额/美元
1	5581836	28517391	14433223	28844796
2	3857015	28436267	9115518	28893770
3	6625798	37800996	16713400	37609120
4	5946465	32277392	14426014	31744054
5	5868107	38662011	13960757	38766175
6	6081875	33847221	14084019	33452174
7	5220096	30560416	12141453	30784884
8	5807902	29846538	14075570	29920929
9	5275170	30887987	13408190	28664943
10	5421858	31402896	12866534	28347396
11	5718601	35697553	14324226	34435153
12	5441710	33964064	14800080	32935901
合计	66846433	391900732	164348984	384399295

注:数据出自中国化工信息 2016 年其他二氧化硅进出口贸易数据海关统计。

虽然国内沉淀法白炭黑产品出口量很大,但同进口产品相比,单位产品价格明显偏低,特殊用途的白炭黑品种和国外企业相比差距明显,进口主要为高分散白炭黑和特殊用途气相法白炭黑品种。

【消费情况】

沉淀法白炭黑作为橡胶补强材料,主要用于鞋类、轮胎和其他浅色橡胶制品。我国是世界上最大的鞋业生产国和最大的鞋业消费国,白炭黑在鞋类制品中消费量远超轮胎行业。根据国家统计局公布的数据,2016 年 1 ~ 12 月,全国皮革鞋靴行业累计完成产量 46.18 亿双,增长 0.85%。近年来,制鞋业受原材料价格上涨、人民币升值、劳务成本上升影响,增速趋缓,制鞋用白炭黑消费比例呈现下降趋势。

与此相反的是,轮胎用白炭黑则呈现上升趋

势。受国内外绿色轮胎市场需求持续增长、全球轮胎产业向国内转移等因素的影响，近年来我国轮胎行业生产规模快速扩张。2016 年受宏观经济回暖、汽车销量大增等因素的影响，我国轮胎行业步入稳定增长期。2016 年，中国轮胎外胎产量 94697.7 万条（国家统计局统计），增长 8.6%。

沉淀法白炭黑在硅橡胶、碾米胶辊、胶带和电缆等橡胶制品中也得到广泛应用，其消费比例约占 11.94%。

沉淀法白炭黑在农药、饲料等行业中用做载体或流动剂、在牙膏中用做摩擦剂和增稠剂，在涂料行业用做分散剂、抗沉降剂或消光剂，医药、食品等行业用作吸附剂等。在非橡胶行业中，农药、兽药、饲料行业消费比例接近于国外比例，涂料和牙膏行业消费比例则偏低，造纸行业国内基本是空白。具体消费情况见表 6。

表 6　沉淀法白炭黑国内消费比例

行业	鞋类	轮胎	其他橡胶制品	兽药 饲料	涂料	牙膏	其他	合计
表观消费量/万吨	34.00	30.50	12.30	10.50	2.60	3.50	9.60	103.00
消费比例/%	33.01	29.61	11.94	10.19	2.52	3.40	9.32	100

注：表观消费量为沉淀二氧化硅国内总产量减去出口量加进口量，并扣除气相法白炭黑部分，合计 103 万吨。

【改扩建情况】

国内沉淀法白炭黑总体供大于求，主要指的是制鞋用普通白炭黑品种，而轮胎、兽药等用的高分散特殊用途白炭黑品种需求旺盛，部分品种仍需国外进口。国内沉淀法白炭黑扩建和新建装置主要针对轮胎、兽药等特殊用途的需求，2016 年全国沉淀法白炭黑在建项目生产能力共有 20.5 万吨，大多数在 2016 年建成投产。详见表 7。

表 7　2016 年全国沉淀法白炭黑在建项目及进展

企业名称	新建或扩建	建设规模/万吨	计划投产年限	说明
江西黑猫炭黑股份有限公司	扩建	3	2016	已投产
三明盛达化工有限公司	扩建	3	2017	
江西德弘新材料有限公司	新建	0.5	2016	
福建远翔新材料股份有限公司	新建	2	2017	
确成（泰国）硅化学有限公司	新建	3	2017	泰国
株洲兴隆新材料股份有限公司	扩建	6	2018	改造
福建正盛无机材料股份有限公司	扩建	3	2017	旧线改造
合计		20.5		

【品种和质量】

国内沉淀法白炭黑主要品种有：鞋用沉淀法白炭黑、轮胎用易分散沉淀法白炭黑、轮胎用高分散沉淀法白炭黑、硅橡胶用沉淀法白炭黑、兽药及饲料添加剂用沉淀法白炭黑、牙膏摩擦剂和增稠剂用沉淀法白炭黑、喷墨打印相纸用沉淀法白炭黑、食品及医药用沉淀法白炭黑、塑料薄膜开口剂用沉淀法白炭黑、涂料消光剂和增稠剂用沉淀法白炭黑、农药和灭火剂用沉淀法白炭黑等。剂型有纳米级、超细、粉状、微珠和块状等。

产品质量方面:国内高分散沉淀法白炭黑取得长足进步,无锡确成硅化学股份有限公司、河北龙星化工有限公司、通化双龙化工股份有限公司、黑猫炭黑、山东联科等国内知名企业已具备较大的生产能力。按照新的化工行业标准 HG/T3061 - 2009 考核,2016 年沉淀法白炭黑总的抽检合格率大于 95% 。

【科技进步】

据美国《橡胶世界》报道,ASTM 发布一项新标准,用来测定用于绿色轮胎胶料中沉淀法白炭黑的质量。该新标准编号为 ASTM D8016,标准名称为《沉淀法白炭黑性能测试方法》,是用来规范轮胎企业和白炭黑生产商对橡胶用白炭黑的质量判别。白炭黑降低了轮胎的滚动阻力,且不损害轮胎的制动性能,因而提高了汽车的燃油效率,以减少二氧化碳排放。负责编制 D8016 标准的 ASTM 委员会计划在 2017 年春季开展一系列测试,以评估新标准的精度,并鼓励各橡胶公司的实验室、各家白炭黑生产商和相关学术机构都来参与该新标准的测试工作。

轮胎用高分散沉淀水合二氧化硅产品技术和市场一直为外企白炭黑企业垄断,为了适应绿色轮胎的发展,破解国内沉淀水合二氧化硅厂家生产高分散产品无法鉴定和检测的难题,替代进口,经过多年的努力,由中橡集团炭黑工业研究设计院牵头,联合确成硅化学股份有限公司、无锡恒诚硅业有限公司、福建金沙白炭黑制造有限公司、金能科技股份有限公司、龙星化工股份有限公司、通化双龙化工股份有公司、福建三明正元化工有限公司、双钱集团股份有限公司、株洲兴隆新材料股份有限公司、福建正盛无机材料股份有限公司、江西黑猫炭黑股份有限公司、山东联科白炭黑有限公司、福建远翔化工有限公司等国内知名白炭黑和轮胎生产企业起草的《橡胶配合剂高分散沉淀水合二氧化硅国家标准》(标准号:GB/T 32678 - 2016)已制定完成,并由中华人民共和国国家质量监督检验检疫总局、中国国家标准化管理委员会于 2016 年 6 月 14 日发布,2017 年 1 月 1 日正式实施。该标准规定了高分散沉淀水合二氧化硅(高分散白炭黑)的术语和定义、分类与命名方法、要求与测试方法、检验规则以及包装、标识、贮存和运输要求。

随着轮胎中白炭黑用量逐年增长,作为性能优良的补强材料未来将部分取代炭黑,尤其在子午胎添加比例可高达 60 ~ 80 份。近年来,国内知名炭黑厂商如黑猫炭黑、龙星化工、金能科技等,强势加盟高分散沉淀法白炭黑生产阵营。国内传统沉淀法白炭黑生产企业也开始尝试进行炭黑生产。如山东联科白炭黑有限公司 8 万吨/年炭黑生产装置已投入运营,通过资源综合利用可有效降低炭黑和沉淀法白炭黑生产成本,实现资源最大化利用,取得较好成效。

2016 年国内申请沉淀法白炭黑制备和应用发明专利和实用新型专利共 40 余项,主要有:沉淀法白炭黑新产品、新工艺;沉淀法白炭黑反应、过滤等单元设备专利;沉淀法白炭黑改性技术和应用技术; 沉淀法白炭黑废水、废气及粉尘治理等环保技术。2016 年国内沉淀法白炭黑申请的部分制备/应用专利见表 8。

表 8　2016 年国内沉淀法白炭黑申请的部分制备/应用专利

序号	申请号	名　称	申请人
1	CN201610903230.8	一种利用氟硅酸盐制备高比表面积白炭黑的方法	金正大诺泰尔化学有限公司、金正大生态工程集团股份有限公司
2	CN201610883694.7	无凝胶高分散白炭黑牙膏	肇庆市科捷人力资源服务有限公司
3	CN201610764961.9	一种从稻壳灰中制取的流动性好的饲料级专用白炭黑	江西恒隆实业有限公司

续表 8

序号	申请号	名　称	申请人
4	CN201610646066.7	一种低 CTAB 比表面积低生热白炭黑的生产工艺	确成硅化学股份有限公司
5	CN201610646062.9	一种子午线轮胎用的高分散白炭黑的制备方法	确成硅化学股份有限公司
6	CN201610643670.4	沉淀白炭黑生产过程中含硫酸钠废水处理工艺	田晋丞
7	CN201610638055.4	防老白炭黑及其制备方法及在天然橡胶中的应用	贵州大学
8	CN201620793260.3	一种白炭黑高效打浆机	福建省三明巨丰化工有限公司
9	CN201610563138.1	PE 隔板用白炭黑的制备方法	镇江奥美机电设备有限公司
10	CN201620695597.0	沉淀法白炭黑反应釜搅拌叶	福建正盛无机材料股份有限公司
11	CN201610501765.2	一种利用稻壳制备高分散性纳米白炭黑的方法	宁波江东索雷斯电子科技有限公司
12	CN201610359866.0	一种生产子午线轮胎专用高分散白炭黑的反应釜	确成硅化学股份有限公司
13	CN201610359864.1	一种生产白炭黑用反应釜	确成硅化学股份有限公司
14	CN201620378117.8	一种白炭黑生产中滤布碱洗系统	确成硅化学股份有限公司
15	CN201620378113.X	一种白炭黑生产中滤饼液化罐	确成硅化学股份有限公司
16	CN201620337524.4	一种改进型白炭黑反应器	山东大地盐化集团有限公司
17	CN201610248315.7	干冰在白炭黑配方橡胶混炼工艺中的应用及混炼方法	青岛科技大学
18	CN201620289250.6	一种白炭黑生产过程中 PH 值在线检测装置	山西天一纳米材料科技有限公司
19	CN201620270401.3	一种白炭黑打浆装置	山东弘兴白炭黑有限责任公司
20	CN201610170860.9	一种食品添加剂白炭黑的生产方法	通化双龙化工股份有限公司

【发展趋势】

据美国市场情报机构——持久性市场研究(Persistence Market Research)公司的报道,全球二氧化硅市场可细分为沉淀法气溶胶白炭黑、硅胶和气相法白炭黑三大类,其中沉淀法气溶胶白炭黑由于在汽车轮胎中的用量增多,是特种白炭黑市场中最大的细分市场。

据宏图研究(Grandview Research)公司的报告,与其他应用相比,白炭黑在橡胶制品中的用量会大幅增长,预计到 2022 年在橡胶制品中总需求量的复合年均增长率(CAGR)将超过 7.2%。该公司预计,特别是在制造输送带、播送带、砻谷胶辊、PVC 片材、热塑性橡胶、鞋底和硅橡胶软管的应用会超过汽车领域。有了这样庞大的市场机遇,特种白炭黑市场有望进一步扩张。

透明市场调研公司(Transparency Market Research)在其报告中预测,全球沉淀法白炭黑的市值可从 2014 年的 21.1 亿美元增长到 2023 年的 34.9 亿美元;预计 2015 年至 2023 年间的复合年均增长率可达 5.8%。同时,宏图研究公司认为,亚太地区(APAC)是特种白炭黑最大的市场,其次是欧洲和北美地区。亚太地区的增长是由于庞大的中国市场,特别是汽车行业的需求。在该地区,特种白炭黑总的市场份额中,中国占一半以上,其次是印度和日本。

据美国一家非营利组织——气候与能源解决中心(C2ES)提供的数据,全球交通运输占石油消费量的 62.3%;汽车行业的碳排放量约占全球碳排放总量的 15%,即每年 80 亿吨。汽车行业对绿色环保型替代品的需求不断增长,成为推动沉淀法白炭黑市场发展的主要因素之一。

牙膏行业的发展将会提振沉淀法白炭黑市场。过去几年来,人们对口腔卫生认识的深化推动了牙膏市场的增长,这一趋势在 2015 ~ 2023 年的预测期内有望持续，从而使牙膏市场成为沉淀法白炭黑市场的主要推手之一。

预测未来国内沉淀法白炭黑需求增长率约在6%，其增长点主要来源于轮胎、硅橡胶、牙膏、涂料、保温材料等领域的需求增长。

（1）轮胎用高分散沉淀法白炭黑

据透明市场调研公司出版的《绿色轮胎市场》报告认为，机动车的滚动阻力是至关重要的，滚动阻力越高就需要更多的能量来克服摩擦力，同时释放更多的污染物。因此，降低轮胎滚动阻力，却不让司机随着摩擦力的降低而处于危险之中，有助于机动车排放到环境中的污染物降至最低限度，同时节省能耗。绿色轮胎的设计正迎合了环境的可持续发展的理念，这些极小微粒的化合物——特种白炭黑，混配到轮胎当中用作补强剂，与炭黑相比能够降低轮胎的滚动阻力。以硅石或二氧化硅为主制成的特种白炭黑，正在进入汽车领域，广泛用于各种橡胶，生产绿色轮胎，获得降低滚动阻力和优化机动车行驶所需的燃料消耗的功效。

总部设在美国俄亥俄州克里夫兰的市场咨询机构——弗里多尼亚（Freedonia）集团，在其《世界特种白炭黑》的报告中重申，由于选用绿色轮胎日益增多，轮胎胶料中特种白炭黑的需求量不断增长。一些国家借助于贯彻轮胎标签法，以此来改善轮胎的性能和质量。该集团预测，到2020年全球绿色轮胎将占轮胎总量的40%以上。

世界上越来越多的国家和地区政府及行业组织，意识到绿色轮胎产业可持续发展的重要性，并且着力建立了相应制度。欧盟、美国、日本等国家和地区相继推行轮胎标签法规。以标签形式标明轮胎性能等级，已经成为中国轮胎产业转型升级和产品结构调整的必然发展趋势。

从2012年4月至2016年5月，中国橡胶工业协会先后为制定轮胎标签法开展了一系列工作：受国家工业和信息化部委托，组织重点轮胎企业完成《绿色轮胎产业发展研究》课题，发布中国第一部《绿色轮胎技术规范》，成立绿色轮胎产业化促进工作委员会和绿色轮胎技术支持中心，召开《轮胎标签分级标准》审查会，举办《轮胎分级标准》《轮胎标签管理规定》、轮胎标签式样及轮胎标签网上申报和管理数据平台专家审查会。

2016年6月15日，中国橡胶工业协会发布了《轮胎分级标准》（标准号为T/CRIA 11003－2016）和《轮胎标签管理规定》（标准号为T/CRIA 11004－2016），自9月15日开始实施。

2016年4月，《汽车绿色轮胎等级认证（C－GTRA）》正式推出。

当前，我国高分散白炭黑应用在绿色轮胎还处于起步阶段，而我国每年有超过200万吨炭黑应用。在轮胎领域倡导绿色轮胎的大趋势下，高分散白炭黑替代50%的炭黑将产生100万吨以上的需求量，市场前景非常可观。

（2）天然橡胶/白炭黑湿法混炼技术

湿法混炼技术是绿色轮胎技术和天然橡胶绿色制造技术发展的需要，是指将白炭黑、炭黑制成水分散体，与天然胶乳进行共沉、烘干制得共沉橡胶材料。主要优势是提高白炭黑在橡胶中的分散度，改善胶料的物理机械性能。

（3）硅橡胶用沉淀法白炭黑

硅橡胶市场的发展受到其优异性能的推动，包括抗紫外线和臭氧性能极佳、容易制造加工、导热系数高、透气性和药物渗透性好、低可燃性、电绝缘性能优异、高温下的低压缩永久变形等。硅橡胶可在汽车、交通运输、电气和电子、医疗、消费品和工业机械等行业得到大量应用。而这些行业的增长也推动了这一市场的增长。

根据市场调研公司（Brisk Insights）发表的市场报告，2015～2022年全球硅橡胶市场将以5.9%的复合年增长率攀升，估计到2022年其销量或达66亿美元。硅橡胶产业的上下游产业联动效应已开始逐步显现，发展十分迅捷，预计到2020年，硅橡胶占橡胶消费总量的比例有望达到20%～33%，即消费量有望达到300万～500万吨。硅橡胶产业的发展潜力和远期发展都非常诱人，其高速发展也必将对上下游产业产生极为深远的影响。作为硅橡胶制品的补强剂，沉淀白炭黑需求量到2020年预计将达到15万吨。

气相法白炭黑

【产能状况】

气相法白炭黑全球只有德国、美国、日本、中国、乌克兰和韩国等少数几个国家能够生产,全球产能约为 38 万吨/年,产量约为 25 万吨/年。国外主要生产商为:德国赢创德固赛、瓦克、美国卡博特、日本 Tokuyama、韩国奥瑟亚(Oci),年产能 24.7 万吨,约占全球市场的 65%。国外主要气相法白炭黑供应商及生产能力见表 9。

表 9　国外主要气相法白炭黑供应商及生产能力

万吨/年

序号	企业名称	工厂数量(家)	生产能力
1	赢创德固赛	6	8.7
2	卡博特	6	7.0
3	瓦克	3	4.5
4	日本 Tokuyama	2	3.0
5	韩国奥瑟亚	2	1.5
	合计		24.7

2016 年,受益于国内外光伏市场需求持续增长,特别是中国市场抢装高峰,多晶硅行业整体运行良好,国内气相白炭黑企业装置开工率较上年有所增加。截至 2016 年底国内拥有气相白炭黑装置厂家 22 家(上海氯碱化工和沈阳化工因工厂拆迁等原因,装置已停止生产),其中外资/合资企业 4 家(卡博特蓝星、德山化工、张家港瓦克化学、唐山奥瑟亚),上市企业 5 家(新安化工、东岳集团、宜昌南玻、江西黑猫、湖北兴发)。国内气相法白炭黑生产厂家见表 10。

表 10　国内气相法白炭黑生产厂家

吨/年

序号	生产厂家	产地	生产能力	备注
1	卡博特蓝星(江西)化工有限公司	江西九江	15000	外资
2	瓦克化学气相二氧化硅(张家港)有限公司	江苏张家港	14000	外资
3	德山化工(浙江)有限公司	浙江嘉善	10000	外资
4	唐山奥瑟亚三孚化工有限公司	唐山	6000	外资
5	山东东岳有机硅材料有限公司	山东桓台县	6000	港股
6	浙江富士特硅材料有限公司	浙江衢州	6000	
7	新安化工集团股份有限公司	浙江开化、镇江	6000	沪市
8	浙江合盛硅业有限公司	浙江宁波	5000	
9	景德镇宏柏化学科技有限公司	江西景德镇	4000	
10	赤峰盛森硅业科技发展有限公司	内蒙古赤峰	4000	
11	宜昌南玻硅材料有限公司	湖北宜昌	3400	深市
12	内蒙古恒业成有机硅有限公司	内蒙古	2000	
13	黑猫炭黑股份公司	江西景德镇	2000	深市
14	徐州天成氯碱化工有限公司	江苏徐州	2000	
15	湖北兴发化工集团股份有限公司汇富硅材料有限公司	湖北宜昌	2000	沪市
16	峨眉山长庆化工新材料有限公司	四川乐山	2000	
17	徐州中兴化工	江苏徐州	1000	
18	吉必盛硅材料有限公司	广州	2000	
19	特变电新疆硅业有限公司	新疆乌鲁木齐	2000	沪市
20	洛阳中硅高科技有限公司	河南洛阳	2000	停产
21	焦煤集团合晶科技有限责任公司	河南焦作	2000	停产
22	山东瑞阳硅业科技有限公司	山东新泰	2000	停产
	合计		100400	

2016 年国内 22 家气相法白炭黑生产厂家总生产能力 10.04 万吨,产量 6.2 万吨。其中,内资企业共 18 家,生产能力 5.54 万吨,产量约 2.81 万吨;外资企业共 4 家,生产能力 4.5 万吨,产量约 3.39 万吨。2016 年全国内资和外资气相法白炭黑企业生产能力和产量见表 11。

表 11　2016 年全国内资和外资气相法白炭黑企业生产能力和产量(按企业性质划分)

企业性质	企业数(家)	占比/%	生产能力/万吨·年$^{-1}$	占比/%	产量/万吨·年$^{-1}$	占比/%
外资	4	18.18	4.50	44.82	3.39	54.68
内资	18	81.82	5.54	55.18	2.81	45.32
合计	22	100.00	10.04	100.00	6.20	100.00

从企业的地区分布看,国内气相法白炭黑企业 70% 以上分布在华东地区,并集中在浙江、江西、山东、江苏 4 省,主要因为华东地区是我国有机硅、硅橡胶、油漆涂料、油墨和不饱和聚酯树脂等企业集中地区。2016 年全国气相法白炭黑生产能力和产量按地区划分见表 12。

表 12　2016 年全国气相法白炭黑生产能力和产量(按地区划分)

区位	企业数(家)	占比/%	生产能力/万吨·年$^{-1}$	占比/%	产量/万吨·年$^{-1}$	占比/%
华东	13	59.09	7.50	74.70	5.04	81.29
华北	3	13.64	1.20	11.95	0.74	11.94
华中	4	18.18	0.94	9.36	0.32	5.16
西北	1	4.55	0.20	1.99	0	0.00
西南	1	4.55	0.20	1.99	0.1	1.61
合计	22	100.00	10.04	100.00	6.2	100.00

【进出口贸易】

2016 年国内气相法白炭黑出口量约为 1.4 万吨,出口量最多的企业是瓦克化学气相二氧化硅(张家港)有限公司、卡博特蓝星、德山化工等外资企业;进口量约 0.9 万吨,主要进口国德国、美国居前两位,主要产品为改性和高比表面特殊用途气相法白炭黑。

【消费情况】

我国气相法白炭黑表观消费量呈现逐年增长态势,主要得益于国内硅橡胶和油漆涂料行业快速增长的需求。2016 年,表观消费量约 5.7 万吨。其中,用作硅橡胶补强剂用量最大,表观消费量约为 2.9 万吨,占消费总量的 50.9%;油漆涂料领域用量约 0.83 万吨,占 14.6%。2016 年国内气相法白炭黑消费结构见表 13。

表 13　2016 年国内气相法白炭黑消费结构

消费领域	用　途	表观消费量/吨	比例/%
硅橡胶	补强剂	29000	50.9
油漆涂料	补强剂、助流剂	8300	14.6
印刷油墨	补强剂、助流剂	6700	11.8
不饱和树脂	分散剂、抗沉降剂、消光剂	5200	9.1
PVC 行业	补强剂、助流剂	2200	3.9
日化行业	抗紫外线、杀菌	2200	3.9
食品医疗	增稠、抗菌	1650	2.9
其他		1750	3.1
总计		57000	100.0

【新建及改扩建情况】

由于多晶硅行业产能过剩,2016 年我国气相法白炭黑新建及改扩建厂家仅有两家,均以有机硅行业副产甲基三氯氢硅为原料。详见表 14。

表 14　2016 全国气相法白炭黑新建及改扩建情况

吨/年

企业名称	新建或扩建	生产能力	备注
卡博特恒业成高性能材料(内蒙古)有限公司	新建	8000	计划 2019 年完工
浙江富士特硅材料有限公司	扩建	3000	2016 建成
合计		11000	

【品种和质量】

国内气相二氧化硅产品型号按疏水型、亲水型分为 A 系列和 B 系列产品。产品用途有:有机硅橡胶、有机硅密封胶、胶黏剂;油漆、涂料、油墨;胶体蓄电池;树脂复合材料;电子封装材料、打印机碳粉等系列产品。产品质量方面,目前国内气相法白炭黑产品比表面积能够很好的控制在国标要求范围内,按照气相二氧化硅新标准考 GB/T 20020－2013《气相二氧化硅》新标准考核,气相二氧化硅产品合格率大于 95%。

【科技进步】

国内企业在气相二氧化硅连续化表面处理技术取得较大进展,黑猫炭黑、宜昌南玻、吉必盛等国内企业已建成工业化生产线。

2016 年国内申请气相法白炭黑工艺、设备和应用发明专利和实用新型专利有 30 多项。2016 年国内气相法白炭黑申请的部分制备/应用专利见表 15。

表 15　2016 年国内气相法白炭黑申请的部分制备/应用专利

序号	申请号	名　称	申请人
1	CN201610515802.5	一种气相二氧化硅改性 γ 聚谷氨酸接枝菠萝叶纤维包装膜及其制备方法	铜陵方正塑业科技有限公司
2	CN201620071223.1	一种气相二氧化硅混合燃烧的装置	江西黑猫炭黑股份有限公司
3	CN201620071221.2	一种气相二氧化硅脱酸干燥炉	江西黑猫炭黑股份有限公司
4	CN201610024664.0	一种利用气相二氧化硅从人血浆中提取载脂蛋白 A－1 的方法	新乡医学院
5	CN201610659185.6	石墨烯/气相白炭黑复合材料及其制备方法	安徽省宁国天成电工有限公司
6	CN201610534965.8	一种以含硅酸盐的工业废渣为原料制备气相白炭黑并回收金属的工艺及装置	黄冈师范学院
7	CN201610534931.9	一种以石英质萤石尾矿为原料制备气相白炭黑的工艺及装置	黄冈师范学院

续表 15

序号	申请号	名 称	申请人
8	CN201610534958.8	一种以赤泥为原料制备气相白炭黑的工艺及装置	黄冈师范学院
9	CN201610534946.5	一种以微硅粉/硅藻土粉/蛋白石粉为原料低温制备气相白炭黑的工艺	黄冈师范学院
10	CN201610534914.5	一种以稻壳灰为原料低温制备气相白炭黑和活性炭的工艺及装置	黄冈师范学院
11	CN201610827152.8	一种高伸长率硅胶及其制备方法	东莞市朗晟硅材料有限公司
12	CN201610776299.9	一种脱酮肟型单组分 RTV 硅橡胶建筑密封剂及其制备方法	江苏天辰新材料股份有限公司
13	CN201610692487.3	一种不释放甲醛的涂料及制备	王胜利
14	CN201610333568.4	一种高温耐磨陶瓷涂料及其制备方法	南京可赛新新型材料有限公司

【发展方向】

国内气相二氧化硅产业经过近 10 年的快速发展,在企业生产规模、产品品种和质量方面取得长足进步,但在单套装置产能、工艺自动化、后续高附加值及深加工方面同国外企业相比还有较大的差距。

(1)应当加快利用产业链循环优势,依托有机硅生产基地(园区),培育万吨级气相二氧化硅生产企业,体现规模效益,突破关键设备技术和自动化技术;鼓励下游用户企业靠近联动发展,大幅降低物流及包装费用,提高市场竞争力。

(2)加大采用干法工艺对气相法白炭黑表面化学改性技术研发和工业装置建设投入:气相二氧化硅的表面改性有干法和湿法以及压热法 3 种。使干燥的气相二氧化硅与有机硅烷的蒸汽在固定反应器或硫化床中接触并进行反应,以减少表面硅羟基的数量,这种方法就是干法。其特点是改性装置可直接连在气相二氧化硅生产装置脱酸工序的前后,过程简单,后处理工序少,可避免其他方法因使用苯、甲苯等有机溶剂造成的环境污染,易于规模化生产。

(3)加快推进气相二氧化硅国际标准制定进程,从质量战略高度出发,促进企业竞争力提升,提高我国在全球气相二氧化硅行业的影响力和话语权。

(4)鼓励企业在国内主板、创业板上市或在新三板挂牌;推进企业之间或与上下游企业通过兼并重组等手段尽快做强、做大,提高行业集中度,形成具有世界影响力的企业集团。

(朱春雨)

橡胶机械

【基本情况】

我国橡胶机械行业自2014年下半年显示出明显颓势,2016年上半年进入谷底,销售收入、出口创汇及利润呈两位数大幅下降。2016年下半年后,行业运行环境好转,橡机行业订单及开工率明显改善。尽管全年橡胶机械销售收入及利润指标未能收正,但下降幅度明显收窄。这标志着我国橡胶机械探底成功,2017年橡机行业迎来"艳阳天"。

2016年尽管运行环境不理想,但是我国橡胶机械行业还是在科技创新、产品升级、智能化等方面取得良好业绩。在按销售收入排名的全球橡胶机械36强中,我国共有16家企业榜上有名,占总席位的44.4%,前10强我国企业占据3席。

2017年度世界橡机排名(按2016年销售收入)变化不大,见表1。德国H-F公司继续处于霸主地位;荷兰VMI销售收入与上年持平,但排名上升一位列第2;软控股份销售收入下降近28.2%,排名降至第3;日本三菱重工与神户制钢交换,分列4、5位;特罗埃斯特排名第6;萨驰集团前进两位列第7;LWB及德斯玛分列第8、9位;大连橡塑列第10。前10位销售收入占总销售收入的60.3%,比2015年下降5.5个百分点,行业集中度有所下降。

在前36名橡机企业中,中国16家、德国6家、日本3家、意大利3家、荷兰1家、法国1家、澳大利亚1家、以色列1家、土耳其1家、美国1家、芬兰1家、印度1家。我国连续13年企业数量居首位,占世界橡胶机械市场的份额从上年的38.6%降至36.2%。轮胎机械销售收入降幅较大,非轮胎橡胶机械销售收入大多持平或小幅增长。ERJ选取7家橡机企业数据分析,其在中国销售额下降2.4%,西欧下降2.6%,中东欧下降3.5%,北美下降1.3%。

表1　2017年度全球橡胶机械制造商排名(按销售收入)　　百万美元

排名	公司名称	2016年	2015年	2014年	2013年
1	H-F公司/德国	406.0	427.4	449.5	502.4
2	VMI/荷兰	331.9	333.1	336.7	344.8
3	软控股份/中国	278.0	387.4	483.6	405.0
4	三菱重工/日本	213.0	200.0	-	-
5	神户制钢/日本	192.0	232.0	285.0	247.0
6	特罗埃斯特/德国	132.7	133.2	102.0	102.1
7	萨驰集团/中国	124.0	112.4	131.3	28.69
8	LWB/德国	119.5	101.0	98.5	110.4
9	德斯玛/德国	116.6	116.6	93.1	110.3
10	大连橡塑/中国	101.0	123.8	150.8	193.4
11	Cimcorp /芬兰	95.1	73.3	79.4	64.0

续表 1

排名	公司名称	2016 年	2015 年	2014 年	2013 年
12	益阳橡机/中国	93.1	111.7	133.0	134.9
13	双星机械/中国	80.7	48.2	79.1	52.6
14	华橡自控/中国	79.3	70.7	73.0	70.2
15	科美利奥 - 埃克利/意大利	78.1	67.7	83.4	75.0
16	赫伯特/德国	66.4	62.1	79.5	79.5
17	Zeppelin 系统公司/德国	66.4	60.0	-	-
18	天津赛象/中国	66.2	55.6	132.5	127.9
19	桂林橡机/中国	64.3	50.8	67.8	81.9
20	REP/法国	55.3	55.1	50.4	52.0
21	拉森特博洛/印度	55.0	61.0	-	75.3
22	Pelmar 工程/以色列	52.0	54.0	51.0	49.0
23	科美利奥 - 鲁道夫/意大利	51.7	33.3	29.1	25.7
24	东毓油压机械/中国	50.0	50.0	-	-
25	马普兰/澳大利亚	49.8	44.4	41.9	36.2
26	中国化学工业桂林工程有限公司/中国	43.2	60.4	67.8	60.7
27	Uzer Makina 公司/土耳其	42.6	37.7	28.7	30.3
28	北京敬业/中国	36.6	44.5	41.1	45.8
29	北京万向/中国	35.0	44.6	49.2	39.3
30	Nihon Spindle/日本	30.0	28.0	29.0	19.0
31	马轮固力/意大利	25.4	56.6	34.8	73.8
32	弗伦茨油压机械公司/美国	25.0	32.0	27.0	29.0
33	华澳设备/中国	22.4	25.9	48.3	55.3
34	大连美嘉达/中国	21.9	25.7	31.0	37.2
35	四川亚西/中国	20.3	15.4	43.7	12.5
36	无锡双象/中国	19.4	17.5	-	-
	总计	3339.9	3453.1	-	-

【生产和销售情况】

中国化工装备协会橡胶机械专业委员会对全国 26 家重点橡机企业统计，2016 年，橡胶机械销售收入 71.0 亿元，同比（下同）下降 5.6%。以此推算，全国橡胶机械 2016 年总销售收入为 96 亿元，下降 5.9%，相对 2015 年及 2016 年上半年约

20%的下降幅度明显缩小。

橡胶机械订单及生产在上下半年出现“冰火两重天”现象。上半年行业订单非常少，橡机订单下降50%以上，行业开工率下降到60%左右；下半年订单形成“小高潮”，行业开工率达到80%以上，相当多企业满负荷生产。

按销售收入排名，前10名依次是软控股份、萨驰集团、大连橡塑、益阳橡机、华橡自控、双星机械、天津赛象、桂林工程有限公司、桂林橡机及北京敬业。前10家的销售收入为58.3亿元，占全国总销售收入的60.74%，行业集中度上升4.25%。从业人数有两位数下降，新产品产值呈现明显上升，橡机企业库存有减少趋势。见表2。

表2　我国主要橡胶机械企业销售情况　　万元

序号	单位名称	2015年销售收入	2016年销售收入	主要产品
1	软控股份	164307	186260	自动物料输送称量配料系统、子午胎自动成型系统、小角度钢丝帘布自动裁断接合系统、智能型内衬层挤出压延生产线、检测设备、硫化设备
2	萨驰集团	73073	85000	成型、硫化、橡机大修等
3	大连橡塑	80438	69000	开炼机、密炼机、压延机、挤出机、硫化机等
4	益阳橡机	72627	64803	密炼机、轮胎硫化机、大型平板硫化机、鼓式硫化机
5	华橡自控	45941	60304	硫化机等
6	双星机械	31339	58308	硫化机、成型机等
7	天津赛象	36199	45320	成型、硫化、裁断、胎面挤出等子午胎系列设备
8	桂林工程有限公司	39262	44069	胎面挤出等
9	桂林橡机	33000	44069	轮胎硫化机、成型机等
10	北京敬业	28949	25056	成型设备
11	万向新元	29000	24000	输送称量配料系统
12	四川亚西	10000	20280	密炼、再生胶设备
13	华澳轮胎	16800	15400	硫化机等
14	大连嘉美达	16680	15300	胎面生产线等
15	无锡双象	11396	13264	压延生产线等
16	绍兴精诚	13199	10349	挤出设备等
17	北京贝戴科技	12440	9726	成型机、硫化机、称量配料系统、检测设备等
18	宁波千普机械		4434	平板硫化机等
19	内蒙富特	5000	4000	挤出设备等
20	辽宁盘锦		3549	胶管设备等
21	大连益达	4450	3000	胎面线、密炼机等
22	桂林中昊力创	3820	2300	裁断设备等
23	上海思南	5215	1126	压延、发泡设备等

【企业效益】

对参与报表单位统计，2016年利润降低28.0%，亏损企业3家，利润相对2015年及2016年上半年降幅大幅收窄。由于行业结构性过剩明显，集中度偏低，上半年在订单大幅减少的情况下，行业竞争明显激烈，利润出现200%的下降。下半年订单形势好转，但由于上半年承揽的订单价格偏低，加上主要原材料钢材价格大幅上涨，行业利润指标不理想，但这种形势在2017年将得到较大程度的改善。2016年下半年承揽的订单大多规模化，订单相对质量较好，这对企业盈利水平提高带来了利好。

【进出口情况】

2016年，26家橡胶机械企业实现出口交货值15.97亿元，上升19.8%；推算全国橡胶机械行业总出口创汇3亿美元，增长13.2%。

2016年，按出口交货值排名，前10名依次为软控股份、桂林橡机、天津赛象、桂林工程有限公司、大连橡塑、华澳轮胎设备、四川亚西、北京敬业、万向新元及益阳橡机，见表3。其中，桂林橡机出口交货值增长529%，占总销售额的56.24%。橡机行业总出口交货值占总销售额的20.3%，增加2.1个百分点。

出口创汇增长主要来源于我国轮胎企业为应对美国“双反”而在海外建设轮胎厂，对橡胶机械需求形成小高潮。现我国轮胎企业海外建厂继续发酵，初步统计有10多个轮胎项目正在启动或计划启动，这些项目对我国橡胶机械出口创汇提升有推动作用。

国际轮胎投资稳定，德国大陆、普利司通投资项目较多，为我国橡胶机械出口向好打下基础。预测2017年我国橡机出口创汇继续看好，橡胶机械企业国际化程度进一步提高。

表3　我国近年橡胶机械出口情况　　万元

序号	公司名称	橡胶机械出口					出口主要产品
		2012年	2013年	2014年	2015年	2016年	
1	软控股份	24750	53747	34000	29600	31664	下辅机、成型机等
2	桂林橡机	13254	4161	7604	4689	24788	硫化机
3	大连橡塑	14700	11432	11705	13593	11378	密炼机、开炼机等
4	益阳橡机	4007	20402	16795	18263	7208	密炼机、硫化机等
5	双星机械	8000	3386	1254	3263	4088	硫化机
6	大连嘉美达	9000	9300	3800	3500	3150	炼胶设备
7	四川亚西	8200	8800	8800	1000	9278	炼胶设备、再生胶设备
8	华橡自控	1195	2453	1965	1650	891	硫化机
9	天津赛象	5000	21600	12914	9904	23566	成型机、裁断机等
10	北京敬业	3111	3111	4575	11495	8887	半钢成型机
11	北京贝戴科技	8468	0	0	0	0	成型机
12	桂林工程有限公司	0	4325	2335	10669	11732	挤出设备
13	绍兴精诚					2932	挤出设备
14	华澳轮胎	9146	17352	18300	6720	10000	硫化机
15	无锡双象			4255	3166	2135	压延生产线等
16	万向新元			6000	4500	8000	输送称量配料系统

橡机进口与前些年情况有些相反。我国橡胶机械自“八五”期间开展子午线轮胎消化吸收国产化项目以后，橡胶机械国产化取得巨大进展，进口大幅减少，到新世纪后除压延、裁断等设备外，其他基本采用国产设备。但这两年我国轮胎企业进口设备大增，橡胶机械进口出现反弹。如三角轮胎南海产业园项目主要生产设备均为进口，国产设备非常少。万力轮胎安徽项目除硫化生产线外，其他主要设备也多选用进口设备。日本三菱在我国生产硫化机的独资工厂年生产能力在300台，日本神户制钢密炼机在我国销售向好。但由于我国轮胎行业不景气，估计总体进口量有所下降。ERJ选取7家橡机企业数据分析，其在中国销售额下降2.4%，这一数字低于我国橡机行业销售额下降的平均水平。

【技术改造及产能扩充情况】

随着我国轮胎转型升级及绿色化建设，我国橡胶机械企业技术改造的重点放在提高产品精度、稳定性及智能化发展。万向新元科技有限公司在天津市宝坻经济技术开发区投资1.7亿元建立新厂，占地约6万平方米，建筑面积4万平方米，目标是要建造国内第一个输送与配料试验中心，建造国际领先的国家级环保重点实验室。万向新元还启动芜湖万向新元环保科技有限公司建设，建成投产后芜湖万向新元厂区总建筑面积将达4万多平方米，满足新产品研发对人员、厂房和设备的要求，产能也将得到有效提高，同时对丰富和完善芜湖地区轮胎、橡胶产业链也将起到重要作用。

软控股份非公开发行股份数量不超过12700万股，拟募集资金总额不超过126894万元。在扣除发行费用后，软控股份计划将51268万元用于轮胎装备智能制造基地建设。该项目立足于其主营业务橡胶轮胎装备，聚焦轮胎装备制造全生命周期，拟从数字化研发、数字化生产、智能化服务3个方面建设轮胎装备智能制造基地。该项目由软控旗下全资子公司青岛软控机电工程有限公司实施，建设地点为胶州装备产业园，项目总投资为51268.94万元。据悉，该项目建成后，软控股份将实现装备智能化、装备敏捷制造和装备大规模定制，建成实现轮胎行业数据深度挖掘的大数据中心，实现智能化增值服务。

青岛双星橡塑机械有限公司借搬迁之际，投资约4.9亿元建设自动化制造设备项目，形成年产轮胎硫化机400台、成型机100台和输送带平板硫化机20台的生产能力。

青岛北海机械投资15543万元进行搬迁建设，建成后将形成年产10台套地铁隧道掘进机后配套和年产10条橡胶机械生产线的生产能力。

萨驰集团投资5亿元在昆山建立新基地，总建筑面积55000余平方米，建筑工程设计是由中国、法国和日本多个团队共同设计完成，打造绿色生态智能化工厂，配备了国际先进的机械设备，创建开放现代的生产、研发和办公环境。该项目于2015年6月开工建设，2016年2月即正式投产。

巨轮智能股份在广州建立巨轮机器人与智能制造产业化（广州）基地，占地面积约1.5万平方米，总建筑面积约4.5万平方米，将建成4个研发中心和两个基地，分别是工业机器人研发中心、智能制造单元研发中心、电火花机床研发中心、精密数控机床研发中心，以及产学研合作基地和人才创新基地。

华澳轮胎设备科技（苏州）股份有限公司在滨海工厂一期年产450台硫化机基础上，将募集资金用于二期工程——年产220台轮胎硫化机（其中20台为巨胎硫化机）及其配套机械加工件项目，并尝试从事部分机械加工件自制，向轮胎硫化机产业链上游发展。

为满足市场日趋增长的对轮胎和车轮测试设备的需求，天津久荣工业技术有限公司投资1.2亿元扩增轮胎测试设备产能。

【科技创新】

2016年我国橡胶机械科技创新项目较多，鉴定及验收主要集中在炼胶及轮胎成型方面。

由北京万向新元科技股份有限公司牵头研发建设的万吨级天然橡胶/白炭黑湿法混炼连续化生产线项目，在云南西双版纳通过了中国石油和化学工业联合会组织的科技成果鉴定。该项目在国际上率先实现了万吨级天然橡胶/白炭黑湿法混炼连续化生产。鉴定组专家认为，这一成果不仅是天然橡胶产业的重大技术突破，也将给橡胶加工能耗最高的混炼环节带来颠覆性改变，并为绿色轮胎制造提供新径。该技术的突出特点是使白炭黑高比例应用在轮胎加工中成为可能，为绿色轮胎用橡胶提供了新方法。据项目组负责人介绍，他们开发并集成了橡胶与补强填料连续液相混合、快速絮凝、螺杆挤出脱水造粒、浅层微波连续干燥等新技术、新装置，在国内外首次建成了年产1万吨天然橡胶/白炭黑湿法混炼工艺连续化生产线，可生产10~90份白炭黑为填料的湿法混炼胶。

山东丰源轮胎制造股份有限公司牵头研发的"一次法混炼新技术与应用"项目通过鉴定，专家认为，该项目具有炼胶质量好、自动化程度和生产效率高、能耗低、环境友好的特点，形成了配方、工艺与装备及产品应用的成套技术，创新性显著，达到国际先进水平。

益阳橡机将"一次法混炼新技术"推广到非轮胎橡胶行业。其以总价值近1500万元为贵航股份红阳密封件公司总包炼胶生产线项目，涉及密炼、开炼、挤出、滤胶等多个生产环节。益阳橡机基于大量的信息收集与分析，确定了以节能减排、优化人力资源为主要特色的技术方案。在该项目中，小型串联密炼机、全自动开炼机第一次运用到了非轮胎行业，弥补了我国密炼机企业只会制造单一设备的短板。

2016年7月8日，萨驰集团举办了昆山新基地落成庆典暨智能化轮胎成型机新品发布会，发布了萨驰HPC100智能化半钢子午胎一次法成型机新产品。该产品在公司原有产品的基础上从安全、高效、稳定、易操作、易维护、定制化、品质保证、高性价比方面做了更多的改进与提高。

2016年8月27日，北京敬业公司发布了全新一代高速全自动两次法半钢子午胎成型机。新产品采用多鼓结构布局，有效提高成型效率；涨缩式扣圈盘，使一段成型鼓宽度自动调整；胎坯可自动传送与装卸；胎侧小角度裁切，提升了接头平整度；胎面全宽超声波铡切，保持了断面几何尺寸；胎体平鼓贴合，可保证接头质量；带束、胎面贴合过程采用实时检测技术。在轮胎生产过程中可实现物料在线自动纠偏；内衬、胎面料头自动处理；物料贴合状态可实现物料宽度检测、自动打码、自动扫码的实时检测；导开状态实现智能控制等。实现做胎过程全自动，大幅降低人为因素对轮胎质量的影响。整个生产过程中仅需一名操作工，单胎循环时间为28秒。通过采用双工位换料，帘布、胎面预裁一条料，内衬、胎面料头可自动处理，一段成型鼓自动调宽，所有物料贴合摆架伺服控制，贴合高度根据规格自动调整，保证了设备的高开机率。若按8小时工作制计算（设备运转6.5小时），不更换规格，单班产量达750条以上；若同寸数规格更换3次，班产量依然可达700条以上。此设备工装集成度高、工件数量减少、管理简化，安全、可靠、适用、高效。

青岛科力达机械制造有限公司自主研发成功全球首台智能型轮胎内胎垫带装填机，其效率是传统人工安装的5倍，填补国内外空白。当前轮胎生产的智能化和自动化程度越来越高，但生产环节的最后一道工序——内胎垫带装填，目前却仍需要人工操作。通常完成一个内胎垫带装填约耗时5分钟，每班约需工人10~15人。该智能设备仅需1名操作工人，1分钟内就可完成内胎垫带装填。据介绍，该装填机利用红外激光检测技术，可在全程无损的状态下，精准地将内胎垫带装入外胎腔内。通过轮胎输送机构、内胎垫带输送机构、装填机构、送出机构和智能控制机构几个部分，机器可实现与其他工序的智能无缝对接，无需人工介入。

沈阳蓝英工业自动化装备股份有限公司自主研制的"SBS-DFTL轮胎制造数字化工厂自动物流系统"通过中国石化联合会组织的鉴定。专家组认为，该系统运行稳定可靠，实现了轮胎工厂主要流程的输送、分拣、仓储和执行等物流自动化。该系统属国内首创，关键技术达到国际先进水平，具有较高应用推广价值。

益阳橡塑自主创新研发的国内最大3.2米×16米超大型平板硫化机生产线在无锡宝通科技股份有限公司成功生产出长104米、宽2.8米、厚42毫米钢丝绳输送带，刷新高强力输送带最大宽度和厚度值的国内纪录，更好的满足国内外矿山、码头等用户对钢丝绳芯输送带的需求。

桂林中昊力创机电设备有限公司研发的胎面

电伺服自动拾取装置通过了广西壮族自治区工业和信息化委员会组织的鉴定。这一成果已成功运用于双钱轮胎重庆工厂,我国轮胎胎面收取首次进入全自动化时代,达到国内领先水平。鉴定委员会认为:项目实现自动拾取胎面并平稳摆放在百页车上,胎面装载输送带采用伺服电机驱动,存储输送线与提升装置同步升降,效率高;百页车从导入→装载胎面→机械手翻百页车页片→导出等通过控制系统自动完成;生产线自动化、可视化程度高,运行平稳,定位准确,操作简单,维护方便。

2016 年,我国橡胶机械企业多次荣获奖励,主要有:巨轮智能在深圳第二届高工机器人金球奖颁奖典礼分别荣获年度技术创新金球奖(运动控制类)及年度最佳表现上市公司奖两项大奖。软控股份在 2016 年度国际轮胎技术展同期举办的“国际轮胎技术创新卓越大奖”评选活动中,荣膺“轮胎行业年度最佳供应商奖”。工信部公布 2015 年工业企业知识产权运用标杆名单,赛象科技被评为知识产权运用标杆企业。华橡自控工会被列入首批“全国工会工作先进重点培育单位”。中国软件行业协会发布“中国十大创新软件企业和十大创新软件产品”,软控股份有限公司荣获“2016 中国十大创新软件企业”荣誉称号。科技部公布了国家首批 17 家专业化众创空间示范名单,软控股份有限公司入选。桂林橡机“节能高效型轮胎定型硫化机研制”项目荣获市科技进步奖二等奖。在中国质量协会组织的首届全国可靠性管理项目发表赛上,软控《CPS52 型半钢轮胎硫化机研发可靠性管理项目》荣获一等奖。山东省经信委公布了首批智能制造试点示范项目名单,软控申报的“乘用车子午胎智能成型生产线研发及应用示范”项目成功入选。软控股份有限公司的橡胶轮胎智能分拣、调度与仓储物流集成系统荣获 2016 年度中国石油和化学工业联合会科学技术奖。

2016 年,我国多项产品取得突破,通过鉴定或验收,主要项目见表 4。

表 4　我国橡胶机械主要鉴定验收情况

序号	企业名称	项目名称
1	中策橡胶集团有限公司 中国化学工业桂林工程有限公司	集约型超大规模高性能轿车子午线轮胎生产系统及工程关键技术
2	沈阳蓝英工业自动化装备股份有限公司	SBS – DFTL 轮胎制造数字化工厂自动物流系统
3	山东丰源轮胎制造股份有限公司	一次法混炼新技术与应用
4	北京万向新元科技股份有限公司	万吨级天然橡胶/白炭黑湿法混炼连续化生产线项目
5	玲珑轮胎股份有限公司	芳纶高性能子午线轮胎研发开发与应用
6	软控股份有限公司	基于声表面波技术的无源无线轮胎温度压力监测系统设计及示范应用
7	北京敬业股份有限公司	高速全自动两次法半钢子午胎成型机
8	益阳橡胶塑料机械集团有限公司	超大型难燃阻燃矿冶运输带生产线
9	青岛科力达机械制造有限公司	智能型轮胎内胎垫带装填机
10	桂林中昊力创机电设备有限公司	胎面电伺服自动拾取装置
11	中国化学工业桂林工程有限公司	新型全钢工程胎胎面缠贴生产线
12	桂林中昊力创机电设备有限公司	远程监控智能钢丝帘布裁断生产线
13	桂林中昊力创机电设备有限公司	重载子午胎钢丝帘布裁断机的关键技术研发
14	桂林中昊力创机电设备有限公司	裁断机裁断拼接精度智能控制系统研发
15	桂林橡胶机械有限公司	5400(210″)轮胎定型硫化机研制
16	桂林橡胶机械有限公司	橡胶机械产品集成创新设计平台建设

【企业信息化与智能化】

2016 年我国橡胶机械及轮胎行业信息化与智能化经典之作是万力轮胎合肥工厂项目，称为我国橡胶行业首个“轮胎梦工厂”。该工厂的总规划方及实施方为软控股份。据了解，自 2014 年 12 月软控在橡胶轮胎行业首次推出“智慧工厂”的设想以来，软控整合全球的研发设计资源，逐步搭建起轮胎智慧工厂的框架模型，实现了轮胎生产全流程的设计方案。虽然，软控的智慧工厂方案在轮胎生产的不同环节已经实施了多个项目，但是全流程的实施，万力合肥工厂还是首次。万力合肥项目中，软控在方案设计、产品和系统研发、人员配备等都方面都投入了巨大的资源。其中，在碎胶机和抓胶机器人的应用、胶片自动存储和运送、半部件车间整体物流应用等方面，都填补了橡胶行业的国内空白。万力合肥工厂在行业内实现了两个跨越。一个是物流方面的跨越，每天几百吨的化工原材料，用自动化的手段代替了人工；第二是依靠智能化大幅提升轮胎质量，这对消费者来讲是至关重要的。万力合肥项目的正式投产，标志着中国轮胎行业迈入智能化时代。

巨轮智能装备公司在坚持轮胎模具、液压硫化机两项主业的同时，为加快智能制造转型升级，大力发展工业机器人等高端智能成套装备，除了应用于轮胎、3C（电脑、手机、消费类电子产品）领域外，还成功拓展到汽车零配件。该公司年产 500 套六自由度工业机器人智能装备项目投资达 8000 万元。

天津赛象公司 2014 年成功控股广州市井源机电设备有限公司，与井源机电在自动化机器人行业形成产业战略合作，极大地拓展了公司新的市场发展空间。井源机电在 AGV 智能物流领域有着多年的沉淀，有助于赛象科技公司为轮胎客户提供“轮胎生产成套装备—智能物流”一体化整体解决方案。

沈阳蓝英公司研制的“SBS－DFTL 轮胎制造数字化工厂自动物流系统”，2016 年 3 月，与合肥万力轮胎有限公司签订了 10750 万元的自动化物流系统采购合同；8 月，与安徽佳通乘用子午线轮胎有限公司签订了 1 亿元的生胎立体库和倍速链及桁架机械手转运，以及半钢胎成品自动分拣和自动上架装笼工程项目。

【资本运作】

2016 年初，中国化工宣布以 9.25 亿欧元并购德国克劳斯玛菲，这是中国在德国的最大一笔投资，也是我国橡胶机械行业最大的一次并购。4 月底这笔并购顺利交割。交割两周后，德国克劳斯玛菲公司首席执行官弗兰克·斯蒂勒就带领管理团队来到中国，与中国化工集团公司旗下的化工装备板块对接整合。通过“德国工业 4.0”和“中国制造 2025”的对接，中国化工也在工业制造领域全力探索和实践供给侧结构性改革。交割完成后，中国化工将装备板块的益阳橡塑、桂林橡机、华橡自控交克劳斯玛菲整合管理，全面提升 3 家企业管理、品质、智能制造等水平。未来，在运营和管理相关机械企业方面，克劳斯玛菲集团将成为中国化工集团公司的主体企业，借助于双方的实力，公司将进一步开发并参与国际市场的竞争。

受业绩拖累，大连橡胶塑料机械股份有限公司和广州华工百川科技股份有限公司，一北一南两个公司，一个想保住上市公司的地位，一个想成为上市公司，却都没有达到目的。大连橡塑的主业为橡塑机械，受下游轮胎市场不佳、日本及意大利等同行业竞争对手抢占市场份额影响，2014 年公司陷入亏损，2015 年净利润为负值。为避免戴上“ST”的帽子，2015 年 11 月 5 日，大连橡塑发布重组方案，2016 年 6 月 7 日，恒力化纤借壳大连橡塑成功上市。2001 年 8 月首次公开发行股票并上市的大连橡塑公司只得接受退市命运。橡胶装备行业同时也是资金密集型行业，需要占用较多的运营资金。2014 年 7 月 1 日，华工百川公司首次公开发行股票（IPO）申请未果。佛塑科技集团股份有限公司有意收购，前提条件之一是华工百川 2014 年 7～12 月加快库存销售、加大应收账款回笼，减少营运资金占用 28541.21 万元。然而华工百川的营运资金缺口持续扩大，始终未能达到评估机构的预测数，2014 年缺口高达 2.55 亿元，2015 年 11 月 30 日达到 5.03 亿元。鉴于这一交易的前提条件始终未能达成，佛塑科技决定终止这次收购交易，华工百川寄望上市的愿望就此破灭。

【展　望】

2016 年下半年开始,我国橡胶机械行业明显复苏。2017 年运行环境继续向好,一是汽车行业向好;二是美国 ITC 宣布不对我国全钢胎“双反”,对全钢胎发展重大利好;三是中国轮胎行业“走出去”战略加速,形成投资小高潮,增加对橡胶机械需求;四是轮胎国际市场相对稳定,为橡胶机械行业向好打下好的基础;五是我国橡胶机械现有订单情况支持橡胶机械行业向好。

ERJ 设计了 3 个问题调查,从调查结果可以看出世界上多个地区橡机市场向好,橡机企业投资信心增强。在关于橡机发展最快地区方面,65% 看好北美,48% 看好中东欧,42% 看好中国。南美、日本、澳大利亚最不看好。美国经济向好,汽车及轮胎行业向好,世界著名轮胎公司加大在美国投资力度,如德国大陆、日本普利司通都在美国建立新的轮胎厂,墨西哥也很活跃,北美轮胎项目驱动橡胶机械需求增长。西欧橡胶及轮胎投资减少,相应毗邻的中东欧对橡胶机械需求增加。世界橡机行业投资信心明显增强,走出下降通道。

2017 年橡机行业形势继续向好,乐观估计时间可延续至 2018 年。预测 2017 年橡胶机械销售额将增长 10% 以上,行业利润水平大幅提高。

(陈维芳)

轮 胎 模 具

【基本情况】

随着我国橡胶轮胎工业的快速发展，与之配套的模具行业发展迅速，整个行业的总产值已占全国模具总产值的3%左右。橡胶模具品种繁多，十分庞杂，轮胎模具是其中最主要的一种，其专业化、商品化程度和生产集中度都很高，技术含量也最高，为我国轮胎工业的快速发展提供了坚实保障。我国已经成为世界上轮胎模具的准生产强国，成本、工期、品质综合实力优于国外，国际知名轮胎品牌纷纷减少模具的自我供应，转向从中国采购，比如普利司通、德国大陆等。

据中国橡胶工业协会橡胶机械模具分会调查，世界轮胎模具行业总体规模不超过100亿元，其中40%来源于轮胎企业自建模具厂（全球轮胎75强的前10名企业几乎都有自己的模具厂），这一份额很难撼动。因为这些轮胎巨头出于战略和保密的需要，更有在新技术、新材料和新工艺等方面的研发需求。所以留给其他轮胎模具企业的市场空间大约有60亿元，再除去低端市场份额的5亿~8亿元，所剩市场空间可想而知。

2016年是橡胶机械模具行业"十三五"发展规划实施的开局之年，也是行业"新常态、新发展"继续转型的一年。据中国橡胶工业协会轮胎分会统计，2016年全国汽车轮胎总产量6.1亿条，增长（同比，下同）7.9%，其中子午胎5.65亿条，增长9.7%；斜交胎0.45亿条，下降10%，子午化率92.6%。子午胎中，全钢胎为1.21亿条，增长10%；半钢胎为4.44亿条，增长9.6%。我国轮胎行业发展速度放缓，新上项目减少，与之配套的橡胶机械和轮胎模具行业受到一定程度的影响。从我国橡胶机械行业来看，2016年，过了一个"寒冬"，尤其是上半年，橡机行业订单严重不足，开工率相对较低。全年总体下降10%以上，企业盈利水平大幅降低，行业结构性矛盾仍然突出。但下半年行业发展态势出现了一定的回暖，世界轮胎行业投资又趋活跃，其中北美、欧洲及印度轮胎投资项目相对较好，给橡机市场注入一股暖流，外贸出口订单明显增多，很大程度上弥补了国内市场的不足。同时，国内轮胎企业加大了海外投资力度，掀起"走出去"小高潮，推动了我国橡胶机械出口创汇的提升。尽管2016年全年橡胶机械销售收入及利润指标未能收正，但下降幅度明显收窄。这标志着我国橡胶机械行业运行已经探底，2017年橡机行业有望回升。

从我国轮胎模具行业来看，不论是汽车轮胎模具还是力车胎模具似乎要比橡机行业好一些，全球轮胎模具的刚性需求和总量变化不大。面对复杂多变的国内外市场环境，轮胎模具行业加大技术投入，优化生产流程，在行业结构调整中取得显著成效。在全球化发展浪潮下，轮胎模具企业已从填补国内空白的跟随式创新，向面向全球竞争的领先型创新转变。行业在调整转型中走出一条增速放缓、缓中趋稳的道路，为行业"十三五"转型升级发展奠定了坚实基础。

据中橡协橡胶机械模具分会统计，2016年轮胎模具行业实现工业产值43.5亿元，增长2.16%；实现销售收入43.2亿元，增长2.5%；完成轮胎模具产量34025套，增长3.65%；实现出口交货值16.5亿元，增长19%；实现利润10.1亿元，增长2.2%。

从以上数据可以看出，2016年轮胎模具行业经济运行特点表现在3个方面：一是主要经济指标均为微增长，但出口指标涨幅明显，说明我国轮胎模具越来越受国际市场的肯定。技术含量高、附加值高的轮胎模具出口已成为主流；二是企业间分化明显，大的越大、小的越小，产业集中度大幅提高。模具企业有的停产倒闭，也有新建投产的企业出现；三是投资结构发生明显变化，海外投资已成模具企业的首选。骨干企业已开始到国外收购或建厂，全球化布局已经展开并收到实效。

行业运行主要有以下特点：

1. 行业在调整转型中走出一条增速放缓、缓中趋稳的道路，为“十三五”转型升级发展奠定了基础，尤其是从二季度开始，行业运行整体平稳，呈现向好态势。

2016 年，出口交货值增长最明显，这完全得益于豪迈科技、巨轮股份等骨干企业产品的大幅出口，说明国外轮胎企业需求稳定并有所增长。而国内轮胎模具市场需求低于预期，配套市场竞争激烈，企业成本上升、产品降价、货款降点等，造成机械模具行业盈利能力有所下降。我国轮胎模具的大量出口，说明我国国际产能合作的竞争力比较明显，且已逐步形成欧美日传统市场为主，兼顾国际新兴市场的格局，已成为国际轮胎模具舞台的重要力量。

众所周知，豪迈科技从 2002 年生产轮胎模具以来，历经 15 年的发展，现在以每年 2 万套的生产能力成为全球最大的轮胎模具供应商，产能规模已接近全球模具需求的 25% 左右。2016 年全球排名前 10 位的知名轮胎客户占到订单的 43% 以上，我国轮胎模具出口额的 90% 以上由豪迈公司实现，其海外客户订单比例达到了 64% 。

在各种成本上涨、国内外市场需求不景气的情况下，轮胎企业一旦销售不畅、资金紧张，将直接影响模具企业的回款。而一些机械模具企业依然存在盲目压价的恶性竞争，造成市场恶性循环，扰乱行业生存环境。再加上产品回款不及时，及物流成本上涨等因素，进一步增加了机械模具企业经营成本，企业盈利水平大幅下降。由此造成机械模具企业对新技术、新材料和新工艺的投入逐年减少，个别企业为了生存不得不粗制滥造，形成劣币驱逐良币的现象，最终导致上下游产业都受到伤害。低价竞争的结果就是“饿死同行、累死自己、坑死客户”。

2. 2016 年行业创新能力明显增强，整体水平进一步提升，结构持续向合理化方向发展。

水平和品种的提升将有助于产能的增长，轮胎模具的自身生产方式在不断向现代化、数字化、智能化方向发展，技术方面将得到进一步重视，包括数字化模具加工技术和信息化管理技术；模具设计与制造新方法、新工艺及关键技术；先进热处理和表面处理技术，超精加工和细微加工技术；在线检测和数字化调试技术，虚拟技术和网络化、智能化技术；节能减排和绿色制造技术；工业互联网及“两化”融合等得到进一步发展。2016 年，豪迈科技荣获工信部“第一批制造业单项冠军示范企业”称号。该公司在纵向上实现产业链的不断完善和延伸，在横向上不断丰富产品线，将逐步建成为集研究、开发、设计、生产、销售为一体的具有国际领先水平的世界轮胎模具制造基地，成为中国企业转型升级的领跑者和民族品牌的骄傲。

3. 企业开始重视技术进步，把提升产品质量作为创造品牌效应的重要手段。

目前市场对高端轮胎模具，尤其是高端半钢子午线轮胎模具的需求比例越来越大，而且发展趋势会更多。我国轮胎模具行业虽然起步较晚，但是近十几年，发生了翻天覆地的变化，已经成为世界轮胎模具生产大国。但就行业整体而言，仍然是以中低档模具为主，基本在低端市场恶性竞争。以往在轮胎行业高速增长时期，高、中、低档模具产品各有各的市场需求，“全面开花”差别不是很明显。但在经济大环境不好时，首先受冲击的就是生产中低档产品的小企业，他们的服务对象不是限产、停产就是资金链断裂，直接影响配套企业的生存和发展。

4. 行业企业越来越重视科技创新、扩大生产规模、购买高档设备、进行技术改造及新产品的研制。

近几年，轮胎模具行业专利增多、装备完善、行业标准不断出台等，都促使行业总体水平较快提升。轮胎模具骨干企业陆续成立了省级技术中心和国家级研发中心，部分企业还与国内大专院校和科研机构建立了合作关系。行业研发及创新能力普遍增强，均能满足轮胎企业提出的各项要求，并帮助其提高和改进。目前，全钢载重胎更多向轻量化、无内胎和轻卡载重方向发展，半钢胎向大轮辋、低断面和 SUV 车胎方向发展。全国轮胎行业产量整幅与汽车产量增幅基本接近，这些都为轮胎模具行业发展提供了机遇。

5. 全球布局，国外建厂或收购已初见成效。

行业在国家“一带一路”和“走出去”战略指导下，改变过去的仅出口产品的观念，追求更高层次的产业输出、品牌输出。已有4家轮胎模具企业走出国门，在印度、泰国建厂，为本土轮胎企业（10家左右）配套及维修；在欧、美采取收购模式，主要是给国际轮胎巨头维修并提供技术服务。经过近几年的磨合，机械模具企业从技术、工艺、制造、销售、服务等方面与世界接轨，企业管理和产品质量明显提升，打造出了中国轮胎模具的全球影响力。

值得关注的是现在国家宽松的资金政策助力企业“走出去”，为国内企业海外发展提供了金融政策支持。“一带一路”沿线国家也以优惠的政策，吸引带动国内轮胎行业及配套企业先后入园，起到集群式“走出去”的效果，从单个企业的竞争转变为产业链的竞争，由此大幅提升了中资企业的国际竞争力。“走出去”的轮胎模具企业既弥补了自身不足，又增加了市场份额，还提高了企业的知名度，取得了不错的效果。

6. 行业存在的主要问题主要体现在3个方面，一是结构性产能过剩，同质化严重，造成企业间打价格战；二是中小型企业创新能力低，产品档次低，产品附加值低；三是企业负担重，应收账款依然是老大难问题，导致企业持续发展后劲不足。

【展　望】

2017年，全球经济复苏艰难缓慢，美国、欧洲、亚洲政治经济动荡，货币贬值，通货膨胀，汇率波动，中国经济增长的放缓都会影响行业的发展。中国轮胎国际依存度很高，国内轮胎出口大幅减少，势必造成轮胎企业减产。根据目前行业传递的信号，我国轮胎企业的开工率逐渐在提高，轮胎行业形势有所好转，据中橡协轮胎分会预测，2017年我国轮胎产量约6.35亿条，增长4%左右。但轮胎企业成本压力增大，本就微薄的利润空间一再遭受挤压，市场形势很难预测，这些不利因素无疑给配套的橡胶机械和轮胎模具市场增加了很大压力。

我国轮胎行业发展已进入“新常态”时期，橡胶机械和轮胎模具再也没有20世纪初以来10多年高速发展的背景。以前的高速发展得益于轮胎需求自然增长及轮胎工业子午化率的提升。而现在我国轮胎行业明显结构性过剩，轮胎行业正在转型升级，产品高档化、绿色化等正如火如荼。这给我国橡胶机械和轮胎模具带来了新的发展机遇，迫切要求必须围绕橡胶轮胎行业的转型升级，实现自身的转型升级。从绿色化、智能化、标准化、国际化等方面，完成产品的全面升级。

根据行业上下游相关产业发展趋势，预测2017年轮胎模具的市场需求会保持平稳的发展态势，销售收入预计增长3% ~4%，出口交货值增长15% ~20%。行业龙头企业经济稳步上升，同时带动行业整体快速发展。共享单车的“爆发式”增长也给力车胎模具市场带来商机，而且这种发展趋势是“颠覆性”的创新。市场倒逼整个行业从靠要素驱动、投资驱动，转向靠创新驱动；将从靠规模和数量，转向靠技术和效率，以此来适应我国轮胎行业发展的“新常态”，以结构性改革促进行业健康发展。

从长远来看，国外的轮胎已经成为日用消费品，国内的轮胎消费也会越来越多，两个市场对轮胎的外观、性能等指标也越来越挑剔。这将驱使轮胎厂家增加轮胎品种供应，不断更新轮胎花纹款式，这就可能会增加轮胎模具的需求。从目前的市场形势看，2017年机械模具行业的出口形势依然会很好，橡胶机械模具行业要提质、增效、升级，产业迈向中高端，形成新的生产方式、产业形态和商业模式。为此，企业要做好以下几项工作：

1. 企业要加大研发力度提升产品品质

转型升级将成为2017年我国轮胎行业发展的主基调，行业整合和落后产能淘汰势在必行。轮胎企业不再单从产量做文章，转而将重点放在提高生产自动化、产品档次等方面，对设备选型的要求更高。在花纹设计、配方调整、结构设计等方面应用新技术、试验新材料，实现产品创新，绿色环保已经成为轮胎行业发展的主流。我国轮胎企业更加注重国际化经营，轮胎企业到海外建厂数量、质量及投资额将跨上新的台阶。轮胎行业景气度的变动，将直接影响模具企业的盈利能力。面对目前轮胎行业的形势，轮胎模具企业必须提高产品质量和降低制造成本，大力发展高附加值的产品，走“精、专、强”路线，只有加大研发力度，跟上轮胎发展的脚步，才能站稳市场。

2. **企业要加快转型升级的步伐**

从模具的人均产值比较，我国模具行业人均产值约 34 万元，而日本是 120 万元，美国是 127 万元，德国是 200 万元，欧洲、美国、日本是我国的至少 3～5 倍。人均产值低的原因主要有两点，一是我国生产的绝大多数模具是低端模具，附加值低；二是我国的生产效率低。设备不比他们差，之所以附加值低、效率低，是因为发达国家专业分工好，所以模具质量好、效率高。而我国是大而不强，广而不专，都有涉及，但精深者少，这就造成了技术、质量、效率提升都很慢。所以模具生产专业化、集约化是模具企业提升技术、提升质量、提升效率，向大而强、专而精转变的必由之路。

轮胎模具产品个性化的特点，决定了它的信息量多且杂。大规模人员、设备、订单的增长，对品质保障体系的有效运行提出了更高的要求。首要的是提高技术，唯有掌握了专利技术，才使得企业具备较强的竞争优势，进军高端市场，创立自己特有的品牌。要充分利用高新技术改造传统的轮胎模具制造模式。一方面，应用高新技术产业对传统轮胎模具制造模式进行改造，可以提升传统轮胎模具制造模式的国际竞争力；另一方面，通过传统的轮胎模具制造模式的不断升级，也为高新技术本身的发展提供了广阔空间。

3. **完善行业联盟推进绿色制造**

我国轮胎模具企业都是民营企业，除了屈指可数的大规模企业之外，其余都是一些中小规模企业，从客观上看就已经存在先进的制造技术和高端装备难以导入的问题，加上轮胎模具价格的不良竞争，直接导致了中低档轮胎模具市场的竞争越演越烈的格局。所以，我国轮胎模具企业之间的联合重组、产业战略联盟是大势所趋。规模大、技术力量雄厚、创新能力强的企业要与规模小、技术力量薄弱的企业之间形成有效的分工协作，强而大的企业来主导，弱而小的企业来协作。只有建立这样的协作关系，才能保证我国轮胎模具制造业整体有效的运行。随着国内模具企业的迅速发展，其技术水平已基本满足国际客户的需求，国内同行在高端轮胎厂商中的模具供应能力逐渐增强，占有率也越来越高。美、日、欧等多数轮胎模具企业纷纷倒闭和被收购，明显感觉到市场竞争的激烈程度，显示了该行业的残酷现状。中国轮胎模具行业未来必须走专业化道路，通过专业化分工协作来实现行业发展和企业盈利。

对轮胎模具自身的绿色制造的定位，首先是从设计开始就要贯彻绿色理念，除了模块化、标准化及优化设计之外，可制造性和模具的高性能也十分重要，还要能使尽量多的零部件在模具零部件变更时可重复使用，使标准化程度更高，以及使尽量多的原材料可回收再利用。其次，在轮胎模具制造过程，要加强精细化管理，要高效率、低损耗，节能环保。第三，要使轮胎模具的使用过程实现节能、节材和绿色环保。最终实现轮胎模具的再制造，实际上就是模具的修复工作，将一些废旧的轮胎模具经过修改、翻新后再利用。

4. **企业要做好信息化和标准化工作**

随着模具制造技术的不断提升，未来模具种类会越来越丰富，所以未来的模具制造行业必然是一个高度专业化的行业。由现在的大而全、小而全的的模具制造模式，逐步向大而强、专而精转变，形成以大带小、以点带面的专业化、集约化生产模式。即以一个模具中心，带动多个小模具厂和多个工序加工厂，形成大而强、小而专的生产局面。中国模具的专业化生产之路是漫长的，只要坚持走下去，就会看到模具强国的曙光。模具标准化是我国从模具大国向模具强国迈进的基础，是实现现代模具强国的重要组成部分，对提高我国模具产业的市场竞争力，促进模具行业的技术进步和转型具有积极意义。

目前，轮胎模具的行业标准已经远远不适应市场的要求，标准的修改完善是行业的当务之急。因此，今后需要不断完善标准体系，加强产品标准的覆盖面。未来轮胎模具行业标准化工作发展目标是“提高”和“接轨”。“提高”是指根据产品生产水平的发展，标准不能滞后，要及时修订，力争行业标准的标龄控制在 5 年以内；“接轨”是指要与国外先进标准接轨，做好国外先进标准的收集、翻译和咨询工作，以促进我国轮胎模具行业的发展和技术支持。

5. **加快发展现代化制造服务业**

轮胎模具的制造、加工、装配环节始终是利润率最低的环节，而产品研发及售后等服务环节则处于价值产业链的高端。欧、美、日、韩等发达国家之所以能够始终掌控制造链上的高额利润，主要是他们凭借资本和技术优势抢占高技术和高附加值环节，通过实施行业现代服务化，摒弃传统工艺，掌握着关键核心技术，实现高端垄断、低端转移。要使我国的轮胎模具制造业变得强大，不但要关注轮胎模具产品自身的生产及轮胎行业的需求，还要顺应全球制造业的发展趋势，借鉴西方发达国家的经验，重视发展现代化制造服务业。有理由相信，中国轮胎模具行业在未来发展过程中一定会按照既定的目标前行，轮胎模具的强国梦一定会早日实现。

6. 企业要积极开拓国际市场

我国轮胎模具出口企业目前还是少数，整个行业性价比的优势十分明显，在国际市场互补性很强，与其他多数生产型出口行业一样，在世界上已经占有量的优势。由于我国轮胎模具行业的整体水平较欧、美、日、韩等发达国家要落后，因此，通过出口带动我国轮胎模具行业的整体水平，是许多出口企业的共识。所以从这个意义上来说，轮胎模具就更应当积极发展出口。即使在当前国际模具制造业实体回归，国内外模具市场格局不确定因素增加的环境下，仍具有比较强的优势，中国轮胎模具出口形势依然看好。

总之，未来模具行业要在“新常态”下，积极思考发展方式转变、结构调整和改革创新的方向和思路，并做出相应的调整，适应“新常态”带来的经营发展环境的变化。未来我国要把握住经济发展速度变化、结构优化、动力转换三大特点，以创新驱动、智能制造、品牌打造为引领，适应新常态，牢牢把握发展质量和效益这个中心，迎难而上，确立新机制，努力开创模具行业转型升级新局面，推动模具行业科学、健康发展，为向强国转变打好基础。

（姜　馨）

部分省市橡胶工业

浙江省橡胶工业

在经历了2015年主要产品全面负增长的“冬天”之后，2016年浙江省橡胶行业经济运行止降趋稳，增幅回升特征比较明显，尤其是出口交货值降幅收窄，最后以10%的增幅完美收官，大大超过预期。

【经济运行】

1. 经济运行低开高走

2016年前三季度，浙江省橡胶行业经济运行状况不尽人意，随着第四季度全球经济复苏，经济运行增速止降转升，呈现低开高走的态势。2016年浙江省橡胶工业主要经济指标完成情况见表1。

表1 2016年浙江省橡胶工业主要经济指标 亿元

指标名称	2016年	2015年	同比/%
工业总产值（现行价）	466.57	477.74	-2.34
产品销售收入	357.18	338.42	5.54
利润总额	29.24	26.86	8.84
利税总额	43.78	42.23	3.66

2. 产量同比增多降少

2016年，随着世界需求的缓慢复苏，浙江省橡胶行业主要产品销售量也呈现不同程度的增长，其中轮胎销售量增长速度最快。据浙江省橡胶工业协会统计，13类主要产品中，产量同比增长的有7类，同比下降的有5类。2016年浙江省橡胶工业主要产品产量完成情况见表2。

表2 2016年浙江省橡胶工业主要产品产量

指标名称	2016年	2015年	同比/%
轮胎/万条	6536.02	5739.31	13.88
子午胎/万条	6137.53	5234.85	17.24
全钢子午胎/万条	1423.29	1306.24	8.96
摩托车胎/万条	555.80	490.50	13.31
力车胎/万条	8031.14	7376.48	8.87
胶管/万标米	30.35	235.37	-87.11
输送带/万平方米	8716.84	11359.86	-23.27
橡胶履带/万条	44.80	36.79	21.77
汽车V带/万条	5219.80	4664.93	11.89

续表 2

指标名称	2016 年	2015 年	同比/%
传动带/万 A 米	76899.79	106055.72	-27.49
胶鞋/万双	595.00	570.00	4.39
合成橡胶/吨	127906.41	98511.00	29.84
炭黑/吨	145653.50	166218.00	-12.37
橡胶助剂/吨	13364.00	12908.00	-12.37

3. 出口超过预期

据浙江省橡胶工业协会统计,2016 年浙江省橡胶行业出口交货值为 89.53 亿元,增长(同比,下同)10.95%。2016 年前三季度,浙江省橡胶行业出口状况不尽人意,随着第四季度全球经济复苏,出口交货值增速止降转升,呈现低开高走的态势,创下 2016 年的最高点。见表 3。

轮胎成为 2016 年出口回升的主力。浙江省橡胶轮胎产业从 2016 年第四季度已看到全球经济开始复苏的曙光。据浙江省橡胶工业协会统计,2016 年轮胎出口量和出口额分别增长 184.92% 和 16.51%。见表 4。

表 3　2016 年浙江省橡胶行业出口交货值增长幅度走势　　%

时间段	1~3 月	1~6 月	1~9 月	1~12 月
增幅	-16.27	-6.49	-6.10	10.95

表 4　2016 年浙江省橡胶工业主要产品出口创汇完成情况

主要产品名称	2016 年出口量	占生产量的比重/%	出口额/万元
轮胎/万条	5182.13	79.28	561936.2
力车胎/万条	1206.38	15.02	40377.5
胶鞋/万双	235.00	39.50	6102.0
传动带/万 A 米	14160.58	18.41	45822.1
输送带/万平方米	1467.07	16.83	37845.4
橡胶履带/万条	16.04	35.81	31130.8
胶管/万标米	10.76	35.45	191.6
炭黑/吨	5935.00	4.07	2477.1
合成橡胶/吨	420.87	0.33	888.0

4. 产业结构调整加快

随着世界经济复苏进程的加快,浙江省轮胎产业结构调整加快。据浙江省橡胶工业协会统计,2016 年浙江省橡胶轮胎行业子午化率达到

90.90%,下降2个百分点。

5. **重视节能降耗**

2016年,浙江省橡胶行业高度重视节能降耗工作,采用多项措施有效控制能源成本。主要措施包括:(1)生产现场方面,制定了《节能管理奖罚制度》,加强现场管理,减少浪费;(2)电力成本节约方面,合理选择电价错峰生产,降低用电成本;(3)能源设备方面,选用国际国内先进能源设备,降低能耗。据浙江省橡胶工业协会统计,2016年综合能耗411781.46吨标煤,下降6.56%。

【区域发展】

集群发展是浙江省橡胶行业发展的特点,产业集群已成为浙江省橡胶行业发展的重要产业组织形式和载体,并在促进浙江省橡胶行业经济发展中发挥着越来越重要的作用。产业集群构成了浙江省橡胶行业特色的区域性产业组织形态,近年来一直呈现良好的发展态势,产业集中度不断提升,但在2016年的恶劣发展环境下,集群区域发展不平衡,同时显现了集群区域竞争力强弱不均。

据浙江省橡胶工业协会调查,2016年,温州橡胶制品规模以上企业产值为25亿元,增长10%;宁海汽车橡胶制品规模以上企业产值为35亿元,增长12%;三门县胶带规模以上企业产值为33亿元,增长10%;天台县胶带规模以上企业产值为25亿元,增长6%;瑞安胶鞋工业产值40亿元,下降2.43%。

【行业投资】

2016年,中策橡胶集团有限公司快速推进泰国全钢胎二期项目,投资约120亿泰铢,建设年产50万条全钢胎二期项目。

【存在问题】

主要表现在缺乏逆境预警机制,产品技术含量较低,出口产品价格偏低,产品结构同质化,营销成本过高,缺乏自主创新能力,粗放式增长明显,企业规模偏小,资金缺乏现象突出,行业发展和资源环境的矛盾。

【2017年第一季度】

2017年第一季度,浙江省橡胶行业运行呈现了“一喜一忧”的态势,喜的是出口交货值呈现了两位数的增长幅度;忧的是利润总额呈现了两位数的下降趋势。据浙江省橡胶工业协会统计,第一季度完成工业总产值115.82亿元,增长7.40%;销售收入为97.72亿元,增长27.60%;利润总额为4.34亿元,下降17.33%;出口交货值为21.81亿元,增长23.74%。

【发展建议】

今后浙江省橡胶工业的发展思路可概括为16个字:转变方式、调整结构、自主创新、协调发展。具体可根据国家有关产业政策,转变发展模式,加大自主创新,加快结构调整,重视节能减排,杜绝重复建设,扩大高端市场份额,逐步形成合理的经济发展规模。

(王逸田)

江苏省橡胶工业

【基本情况】

经过十几年的快速稳步发展，江苏省已成为国内第二橡胶大省。其中轮胎产量占全国轮胎总产量的比重为 14.3%，轮胎出口量约占全国的 15%，输送带产量比重也达 11.4%，其他橡胶制品产量在国内也居于重要位置。但是“大而不强”的矛盾依然十分突出，部分产品出现结构性产能过剩，随着橡胶工业产品生产许可证的逐步放开，产能过剩的局面近期内将很难改观。因此调整产品结构，淘汰落后产能，转变增长方式，仍将是江苏省橡胶工业发展的基本点。江苏“三资”企业的发展依然很快，在江苏橡胶工业中仍占据明显优势。

【经济运行】

据江苏省统计局对规模以上 387 家企业的统计，2016 年江苏省橡胶工业全行业完成工业总产值 845 亿元，同比（下同）增长 3.97%；实现销售收入 819 亿元，增长 2.4%；实现利税总额 106.19 亿元，增长 7.43%，其中利润总额 68.5 亿元，增长 12.81%。产量和效益都有较大的增长，其中轮胎制造企业实现利润 187 亿元，增长 24.7%；橡胶零件制造业实现利润 14 亿元，增长 18.92%。橡胶工业产品产量基本持平或略有下降。其中轮胎外胎全年生产 9440.30 万条，下降 0.17%，其中子午线轮胎外胎 6413.27 万条，下降 2.07%，工程机械轮胎降幅达 16.83%，对轮胎行业的影响较大。

【出口贸易】

据南京海关统计，2016 年江苏省出口橡胶制品商品总值 29.02 亿元，增长 0.14%，出口的主要产品为橡胶轮胎。江苏省检验检疫局统计数据显示，2016 年度江苏省出口轮胎共计 1.41 亿条（含部分力车胎），增长 0.4%；出口交货值 18.76 亿元，增长 0.9%。

轮胎产品主要出口到美国、欧盟、墨西哥、韩国、日本、巴西、俄罗斯、澳大利亚、印度、土耳其、中东、非洲等国家和地区，其中美国和欧盟仍是江苏轮胎出口的主要市场，2016 年出口美国占 26.2%，出口欧盟占 21.3%。

轮胎出口主要品种是轿车轮胎、轻卡车轮胎，其余品种还包括卡客车轮胎、摩托车胎、工程机械轮胎、农用车轮胎、自行车轮胎、特种轮胎等。从出口市场分析，2016 年美国市场出现一定的反弹，欧盟市场比较稳定，拉美、非洲市场都出现一定的快速增长趋势。

【基建与技改】

2016 年 6 月，锦湖轮胎完成新厂区建设，总投资 5 亿美元，整体占地面积 668 亩，2016 年 12 月完成了旧工厂的移交和新工厂的整体搬迁，现在新工厂的生产正逐步进入正常轨道。

南京利德东方科技有限公司（原七四二五工厂）正在按计划进行工厂搬迁。

江苏中宏环保智能再生胶成套设备通过了江苏省经信委的鉴定。该产品自主创新开发了新的挤压技术，核心工装设计采用独特的末端压力可调系统，实现了生产过程的智能化控制，建立了“大数据管理”的运行控制平台，实现了产品的全生命周期管理，并达到了清洁生产的工艺要求。该项目节能 40% 以上，减少操作人员 70% 以上，具有显著的经济及社会效益。

江苏振德减震科技有限公司在江苏省句容市经济开发区投资 17125 万元，建设减隔震产品项目，包括 1 万套建筑防震橡胶支架、2000 套黏滞流体阻尼器、4000 套曲约束支撑、500 套调频质量阻尼器、500 套剪切型软钢阻尼器、300 套黏弹阻尼器等产品，项目在 2016 年年底开工，目前建设进度较快。

江苏旺田机械配件有限公司在盐城市大丰港

海晶工业园区投资 1.5 亿元建设了橡胶履带减震块加工项目，每年可生产橡胶履带、减震块 100 万片。

建大橡胶(中国)有限公司投资约 29.3 亿元对全钢子午胎项目进行扩建，项目实施后将形成年产 231 万条全钢载重子午胎的生产能力及现有项目 5800 万条各类轮胎橡胶的产能规模。

江苏飞驰股份有限公司拟在盐城市新洋经济区征地 100 亩，引进台湾正新的先进设备和技术，新上一条年产 10 万条子午线工程机械轮胎生产线。

2016 年 12 月 29 日，无锡双诚炭黑科技股份有限公司成功进行了股份制改革，于 2017 年 5 月 26 日新三板挂牌转让，江苏省炭黑行业再增一家登陆资本市场的企业。

江苏通用科技股份有限公司被授予“江苏省 AAA 级质量信誉企业”荣誉称号。这是江苏省信用等级最高的等级评选，也是该企业质量承诺能力的“身份证”。

【协会发展】

江苏省橡胶工业协会于 2016 年 5 月在无锡顺利换届。通过新一届协会领导班子及秘书处的努力工作，协会工作局面有了很大改观，逐步进入正常轨道，协会会员从原来的 40 多家，发展到 2016 年年底的近 70 家，预计 2017 年将超过 100 家会员单位。会员包括轮胎、胶管胶带、橡胶制品、密封件、橡胶杂件、再生胶、橡胶助剂、生产设备、检验单位及管理类公司等更多的上下游企业。

【存在问题】

江苏省橡胶工业多数产品技术含量较低，出口产品价格偏低，产品结构同质化现象严重，自主创新能力较弱，粗放式增长的形式比较普遍，企业规模小、资金缺乏的状况，与行业发展和资源环境矛盾突出的现状比较严重，并缺乏逆境预警机制。

【展　望】

整体来看，2017 年将是机遇与挑战并有的一年，行业的中心工作仍是转型创新。

橡胶行业整体仍将保持平稳趋缓的运行态势，为行业转型升级提供一个相对稳定而有利的环境。

整体运行压力将进一步加大。当前行业运行的压力主要来自 3 个方面，一是行业产能严重过剩和产品同质化引发同业的价格战不断升级，中小企业的生存空间已接近底线；二是随着政府对环境治理力度的加大，企业承受的来自环保的压力将增大；三是中小企业融资压力增大，生产资金紧张，个别企业或面临资金链断裂的风险。

创新动力不断增强。随着智能制造的快速发展，部分企业将率先走上特色差异化发展之路，创新将成为引领行业发展的强大动力。

（聂恒凯　刘效华）

2016 年台湾橡胶工业

从 1929 年有了橡胶制品厂至今，台湾橡胶工业已有 80 多年的历史，是台湾最早的工业。2016 年，台湾橡胶制品产值达到 910 亿元新台币，占全球的 1.14%。若包含台商海外工厂产值则超过 2000 亿元新台币，占全球的 3.01%。

【台湾橡胶(弹性体)产业发展历程】

1.1948 年成立台湾区橡胶工业同业公会，凝聚同业力量，同业合作而不是对立，促进同业繁荣发展。

2.1952 年成立橡胶实验室，即后来 1976 年财团法人台湾区橡胶工业研究试验中心的前身，注重技术也注重前瞻研究，促进产业持续发展。

3.1970 年代，鞋类带动台湾橡胶弹性体制品产业发展，并保持持续的活力。1972 年，鞋类包括布面球鞋、雨鞋雪靴、鞋底等，产值占台湾橡胶弹性体制品总产值的 50%，轮胎类仅占 35%，工业用品则占 15%，制鞋也成为当时台湾当红产业，更一度成为世界的生产基地。

4.1974 年台湾启动内需自足的石化工业建设，带动化学相关的橡胶原料开发。台橡、中橡、优品等原料橡胶厂也陆续开工生产，原料开始大幅取代进口产品，建立起橡胶弹性体制品产业的供应链，形成产业竞争优势条件的雏型。

5.1990 年代前后，橡胶厂开始海外投资潮。新台币从 1983 年 40.06 元汇兑 1 美元逐年升值，1992 年达 25.16 元，在 1983 ~ 1997 年间台币高值汇兑期，冲击台湾以外销为导向的制品产业，加上台湾胶鞋业因劳动力人口不足，自 1989 年起陆续外移到东南亚或中国大陆等地，成为台湾产业外移的繁盛时期，大型橡胶企业几乎都已经在大陆设立生产点。

6.加入全球化经济活动。2002 年加入世界贸易组织(WTO)引进国际贸易体系，2011 年启动海峡两岸经济合作架构协议(ECFA)开启中国大陆互为关税减免，让台湾的经济活动与全球化市场连结而不被边缘化。

7.2012 年台湾区橡胶工业同业公会正式更名为“台湾橡胶暨弹性体工业同业公会”，增加弹性体经营领域，符合不断变革的橡胶弹性体产业潮流需求，提升台湾橡胶弹性体产业层次与格局。

【台湾橡胶暨弹性体工业同业公会】

台湾橡胶弹性体产业共计 1127 家企业，90% 为中小企业。公会以企业资本额及营业额作为评定标准(表 1)，吸纳较高等级企业入会。根据标准，截至 2017 年 4 月底，台湾橡胶公会有会员企业 504 家，其中一级 92 家、二级 54 家、三级 120 家、四级 53 家、五级 185 家。会员中有 15 家是上市企业。

会员厂商分布于台湾北部(宜兰、花莲、基隆、台北、桃园、新竹)、中部(苗栗、台中、彰化、南投、云林)及南部(嘉义、台南、高雄、屏东、台东、澎湖)，以北部较多计 210 家占 41.7%，其次为中部 192 家占 38.1%，南部 102 家占 20.2%。

表 1　台湾橡胶暨弹性体工业同业公会会员评定标准

分级	资本额/万元新台币	营业额/万元新台币
一级	2000 以上	12000 以上
二级	800 ~ 1999	6000 ~ 12000
三级	400 ~ 799	3000 ~ 5999
四级	200 ~ 399	1000 ~ 2999
五级	200 以下	1000 以下

表 2　台湾橡胶暨弹性体工业同业公会会员资本额与产品分析　新台币

会员厂资本额分布					产品分析				
资本额	家数/个	占比/%	资本额累计/千元	占比/%	原料企业/个	轮胎企业/个	工业用品企业/个	资源回收企业/个	橡胶机械企业/个
10 亿元以上	17	3.4	190782907	87.9	6	5	5	0	1
1 亿～10 亿元	61	12.1	18312568	8.4	21	5	29	0	6
1000万～9999万元	243	48.2	7102052	3.3	34	22	158	8	21
999 万元以下	183	36.3	766650	0.4	31	7	130	2	13
合计	504	100	216946177	100	92	39	322	10	41
占比/%					18.3	7.7	63.9	2.0	8.1

注：数据来源于台湾橡胶暨弹性体工业同业公会。

【橡胶弹性体产业人力资源与薪资】

2016 年台湾橡胶弹性体制品从业人员 38463 人，平均薪资 40032 元新台币。橡胶弹性体制品业薪资低于制造业平均薪资，但高于塑料制品业。

表 3　橡胶弹性体制品业近年受雇人数与平均薪资比较　新台币

年代	制造业 12 月份		橡胶弹性体制品业 12 月份		塑料制品业 12 月份	
	受雇人数/人	平均薪资/元	受雇人数/人	平均薪资/元	受雇人数/人	平均薪资/元
2011	2610012	42300	34380	37033	132732	34165
2012	2623649	44790	34752	34086	134209	36391
2013	2656800	44034	36568	35455	136220	35886
2014	2711117	43422	37230	40463	134642	35040
2015	2717210	43879	37326	35419	134107	35477
2016	2738341	45572	38463	40032	137526	37735

【产值】

2016 年，台湾橡胶弹性体制品产值为 910 亿元新台币，比 2014 年下降 5.5%，若包含台商海外工厂产值则超过 2000 亿元，是台湾重要的工业产业。在世界轮胎 75 强排行中，台湾五大本土轮胎厂全部上榜。台湾橡胶弹性体制品产值约占全球 1.14%，包含海外产值则占 3.01%。受产业外移影响，台湾橡胶弹性体制品产值在 1992 年达到高峰，占其制造业的 1.15%，以后便逐年下滑，2016 年占台湾制造业的 0.74%，占其化学工业的比例从 1992 年的 4.55% 逐年下滑到 2016 年的 2.85%，显示出这段时期的投资与创新不足。在世界轮胎排名中，只有正新公司持续成长，其他 4 家公司营业额虽也增长，但排名逐年下滑。

表 4　全球与台湾橡胶制品产值分析表

橡胶弹性体制品分类	全球		台湾			全球台商	
	产值/亿美元	占比/%	产值/亿美元	占台湾比例/%	占全球比例/%	产值/亿美元	全球/%
轮胎类	1799	64	15.30	48	0.54	65.93	2.35
非轮胎类别	1000	36	16.71	52	0.60	18.31	0.66
	2799	100	32.01	100	1.14	84.24	3.01

注:以 1 美元兑 30 新台币估算。

表 5　近年台湾橡胶制品生产总值　　百万新台币

年度	轮胎类	工业用橡胶业	其他橡胶制品	合计	增长率/%
2011	51347	23534	27413	102294	0.11
2012	49987	22713	25611	98312	-3.89
2013	47895	22377	24715	94987	-3.38
2014	46925	24406	26649	97980	3.15
2015	45885	23413	26736	96033	-1.99
2016	41466	22925	26645	91036	-5.20

表 6　台湾橡胶制品产值比例　　%

年度	轮胎类	工业及其他橡胶制品	合计
2011	50.2	49.8	100
2012	50.8	49.2	100
2013	50.4	49.6	100
2014	47.9	52.1	100
2015	47.8	52.2	100
2016	45.55	54.45	100

【生产销售情况】

1. 轮胎

台湾轮胎厂除可以满足台湾一年约 35 万辆的新车市场和 677 万辆汽车保有量替换轮胎市场外,外销量维持 65% 以上。历年平均出口单价均低于内销平均单价,2016 年外销平均单价为 1213 元新台币/条,内销平均价格为 1565 元新台币/条。2016 年生产汽车外胎 2132.2 万条,同比(下同)下降 2.8%;出口 1532.5 万条,出口率 71%;总销售额 281.6 亿元,下降 9.8%。

台湾新车用轮胎市场基本上由台湾普利司通和正新各占 50%。长期以来，售后维修替换胎市场的前 2 名是法国米其林和日本普利司通。2016 年进口轮胎品牌由 2015 年的 197 种增至 206 种。按照进口值排序，前四大品牌分别为：米其林进口额达 8596.2 万美元，占进口市场 28.6%；普利司通进口额达 5958.1 万美元，占 19.8%；马牌进口额达 4119.2 万美元，占 13.7%；横滨进口额达 2293 万美元，占 7.6%。台湾轮胎总进口值达 30100.3 万美元。前 4 家企业进口总额达 20966.5 万美元，占进口市场的 69.7%。

表 7　近年台湾汽车外胎产量、销售及外销情况

年度	生产量	销售量	销售值	平均单价	内销量	内销值	平均单价	直接外销量	直接外销值	平均单价	外销量占比%	外销额占比%
2010	24497	24755	32299.6	1305.0	6524	10223.2	1567	18231	22076.4	1211	73.6	68.3
2011	23318	23190	35860.4	1546.0	6484	11417.6	1761	16706	24442.7	1463	72.0	68.2
2012	22042	21929	34497.9	1573.0	6467	11938.6	1846	15462	22559.5	1459	70.5	65.4
2013	22234	22369	33588.2	1502.0	6413	11898.2	1855	15956	21690.0	1359	71.3	64.6
2014	21967	22024	31814.3	1444.5	6530	11503.1	1762	15494	20311.2	1311	70.4	63.8
2015	22147	22074	31209.8	1413.9	6546	10917.3	1668	15528	20292.5	1307	70.3	65.0
2016	21322	21446	28160.1	1313.0	6121	9576.8	1565	15325	18583.3	1213	71.5	66.0

注：产销量：千条；销售值：百万元新台币；单价：新台币元/条。

2. 摩托车胎

台湾摩托车胎主要有正新、建大、华丰、固满德、特耐、石榴、益碁、益新等 8 家厂商，合计日产能在 3 万条以上，除供应 130 万辆摩托车外，仍有出口。2016 年外销量占总销售量的 37.1%，外销额占总销售额的 54.8%，历年平均出口单价均高于内销价格。2016 年出口平均单价为 720 元新台币/条，内销单价为 350 元新台币/条，有别于汽车外胎内销价高、外销价低的状况。

表 8　近年台湾摩托车外胎产量、销售及外销情况

年度	生产量	销售量	销售值	平均单价	内销量	内销值	平均单价	直接外销量	直接外销值	平均单价	外销量占比%	外销额占比%
2010	10865	11225	4841.5	431	6882	2255.9	328	4343	2585.6	595	38.7	53.4
2011	10840	10842	5715.6	527	6191	2367.1	382	4651	3348.5	720	42.9	58.6
2012	10929	11180	5973.8	534	6461	2500.5	387	4719	3473.4	736	42.2	58.1
2013	11025	11240	5804.1	516	6699	2557.2	382	4541	3246.9	715	40.4	55.9
2014	11966	12239	6226.0	509	7009	2639.6	377	5230	3586.4	686	42.7	57.6
2015	11927	11897	6040.2	508	7165	2627.0	367	4732	3413.2	721	39.8	56.5
2016	11917	12124	5912.2	488	7625	2671.0	350	4499	3241.3	720	37.1	54.8

注：同表 8。

3. 自行车胎

台湾主要自行车胎厂有正新、华丰、建大、世发、美利达等。

2016 年台湾自行车外胎出口数量为 833.09 万条，计 5941 万美元，单条价格 7.13 美元；进口数量为 412.8 万条，计 2184.71 万美元，单条价格

5.29 美元。2016 年自行车胎内胎出口数量为 1435.56 万条，计 2093.64 万美元，单条价格 1.46 美元；进口数量为 263.19 万条，计 250.18 万美元，单条价格 0.95 美元。总计自行车内外胎出口量价均高于进口量价。台湾自行车产业历年来出口表现突出，台湾车辆公会资料显示 90% 供国外需求，每年产出自行车约 400 万辆以上，因此进口量应是供自行车组装而再出口贸易用，非台湾消费。

表 9　近年台湾自行车内外胎进出口情况

产品名称	2014 年		2015 年		2016 年	
	数量/千条	金额/千美元	数量/千条	金额/千美元	数量/千条	金额/千美元
自行车外胎出口	9843.8	65986	9488	65370	8330.9	59410.3
自行车内胎出口	18122.3	29218	15460.3	23907	14355.6	20936.4
自行车外胎进口	5664.1	30699	5503.5	28948	4128.0	21847.1
自行车内胎进口	3589.9	4083	3390.4	3848	2631.9	2501.8

4. 胶带

台湾输送带厂商有鑫永铨、三五、兴国、三力达、安雄、建亿、和北等，其中鑫永铨为上市公司。鑫永铨、兴国及三力达公司以外销为主，三五公司则以内销为主。

2016 年台湾橡胶带总销售值为新台币 361658.2 万元，下降 8.3%；其中直接外销额 256187.9 万元新台币，下降 4.0%，占总销售的 70.8%。

表 10　近年台湾橡胶带产销情况

年度	产量	销售值	直接外销值	内销值	外销额占比/%
2010	3850271	3948526	2847420	1101106	72.1
2011	4262192	4229275	3001556	1297719	69.8
2012	4385027	4480910	3191716	1289194	71.2
2013	3846684	3944617	2796020	1148597	70.9
2014	4372626	4483922	3273620	1210302	73.0
2015	3805259	3943591	2667954	1275637	67.7
2016	3506177	3616582	2561879	1054703	70.8

注：产量：千条；销售额：千元新台币。

5. 橡胶油封

2016 年台湾橡胶油封销售总额为新台币 98.2 亿元，其中外销 76.63 亿元，占销售总额的 78.0%，外销地以美国居首位。

表 11　近年台湾橡胶油封产销情况

年度	生产量	销售值	直接外销值	内销值	外销值占比%
2010	7614541	8168226	6017399	2150827	73.7
2011	8315490	9032159	6688396	2343763	74.1
2012	7721946	8425377	6139305	2286072	72.9
2013	8137280	8714005	6451257	2262748	74.0
2014	8996817	9616101	7290440	2325661	75.8
2015	8969327	9551449	7354861	2196588	77.0
2016	9036651	9821137	7662921	2158216	84.8

注:同表 11。

6. 橡胶管

2016 年台湾橡胶管生产量 57949 千米,内销售值为 1920 百万元新台币,下降 2.7%;出口值 446 百万元新台币,占比为 23.2%。

表 12　近年台湾橡胶管产销情况

年度	生产量	销售值	直接外销量	直接外销值	外销值占比%
2010	60072	1686.0	21580	387.0	23.0
2011	63725	2067.4	23178	442.9	21.4
2012	57521	1995.7	19863	392.4	19.7
2013	65028	2036.4	26623	470.7	23.1
2014	67418	2176.6	26723	461.0	21.2
2015	59110	1972.3	21892	395.6	20.1
2016	57949	1920.0	22625	446.0	23.2

注:产销量:千米;销售额:百万元新台币。

7. 橡胶手套

表 13　近年台湾橡胶手套产销情况

年度	生产量	生产值	销售值	外销量占比%	外销值占比%
2010	157789	594.0	837.6	63.3	60.7
2011	148239	652.5	902.0	52.2	53.9
2012	157142	662.6	899.9	53.0	51.7
2013	160873	669.4	874.7	52.6	54.5
2014	162610	833.1	963.7	48.7	58.0
2015	155651	665.6	947.9	46.7	55.7
2016	132700	540.6	643.2	39.9	35.5

注:产销量:千双;产销额:百万元新台币。

8. 翻新轮胎

目前台湾翻新轮胎厂由北到南有升达、台湾万代、三千、东大、光阳、富强、六和、米其林、敏铨、玉山、建发、任佑员、献茂等13家，年翻新量大约60万条，产值约新台币25亿元。目前翻新种类以大卡车及大客车轮胎为主，轿车用轮胎较少翻新使用，主要是受到翻修成本与新胎价差异不大影响所致。为使消费者能够放心使用翻新轮胎，目前台湾对从业者核发自愿性产品认证VPC（Voluntary Product Certification）标章，并于2008年1月起，各交通单位对在快速道路及高速公路行驶的翻新轮胎开始全面实施认证标识查验，为翻新轮胎质量与安全把关。

【技术研发】

台湾橡胶工业在上世纪70年代鞋类发展初期到90年代产业外移期间，是引进国外橡胶制品技术鼎盛时期，台湾橡胶业的技术发展与合作主要以日本和美国为主。表15为台湾主要企业与国外技术合作情况。

表14　台湾厂商与国外技术合作状况一览表

公司	合作国别	合作重点	合作厂家
泰丰轮胎公司	日	轮胎	住友橡胶工业株式会社
正新橡胶公司	日	轮胎	东洋橡胶工业株式会社
建大工业公司	美	轮胎	固铂轮胎橡胶公司
华丰橡胶公司	日	轮胎	住友橡胶工业株式会社
台湾普利司通公司	日	轮胎	普利司通（80%）
中台橡胶公司	日	工业用品	ASAHI Corp.
台裕橡胶公司	日	工业用品	丰田合成株式会社（45%）
亿全橡胶公司	日	工业用品	滚华护膜工业
台湾华尔卡工业	日	工业用品	日本Baruka工业（55%）
协机工业公司	日	工业用品	优科豪马橡胶有限公司（49%）
三五橡胶公司	日	时规皮带	日本阪东化学株式会社
全兴油封企业公司	日	油封	NOK Corp.
厚生公司	日	一般制品	凡丸山工业
台橡公司	美	SBR	B. F. Goodrich Co.
台橡公司	日	BR	宇部兴(UBE)株式会社
中国合成橡胶公司	美	炭黑	大陆碳公司
南帝化学工业公司	美	NBR	B. F. Goodrich Co.
南帝化学工业公司	日	合成乳胶	Nippon Zeon Co.
国联硅工业公司	德	白炭黑	欧励隆工程炭公司(原德固赛公司)
台湾必丕志公司	日	Diasil 白炭黑	德山曹达株式会社
台湾必丕志公司	美	特殊白炭黑	PPG
国成工业公司	日	精练胶	日本合成橡胶公司（30%）

表 15　橡胶弹性体产业研究创新开发状况

产业	研发经费/产业营业额	家数
轮胎业	2.72%	13
工业用品业	0.58%	36
一般制品业	0.49%	24
橡胶制品业	1.43%	73

注:数据来源于台湾橡胶暨弹性体工业同业公会。

【进出口情况】

近年来台湾橡胶弹性体制品业销售值一直是出口大于进口,2016 年出口总值 14.25 亿美元,下降 7.7%;进口总值 6.81 亿美元。

1. 出口情况

2016 年轮胎类出口值为 9.13 亿美元,占橡胶弹性体制品总出口值的 64.1%。出口国家仍以美国为主,达 4.06 亿美元,占轮胎类出口值 44.4%;出口欧盟 0.98 亿美元,占 10.7%;日本 0.86 亿美元,占 9.4%;加拿大 0.59 亿美元,占 6.4%。前四大出口目地国共计 6.49 亿美元,占 71.0%。

2016 年,非轮胎类出口值达 5.11 亿美元,占橡胶弹性体制品总出口值的 35.9%。外销至美国 1.66 亿美元,占非轮胎类外销值的 32.4%;欧盟 1.01 亿美元,占 19.7%;中国大陆 0.60 亿美元,占 11.7%;中国香港 0.23 亿美元,占 4.5%。前四大主要出口目的区占 68.3%,其中中国大陆已成为重要出口对象之一。

表 16　近两年台湾橡胶制品出口统计表

产　品	单位	2015 年		2016 年		金额同比/%
		数量	金额/千美元	数量	金额/千美元	
子午线轮胎	条	13147754	552225	1358874	518983	-6.02
汽车外胎	条	4067232	144040	3494503	111163	-22.82
汽车内胎	条	182011	2301	176888	1585	-31.12
摩托车外胎	条	5589923	128832	5096528	116313	-9.72
摩托车内胎	条	1237066	4458	1159539	4325	-2.98
自行车外胎	条	9488035	65370	833091	59410	-9.12
自行车内胎	条	15460264	23907	14355596	20935	-12.43
翻新轮胎	条	7121	306	22059	167	-45.27
其他外胎	条	2385087	88021	2457322	78686	-10.61
其他内胎	条	446379	1297	388546	1005	-22.48
车胎类小计	**条**	**52010872**	**1010757**	**49070071**	**912574**	**-9.71**
已使用汽胎	千克	5598101	2745	5194135	1758	-35.95
胶管	千克	5168590	21194	5028849	21035	-0.75
V 带	千克	1126984	8325	1046913	7390	-11.24
平面输送带	千克	18969006	69635	17357149	62272	-10.57
其他传动带	千克	2887178	15919	2892830	16219	1.88
橡胶油封	千克	7386459	144020	7503076	145673	1.15
橡胶手套	千克	1883068	12772	1189403	8810	-31.02
胶丝	千克	171551	797	70093	526	-34.02
橡胶绝缘胶带	千克	672820	3575	225805	1507	-57.84
橡胶滚筒	千克	484963	2228	402017	2270	1.91
其他橡胶制品	千克	45379102	252207	46886845	245282	-2.75
非轮胎类小计	**千克**	**84129721**	**530672**	**82602980**	**510984**	**-3.71**
合计			1544174		1425317	-7.70

表 17 近两年台湾轮胎主要出口地区情况

2015 年				2016 年			
排名	出口国(地区)	金额/千美元	占比/%	排名	出口国(地区)	金额/千美元	占比/%
1	美国	458896	45.3	1	美国	405647	44.4
2	欧盟	97040	9.6	2	欧盟	98135	10.7
3	日本	94336	9.3	3	日本	86252	9.4
4	加拿大	63225	6.2	4	加拿大	58945	6.4
5	澳大利亚	33893	3.3	5	澳大利亚	33922	3.7
6	特阿拉伯	25209	2.5	6	沙特阿拉伯	23553	2.6
7	中国大陆	15070	1.5	7	墨西哥	14693	1.6
8	墨西哥	14229	1.4	8	沙特阿拉伯	12976	1.4
9	沙特阿拉伯	13743	1.4	9	中国大陆	12384	1.4
10	秘鲁	9858	1.0	10	伊朗	12074	1.3
	前 10 国小计	825499	81.5		前 10 国小计	758580	83.0
	其他	188003	18.5		其他	155758	17.0
	出口合计	1013502	100.0		出口合计	914338	100.0

注:数据由台湾橡胶暨弹性体工业同业公会整理。

表 18 近两年台湾非轮胎类橡胶制品主要出口地区情况

2015 年				2016 年			
排名	出口国(地区)	金额/千美元	占比/%	排名	出口国(地区)	金额/千美元	占比/%
1	美国	169963	32.0	1	美国	165596	32.4
2	欧盟	101371	19.1	2	欧盟	100,884	19.7
3	中国大陆	63932	12.0	3	中国大陆	59598	11.7
4	日本	26480	5.0	4	中国香港	23022	4.5
5	中国香港	24058	4.5	5	日本	22898	4.5
6	越南	21467	4.0	6	越南	20022	3.9
7	加拿大	14374	2.7	7	加拿大	11805	2.3
8	澳大利亚	9497	1.8	8	泰国	9567	1.9
9	泰国	9314	1.8	9	澳大利亚	8756	1.7
10	沙特阿拉伯	7668	1.4	10	新加坡	6877	1.3
	前 10 国小计	448124	84.4		前 10 国小计	429025	84.0
	其他	82548	15.6		其他	81964	16.0
	出口合计	530672	100.0		出口合计	510989	100.0

注:数据由台湾橡胶暨弹性体工业同业公会整理。

2. 进口情况

2016 年橡胶弹性体制品进口总值 6.81 亿美元，下降 1.49%。

其中，进口轮胎 3.51 亿美元，占橡胶制品类进口总值的 51.5%。从中国大陆进口 0.97 亿美元，占 27.5%，从欧盟进口 0.96 亿美元，占 27.3%；从泰国进口 0.62 亿美元，占 17.8%；从日本进口 0.50 亿美元，占 14.4%。前四大进口来源地共计 3.05 亿美元，占轮胎类进口总值的 87.0%。

表 19　近两年台湾橡胶制品进口情况

产　　品	单位	2015 年		2016 年		金额同比/%
		数量	金额/千美元	数量	金额/千美元	
径向层轮胎	条	4189773	301276	4467877	294857	-2.13
汽车外胎	条	44322	3329	33062	1747	-47.51
汽车内胎	条	327068	927	330314	940	1.38
机车外胎	条	726244	9482	744401	10517	10.91
机车内胎	条	71254	95	68236	93	-1.87
自行车外胎	条	5503474	28948	4127998	21848	-24.53
自行车内胎	条	3390438	3848	2631894	2502	-34.98
翻新轮胎	条	851	443	1758	1253	182.85
其他外胎	条	1026585	17147	969982	15754	-8.12
其他内胎	条	740657	1228	922173	1277	4.03
车胎类小计	**条**	**16020666**	**366723**	**14297695**	**350788**	**-4.35**
已使用汽胎	千克	652785	333	488618	246	-25.99
橡胶管	千克	5163108	47586	4983812	48868	2.69
V 型橡胶带	千克	435716	7036	439236	7540	7.16
平面输送带	千克	1574728	10582	1061854	9225	-12.82
其他传动带	千克	1453583	31706	1345141	31181	-1.65
橡胶油封	千克	2251543	71164	2192213	81942	15.15
橡胶手套	千克	7818918	35829	7813117	33863	-5.49
橡胶丝	千克	3016796	7773	2631462	6280	-19.21
橡胶绝缘胶带	千克	75584	1098	74517	1334	21.50
橡胶滚筒	千克	38841	517	49699	654	26.46
其他橡胶制品	千克	26636040	111457	23132474	109566	-1.70
第二类小计	**千克**	**48464857**	**324748**	**43723525**	**330453**	**1.76**
合计			**691804**		**681488**	**-1.49**

注：数据由台湾橡胶暨弹性体工业同业公会整理。

表 20　近两年台湾轮胎主要进口地区

2015 年				2016 年			
排名	进口国(地区)	金额/千美元	占比/%	排名	进口国(地区)	金额/千美元	占比/%
1	中国大陆	95589	26.0	1	中国大陆	96572	27.5
2	欧盟	90760	24.7	2	欧盟	95945	27.3
3	泰国	73648	20.1	3	泰国	62434	17.8
4	日本	44293	12.1	4	日本	50379	14.4
5	印度尼西亚	18724	5.1	5	印度尼西亚	13447	3.8
6	菲律宾	13430	3.7	6	菲律宾	6814	1.9
7	马来西亚	8669	2.4	7	越南	5682	1.6
8	南韩	7410	2.0	8	马来西亚	5361	1.5
9	越南	5233	1.4	9	南韩	5230	1.5
10	美国	3768	1.0	10	美国	4233	1.2
	前 10 国小计	361524	98.5		前 10 国小计	346097	98.6
	其他	5532	1.5		其他	4940	1.4
	进口合计	367056	100.0		进口合计	351037	100.0

表 21　近两年台湾非轮胎橡胶制品主要进口地区

2015 年				2016 年			
排名	进口国(地区)	金额/千美元	占比/%	排名	进口国(地区)	金额/千美	占比/%
1	日本	90131	27.8	1	日本	90527	27.4
2	中国大陆	57030	17.6	2	中国大陆	60112	18.2
3	欧盟	41605	12.8	3	欧盟	38495	11.6
4	泰国	33085	10.2	4	美国	37562	11.4
5	美国	28051	8.6	5	泰国	30607	9.3
6	马来西亚	21005	6.5	6	马来西亚	19799	6.0
7	南韩	17158	5.3	7	南韩	15060	4.6
8	印度尼西亚	10747	3.3	8	印度尼西亚	11770	3.6
9	新加坡	7455	2.3	9	新加坡	8067	2.4
10	越南	7385	2.3	10	越南	7800	2.4
	前 10 国小计	313652	96.6		前 10 国小计	319799	96.8
	其他	11096	3.4		其他	10655	3.2
	进口合计	324748	100.0		进口合计	330454	100.0

【原材料】

1. 天然橡胶

台湾所需天然橡胶全部依赖进口。2016 年台湾进口天然橡胶 10.48 万吨,较 2015 年 10.75 万吨减少 2.50%。其中,进口泰国天然橡胶 35066.2 吨,占进口量的 33.5%;印度尼西亚 33563.6 吨,占 32%;越南 22987.5 吨,占 21.9%;马来西亚 12169.0 吨,占 11.6%。从前四名进口国家总计进口 103786.3 吨,占 99.0%。

表 22 2016 年台湾天然橡胶进口情况 千克

国家	天然橡胶液	天然橡胶	合计	同比/%	2015 年进口量
泰国	4583280	30482959	35066239	-10.78	39302182
印度尼西亚	-	33563552	33563552	3.21	32520372
越南	-	22987484	22987484	13.26	20296333
马来西亚	1832100	10336900	12169000	-16.76	14620040
美国	591375	25200	616575	677.82	79270
柬埔寨	-	192000	192000	-47.51	365760
斯里兰卡	23400	83000	106400	304.18	26325
危地马拉	50400	-	50400	50.00	33600
比利时	13060	-	13060	-	
日本	5950	169	6119	-43.67	10863
其他国家	900	23672	24572	-88.43	224802
合计	**7100465**	**97694936**	**104795401**	**-2.50**	**107479547**

注:数据由台湾橡胶暨弹性体工业同业公会整理。

2. 合成橡胶

台湾乙烯产能全球排名第 9,合成橡胶产能则在全球排名第 7。

目前,台湾生产合成橡胶的种类以苯乙烯-丁二烯橡胶(SBR)、聚丁二烯橡胶(BR)、丙烯腈-丁二烯橡胶(NBR)、丙烯腈-丁二烯乳胶(NBR LATEX)及热塑性橡胶(TPE)为主,除供应台湾橡胶厂需求外还大量外销,台橡及南帝公司早年即在中国大陆设厂,所需原料如丁二烯、苯乙烯等,主要来自中油、台塑石化、台湾苯乙烯以及国乔公司,不足部分则进口补足,产业结构完整,产品价格随石油价格波动,但比天然橡胶价格相对稳定。

其他台湾不能生产的特殊合成橡胶如 IR、IIR、EPDM、CR、ECO、ACM、Q、HNBR、FKM 等则依赖进口。尽管如此,台湾合成橡胶厂商与橡胶弹性体制品厂在全球橡胶弹性体产业界仍占有重要地位。

表 23　近两年台湾橡胶弹性体原料进口统计

产品名称	2015 年		2016 年		金额同比/%
	数量/千克	金额/千美元	数量/千克	金额/千美元	
天然乳胶	7799084	9234	7100465	7990	-13.48
天然橡胶	99680463	157535	97694936	144026	-8.58
SBR 胶乳	7274376	10841	5976508	7327	-32.41
CR 胶乳	487233	1424	495107	1380	-3.10
其他胶乳	33245	48	50670	177	268.99
SBR	46089103	71238	37500572	57835	-18.82
BR	26413205	37350	29227811	43140	15.50
IIR	4558123	9212	3759878	6016	-34.70
CIIR BIIR	9212870	28457	10583319	24585	-13.60
CR	8885989	31558	8182974	28659	-9.19
NBR	9043952	29497	10685815	28839	-2.23
IR	3052536	9357	6187921	12576	34.40
EPDM	18704574	33307	17313415	25727	-22.76
天然胶与合成胶混合物	146826	353	181593	355	0.54
聚硫橡胶	109233	583	104385	602	3.26
其他合成橡胶	6593706	22717	5333929	16364	-27.97
小计	**261032496**	**485631**	**254923365**	**437549**	**-9.90**
促进剂	2865033	9638	3121757	10043	4.21

注:数据由台湾橡胶暨弹性体工业同业公会整理。

3. 炭黑

中国合成橡胶公司是台湾唯一的炭黑生产厂,年产能 12.5 万吨,占台湾炭黑市场约 70% ~ 80%。中橡公司目前除在台湾有 1 家工厂外,也积极通过并购等方式建厂提升竞争力,包括在大陆安徽马鞍山、辽宁鞍山和重庆等地的 3 家生产厂,以及在美国的 3 家、印度 1 家生产厂,共计 8 家生产工厂,总产能 70 多万吨。

目前台湾主要从中国大陆、韩国、泰国、加拿大及澳洲等地进口炭黑。2016 年台湾炭黑总进口量为 73004 吨,下降 14.5%。其中,从中国大陆进口 53691 吨,下降 12.6%,占年进口总量的 73.5%;从韩国进口 7245 吨,占 9.9%;从日本进口 2316 吨,占 3.2%;从泰国进口 2156 吨,占 3.0%。从前四名国家总计进口 65409 吨,占 89.6%。

表 24　2016 年台湾炭黑主要进口地区及数量统计

国家(地区)	数量/千克	金额/千美元	同比/%	2015 年进口量/千克
中国大陆	53691358	42379	-24.0	61444739
韩国	7245134	8919	-18.7	8784200
美国	2082194	6595	6.3	1857082
日本	2315689	5022	1.8	2548280
加拿大	1419829	2583	-6.3	1490004
比利时	635515	2527	38.2	468015
泰国	2156380	1425	27.1	1300000
印度	1428166	815	21.2	778105
荷兰	168641	547	-28.1	221500
南非	56000	206	42.2	42000
法国	3535	31	-39.1	2215
印度尼西亚	6600	6	-17.5	9700
其他国家	1800	1	-	0
合计	**73004166**	**75550**	**-14.5**	**80034069**

注:数据由台湾橡胶暨弹性体工业同业公会整理。

(邓雅俐)

橡胶工业主要科技成果

橡胶工业主要科技成果

【基本情况】

进入21世纪以来,我国橡胶工业始终保持持续稳定的发展,生胶消耗量、橡胶工业总产值和轮胎产量是最具说服力的3组数据:自2002年起,我国生胶消耗量达306万吨,居世界第一位,15年来一路领先。至2016年生胶消耗量935万吨,同比(下同)增长7.5%,仍占全球的30%左右,见表1。表2是近10年我国橡胶工业总产值数据,2015年达10176亿元,首次突破1万亿,增长3.1%;2016年10345亿元,增长2.6%。2005年起,我国轮胎总产量2.5亿条,居世界第一位。至今同样一路领先,2016年轮胎总产量6.1亿条,增长6.1%,子午化率为92.6%。胶带、胶管、胶鞋等其他各类主要橡胶制品的产量均居世界首位,各类原材料增幅与2015年相当。因此,尽管2015年受国内外复杂经济形势的影响,各类产品总销售额增长幅度较低,但2016年各项指标基本有较大回升,中国作为世界橡胶工业大国的地位仍是无可置疑的。详见表1~3。

表1 2006~2016年我国橡胶消耗量

项目	2006	2007	2008	2009	2010	2011	2012	2013	2014	2015	2016
消耗量/万吨	450	505	550	588	645	690	730	830	880	870	935
递增率/%	12.5	12.6	12.2	6.9	9.7	7.0	6.0	13.7	6.0	-1.1	7.5

表2 2006~2016年我国橡胶工业总产值

项目	2006	2007	2008	2009	2010	2011	2012	2013	2014	2015	2016
工业总产值/亿元	2735	3400	4107	4775	6059	7282	8366	9298	9870	10176	10345
递增率/%	25	26	20	15	27	20	15	11	6	3.1	2.6

表3 2006~2016年我国轮胎产量及增长率

项目	2006	2007	2008	2009	2010	2011	2012	2013	2014	2015	2016
轮胎总产量/亿条	2.80	3.30	3.50	3.80	4.43	4.56	4.7	5.29	5.62	5.65	6.10
增长率/%	12.0	17.9	6.1	8.6	16.6	2.93	3.1	12.5	6.2	0.53	7.96
子午胎产量/亿条	1.81	2.30	2.64	3.0	3.75	3.98	4.14	4.76	5.11	5.15	5.65
增长率/%	22.0	27.8	14.6	13.8	25.0	6.13	4.0	14.9	7.4	0.78	9.71
轮胎子午化率/%	64	70	75	79	84.7	87	88	90	90.9	91.2	92.6

2016年我国橡胶工业的主要技术创新表现在以下几方面:

1. 推进轮胎标签制度的建立。以绿色轮胎为中心,中国橡胶工业协会组织专家进行了轮胎标签法制度研究，提出了关于在中国推行轮胎标签制度可行性研究报告，并推进了绿色轮胎原材料开发应用及绿色轮胎产品检测研究，为全面实施轮胎标签法打下了有力的基础。

标签制度中，对轮胎性能提出更明确的要求，轮胎在滚动阻力、湿地抓着力、噪音等方面的性能得到提升，将全面提高产品档次和市场竞争力，促进技术创新，增强品牌效力，提高企业竞争力。标签制度的建立，规范了国内轮胎性能指标，淘汰了一些性能不达标的轮胎产品，优化了轮胎产能，提高产业集中度，促进市场良性竞争和产品结构调整及企业转型升级。实施轮胎标签制度，可以让消费者能够直观判别轮胎质量优劣，适应国内外消费者选购优质、绿色节能安全轮胎的需求，引导绿色制造、绿色消费，加速推动中国轮胎行业技术进步、质量提升、结构调整。

2015 年 6 月 15 日，中国橡胶工业协会在上海、大连成功举办首届“中国绿色轮胎安全周”公益活动后，2016 和 2017 分别在上海、青岛和烟台连续举办“中国绿色轮胎安全周”，宗旨是面向广大消费者，宣传绿色轮胎知识，倡导轮胎安全使用，促进社会绿色环保节能减排，并再由终端消费者推动中国绿色轮胎健康发展。实践证明“中国绿色轮胎安全周”大型公益活动持续推进了中国轮胎行业转型升级、绿色发展和轮胎标签制度的实施和推广。

中国轮胎标签示例

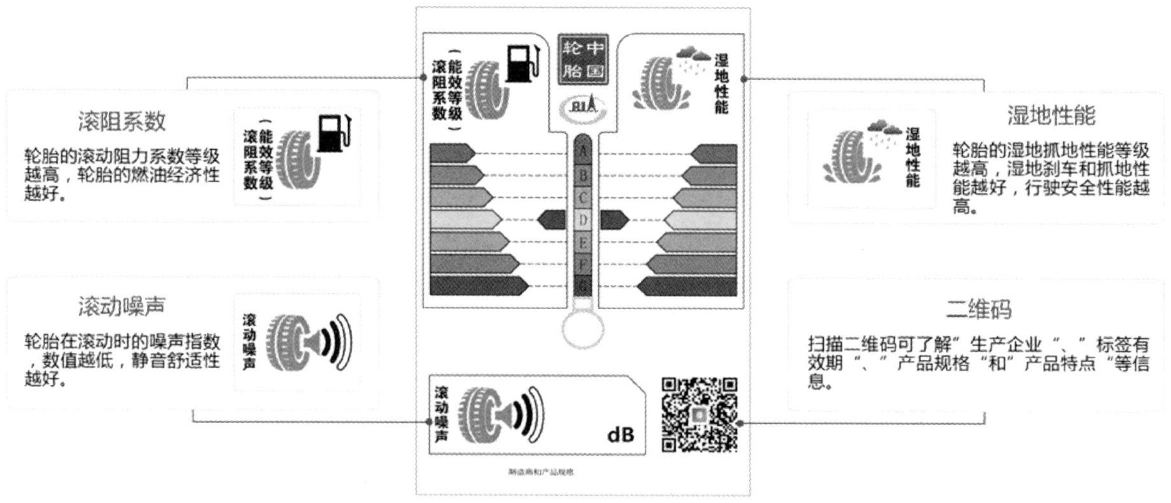

2. 2014 年 4 月 24 日，十二届全国人大通过了对《中华人民共和国环境保护法》的修改，通常称“新环保法”，并于 2015 年 1 月 1 日实施。新环保法首次制定了对违法者采用严厉的行政处罚手段，确保环保治理依法实施，行业及相关企业不断通过技术创新，开发清洁生产技术，特别是橡胶助剂行业积极制定行业自律高标准，为建设“美丽中国”打出硬拳头。橡胶烟气环保治理也引起广泛重视。

3. 2015 年 5 月 8 日，国务院正式发布了《中国制造 2025》规划，这是中国版“工业 4.0 计划”，也是我国实施制造强国第一个 10 年行动纲领。这个纲领向全行业和相关企业吹响了实现绿色制造、智能制造的号角。广大企业通过新材料、新工艺、清洁生产、机器人应用、数字化信息化等关键技术入手，打造符合“工业 4.0”的智能工厂。由软控股份公司开发的 RFID 电子标签技术在轮胎全生命周期中的应用引起行业普遍重视，并在两次人大会议作为提案。2016 年以万力轮胎合肥工厂为代表的年产 200 万条全钢子午胎智能工厂建设成功，成为国产化轮胎智能工厂的示范工程。

绿色制造、智能制造已成为中国橡胶企业强国之路的重要目标。

【主要科技成果】

2001年以来国家级科学技术奖励项目见表4。

2016年橡胶行业省部级主要科技成果见表5。

表4　2001年以来国家级科学技术奖励项目

序号	成果名称	完成单位	奖励等级	获奖时间
1	同步转子密炼机	青岛化工学院	国家科技进步二等奖	2001年
2	6000吨/年子午胎专用硅烷偶联剂	南京曙光化工总厂	国家科技进步二等奖	2002年
3	万吨级/油、油/气新工艺炭黑生产技术	炭黑工业研究设计院	国家科技进步二等奖	2002年
4	子午胎专用新结构钢帘线生产技术	江苏兴达钢帘线公司	国家科技进步二等奖	2004年
5	高精密度自动物料输送称重配料系统及产业化应用	青岛高校软控股份公司	国家科技进步二等奖	2004年
6	亲核芳环取代氢新途径及液相催化氢化新方法制备RT-培司	山东圣奥化工有限公司	国家科技进步二等奖	2004年
7	3万吨/年丁基橡胶生产技术	北京化工大学 燕山石化公司橡胶厂	国家技术发明二等奖	2006年
8	巨型工程子午胎成套生产技术和装备开发	三角集团有限公司 天津赛象科技公司	国家科技进步一等奖	2007年
9	高性能新型弹性体(TPV)的动态硫化制备技术	北京化工大学 山东道恩公司	国家技术发明二等奖	2008年
10	超低断面抗湿滑低噪声乘用子午线轮胎	山东玲珑有限公司	国家科技进步二等奖	2010年
11	连续低温裂解废橡胶资源化利用成套技术与装备	青岛科技大学	国家科技进步二等奖	2011年
12	节油轮胎用高性能橡胶纳米复合材料产业化关键技术	北京化工大学 山东玲珑轮胎有限公司 风神轮胎股份有限公司	国家技术发明二等奖	2015年

表5　2016年橡胶行业省部级主要科技成果

成果名称	完成单位	获奖情况
基于微流场反应技术和装备的精细化学品制造新工艺及应用	南京工业大学、中国科学院青岛生物能源与过程研究所	中国石油和化学工业联合会技术发明一等奖
低浓度VOCs和恶臭气体净化新技术及其工程应用	浙江工业大学、山东派力迪环保工程有限公司、嘉园环保有限公司	中国石油和化学工业联合会技术发明一等奖
烯烃可控/活性配位聚合新原理与新方法及高性能新结构弹性材料制备	北京化工大学、中国石油化工股份有限公司北京燕山分公司、北京燕山玉龙石化工程有限公司	中国石油和化学工业联合会技术发明一等奖
热塑性树脂复合材料产业化及应用关键技术开发	金发科技股份有限公司、广州金发碳纤维新材料发展有限公司	中国石油和化学工业联合会技术发明二等奖

续表 5－1

成果名称	完成单位	获奖情况
橡胶特种挤出成型关键技术研究及应用	青岛科技大学、内蒙古富特橡塑机械有限责任公司	中国石油和化学工业联合会技术发明二等奖
低成本芳烃增产及利用新技术	中国石油天然气股份有限公司辽阳石化分公司	中国石油和化学工业联合会技术发明三等奖
用于水力压裂的智能纤维输送机及可降解纤维研发与应用	中国石油大学（北京）、北京天成垦特莱科技有限公司	中国石油和化学工业联合会技术发明三等奖
一种环保型贮存稳定的反应注射成型用聚氨酯组合物及其制备方法	黎明化工研究设计院有限责任公司	中国石油和化学工业联合会技术发明三等奖
等离子一步氧化法合成环保型橡胶促进剂NS的清洁化生产	沈阳化工大学、铁岭尔凡橡塑研发有限公司	中国石油和化学工业联合会技术发明三等奖
万吨级轮胎工业用功能树脂产业化关键技术	华奇（中国）化工有限公司、常州常京化学有限公司、彤程化学（中国）有限公司、北京彤程创展科技有限公司	中国石油和化学工业联合会科技进步一等奖
碳纳米管规模化生产关键制备技术及其在橡胶中的应用	山东大展纳米材料有限公司、青岛科技大学	中国石油和化学工业联合会科技进步二等奖
高含盐有机废水纳滤与MVR蒸发节能环保处理技术及成套装备	常州大学、常州中源工程技术有限公司、常州光辉生物科技有限公司	中国石油和化学工业联合会科技进步二等奖
新型碳材料的分散及高性能复合材料的构建	青岛科技大学	中国石油和化学工业联合会科技进步二等奖
新型无机/高分子材料体系的构建及其在绿色化学化工领域的应用	江苏大学	中国石油和化学工业联合会科技进步二等奖
国产溶聚丁苯橡胶在绿色轮胎中的应用技术开发与推广	青岛科技大学、中国石油天然气股份有限公司石油化工研究院、山东金宇实业股份有限公司	中国石油和化学工业联合会科技进步二等奖
橡胶防老剂6PPD循环加氢新技术	山东尚舜化工有限公司	中国石油和化学工业联合会科技进步二等奖
公路用SBS生产技术开发及工程化应用	中国石油独山子石化公司、长安大学	中国石油和化学工业联合会科技进步三等奖
化学工业园区生产安全免疫模型及应用	广东省安全生产技术中心、华南理工大学	中国石油和化学工业联合会科技进步三等奖
乳聚丁苯橡胶含磷废水处理技术开发及工业应用	中国石油天然气股份有限公司石油化工研究院、中国石油天然气股份有限公司抚顺石化公司、中国石油天然气股份有限公司吉林石化公司	中国石油和化学工业联合会科技进步三等奖

续表 5－2

成果名称	完成单位	获奖情况
异戊橡胶门尼黏度国家标准物质研制与应用	中国石油天然气股份有限公司石油化工研究院	中国石油和化学工业联合会科技进步三等奖
石油基环保型橡胶软化功能材料开发与应用	中国石油大学(华东)、广饶县康斯唯绅新材料有限公司	中国石油和化学工业联合会科技进步三等奖
黏弹性表面活性剂型压裂液技术与应用	西安石油大学、陕西延长石油(集团)有限责任公司	中国石油和化学工业联合会科技进步三等奖
离子液体促进生物质制备高值产品的基础研究	青岛科技大学、中国科学院青岛生物能源与过程研究所	中国石油和化学工业联合会科技进步三等奖
橡胶轮胎智能分拣、调度与仓储物流集成系统	软控股份有限公司、青岛科捷物流科技有限公司、青岛软控机电工程有限公司	中国石油和化学工业联合会科技进步三等奖
聚氨酯的形态、多级结构与其耐温性	青岛科技大学	中国石油和化学工业联合会科技进步三等奖
化学品快速采样定性分析及安全特性鉴定技术	上海化工研究院、中国东方航空股份有限公司、上海天科化工检测有限公司	中国石油和化学工业联合会科技进步三等奖
国产柔性软管研制与应用	中海油研究总院、天津市海王星海上工程技术股份有限公司	中国石油和化学工业联合会科技进步三等奖
水性无溶剂高固含量发泡聚氨酯关键技术开发及应用	杭州传化精细化工有限公司、浙江传化股份有限公司	中国石油和化学工业联合会科技进步三等奖
环保型新钙锌高效热稳定剂的开发	青岛科技大学、青岛新材料科技工业园发展有限公司、青岛晟科材料有限公司、青岛晟瑞达磁性材料有限公司、青岛琴科工程塑料有限公司	中国石油和化学工业联合会科技进步三等奖
环保丁腈橡胶 NBR3308E 的开发与工业化生产	中国石油天然气股份有限公司兰州石化分公司、中国石油天然气股份有限公司兰州化工研究中心、中国石油天然气股份有限公司西北化工销售分公司	中国石油和化学工业联合会科技进步三等奖
阻燃耐腐蚀专业轮胎关键技术	青岛双星轮胎工业有限公司	中国消防协会科学技术创新二等奖
具有 0 度带束层结构的全钢子午线轮胎	中策橡胶集团有限公司	浙江省科技进步二等奖
绿色环保高性能轻载商用车轮胎的新技术研发与应用	山东玲珑轮胎股份有限公司	山东省科技进步二等奖
SUV ALL Terrain 轮胎的研究开发	山东玲珑轮胎股份有限公司	山东省经信委技术鉴定

续表 5 - 3

成果名称	完成单位	获奖情况
6.50R16LT、7.00R16LT 等轻卡系列化产品开发	山东玲珑轮胎股份有限公司	山东省经信委技术鉴定
第三代中短途载重系列轮胎的产品开发	山东玲珑轮胎股份有限公司	山东省经信委技术鉴定
18.00 - 25 E - 3 耐寒工程胎的开发	山东玲珑轮胎股份有限公司	山东省经信委技术鉴定
全钢高耐磨公交车专用胎面配方研发	山东玲珑轮胎股份有限公司	山东省经信委技术鉴定
高白炭黑含量胎面胶料混炼技术的开发	山东玲珑轮胎股份有限公司	山东省经信委技术鉴定
轮胎生产中胎侧与内衬层复合件斜向裁切方法与斜裁装置的研究	山东玲珑轮胎股份有限公司	山东省经信委技术鉴定
半钢子午线轮胎硫化定点入模研究	山东玲珑轮胎股份有限公司	山东省经信委技术鉴定
智能微声传感技术及应用	软控股份有限公司	中国人工智能学会进步奖二等奖
运梁车提梁机专用子午线轮胎的研制	风神轮胎股份有限公司	河南省科技进步三等奖
27.00R49 巨型智能工程子午胎的开发研制	风神轮胎股份有限公司	中国化工集团科学技术二等奖
欧洲大陆二代冬季胎新产品开发	风神轮胎股份有限公司	中国化工集团科学技术二等奖
一次法混炼新技术与应用	山东丰源轮胎制造股份有限公司	中国化工学会鉴定
碳纳米管材料在轮胎中的应用研究	山东丰源轮胎制造股份有限公司	中国化工学会鉴定
串联一次法炼胶生产线及炼胶方法	中策橡胶集团有限公司	发明专利
一种二层 U 型钢丝加强胎圈的全钢子午线轮胎及其制备方法	中策橡胶集团有限公司	发明专利
一种胎圈内加强的全钢子午线轮胎及其制备方法	中策橡胶集团有限公司	发明专利
一种胎圈外加强的全钢子午线轮胎及其制备方法	中策橡胶集团有限公司	发明专利
一种双层钢丝加强胎圈的全钢子午线轮胎及其制备方法	中策橡胶集团有限公司	发明专利
一种尼龙补强内衬结构的全钢载重子午线轮胎	中策橡胶集团有限公司	发明专利
一种胶片冷却机的空胶盘输送装置	中策橡胶集团有限公司	发明专利
物料校核称量方法及其装置	软控股份有限公司	发明专利
无线无源声表面波延迟线型温度和压力传感器	软控股份有限公司	发明专利

续表 5－4

成果名称	完成单位	获奖情况
胶料接取装置及其方法	软控股份有限公司	发明专利
钢丝帘布小角度裁断机包贴胶片装置	软控股份有限公司	发明专利
用于不平衡量的测量装置及其方法	软控股份有限公司	发明专利
轮胎试验机段宽调整装置及其方法	软控股份有限公司	发明专利
上轮辋柔性定位装置及其方法	软控股份有限公司	发明专利
工程胎的全合成橡胶胎面胶料	山东玲珑轮胎股份有限公司	发明专利
具有复合结构胎面的轮胎及其制造方法	山东玲珑轮胎股份有限公司	发明专利
一种提高橡胶草花青素含量的方法	中国热带农业科学院橡胶研究院、山东玲珑轮胎股份有限公司、北京化工大学、中国热带农业科学院湛江实验站	发明专利
裁切方法、裁切装置及胎侧与内衬层复合件	山东玲珑轮胎股份有限公司	发明专利
一种轮胎成型机部件自动压合系统	广州丰力橡胶轮胎有限公司、广州市华南橡胶轮胎有限公司	发明专利
用于低滞后损失的载重子午线轮胎胎面的橡胶组合物	青岛双星轮胎工业有限公司	发明专利
一种载重车辆用的车轮总成	青岛双星轮胎工业有限公司	发明专利
一种用于耐扎型载重子午线轮胎胎面的橡胶组合物	青岛双星轮胎工业有限公司	发明专利
硫化机卸胎机械手的定位机构	青岛双星橡塑机械有限公司	发明专利
轮胎伺服机械手	青岛双星橡塑机械有限公司	发明专利
胶片提升转运装置	青岛双星橡塑机械有限公司	发明专利
V 法造型线自动覆背刮砂装置	双星漯河中原机械有限公司	发明专利
一种万向柔性手臂	青岛双星环保设备有限公司	发明专利
下开式活络模具弓型座定位装置	风神轮胎股份有限公司	发明专利
方断面钢丝圈的钢丝带截断装置	风神轮胎股份有限公司	发明专利
一种无内胎的成品外胎的胎里露线修补方法	风神轮胎股份有限公司	发明专利
低噪花纹块	双钱集团上海轮胎研究所有限公司	发明专利
一种用于轮胎活络模具的减磨结构	双钱集团上海轮胎研究所有限公司	发明专利
一种加工橡胶轮胎的真空活络模具的密封方法和结构	双钱集团上海轮胎研究所有限公司	发明专利
一种改进的胎面胶材料及其制备方法	双钱集团上海轮胎研究所有限公司	发明专利
一种高黏度的轮胎气密层胶料组合物	双钱集团（如皋）轮胎有限公司	发明专利

续表 5 - 5

成果名称	完成单位	获奖情况
一种新型成型鼓检测工装	双钱集团（如皋）轮胎有限公司	发明专利
一种工程车轮胎内衬层宽复合机台针刺压辊	双钱集团（如皋）轮胎有限公司	发明专利
一种零度带束层改进系统	双钱集团（如皋）轮胎有限公司	发明专利
轮胎用钢丝圈转移车	双钱集团（如皋）轮胎有限公司	发明专利
用于轮胎制造过程的尼龙橡胶圈	八亿橡胶有限责任公司	发明专利
用于轮胎硫化机热板和模套的自动排凝装置	八亿橡胶有限责任公司	发明专利
以品质提升为导向的产供销立体化持续改进管理体系的创建与应用	八亿橡胶有限责任公司	省煤炭企业管理现代化创新成果
以品质提升为导向的产供销立体化持续改进管理体系的创建与应用	八亿橡胶有限责任公司	山东省企业管理现代化创新成果二等奖
以品质提升为导向的产供销立体化持续改进管理体系的创建与应用	八亿橡胶有限责任公司	省管理创新成果三等奖
一种输送带用耐寒抗结冰覆盖胶及其制备方法	无锡宝通科技股份有限公司	发明专利
节能型高强力碳纤维输送带的制备方法	无锡宝通科技股份有限公司	发明专利
一种聚酯帆布用的耐热浸渍处理液及其制备方法和应用	无锡宝通科技股份有限公司	发明专利
一种玻璃纤维耐高热输送带覆盖胶及其制备方法	无锡宝通科技股份有限公司	发明专利
织物芯叠层阻燃输送带覆盖层用橡胶及其制备方法	无锡宝通科技股份有限公司	发明专利
硫化机后定型装置	山东丰源轮胎制造股份有限公司	发明专利
橡胶低温净化机	山东丰源轮胎制造股份有限公司	发明专利
一种橡胶硫化促进剂 MBT 的提纯方法	山东尚舜化工有限公司	发明专利
橡胶硫化促进剂二苄基二硫代氨基甲酸锌的制备方法	山东尚舜化工有限公司	发明专利
一种 4 - 氨基二苯胺的催化加氢的生产设备及工艺	山东尚舜化工有限公司	发明专利
用于合成橡胶促进剂 NS 的生产设备及应用	山东阳谷华泰化工股份有限公司	发明专利
一种轮胎用防肩空剂及其制备方法与应用	山东阳谷华泰化工股份有限公司	发明专利

续表 5－6

成果名称	完成单位	获奖情况
一种橡胶用抗疲劳剂及其制备方法与应用	山东阳谷华泰化工股份有限公司	发明专利
一种不溶性硫黄的干燥工艺及其工艺设备	山东阳谷华泰化工股份有限公司	发明专利
一种次磺酰胺类硫化促进剂灰分快速测定方法	山东阳谷华泰化工股份有限公司	发明专利
2－甲基马来酸酐和1,3－双(柠康酰亚胺甲苯)苯的制备方法	山东阳谷华泰化工股份有限公司	发明专利
一种气密性增进剂及其制备方法与应用	山东阳谷华泰化工股份有限公司	发明专利
一种不溶性硫黄的气化淬冷工艺	山东阳谷华泰化工股份有限公司	发明专利
光催化处理促进剂生产废水的方法	科迈化工股份有限公司	发明专利
一种以固体硫酸为催化剂的2.2.4－三甲基－二氢化喹啉聚合体的制备方法	山东斯递尔化工科技有限公司	发明专利
汽车密封条用环保综合促进剂LHG－80预分散母胶粒关键技术及应用	宁波艾克姆新材料有限公司	发明专利
汽车密封条用环保综合促进剂预分散母胶粒及其制备	宁波艾克姆新材料有限公司	发明专利
一种颗粒型发泡剂预分散母胶粒及其制备	宁波艾克姆新材料有限公司	发明专利
N－叔丁基－2－苯并噻唑次磺酰胺预分散母胶粒及其制备方法	宁波艾克姆新材料有限公司	发明专利
一种用于橡胶硫化交联的预分散母胶粒及其制备方法	宁波艾克姆新材料有限公司	发明专利
二乙基二硫代氨基甲酸碲的制备方法、包括它的预分散母胶粒及其制备方法	宁波艾克姆新材料有限公司	发明专利
一种利用两相法制备酚醛树脂的方法	华奇(中国)化工有限公司	发明专利
一种橡胶黏合促进剂及其制备方法和应用	华奇(中国)化工有限公司	发明专利
一种妥尔油改性酚醛树脂及其制备方法	华奇(中国)化工有限公司	发明专利
一种妥尔油改性酚醛树脂及其制备方法和应用	华奇(中国)化工有限公司	发明专利
腰果二酚改性酚醛树脂及其制备方法和应用	华奇(中国)化工有限公司	发明专利
间苯二胺改性的芳烷基间苯二酚醛类化合物树脂及其制备和应用	华奇(中国)化工有限公司	发明专利
a－甲基苯乙烯和苯乙烯共聚物的阳离子聚合方法	彤程化学(中国)有限公司	发明专利

续表 5－7

成果名称	完成单位	获奖情况
一种含有多硫醚结构的聚合物及其制备方法	北京彤程创展科技有限公司	发明专利
一种提高橡胶抗撕裂性能的树脂及其制备方法	北京彤程创展科技有限公司	发明专利
一种硫化橡胶中防焦剂 CTP 含量的分析方法	北京彤程创展科技有限公司	发明专利
一种白炭黑分散剂、制备方法及其应用	北京彤程创展科技有限公司	发明专利
一种硫代氨基甲酸衍生物及其制备方法	北京彤程创展科技有限公司	发明专利
一种结合苯乙烯含量的定量分析方法	北京彤程创展科技有限公司	发明专利
一种有机硫代硫酸衍生物的测定方法	北京彤程创展科技有限公司	发明专利
一种改性烷基酚醛树脂的制备方法及其应用	北京彤程创展科技有限公司	发明专利
一种双功能有机硫代硫酸盐及其制备方法	北京彤程创展科技有限公司	发明专利
一种橡胶组合物以及使用其的轮胎	北京彤程创展科技有限公司	发明专利
一种腰果油改性酚醛树脂及其制备方法	北京彤程创展科技有限公司	发明专利
腰果油改性的烷基酚－酚醛增黏树脂及其制备方法和应用	常州常京化学有限公司	发明专利
一种抗硫化返原剂的造粒方法	常州常京化学有限公司	发明专利
利用离子液体促进原位硅烷化反应的方法	嘉兴北化高分子助剂有限公司,华南理工大学产,北京化工大学先进弹性体中心	发明专利
石墨烯生产过程中废硫酸的处理方法	济宁利特纳米技术有限责任公司	发明专利
一种水性石墨烯环氧树脂纳米复合材料的制备方法	济宁利特纳米技术有限责任公司	发明专利
一种在液氮或干冰保护下制备高分散性纳米二硫化钼分散液的方法	济宁利特纳米技术有限责任公司	发明专利
一种通过氯化钠用量实现调控银纳米线直径的方法	济宁利特纳米技术有限责任公司	发明专利
一种通过双氧水在多元醇还原法中调控银纳米棒长度的方法	济宁利特纳米技术有限责任公司	发明专利
一种网壳结构用的球铰支撑架的排布方式	衡水橡胶股份有限公司	发明专利
一种橡胶止水带	衡水橡胶股份有限公司	发明专利
一种金属阻尼减隔震支座	衡水中铁建工程橡胶有限责任公司	发明专利
一种节能环保弹性体止水带及其制备工艺	衡水中铁建工程橡胶有限责任公司	发明专利

续表 5－8

成果名称	完成单位	获奖情况
一种反应型高分子自黏防水卷材及其制备方法	衡水中铁建工程橡胶有限责任公司	发明专利
可更换模数式桥梁伸缩装置及其安装和检修更换方法	衡水布朗科技有限公司	发明专利
多阶螺杆连续脱硫绿色制备颗粒再生橡胶成套技术	北京化工大学、南京绿金人橡塑高科有限公司	中国循环经济协会科学技术一等奖
LJR－5000Y 型 绿色高效连续制备再生胶生产线	南京绿金人橡塑高科有限公司	江苏省经济和信息化委鉴定
一种防黏连双阶双转子连续冷却脱硫胶粉的装置及方法	南京绿金人橡塑高科有限公司	第三届中国循环经济专利奖一等奖
一种双阶双螺杆挤出机连续制备再生胶的方法	北京化工大学、南京绿金人橡塑高科有限公司	第三届中国循环经济专利奖金奖
环保节能型万吨级废轮胎再生橡胶连续化模块化智能化成套集成技术	中胶橡胶资源再生（青岛）有限公司、青岛科技大学	中国循环经济协会鉴定
一种废旧密封条胶粉/橡胶型氯化聚乙烯共混发泡材料的制备方法	中胶橡胶资源再生（青岛）有限公司	发明专利
一种环保再生橡胶及制备方法	中胶橡胶资源再生（青岛）有限公司	发明专利
青岛市中小企业“专精特新”产品（技术）	中胶橡胶资源再生（青岛）有限公司	发明专利
一种热塑性硫化胶及其制备方法	中胶橡胶资源再生（青岛）有限公司	发明专利
废旧橡胶脱硫塑化装置	江苏中宏环保科技有限公司	省级技术鉴定
环保型智能化废橡胶再生成套设备	江苏中宏环保科技有限公司	省级技术鉴定
环保型智能化废橡胶再生成套设备的研发	江苏中宏环保科技有限公司	省级技术鉴定
一字形高温常压脱硫机	天台坤荣橡胶有限公司	省级技术鉴定
一种再生胶连续脱硫机	天台坤荣橡胶有限公司	省级技术鉴定

【2015～2016 年橡胶行业国家新标准和行业标准】

国家质量监督检验检疫总局、国家标准化管理委员会批准《汽车液压盘式制动缸用橡胶密封件》等 179 项国家标准，其中涉及橡胶行业的标准 14 项，实施日期为 2014 年 12 月 1 日，见表 6。

2015～2016 年实施的 33 项橡胶行业标准见表 7。

中国橡胶工业协会团体标准应用示范项目汇总见表 8。

表 6　2014 年 12 月 1 日实施的 14 项橡胶行业国家标准

序号	标准号	标准名称	实施日期
1	GB/T 24797.2－2014	橡胶包装用薄膜 第 2 部分:天然橡胶	2014－12－01
2	GB/T 24797.3－2014	橡胶包装用薄膜 第 3 部分:乙烯－丙烯－二烯烃橡胶(EPDM)、丙烯腈－丁二烯橡胶(NBR)、氢化丙烯腈－丁二烯橡胶(HNBR)、乙烯基丙烯酸酯橡胶(AEM)和丙烯酸酯橡胶(ACM)	2014－12－01
3	GB/T 30779－2014	鞋用水性聚氨酯胶粘剂	2014－12－01
4	GB/T 30907－2014	胶鞋 运动鞋减震性能试验方法	2014－12－01
5	GB/T 30909－2014	胶鞋 丙烯腈迁移量的测定	2014－12－01
6	GB/T 30910－2014	胶鞋 2－巯基苯并噻唑、二硫化二苯并噻唑迁移量的测定	2014－12－01
7	GB/T 30911－2014	汽车齿轮齿条式动力转向器唇形密封圈性能试验方法	2014－12－01
8	GB/T 30912－2014	汽车液压盘式制动缸用橡胶密封件	2014－12－01
9	GB/T 30914－2014	苯乙烯－异戊二烯－丁二烯橡胶(SIBR)微观结构的测定	2014－12－01
10	GB/T 30917－2014	天然胶乳橡胶避孕套中可迁移亚硝胺的测定	2014－12－01
11	GB/T 30918－2014	非充油溶液聚合型异戊二烯橡胶(IR) 评价方法	2014－12－01
12	GB/T 30919－2014	苯乙烯－丁二烯生橡胶 N－亚硝基胺化合物的测定 气相色谱－热能分析法	2014－12－01
13	GB/T 30920－2014	氯磺化聚乙烯(CSM)橡胶	2014－12－01
14	GB/T 30922－2014	异丁烯－异戊二烯橡胶(IIR)	2014－12－01

表 7　2015～2016 年实施的 33 项橡胶行业标准

序号	标准编号	标准名称	标准主要内容	代替标准
轮胎				
1	HG/T 4953－2016	轮胎用射频识别(RFID)电子标签	本标准规定了轮胎用 RFID 电子标签的术语和定义、型号命名、基本参数及结构组成、要求及标志、使用说明书、包装、运输、贮存等要求。 本标准适用于轿车轮胎及载重汽车轮胎用 RFID 电子标签。	

续表 7－1

序号	标准编号	标准名称	标准主要内容	代替标准
2	HG/T 4954－2016	轮胎用射频识别（RFID）电子标签植入方法	本标准规定了轮胎用 RFID 电子标签的植入方法。 本标准适用于轿车轮胎及载重汽车轮胎用 RFID 电子标签。	
3	HG/T 4955－2016	轮胎用射频识别（RFID）电子标签性能试验方法	本标准规定了轮胎用 RFID 电子标签性能的试验方法。 本标准适用于轿车轮胎及载重汽车轮胎用 RFID 电子标签。	
4	HG/T 4956－2016	轮胎用射频识别（RFID）电子标签编码	本标准规定了轮胎用 RFID 电子标签的编码方法的术语和定义、通用要求、数据结构、数据方案等要求。 本标准适用于轿车轮胎及载重汽车轮胎用 RFID 电子标签。	
橡胶助剂				
5	HG/T 4890－2016	硫化促进剂　一硫化四甲基秋兰姆（TMTM）	本标准规定了硫化促进剂一硫化四甲基秋兰姆（简称硫化促进剂 TMTM）的要求、试验方法、检验规则、标志、包装、运输和贮存。 本标准适用于以二甲胺、二硫化碳等为主要原料制得的硫化促进剂 TMTM。	
6	HG/T 4891－2016	硫化促进剂　二苄基二硫代氨基甲酸锌（ZBEC）	本标准规定了硫化促进剂二苄基二硫代氨基甲酸锌（简称硫化促进剂 ZBEC）的要求、试验方法、检验规则、标志、包装、运输和贮存。 本标准适用于以二苄胺、二硫化碳、含锌化合物等为主要原料制得的硫化促进剂 ZBEC。	
7	HG/T 4892－2016	氨基硅烷偶联剂	本标准规定了 5 种氨基硅烷偶联剂产品的要求、试验方法、检验规则、标志、包装、运输和贮存。 本标准适用于以烷氧基硅烷和液氨或乙二胺为主要原料经置换反应制得的氨基硅烷偶联剂。	
8	HG/T 4893－2016	环氧硅烷偶联剂	本标准规定了 5 种环氧硅烷偶联剂产品的要求、试验方法、检验规则、标志、包装、运输和贮存。 本标准适用于以含氢硅烷和烯丙基缩水甘油醚或 1,2－环氧－4－乙烯基环己烷为主要原料经硅氢加成反应制得的环氧硅烷偶联剂。	

续表 7-2

序号	标准编号	标准名称	标准主要内容	代替标准
9	HG/T 4894-2016	不饱和硅烷偶联剂	本标准规定了6种不饱和硅烷偶联剂产品的要求、试验方法、检验规则、标志、包装、运输和贮存。 本标准适用于以烷氧基硅烷、甲基丙烯酸盐等为主要原料,经取代反应制得的甲基丙烯酰氧基官能团的不饱和硅烷偶联剂;以含氢硅烷、乙炔等为主要原料,经加成等反应制得的乙烯基官能团的不饱和硅烷偶联剂。	
10	HG/T 4895-2016	橡胶防老剂 N-(1-甲基庚基)-N'-苯基对苯二胺和2,2,4-三甲基-1,2-二氢化喹啉聚合物复配物(8PPD/TMQ)	本标准规定了N-(1-甲基庚基)-N'-苯基对苯二胺(8PPD)和2,2,4-三甲基-1,2-二氢化喹啉聚合物(TMQ)复配物(简称橡胶防老剂8PPD/TMQ复配物)的要求、试验方法、检验规则及标志、包装、运输、贮存和安全。 本标准适用于由8PPD与TMQ按照大约7:3的比例加热复合制得的橡胶防老剂8PPD/TMQ复配物。	
11	HG/T 4896-2016	橡胶防老剂 N-(1-甲基庚基)-N'-苯基对苯二胺(8PPD)	本标准规定了N-(1-甲基庚基)-N'-苯基对苯二胺(简称橡胶防老剂8PPD)的要求、试验方法、检验规则、标志、包装、运输、贮存和安全。 本标准适用于由4-氨基二苯胺与2-辛酮缩合还原而制得的橡胶防老剂8PPD。	
12	HG/T 4897-2016	橡胶防老剂 N,N'-双(1,4-二甲基戊基)-对苯二胺(77PD)	本标准规定了N,N'-双(1,4-二甲基戊基)-对苯二胺(简称橡胶防老剂77PD)的要求、试验方法、检验规则、标志、包装、运输、贮存和安全。 本标准适用于由1,4-二氨基苯(对苯二胺)与甲基异戊基甲酮缩合烷基化反应制得的橡胶防老剂77PD。	
13	HG/T 4898-2016	橡胶防老剂 N-1,3-二甲基丁基-N'-苯基对苯二胺和N-1,4-二甲基戊基-N'-苯基对苯二胺复配物(6PPD/7PPD)	本标准规定了N-1,3-二甲基丁基-N'-苯基对苯二胺(6PPD)与N-1,4-二甲基戊基-N'-苯基对苯二胺(7PPD)复配物(简称橡胶防老剂6PPD/7PPD复配物)的要求、试验方法、检验规则、标志、包装、运输、贮存和安全。 本标准适用于由6PPD和7PPD按照大约4:6的比例加热复合制得的橡胶防老剂6PPD/7PPD复配物。	

续表 7－3

序号	标准编号	标准名称	标准主要内容	代替标准
14	HG/T 4899－2016	硬脂酸钴	本标准规定了硬脂酸钴的要求、试验方法、检验规则、标志、包装、运输和贮存。 本标准适用于亚钴碱性化合物与硬脂酸中和反应制得的钴盐产品。	
非轮胎橡胶制品				
15	HG/T 2446－2016	胶辊　第5部分:造纸胶辊	本标准规定了造纸胶辊的分类与标记、产品结构、要求、试验方法、检验规则以及标志、包装、运输与贮存等。 本标准适用于造纸机械中的伏辊类、导辊类、压榨辊类、施胶辊类、压光辊类,其他类似胶辊可参考使用。	HG/T 2446－2005
16	HG/T 2866－2016	橡胶护舷	本标准规定了橡胶护舷的分类、标记、要求、试验方法、检验规则以及标志、包装、运输与贮存。 本标准适用于以橡胶护舷本体形状变形为主来吸收船舶冲击能量的中空式压缩橡胶护舷。	HG/T 2866－2003
17	HG/T 4901－2016	层压机用氟硅复合橡胶压板	本标准规定了层压机用氟硅复合橡胶压板的分类与标记、结构、要求、试验方法、检验规则以及标志、包装、运输与贮存等。 本标准适用于光伏太阳能电池多晶硅生产设备的层压机用橡胶压板。	
18	HG/T 2701－2016	压缩式封隔器胶筒	本标准规定了油田、煤气田、页岩气田用压缩式封隔器胶筒的术语和定义、结构、代号、要求、检验规则及标志、包装、运输、贮存。 本标准适用于油田、煤气田、页岩气田分层测试、分层射孔、注水、注水井深部调驱、注水井吸水剖面调剖、油水井堵水、酸化和水力压裂、爆燃压裂使用的压缩式封隔器胶筒及完井用压缩式封隔器胶筒。	HG/T 2701－1995

续表 7-4

序号	标准编号	标准名称	标准主要内容	代替标准
19	HG/T 2702-2016	扩张式封隔器胶筒	本标准规定了油气田、煤气田、页岩气田用扩张式封隔器胶筒的术语和定义、结构、代号、要求、检验规则及标志、包装、运输和贮存。 本标准适用于油气田分层测试、注水、酸化和压裂,煤层气测试压裂,页岩气测试压裂等用扩张式封隔器胶筒及完井用扩张式封隔器胶筒。	HG/T 2702-1995
20	HG/T 4902-2016	橡胶植草砖	本标准规定了橡胶植草砖的术语和定义、要求、试验方法、检验规则以及标志、包装、运输与贮存。 本标准适用于以聚氨酯胶黏剂黏合橡胶颗粒经高温模压成型的具有双层结构的植草砖。	
21	HG/T 4907-2016	避孕套爆破仪校准指南	本标准确立了避孕套爆破试验仪器的校准原则,给出了测量的溯源性综合要求指南,同时也确立了校准时间间隔和测量不确定度评定的基本原则。 本标准适用于避孕套爆破仪的校准。	
22	HG/T 4908-2016	橡胶拉力器	本标准规定了橡胶拉力器的要求、试验方法、检验规则、包装、标识、运输和贮存。 本标准适用于以天然胶乳、合成橡胶或热塑性弹性体为主体材料制成的用作健身运动器械的橡胶管及橡胶带拉力器。	
胶带				
23	HG/T 4900-2016	带式输送机用聚氨酯防尘带	本标准规定了带式输送机用聚氨酯防尘带的产品标记、产品结构、要求、试验方法、检验规则以及标志、包装、运输与贮存等。 本标准适用于所有带式输送机的聚氨酯防尘带。	
24	HG/T 4904-2016	普通输送带用整体织物带芯	本标准规定了普通输送带用整体织物带芯的产品分类、技术要求、试验方法、检验规则、标志、包装、贮存和运输。 本标准适用于普通输送带用整体织物带芯的品质鉴定和验收。	

续表 7－5

序号	标准编号	标准名称	标准主要内容	代替标准
胶鞋				
25	HG/T 4905－2016	网球鞋	本标准规定了网球鞋的要求、试验方法、检验规则及标志、包装、运输、贮存。 本标准适用于专业比赛和训练穿用网球鞋。	
26	HG/T 4906－2016	羽毛球鞋	本标准规定了羽毛球鞋的要求、试验方法、检验规则以及标志、包装、运输、贮存。 本标准适用于专业比赛和训练穿用的羽毛球鞋。	
原材料				
27	HG/T 4903－2016	动态全硫化热塑性弹性体(TPV)　三元乙丙橡胶/聚丙烯型	本标准规定了三元乙丙橡胶/聚丙烯型动态全硫化热塑性弹性体(TPV)的技术要求、试验方法、检验规则及包装、标志、贮存和运输等要求。 本标准适用于以三元乙丙橡胶(EPDM)和聚丙烯(PP)为主要原材料,采用动态全硫化技术制备的EPDM/ PP动态全硫化热塑性弹性体。	
28	HG/T 4849－2016	粉末丁腈橡胶	本标准规定了粉末丁腈橡胶(P－NBR)的牌号命名、要求、试验方法、检验规则及包装、标志、贮存和运输、质量保证期。 本标准适用于以丁二烯、丙烯腈为主要单体经乳液聚合、凝聚、干燥制得的粉末丁腈橡胶。	
29	HG/T 4909－2016	车灯用有机硅密封胶	本标准规定了车灯用有机硅密封胶的术语和定义、要求、试验方法、检验规则、标志、包装、运输和贮存。 本标准适用于以聚硅氧烷为基胶,加入添加剂配制而成的室温固化车灯用有机硅密封胶。	
30	HG/T 4910－2016	车用纸质滤芯热熔胶　第1部分:空气滤清器热熔胶	本部分规定了车用空气滤清器纸质滤芯热熔胶的分类、技术要求、试验方法、检验规则及包装、标志、运输和贮存。 本部分适用于车用空气滤清器纸质滤芯粘接的乙烯－乙酸乙烯酯共聚物(EVA)类热熔胶、聚烯烃(PO)类热熔胶、共聚酰胺(PA)类热熔胶以及共聚酯(PES)类热熔胶。	

续表 7－6

序号	标准编号	标准名称	标准主要内容	代替标准
31	HG/T 4911－2016	车用纸质滤芯热熔胶　第 2 部分:燃油滤清器热熔胶	本部分规定了车用燃油滤清器纸质滤芯热熔胶的分类、技术要求、试验方法、检验规则及包装、标志、运输和贮存。 本部分适用于车用燃油滤清器纸质滤芯粘接的共聚酯(PES)类热熔胶和共聚酰胺(PA)类热熔胶。	
32	HG/T 4912－2016	静电植绒胶黏剂	本标准规定了静电植绒胶黏剂分类、要求、试验方法、检验规则、标志、包装、运输、贮存。 本标准适用于汽车用静电植绒双组分聚氨酯胶黏剂、纺织品用静电植绒丙烯酸酯胶黏剂。双组分聚氨酯静电植绒胶黏剂主要用于汽车密封条、挡水条、行李箱的静电植绒;丙烯酸酯静电植绒胶黏剂主要用于静电植绒布生产中绒毛和底布之间的黏合,也适用于涤纶装饰品或工艺品的花式图案植绒。	
33	HG/T 4913－2016	橡胶地板用胶黏剂	本标准规定了橡胶地板用胶黏剂的分类和标记、要求、试验方法、检验规则及标志、包装、运输和贮存。 本标准适用于黏接橡胶地板的胶黏剂。	

表 8　中国橡胶工业协会团体标准应用示范项目汇总

序号	团体标准名称	标准编号	所属领域	发布时间
1	绿色轮胎技术规范	XXZB/LT－102－2014	轮胎	2014 年 3 月 1 日
2	力车胎行业工艺技术规范	XXZB/LCT－201－2015	力车胎	2015 年 1 月 1 日
3	力车胎行业单位产品能源消耗限额	XXZB/LCT－202－2015	力车胎	2015 年 1 月 1 日
4	E 系轮胎再生橡胶	XXZB/ZSJ－1001－2015	再生橡胶	2015 年 4 月 1 日
5	输送带单位产品能源消耗限额	XXZB/JD 501－2015	胶带	2015 年 8 月 13 日
6	轮胎分级标准	T/CRIA 11003－2016	轮胎	2016 年 6 月 15 日
7	轮胎标签管理规定	T/CRIA 11004－2016	轮胎	2016 年 6 月 15 日
8	炭黑行业准入技术规范	T/CRIA20001－2016	炭黑	2016 年 12 月 6 日

【展　望】

在“大众创业、万众创新”精神的鼓舞下，各种新产业、新模式、新业态不断涌现，有效地激发了社会活力，释放了巨大的创造力，成为推动经济发展的一大亮点。

将中国橡胶工业由大国建成世界橡胶工业强国是近一个世纪以来中国几代橡胶人的“强国梦”。近年来，中国橡胶工业协会根据行业发展提出了实现“强国梦”的十大战略方针，即新材料发展战略、多元化市场战略、低碳经济战略、循环经济战略、橡胶产品名牌战略、现代营销模式战略、兼并重组战略、现代企业管理战略、技术创新战略和人才战略。认真组织实施十大战略，是我国橡胶工业不断缩小与世界橡胶工业发达国家的差距，力争在“十三五”末期，全面进入世界橡胶工业强国行列的重要举措。

在实现强国目标的具体指引下，我国橡胶行业相关企业正在新材料、新工艺、新技术及智能制造等方面以创新为驱动，脚踏实地的向强国目标迈进。

轮胎工业是我国橡胶工业发展的风向标，轮胎行业的发展尤其要靠创新来实现。近几年，轮胎行业的“智能制造”已经成为行业发展的亮点。森麒麟轮胎、三角轮胎、玲珑轮胎、双星轮胎、赛轮金宇、万力轮胎等企业的智能制造已经敲开了工业4.0的大门，充分体现了中国轮胎实现智能化的能力。在智能化浪潮的推动下，我国轮胎制造业将逐步走出自己的“工业4.0”发展之路。

当前，必须以绿色轮胎、绿色制造和轮胎标签法为核心，大力推进一次法连续炼胶工艺、湿法混炼工艺，实现大幅节能降耗；大力推进绿色环保，解决炼胶、硫化等工艺过程中的烟气处理；大力推进轮胎电子标签芯片RFID技术，实现生产全过程数字化检测。轮胎企业要与原材料及装备企业紧密合作，联手创新，才能确保稳定的产品质量，不断提高制造业水平。

创新是行业发展的不竭动力，创新机制的建立和创新人才的培养又是实现创新事业的精髓。企业必须建立并不断完善和依靠科技创新平台，实现科学发展，才能使企业在激烈的市场竞争中立于不败之地，才能实现企业可持续发展，这将永远是企业科技进步的主旋律。

近年来，在中央“一带一路”倡议指引下，已有数个轮胎企业和原材料生产企业纷纷在国外建厂，技术出口、技术合作和产品出口也加大了力度，实现互联互通，我国橡胶行业正在走向世界，走进世界橡胶强国行列！

（许春华）

贸易摩擦

贸 易 摩 擦

1. 印度对中国轮胎硫化机反倾销案

（1）印度公布对华轮胎硫化机反倾销日落复审终裁

2016 年 1 月 5 日，印度商工部发布公告，对轮胎硫化机反倾销日落复审调查作出终裁，建议对自中国进口的轮胎硫化机征收 15% 的反倾销税。

在反倾销调查终裁前，印度商工部反倾销局曾于 2015 年 12 月 28 日披露了对原产于或进口自中国的轮胎硫化机倾销和损害认定幅度。在披露中，调查机关继续将中国认定为非市场经济国家，经采用印度市场同类产品的实际支付价格计算被调查产品的正常价值，认定来自中国的被调查产品对印度市场的倾销幅度为 10% ~20%，损害幅度为 10% ~20%。

（2）印度继续征收对华轮胎硫化机反倾销税

2016 年 3 月 29 日，印度消费税和海关中央委员会发布公告，接受印度商工部于 1 月 7 日对来自中国的轮胎硫化机作出的反倾销日落复审终裁，决定自公告之日起继续征收为期 5 年的反倾销税，税率为 15%。

2. 美国对中国非公路轮胎“双反”案

（1）美国拟对中国 OTR 轮胎启动第二次“双反”调查

2016 年 1 月 8 日，美国帝坦轮胎公司和美国钢铁工人联合会（USW）向美国商务部和美国国际贸易委员会（ITC）提出申请，要求对来自中国和印度的非公路用轮胎（OTR）启动反倾销和反补贴调查，同时还要求对斯里兰卡的被调查产品启动反补贴调查。这是 2007 年 6 月美国对中国 OTR 轮胎实施“双反”调查之后的第二次“双反”调查。

此次“双反”调查申请中被调查产品的范围与 2007 年调查的范围基本相同，海关税则号为：4011.20.10.25、4011.20.10.35、4011.20.50.30、4011.20.50.50、4011.61.00.00、4011.62.00.00、4011.63.00.00、4011.69.00.50、4011.92.00.00、4011.93.40.00、4011.93.80.00、4011.94.40.00、4011.94.80.00。并增加了随海关税则号 84 章、87 章中涉及的与车轮或轮辋安装在一起进口的轮胎，这些税则号包括 8431.49.9038、8431.49.9090、8709.90.0020 和 8716.90.1020。

据查证，海关税则号第 84 章为核反应堆、锅炉、机器、机械器具及其零件。第 87 章为车辆及其零件、附件（铁道及电车道车辆除外），其中 8709.90 为短距离运货车、站台牵引车用零件，8716.90 为挂车、半挂车及非机动车用零件。

本案反倾销调查时间为 2015 年 7 月 1 日 ~2015 年 12 月 31 日，反补贴调查时间为 2015 年全年。

申请人指控中国的倾销幅度为 74.68%，印度的倾销幅度 26.49 ~159.51%。

帝坦公司和 USW 表示，从 2012 ~2015 年，来自中国、斯里兰卡和印度的 OTR 轮胎在美国市场占比从 35.5% 一路攀升到 44%，帝坦公司更表示，印度 OTR 轮胎以低于市场 70% 的价格进行抛售。

据了解，美国对中国 OTR 轮胎第一次“双反”调查追溯至 2007 年 6 月 18 日，申请人同样为美国帝坦公司和 USW。2007 年 7 月 31 日，美国商务部启动了反倾销和反补贴立案调查。倾销期调查时间为 2006 年 10 月 1 日 ~2007 年 3 月 31 日，补贴期调查时间为 2006 年全年。

（2）美国终止对华 OTR 轮胎第二次“双反”调查

2016 年 2 月 19 日，美国 ITC 以 6 比 0 的投票决定终止对来自中国进口的 OTR 轮胎反倾销和反补贴调查。而同样以 6 比 0 投票决定继续针对斯里兰卡和印度的 OTR 轮胎调查。

此次美国终止调查的产品范围主要是对 2007 年对华 OTR 轮胎“双反”产品的补充，仅针对装在车轮和轮辋上的 OTR 轮胎，而 2008 年裁决的对华 OTR 轮胎“双反”税令依旧存在。

在 2 月 19 日的初步听证会上，ITC 认为，在与印度和斯里兰卡确定的损害比较，从中国进口的这些轮胎是微不足道的，因此终止对中国装在车轮和轮辋上的 OTR 轮胎“双反”调查。

(3)美国对华 OTR 轮胎作出反倾销行政复审终裁

2016 年 4 月 20 日，美国商务部对华新的充气非公路用轮胎(OTR)作出反倾销行政复审终裁。

本次行政复审调查的涉案企业有 9 家，裁定 2 家强制应诉企业——青岛启航轮胎公司和徐州徐工轮胎有限公司出口价格低于正常价值倾销。

青岛保税区福沃得国际贸易有限公司、特瑞堡轮胎系统(邢台)有限公司、威海中威橡胶有限公司和天津莱维塞国际贸易有限公司分别证明了其单独税率地位。

Qingdao Haojia (Xinhai) Tyre Co. 未能证明其单独税率地位。

中策橡胶集团有限公司和特瑞堡轮胎工业(河北)有限公司在调查期内无可审查交易。最终裁定的倾销幅度见下表。

公司名称	加权平均倾销幅度/%
徐州徐工轮胎有限公司	65.33
青岛启航轮胎公司	79.86
青岛保税区福沃得国际贸易有限公司	70.55
天津莱维塞国际贸易有限公司	70.55
特瑞堡轮胎系统(邢台)有限公司	70.55
威海中威橡胶有限公司	70.55

据了解，2014 年 10 月 30 日，美国商务部对涉案产品进行反倾销行政复审立案调查，调查期为 2013 年 9 月 1 日 ~2014 年 8 月 31 日。涉案产品海关编码为 4011.20.10.25、4011.20.10.35、4011.20.50.30、4011.20.50.50、4011.61.00.00、4011.62.00.00、4011.63.00.00、4011.69.00.00、4011.92.00.00、4011.93.40.00、4011.93.80.00、4011.94.40.00 和 4011.94.80.00。2015 年 10 月 9 日，美国对此案作出反倾销行政复审的肯定性初裁。

(4)美对华 OTR 轮胎反倾销部分企业税率调高

2016 年 7 月 22 日，美国商务部在《联邦公报》上发布公告，决定根据法院诉讼的结果，修改 2008 年作出的对从中国进口 OTR 轮胎征收的反倾销税率。

其中，强制应诉企业河北兴茂的税率从 29.93% 上调到 31.79%，强制应诉企业天津国际联合的税率从 8.44% 上调到 10.08%。因此，获得分别税率企业的平均税率从之前的 12.91% 上调至 13.92%。由于河北兴茂、天津国际联合在之后的复审中获得了新的税率，因此不再对这两家企业的税率进行调整。

新的反倾销税率有效期追溯到 2015 年 3 月 23 日，适用于中国 19 家工程机械轮胎出口商，具体名单见附表。

出口商	税率/%
风神轮胎股份有限公司	13.92
双钱集团股份有限公司	13.92
江苏飞驰股份有限公司	13.92
Oriental Tyre Technology Limited	13.92
青岛怡特国际贸易有限公司	13.92
青岛恒达轮胎有限公司	13.92
青岛迈世通国际贸易有限公司	13.92
青岛七洲橡胶有限公司	13.92
青岛希诺瑞国际贸易有限公司	13.92
山东慧通轮胎有限公司	13.92
山东金宇轮胎有限公司	13.92
山东泰山轮胎有限公司	13.92
山东万达宝通轮胎有限公司	13.92
山东兴源国际贸易有限公司	13.92
泰凯英轮胎有限公司	13.92

出口商	税率/%
三角集团有限公司	13.92
文登三峰轮胎有限公司	13.92
建大橡胶(中国)有限公司	13.92
青岛奥诺轮胎有限公司	13.92

(5)美国对华OTR轮胎作出“双反”行政复审初裁

2016年10月14日,美国商务部发布公告对华OTR轮胎作出反补贴、反倾销行政复审初裁。

反补贴初裁税率情况为:贵州轮胎股份有限公司和徐州徐工轮胎有限公司补贴率分别为38.19%和70.20%,未被抽中的44家应诉企业补贴率为54.2%。

2016年2月9日,美国商务部公布对华OTR轮胎进行反补贴行政复审立案,行政复审调查期为2014年1月1日~2014年12月31日。

反倾销初裁税率情况:具有单独税率地位的徐州徐工轮胎有限公司、徐州徐轮橡胶有限公司、徐州汉邦轮胎有限公司、十堰德思正工贸有限公司、青岛金灏阳国际贸易有限公司、潍坊金通达轮胎有限公司、赛轮金宇集团股份有限公司、青岛保税区福沃得国际贸易有限公司、青岛启航轮胎有限公司、特瑞堡轮胎工业产品(邢台)有限公司、威海中威橡胶有限公司和中策橡胶集团有限公司适用33.58%的反倾销税;贵州轮胎股份有限公司、贵州轮胎进出口有限责任公司、风神轮胎股份有限公司、天津莱维塞国际贸易有限公司适用中国普遍反倾销税率105.31%;特瑞堡轮胎工业产品(河北)有限公司在调查期内无可审查交易。

2015年11月9日,美国商务部对进口自中国的新的非公路用轮胎进行反倾销行政复立案,本次行政复审调查期为2014年9月1日~2015年8月31日。

3.巴西对华鞋类产品反倾销税率下调

2016年3月2日,巴西外贸委员会发布第20号决议,对原产自中国的鞋类产品(涉及南共市税号6402~6405项下除10类产品以外的全部产品)反倾销复审案作出终裁,反倾销税率原审裁决为征收13.85美元/双,本次复审终裁决定将反倾销税率降为10.22美元/双。决议自发布之日起生效,有效期为5年。

4.巴西对中国农业轮胎反倾销案

(1)巴西对华农业轮胎反倾销初裁

商务部贸易救济调查局4月26日消息,巴西发展工业外贸部照会中国驻巴使馆经商处,根据该部于2016年4月18日在官方日报上发布的SECEX第23号决议,对原产自中国的农业轮胎作出反倾销初裁。涉案产品南共市税号为40116100、40116990、40119210、40119910、40116200、40116390和40116300。

初裁结果为,初步认定存在倾销行为及对巴国内产业造成损害,但不建议征收临时反倾销税;贸易保护局最终决定选取美国作为市场经济第三国。

2015年6月29日,巴西调查机关对自中国进口的农业胎产品发起反倾销调查。2015年9月16日,巴西调查机关在《政府公告》上发布终止调查公告,不采取任何反倾销措施。2015年12月21日,巴西调查机关发布立案公告,应申请人要求,将损害调查期提前到2010年,并且增加了4011.62.00、4011.63.90、4011.93.00等3个税号,并决定对自中国进口的农业胎产品发起反倾销调查。

该案申请人为巴西全国轮胎工业协会(ANIP),被调查产品为农林车辆机械用斜交农业轮胎。

申请人以美国作为替代国,选用了调查期内一张美国对加拿大出口的农业轮胎发票作为依据,认为正常价值为6162.47美元/吨,并以巴西海关进口数据为依据,计算中国的出口价格为2741.72美元/吨,价差3420.75美元/吨,所以指控中国的倾销幅度124.8%。

(2)巴西拟延长对华农业轮胎反倾销调查期

2016年5月,巴西发展工业外贸部致函中国驻巴使馆经商参处,通告巴方决定对原产自中国的农机轮胎反倾销调查期限自2016年10月14日延长最长至8个月。

5.印度对华卡客车子午胎发起反倾销调查

2016年5月3日,应印度汽车轮胎制造商协会(ATMA)的申请,印度商工部反倾销调查局正式发起对来自中国的充气子午线卡客车轮胎反倾销调查。

ATMA代表印度国内3家生产商:阿波罗轮胎有限公司、J. K. 轮胎工业公司和希亚特公司作为申请人发起了本次反倾销调查。其中,倾销调查期为2014年7月至2015年12月(共18个月);损害调查期为2012年至2013财年,2013年至2014财年,2014年至2015财年及整个倾销调查期间。印度财年为4月1日起至次年3月31日。

调查产品为生产自或出口自中国的"卡客车使用的新的/未使用的无论有无内胎和(或)垫带(包括无内胎轮胎)且轮辋名义外径在16英寸以上的充气子午线轮胎"。被调查产品被归类在印度税则号4011.20.10下,内胎和(或)垫带被分别归类在4013.10.20和4012.90.49税则号下。如果内胎及垫带不与轮胎一同进口,则其不属于被调查产品范围内。

6. 中国对日美欧氯丁橡胶反倾销期终复审

(1)中国对日美欧氯丁胶启动反倾销期终复审调查

2016年5月9日,中国商务部发布公告,决定自2016年5月10日起,对原产于日本、美国和欧盟的进口氯丁橡胶所适用的反倾销措施进行期终复审调查。

2016年3月2日,商务部收到重庆长寿化工有限责任公司和山西合成橡胶集团有限责任公司代表国内氯丁橡胶产业正式递交的反倾销措施期终复审申请书。申请人主张,如果终止反倾销措施,原产于日本、美国和欧盟的进口氯丁橡胶对中国的倾销可能继续或再度发生,对中国国内产业造成的损害可能继续或再度发生,请求商务部裁定维持对原产于日本、美国和欧盟的进口氯丁橡胶实施的反倾销措施。

本次复审倾销调查期为2015年1月1日至2015年12月31日,产业损害调查期为2011年1月1日至2015年12月31日。

本次调查自2016年5月10日起开始,于2017年5月9日前结束。

(2)阿朗新科继承朗盛氯丁橡胶反倾销税率

2016年11月9日,中国商务部发布《关于阿朗新科德国有限公司继承朗盛德国有限责任公司在氯丁橡胶反倾销措施中所适用税率的公告》。公告自2016年11月9日起执行。

在2005年5月10日商务部发布的2005年第23号公告中,朗盛德国有限责任公司的反倾销税率为11%。2011年5月9日,商务部发布2011年第21号公告,决定继续对原产于日本、美国和欧盟的进口氯丁橡胶实施反倾销措施,实施期限为5年。

2016年7月1日,阿朗新科德国有限公司向商务部提交申请,称朗盛德国有限责任公司的氯丁橡胶业务已转移至该公司,请求继承朗盛德国在氯丁橡胶反倾销措施中的权利义务。

据此,商务部决定,由阿朗新科德国有限公司继承朗盛德国有限责任公司在氯丁橡胶反倾销措施中所适用的11%反倾销税税率及其他权利义务;以朗盛德国有限责任公司名称向中国出口的被调查产品,适用氯丁橡胶反倾销措施中"其他欧盟公司"所适用的151%反倾销税税率。

7. 阿根廷对华橡胶气球反倾销调查

(1)阿根廷对华橡胶气球发起反倾销调查

2016年5月24日,阿根廷生产部在该国官方公报发布第102/2016号决议,应阿根廷玩具商会请求,决定对原产于中国的橡胶气球进行反倾销立案调查。

涉案产品为包括水气球在内的、无论形状、大小、颜色、印花与否的橡胶气球。涉案产品南共市税号为9503.00.99、9505.90.00。

倾销调查期为反倾销立案调查月之前的12个月,损害调查期为反倾销立案调查月之前的3年。

(2)阿根廷对华橡胶球征收反倾销税

2016年12月7日,阿根廷生产部在阿根廷《官方公报》发布第E775/2016号决议,对原产自中国的橡胶球作出反倾销初裁,建议对中国涉案产品征收5.5美元/千克的临时反倾销税。涉案产品南共市海关编码为9503.00.99和9505.90.00。决议自发布之日起生效,有效期6个月。

2016年8月31日,阿根廷生产部不公平竞争处发布对华涉案产品反倾销初裁报告称,中国涉案产品的倾销幅度为160.92%。2016年10月14日，阿根廷生产部国家外贸委员会对华涉案产品作出反倾销产业损害肯定性初裁。

8. 美国对中国乘用和轻卡轮胎"双反"案

（1）美对华乘用和轻卡胎进行"双反"新出口商复审调查

2016年6月6日，美国商务部发布公告称，应山东兴鸿源轮胎有限公司2016年2月25日提交的申请，对中国乘用和轻卡轮胎进行反倾销和反补贴新出口商复审立案调查。美国商务部将于新出口商复审立案之日起180天内发布初裁结果。

反倾销新出口商复审调查期为2015年8月1日~2016年1月31日，反补贴新出口商复审调查期为2014年12月1日~2016年1月31日。

（2）美确定对华乘用胎反倾销年度行政复审强制应诉企业

2016年12月30日，美国商务部发布公告，确定了对华乘用和轻卡轮胎"双反"案第一次反倾销年度行政复审强制应诉企业名单。两家强制应诉企业分别为佳通轮胎（含中国境内其他关联公司）及北京百事强贸易有限公司。

根据美国法律规定，税令周年月的月底之后245天内（即2016年8月底至2017年5月3日）发布反倾销复审初裁结果（也有可能延期至365天）。

2014年7月15日，美国对华乘用和轻卡轮胎进行反倾销立案调查，被调查产品的美国税则号为4011.10.10、4011.10.50、4011.20.10.05、4011.20.50.10。2015年8月5日，美国商务部发布对华乘用和轻卡轮胎反倾销和反补贴税令。

9. 中国对朗盛进口锦纶6反倾销期中复审

2016年7月21日，中国商务部发布2016年第36号公告，决定对原产于朗盛德国有限公司和朗盛比利时有限公司进口锦纶6切片所适用反倾销措施期中复审。

本次复审的倾销调查期为2015年5月1日至2016年4月30日。审查范围适用于原产于朗盛德国和朗盛比利时进口锦纶6切片的反倾销税税率。

2016年5月20日，朗盛德国和朗盛比利时向商务部提出申请，主张其出口产品的倾销幅度低于目前的税率水平，要求对其适用的反倾销措施进行倾销及倾销幅度期中复审。

据了解，2010年4月21日，商务部发布2010年第15号公告，决定对原产于美国、欧盟、俄罗斯和中国台湾地区的进口锦纶6切片实施反倾销措施，实施期限5年。2016年4月22日，商务部发布2016年第4号公告，决定维持对上述国家和地区的进口锦纶6切片反倾销措施，实施期限5年。

10. 中国控美违反WTO原则案胜诉

2016年10月，中国在利用世贸组织争端解决机制为中国企业争取公平待遇方面取得重大成果，WTO专家组认定美对华发起的分别税率（歧视性的拒绝给予中国出口企业分别税率）、反倾销措施在目标倾销（针对特定类型产品倾销认定和倾销幅度计算）等做法上违反世贸规则，裁定美方13项反倾销措施违反世贸规则。

根据商务部公开消息显示，该胜诉案件涉及到13个反倾销原审案件、25个反倾销的复审案件，累计涉及金额高达84亿美元。在WTO专家组的裁决生效后，这些案件都将得到"翻案"。

该案的重大意义在于美国必须修改相关政策和立法，今后美国对中国反倾销调查和裁决中将不能再进行分别税率审查，歧视性的拒绝给予中国包括国有企业在内的所有应诉企业分别优惠税率资格。

其中，双钱公司通过中国商务部寻求WTO的上诉之路，经过努力中国商务部最终将双钱公司新充气非公路用轮胎（OTR）的第五次行政复审裁决也纳入了起诉的证据材料范围，此次WTO反倾销诉讼中涉及到的25件复审案件中即包括此案。

11. 美国对中国卡客车轮胎"双反"案

（1）美国USW对华卡客车轮胎提起"双反"

2016年1月29日，美国钢铁工人联合会（USW）向美国商务部和美国国际贸易委员会（ITC）提出申请，要求对来自中国的卡车及公共汽车轮胎产品启动反倾销和反补贴调查。

本案反倾销调查时间为2015年7月~12月，反补贴调查时间为2015年全年。以此期间内中国对美销售价格和成本为基础，申请人计算了倾销幅度，指控中国的倾销幅度为19.78%~58.2%。

申请书中未指出补贴幅度。

本次申请所涉及的被调查产品具体是指带有卡车或公共汽车轮胎规格标志的新的充气橡胶轮胎,包括有内胎和无内胎的子午线轮胎或非子午线轮胎,被出售给原始设备制造商(OEM)、车队所有者和经营者,或是售往替换市场。涉诉产品无论其是否与车轮、轮辋、轴类部件、螺栓或螺母等其他部件安装在一起,是否在涉诉国家或者第三国被与车轮或者轮辋安装在一起,均在本次调查范围之内。

被调查产品的美国税则号为4011.20.10.15和4011.20.50.20,符合被调查产品范围描述的轮胎美国税则号也有可能是4011.99.45.10、4011.99.45.50、4011.99.85.10、4011.99.85.50、8708.70.45.30、8708.70.60.30和8708.70.60.60。这些税号包括了海关税则号第87章所涉及的与车轮、轮辋、轴类部件、螺栓或螺母等其他部件安装在一起的轮胎,其中87087040为中小型货车用车轮及其零件,87087060为特种车用车轮及其零件。

此外,申请书提出,与车辆安装在一起出口美国的卡车和公共汽车轮胎不在本次调查范围之内;旧的充气橡胶轮胎(包括废旧轮胎和翻新轮胎)和非充气轮胎(如实心橡胶轮胎)排除在调查范围之外。

(2)美国对中国卡客车轮胎"双反"调查正式立案

2016年2月19日,美国商务部发布立案公告,宣布对进口自中国的卡车和公共汽车轮胎启动反倾销和反补贴调查。其中,反倾销调查期为2015年7月1日至12月31日;反补贴调查期为2015年全年。申请人指控的倾销幅度为19.91%~22.57%,补贴幅度高于微量补贴幅度。

据了解,本次被调查产品是指带有卡车或公共汽车轮胎规格标志的新的充气橡胶轮胎,可能有内胎或无内胎、可能是子午胎或斜交胎。对于所有在规格型号标志中有"TR、MH或HC"后缀的轮胎,只要其尺寸在《轮胎及轮辋协会年鉴》(每年更新)"卡车及公共汽车"一节所规定的尺寸内,无论其用途,均属于涉案产品,除非有关轮胎属于排除范围内。

涉案轮胎产品无论是否与车轮或者轮辋安装在一起,是否在涉案国家或者第三国被与车轮或者轮辋安装在一起,是否与车轮、轮辋、轴类部件、螺栓或螺母等其他部件安装在一起,都在本次调查范围之内。与车辆安装在一起进口的卡车和公共汽车轮胎不在本次调查范围之内。此外,旧的充气橡胶轮胎,包括废旧轮胎和翻新轮胎,以及非充气轮胎如实心橡胶轮胎排除在本次调查的范围之外。

(3)美国TRIB支持对华进口卡客车胎征税

2016年2月,美国轮胎翻新机维修信息局(TRIB)表示,支持USW要求对中国进口卡客车胎征税的申请,认为低成本进口轮胎已经对美国市场造成了不利影响。

TRIB与ITC一起调查"进口轮胎对于翻新胎市场和在该领域工作的上千名工人的负面影响,同时强调低质进口轮胎持续增长对于美国环境产生的不利影响。"

TRIB没有详述与ITC合作的方式,在最近商务部举行的听证会上也没有作证。TRIB表示,售价低于原材料成本的从中国进口的低质量卡客车轮胎正在对美国的翻新市场造成影响。TRIB常务董事David Stevens表示,"很多低价的进口轮胎质量很差,不能够翻新再使用,因此,这些轮胎不但不能够成为多次循环利用的资产,而且这些一次性轮胎还会造成轮胎堆填区的疾病滋生。在短期看,这些劣质进口轮胎可能节省了成本,但是长远来看对于我们翻新胎和商用卡客车产业造成不利影响。"

TRIB表示会继续与其成员组织和附属团体进行合作,帮助ITC和美国商务部了解美国翻新胎市场对于经济和环境产生的积极效益。

(4)美国ITC初裁中国卡客车胎对美造成损害

2016年3月12日,美国国际贸易委员会初裁中国卡客车轮胎对美国相关产业造成实质损害或威胁。ITC初裁投票结果为4:2,其中ITC主席Meredith M. Broadbent及委员F. Scott Kieff(两人均为共和党)投出了反对票。

根据投票结果,美国商务部将继续对来自中国的卡客车轮胎进行反倾销和反补贴调查。

(5)美国对华卡客车轮胎反补贴初裁延期

2016年3月31日，美国商务部网站发布公告，由于申诉方USW要求，其对华卡客车轮胎反补贴调查初裁时间将从4月25日推迟到6月27日。

美国商务部表示，主要由于正在调查的补贴项目数量和性质的原因，USW提出要求延期该调查。

4月1日，该公告在《联邦公报》上进行了发布。

(6)美国发布卡客车胎反补贴强制应诉企业

2016年3月31日，美国商务部发布了对华卡客车轮胎反补贴案的强制应诉企业选择备忘录，选择双钱控股有限公司(双钱)及贵州轮胎进出口有限公司(贵轮)作为强制应诉企业。

美国商务部以4011.20.1015和4011.20.5020这两个税号的美国海关进口数据为依据，选择了双钱及贵轮作为反补贴调查期内(2015年)对美出口涉案产品最多的两家企业为反补贴强制应诉企业。

(7)美国发布卡客车胎反倾销强制应诉企业

2016年4月19日，美国商务部发布对华卡客车轮胎反倾销强制应诉企业选择结果，双钱集团股份有限公司和浦林成山(山东)轮胎有限公司成为强制应诉企业。

据此，双钱成为美国卡客车胎反补贴和反倾销强制应诉企业。被选为强制应诉的企业最终会分别获得单独税率，其他企业则根据这两家的税率，获得平均税率。

此次“双反”涉案产品为卡车及公共汽车轮胎产品，美国方面公布的涉案金额为10.8亿美元，涉案轮胎数量达842万条，指控倾销幅度为19.78%～58.2%。

(8)美或将在对华轮胎反补贴初裁中作出紧急情形裁决

2016年6月7日，美国对华卡客车轮胎“双反”案件申请人在反补贴调查程序中提起了紧急情形申请。因此，美国商务部或将在对华卡客车轮胎反补贴初裁中就紧急情形作出裁决。

如果美国商务部裁定有紧急情形存在，会对中国轮胎企业在反补贴初裁前3个月的出口货物，按照初裁结果追溯征收3个月的保证金。

据了解，在美国对华乘用及轻卡轮胎“双反”案中，美国申请人也提出了紧急情形申请。2015年1月21日，美国商务部初裁裁定，对于强制应诉企业赛轮和佳通，因其提交的出口数据显示在立案前后其对美出口未出现急剧增长态势，故对这两家企业未认定紧急情形；而对于所有其他企业则认定对美出口在立案前后的增长超过15%，有短期内急剧增长态势，故认定存在紧急情形。

由于中国橡胶工业协会等商协会组织出口轮胎企业进行了积极的损害抗辩，2015年7月14日，美国国际贸易委员会就乘用及轻卡轮胎“双反”损害投票时，认定中国轮胎对美国产业存在实质性损害，同时认定不存在紧急情形。

根据卡客车胎反补贴原始调查程序和时间表，紧急情形期限从确定立案之日起开始计算，即2016年2月18日。3月31日，美国商务部将反补贴调查的初裁时间进行了延期，从4月25日推迟到6月27日。紧急情形计算期限为初裁公布前倒推3个月，所以应该是调查3～5月份我国出口美国卡客车胎的数据。

(9)美国对华卡客车轮胎反补贴调查作出初裁

2016年6月28日，美国商务部对进口自中国的卡车和公共汽车轮胎反补贴调查作出肯定性初裁，认定中国产品存在补贴，并裁定两家强制应诉企业获得单独税率。其中，双钱集团股份有限公司的补贴率为17.06%，贵州轮胎进出口有限公司的补贴率为23.38%；其他中国企业获得平均税率，为20.22%。

基于肯定性的反补贴初裁结果，美国商务部将通知美国海关对中国出口的上述产品征收相应的保证金。如果反倾销调查和反补贴调查终裁日期不合并(申请人已于2016年6月15日提出合并请求，美国商务部尚未作出决定)，美国商务部将在2016年11月10日前后发布反补贴最终裁决，美国国际贸易委员会将于2016年12月24日前后发布损害最终裁决。

(10)美国发布对华卡客车轮胎反倾销初裁结果

2016 年 8 月 30 日凌晨,美国商务部发布了对华卡客车轮胎反倾销初裁结果,认定中国输美有关轮胎存在倾销行为并认定存在紧急情形。

美国商务部在初裁中认定强制应诉企业浦林成山反倾销税率为 20.87%,该税率适用于所有分别税率企业;另一家强制应诉企业双钱集团未获得分别税率而被适用中国全国税率,裁定的反倾销中国全国税率为 22.57%。

初裁反倾销税率和反倾销保证金率具体如下:双钱集团为 22.57 %、22.16%;浦林成山为 20.87%、20.46%;分别税率为 20.87%、20.46%;中国全国税率为 22.57%、22.16%。

此外,美国初裁认定所有卡客车轮胎的出口企业都存在紧急情形。美国商务部将从初裁倒追 90 天追溯征收反倾销税,预计追溯征收期间为 2016 年 6 月 4 日至 9 月 2 日。

本次调查中,中国多家利害关系方提交了对产品范围的评论意见,美国商务部经审查后,认为没有必要修改本次调查的产品范围。同时,美国商务部使用泰国作为替代国来计算中国产品的正常价值。

美国商务部继续了近 3 年来不给予中国国有企业以分别税率的政策。本次调查中,中国申请分别税率的企业为 111 家(含两家强制应诉企业),其中未获得分别税率的企业共 11 家。他们是:风神轮胎股份有限公司、八亿橡胶有限责任公司、朝阳浪马轮胎有限责任公司、双钱集团股份有限公司、贵州轮胎进出口有限公司、中国倍耐力轮胎有限公司、青岛双星海外贸易公司、青岛双星轮胎工业有限公司、青岛迈世通国际贸易有限公司、陕西延长石油集团橡胶有限公司、四川轮胎橡胶(集团)股份有限公司。

上述企业中,除青岛迈世通和倍耐力外,其他均为国有企业。据了解,青岛迈世通是由于未回答补充问卷而被拒绝分别税率,而倍耐力或因被中国化工收购而被划为国企范畴。

根据美国商务部已初裁中国卡客车轮胎补贴税率,美国对中国企业卡客车轮胎反倾销反补贴初裁合并后的保证金率为 39.22% ~45.54%。其中,双钱轮胎初裁合并后的保证金率为 39.22%,浦林成山为 40.68%,贵州轮胎为 45.54%,分别税率企业为 40.68%,全国税率企业为 42.38%。详见表 1。

据了解,本次调查期为 2015 年 7 月 1 日至 2015 年 12 月 31 日。美国商务部拟于 2017 年 1 月 17 日做出倾销终裁,美国国际贸易委员会拟于 2017 年 3 月 3 日做出损害终裁。如果所有裁决均为肯定性,则将于 2017 年 3 月 10 日发布税令。

另外,美国商务部实行捆绑税率,出口企业需要同其报告的生产商进行捆绑。如果出口商出口非捆绑生产商的产品,则要按照全国税率缴纳有关反倾销和反补贴税。

美国商务部裁决各企业税率情况详见表 2 应诉企业税率表。

表 1 美国对华卡客车轮胎“双反”初裁税率

企业名称	补贴初裁税率及保证金率	初裁倾销税保证金率	倾销及补贴合并有效税率
双钱集团	17.06%	22.16%	39.22%
浦林成山	20.22%	20.46%	40.68%
贵州轮胎	23.38%	22.16%	45.54%
分别税率	20.22%	20.46%	40.68%
全国税率	20.22%	22.16%	42.38%

表 2　应诉企业税率表

企业类型	企业名称（中文）	倾销初裁税率 A	补贴初裁税率及保证金率 B	反倾销税保证金率 C = A - 0.41%	倾销及补贴合并有效税率（经调整）D = B + C
反倾销强制应诉企业	浦林成山	20.87%	20.22%	20.46%	40.68%
	双钱集团	22.57%	17.06%	22.16%	39.22%
获得分别税率的企业（外商独资企业）	重庆韩泰轮胎有限公司	20.87%	20.22%	20.46%	40.68%
	固铂轮胎（中国）投资有限公司	20.87%	20.22%	20.46%	40.68%
	安徽佳通轮胎有限公司	20.87%	20.22%	20.46%	40.68%
	大连固特异轮胎有限公司	20.87%	20.22%	20.46%	40.68%
	锦湖轮胎有限公司	20.87%	20.22%	20.46%	40.68%
	米其林亚洲（香港）有限公司	20.87%	20.22%	20.46%	40.68%
	浦林成山（山东）轮胎有限公司	20.87%	20.22%	20.46%	40.68%
	天津欧亚国际贸易有限公司	20.87%	20.22%	20.46%	40.68%
	通伊欧轮胎（诸城）有限公司	20.87%	20.22%	20.46%	40.68%
	横滨橡胶（中国）有限公司	20.87%	20.22%	20.46%	40.68%
获得分别税率的企业（中外合资或中资企业）	Actyon Tyre Resources Co.,Limited	20.87%	20.22%	20.46%	40.68%
	奥森轮胎有限公司	20.87%	20.22%	20.46%	40.68%
	北京市中通商贸有限公司	20.87%	20.22%	20.46%	40.68%
	北京百事强贸易有限责任公司	20.87%	20.22%	20.46%	40.68%
	博斯特国际实业有限公司	20.87%	20.22%	20.46%	40.68%
	中通商贸有限公司	20.87%	20.22%	20.46%	40.68%
	青岛佳福轮胎有限公司	20.87%	20.22%	20.46%	40.68%
	中车双喜轮胎有限公司	20.87%	20.22%	20.46%	40.68%
	大秦实业有限公司	20.87%	20.22%	20.46%	40.68%
	青岛弗莱明轮胎有限公司	20.87%	20.22%	20.46%	40.68%
	福建佳通轮胎有限公司	20.87%	20.22%	20.46%	40.68%
	银川佳通轮胎有限公司	20.87%	20.22%	20.46%	40.68%
	佳通国际贸易有限公司	20.87%	20.22%	20.46%	40.68%
	香港天成国际投资集团（中国）控股有限公司	20.87%	20.22%	20.46%	40.68%
	宏轮集团有限公司	20.87%	20.22%	20.46%	40.68%
	江苏通用科技有限公司	20.87%	20.22%	20.46%	40.68%
	江苏韩泰轮胎有限公司	20.87%	20.22%	20.46%	40.68%
	景祥国际实业有限公司	20.87%	20.22%	20.46%	40.68%
	龙口兴隆轮胎有限公司	20.87%	20.22%	20.46%	40.68%

续表 2

企业类型	企业名称 （中文）	倾销初裁 税率 A	补贴初裁 税率及保 证金率 B	反倾销税 保证金率 C = A − 0.41%	倾销及补贴合 并有效税率 （经调整） D = B + C
	青岛麦克森国际贸易有限公司	20.87%	20.22%	20.46%	40.68%
	青岛迈歌轮胎有限公司	20.87%	20.22%	20.46%	40.68%
	保税区纽兰特国际贸易有限公司	20.87%	20.22%	20.46%	40.68%
	青岛高尚国际贸易有限公司	20.87%	20.22%	20.46%	40.68%
	Philixx Tyres and Accessories Limited	20.87%	20.22%	20.46%	40.68%
	青岛青杰工贸有限公司	20.87%	20.22%	20.46%	40.68%
	青岛奥晟通泰轮胎有限公司	20.87%	20.22%	20.46%	40.68%
	青岛冠军国际贸易有限公司	20.87%	20.22%	20.46%	40.68%
	青岛富东轮胎有限公司	20.87%	20.22%	20.46%	40.68%
	青岛福临轮胎有限公司	20.87%	20.22%	20.46%	40.68%
	青岛格瑞达橡胶有限公司	20.87%	20.22%	20.46%	40.68%
	青岛宏华轮胎厂	20.87%	20.22%	20.46%	40.68%
	青岛金灏阳国际贸易有限公司	20.87%	20.22%	20.46%	40.68%
	青岛凯特国际贸易有限公司	20.87%	20.22%	20.46%	40.68%
	青岛湖海轮胎有限公司	20.87%	20.22%	20.46%	40.68%
	青岛纳玛国际贸易有限公司	20.87%	20.22%	20.46%	40.68%
	青岛奥日新轮胎有限公司	20.87%	20.22%	20.46%	40.68%
	青岛千震轮胎有限公司	20.87%	20.22%	20.46%	40.68%
	青岛七洲橡胶有限公司	20.87%	20.22%	20.46%	40.68%
	青岛瑞诺轮胎有限公司	20.87%	20.22%	20.46%	40.68%
	青岛泰昊轮胎有限公司	20.87%	20.22%	20.46%	40.68%
	青岛嘉轮贸易有限公司	20.87%	20.22%	20.46%	40.68%
	青岛黄海橡胶股份有限公司	20.87%	20.22%	20.46%	40.68%
	青岛永道国际贸易有限公司	20.87%	20.22%	20.46%	40.68%
	上海若迪国际贸易有限公司	20.87%	20.22%	20.46%	40.68%
	青岛通用罗孚轮胎有限公司	20.87%	20.22%	20.46%	40.68%
	赛轮金宇集团股份有限公司	20.87%	20.22%	20.46%	40.68%
	山东安驰轮胎有限公司	20.87%	20.22%	20.46%	40.68%
	山东昊华轮胎有限公司	20.87%	20.22%	20.46%	40.68%
	山东皓宇橡胶有限公司	20.87%	20.22%	20.46%	40.68%
	山东豪客国际橡胶工业有限公司	20.87%	20.22%	20.46%	40.68%

续表 2

企业类型	企业名称（中文）	倾销初裁税率 A	补贴初裁税率及保证金率 B	反倾销税保证金率 C = A - 0.41%	倾销及补贴合并有效税率（经调整） D = B + C
	山东恒丰橡塑有限公司	20.87%	20.22%	20.46%	40.68%
	山东恒宇科技有限公司	20.87%	20.22%	20.46%	40.68%
	山东恒润轮胎有限公司	20.87%	20.22%	20.46%	40.68%
	山东华盛橡胶有限公司	20.87%	20.22%	20.46%	40.68%
	山东佳轮轮胎有限公司	20.87%	20.22%	20.46%	40.68%
	山东慧通轮胎有限公司	20.87%	20.22%	20.46%	40.68%
	山东凯旋橡胶有限公司	20.87%	20.22%	20.46%	40.68%
	山东玲珑轮胎股份有限公司	20.87%	20.22%	20.46%	40.68%
	山东奥戈瑞轮胎有限公司	20.87%	20.22%	20.46%	40.68%
	山东省三利轮胎制造有限公司	20.87%	20.22%	20.46%	40.68%
	山东三工橡胶有限公司	20.87%	20.22%	20.46%	40.68%
	山东全世通轮胎有限公司	20.87%	20.22%	20.46%	40.68%
	山东威格尔集团有限公司	20.87%	20.22%	20.46%	40.68%
	山东万达宝通轮胎有限公司	20.87%	20.22%	20.46%	40.68%
	山东万鑫轮胎有限公司	20.87%	20.22%	20.46%	40.68%
	山东兴源轮胎集团有限公司	20.87%	20.22%	20.46%	40.68%
	山东银宝轮胎集团有限公司	20.87%	20.22%	20.46%	40.68%
	山东永丰轮胎有限公司	20.87%	20.22%	20.46%	40.68%
	山东永盛橡胶集团有限公司	20.87%	20.22%	20.46%	40.68%
	山东永泰集团有限公司	20.87%	20.22%	20.46%	40.68%
	上海耐石轮胎国际贸易有限公司	20.87%	20.22%	20.46%	40.68%
	盛泰集团有限公司	20.87%	20.22%	20.46%	40.68%
	深圳市中金进出口有限公司	20.87%	20.22%	20.46%	40.68%
	时风巨兴轮胎有限责任公司	20.87%	20.22%	20.46%	40.68%
	青岛舒玛国际贸易有限公司	20.87%	20.22%	20.46%	40.68%
	四川凯力威科技股份有限公司	20.87%	20.22%	20.46%	40.68%
	青岛赛诺特国际贸易有限公司	20.87%	20.22%	20.46%	40.68%
	斯伯塔克轮胎集团有限公司	20.87%	20.22%	20.46%	40.68%
	天津市拓普轮胎有限公司	20.87%	20.22%	20.46%	40.68%
	上海三角轮胎有限公司	20.87%	20.22%	20.46%	40.68%
	泰昌集团有限公司	20.87%	20.22%	20.46%	40.68%

续表 2

企业类型	企业名称（中文）	倾销初裁税率 A	补贴初裁税率及保证金率 B	反倾销税保证金率 C = A − 0.41%	倾销及补贴合并有效税率（经调整） D = B + C
	广州万力集团有限公司	20.87%	20.22%	20.46%	40.68%
	潍坊顺福昌橡塑有限公司	20.87%	20.22%	20.46%	40.68%
	威海平安轮胎有限公司	20.87%	20.22%	20.46%	40.68%
	威海中威橡胶有限公司	20.87%	20.22%	20.46%	40.68%
	文登市三峰轮胎有限公司	20.87%	20.22%	20.46%	40.68%
	徐州徐工轮胎有限公司	20.87%	20.22%	20.46%	40.68%
	山东永盛橡胶集团有限公司	20.87%	20.22%	20.46%	40.68%
	中策橡胶集团有限公司	20.87%	20.22%	20.46%	40.68%
	诸城市国信橡胶有限公司	20.87%	20.22%	20.46%	40.68%
全国税率企业（因国企身份未获得分别税率）	风神轮胎股份有限公司	22.57%	20.22%	22.16%	42.38%
	八亿橡胶有限责任公司	22.57%	20.22%	22.16%	42.38%
	朝阳浪马轮胎有限责任公司	22.57%	20.22%	22.16%	42.38%
	上海双钱集团股份有限公司	22.57%	17.06%	22.16%	39.22%
	贵州轮胎进出口有限公司	22.57%	23.38%	22.16%	45.54%
	中国倍耐力轮胎有限公司	22.57%	20.22%	22.16%	42.38%
	青岛双星海外贸易公司	22.57%	20.22%	22.16%	42.38%
	青岛双星轮胎工业有限公司	22.57%	20.22%	22.16%	42.38%
	陕西延长石油集团橡胶有限公司	22.57%	20.22%	22.16%	42.38%
	四川轮胎橡胶（集团）股份有限公司	22.57%	20.22%	22.16%	42.38%
全国税率企业（因未回答补卷未获得分别税率）	青岛迈世通国际贸易有限公司	22.57%	20.22%	22.16%	42.38%
所有其他中国企业		22.57%	20.22%	22.16%	42.38%

（11）中橡协组织轮胎企业赴美游说应对“双反”

2016 年 9 月和 11 月，为了更好地应对行业损害抗辩工作以及争取在终裁中争取一个较好的结果，中国橡胶工业协会两次组织轮胎企业赴美与美国进口商联系游说，商议应诉方案，收集信息及沟通寻找听证会证人等工作。

中国橡胶工业协会秘书长徐文英表示，如果中国轮胎企业不积极抗辩，结果可能会更加糟糕。在应对半钢胎“双反”时，我们已经积累了经验，成功取消了美国对中国企业的反倾销税追溯征收，并将 AUV 等轮胎排除在调查产品范围以外。

此外，半钢胎“双反”时，ITC 的 6 位委员在初裁时 6∶0 认定中国轮胎对美国产业造成损害，但经过行业积极抗辩终裁投票结果为 3∶3，虽然该结果仍被视为肯定性裁决，但却同时认定案件不存在紧急情形。而此次卡客车轮胎“双反”初裁，ITC 的 6 位委员已经有 2 人认为中国轮胎不对美国造成损害，形势比半钢胎“双反”时要有利，因此全行业更应该团结起来，积极争取一个好的结果。

(12) USW 申请提高对华卡客车胎倾销税率

2016 年 9 月 6 日，USW 向美国商务部提交了针对中国反倾销强制应诉企业浦林成山倾销税率计算错误的更正请求。申请人认为，美国商务部在计算浦林成山有关仓储费时所使用的替代国价格发生了错误，因此需要更正。

如果该请求被美国商务部所接受，则浦林成山的倾销税率将至少上升 5%（绝对值）。由于此修正后的新税率会高于惩罚性的全国税率，那么有可能发生中国所有企业均适用浦林成山税率的情况。

(13) 美国 ITC 对中国全钢胎行业开展问卷调查

2016 年 9 月 22 日，中国方面收到美国 ITC 发出的对中国全钢胎行业的调查问卷，要求中国生产企业和进口商在 9 月 29 日之前反馈意见，如果 ITC 没有收到反馈意见，则该问卷需要在 11 月 15 日之前提交。

据了解，问卷共有 4 份，有 100 多页，分别针对中国轮胎生产企业、中国出口企业以及美国生产商、美国进口商和美国最终消费者。通过此问卷的数据汇总，ITC 可以掌握中国全钢胎的产能、产量和库存等数据，并以此判断中国轮胎产业是否对美国造成损害。

根据这几年全行业无损害抗辩的情况来看，调查问卷的设计非常重要，ITC 委员最终很多判断都来自于调查问卷的数据。为此，中国橡胶工业协会希望国内轮胎企业要动员美国所有的进口商、经销商和最终用户积极踊跃填写问卷，以便 ITC 收集的信息更为完整。

另据悉，美国商务部将于 2017 年 1 月 19 日发布最终反补贴和反倾销合并税率，ITC 将于 2017 年 1 月 24 日举行终裁听证会，最终投票结果公布截止日期是 2017 年 3 月 6 日。

(14) 美国修正对华卡客车轮胎反倾销初裁税率

2016 年 10 月 7 日，美国商务部发布了对华卡客车轮胎反倾销初裁税率修正结果，强制应诉企业浦林成山的税率从 20.87% 修正为 30.36%，扣减出口补贴的相关幅度后，实际反倾销保证金率最终为 29.95%。该税率也成为分别税率企业及中国全国税率企业的税率。该税率从初裁发布之日起开始执行。

另一家强制应诉企业双钱集团也适用该税率，即目前中国所有企业均适用 30.36% 的反倾销税率。

由此，中国卡客车轮胎出口企业的倾销及补贴合并有效税率分别为：双钱集团 47.01%，浦林成山 50.17%，贵州轮胎 53.33%，分别税率和全国税率均为 50.17%。

此外，美国认定所有卡客车轮胎出口企业都存在紧急情形，将从初裁倒追 90 天追溯征收反倾销税，追溯征收期间为 2016 年 6 月 8 日至 9 月 6 日。

(15) 美国商务部暂停征收中国卡客车轮胎反补贴税

2016 年 11 月 3 日，美国海关发布公告，根据 WTO 规则及 1930 年关税法的要求，美国商务部在反补贴初裁执行 120 天之后暂停征收反补贴税。

美国海关自 2016 年 11 月 2 日起将不再对进口自中国的卡客车轮胎征收反补贴税。该暂停征收反补贴税的措施将继续到美国国际贸易委员于联邦公报发布对此案的最终损害裁决时。

据了解，美国商务部终裁时间预计是 2017 年的 1 月 19 日；美国国际贸易委员会 2 月 22 日将就损害进行投票。

(杨宏辉)

大事记

2016 年中国橡胶工业大事记

1. 橡胶行业 2 项目上榜 2015 年度国家科学技术奖

1 月 8 日，在 2015 年度国家科学技术奖励大会上，橡胶行业的 2 个项目获得国家科技奖。其中，“节油轮胎用高性能橡胶纳米复合材料的设计及制备关键技术”荣获 2015 年度国家技术发明奖二等奖，该项目由北京化工大学张立群教授等、山东玲珑轮胎股份有限公司董事长王锋、风神轮胎股份有限公司总工程师冯耀岭合作完成；“废轮胎修筑高性能沥青路面关键技术及工程应用”荣获 2015 年度国家科学技术进步奖二等奖。

2. 中国化工收购德国克劳斯玛菲

(1) 中国化工 9.25 亿欧元收购德国克劳斯玛菲

1 月，中国化工集团宣布收购加拿大 Onex 基金拥有的克劳斯玛菲集团（KM）。中国化工联合国新国际和汉德资本进行此项交易。中国化工及其控股公司中国化工装备有限公司计划以 9.25 亿欧元收购克劳斯玛菲集团 100% 的股权。2012 年，加拿大 Onex 公司以 5.68 亿欧元从 Madison Capital Partners 公司手中收购 KM 集团。中国化工集团的收购价格使加拿大 Onex 公司获得了 62% 的收益。创立于 1838 年的克劳斯玛菲能够提供橡塑机械设备和一体化解决方案，拥有克劳斯玛菲、克劳斯玛菲 · 贝尔斯托夫和耐驰特 3 大品牌。

(2) 中国化工完成对克劳斯玛菲的收购

4 月 29 日，中国化工集团公司与 Onex 基金就收购德国克劳斯玛菲集团完成交割。该交易已获得所有监管部门的批准。未来，在运营和管理相关机械企业方面，克劳斯玛菲集团将成为中国化工集团公司的主体企业，借助于双方的实力，公司将进一步开发并参与国际市场的竞争。

3. 玲珑荣获 2015 中国走进东盟十大成功企业

1 月 19 日，“2015 中国走进东盟十大成功企业”颁奖典礼在北京举行，该奖项由中国—东盟商务理事会颁发，用以表彰中国在东盟开展经贸合作，促进当地经济发展，履行社会责任的企业。玲珑轮胎、中国路桥工程有限公司等 10 家国际知名企业得此殊荣。随着中国—东盟自贸区的建立，玲珑轮胎抢占发展先机，加强与东盟国家的合作，加快“走出去”发展步伐，在泰国投资建厂。作为泰国规模最大、投资最多的中资制造企业之一，泰国玲珑未来可实现年产半钢胎 1200 万条，全钢胎 120 万条的产能。

4. 湿法混炼首次实现万吨级连续生产

1 月 21 日媒体消息，万吨级天然橡胶/白炭黑湿法混炼连续化生产线项目，在云南西双版纳通过了中国石油和化学工业联合会组织的科技成果鉴定。鉴定组专家现场考察认为，该成果不仅是天然橡胶产业的重大技术突破，也将给橡胶加工能耗最高的混炼环节带来颠覆性改变，并为绿色轮胎制造提供新途径。该成果由北京万向新元科技股份有限公司、勐腊曼庄橡胶公司、株洲安宝麟锋新材料有限公司、北京万汇一方科技发展有限公司共同完成。专家组认定，该成果拥有完整的自主知识产权，整体技术达到国际先进水平。

5. 海关于 2 月 1 日对复合橡胶进口实施检验

2015 年 12 月 29 日，国家质量监督检验检疫总局和海关总署发布了关于《出入境检验检疫机构实施检验检疫的进出境商品目录》调整的公告，将复合橡胶进口调整为 A 类监管商品，按照《复合橡胶 通用技术规范》（GB/T 31357－2014）有关标准实施进境检验检疫，并于 2016 年 2 月 1 日起执行。涉及的复合橡胶 4 个海关商品编码为：4005100000（与碳黑等混合的未硫化复合橡胶）、4005200000（未硫化的复合橡胶溶液及分散体）、4005910000（其他未硫化的复合橡胶板、片、带）、4005990000（其他未硫化的初级形态复合橡胶）。在此次调整前，复合橡胶没有列入海关进口监管范围，即不是法检商品；但调整后变为A类监管，即按照复合橡胶新标准实施进境检验检疫。

6. 三角华阳分公司智能化高端乘用胎生产基地投产

2月19日，三角华阳分公司智能化高端乘用胎生产基地正式投入生产。华阳公司总投资67亿元，规划建设高性能乘用车胎、特种轮胎、高性能商用车胎、高标准汽车轮胎试验场以及配套的生活设施，一期项目年产能为400万条高性能乘用胎，应用先进的数码识别、智能控制、自动化技术，达到生产效能、制造精度、产品品质和环境质量的革命性变化，主要为全球高端市场提供替换和配套服务。

7. 2016中国橡胶年会在青岛召开

3月23日，中国橡胶工业协会主办的“2016中国橡胶年会暨中国橡胶工业展”在山东青岛举办。会议改变往年一个主论坛、多个分论坛的形式，只设置一个主会场。围绕“新常态下中国橡胶工业的创新发展”主题，安排了宏观经济及行业分析、中国轮胎及轮胎标签、企业转型及环保和安全、中国橡胶工业2025、精益化管理、天然橡胶及合成橡胶橡胶等六大版块进行探讨和分析。来自国内外橡胶业界近千名代表参加了会议。会议同期举办的中国橡胶工业展，共计138个标准展位，展出面积近3000平方米。丰富多彩的展商沙龙互动活动穿插其中，包括供需洽谈会、橡胶绿色包装、世界合成弹性体市场发展、废橡胶绿色转型论坛、专家面对面等内容，使出席会议和展览的代表有更多的选择，获得更多信息。

8. 中橡协发布中国橡胶工业百强企业

3月23日，在中国橡胶工业协会举办的2016中国橡胶年会期间，中橡协隆重发布了“2016年度中国橡胶工业百强企业”。14家轮胎企业、9家力车胎企业、16家输送带和V带企业、4家胶管企业、10家橡胶制品企业、4家胶鞋企业、4家乳胶制品企业、10家炭黑企业、5家再生胶和胶粉企业、8家橡胶助剂企业、10家骨架材料企业、12家橡胶机械模具企业入围百强。

9. 中橡协为获得协会推荐品牌企业授牌

3月23日，在中国橡胶工业协会组织召开的2016中国橡胶年会上，中橡协为获得2016年度协会推荐品牌产品的企业举行了授牌仪式。共有40家企业的48种产品成为协会推荐品牌产品，包括载重汽车公制子午线轮胎，摩托车内外胎，波形挡边输送带、汽车胶管、联组普通V带，冷粘、硫化运动鞋，橡胶工业手套，E系轮胎再生橡胶、双轴常温自动破碎生产胶粉生产线、环保型再生胶软化剂、硫化橡胶粉常压连续脱硫设备，橡胶促进剂，聚酯帘子布等。

10. 中橡协发布诚信轮胎经销商和橡胶贸易商等

3月23日，在中国橡胶工业协会组织召开的2016中国橡胶年会上，中橡协发布“诚信轮胎经销商”，10家企业在到期复审合格后，成为2016年度诚信轮胎经销商。此外，5家橡胶贸易商被中橡协授予“2016年度诚信橡胶产业服务商”，21家橡胶贸易商被授予“2016年度诚信橡胶贸易商”。

11. 森麒麟成功并购泰国立盛橡胶工业园

4月11日，森麒麟集团并购泰国立盛橡胶工业园签约仪式成功举行。此次并购总投资35亿泰铢，园区现有合法土地5326亩，配套设施1000亩，可用租售土地4326亩，并购后的立盛橡胶工业园将正式更名为“立龙橡胶工业园”，计划引进10家轮胎加工企业和10家上下游配套企业，打造以橡胶工业为主、上下游配套、多功能的综合化园区。

12. 第一批符合《轮胎行业准入条件》企业出炉

4月13日，工业和信息化部发布2016年第14号公告，公布了第一批符合《轮胎行业准入条件》的23家企业，见下表。

符合《轮胎行业准入条件》企业名单(第一批)

序号	企业名称	产能/万条			
		半钢	全钢	斜交工程	子午工程
1	大连轮胎厂有限公司		120		
2	桦林佳通轮胎有限公司	525	105	98	
3	双钱集团股份有限公司		255		0.7
4	安徽佳通轮胎有限公司		262.5		
5	安徽佳通乘用子午线轮胎有限公司	1995			
6	山东玲珑轮胎股份有限公司	1000	200		
		3000	500	100	25
7	山东丰源轮胎制造股份有限公司	300			
8	三角轮胎股份有限公司	600	400	28	
			200		
		1200			20
9	山东龙跃橡胶有限公司	800			
10	盛泰集团有限公司	600	300		
11	兴源轮胎集团有限公司		430		
12	倍耐力轮胎有限公司	400	60		
13	赛轮金宇集团股份有限公司	1000			
14	青岛森麒麟轮胎有限公司	600			
15	青岛双星轮胎工业有限公司		300		
16	风神轮胎股份有限公司	500	600	60	7
17	广州丰力橡胶轮胎有限公司	500			
18	广州市华南橡胶轮胎有限公司		100		
19	肇庆骏鸿实业有限公司	500			
20	四川轮胎橡胶(集团)股份有限公司	470		4	
21	四川凯力威科技股份有限公司		62.5		
22	贵州轮胎股份有限公司	5	406.5	36	16.5
23	银川佳通轮胎有限公司		170		

13. 央视播出中外轮胎测试

发布时间:2016－04－14 来源:中国橡胶网

4月14～15日,央视2套财经频道《消费主张》栏目分2期播出了"你不了解的中国制造"系列测试报告——轮胎篇(上、下)。该节目由央视《消费主张》栏目历时两月,跨越三省四地,对10余款中外品牌的轮胎进行了测评。测评结果表明,测试规格的轮胎无论在安全性、操控性,还是噪声和节油方面,中国品牌的轮胎已经不再输给国际品牌的轮胎,甚至在很多单项指标上超过了国外品牌的轮胎,让国人进一步了解了中国制造。此次是央视第一次较大规模对国内轮胎品牌进行公开测试。此前,国内轮胎测试基本都是汽车媒体开展的,参与的也多是外资轮胎品牌。

14. 生物基杜仲胶航空轮胎在中国问世

5月27日媒体消息,世界首批生物基杜仲胶航空轮胎在中国诞生。该批杜仲胶航空轮胎由湘西老爹生物有限公司出资和提供生物基杜仲胶原料,沈阳化工大学材料科学与工程学院院长方庆红教授带领的研究团队与沈阳三橡股份公司合作研制成功。大量基础研究和试验数据表明,添加天然杜仲胶的航空轮胎抗撕裂强度、耐老化性能、耐疲劳性能、耐磨性及抗屈挠性能、动态生热等多项力学性能得到改善,其中抗屈挠性能改善尤为突出。

15. 中橡协与ETRMA交流中欧轮胎标签进程

5月31日,以中国橡胶工业协会副会长兼秘书长徐文英为团长的中橡协赴欧洲考察团,在比利时布鲁塞尔与欧洲轮胎制造商协会(ETRMA)举行了中欧轮胎企业标签研讨会。双方沟通了相互关心的问题,包括欧洲在实施标签制度中遇到的问题和解决方案,欧洲标签执行的效果,中国轮胎标签工作的进展情况,交流了在实施标签制度中遇到的问题和解决方案,了解了相互的关切,以及下一步的实施计划。

通过交流,代表团了解到,尽管欧盟轮胎标签法已经正式实施了近4年,而且之前他们在技术定义、检测方法制定以及实验室校准等方面做了大量细致的工作,但目前仍然在很多方面需要完善。而中国2016年才开始实施自愿张贴轮胎标签,中橡协6月份正式发布《轮胎分级标准》,在实施过程中肯定也会遇到一些问题,需要不断完善解决。对中国轮胎行业来说,轮胎实施分级之路仍然任重道远。

16. 全球轮胎技术论坛多板块研讨绿色先进技术

6月15～17日,由中国橡胶工业协会、国际弹性体研讨会(ISE)和北京化工大学先进弹性体材料研究中心共同举办的2016全球轮胎技术论坛暨第十五届国际弹性体研讨会在青岛召开。会议以"科技创新、绿色发展"为主题,来自英国、法国、西班牙、美国、土耳其、泰国等10多个国家60多名技术专家就新型原材料和新技术在橡胶行业的应用进行了深入研讨,近300名海内外代表参加了此次盛会。弹性体研讨会以"从分子到产品"为主题,专注于轮胎材料与性能的研究进展、低能耗高品质的橡胶加工工艺以及先进的表征方法。

17. 中国绿色轮胎安全周及轮胎标签发布会举办

6月15日,"第二届中国绿色轮胎安全周暨中国橡胶工业协会轮胎标签发布会"在青岛启动。这是继2015年中橡协成功举办首届"中国绿色轮胎安全周"公益活动后,再次面向广大消费者普及轮胎基本知识和安全使用常识,高调宣传绿色轮胎。同期,中橡协公开发布《轮胎分级标准》、《轮胎标签管理规定》和中国橡胶工业协会轮胎标签式样,中国轮胎分级正式进入自愿实施阶段。此外,在"绿色环保,安全出行"的主题下,中橡协还在青岛、上海和北京3个城市同时组织开展安全周落地促销活动。

18. 远景资源新三板挂牌上市

6月27日,全国中小企业股转系统公告显示,广西远景资源再生股份有限公司(证券简称:远景资源 证券代码:837805)的挂牌申请获得批准,并于当日公开转让。远景资源是一家主要从事废旧橡胶、废旧轮胎综合利用的高新技术企业,主要产品是各类活化胶粉。

19. 双星等23个项目在董家口投产开工签约

6月30日,双星轮胎智能化制造(工业4.0)基地等总投资近600亿元的23个重点项目,在青岛西海岸新区董家口经济区集中投产、开工、签约。这些项目涵盖海洋文化、仓储物流、木材交易、新材料、高端装备制造等领域。其中,投产项目 8 个,总投资 202 亿元;开工项目 7 个,总投资 180 亿元;签约项目 8 个,总投资 216 亿元。双星轮胎智能化制造(工业 4.0)基地项目总投资 45 亿元,重点建设绿色轮胎智能化制造基地、绿色轮胎设备制造基地和绿色轮胎物流中心,投产后将形成绿色全钢轮胎 400 万条、绿色半钢轮胎 600 万条的年生产能力,成为轮胎制造行业绿色循环发展的示范工程。

20. 玲珑轮胎在上交所鸣锣上市

7 月 6 日,山东玲珑轮胎股份有限公司首次公开发行 A 股上市仪式在上海证券交易所举行,玲珑轮胎(股票代码:601966)正式在上交所上市。玲珑轮胎本次发行 2 亿股,募集资金 25.96 亿元。发行募集资金主要投资于"年产 1000 万套高性能轿车子午线轮胎技术改造项目",项目完成后增加超低断面抗湿滑低噪声子午线轮胎产能 800 万套/年。

21. 橡胶和制鞋列入国家重点 VOCs 削减计划

7 月 8 日,工信部和财政部发布了《重点行业挥发性有机物削减行动计划》,橡胶行业被列入挥发性有机物(VOCs)削减重点行业。文件明确橡胶行业和制鞋行业的主要任务是实施工艺技术改造工程。橡胶行业的主要任务是研发推广使用新型偶联剂、黏合剂等绿色产品,推广使用石蜡油或其他绿色油类产品全面替代普通芳烃油,制造生产过程推广采用氮气硫化、串联法混炼、粉料助剂预分散处理等工艺;再生胶行业全面推广常压连续脱硫生产工艺,彻底淘汰动态脱硫罐,采用绿色助剂替代煤焦油等有毒有害助剂。制鞋行业的主要任务是帮面加工推广采用热熔胶型主跟包头、定型布等材料;帮底粘合工序鼓励使用水性胶黏剂替代溶剂型胶黏剂;研发应用粉末胶黏剂;限制有害溶剂、助剂使用。

22. 轮胎用 RFID 电子标签 4 项国际标准全球启动

7 月 11 ~ 14 日,由中国主导,软控股份有限公司主起草、来自全球 9 个国家的多家组织及单位参与起草的轮胎用 RFID 电子标签 4 项国际标准全球启动会在比利时布鲁塞尔召开。该 4 项国际标准于 2015 年 6 月申请,2015 年 10 月 6 日在 ISO 正式立项。该 4 项国际标准是中国轮胎行业第一个正式立项的 ISO 系列化国际标准,同时也是轮胎用电子产品的第一项国际标准。

23. 4 家轮胎企业获评能效"领跑者"

发布时间:2016 - 07 - 05 来源:中国橡胶网

7 月 18 日,中国石油和化学工业联合会在 2016 年度石油和化工行业能效"领跑者"发布暨节能技术交流与推广会上,发布了 17 个产品能效"领跑者"标杆企业名单及指标。其中,轮胎企业有 4 家荣获能效"领跑者"称号:中策橡胶、浦林成山、风神轮胎、青岛森麒麟。全钢子午线轮胎标杆企业为中策橡胶、浦林成山、风神轮胎;半钢子午线轮胎标杆企业为浦林成山、青岛森麒麟、中策橡胶。

24. 两协会制定混合橡胶自律标准

8 月 4 日,中国天然橡胶协会、中国合成橡胶工业协会联合发布了《混合橡胶 通用技术自律规范》,并于 8 月 18 日起实施。《规范》对混和橡胶的定义与海关总署的描述有所区别。海关总署对税号为 40028000 混合橡胶的描述是"4001 所列产品与本编号(4002)所列产品的混合物",即天然橡胶与合成橡胶的混合物;《规范》的定义为:质量分数不低于 50% 的合成橡胶与质量分数不高于 50% 的天然橡胶混合而成,且含氮量不超过 0.30% 和不少于 0.15% 的混合物。

25. 中国首次举办"中国轮胎企业排名"活动

8 月 18 日,在中国橡胶工业协会《中国橡胶》杂志社和轮胎分会联合发布了"2016 年度中国轮胎企业排行榜""2016 年度中国境内轮胎企业排行榜"两个榜单。这是中国首次举办的"中国轮胎企业排名"活动。为了全面展现中国轮胎市场的现状,该活动不限制参加企业的数目,2016 年共有 54 家轮胎企业参与了排名。其中,"2016 年度中国轮胎企业排行榜"是针对中国轮胎企业的排名,以 2015 年轮胎企业在中国大陆工厂(包括出口)和海外工厂总销售收入为依据;"2016 年度中国境内轮胎企业排行榜"是针对在中国大陆设厂的所有轮胎企业(包括外资企业)的排名,以 2015 年企业在中国大陆工厂的销售收入(包括出口)为依据。

26. 宁轮股份成首家登陆新三板轮胎代理商

8月30日，南京宁轮轮胎股份有限公司成功登陆新三板，成为首家登陆新三板的轮胎代理商，证券简称“宁轮股份”。该公司主要从事轮胎、润滑油等汽车零配件的销售工作。

27. 中橡协VOCs削减行动计划正式启动

9月7～9日，中国橡胶工业协会在桂林召开“橡胶行业清洁生产评价指标体系暨橡胶行业清洁生产技术研讨会”。针对橡胶行业被列入国家推进清洁生产指标体系和VOCs削减行动计划重点行业，中橡协据此启动了VOCs削减行动计划，并作为橡胶行业“十三五”规划的重要工作，现已完成了《橡胶行业VOCs削减行动计划路线图》，主要涵盖轮胎、胶鞋、废橡胶综合利用及助剂行业；完成了工信部组织征集橡胶行业VOCs削减技术示范应用案例的工作；组织完成了《轮胎行业清洁生产评价指标体系》和《橡胶助剂行业清洁生产评价指标体系》立项及开题报告的编写，以及《再生橡胶行业清洁生产评价体系》的修改上报工作。会议重点研究制定行业VOCs削减路线图，交流企业需求迫切的VOCs治理技术。

28. 三角轮胎正式上市

9月9日，三角轮胎股份有限公司在上海证券交易所主板正式上市，股票简称“三角轮胎”，股票代码“601163”。本次公开发行的股票数量20000万股，发行价格22.07元/股，公开发行后总股本80000万股，发行募集资金总额44.14亿元。其中，资金将投向年产200万条高性能智能化全钢载重子午胎搬迁升级改造项目和南海新区800万条高性能乘用车胎转型升级项目。

29. 中橡协关发布《轮胎标签管理规定实施细则》

9月14日，中国橡胶工业协会发布了《轮胎标签管理规定实施细则》（试行），并自发布之日起实施。该《细则》与《轮胎分级标准》《轮胎标签管理规定》《中国轮胎标签申报和管理平台使用指南（试行）》一起构成中国轮胎标签实施的标准法规。

30. 轮胎分级标准正式实施

9月15日，由中国橡胶工业协会发布的《轮胎分级标准》、《轮胎标签管理规定》正式实施。中国轮胎正式开始自愿张贴标签。中国橡胶工业协会网上申报和管理数据平台已向企业开放，国内大型轮胎公司以及外资在华轮胎企业申报踊跃。

31. 通用股份上交所上市

9月19日，红豆集团旗下江苏通用科技股份有限公司（股票简称“通用股份”，股票代码“601500”）在上海证券交易所鸣锣上市。此次股票发行价格为4.92元/股，公开发行的股票数量为17491.9085万股，募集资金总额为86060.1898万元，将投资用于“全钢二期工程项目”和“轮胎技术研究中心建设项目”。项目建成投产后，通用股份将实现在短途、中短途和中长途等多个全钢子午胎产品领域的均衡布局，自主研发能力将得到显著提升。

32. 森麒麟发布首条石墨烯导静电轮胎

9月22日，在“2016中国国际石墨烯创新大会”上，青岛森麒麟轮胎股份有限公司与青岛华高墨烯科技股份有限公司联合举办了“森麒麟—华高墨烯首条石墨烯导静电轮胎新品发布会”，宣布石墨烯导静电轮胎打破了轮胎配方领域的“魔鬼三角”定律，成功制造了真正意义上的高磨耗、高抗湿滑、低滚阻性能均衡的高性能轮胎。同时，也标志着石墨烯材料在轮胎行业首次实现产业化。

33. 川环科技首次公开发行股票

9月23日，四川川环科技股份有限公司首次公开发行股票并在创业板上市。股票简称为“川环科技”，发行价格为22.07元/股，预计募集资金总额为32994.65万元；本次发行的募投项目投资总额为30589.00万元，拟使用募集资金投入金额为30337.39万元。

34. 中橡协第二家签约实验室揭牌

9月27日，中国橡胶工业协会第二家签约实验室贝卡尔特（中国）技术研发有限公司揭牌仪式在江苏江阴举行。贝卡尔特在钢丝变形和镀膜技术领域居全球科技和市场领先地位，一直致力于开发符合高标准的钢丝及钢丝制品。其中国技术研发有限公司是该集团史上第一家比利时以外的研发机构，集工业材料研发、设备设计及制造、研发样品试验生产线、工程测试线等功能于一体，拥有国际化的技术专家团队和专家，拥有完整的分析测试、检测、实验平台和实验工厂，以保证项目的顺利和有效执行。

35. 胎压监测标准通过工信部审查

9 月 27 日，工信部牵头审查通过了《乘用车轮胎气压监测系统的性能要求和试验方法》(GB26149)强制性国家标准送审稿，并将在完善后发布实施。该强制性标准一旦实施，一方面或将推动 TPMS 走向标配，车辆安全技术水平得到提升；另一方面也将对胎压监测系统各部件的相关技术要求更为严格。

36. 玲珑集团中亚轮胎试验场开业试运营

10 月 18 日，中国橡胶行业第一家大型室外轮胎试验场—中亚轮胎试验场在山东招远开业试运营。该试验场由玲珑集团投资 11.3 亿元建设，由全球最大的试验场认证及经营机构西班牙 IDIADA 公司设计并指导施工和监理，第三方公共服务检测平台——山东伊狄达汽车及轮胎试验场有限公司全权经营。试验场占地 150 公顷，建设了高速环道、噪音测试跑道、直线制动路、干湿操控路、疲劳耐久路、越野路、动态广场及测试山等 16 条轮胎试验跑道，总长度 17.8km，摊铺面积 37 万平方米。可以针对轮胎的高速性能、噪音、刹车制动、干/湿地操控性、耐久性等 40 多项性能指标进行实地监测和室内试验，能够满足轮胎法规认证试验和产品研究开发试验的需要。

37. 第一批中国轮胎标签正式核发 5 家企业

10 月 21 日，中国橡胶工业协会"中国轮胎标签"正式核发给第一批 5 家企业。分别是山东丰源轮胎制造有限公司，双星集团有限公司旗下青岛双星轮胎工业有限公司、山东双星轮胎有限公司，双钱轮胎有限公司旗下双钱集团(江苏)轮胎有限公司和双钱集团(重庆)轮胎有限公司。"轮胎标签"明确标注了轮胎的滚阻系数等级、湿地性能及轮胎噪声等级，为消费者选购轮胎提供了更直观的判断标准。消费者扫描"轮胎标签"二维码，可以间接了解企业基本信息、轮胎分级、标签有效期、花纹特点等内容。

38. 13 家"塑胶跑道用橡胶颗粒"重点企业受推荐

10 月 27 日，在安徽省马鞍山市当涂县召开的"2016 年全国废橡胶绿色利用信息及技术论坛"上，中国橡胶工业协会向社会正式推荐了 13 家"塑胶跑道用轮胎橡胶颗粒"生产企业。推荐企业法人向中橡协和社会承诺，将向塑胶跑道采购、施工单位提供质量稳定、符合塑胶跑道环保要求的轮胎橡胶颗粒原材料，并严格按照要求接受消费者、社会和广大媒体的监督。

39. 两家废轮胎企业项目列入工信部示范工程名单

11 月 8 日，工业和信息化部办公厅印发京津冀及周边地区工业资源综合利用产业协同发展示范工程项目名单，河南省万丰源橡胶有限公司的废旧轮胎综合利用项目、中国钢研集团有限公司(新冶高科技集团有限公司)河北康润安废旧轮胎再生利用项目列入其中。

40. 合肥万力轮胎智能化工厂投产

11 月 9 日，万力轮胎合肥工厂投产。该工厂集成了汽车、生物制药等行业的先进经验和先进制造技术，建成了全领域智能化、全流程自动化、全方位绿色化的轮胎工厂，为我国轮胎行业树立了绿色智能制造的新标杆。该工厂总投资 19.88 亿元，占地面积 500 亩，2016 年底达到一期 100 万条全钢子午胎产能，2017 年年中形成 200 万条全钢子午胎产能。

41. 软控成为全球首个实现"轮胎智能工厂"供应商

在 11 月 9 日投产的万力轮胎合肥工厂项目中，软控股份有限公司作为该工厂的总规划方、实施方，成为在全球范围内能够提供轮胎智能制造整体解决方案的供应商。软控在方案设计、产品和系统研发、人员配备等方面都投入了巨大的资源。其中，在碎胶机和抓胶机器人的应用、胶片的自动存储和运送、半部件车间的整体物流应用等方面，填补了橡胶行业的国内空白。

42. 隽诺环保新三板挂牌上市

11 月 18 日，全国中小企业股转系统公告显示，广东隽诺环保科技股份有限公司(证券简称：隽诺环保，证券代码:839923)的挂牌申请获得批准，并于当日挂牌。隽诺环保专业从事废料回收再生设备的研发、生产和销售。

43. 中橡协成功换届产生第九届理事会

11 月 23 日，中国橡胶工业协会在杭州召开了第九届会员代表大会，成功完成了换届改选。邓雅俐当选为中橡协第九届理事会会长，徐文英当选为副会长兼秘书长，同时推举范仁德为名誉会长。大会选举第九届理事会理事466名，常务理事192名；选举副会长28名，其中高级副会长5名。在同期召开的第九届一次理事会及常务理事会上，推举77名代表为中国橡胶工业协会第九届主席团成员；推选中策橡胶集团有限公司董事长沈金荣为2016～2018年度企业执行主席。

44. 中橡协认定首批制品行业技术中心

11月24日，在第十七届全国橡胶工业信息发布会上，中国橡胶工业协会为首批推出的5家制品领域的行业技术中心和1家协会签约检验测试中心进行了颁牌。5家行业技术中心分别是：株洲时代新材料科技股份有限公司，为中国橡胶行业交通装备减振降噪材料/制品技术中心；青岛海力威新材料科技股份有限公司，为汽车橡胶密封制品（青岛）技术中心；辽宁省铁岭橡胶工业研究设计院，为橡胶密封制品（铁岭）技术中心；大连巅峰集团有限公司，为工程橡胶制品（大连）技术中心；安徽微威胶件集团有限公司，为汽车橡胶减震制品（桐城）技术中心。1家签约检验测试中心：山东美晨科技股份有限公司检测中心，为汽车胶管及橡胶减震制品。

45. 第十七届全国橡胶工业信息发布会召开

11月24日，由中国橡胶工业协会组织的第十七届全国橡胶工业信息发布会在杭州举行，主题为“包容共享、开放合作、创新发展”。围绕“宏观经济及行业分析、上下游产业结合、金融与投资、热点话题”四大板块内容，来自国内外200多名橡胶及相关行业的代表进行了深入交流。

46. 恒丰橡塑竞得德瑞宝轮胎

11月25日，德瑞宝轮胎有限公司、山东昊龙橡胶轮胎有限公司破产财产第四次拍卖顺利成交。本次拍卖起拍价6.2亿元，经过多轮次竞拍加价，最终拍卖成交价为8.91亿元，溢价2.71亿元，由竞买人山东恒丰橡塑有限公司竞得。

47. 64家实验室参加橡胶行业实验室能力验证活动

11月，由中国橡胶工业协会和中国合格评定国家认可委员会（CNAS）联合组织，思通检测技术有限公司承担的“CNAS－Z0113用无转子硫化仪测定橡胶硫化特性”能力验证计划结束。这是一次较大规模的橡胶行业实验室间比对实验活动，共有来自轮胎、力车胎、管带、制品、原材料生产企业及科研机构、高等院校、检测单位、仪器制造商等64家实验室参加。自6月1日中橡协与CNAS联合发文征集实验室，到11月21日完成最终经CNAS审核的总结报告，该活动历时5个半月。此次验证计划共有57家实验室验证合格。根据CNAS《关于CNAS－Z0113能力验证计划结果处理的通知》要求，对结果满意的实验室希望继续保持并进一步提高检测水平，对结果有问题的7家实验室应自行开展纠正或预防措施，在规定的期限内完成整改。

48. 中橡协签约实验室又添新丁

11月28日，中国橡胶工业协会发出通知，认定中汽中心盐城汽车试验场有限公司为中橡协签约检验测试中心，专业服务方向为轮胎产品室内外检验与测试。签约实验室是中橡协为促进橡胶行业科学发展，提升为行业服务能力与水平而搭建的公共服务平台，目的是为政府、行业在试验方法、测试技术、检测标准、新型专用测试仪器开发、人员培训、行业交流等提供基础性、公益性服务，除了为企业提供常规的标准检测，出具具有公信力和国家认可的检测报告外，还特别注重同企业的合作，为企业的研发创新提供专业化、个性化的服务和解决方案。

49. 中橡协发布《炭黑行业准入技术规范》

12月6日，12月6日，中国橡胶工业协会发布了《炭黑行业准入技术规范》，标准号为T/CRIA 20001－2016。实施日期为2017年1月1日。该规范将加快推动炭黑行业产业结构优化升级，促进行业科学规划，合理布局，安全生产，保护环境，节能减排，减少资源浪费，实现可持续发展。

50. 双星乘用车胎工业4.0智能工厂竣工

12月3日，双星“乘用车胎工业4.0智能工厂竣工暨安全轮胎全球战略发布会”在青岛召开。双星工业4.0工厂集成了全球先进的信息通信技术、数字控制技术、智能装备技术，并对原有轮胎工艺流程进行创新，实现了智能炼胶、智能成型、智能氮气硫化，以及智能分拣、检测、仓储等30余项工艺流程的升级，使工人的劳动强度降低60%以上，产品不良率降低80%以上，劳动生产率是过去的 3 倍以上。双星安全轮胎全球战略发布会推出了全球首创的“三防”安全轮胎——“狂野大师”,还展示了即将上市的双星石墨烯轮胎、智慧轮胎等新产品。

51. 浙江三维 A 股上市

12 月 7 日,浙江三维橡胶制品股份有限公司举行首次公开发行 A 股上市仪式(股票简称:三维股份,代码:603033)。本次公开发行总量为 2270 万股,发行价格为 17.55 元/股。自 1997 年成立以来,三维股份一直从事橡胶输送带、V 带的生产和销售,致力于在橡胶胶带领域提供高质量、安全可靠的产品和服务。该公司成为继宝通科技、双箭股份之后,第三家橡胶胶带上市企业。

52. 工信部对申请准入轮胎生产企业实地核查

12 月 7 ~ 9 日,根据《轮胎行业准入条件》和《轮胎生产企业准入公告管理暂行办法》要求,工信部原材料工业司组织轮胎行业专家对申请准入的第二批部分轮胎生产企业进行了现场核查。7 月份以来,工信部开始接受第二批轮胎行业准入企业的申报工作,共收到 27 家轮胎企业申请公告材料,本次现场复核从中抽查了 11 家企业,均位于山东省,现场核查为期 3 天。专家组深入企业生产现场,了解工艺、质量和装备情况,实地考核研发中心创新能力建设、基础研究、产品开发等技术创新情况,检验检测设施的配备情况等。同时,重点了解了环保设施运行、环境污染监测数据情况,以及能源、资源消耗情况等。核查结束后,工信部专家组将督促一些企业及时补充材料,对所有核查数据及企业提供的资料进行汇总整理,形成专家意见。

53. 第三家橡塑密封条企业上市

12 月 30 日,浙江仙通橡塑股份有限公司在上海证券交易所举行首次公开发行 A 股上市仪式(股票简称:浙江仙通,代码:603239),该公司成为继中鼎股份、海达股份之后,第三家橡胶和塑料汽车密封条上市企业。本次募集资金总额约 4.93 亿元,扣除各项发行费用后,实际募集资金净额约 4.46 亿元。募集资金将投向年产 2300 万米橡胶汽车密封件扩产项目、年产 1300 万米汽车塑胶密封件扩产项目、汽车密封条研发中心建设项目以及用于补充流动资金项目。

54. 中橡协分会(专业委员会)理事长换聘

按照《中国橡胶工业协会分支机构管理细则》《中国橡胶工业协会分会理事长单位及分会(专业委员会)理事长任职条件及职责》及《中国橡胶工业协会分支机构秘书长任职及考核办法》的有关规定,至 2016 年 12 月,中国橡胶工业协会 14 个分会(专业委员会)理事长任期已满,经征求意见、分会推荐、总会批复,14 个分会(专业委员会)新任理事长如下:

聘任豪迈集团股份有限公司董事长张恭运为橡胶机械模具分会理事长;

聘任双星集团有限责任公司董事长柴永森为轮胎分会理事长;

聘任株洲时代新材料科技股份有限公司总经理杨军为橡胶制品分会理事长;

聘任武汉天黎轮胎有限公司董事长鲍人巧为营销工作委员会理事长;

聘任神马实业股份有限公司董事长王良为骨架材料专业委员会理事长;

聘任桂林紫竹乳胶制品有限公司总经理陶然为乳胶分会理事长;

聘任江西黑猫炭黑股份有限公司总经理周敏建为炭黑分会理事长;

聘任四川远星橡胶有限责任公司董事长赵春为力车胎分会理事长;

聘任际华三五一七橡胶制品有限公司董事长容三友为胶鞋分会理事长;

聘任浙江双箭橡胶股份有限公司董事长沈耿亮为胶管胶带分会理事长;

聘任山东阳谷华泰化工股份有限公司王传华为橡胶助剂专业委员会理事长;

聘任云南农垦贸易公司董事长陈云原为橡胶材料专业委员会理事长;

聘任南通回力橡胶有限公司董事长倪雪文为废橡胶综合利用分会理事长;

聘任中汽中心盐城汽车试验场有限公司总经理李赞峰为橡胶测试专业委员会理事长。

按照规定,新聘任的分会(委员会)理事长将成为中国橡胶工业协会第九届理事会副会长和主席团主席候选人。

(杨宏辉)

2016 年中国橡胶工业十大新闻

1. 美国对华卡客车轮胎“双反”

1 月 29 日，美国钢铁工人联合会（USW）向美国商务部和美国国际贸易委员会（ITC）提出申请，要求对来自中国的卡车及公共汽车轮胎启动反倾销和反补贴调查。3 月 12 日，ITC 初裁中国轮胎对美国相关产业造成实质损害或威胁；8 月 30 日，美国商务部发布了对华卡客车轮胎反倾销初裁结果，认定中国输美有关轮胎存在倾销行为并认定存在紧急情形，同时延续了近 3 年来不给予中国国有企业以分别税率的政策；10 月 7 日，美国商务部又发布了反倾销初裁税率修正结果。美国商务部初裁修正后的倾销及补贴合并有效税率为：双钱轮胎 47.01%，浦林成山 50.17%，贵州轮胎 53.33%，分别税率企业 50.17%，全国税率企业 50.17%。

2. 轮胎标签制度正式实施

6 月 15 日，中国橡胶工业协会发布了《轮胎分级标准》、《轮胎标签管理规定》和中国橡胶工业协会轮胎标签式样，并于 9 月 15 日正式开始实施轮胎标签自愿张贴。截至年底，经过专家对申请企业的资料审查，中橡协已与 9 家企业签订了轮胎标签使用协议，并向这些企业核发了“中国轮胎标签”。9 家企业分别是：山东双星轮胎、青岛双星轮胎、双钱（江苏）、双钱（重庆）、丰源轮胎、贵州轮胎、双钱（安徽）回力、山东玲珑、倍耐力轮胎。另外，还有 18 家内外资大型轮胎企业在网上申报平台进行了申请。实施轮胎标签制度，可以让消费者直观判别轮胎质量优劣，引导绿色制造、绿色消费，加速推动中国轮胎结构调整、技术进步、质量提升。

3. 中橡协第九届理事会成功换届

11 月 23 日，中国橡胶工业协会在杭州召开了第九届会员代表大会，成功完成了换届改选。邓雅俐当选为中橡协第九届理事会会长，徐文英当选为副会长兼秘书长，同时推举范仁德为名誉会长。大会选举第九届理事会理事 466 名，常务理事 192 名；选举副会长 28 名，其中高级副会长 5 名。

4. 天然橡胶价格持续反弹

9 月份开始，天然橡胶价格开始呈震荡上扬态势，至年底行情持续反弹。截至 12 月 12 日，天然橡胶期货价格一度逼近 2 万元/吨，创近 3 年以来新高。11 月末，天然橡胶价格同比上涨 61.71%。分析原因，一是 8 月份开始，我国汽车产销量同比大幅增长，带动轮胎开工率走高，对天然橡胶需求有所增加；二是年底东南亚产区天然橡胶供应减少，现货趋紧；三是国内保税仓库及上期所库存减少；四是国际原油价格持续上涨，合成橡胶价格上扬，对天然橡胶价格形成支撑。受此影响，接近年底，一批轮胎企业纷纷提高轮胎价格，提价幅度在 2% ~6%。

5. 一批橡胶行业技术中心（实验室）签约认定

为了加强行业创新能力，中国橡胶工业协会 2016 年开展了行业技术中心和协会签约检验测试中心的认定工作。截至年底，中橡协已经认定 5 家橡胶制品行业技术中心，分别为株洲时代新材、青岛海力威、铁岭橡胶院、大连巅峰集团、安徽微威胶件等企业的技术中心，服务方向为交通装备减震降噪材料、汽车橡胶密封制品、橡胶密封制品、工程橡胶制品、汽车橡胶减震制品；2 家胶鞋领域行业技术中心为际华 3517 和际华 3537，分别为行业鞋材及工艺、行业制鞋技术中心；推出怡维怡橡胶研究院、贝卡尔特（中国）、山东美晨、中汽中心盐城汽车试验场为中橡协签约检验测试中心，服务方向分别为橡胶原材料、橡胶轮胎用骨架材料（钢帘线及钢丝制品）、汽车胶管及橡胶减震制品、轮胎室内外检验与测试。

6. 橡胶行业启动 VOCs 削减行动计划

7 月 8 日，工信部和财政部发布了《重点行业挥发性有机物削减行动计划》，橡胶行业被列入挥发性有机物（VOCs）削减重点行业。中国橡胶工业协会据此启动了 VOCs 削减行动计划,作为橡胶行业“十三五”规划的重要工作,现已完成了《橡胶行业 VOCs 削减行动计划路线图》,主要涵盖轮胎、胶鞋、废橡胶综合利用及助剂行业;完成了工信部组织征集橡胶行业 VOCs 削减技术示范应用案例的工作;组织完成了《轮胎行业清洁生产评价指标体系》和《橡胶助剂行业清洁生产评价指标体系》立项及开题报告的编写,以及《再生橡胶行业清洁生产评价体系》的修改上报工作。

7. 智能制造轮胎工厂落地开花

继青岛森麒麟轮胎建成国内首家轮胎智能制造工厂后,2016 年成为轮胎智能制造工厂投产的爆发年。2 月,总投资 67 亿元的三角轮胎华阳分公司智能化高端乘用胎生产基地投产,规划建设高性能乘用胎、商用胎和特种轮胎,以及高标准汽车轮胎试验场,一期项目年产 400 万条高性能乘用胎;11 月,合肥万力轮胎全领域智能化、全流程自动化、全方位绿色化轮胎智能制造工厂投产,年底达到 100 万条全钢子午胎产能,2017 年年中将达成年产全钢子午胎 200 万条产能;6 月和 12 月,双星轮胎全球首家全钢胎和半钢胎全流程工业 4.0 智能化工厂分别全线投产和投入试运行,并获得当年工信部唯一一个“绿色轮胎智能制造”示范试点企业,将形成年产全钢胎 400 万条、半钢胎 600 万条的生产能力。还有一批轮胎企业正在或计划实施智能化改造。

8. 一批橡胶企业密集上市

2016 年,一批橡胶及相关企业密集上市。其中,玲珑轮胎、三角轮胎、通用股份、三维股份、浙江仙通在上海证券交易所上市,四川川环科技股份在创业板上市,远景资源、隽诺环保、宁轮股份等则成功登陆新三板,其中南京宁轮轮胎股份有限公司是首家登陆新三板的轮胎代理商。上市企业募集的资金均投向行业高端产品项目,说明更多的橡胶企业希望通过资本的平台做大做强。

9. 橡胶企业加速“走出去”

为响应国家“一带一路”号召,实施国际化战略,以及受美国对中国轮胎“双反”等影响,中国橡胶轮胎企业“走出去”步伐加快。继 2015 年多家企业海外项目动工或投产后,2016 年又有多家企业海外项目落地。如上海华谊(集团)与泰国公司翠贝卡企业有限公司签署合资协议,将在泰国罗勇省 LK - RICH 橡胶工业园共同投资 3 亿美元建设年产 150 万条卡客车子午胎和 5 万条工业轮胎工厂;青岛森麒麟轮胎正式选址美国佐治亚州 LaGrange,将投资约 5.3 亿美元,并于 2017 年开工建设年产 1200 万条高性能半钢子午胎工厂;山东豪迈科技泰国子公司豪迈(泰国)有限公司开业,该项目位于泰中罗勇工业园,投资近 3 亿铢,未来两年内将达到每月 200 付新模具制作和 300 付旧模具维修改造的加工能力;另外,豪迈印度公司已经开始试运行。还有更多企业正在酝酿“走出去”,实现国际化运营。

10. 橡胶行业重点工作进展显著

轮胎准入方面,4 月 13 日,工信部公布了第一批符合《轮胎行业准入条件》的 23 家轮胎企业;第二批申请准入的轮胎企业有 27 家,工信部原材料工业司于 12 月组织专家对其中 11 家企业进行了实地核查。行业自律方面,为加快推动炭黑行业优化升级、安全生产、节能减排,12 月 6 日,中国橡胶工业协会发布了《炭黑行业准入技术规范》,实施日期为 2017 年 1 月 1 日。研发创新方面,10 月 18 日,我国首个专业轮胎试验场——中亚轮胎试验场正式开业运营,圆了几代橡胶人的梦想,将为我国轮胎创新研发、进军配套市场提供有力支撑。

2016 年中橡协主要工作盘点

2016 年，中国橡胶工业协会在为行业服务、为政府服务、加强行业与政府沟通、协会自身建设等方面做了大量工作，盘点如下：

一、为行业服务方面

1. 组织第二届“6.15 中国绿色轮胎安全周”大型公益活动

继续向广大消费者普及轮胎使用和保养的基本知识，引导消费者合理选择和使用轮胎，在全社会倡导“绿色环保，安全出行”。活动期间共印制了 1.2 万份北京、上海、青岛 3 个城市的“公益轮胎地图”和《公益轮胎宣传册》，邀请了“青岛轮库汽车服务连锁”17 家零售店和“动力驿站”青岛地区 31 家零售店、上海 13 家零售店、北京 9 家零售店参加了落地促销活动。

2. 开展“中国轮胎企业排名”活动

此次活动依据企业上年销售收入排出两个排行榜：一是“中国轮胎企业排行榜”，主要针对内资企业，包括海内外销售收入；二是“中国境内轮胎企业排行榜”，针对所有在大陆建厂的轮胎企业，依据在大陆的销售收入。该活动是国内首次发布中国轮胎企业排名，得到了众多轮胎企业的关注和参与。该排名在发布当日即吸引 3.1 万人关注，成为 2016 年橡胶行业非常有影响力的活动。

3. 积极向相关部委汇报混合橡胶标准问题

随着 2015 年 7 月 1 日我国复合橡胶新标准的实施，复合橡胶进口大幅减少，混合橡胶进口激增。为此相关协会在 2016 年 8 月发布了《混合橡胶通用技术自律规范》。为避免由此给下游用胶企业造成的较大影响，协会紧急向农业部、财政部、工信部、商务部、海关总署等反映情况，并多次主动与相关协会沟通，说明复合橡胶和混合橡胶的问题，根源是我国天然橡胶进口关税过高带来的畸形产物，希望国家能解决源头深层次问题，通过取消天然橡胶进口关税、对天然橡胶种植企业进行补贴的方式来彻底解决目前这种现象，做到既保护上游胶农利益，也保护下游工业企业的利益。

4. 积极承担国家标准的制定工作

2016 年承担了国家发改委统一部署下的橡胶行业（轮胎和炭黑产品）碳排放基准值研究工作；完成了《轮胎行业清洁生产评价指标体系》和《橡胶助剂行业清洁生产评价指标体系》标准立项及开题报告的编写，《再生橡胶行业清洁生产评价体系》的修改上报工作，这 3 项标准已列入发改委、环保部和工信部联合下达的 2016 年第二批计划；根据工信部和财政部发布的《重点行业挥发性有机物削减行动计划》，中橡协启动了 VOCs 削减行动计划，完成了《橡胶行业 VOCs 削减行动计划路线图》，主要涵盖轮胎、胶鞋、废橡胶综合利用及助剂行业；完成了工信部组织征集橡胶行业 VOCs 削减技术示范应用案例的工作。参与完成了 4 项国家标准《乳胶制品的有机锡含量的测定》《丁基橡胶药用瓶塞 易脱落物的测定》《丁基橡胶药用瓶塞 特征与鉴别》《丁基橡胶药用瓶塞 生物性能要求与测试》送审稿的制定和审查工作。

5. 积极开展团体标准的制定工作

年初发布了《中国橡胶工业协会标准管理办法（试行）》，将协会团体标准的制定工作推向一个高度。发布了广受国内外橡胶行业关注的《轮胎分级标准》和《轮胎标签管理规定》，并于 9 月 15 日正式进入自愿实施阶段；完成了《炭黑行业准入技术规范》的审核、发布和标准出版印刷工作。上述 3 个标准除了在中橡协官网“中国橡胶网”上发布外，目前已被收录到国标委全国团体标准信息平台上，为有关机构和广大企业采标提供了方便。

同时，协会还完成了《绿色鞋用原辅材料技术规范》《功能性鞋类技术规范》《橡胶助剂预分散母胶粒》和《锥台型橡胶护舷》等协会团体标准的立项审查工作；启动了杜仲产业联盟标准制定工作；开启了《钢帘线黏合标准胶》起草第一阶段试验工作；对《输送带单位产品能源消耗限额》团体标准进行了宣贯。

6. 组织行业积极应对贸易摩擦

2016 年，协会组织行业应对了 5 起重大国外对华贸易摩擦案件，包括美国对非公路轮胎第二次“双反”调查，美国对 OTR 反补贴第七次行政复审调查的政府调查，印度对充气卡客车子午胎反倾销，巴西对工业胎反倾销和美国对卡客车轮胎“双反”。

在应对美国对华卡客车轮胎“双反”案中，协会全年做了大量细致的工作，包括 2 月春节期间帮助 34 家中国企业向美国国际贸易委员会（ITC）提交损害抗辩材料，多次召开重点轮胎企业协调会，通报案情进展及公关公司选聘情况，两次组织企业赴美国开展公关游说工作，并首次对 ITC 长达几百页的调查问卷提交了意见，在规定时间内将 ITC 问卷发放给相关企业填写，配合我国商务部完成美国商务部对我国轮胎企业的反补贴实地核查等工作。

在应对多个国家“双反”调查的同时，还将美国 ITC 诉我乘用和轻卡胎“双反”案诉诸法院的程序。2016 年 5 月 2 日，作为被告的 ITC 向美国国际贸易法院提交了辩护书状；2016 年 7 月 27 日，针对 ITC 的辩护书状，商协会又向美国国际贸易法院递交了反驳性的答辩书状。

7. 继续开展行业品牌推荐和质量授信工作

2016 年协会在轮胎、力车胎、管带、胶鞋、乳胶、废橡胶综合利用、骨架材料、助剂等专业开展品牌推荐工作，共有 40 家企业的 48 种产品获得了协会推荐品牌；在胶鞋和胶管胶带行业开展质量授信活动，共有 3 家胶鞋企业、2 家管带企业通过了质量授信专家审查和审核，并领取了证书。

8. 开展行业相关培训工作

成功举办了第六期轮胎经销理赔岗位培训班、“精鹰会”第二届轮胎经销商青年联谊会及培训、第三期炭黑高端技术人才培训班、乳胶行业工艺及标准培训和胶鞋配方工艺技术培训班等培训工作。

9. 召开各类专业会议，搭建行业交流平台

举办 2016 中国橡胶年会和橡胶工业展、第十七届全国橡胶工业信息发布会、轮胎橡胶行业精益制造智能发展主题峰会暨 2016 年度中国轮胎企业排名发布会、2016 全球轮胎技术论坛暨第十五届国际弹性体研讨会，举办了各专业分会的会员大会、技术交流会、企业峰会论坛等，为企业提供了交流平台。

10. 加强与国外橡胶同行的交流与沟通

2016 年协会组织了 4 个出国考察团，一是组织国内主要再生橡胶利用相关企业赴美国、加拿大考察，参观了美国新奥尔良轮胎及翻胎展，拜访了多家再生胶、混炼胶、轮胎回收公司及滑铁卢大学，并与加拿大轮胎橡胶协会座谈；二是组织国内重点轮胎生产企业赴欧洲考察，参观了德国 ESSEN 轮胎展，与 VMI 和贝卡尔特进行了详细的技术交流，与欧洲轮胎制造商协会（ETRMA）和欧洲轮胎轮辋技术委员会（ETRTO）召开了中欧轮胎技术研讨会；三是赴日本考察，期间举办了“中国橡胶制造业企业管理技术研修班”，参观了丰田汽车田原工厂等多家企业，并与日本橡胶协会、日本橡胶公会及会员企业进行了座谈；四是赴泰国考察，参加了 2016 年全球橡胶大会（GRC），参观了立龙橡胶工业园以及森麒麟、中策、豪迈的泰国工厂等。

11. 开展信息服务工作

全年按时保质出版 24 期《中国橡胶》杂志及 15 个分会的内部杂志，通过全程跟踪报道协会的重大活动、深度分析行业形势、介绍行业热点，为会员企业提供了丰富的行业信息。维护好中国橡胶网及各分会的网站，积极开拓新媒体业务，保证《中国橡胶》杂志微信订阅号每天发布；完成了《中国橡胶工业年鉴》、《橡胶行业资讯精编》，《2015 年炭黑行业年册》，《胶管胶带国外先进标准汇编》（八）等编辑出版工作。

12. 开展行业技术中心（测试中心）认定工作

胶鞋行业认定两个行业技术中心：际华三五一七公司为鞋材及工艺技术中心，际华三五三七公司为制鞋技术中心。制品行业确定了 5 家行业技术中心和一家签约检验测试中心。其中，株洲时代新材技术中心为交通装备减振降噪材料/制品技术中心,青岛海力威为汽车橡胶密封制品(青岛)技术中心,铁岭橡胶院为橡胶密封制品(铁岭)技术中心,大连巅峰集团为工程橡胶制品(大连)技术中心,安徽微威胶件集团为汽车橡胶减震制品(桐城)技术中心;山东美晨科技股份有限公司检测中心为协会签约检验测试中心,专业方向为汽车胶管及橡胶减震制品。测试行业确定了两家协会签约检验测试中心,分别是贝卡尔特(中国)技术研发有限公司和中汽中心盐城汽车试验场的检验测试中心,专业方向分别为橡胶、轮胎用骨架材料(钢帘线及钢丝制品)类以及轮胎产品室内外检验与测试。

二、加强行业与政府沟通及为政府服务方面

1. 通过人大代表向政府反映相关问题

今年为人大代表提出了3份建议材料:《关于中国轮胎行业再次面临美国“双反”调查形势严峻的情况及建议》、《关于降低橡胶企业税收负担的建议》、《关于申请国家为轮胎标签制度立法的议案》。

2. 向国家领导和各部委提交相关材料

定期为工信部提供橡胶行业经济运行分析材料;对发改委就“研讨完善再生资源扶持政策”等问题予以回复,回复国资委有关“美国在双反案中调查中国国有企业采取歧视性税率问题”并提出建议,向工信部、财政部等部委申报《关于提高轮胎出口退税率的报告》,配合海关总署完成《轮胎(外胎)加工贸易单耗标准(2013年修订草稿)》复核意见,完成税则委填报《调整进口暂定税率意见表》及其附表,呼吁降低天然橡胶进口关税。

3. 积极参与国家产业政策制定

参与工信部编制《重点行业挥发性有机物削减行动计划》和《橡胶行业挥发性有机物削减路线图》工作,完成了发改委技术经济安全评估(橡胶部分)调研和审核工作;按照国家发改委调研组的要求,提供了《我国废橡胶回收与利用方面的措施与建议》《关于废旧橡胶回收利用问题的补充建议》等报告。

4. 完成商务部下达的相关工作

完成商务部布置的“关于2016年度轮胎行业去产能调结构促升级情况调查汇报”;完成“关于当前中国轮胎企业在俄罗斯建厂事项和轮胎出口俄罗斯情况的调查”;组织有关企业参加“关于中俄总理定期会晤委员会工业合作分会原材料工作组第一次会议”,并写了书面汇报材料。

5. 配合工信部完成第二批轮胎企业准入调查

今年共有27家轮胎企业申请了《轮胎行业准入条件》公告企业,协会配合工信部对11家企业进行了实地核查。

6. 政府交办的其他工作

三、协会自身建设方面

1. 顺利完成了相关分会的换聘工作和总会换届工作

按照《中国橡胶工业协会分支机构管理细则》,2016年炭黑分会、轮胎分会、力车胎分会、橡胶机械模具分会、胶鞋分会、橡胶材料专业委员会、胶管胶带分会、橡胶助剂专业委员会、废橡胶综合利用分会、橡胶测试专业委员会、杜仲综合利用工作委员会11个分会(专业委员会)理事长单位及理事长相继进行了换聘。

2016年11月23日,中国橡胶工业协会在杭州召开第九届会员代表大会进行换届选举,以无记名投票、等额选举形式产生中国橡胶工业协会第九届理事会理事466名、常务理事192名;邓雅俐当选中国橡胶工业协会第九届理事会会长,丁玉华、沈金荣、袁仲雪、储征宇、柴永森当选高级副会长,徐文英当选副会长兼秘书长。

2. 完善了各项协会规章制度,丰富了协会的各项财务制度和人才考核制度。

(徐文英)

橡胶工业进出口贸易

2016 年橡胶工业进出口贸易

2016 年,我国橡胶工业进出口贸易表现继续疲软,进出口总额连续第二年下降。不过,降幅呈现收窄趋势。总体看,全球贸易保护主义上升,逆全球化势力泛滥,出口外部环境继续恶化。

【基本概况】

行业经济体量继续增长,经济效益实现好转。2016 年我国橡胶制品业规模以上企业 3698 家,较上年减少 5 家,行业增加值同比(下同)增长 6.5%;实现主营业务收入 10344.69 亿元,增长 2.6%;利润总额 647.39 亿元,增长 5.9%,扭转了上年下降的局面;完成固定资产投资 1822.45 亿元,增长 8.2%;资产总计 8129.20 亿元,增长 4.2%,资产负债率为 47.10%。2012 ~ 2016 年我国橡胶制品主要经济指标见表 1。

2016 年,橡胶制品业主营业务收入利润率为 6.26%,提高 0.2 个百分点;每 100 元主营业务收入成本为 86.14 元,与上年持平。全年产成品存货平均周转天数为 18.1 天,应收账款平均回收期 35 天;行业亏损面 9.6%。

在轮胎生产中,中西部地区增长较快,占比上升。据国家统计局统计,2016 年,全国轮胎产量 9.47 亿条,增长 8.6%。其中,东部地区轮胎产量 7.37 亿条(注:统计局在公布当年产量时,对上年数据亦作了修正,根据修正数据,2015 年东部地区产量为 6.98 亿条,下同),增长 5.7%,占比 77.8%,较上年回落 2.2 个百分点;中部地区产量 9076.68 万条(2015 年为 7164.64 万条),增长 26.7%,占比 9.6%,提高 1.4 个百分点;西部地区产量 8290.22 万条(2015 年为 7054.18 万条),增幅 17.5%,占比 8.8%,提高 0.7 个百分点;东北地区产量 3619.73 万条,增长 11.0%,占比 3.8%,与上年基本持平。山东、江苏和浙江轮胎产量位列前三名,分别占全国总产量的 48.7%、10.0%和 8.0%,3 省市合计占比达 66.7%。从产量增长情况看,我国轮胎制造业继续加快向中西部地区转移。

2016 年,橡胶制品行业进出口总额 517.40 亿美元,下降 8.6%,降幅较上年收窄 0.6 个百分点。其中,出口 443.46 亿美元,降幅 8.1%,较上年有所扩大,占石油和化工行业出口总额的 26.0%。贸易顺差 369.52 亿美元,减少 7.4%。进出口贸易主要集中在东部地区。2016 年东部地区进出口总额为 444.00 亿美元,占比达 85.8%。

表 1　2012 ~ 2016 年我国橡胶制品主要经济指标

项目	2012 年	2013 年	2014 年	2015 年	2016 年
主营收入/亿元	8363.61	9291.74	9837.34	10081.08	10344.69
同比/%	16.0	11.1	5.9	2.5	2.6
利润总额/亿元	512.65	628.33	637.08	611.39	647.39
同比/%	29.6	22.6	1.4	-4.0	5.9
资产总计/亿元	5637.59	6505.24	7285.23	7798.92	8129.20
同比/%	17.1	15.4	11.9	7.1	4.2
进出口总额/亿美元	537.45	582.26	623.09	565.56	517.40
同比/%	6.5	8.3	7.0	-9.2	-8.6

数据来源:国家统计局、中国海关、中国石油和化学工业联合会,2015 年数据有调整,下同。

【进出口贸易】

1.原材料进出口

2016年,我国橡胶制品原材料进口明显分化,合成橡胶进口继续高速增长,但天然橡胶进口则继续下降。从出口看,我国合成橡胶扭转了多年持续下降的局面,出口量、额实现双增长。

(1)天然胶进出口

2016年,我国天然胶进口量总体出现下降,由于单价继续回落,贸易总额仍大幅下降。全年进口量为250.06万吨,下降8.6%,上年为增长4.8%;进口额为33.54亿美元,下降14.4%。其中,技术分类天然胶(TSNR)进口量165.78万吨,进口额22.35亿美元,分别占天然胶进口总量、总额的66.3%和66.6%。

2016年,我国出口天然胶1.49万吨,增长2.2倍;出口额2177万美元,增幅136.4%。2016年天然胶进出口贸易情况见表2。

表2　2016年天然胶进出口贸易情况

产品名称	进口				出口			
	数量	同比/%	金额	同比/%	数量	同比/%	金额	同比/%
天然橡胶合计	2500551	-8.6	335393	-14.4	14855	216.1	2177	136.4
天然胶乳	424082	12.5	44267	5.1	219	58.3	33	36.8
天然橡胶烟胶片	204949	-19.9	32453	-22.2	4698	46.7	709	33.8
技术分类天然橡胶(TSNR)	1657753	-16.1	223484	-22.1	9483	1005.7	1263	800.2
其他初级形状天然橡胶	213768	67.3	35188	68.9	449	-6.0	149	-23.4
巴拉塔胶等及类似树胶	0.14	-99.2	0.26	-94.2	6	-74.5	23	-29.2

注:数量:吨;金额:万美元。

(2)合成橡胶进出口

2016年,我国合成橡胶进口量、额大幅增长。全年进口总量一举突破300万吨,达335.64万吨,增幅为64.1%;进口总额为54.10亿美元,增长36.7%。其中,其他合成橡胶类进口量高达187.60万吨,增幅为218.1%;进口额26.59亿美元,增长186.0%,分别占合成橡胶进口总量的55.9%和进口总额的49.1%。

2016年,我国合成橡胶出口量、额连续4年下降后,再现增长。全年出口总量21.13万吨,增长10.6%;出口总额4.36亿美元,增长2.1%。2016年合成橡胶进出口贸易情况见表3。

表3　2016年合成橡胶进出口贸易情况

产品名称	进口				出口			
	数量	同比/%	金额	同比/%	数量	同比/%	金额	同比/%
合成橡胶合计	335.6	64.1	541027	36.7	21.1	10.6	43571	2.1
丁苯橡胶	55.6	3.0	96932	-0.7	7.1	-4.7	13065	-8.6
丁二烯橡胶	22.4	-3.2	34944	-6.2	2.4	7.3	3676	4.9
丁基橡胶	27.4	10.1	61163	-15.6	1.4	-17.9	3012	-23.7
氯丁橡胶	2.1	5.8	7211	1.2	0.2	-2.3	641	-7.9
丁腈橡胶	12.6	-0.5	22948	-6.2	2.1	40.3	2812	16.6
异戊二烯橡胶	4.1	62.5	6984	12.9	0.2	214.2	337	104.5
乙丙橡胶	24.0	-9.5	44959	-21.9	1.3	146.4	3673	77.4
其他合成橡胶	187.6	218.1	265887	186.0	6.5	18.9	16357	5.0

注:同表2。

(3)进出口价格

2016 年,总体而言,我国天然胶和合成橡胶进出口价格仍然是涨少跌多,但跌幅明显收窄。2016 年天然橡胶进出口平均价格见表 4,合成橡胶进出口平均价格见表 5。

表 4　2016 年天然橡胶进出口平均价格

产品名称	进口均价			出口均价		
	2016 年	2015 年	同比/%	2016 年	2015 年	同比/%
天然胶乳	1043.8	1117.4	-6.6	1482.5	1715.5	-13.6
天然橡胶烟胶片	1583.5	1631.1	-2.9	1509.9	1655.3	-8.8
TSNR 天然橡胶	1348.1	1452.8	-7.2	1332.0	1636.2	-18.6
其他初级天然橡胶	1646.1	1630.5	1.0	3328.2	4083.2	-18.5
天然树胶	18739.1	2593.5	622.6	36350.6	13092.6	177.6

注:均价单位为美元/吨。

表 5　2016 年合成橡胶进出口平均价格

产品名称	进口均价			出口均价		
	2016 年	2015 年	同比/%	2016 年	2015 年	同比/%
羧基丁苯橡胶胶乳	2043.4	1256.3	62.7	928.8	790.3	17.5
丁苯橡胶胶乳	1467.7	1556.0	-5.7	1104.8	1369.4	-19.3
未经任何加工的非溶聚丁苯橡胶	1931.1	—	—	1532.4	—	—
充油非溶聚丁苯橡胶	1426.1	—	—	1656.6	—	—
初级形状热塑丁苯橡胶	2206.7	2308.5	-4.4	1814.8	1852.6	-2.0
初级形状充油热塑丁苯橡胶	2228.8	2254.1	-1.1	2400.3	2501.5	-4.0
未经任何加工的溶聚丁苯橡胶	1739.9	—	—	2244.0	—	—
充油溶聚丁苯橡胶	1934.1	—	—	2160.6	—	—
丁二烯橡胶	1743.1	1756.1	-0.7	1556.6	1574.3	-1.1
氯丁二烯橡胶胶乳	2466.5	2952.9	-16.5	3522.9	3384.9	4.1
其他氯丁二烯(氯丁)橡胶	3649.6	3710.0	-1.6	3520.9	3839.3	-8.3
丁腈橡胶胶乳	1133.3	1164.9	-2.7	901.6	904.4	-0.3
其他丁腈橡胶	1877.5	2264.5	-17.1	2122.6	2419.5	-12.3
其他异戊二烯橡胶	2900.1	3661.6	-20.8	2104.3	3988.8	-47.2
乙丙橡胶	1141.4	1001.3	14.0	2577.6	3535.9	-27.1

注:同表 4。

2.橡胶制品进出口

(1)出口贸易

受贸易保护主义和世界经济增长放缓影响,2016 年,我国橡胶制品出口贸易额连续第 2 年下降,降幅为 8.1%,较上年扩大 0.4 个百分点,出口总额 443.46 亿美元,占石油和化工行业出口总额的 26.0%。出口量 932.6 万吨,增长 2.7%。2012～2016 年我国橡胶制品出口额见表 6。

①胶鞋类出口额占比有所下降,轮胎上升

2016 年,在橡胶制品出口贸易额中,胶鞋类产品占比略有下降,轮胎则有所上升。但是,胶鞋类出口额比重上升和轮胎下降的长期趋势没有改变。统计显示,全年胶鞋类产品出口总额 257.95 亿美元,下降 8.9%,占橡胶制品出口总额的 58.2%,占比较上年回落 0.5 个百分点;轮胎出口总额 129.13 亿美元,降幅 6.8%,占比 29.1%,较上年提高 0.4 个百分点。

在胶鞋出口中,广东、福建和浙江出口额保持前三名(见表 7),依次为 94.32 亿美元、57.75 亿美元和 40.24 亿美元,分别占全国胶鞋出口总额的 36.6%、22.4% 和 15.6%;出口量占全国胶鞋出口总量的 30.1%、23.3% 和 22.9%。

在轮胎出口中,山东、江苏和浙江出口额继续位居前三甲(见表 8),依次为 72.73 亿美元、10.91 亿美元和 8.97 亿美元,分别占全国轮胎出口总额的 56.3%、8.5% 和 6.9%;出口量占全国轮胎出口总量的 61.7%、6.1% 和 6.6%。山东轮胎出口量、额依然占据全国大半壁江山,继续遥遥领先于其他省市区。

表 6　2012～2016 年我国橡胶制品出口额

万美元

项　目	2012 年	2013 年	2014 年	2015 年	2016 年
橡胶制品出口总额	4387376	4789010	5230592	4826086	4434636
橡胶轮胎	1588740	1615456	1644967	1384984	1291313
橡胶内胎	66094	62936	61623	52885	48940
翻新轮胎	3539	4848	3734	2652	1346
橡胶带	81687	81858	89363	77937	67476
胶管	73194	80547	90373	84276	78889
手套	50712	51568	54186	51427	51136
胶鞋类	2248320	2534380	2924244	2833024	2579472
其他橡胶制品	275090	357417	362102	338901	316063
出口总额同比/%	6.9	9.2	9.2	-7.7	-8.1
轮胎出口占比/%	36.2	33.7	31.5	28.7	29.1
胶鞋出口占比/%	51.3	52.9	55.9	58.7	58.2

表 7　2016 年全国胶鞋出口分省市情况

出口地区	出口量/吨	出口额/万美元
广东	636787.5	943207.0
福建	494468.7	577471.0
浙江	485760.0	402422.4
江苏	128924.4	125327.1
江西	88233.7	116632.0
山东	57799.1	79476.7
新疆	44466.4	63063.2
湖南	23736.8	51843.9
四川	25606.0	47548.4
上海	22126.7	27943.5
河南	16041.9	18697.5
安徽	17156.9	17932.7
湖北	8332.9	17643.0
天津	13491.7	16320.0
河北	13379.8	15306.4
广西	5447.1	14654.3
黑龙江	7191.7	11564.7
辽宁	6741.2	6742.4
重庆	4654.6	6112.0
北京	5774.0	5533.0
西藏	3933.5	3946.5
吉林	2673.9	3432.7
甘肃	1408.8	1755.6
贵州	2122.6	1746.4
陕西	1231.0	885.7
内蒙古	400.4	880.8
云南	616.6	770.5
青海	262.2	312.5
宁夏	112.5	157.2
山西	40.9	112.3
海南	13.6	30.6
总计	2118937.1	2579472.1

表 8　2016 年全国轮胎出口分省市情况

出口地区	出口量/吨	出口额/万美元
山东	3581819.1	727308.1
江苏	355867.7	109145.4
浙江	384206.7	89726.1
广东	215732.6	53470.9
辽宁	195362.8	48934.0
河南	217082.5	46865.2
福建	151341.1	39932.7
天津	140619.0	38982.2
安徽	96605.1	24319.2
贵州	94880.6	22740.3
上海	93963.3	22686.7
重庆	54944.1	17857.7
四川	40961.5	9095.3
陕西	45488.1	9021.5
山西	36687.6	6521.6
宁夏	31398.7	5791.8
河北	12739.0	3875.7
吉林	10952.6	3282.2
新疆	12387.0	3156.5
湖北	11587.0	2578.5
广西	10516.7	1932.9
北京	3529.1	1428.0
江西	3046.6	816.0
云南	2848.4	800.8
黑龙江	2481.9	532.0
内蒙古	1349.1	289.4
湖南	342.5	129.0
甘肃	224.4	60.2
青海	43.7	30.4
西藏	6.9	3.2
总计	5809015.5	1291313.3

②橡胶制品出口格局保持基本稳定

2016 年,东部地区在橡胶制品出口贸易中继续占据绝对优势地位,中部地区占比有所下降,西部小幅上升。数据显示,东部地区橡胶制品出口总额 378.36 亿美元,下降 8.1%,占比 85.3%;中部地区出口总额 33.43 亿美元,降幅 10.2%,占比 7.5%;西部地区出口总额 22.67 亿美元,下降 2.7%,占比 5.1%;东北地区出口总额 9.01 亿美元,降幅 13.0%,占比 2.1%。其中,广东和山东两省出口额分别以 111.00 亿美元和 88.48 亿美元,继续位居第一、第二名,占全国橡胶制品出口总额比重为 25.0% 和 20.0%;福建省保持第三,出口额 63.41 亿美元,占比 14.3%。三省合计占比 59.3%。2016 年全国橡胶制品出口情况见表 9。

表 9　2016 年全国橡胶制品出口情况

地区	数量/吨	金额/万美元	同比/%	
			数量	金额
全　国	9326332	4434636	2.7	-8.1
北　京	38437	20662	-29.4	-21.6
天　津	174919	65343	0.8	-12.0
河　北	185944	58335	6.0	-3.9
山　西	38764	7148	-16.5	-23.3
内蒙古	2953	1313	-18.4	-37.2
辽　宁	227868	70168	4.0	-7.2
吉　林	15257	7435	39.3	10.9
黑龙江	10379	12457	-36.8	-41.3
上　海	173269	92274	-22.9	-20.1
江　苏	669971	306993	-7.9	-13.4
浙　江	1183952	610856	0.4	-4.3
安　徽	139767	60680	-7.2	-12.0
福　建	672071	634117	-8.0	-11.2
江　西	97422	119949	-1.0	-7.1
山　东	3975730	884787	12.3	-2.1
河　南	243095	68491	-1.9	-16.4
湖　北	24513	23674	-15.7	-23.4
湖　南	26581	54378	3.0	5.0
广　东	1015501	1109954	-2.5	-9.7
广　西	18805	18808	-7.4	-12.6
海　南	367	251	-20.0	-34.9
重　庆	62135	25949	-12.2	-20.2
四　川	70898	58317	-5.3	-13.6
贵　州	101322	25991	3.2	-9.1
云　南	6160	2137	11.4	-42.3
西　藏	4106	4019	90.0	52.6
陕　西	47681	10574	35.9	14.2
甘　肃	1831	1998	-41.0	-36.3
青　海	405	396	30.6	8.9
宁　夏	31564	6003	194.9	106.1
新　疆	64667	71176	9.7	21.4

③美国和欧盟仍是最大出口目的地

2016 年,美国和欧盟继续保持我国橡胶制品主要出口国家和地区地位。从出口额看,美国、欧盟、拉美和非洲仍是位居前列的四大市场,分别为 120.57 亿美元、93.10 亿美元、36.66 亿美元和 33.59 亿美元,占出口总额的 27.2%、21.0%、8.3%和 7.6%。上述四国和地区分别占我橡胶制品出口总量的 18.8%、18.5%、12.3%和 11.9%。

2016 年,我国橡胶制品对印度、中国澳门等国家和地区出口继续保持增长,对乌克兰出口增幅最高。数据显示,对印度的出口额增长 4.3%,出口量增长 19.9%;对乌克兰出口额和出口量分别增长 19.4%和 45.2%。2016 年我国橡胶制品主要出口国家和地区见表 10。

表 10　2016 年我国橡胶制品出口国家和地区(按出口额排序)

国别(地区)	数量/吨	金额/万美元	同比/%	
			数量	金额
全球	9326332	4434636	2.7	-8.1
美国	1755330	1205667	-9.5	-13.7
欧盟	1727861	931009	7.1	-3.6
拉丁美洲	1149671	366570	10.0	-2.8
非洲	1108231	335933	5.4	-10.7
东盟	706446	300464	7.1	-9.4
中东	1021375	293185	3.7	-10.4
日本	230228	176180	-6.9	-9.3
中国香港	83249	126047	-25.6	-7.1
俄罗斯	183372	118777	4.7	-2.8
澳大利亚	249500	103200	4.7	-5.3
加拿大	202136	92094	-2.4	-14.5
韩国	143907	81474	5.1	-5.4
印度	170215	61043	19.9	4.3
巴基斯坦	131719	34649	16.4	-2.9
中国台湾	55538	33590	0.9	-2.7
乌克兰	47515	14635	45.2	19.4
新西兰	35500	14154	10.9	-0.9
中国澳门	2511	2085	12.4	1.9
其他国家和地区	322029	143881	11.2	3.9

④出口价格继续下降

2016年我国轮胎外胎出口价格连续第5年下跌。海关统计数据显示，小客车轮胎出口平均单价为2490.24美元/吨，下降12.7%；大客或货车轮胎均价2015.19美元/吨，下降13.0%；航空轮胎均价15539.45美元/吨，微涨0.3%；建筑轮胎（辋圈＞60cm）均价为2545.91美元/吨，下降9.4%。2016年大客车翻新轮胎出口价格继续保持上涨态势，均价为2824.87美元/吨，涨幅3.6%，较上年增加1个百分点。2016我国主要轮胎产品出口价格情况见表11。

表11　2016年我国主要轮胎产品出口价格情况

美元/吨

产品名称	2016年	2015年	同比/%
小客车新橡胶轮胎	2490.2	2852.7	-12.7
客或货车新轮胎	2015.2	2315.3	-13.0
航空器用新轮胎	15539.5	15496.5	0.3
摩托车新轮胎	2722.0	3048.2	-10.7
自行车新轮胎	2812.0	3069.4	-8.4
农或林业车新轮胎	2331.4	2528.0	-7.8
建筑充气轮胎（辋圈≤61cm）	2390.7	2548.9	-6.2
建筑充气轮胎（辋圈＞60cm）	2545.9	2808.5	-9.4
其他人字形新橡胶轮胎	2619.7	2921.7	-10.3
其他农林车辆及机器用新的充气橡胶轮胎	2327.2	2472.4	-5.9
其他建筑轮胎（辋圈≤61cm）	2002.5	2223.8	-10.0
其他建筑轮胎（辋圈＞60cm）	2461.6	2754.7	-10.6
汽车用橡胶内胎	2722.4	3080.6	-11.6
自行车用橡胶内胎	4042.5	4441.6	-9.0
航空器用橡胶内胎	33119.2	38379.3	-13.7
小客车用翻新轮胎	2560.3	3031.7	-15.5
大客或货车用翻新轮胎	2824.9	2728.0	3.6

⑤贸易方式以一般贸易和来料加工为主

2016年，在我国橡胶制品出口贸易方式中，仍以一般贸易和来料加工贸易为主。从出口贸易额看，一般贸易最大；但从贸易量看，来料加工居首，这种格局没有明显改变。2016年来料加工贸易占贸易总量的57.4%，占贸易出口总额的39.1%；一般贸易占贸易总量的36.1%，占贸易总额的46.2%。2016年橡胶制品出口贸易方式见表12。

橡胶轮胎出口中，来料加工贸易继续占据统治地位，但呈下降趋势。2016年分别占其出口贸易总量和总额的82.9%和81.7%，占比较上年均有所下降；一般贸易分别占14.8%和15.6%，较上年均提高约2个百分点。2016年橡胶轮胎出口贸易方式见表13。

在胶鞋出口中，一般贸易方式占主导地位，

2016 年分别占胶鞋出口贸易总量和总额的 72.2% 和 57.8%；来料加工贸易分别占 12.1% 和 21.8%。

2016 年胶鞋出口贸易方式见表 14。

表 12　2016 年橡胶制品按贸易方式出口情况

项　目	出口量/吨	出口额/万美元
来料加工贸易	5351610.2	1733198.0
一般贸易	3362309.8	2047440.9
保税区仓储转口货物	128920.6	90356.0
边境小额贸易	116838.1	108676.9
保税仓库进出境货物	70553.6	128902.7
来料加工装配贸易	65651.1	161375.9
对外承包工程出口货物	13956.0	6145.9
国家间、国际组织无偿援助和赠送的物资	128.9	122.7
易货贸易	99.6	23.2
租赁贸易	7.4	1.9
出料加工贸易	0.1	0.4
其他境外捐赠物资	0.1	0.1
其他	216256.5	158391.2
合计	9326332.1	4434635.8

表 13　2016 年橡胶轮胎按贸易方式出口情况

项　目	出口量/吨	出口额/万美元
来料加工贸易	4814586.9	1055132.3
一般贸易	860337.8	201859.7
保税区仓储转口货物	84336.1	18595.7
边境小额贸易	34450.3	8295.0
对外承包工程出口货物	4333.7	1663.2
保税仓库进出境货物	1214.7	342.1
易货贸易	78.6	17.9
国家间、国际组织无偿援助和赠送的物资	3.9	15.1
其他	9673.6	5392.1
合计	5809015.5	1291313.3

表 14　2016 年胶鞋按贸易方式出口情况

项　目	出口量/吨	出口额/万美元
一般贸易	1529563.0	1491378.1
来料加工贸易	255942.0	562259.7
边境小额贸易	61967.6	89634.6
保税仓库进出境货物	60862.3	118937.8
来料加工装配贸易	55618.1	151357.5
保税区仓储转口货物	31616.0	59275.9
对外承包工程出口货物	131.8	74.5
国家间、国际组织无偿援助和赠送的物资	19.1	57.6
其他	123217.3	106496.4
合计	2118937.1	2579472.1

(2)进口贸易

2016 年,我国橡胶制品进口贸易总额和总量继续大幅回落。贸易额连续第 3 年下降,贸易量连续第 2 年下滑。

①进口总额降幅收窄

2016 年,我国橡胶制品进口总额为 73.94 亿美元,下降 11.3%,降幅较上年收窄 5.4 个百分点,占橡胶制品进出口总额的 14.3%,较上年回落 0.4 个百分点。其他橡胶制品进口贸易额依然最大,为 34.16 亿美元,占其进口总额的 46.2%,较上年大幅回落近 9 个百分点;胶鞋类进口额继续位居其次,为 22.29 亿美元,占比 30.2%,比上年提高 6.3 个百分点,比重继续上升;轮胎依然排名第三,进口额 7.06 亿美元,占比 9.6%,较上年提高 0.8 个百分点。总体而言,胶鞋类和轮胎产品在进口中的比重继续呈上升趋势。2012 ~ 2016 年我国橡胶制品进口贸易额见表 15。

2016 年,我国橡胶制品进口总量为 71.03 万吨,下降 52.4%。其中,其他橡胶制品进口量 43.83 万吨,降幅 64.8%,占进口总量的 61.7%。

表 15　2012 ~ 2016 年我国橡胶制品进口贸易额　　万美元

项　目	2012 年	2013 年	2014 年	2015 年	2016 年
橡胶制品进出口总额	5374461	5822597	6230914	5659564	5174028
进口总额	987086	1033588	1000322	833479	739392
新充气橡胶轮胎	82838	98261	93523	72119	70630
橡胶内胎	245	289	258	252	325
翻新轮胎	184	574	2638	4306	4646
橡胶带	30685	31889	30317	26121	26145
胶管	57957	64127	73148	59467	59647
手套	9715	10925	11489	13402	13451
胶鞋类	112078	126786	156007	198788	222935
其他橡胶制品	693384	700737	632940	459024	341613
进口总额同比/%	6.0	4.7	-3.2	-16.7	-11.3
进口占进出口总额比/%	18.4	17.7	16.1	14.7	14.3

②东盟地区仍是最大进口来源地

2016 年,东盟、欧盟和日本继续位居我国橡胶制品进口来源地前 3 名。据统计,从东盟进口量为 34.51 万吨,贸易总额为 25.14 亿美元,分别占橡胶制品进口总量和总额的 48.6% 和 34.0%;从欧盟进口量 14.68 万吨,总额为 20.95 亿美元,占比分别为 20.7% 和 28.3%;从日本进口 5.48 万吨,总额为 9.78 亿美元,占比分别为 7.7% 和 13.2%。总体而言,从东盟地区的进口贸易呈下降趋势,而从欧盟、日本等其他国家和地区的进口则呈上升趋势,2016 年这一趋势明显加快。2016 年我国橡胶制品主要进口来源地见表 16。

表 16　2016 年我国橡胶制品进口国家和地区(按贸易额排序)

国家(地区)	数量/吨	金额/万美元	同比/%	
			数量	金额
全球	710302	739392	-52.4	-11.3
东盟	345094.7	251397.2	-70.5	-29.3
欧盟	146834.1	209546.5	22.1	6.3
日本	54841.3	97849.3	-11.4	-4.1
美国	41758.7	56316.4	22.8	5.4
韩国	48281.2	41957.5	30.6	0.9
中国台湾	22665.4	18577.6	-3.5	1.9
印度	14615.3	7708.0	8.5	17.8
拉丁美洲	3797.2	6629.2	14.7	11.1
中东	5293.0	3077.5	50.3	28.1
非洲	498.4	1831.8	28.4	7.8
加拿大	1058.3	1423.7	-11.9	-12.2
中国香港	653.8	947.6	1.6	6.1
澳大利亚	4928.6	880.7	-14.7	-24.9
俄罗斯	1063.6	540.4	-13.7	0.2
新西兰	87.6	126.9	-41.8	-23.2
乌克兰	5.4	24.4	-8.9	-28.8
巴基斯坦	6.2	11.0	48.2	-8.9
中国澳门	0.2	0.2	361.8	971.4
其他国家和地区	18818.8	40546	16.1	-8.5

③贸易方式以一般贸易为主

在橡胶制品进口贸易中,一般贸易占主导地位。2016 年,一般贸易分别占进口贸易总额和贸易总量的 81.4% 和 85.5%,较上年提升 1 个百分点和持平;来料加工贸易分别占比 10.0% 和 8.4%,较上年回落 0.4 个和提高 3 个百分点;保税区转口贸易分别占比4.7%和3.5%，回落0.2个和1.6个百分点。2016年橡胶制品进口贸易方式见表17。

其中，在轮胎进口贸易中，一般贸易占其进口贸易总量的89.4%、贸易总额的90.1%，占比与上年基本相同；保税区仓储转口贸易分别占比6.7%和6.0%，较上年有所上升。2016年橡胶轮胎进口贸易方式见表18。

表17　2016年橡胶制品按贸易方式进口情况

项　目	进口量/吨	进口额/万美元
一般贸易	607481.7	602069.9
来料加工贸易	59469.3	73687.9
保税区仓储转口货物	24731.9	34551.3
保税仓库进出境货物	6662.3	14638.8
来料加工装配贸易	9346.7	8575.3
出口加工区进口设备	172.6	1934.2
外商投资企业作为投资进口的设备、物品	23.0	103.7
边境小额贸易	616.6	75.2
出料加工贸易	261.1	70.5
免税外汇商品	0.6	16.7
租赁贸易	6.6	4.7
其他境外捐赠物资	0.07	0.15
加工贸易进口设备	0.00	0.00
其他	1529.5	3664.0
总计	710302.0	739392.3

表18　2016年橡胶轮胎按贸易方式进口情况

项　目	进口量/吨	进口额/万美元
一般贸易	106898.3	63642.4
保税区仓储转口货物	8006.7	4224.2
进料加工贸易	3459.4	2150.0
保税仓库进出境货物	939.4	372.9
出口加工区进口设备	80.7	58.2
来料加工装配贸易	59.5	14.1
其他	169.5	168.1
合计	119613.7	70629.9

④进口价格总体继续下探

2016 年,在进口的主要轮胎产品中,价格依然是涨少跌多,总体继续下降。其中,小客车轮胎进口均价为 5860.73 美元/吨,下降 14.4%;大客或货车轮胎均价为 3921.81 美元/吨,降幅为 31.6%;航空轮胎均价为 14251.38 美元/吨,上涨 8.6%;建筑轮胎(辋圈 >60cm)均价为 5715.79 美元/吨,降幅为 7.5%。2016 年主要轮胎进口价格情况见表 19。

表 19　2016 年主要轮胎进口价格情况

美元/吨

产品名称	2016 年	2015 年	同比/%
小客车新橡胶轮胎	5860.7	6846.2	-14.4
客或货车新轮胎	3921.8	5733.6	-31.6
航空器用新轮胎	14251.4	13122.0	8.6
摩托车新轮胎	6852.3	6904.8	-0.8
自行车新轮胎	8318.6	8860.1	-6.1
农或林业车新轮胎	2616.9	4402.8	-40.6
建筑充气轮胎(辋圈≤61cm)	3674.7	3687.4	-0.3
建筑充气轮胎(辋圈 >60cm)	5715.8	6180.7	-7.5
其他人字形新橡胶轮胎	3157.3	3185.7	-0.9
其他农林车辆及机器用新的充气橡胶轮胎	3325.4	4331.0	-23.2
其他建筑轮胎(辋圈≤61cm)	4988.3	5587.2	-10.7
其他建筑轮胎(辋圈 >60cm)	5945.9	6941.7	-14.3
汽车用橡胶内胎	2704.6	4040.5	-33.1
自行车用橡胶内胎	8040.2	8254.2	-2.6
航空器用橡胶内胎	95027.1	81774.2	16.2

⑤东部地区进口贸易占比继续上升

2016 年东部地区橡胶制品进口贸易额为 65.64 亿美元,下降 9.1%,占进口总额的 88.8%,较上年提高 2.2 个百分点;中部地区进口额为 2.18 亿美元,下降 19.0%,占比 3.0%;西部地区进口额为 2.08 亿美元,降幅 48.0%,占比 2.8%;东北地区进口额为 4.03 亿美元,降幅 9.5%,占比 5.4%。其中,上海、江苏、广东等 3 省市进口贸易额继续位居前列,依次为 22.22 亿美元、15.14 亿美元和 12.81 亿美元,分别占全国橡胶制品进口总额的 30.1%、20.5% 和 17.3%,合计占比达 67.9%。2016 年我国各地区橡胶制品进口贸易情况见表 20。

从进口量看,东部地区占比达 87.7%,较上年上升 7 个百分点,中部、西部和东北地区占比分别为 2.5%、2.7% 和 7.1%。其中,上海市进口量占比达 21.7%,跃居榜首。

表 20　2016 年我国各地区橡胶制品进口贸易情况

地区	进口量/吨	进口额/万美元	同比/%	
			数量	金额
全　国	710302.0	739392	-52.4	-11.3
北　京	25964.5	37309	-34.5	-3.9
天　津	16658.6	20929	-10.8	-1.7
河　北	10155.0	5276	13.3	-2.2
山　西	3575.8	3321	-62.5	21.4
内蒙古	1637.8	1217	-27.7	-45.1
辽　宁	44989.4	29354	-22.9	-5.5
吉　林	4466.3	10387	-51.0	-9.4
黑龙江	803.8	548	-91.1	-72.5
上　海	154353.8	222241	-20.2	-2.7
江　苏	106585.2	151385	-29.1	9.0
浙　江	92026.7	30223	-50.9	-32.9
安　徽	5432.8	3486	-88.9	-63.4
福　建	41922.2	16797	-60.1	-47.9
江　西	1814.7	1437	-66.2	-40.0
山　东	69267.0	41867	-81.6	-52.7
河　南	668.9	4580	-61.1	27.5
湖　北	4572.9	6921	-50.6	6.4
湖　南	1598.9	2094	11.9	-3.1
广　东	105805.6	128143	-14.2	6.2
广　西	10737.5	5397	-57.7	3.3
海　南	116.5	2250	-76.0	-14.4
重　庆	2967.6	5615	-95.3	-70.5
四　川	1429.8	4173	-6.9	-0.8
贵　州	1538.7	1234	-93.6	-65.0
云　南	321.3	768	-48.6	1.6
西　藏	0.4	1	—	—
陕　西	127.1	1935	-9.1	7.1
甘　肃	21.0	88	114.0	18.3
青　海	2.8	23	-63.3	-53.3
宁　夏	710.2	144	-96.0	-94.8
新　疆	29.2	249	-96.8	-36.7

总体而言,2017 年我国橡胶制品出口形势依然严峻复杂,全球贸易保护主义势力上升,我国轮胎等橡胶制品成为国际“双反”的重灾区。但随着全球经济逐步改善,需求增加,2017 年我国橡胶制品出口贸易可能会重拾增长势头。预计 2017 年我国橡胶制品出口总额约为 460 亿美元,增长 4% 左右,从而结束连续两年下降的局面。

(范德标)

2016 年我国轮胎产品进出口情况分析

近 10 年来我国轮胎工业发展迅速，对外出口保持较高增速。但随着出口数量的增多，贸易摩擦也日益增加。本文通过对近 3 年我国轮胎产品进出口数据的分析，发现美国对我国轿车轮胎、卡客车轮胎发起的“双反”调查确实影响了我国对美国的出口。此外，企业应从进出口价格的变化趋势来合理安排出口价格，减少贸易摩擦。

本文所指轮胎为新的充气橡胶轮胎——海关代码 4011 项下所有产品，包括轿车胎、卡客车轮胎、自行车轮胎、摩托车轮胎、航空轮胎、非公路用轮胎、农业林业用轮胎等。

一、2016 年我国轮胎产品整体进出口情况

1. 出口情况

表 1　2016 年我国轮胎整体出口情况

商品名称	数量/万吨	金额/亿美元	均价/美元·千克$^{-1}$	数量同比/%	金额同比/%	数量占比/%	金额占比/%
401110(机动小客车用新轮胎)	185.73	46.21	2.49	8.0	-5.8	31.99	35.83
401120(客货车用新轮胎)	331.19	66.70	2.01	5.8	-7.9	57.04	51.72
401130(航空轮胎)	0.05	0.07	15.50	3.1	3.1	0.01	0.06
401140(摩托车轮胎)	11.60	3.15	2.72	12.1	-0.4	2.00	2.44
401150(自行车轮胎)	7.80	2.19	2.81	-2.1	-10.3	2.00	1.70
401161(农林车及机器用新人字型轮胎)	8.49	1.98	2.33	-4.4	-11.8	1.46	1.54
401162(建筑用轮胎,轮辋≤61cm)	1.49	0.35	2.35	0.3	-6.1	0.26	0.27
401163(建筑用轮胎，轮辋≥61cm)	2.89	0.73	2.53	7.2	-3.1	0.50	0.57
401169(其他新的人字型轮胎)	0.94	0.25	2.65	-0.2	-10.5	0.16	0.19
401192(其他农林车辆及机器用新的轮胎)	1.89	0.44	2.33	0.3	-5.7	0.33	0.34
401193(其他建筑用轮胎,轮辋≤61cm)	6.47	1.30	2.01	7.4	-3.2	1.11	1.01
401194(其他建筑用轮胎，轮辋≥61cm)	12.25	3.01	2.46	7.2	-4.2	2.11	2.33
401199(未列名的新的轮胎)	9.80	2.57	2.62	6.5	-4.8	1.69	1.99
总计	580.59	128.96	2.22	6.4	-6.9	100.00	100.00

通过表 1 可以看出，2016 年我国出口轮胎重量为 580.59 万吨，同比（下同）增长 6.4%；金额为 128.96 亿美元，下降 6.9%；出口均价为 2.22 美元/千克。

在所有出口轮胎中，出口量最大的是客货车用轮胎，占出口总量的 57%，其次是小客车用轮胎，占 32%，两种产品的出口量占轮胎出口总量的 89%。

其他类别的出口轮胎占比较小，其中摩托车和自行车轮胎出口分别占出口总量的 2%，共计 4%；出口非公路用轮胎占出口总量的 4%；出口农林用轮胎占 2%，航空轮胎以及其他未列名的出口轮胎占 1%。

各类轮胎产品出口金额占比和出口量占比相差不多。

在出口价格方面，航空轮胎出口价格最高，为 15.5 美元/千克；其次是自行车轮胎，出口价格为

2.81 美元/千克;摩托车轮胎价格为 2.72 美元/千克,客货车用轮胎出口价格最低,为 2.01 美元/千克。

2. 进口情况

表 2　2016 年我国轮胎整体进口情况

商品名称	数量/万吨	金额/亿美元	均价/美元·千克$^{-1}$	数量同比/%	金额同比/%	数量占比/%	金额占比/%
401110(机动小客车用新轮胎)	8.880	5.200	5.86	16.0	-0.7	74.28	73.70
401120(客货车用新轮胎)	1.110	0.435	3.92	6.3	-27.3	9.28	6.16
401130(航空轮胎)	0.295	0.421	14.27	6.2	15.3	2.47	5.97
401140(摩托车轮胎)	0.029	0.020	6.80	63.8	62.5	0.25	0.28
401150(自行车轮胎)	0.198	0.165	8.32	-3.4	-9.3	1.66	2.34
401161(农林车及机器用新人字型轮胎)	0.100	0.026	2.62	66.0	-1.4	0.84	0.37
401162(建筑用轮胎,轮辋≤61cm)	0.051	0.019	3.69	-51.7	-51.7	0.43	0.27
401163(建筑用轮胎, 轮辋≥61cm)	0.048	0.027	5.71	-7.5	-14.5	0.40	0.38
401169(其他新的人字型轮胎)	0.015	0.005	3.18	-34.5	-35.1	0.12	0.07
401192(其他农林车辆及机器用新的轮胎)	0.012	0.004	3.33	-3.2	-25.6	0.10	0.06
401193(其他建筑用轮胎,轮辋≤61cm)	0.098	0.049	4.99	-2.3	-12.8	0.82	0.69
401194(其他建筑用轮胎, 轮辋≥61cm)	1.060	0.632	5.96	27.4	9.1	8.87	8.96
401199(未列名的新的轮胎)	0.060	0.054	8.98	-41.7	-19.4	0.50	0.76
总计	11.955	7.056	5.90	14.0	-2.0	100.00	100.00

从表 2 可以看出,2016 年我国轮胎进口总量为 11.96 万吨,增长 14%;进口金额为 7.06 亿美元,下降 2%;进口平均价格为 5.9 美元/千克。

在所有进口轮胎中,进口数量最大的是小客车用轮胎,占 74%;其次是客货车用轮胎,占 9%,两种产品进口量占轮胎进口总量的 83.5%。

其他类别进口轮胎占比均较小,其中进口非公路用轮胎占进口总量的 9%,航空轮胎占 2%,自行车轮胎占比不到 2%,摩托车轮胎仅占比 0.25%。

在进口价格方面,航空轮胎进口价格最高,为 14.3 美元/千克,自行车轮胎进口价格为 8.32 美元/千克,摩托车轮胎价格为 6.8 美元/千克,农林车用轮胎价格最低,为 2.62 美元/千克。

从表 1 和表 2 还可以看出,2016 年我国轮胎出口数量是进口数量的 48 倍,进口平均价格是出口平均价格的 2.66 倍。

2016 年我国主要轮胎产品进出口均价对比见表 3。

表 3　2016 年我国主要轮胎产品进出口均价对比　　美元/千克

商品名称	出口均价	进口均价	进口均价/出口均价
401110(机动小客车用新轮胎)	2.49	5.86	2.35
401120(客货车用新轮胎)	2.01	3.92	1.95
401130(航空轮胎)	15.50	14.27	0.92
401140(摩托车轮胎)	2.72	6.80	2.51
401150(自行车轮胎)	2.81	8.32	2.96

二、2017 年 1 ~7 月我国轮胎进出口情况

1. 出口情况

表 4　2017 年 1 ~7 月我国轮胎出口情况

商品名称	数量/万吨	金额/亿美元	均价/美元 · 千克$^{-1}$	数量同比/%	金额同比/%
401110(机动小客车用新轮胎)	111.50	29.17	2.62	4.5	8.5
401120(客货车用新轮胎)	189.10	41.11	2.17	-0.9	5.4
401140(摩托车轮胎)	7.92	2.00	2.53	26.7	17.5
401150(自行车轮胎)	4.32	1.25	2.89	-7.6	-5.6

从表 4 可以看出,2017 年前 7 个月,我国小客车用轮胎出口量保持了 4.5% 的增长,摩托车轮胎出口量增幅较大,增长了 26.7%,但自行车轮胎出口量下降了 7.6%,客货车轮胎出口量也下降了 0.9%。除了自行车轮胎出口价格下降以外,其他主要轮胎产品的出口价格都有所上涨。

2. 进口情况

表 5　2017 年 1 ~7 月我国主要轮胎产品进口情况

商品名称	数量/万吨	金额/亿美元	均价/美元 · 千克$^{-1}$	数量同比/%	金额同比/%
401110(机动小客车用新轮胎)	5.61	3.26	5.81	23.3	24.8
401120(客货车用新轮胎)	0.71	0.29	4.08	41.2	29.5
401140(摩托车轮胎)	0.04	0.03	6.25	162.4	105.2
401150(自行车轮胎)	0.14	0.11	7.86	20.2	9.7

从表 5 可以看出,2017 年前 7 个月摩托车轮胎进口量猛增,增长了 162.4%,卡车胎增长了 41.2%,轿车胎增长了 23.3%,自行车胎增长了 20.2%。除了轿车胎进口价格比上年上涨以外,其他产品都比上年同期下降。

三、近 3 年来机动小客车用新轮胎(401110)主要出口国家

1. 2017 年前 7 个月小客车轮胎出口前 20 名国家

表 6　2017 年前 7 个月小客车轮胎主要出口国家

出口国家	数量/万吨	金额/亿美元	均价/美元 · 千克$^{-1}$	数量同比/%	金额同比/%
英国	10.3	2.50	2.43	-1.2	3.2
美国	9.1	2.40	2.64	-35.8	-32.3

续表 6

出口国家	数量 /万吨	金额 /亿美元	均价 /美元·千克$^{-1}$	数量 同比/%	金额 同比/%
德国	5.8	1.80	3.10	25.6	23.3
加拿大	4.7	1.40	2.98	39.7	51.1
澳大利亚	4.1	1.20	2.93	-1.7	1.0
巴西	4.4	1.10	2.50	66.7	72.1
沙特阿拉伯	4.4	1.00	2.28	-8.7	-2.5
墨西哥	3.6	0.97	2.69	-2.4	-2.3
荷兰	3.6	0.95	2.68	10.5	16.7
意大利	2.9	0.84	2.90	10.2	16.1
日本	2.5	0.80	3.20	12.2	17.2
西班牙	3.0	0.77	2.57	-5.4	-3.9
阿联酋	3.0	0.74	2.47	-0.4	7.6
法国	2.1	0.58	2.76	30.5	34.3
比利时	2.3	0.57	2.48	5.8	5.7
韩国	1.6	0.51	3.19	13.0	3.5
伊朗	1.8	0.43	2.39	90.4	100.6
南非	1.6	0.38	2.38	32.2	37.7
伊拉克	1.7	0.38	2.24	33.5	43.4
尼日利亚	1.7	0.38	2.22	31.8	35.2

从表 6 可以看出，出口前 20 名国家轮胎数量约占 401110 出口总量的 66%。其中，在对美出口量下降 35.8% 的情况下，美国市场仍占出口总量的 8%。对欧洲主要国家——英国、德国、荷兰、意大利、西班牙、法国、比利时 7 个国家的出口量占出口总量的 27%；其中英国占 9%，已经超过美国，成为中国第一大轿车胎出口国。这就说明美国已经不再是中国轿车胎出口的主要国家，欧洲成了中国轿车轮胎出口的重要地区。

2. 近 3 年来小客车用新轮胎（401110）整体出口及对美国出口情况

表 7　近 3 年来 401110 整体出口及对美国出口情况

时间	数量 /万吨	金额 /亿美元	均价 /美元·千克$^{-1}$	数量 同比/%	金额 同比/%
2015 年					
整体出口	171.96	49.00	2.85	-8.3	-19
对美国出口	31.40	8.74	2.78	-42.7	-49

续表 7

时间	数量/万吨	金额/亿美元	均价/美元·千克$^{-1}$	数量同比/%	金额同比/%
2016 年					
整体出口	185.7	46.20	2.49	8.0	-5.8
对美国出口	23.0	5.60	2.43	-26.4	-36.0
2017 年 1 ~7 月					
整体出口	111.5	29.20	2.62	4.5	8.5
对美国出口	9.1	2.40	2.64	-35.8	-32.3

从表 7 可以看出,由于 2015 年美国对华发起轿车胎"双反"调查,我国轿车胎全年出口量下降了 8.3%,对美国出口更是骤降了 42.7%,2015 年出口美国轿车胎市场占我国轿车胎出口总量的 18%。

2016 年,我国轿车胎整体出口量增长了 8%,但对美国出口继续下降 26.4%,出口美国轿车胎市场占我国轿车胎出口总量的比例继续下降,仅为 12%。

2017 年前 7 个月,虽然我国轿车胎出口总量增长了 4.5%,但对美国的出口却下降了 35.8%,出口美国轿车胎市场占比下降到 8%。

四、近 3 年来客货车用新轮胎主要出口国家

1. 2017 年前 7 个月客货车用新轮胎(401120)出口前 20 名国家

表 8　2017 年前 7 个月 401120 主要出口国家

出口国家	数量/万吨	金额/亿美元	均价/美元·千克$^{-1}$	数量同比/%	金额同比/%
美国	27.4	6.32	2.31	-23.2	-19.1
墨西哥	7.5	1.63	2.17	13.4	17.4
沙特	8.3	1.53	1.84	-13.0	-2.2
澳大利亚	6.2	1.46	2.35	10.6	13.4
阿联酋	7.4	1.42	1.92	-19.3	-10.3
尼日利亚	5.9	1.12	1.90	37.4	45.4
巴基斯坦	5.2	1.06	2.04	12.2	18.0
加拿大	4.3	1.00	2.33	30.1	32.5
菲律宾	4.1	0.87	2.12	8.9	9.5
俄罗斯	4.0	0.86	2.15	40.6	57.0
英国	3.4	0.84	2.47	3.4	10.5
德国	3.1	0.79	2.55	19.4	25.2

续表 8

出口国家	数量/万吨	金额/亿美元	均价/美元·千克$^{-1}$	数量同比/%	金额同比/%
南非	3.6	0.75	2.08	23.6	26.8
印度	3.5	0.74	2.11	-37.9	-31.8
越南	3.4	0.68	2.00	43.9	51.5
智利	3.1	0.67	2.16	-6.2	-3.1
阿尔及利亚	3.1	0.66	2.13	-5.0	3.0
伊朗	2.8	0.59	2.11	-19.2	-10.5
韩国	2.3	0.58	2.52	85.4	90.9
荷兰	2.3	0.57	2.48	24.4	28.6

从表 8 可以看出，出口前 20 名国家轮胎数量占我国卡客车轮胎出口总量的 59%，低于轿车胎出口前 20 名国家的占比（66%）。

对美国卡客车轮胎出口量 2017 年前 7 个月下降了 23.2%，占出口总量的 14.5%，高于轿车胎的市场份额占比（8%）。

欧盟国家中只有英国、德国和荷兰 3 个国家进入我国出口目标国的前 20 名，而且 3 个国家占比仅为 5%。

通过表 6 和表 8 可以看出，卡客车胎和轿车胎出口目标国家不同，卡客车胎更多的是销往发展中国家，而轿车胎主要出口到发达国家。

2. 近 3 年来客货车用新轮胎（401120）整体出口及对美国出口情况

表 9　近 3 年来 401120 整体出口及对美国出口情况

时间	数量/万吨	金额/亿美元	均价/美元·千克$^{-1}$	数量同比/%	金额同比/%
2015 年					
整体出口	312.90	72.46	2.32	-0.7	-14.9
对美国出口	59.78	14.84	2.48	-9.0	-19.8
2016 年					
整体出口	331.20	66.70	2.01	5.8	-7.9
对美国出口	54.70	11.63	2.13	-8.4	-21.6
2017 年 1~7 月					
整体出口	189.10	41.10	2.17	-0.9	5.4
对美国出口	27.40	6.32	2.31	-23.2	-19.1

从表9可以看出，2015年我国出口美国的卡客车胎数量下降了9%，出口美国卡客车胎市场占我国卡客车胎出口总量的19%；2016年出口美国的卡客车胎数量继续下降8.4%，美国卡客车胎市场占比为16.5%；2017年前7个月，出口美国的卡客车胎继续下降23.2%，美国卡客车胎市场占比为14.5%。

五、2017年前7个月小客车用新轮胎(401110)月度出口情况

1. 401110月度出口情况

表10　2017年前7个月401110月度出口情况

月份	数量/万吨	金额/亿美元	均价/美元·千克$^{-1}$	数量同比/%	金额同比/%
1月	16.2	3.86	2.38	28.1	13.6
2月	11.3	2.88	2.55	-5.2	-6.8
3月	16.3	4.24	2.60	8.5	12.0
4月	16.4	4.34	2.65	16.0	21.9
5月	16.2	4.42	2.73	-8.6	1.1
6月	16.7	4.51	2.70	2.4	11.0
7月	18.4	4.91	2.67	-3.1	6.3

从表10可以看出，除了2月份的春节因素外，2017年每个月轿车胎出口总量都在16.5万吨左右。前5个月，出口价格保持上涨，从5月份开始价格有所回落，但比上年价格上升。

2. 401110对美国月度出口情况

表11　2017年前7个月401110对美国月度出口情况

月份	数量/万吨	金额/亿美元	均价/美元·千克$^{-1}$	数量同比/%	金额同比/%
1月	1.40	0.34	2.43	-34.3	-38.7
2月	0.86	0.22	2.56	-51.3	-52.0
3月	1.40	0.35	2.50	-43.6	-39.9
4月	1.45	0.38	2.62	-31.5	-27.4
5月	1.40	0.39	2.79	-30.0	-19.1
6月	1.30	0.34	2.62	-23.0	-17.5
7月	1.30	0.34	2.62	-35.4	-28.2

从表11可以看出，我国对美国的月度出口量都在1.4万吨左右，2017年对美国的出口量下降很多，除6月份外，每个月都有超过30%的降幅；出口价格也是在5月达到峰值，6、7月份出口价格

稳定在 2.62 美元/千克。

六、2017 年前 7 个月客货车用新轮胎(401120)月度出口情况

1.401120 月度出口情况

表 12　2017 年前 7 个月 401120 月度出口情况

月份	数量/万吨	金额/亿美元	均价/美元・千克$^{-1}$	数量同比/%	金额同比/%
1 月	26.0	5.17	1.99	14.8	6.7
2 月	18.8	3.94	2.10	-1.0	-3.2
3 月	27.8	6.01	2.16	-6.1	-2.2
4 月	28.2	6.31	2.24	7.6	18.2
5 月	28.3	6.43	2.27	-18.6	-7.5
6 月	30.1	6.68	2.22	8.2	19.9
7 月	29.9	6.56	2.19	-2.6	8.2

从表 12 可以看出,我国卡客车轮胎每个月出口量在 28.3 万吨左右,价格也是在 5 月份达到峰值后开始下降。卡客车轮胎整体出口均价比轿车胎出口均价低 18%。

2.401120 对美国月度出口情况

表 13　2017 年前 7 个月 401120 对美国月度出口情况

月份	数量/万吨	金额/亿美元	均价/美元・千克$^{-1}$	数量同比/%	金额同比/%
1 月	4.14	0.86	2.08	-13.1	-20.7
2 月	2.55	0.55	2.16	-36.7	-39.2
3 月	2.60	0.59	2.27	-63.3	-62.0
4 月	4.01	0.96	2.39	-22.3	-16.5
5 月	4.28	1.02	2.38	-43.3	-35.6
6 月	4.86	1.16	2.39	32.4	49.5
7 月	4.98	1.16	2.33	42.9	60.0

从表 13 可以看出,我国每个月出口到美国的卡客车胎数量在 4.3 万吨左右,从 6 月份开始对美国的出口大幅增加,主要原因是全行业针对美国对华全钢胎“双反”取得行业无损害抗辩的胜利,另外对美国卡客车胎出口价格高于全行业平均出口价格。

七、结论

1. 2016 年我国轮胎进出口情况

2016 年我国轮胎出口量为 580 万吨左右,出口金额为 129 亿美元,其中轿车胎、卡客车轮胎出口占出口总量的 89%。

2016 年我国轮胎进口量为 12 万吨,占出口量

的1/48,进口金额约7亿美元;其中轿车胎进口量占轮胎进口总量的74%。

2.美国“双反”调查对我国轮胎出口的影响

受美国“双反”调查的影响,美国市场占我国轿车胎和卡客车胎出口份额逐年下降,轿车胎出口量从2015年占比18%下降到2017年的8%,卡客车胎出口量从2015年占比19%下降到2017年的14.5%。由于在美国对华卡客车胎“双反”中取得胜利,我国对美出口卡客车胎下降幅度低于轿车胎下降幅度。

3.2017年前7个月我国轮胎出口情况

2017年前7个月我国轮胎出口量实现了6.4%的增长,其中轿车胎出口量增长了8%,卡客车胎出口量增长了5.8%。前5个月出口均价逐月上涨,5月份以后出口价格开始回落,但同比都有所上升。

4.我国轮胎主要出口目标国情况

通过对近3年的出口数据对比分析,我国轿车胎出口目标国主要是发达国家,其中欧盟是最重要的地区,对英国、德国、荷兰、意大利、西班牙、法国、比利时等欧盟7个国家的出口占轿车胎出口总量的27%,其中出口英国占轿车胎出口总量的9%,已经超过美国成为我国轿车胎第一大出口国家。

我国卡客车胎主要出口到发展中国家,欧洲只占卡客车胎出口总量的5%,我国出口前20名国家中仅有英国、德国和荷兰3个欧盟国家入围。

5.轮胎出口均价情况

从出口均价来看,我国卡客车胎出口均价比轿车胎出口均价低18%。2017年前7个月,轿车胎出口均价为2.49美元/千克,卡客车胎出口均价为2.01美元/千克。

(徐文英)

2015 ~ 2017 年我国橡胶制品进出口情况分析

一、我国橡胶制品进出口情况

1. 2015 年 ~ 2017 年上半年各类橡胶制品出口情况

表 1　海关代码 4016 项下各类橡胶制品出口情况

产品名称	2015 年				2016 年				2017 年 1 ~ 6 月份			
	出口量	出口金额	单价	数量同比/%	出口量	出口金额	单价	数量同比/%	出口量	出口金额	单价	数量同比/%
4016 硫化橡胶（硬质橡胶除外）的其他制品	38.1	23.2	6.07	-5.3	36.4	21.3	5.84	-4.4	19.3	10.8	5.62	11.6
401610 硫化海绵橡胶制品	1.7	1.2	7.14	-18.4	1.8	1.1	6.00	3.9	0.8	0.5	5.76	3.5
401691 硫化橡胶制铺地用品及门垫	5.9	1.3	2.21	-7.2	5.6	1.1	1.92	-5.9	3.0	0.5	1.74	19.5
401692 硫化橡胶制橡皮擦	3.8	1.3	3.43	-6.7	3.7	1.2	3.25	-3.8	2.3	0.6	2.84	22.9
401693 硫化橡胶制垫片、垫圈等密封垫	7.7	9.5	12.35	-2.3	7.4	8.9	11.99	-3.8	3.8	4.6	12.19	4.3
40169310 硫化橡胶制机器及仪器垫片、垫圈等密封垫	3.5	4.9	13.95	-7.4	3.1	4.3	13.82	-10.5	1.6	2.4	14.98	-1.1
40169390 硫化橡胶制非机器及仪器垫片、垫圈等密封垫	4.2	4.6	11.03	2.3	4.3	4.5	10.65	1.8	2.2	2.3	10.21	8.4
401694 硫化橡胶制船舶或码头的碰垫	2.2	0.6	2.74	-4.0	2.1	0.5	2.38	-4.3	0.9	0.2	2.59	-0.6
401695 硫化橡胶制其他可充气制品	0.5	0.6	10.90	-7.9	0.5	0.4	8.57	-5.8	0.3	0.2	8.21	31.3
401699 其他硫化橡胶制品	16.3	8.7	5.32	-4.1	15.4	8.2	5.30	-5.2	8.2	4.1	5.02	11.4
40169910 其他硫化橡胶制机器及仪器用零件	1.0	1.1	10.34	11.4	1.0	1.1	10.78	-0.6	0.6	0.6	9.99	33.9
40169990 未列名硫化橡胶制品	15.2	7.6	4.98	-5.0	14.4	7.1	4.91	-5.5	7.6	3.5	4.62	9.9

注：出口量：万吨；金额：亿美元；单位：美元/千克。

2.2015 年～2017 年上半年各类橡胶制品进口情况

表 2　海关代码 4016 项下各类橡胶制品进口情况

	2015 年				2016 年				2017 年 1～6 月份			
	进口量	进口金额	单价	数量同比/%	进口量	进口金额	单价	数量同比/%	进口量	进口金额	单价	数量同比/%
4016 硫化橡胶（硬质橡胶除外）的其他制品	7.7	20.2	26.39	-4.6	8.6	21.2	24.58	12.4	4.5	10.8	24.26	11.9
401610 硫化海绵橡胶制品	0.2	0.5	21.74	-0.1	0.3	0.5	18.10	25.4	0.1	0.2	21.36	-5.1
401691 硫化橡胶制铺地用品及门垫	0.2	0.1	5.14	-19.2	0.3	0.1	4.09	30.9	0.2	0.1	3.48	66.6
401692 硫化橡胶制橡皮擦	0.04	0.03	8.07	-13.2	0.04	0.04	9.70	-7.3	0.03	0.03	9.32	56.3
401693 硫化橡胶制垫片、垫圈等密封垫	2.9	12.0	42.07	-0.2	2.8	12.2	44.29	-3.3	1.4	6.4	47.16	4.1
40169310 硫化橡胶制机器及仪器垫片、垫圈等密封垫	0.9	6.2	67.75	-2.6	0.9	6.4	68.66	1.8	0.5	3.4	71.35	7.2
40169390 硫化橡胶制非机器及仪器垫片、垫圈等密封垫	1.9	5.8	29.99	1.0	1.8	5.8	31.90	-5.7	0.9	3.0	33.81	2.5
401694 硫化橡胶制船舶或码头的碰垫	0.02	0.01	6.73	-55.1	0.01	0.01	7.52	-30.8	0.02	0.01	4.31	127.7
401695 硫化橡胶制其他可充气制品	0.1	0.2	31.04	12.8	0.1	0.3	37.42	-11.2	0.04	0.1	34.31	22.7
401699 其他硫化橡胶制品	4.2	7.3	17.38	-6.4	5.1	8.0	15.57	22.1	2.7	3.9	14.69	13.2
40169910 其他硫化橡胶制机器及仪器用零件	0.6	2.3	38.30	-8.7	0.7	2.4	34.60	14.5	0.4	1.3	33.08	17.1
40169990 未列名硫化橡胶制品	3.6	5.0	13.83	-6.1	4.4	5.6	12.58	23.4	2.3	2.7	11.68	125.0

注：进口量：万吨；金额：亿美元；单位：美元/千克。

表 1 和表 2 显示，2015 年我国橡胶制品出口量在 38 万吨左右，出口金额在 23 亿美元左右；进口量约为 7.7 万吨，进口金额约为 20 亿美元；出口量约为进口量的 5 倍，橡胶制品平均出口价格为 6 美元/千克，进口平均价格为 26 美元/千克，约为出口价格的 4 倍。

近 3 年来橡胶制品的出口趋势是：2015、2016 年橡胶制品出口量分别下降（同比，下同）了 5.3% 和 4.4%，2017 年上半年出口量上升了 11.6%；出口价格逐年下滑，从 2015 年的 6.07 美元/千克下降到 2016 年的 5.84 美元/千克，2017 年上半年的 5.62 美元/千克，下降了 8%。

近 3 年橡胶制品的进口趋势是：2015 年进口量下降了 4.6%，2016 年增长了 12.4%，2017 年上半年增长了 11.9%；进口价格逐年下滑，从 2015 年的 26.39 美元/千克下降到 2017 年上半年的 24.26 美元/千克，下降了近 8%。

我国橡胶制品进出口产品结构非常不同，从出口看，硫化海绵橡胶制品出口占 4%，进口占 3%；硫化橡胶制铺地用品及门垫出口占 16%，进口占 3%；硫化橡胶制橡皮擦出口占 10%，进口仅占 0.6%；硫化橡胶制垫片垫圈等密封垫出口占 20%，进口占 37%；硫化橡胶制船舶或码头的碰垫出口占 5.6%，进口仅占 0.2%；硫化橡胶制其他可充气制品（包括硫化橡胶制液压隔离式蓄能器用胶囊）出口占 1.4%，进口占 1%；其他硫化橡胶制品出口占 43%，而进口高达 55%。

从进出口产品结构来看，低附加值的产品如橡皮擦、码头用碰垫几乎不用进口，而高附加值的产品如密封圈、高精密仪器包括汽车工业用的橡胶制品则大量依赖进口。

表 3　2016 年各类橡胶制品进出口价格对比

美元/千克

产品分类	出口均价	进口均价	进口价格/出口价格
4016 硫化橡胶（硬质橡胶除外）的其他制品	6.07	26.39	4.35
401610 硫化海绵橡胶制品	7.14	21.74	3.04
401691 硫化橡胶制铺地用品及门垫	2.21	5.14	2.32
401692 硫化橡胶制橡皮擦	3.43	8.07	2.35
401693 硫化橡胶制垫片、垫圈等密封垫	12.35	42.07	3.41
其中：（40169310）硫化橡胶制机器及仪器垫片、垫圈等密封垫	13.95	67.75	4.86
（40169390）硫化橡胶制非机器及仪器垫片、垫圈等密封垫	11.03	29.99	2.72
401694 硫化橡胶制船舶或码头的碰垫	2.74	6.73	2.46
401695 硫化橡胶制其他可充气制品	10.90	31.04	2.85
401699 其他硫化橡胶制品	5.32	17.38	3.27
其中：（40169910）其他硫化橡胶制机器及仪器用零件	10.34	38.30	3.70
（40169990）未列名硫化橡胶制品	4.98	13.83	2.78

从表 3 可以看出，401693 项目下的进口产品是出口产品价格的 4.86 倍，企业应重点研发这些产品。

二、我国橡胶制品主要出口国家或地区

1. 我国橡胶制品主要出口国家或地区

表 4 显示，近 3 年，我国橡胶制品出口的前 5 名国家和地区是美国、日本、中国香港、韩国和德国，尤其是美国、日本一直是我国的出口目标大国，对美国的出口量占我国总出口量的 20%，对美国和日本两个国家的出口占我国出口量的近 30%，对前 10 名国家的出口约占总出口量的 50%。

从价格来看，出口到中国香港、台澎金马关税区和德国的价格比较高，出口到英国的价格最低，2015 年仅为 4.25 美元/千克，低于出口平均价格。从趋势来看，美国市场大但价格竞争非常激烈，这 3 年来价格一直在持续下跌，价格下降了近 10%，

表 4　海关代码 4016 项下橡胶制品主要出口国家或地区

2015 年				2016 年				2017 年 1 ~ 6 月份			
国家/地区	出口量	单价	数量同比/%	国家/地区	出口量	单价	数量同比/%	国家/地区	出口量	单价	数量同比/%
美国	7.7	6.79	0.1	美国	7.6	6.24	-1.4	美国	4.0	6.12	6.3
日本	3.2	6.5	-4.7	日本	3.1	6.57	-2.5	日本	1.6	6.01	8.9
中国香港	1.9	7.76	49.6	中国香港	1.1	13.58	-44.7	中国香港	0.4	11.60	-21.9
韩国	1.4	6.47	-16.1	德国	1.0	8.81	6.8	德国	0.5	8.96	10.0
德国	0.9	8.82	-18.1	韩国	1.1	7.38	-21.1	韩国	0.6	6.74	5.9
英国	1.7	4.25	-7.3	越南	0.9	7.72	18.7	英国	0.8	4.19	3.2
越南	0.8	8.13	28.5	英国	1.6	4.06	-3.3	越南	0.5	7.43	8.9
马来西亚	0.6	8.43	-26.8	中国台澎金马关税区	0.6	8.42	-12.3	中国台澎金马关税区	0.3	8.78	27.4
墨西哥	0.8	6.39	7.5	泰国	0.7	6.67	29.7	巴基斯坦	0.5	5.67	64.0
中国台澎金马关税区	0.6	7.91	23.3	墨西哥	0.7	6.05	-8.7	泰国	0.4	6.59	23.4

注:出口量:万吨;单价:美元/千克。

超过了行业平均价格下降 8% 的幅度;出口到日本的价格也下降了 7.5%;但对德国的出口价格却非常稳定,不但没有下降,而且还在上涨,说明出口到德国的产品是国内企业还很少出口的产品,质量要求高;对韩国的出口价格也相对稳定,说明出口韩国的产品有可能主要来自于国内韩资企业。

2.2017 年 1 ~ 6 月各类橡胶制品出口的国家和价格(表 5 ~ 11)

表 5　401610 硫化海绵橡胶制品出口国家(地区)和价格

国家/地区	出口量	出口额	单价	数量同比%	金额同比/%
美国	680778	6141963	9.02	-12.7	-11.7
日本	334237	2414076	7.22	19.0	16.3
印度	447626	2392243	5.34	1.8	5.3
菲律宾	348061	1761256	5.06	6.1	23.3
澳大利亚	231014	1743733	7.55	-24.2	-22.2
沙特阿拉伯	333064	1682175	5.05	19.1	-9.3
中国香港	109686	1406564	12.82	1.5	-0.6
英国	200716	1381070	6.88	37.5	32.8
俄罗斯	187693	1368931	7.29	58.2	105.8
伊拉克	244573	1237535	5.06	-17.5	2.8

注:出口量:千克;出口额:美元;单价:美元/千克。

表 6　401691 硫化橡胶制铺地用品及门垫出口国家(地区)和价格

国家/地区	出口量	出口额	单价	数量同比/%	金额同比/%
美国	6757771	10479455	1.55	15.3	-1.1
日本	3433978	3908374	1.14	54.5	38.7
韩国	1454341	3210629	2.21	8.3	-12.6
英国	2789323	3181491	1.14	-7.7	-12.1
中国香港	604387	2561625	4.24	241.4	481.3
澳大利亚	2288469	2310422	1.01	25.6	14.7
哈萨克斯坦	439298	1860608	4.24	380.4	283.6
越南	412281	1832394	4.44	-3.0	-56.7
沙特阿拉伯	421195	1148384	2.73	65.8	69.6
马来西亚	289890	1042651	3.60	2.8	-10.6

注:同表 5。

表 7　401692 硫化橡胶制橡皮擦出口国家(地区)和价格

国家/地区	出口量	出口额	单价	数量同比/%	金额同比/%
美国	4203666	9692272	2.31	12.1	12.2
巴基斯坦	2272841	5681037	2.5	33.9	7.7
越南	513594	3523819	6.86	32.8	-7.7
英国	1016117	3427411	3.37	18.1	14.4
墨西哥	1031717	3000799	2.91	-0.5	6.2
印度	847739	2217873	2.62	-0.9	-18.5
俄罗斯	1333312	2164966	1.62	660.1	285.2
菲律宾	475725	1852419	3.89	21.3	11.3
德国	519973	1737477	3.34	8.3	1.7
印度尼西亚	628006	1542084	2.46	42.0	7.8

注:同表 5。

表 8　401693 硫化橡胶制垫片、垫圈等密封垫出口国家(地区)和价格

国家/地区	出口量	出口额	单价	数量同比/%	金额同比/%
美国	9563859	112896599	11.80	3.4	3.9
日本	3922797	54555410	13.91	-1.4	-1.0
德国	2353849	32820129	13.94	18.1	18.3
中国香港	941827	22998126	24.42	3.1	-4.6
韩国	1452767	22226948	15.30	-24.5	-12.6
中国台澎金马关税区	1059342	19373167	18.29	-0.8	17.6
英国	1406634	14120873	10.04	21.7	22.5
巴基斯坦	371876	11621692	31.25	58.3	551.1
越南	965211	11042421	11.44	-6.0	13.6
墨西哥	751346	11041779	14.70	19.1	28.1

注:同表 5。

从表 8 可以看出，我国前 5 名垫圈的出口国家和地区也是美国、日本、香港、德国和韩国，而且往香港出口的价格高达 25 美元/千克，是往美国出口价格 12 美元/千克的两倍多，但出口的量很少，2015 年出口量为 2488 吨，是美国出口量的 1/9。

表 9　401694 硫化橡胶制船舶或码头碰垫出口国家（地区）和价格

国家/地区	出口量	出口额	单价	数量同比/%	金额同比/%
美国	502836	2026019	4.03	-40.5	-17.2
印度尼西亚	626236	1730342	2.76	7.3	71.1
中国台澎金马关税区	754274	1381578	1.83	543.7	354.1
加拿大	919088	1239959	1.35	50.8	50.8
埃及	614325	1096175	1.78	96.0	107.5
新加坡	414837	1047131	2.52	68.3	62.6
日本	226342	969693	4.28	25.6	30.8
马来西亚	257783	786416	3.05	112.4	74.7
巴西	316511	750106	2.37	336.0	240.8
英国	209095	708498	3.39	-0.7	20.8

注：同表 5。

表 10　401695 硫化橡胶制其他可充气制品出口国家（地区）和价格

国家或地区	出口量	出口额	单价	数量同比/%	金额同比/%
美国	315764	2781398	8.81	72.1	53.5
印度尼西亚	375187	2165531	5.77	165.1	105.6
中国香港	174376	2068344	11.86	86.8	57.9
泰国	220381	1713995	7.78	40.0	23.2
越南	238582	1488016	6.24	32.7	36.4
马来西亚	165192	1350370	8.17	24.8	16.6
日本	87482	1061257	12.13	21.6	13.1
新加坡	152261	915189	6.01	-25.8	-12.4
德国	73702	799768	10.85	142.0	20.4
印度	59360	626385	10.55	237.1	220.8

注：同表 5。

表 11　401699 其他硫化橡胶制品出口国家（地区）和价格

国家/地区	出口量	出口额	单价	数量同比/%	金额同比/%
美国	18008522	101122341	5.62	6.0	6.4
日本	8593618	37379421	4.35	0.7	-1.5
中国香港	2414335	22343380	9.25	-42.6	-54.0
越南	2100275	14572296	6.94	45.1	13.4
英国	2725876	12063678	4.43	-0.1	6.0
韩国	2488016	12031524	4.84	21.6	27.7
泰国	2111754	11487616	5.44	36.1	23.2
德国	2020976	11115151	5.50	8.3	7.1
墨西哥	1589926	9492309	5.97	5.1	4.6
澳大利亚	2676980	8087017	3.02	28.9	16.9

注：同表 5。

四、我国橡胶制品主要进口国家（地区）

1. 我国橡胶制品主要进口国家（地区）

表 12　海关代码 4016 项下主要进口国家（地区）

2015 年				2016 年				2017 年 1～6 月份			
国家/地区	出口量	单价	数量同比/%	国家/地区	出口量	单价	数量同比/%	国家/地区	出口量	单价	数量同比/%
日本	0.95	40.55	-9	日本	0.98	43.07	3.4	日本	0.54	41.89	17.6
德国	1.55	20.06	-5.3	德国	1.64	20.67	5.5	德国	0.81	23.11	11.6
美国	1.15	24.37	5.9	美国	1.42	20.20	23.5	美国	0.89	17.30	31.4
韩国	1.15	19.35	-10.3	韩国	1.2	18.23	5.0	韩国	0.47	19.16	-17.3
中国	0.22	72.24	-11.9	中国	0.21	64.69	-4.1	中国	0.09	59.04	-6.1
法国	0.18	42.80	11.8	法国	0.21	44.76	18.9	法国	0.10	49.80	-0.5
意大利	0.28	26.40	-3.7	意大利	0.36	23.21	28.4	意大利	0.26	18.76	66.3
中国台澎金马关税区	0.33	22.43	-10.4	中国台澎金马关税区	0.32	21.90	-2.6	中国台澎金马关税区	0.16	21.98	9.2
英国	0.44	12.43	35.9	英国	0.64	9.44	45.0	英国	0.24	11.25	-23.7
泰国	0.11	31.50	0.9	泰国	0.16	24.87	37.2	泰国	0.08	24.53	8.2

注：数量：万吨；单价：美元/千克。

表 12 显示，我国橡胶制品主要进口国是日本、德国、美国、韩国，2017 年从日本、德国、美国的进口继续保持上升趋势，而从韩国的进口下降了 17.3%。从价格来看，从日本进口的价格相对较高，上半年进口价格高达 41.89 美元/千克；从美国进口价格最低，仅为 17.30 美元/千克。

2. 2017 年 1～6 月各类具体橡胶制品进口国家（地区）和价格（表 13～19）

表 13 401610 硫化海绵橡胶制品进口国家(地区)和价格

国家/地区	进口量	进口额	单价	数量同比/%	金额同比/%
日本	152632	6966774	45.64	-7.3	18.4
韩国	217297	5589565	25.72	-14.9	-7.9
美国	157552	3971893	25.21	-12.4	6.2
德国	358330	2738858	7.64	13.9	-2.7
中国台澎金马关税区	71347	1289542	18.07	-15.7	34.4
中国	59078	966500	16.36	35.0	-19.1
英国	32788	394085	12.02	-15.9	-25.9
意大利	7171	374236	52.19	7.9	75.6
法国	4632	332097	71.70	-61.9	-44.1
泰国	8940	265098	29.65	-17.9	-30.1

注:进口量:千克;金额:美元;单价:美元/千克

表 14 401691 硫化橡胶制铺地用品及门垫进口国家(地区)和价格

国家/地区	进口量	进口额	单价	数量同比/%	金额同比/%
意大利	1512482	4243566	2.81	113.9	86.7
德国	60815	483353	7.95	171.1	141.4
卢森堡	127203	440081	3.46	665.2	727.8
美国	42192	390114	9.25	21.2	-29.3
英国	29379	375341	12.78	-21.5	-26.9
韩国	47110	346487	7.35	-4.4	-26.0
西班牙	17162	292000	17.01	2066.9	2638.7
马来西亚	81851	270310	3.30	-11.1	-9.9
中国台澎金马关税区	67837	249602	3.68	129.1	373.3
加拿大	191624	236124	1.23	-29.9	-63.6

注:同表 13。

表 15 401692 硫化橡胶制橡皮擦进口国家(地区)和价格

国家/地区	进口量	进口额	单价	数量同比/%	金额同比/%
日本	107355	1558197	14.51	54.3	60.5
中国台澎金马关税区	57442	301303	5.25	51.9	63.7
马来西亚	30715	160871	5.24	151.8	90.9
法国	9777	137880	14.10	2818.5	117.2
韩国	3024	94534	31.26	60.0	40.1
德国	6952	83010	11.94	38.5	42.2
美国	767	65004	84.75	-25.3	-25.1
中国	11962	61062	5.10	5.4	-19.3
西班牙	40519	33579	0.83	34.4	-26.6
捷克	386	13518	35.02	841.5	1397.0

注:同表 13。

表 16　401693 硫化橡胶制垫片、垫圈等密封垫进口国家（地区）和价格

国家/地区	进口量	进口额	单价	数量同比/%	金额同比/%
日本	1917885	137109268	71.49	21.1	21.9
德国	3407359	118295145	34.72	7.5	27.7
美国	994924	88424913	88.88	4.0	4.5
韩国	1478863	43714586	29.56	-29.0	-10.9
意大利	635060	35492945	55.89	28.0	26.3
法国	430144	33234508	77.26	-11.8	11.2
中国	362000	32319647	89.28	-14.5	-1.4
中国台澎金马关税区	619209	22219659	35.88	-4.5	4.2
英国	150448	13553246	90.09	-0.2	8.2
墨西哥	223402	10436411	46.72	37.9	22.1

注：同表 13。

表 17　401694 硫化橡胶制船舶或码头的碰垫进口国家（地区）和价格

国家/地区	进口量	进口额	单价	数量同比/%	金额同比/%
新加坡	41919	347012	8.28	24.5	142.6
韩国	108000	221400	2.05	0	0
法国	1116	67386	60.38	0	0
荷兰	5574	42912	7.70	-39.3	-40.1
阿联酋	7000	14400	2.06	0	0
美国	1424	10828	7.60	-8.2	-62.1
新西兰	129	3081	23.88	-15.1	14.4
挪威	140	3046	21.76	0	0
泰国	360	1980	5.50	0	0
中国台澎金马关税区	24	1730	72.08	60	12.3

注：同表 13。

表 18　401695 硫化橡胶制其他可充气制品进口国家（地区）和价格

国家/地区	进口量	进口额	单价	数量同比/%	金额同比/%
法国	87886	2489222	28.32	4.4	11.8
美国	17208	2359288	137.10	-24.0	-28.3
德国	98817	2054138	20.79	59.6	15.1
英国	15817	928918	58.73	-32.2	-14.3
马来西亚	12760	852605	66.82	33.3	48.3
日本	8749	808042	92.36	4.5	3.1
加拿大	21182	542921	25.63	113.5	114.0
韩国	23077	532934	23.09	-28.8	-27.4
墨西哥	498	450722	905.06	100.0	8454.2
奥地利	4422	369613	83.59	0.2	5.1

注：同表 13。

表 19　401699 其他硫化橡胶制品进口国家(地区)和价格

国家/地区	进口量	进口额	单价	数量同比/%	金额同比/%
日本	3210629	79788717	24.85	17.1	8.1
德国	4167411	63523514	15.24	13.1	10.8
美国	7654640	58237921	7.61	37.8	13.2
韩国	2819671	39531193	14.02	-13.4	-17.6
中国	506766	22316460	44.04	-3.4	-6.3
法国	480711	14236597	29.62	11.0	14.1
泰国	646791	13271919	20.52	8.3	13.3
英国	2151287	11519411	5.35	-25.0	-21.3
中国台澎金马关税区	794422	11462988	14.43	18.0	8.2
意大利	486783	9410126	19.33	28.6	19.9

注:同表 13。

五、小结

我国橡胶制品总体出口大于进口,2017 年上半年海关代码 4016 项下橡胶制品出口量为 19.3 万吨,出口金额为 10.8 亿美元,出口量增长了 11.6%,出口平均价格为 5.62 美元/千克,其中 40169310 项下硫化橡胶制机器及仪器垫片、垫圈等密封垫在所有出口制品中价格最高,为 14.98 美元/千克。

2017 年上半年海关代码 4016 项下橡胶制品进口量为 4.5 万吨,进口金额为 10.8 亿美元,进口量增长了 11.9%,进口平均价格为 24.26 美元/千克,其中 40169310 项下硫化橡胶制机器及仪器垫片、垫圈等密封垫在所有进口制品中价格最高,为 71.35 美元/千克。

我国橡胶制品进出口国家主要是发达国家,其中美国、日本两个国家占我国橡胶制品出口总量的 30%;从美国、德国、日本 3 个国家进口的橡胶制品占我国进口橡胶制品总量的 50%,但是针对不同的橡胶制品,进出口国家会有所差别。

各企业可以根据本文中所有不同产品的进出口国家和进出口价格合理制定自己的进出口价格,以避免贸易摩擦。

(徐文英　王凤生)

中国橡胶工业统计

表 1　2012～2016 年全国橡胶工业主要产品产量统计

产品名称	2012 年	2013 年	2014 年	2015 年	2016 年
轮胎总产量/万条	47000	52900	56200	56500	61000
子午胎	41400	47600	51100	51500	56500
全钢胎	10000	10700	11200	11000	12100
半钢胎	33500	36900	39900	40500	44400
斜交胎	5600	5300	5100	5000	4500
摩托车外胎/万条	17000	18500	17000	13600	13500
自行车外胎/万条	53000	51000	59500	64000	70800

注:数据为中国橡胶工业协会调查统计数据。

续表 1－1

产品名称	2012 年	2013 年	2014 年	2015 年	2016 年
输送带/万 m^2	48000	52000	53000	49000	44000
其中:高强力输送带	38000	42000	46000	43000	39000
普通 V 带/万 Am	210000	220000	230000	218000	197000
橡胶胶管/万标米	120000	130000	140000	139000	145000
其中:钢丝编织胶管	24000	35000	37000	38000	40000
胶鞋/万双	159000	150000	145000	117300	108000
再生胶/万吨	350	380	410	438	460
钢丝帘子线/万吨	144	183	193	185	215
帘子布/万吨	36	49	55	54	62
炭黑/万吨	432	470	510	500	522
橡胶助剂/万吨	89	100	113	110	121

续表 1-2

产品名称	2012 年	2013 年	2014 年	2015 年	2016 年
其中:促进剂	32.2	36	39.5	36.9	36.5
防老剂	32	33	38.5	39.5	39
合成橡胶/万吨	301	295	294	297	339.7
其中:丁苯橡胶	123	110	108	98	103.8
丁腈橡胶	13	14.2	12	14	13.4
顺丁橡胶	82.5	81.2	84	82	86.5
氯丁橡胶	5.9	4.5	4	3.2	3.5
丁基橡胶	7.9	10	9	9.5	14.1
乙丙橡胶	1.9	2	3	10	11.7
SBS	64.8	72.4	73	80	101.6
天然橡胶/万吨	80	86	84	82	77

注:数据为中国橡胶工业协会、中国合成橡胶工业协会、中国天然橡胶协会、中国石化技术经济研究院调查统计数据。

表 2　2012~2016 年橡胶工业全部独立核算工业企业主要经济指标

产品名称	企业单位数/个					亏损企业数/个				
	2012 年	2013 年	2014 年	2015 年	2016 年	2012 年	2013 年	2014 年	2015 年	2016 年
橡胶制品业	3347	3500	3585	3703	3698	325	309	346	384	354
其中:1. 轮胎制造业	537	565	554	546	534	56	46	63	70	57
2. 橡胶板管带制造业	711	761	813	839	842	60	53	68	88	85
3. 橡胶零件制造业	652	669	671	664	663	57	66	68	71	52
4. 再生橡胶制造业	152	164	172	192	181	12	9	7	9	8
5. 日用橡胶制品业	217	229	235	253	246	32	43	33	22	25
6. 橡胶靴鞋制造业	530	507	496	540	556	53	50	44	47	59
7. 其他橡胶制品业	548	605	644	669	676	55	42	63	77	68
橡胶工业专用设备制造业	139	143	149	158	147	17	17	17	19	24

续表 2－1

产品名称	亏损企业亏损额/万元					应收账款/万元				
	2012 年	2013 年	2014 年	2015 年	2016 年	2012 年	2013 年	2014 年	2015 年	2016 年
橡胶制品业	314434	342725	362472	476624	343492	7353186	8702126	9402708	9860358	10667606
其中:1. 轮胎制造业	213990	200996	235026	313423	194521	3584118	4229257	4335964	4571195	4950773
2. 橡胶板管带制造业	16729	27808	30989	49548	76924	1166180	1511909	1695078	1724250	1925123
3. 橡胶零件制造业	23224	24677	23175	38608	16827	928220	1087291	1167737	1291976	1411984
4. 再生橡胶制造业	1060	1189	1938	724	612	79287	117231	140967	151141	157785
5. 日用橡胶制品业	22896	23911	9366	6374	8954	229116	268001	274222	300701	324016
6. 橡胶靴鞋制造业	14874	21609	13141	18484	22253	524328	526436	539415	581053	585031
7. 其他橡胶制品业	21660	42536	48837	49463	23401	841938	962001	1249326	1240041	1312895
橡胶工业专用设备制造业	8953	8304	23874	39805	39404	435412	431934	469892	348716	360398

续表 2－2

产品名称	资产总计/万元					流动资产平均余额/万元				
	2012 年	2013 年	2014 年	2015 年	2016 年	2012 年	2013 年	2014 年	2015 年	2016 年
橡胶制品业	55174843	64458682	72803199	77989209	81292002	28116475	32108481	35446651	36821450	39820163
其中:1. 轮胎制造业	33985611	39424184	45299741	48760448	49941169	15828631	18116806	20420110	21275948	23026618
2. 橡胶板管带制造业	6342383	8062224	8801254	9627681	10779123	3753867	4488972	4807087	5129969	5612735
3. 橡胶零件制造业	4712591	5484923	5760531	6153176	7006248	2755887	3020350	3221414	3487750	3954983
4. 再生橡胶制造业	613515	968619	1140347	1228572	1277483	289240	454311	499239	499141	531479
5. 日用橡胶制品业	1864139	2044462	2063527	2050509	2183785	1049961	1117217	1127535	1101984	1161275
6. 橡胶靴鞋制造业	3417689	3581481	3829256	4155884	4248939	2022179	2123485	2152843	2220449	2315577
7. 其他橡胶制品业	4238916	4892789	5908544	6012938	5855255	2416712	2787342	3218424	3106209	3217497
橡胶工业专用设备制造业	2193522	2557379	2515514	2100823	2181547	1384320	1665010	1571114	1284423	1317642

续表 2－3

产品名称	负债合计/万元					存货/万元				
	2012 年	2013 年	2014 年	2015 年	2016 年	2012 年	2013 年	2014 年	2015 年	2016 年
橡胶制品业	30190871	33185181	36095101	37344996	38285945	7239041	7776092	8253242	8214514	8403394
其中:1. 轮胎制造业	19927649	21614612	23705544	24670793	25058274	4389291	4646878	5019183	4933595	4897098
2. 橡胶板管带制造业	3028825	3708074	3723163	3937055	4149466	810124	860585	910770	986106	1130340
3. 橡胶零件制造业	2024466	2242308	2457222	2623034	2906372	610098	670995	735141	782672	832843
4. 再生橡胶制造业	404017	450378	514144	481260	507034	73590	123931	130735	134680	141966
5. 日用橡胶制品业	997237	1049100	1060512	964593	1030739	310409	342074	314044	261974	2647046
6. 橡胶靴鞋制造业	1738296	1812287	1861763	1895938	1867121	569394	555655	534119	534840	518129
7. 其他橡胶制品业	2070381	2308422	2772754	2772324	2766939	476135	575974	609252	580647	615971
橡胶工业专用设备制造业	1284671	1582037	1413755	1205385	1251403	401509	580148	501072	417791	411217

续表 2－4

产品名称	主营业务成本/万元					产成品/万元				
	2012 年	2013 年	2014 年	2015 年	2016 年	2012 年	2013 年	2014 年	2015 年	2016 年
橡胶制品业	71403879	79169492	84526676	86836022	89109363	3505728	3663000	4353569	4681663	4496995
其中:1. 轮胎制造业	40174849	43771934	46593818	47399736	48050775	2286091	2258418	2840451	3122631	2801988
2. 橡胶板管带制造业	8209717	9656285	10670795	11486636	11508106	346337	410622	451149	505088	582509
3. 橡胶零件制造业	6474288	7269321	7113146	7393120	8008612	245092	274059	324435	339015	404119
4. 再生橡胶制造业	1742935	1939080	2229465	2323355	2384791	41210	66977	79135	76494	81891
5. 日用橡胶制品业	3280419	3813124	3919523	3597639	3760679	143818	161579	135511	116637	111034
6. 橡胶靴鞋制造业	5283189	5769586	6110929	6871460	7441500	239552	225963	255433	264186	260153
7. 其他橡胶制品业	6238483	6950161	7889000	7764076	7954899	203630	265383	267456	257611	255303
橡胶工业专用设备制造业	1899938	2431343	2402113	2099605	1963703	108279	65965	85448	74989	76287

续表 2-5

产品名称	主营业务收入/万元					销售费用/万元				
	2012 年	2013 年	2014 年	2015 年	2016 年	2012 年	2013 年	2014 年	2015 年	2016 年
橡胶制品业	91909838	92798537	98699398	100810816	103446854	2079210	2347367	2527290	2647721	2749047
其中:1. 轮胎制造业	46261163	51184366	54165459	54791851	55469920	1240301	1405393	1487295	1533083	1570993
2. 橡胶板管带制造业	9725142	11516633	12684069	13479917	13540912	250018	267688	313567	324921	331980
3. 橡胶零件制造业	7742729	8692111	8546706	8935074	9709765	194683	207604	217801	270239	301644
4. 再生橡胶制造业	1856889	2290138	2598234	2663505	2726163	47285	53215	61894	55765	61409
5. 日用橡胶制品业	3504585	4411744	4611512	4153689	4294793	75702	95480	104173	97351	99659
6. 橡胶靴鞋制造业	6217787	6556761	6924538	7750065	8396330	112918	130590	134336	154245	157365
7. 其他橡胶制品业	6601544	8146784	9168880	9029838	9308972	158303	187398	208224	212118	225997
橡胶工业专用设备制造业	2289699	2848590	2788920	2442165	2296755	54985	59356	63277	57267	54979

续表 2-6

产品名称	管理费用/万元					财务费用/万元				
	2012 年	2013 年	2014 年	2015 年	2016 年	2012 年	2013 年	2014 年	2015 年	2016 年
橡胶制品业	2854618	3292505	3557065	3719192	3825685	1070716	1102800	1167434	1183010	1119644
其中:1. 轮胎制造业	1355082	1583924	1716204	1714720	1727454	724676	715871	773323	820675	791825
2. 橡胶板管带制造业	374131	441496	500288	522060	537409	97262	113066	124871	129121	111366
3. 橡胶零件制造业	417544	445677	454229	543548	592116	62350	67346	57534	55568	55136
4. 再生橡胶制造业	66251	74021	81636	77720	85395	24976	26966	30761	26389	29567
5. 日用橡胶制品业	136018	166337	171977	168197	164774	41178	46381	40732	35947	32214
6. 橡胶靴鞋制造业	202048	220609	236835	269178	283730	59312	60926	61629	55469	58212
7. 其他橡胶制品业	303544	360441	395896	423768	434807	60963	72244	78586	59842	41325
橡胶工业专用设备制造业	127812	151494	156610	135199	137228	29495	31245	31936	23414	24266

续表 2－7

产品名称	利息支出/万元					利润总额/万元				
	2012 年	2013 年	2014 年	2015 年	2016 年	2012 年	2013 年	2014 年	2015 年	2016 年
橡胶制品业	912305	952248	1002193	996895	902542	5104374	6237559	6323734	6113911	6473926
其中:1. 轮胎制造业	631400	656083	681165	716736	650253	2753863	3433910	3337260	3186252	3337921
2. 橡胶板管带制造业	67808	80041	92089	87909	84037	775892	922473	991424	958911	972902
3. 橡胶零件制造业	56143	51547	50870	48389	44274	565065	649014	658030	656107	769865
4. 再生橡胶制造业	20081	20209	23724	19795	22953	117021	164378	165539	168045	139149
5. 日用橡胶制品业	35792	38781	33174	27851	27061	194211	258216	286432	240460	223803
6. 橡胶靴鞋制造业	46723	43714	55108	43327	40089	273587	306667	332526	375197	424485
7. 其他橡胶制品业	54358	61873	66064	52889	33875	424735	502903	552523	528938	605802
橡胶工业专用设备制造业	26235	25203	31232	26777	23084	104927	137653	131542	104019	93357

续表 2－8

产品名称	固定资产投资实际完成/万元					固定资产投资投产项目/个				
	2012 年	2013 年	2014 年	2015 年	2016 年	2012 年	2013 年	2014 年	2015 年	2016 年
橡胶制品业	13331410	15427678	16881958	16847172	18224490	1240	1350	1480	1805	1792
其中:1. 轮胎制造业	5843923	6710156	6617557	6012524	5869264	201	247	228	282	270
2. 橡胶板管带制造业	2632344	3183433	3761696	3518125	3959710	270	313	310	470	401
3. 橡胶零件制造业	1150801	1173011	1558567	1940382	2493384	197	184	248	292	298
4. 再生橡胶制造业	517068	856276	1179532	1112459	913815	94	94	126	156	110
5. 日用橡胶制品业	674451	678814	573731	945442	836745	83	86	75	97	112
6. 橡胶靴鞋制造业	704615	797862	766484	841241	1120013	163	170	177	161	175
7. 其他橡胶制品业	1808208	2028126	2424391	2476999	3031559	232	256	316	347	426
橡胶工业专用设备制造业	745120	827545	759072	913490	546959	81	88	82	84	78

续表 2－9

产品名称	出口交货值/万元					进出口贸易总额/万美元				
	2012 年	2013 年	2014 年	2015 年	2016 年	2012 年	2013 年	2014 年	2015 年	2016 年
橡胶制品业	15421885	16877393	17878296	16758045	17099715	5374461	5822597	6230914	5659564	5174028
其中:1. 轮胎制造业	10166085	11333374	11968738	10401829	10487557	1671578	1713716	1738491	1457103	1361943
2. 橡胶板管带制造业	796643	778559	830622	899406	926250	66339	63225	61881	53137	49265
3. 橡胶零件制造业	1009265	1033282	1278460	1500786	1594221	112372	113748	119681	104058	93622
4. 再生橡胶制造业	17171	19424	19753	19193	18144	131151	144674	163522	143743	138537
5. 日用橡胶制品业	1152262	1071764	978391	914032	866364	60427	62493	65676	64829	64587
6. 橡胶靴鞋制造业	1648816	1597666	1744122	1966126	2120378	2360398	2661165	3080251	3031812	2802407
7. 其他橡胶制品业	884990	904730	1058210	1055440	1086801	968475	1058153	995042	797924	657676
橡胶工业专用设备制造业	152204	180267	250724	233361	212961	1034626	733713	756228	661984	635436

续表 2－10

产品名称	出口贸易总额/万美元				
	2012 年	2013 年	2014 年	2015 年	2016 年
橡胶制品	4,387374	4789010	5230592	4826086	4434636
其中:1. 新充气橡胶轮胎	1588740	1615456	1644967	1384984	1291313
2. 橡胶内胎	66094	62936	61623	52885	48940
3. 橡胶带	81687	81858	89363	77937	67476
4. 胶管	73194	80547	90373	84276	78889
5. 手套	50712	51568	54186	51427	51136
6. 胶鞋类	2248320	2534380	2924244	2833024	2579472
7. 其他橡胶制品	275090	357417	362102	338901	316063
橡塑专用设备	551050	371884	372971	398737	396200

注:数据来源于国家统计局、海关总署。

表 3　2012～2016 年橡胶制品出口量和出口额

产品名称	2012 年		2013 年		2014 年		2015 年		2016 年	
	出口量	出口额	出口量	出口额	出口量	出口额	出口量	出口额	出口量	出口额
一、(4011)新的充气橡胶轮胎/吨、万美元	4406000	1588740	4994000	1615456	5647000	1644967	5619223	1384984	5724089	1271513
其中:机动小客车用新的充气橡胶轮胎	1506750	587949	1755418	618462	1875861	605788	1719869	490622	1858316	462765
客车或货运机动车辆用新的充气橡胶轮胎	2334272	805942	2670106	813293	3150953	851784	3129455	724572	3312706	667572
航空器用新的充气橡胶轮胎	502	890	424	831	389	756	455	706	471	732
摩托车用 新的充气橡胶轮胎	83106	26327	92485	28846	106205	33275	103634	31590	116978	31841
自行车用新的充气橡胶轮胎	87884	24854	81217	24075	81505	25816	79643	24445	78149	21975
其他新的人字形等胎面的充气橡胶轮胎	10863	3656	12141	3816	10669	3320	9436	2757	9433	2471
未列名新的充气橡胶轮胎	89704	33556	92761	32110	93686	30405	92150	27002	98175	25738
二、(4013)橡胶内胎/吨、万美元	200000	66094	191000	62936	181764	61623	160700	52885	168191	48940
其中:客车、货运机动车辆用橡胶内胎	62236	21057	60713	20314	55898	18274	50671	15610	50393	13719
自行车用橡胶内胎	49624	22409	43556	19868	46035	21383	40492	17985	42047	16998
航空器用橡胶内胎	3	9	5	9	6	13	0	2	3	10
未列名橡胶内胎	97963	22619	86931	22744	79825	21953	69537	19289	75748	18213
三、(40121100－40121900)翻新轮胎/吨,万美元	11000	3539	10000	4848	7562	3734	4937	2651	2878	1345
四、(40122010－40122090)汽车用旧轮胎/吨、万美元	3660	531	2004	706	3740	1050	4691	1002	5025	888
五、(40129010－40129090)实心或半实心轮胎;胎面及轮胎衬带/吨、万美元	58932	18375	55488	17147	54715	16526	50177	14246	49510	13076
六、(40101100－40103900)橡胶输送带、三角带、传动带/吨、万美元	239154	81687	247671	81859	272458	89361	253259	77937	240350	67476

续表 3

产品名称	2012 年		2013 年		2014 年		2015 年		2016 年	
	出口量	出口额	出口量	出口额	出口量	出口额	出口量	出口额	出口量	出口额
七、(40141000－40149000)橡胶避孕套等卫生医疗用品/吨、万美元	10283	10196	15011	13491	19497	17917	18249	14080	19469	16824
八、(40151100－40151900)外科手套及其他手套/吨、万美元	74912	50712	79834	51569	87480	54187	87084	51427	93264	51136
九、(40161010－40169990)橡胶杂件/吨、万美元	380169	190826	403156	262906	402566	244843	381258	231736	373885	223471
十、(40091100－40094200)橡胶管/吨、万美元	153768	73194	165421	80547	176192	90374	159880	84275	159699	77890
十一、(40159010－40159090)橡胶医疗用衣着用品/吨、万美元	3129	2229	3222	2621	3235	2581	3550	3111	3447	2807
十二、(40051000－40069020)未硫化橡胶板、片、带及制品/吨、万美元	18956	5998	24560	7840	27236	8773	38757	11850	24095	5859
十三、(40070000－40082900)硫化橡胶线、绳、板、片、带及型材/吨、万美元	171544	33205	180984	38940	183027	51937	130126	39253	124129	33364
十四、(40170010－40170020)硬质橡胶及制品/吨、万美元	10968	6384	11677	4119	13799	6322	16872	9699	11415	9346
十五、(40030000－40040000)再生胶等/吨、万美元	95235	9957	92690	9644	119832	12154	122999	13292	123022	10426
十六、胶鞋/吨、万美元	2021000	2248320	2112000	2534380	2307000	2924244	2185000	2833024	2118936	2579472
1.(64011010－64019900)防水鞋靴	74716	45460	83079	50914	92009	61736	79745	54873	71012	46489
2.(64021200－64029910)滑雪鞋、防护鞋等	550371	395856	564396	451810	611442	534597	548929	506937	544882	458010
3.(64041100－64041900)运动鞋、网球鞋、篮球鞋等	812102	815021	887769	962839	1023372	1188346	1060104	1288824	1083134	1259106

注:数据来源于海关总署。

表4 2012~2016年橡胶制品进口量和进口额

产品名称	2012年		2013年		2014年		2015年		2016年	
	进口量	进口额	进口量	进口额	进口量	进口额	进口量	进口额	进口量	进口额
一、(4011)新的充气橡胶轮胎/吨、万美元	107000	82838	119000	98261	122000	93523	104923	72119	119613	70632
其中:机动小客车用新的充气橡胶轮胎	64556	49553	74785	56836	82834	61892	76572	52423	88789	52037
客车或货运机动车辆用新的充气橡胶轮胎	17076	10121	13986	10497	12579	8067	10446	5990	11101	4354
航空器用新的充气橡胶轮胎	4149	4345	4858	6015	3979	4638	2783	3652	2954	4211
摩托车用新的充气橡胶轮胎	356	405	226	220	1003	505	180	124	295	202
自行车用新的充气橡胶轮胎	1573	1557	1466	1493	2010	1933	2050	1816	1981	1648
其他新的人字形等胎面的充气橡胶轮胎	43	21	76	44	178	87	227	72	148	47
未列名新的充气橡胶轮胎	1430	1270	968	861	640	531	1028	668	633	565
二、(4013)橡胶内胎/吨、万美元	365	245	354	288	389	258	331	252	635	325
其中:客车、货运机动车辆用橡胶内胎	65	22	124	70	49	29	67	27	374	101
自行车用橡胶内胎	136	151	165	172	232	185	242	200	218	176
航空器用橡胶内胎	1	7	1	10	1	15	2	13	2	21
未列名橡胶内胎	163	64	64	36	107	29	20	13	41	27
三、(40121100-40121900)翻新轮胎/吨、万美元	137	184	388	574	2104	2638	3612	4305	4314	4646
四、(40122010-40122090)汽车用旧轮胎/吨、万美元	4174	183	4634	176	4392	152	6037	179	981	97
五、(40129010-40129090)实心或半实心轮胎;胎面及轮胎衬带/吨、万美元	4342	2914	4021	2744	4139	2727	3182	2737	6336	3200
六、(40101100-40103900)橡胶输送带、三角带、传动带/吨、万美元	18670	30684	19073	31891	18473	30318	16992	24121	15552	26148

续表 4

产品名称	2012 年		2013 年		2014 年		2015 年		2016 年	
	进口量	进口额	进口量	进口额	进口量	进口额	进口量	进口额	进口量	进口额
七、(40141000 - 40149000)橡胶避孕套等卫生医疗用品/吨、万美元	3210	5923	3723	14454	3466	29525	4742	29364	5094	33706
八、(40151100 - 40151900)外科手套及其他手套/吨、万美元	14325	9715	18094	10924	21526	11489	27843	13403	31309	13451
九、(40161010 - 40169990)橡胶杂件/吨、万美元	65294	188277	71706	206582	80374	227145	76688	202364	86086	211939
十、(40091100 - 40094200)橡胶管/吨、万美元	34389	57957	37983	64126	41047	73148	35100	59469	37264	59648
十一、(40159010 - 40159090)橡胶医疗用衣着用品/吨、万美元	315	843	267	787	272	855	389	1009	293	870
十二.(40051000 - 40069020)未硫化橡胶板、片、带及制品/吨、万美元	1333803	447795	1541832	430275	1604656	327883	1011005	175617	160702	45391
十三、(40070000 - 40082900)硫化橡胶线、绳、板、片、带及型材/吨、万美元	80662	43746	78439	41257	83609	39988	114480	42760	116111	41443
十四、(40170010 - 40170020)硬质橡胶及制品/吨、万美元	423	956	489	965	445	1109	321	828	415	785
十五、(40030000 - 40040000)再生胶等/吨、万美元	23993	2748	35659	3497	35511	3557	28227	2629	62325	4182
十六、胶鞋/吨、万美元	27056	112078	31000	126786	41000	156007	56000	198788	63271	222937
1.(64011010 - 64019900) 防水鞋靴	181	176	225	276	237	236	233	242	195	237
2.(64021200 - 64029910)滑雪鞋、防护鞋等	1560	4016	1808	4584	2399	5894	3549	7971	3086	7490
3.(64041100 - 64041900)运动鞋、网球鞋、篮球鞋等	8041	24130	9795	28160	15159	42439	23757	69133	34670	104472

注:数据来源于海关总署。

表 5　2012～2016 年部分橡胶原材料进口情况

产品名称	2012 年		2013 年		2014 年		2015 年		2016 年	
	数量	金额	数量	金额	数量	金额	数量	金额	数量	金额
天然橡胶	217.7	681081	247.4	639665	261.1	495332	273.6	391693	250.1	335393
其中:胶乳	31.78	68196	33.56	63346	36.60	54144	37.69	42115	42.41	44267
复合橡胶	133.29	445472	154.1	428592	160.20	325647	101.10	175617	15.94	39644
混合胶							53.79	72397	182.37	245707
合成橡胶	145	512961	154.5	446551	153.2	404388	204.5	395730	335.6	541027
其中:丁苯橡胶	46.8	133167	49.6	114407	47	105032	54	97626	55.6	96932
顺丁橡胶	23.6	74954	23.3	55060	20.7	44128	23.1	37268	22.4	34944
丁基橡胶	23.1	112130	25.2	107318	26.9	102501	24.9	72468	27.4	61163
氯丁橡胶	2.1	9784	2.1	9216	2.2	8702	1.9	7125	2.1	7211
丁腈橡胶	12	36340	12	28843	12.1	27419	12.6	24476	12.6	22948
异戊橡胶	5.3	20139	4	12330	2.2	6823	2.5	6186	4.1	6984
乙丙橡胶					30.1	74438	26.5	57600	24	44959
橡胶助剂	15.27	53857	15.51	55574	14.90	57436	13.18	48327	13.62	49583
其中:促进剂	1.34	7291	1.49	7379	1.58	7505	1.42	6169	1.65	7141
防老剂	1.64	5404	1.9	6202	1.21	4420	1.08	3441	0.63	2539
炭黑	8.41	21266	9.39	23534	10.27	25173	8.41	20702	9.06	21890
尼龙帘子布	0.8	5570	1.05	7020	1.01	6941	0.92	5962	1	5921

注:数量:万吨;金额:万美元。数据来源于海关总署。

表 6 2012 ~ 2016 年部分橡胶原材料出口情况

产品名称	2012 年		2013 年		2014 年		2015 年		2016 年	
	数量	金额	数量	金额	数量	金额	数量	金额	数量	金额
天然橡胶	1.34	4580	1.36	3489	1.8	3595	0.47	921	1.49	2177
其中:胶乳	0.005	14	0.3123	570	0.0145	32	0.0139	24	0.0219	33
复合橡胶	1.75	5162	2.3	6952	2.57	7811	3.88	11850	2.02	4806
混合橡胶							0.01	52	0.02	45
合成橡胶	22.23	72693	21.5	56767	19.8	52332	19.1	42662	21.1	43571
其中:丁苯橡胶	10.32	31534	10.6	25027	9.3	21056	7.4	14293	7.1	13065
顺丁橡胶	3.53	11821	3.4	7554	2.5	4973	2.2	3504	2.4	3676
丁基橡胶	2.26	7763	1.6	5357	1.1	3284	1.7	3946	1.4	3012
氯丁橡胶	0.57	2588	0.4	1464	0.3	1288	0.2	696	0.2	641
丁腈橡胶	1.65	3497	1.4	2514	1	2363	1.5	2411	2.1	2812
异戊橡胶	0.23	784	0.3	741	0.2	575	0.1	165	0.2	337
乙丙橡胶					0.4	2261	0.5	2071	1.3	3673
橡胶助剂	12.68	36658	17.29	50823	22.63	70828	21.82	64404	23.50	62031
其中:促进剂	6.17	15568	8.99	27882	12.41	42094	12.13	37937	12.02	36023
防老剂	1.79	4235	2.89	6762	4.52	11093	4.17	9226	4.85	9044
炭黑	65.75	72625	72	76393	84.18	88027	73.35	59978	73.42	50405
尼龙帘子布	9.85	41557	10.19	40590	10.17	40028	9.28	32674	10.29	31210

注:数量:万吨;金额:万美元。数据来源于海关总署。

表 7　2012～2015 年全国公路里程及构成　　万公里

项目	2012 年	2013 年	2014 年	2015 年	2016 年
公路总里程	423.75	435.62	446.39	457.73	469.63
其中:高速公路	9.62	10.44	11.19	12.35	13.15
一级公路	7.43	7.95	8.54	9.1	9.86
二级公路	33.15	34.05	34.84	36.04	37.10
三级以下	373.56	383.18	391.83	400.24	409.52

注:数据来源于国家交通运输部。

表 8　2012～2015 年全国车辆产量统计　　万辆

项目	2012 年	2013 年	2014 年	2015 年	2016 年
汽车总产量	1927.8	2211.68	2372.29	2450.33	2811.88
其中:乘用车	1552.37	1808.52	1991.98	2107.94	2442.07
商用车	374.81	403.16	380.31	342.39	369.81
摩托车	2362.98	2289.17	2126.78	1883.22	1682.08
自行车	6123.1	6258.7	6202.4	5532.8	5303.3
电动自行车	2028.4	2528.7	2904.5	3033.1	3215.0

注:数据来源于中国汽车工业协会、工业和信息化部。

表 9　2012～2016 年全国民用车辆拥有量　　万辆

项目	2012 年	2013 年	2014 年	2015 年	2016 年
汽车保有量总计	12089	13741	15447	17228	19440
其中:私人汽车保有量	9309	10892	12584	14399	16559
民用轿车保有量	5989	7126	8307	9508	10876
其中:私人轿车	5308	6410	7590	8793	10152

注:数据来源于国家统计局。

表 10　中国橡胶工业协会会员企业 2016 年度主营业务收入排行榜

一、轮胎

企业名称	主营业务收入/亿元
中策橡胶集团有限公司	183.83
佳通轮胎(中国)投资有限公司	131.37
赛轮金宇集团股份有限公司	111.91
山东玲珑轮胎股份有限公司	104.99
正新橡胶(中国)有限公司	88.72
双星集团有限责任公司	72.57
三角轮胎股份有限公司	67.10
兴源轮胎集团有限公司	66.31
米其林(中国)投资有限公司	61.98
双钱轮胎有限公司	59.03

二、力车胎

企业名称	主营业务收入/亿元
中策橡胶集团有限公司	22.42
厦门正新橡胶工业有限公司	20.05
青岛喜盈门双驼轮胎有限公司	14.60
四川远星橡胶有限责任公司	12.84
江苏三元轮胎有限公司	10.97
青岛东方工业品(集团)有限公司	10.57
新东岳集团有限公司	9.47
天津市万达轮胎集团有限公司	7.06
江苏飞驰股份有限公司	5.72
河北协美橡胶制品有限公司	3.49

三、胶鞋

企业名称	主营业务收入/亿元
上海回力鞋业有限公司	8.31
际华三五三七制鞋有限责任公司	7.50
浙江中远鞋业有限公司	5.42
四川省资阳市征峰胶鞋有限公司	5.14
际华三五一七橡胶制品有限公司	3.41
浙江人本鞋业有限公司	3.31
际华三五三九制鞋有限公司	3.23
浙江环球鞋业有限公司	3.15
青岛环球集团股份有限公司	2.48
山东鲁泰鞋业有限公司	2.19

四、胶管胶带

企业名称	主营业务收入/亿元
天津鹏翎胶管股份有限公司	10.88
浙江双箭橡胶股份有限公司	9.12
浙江峻和橡胶科技有限公司	8.50
三力士股份有限公司	8.05
浙江三维橡胶制品股份有限公司	7.57
山东康迪泰克工程橡胶有限公司	6.85
尉氏县久龙橡塑有限公司	6.63
保定华月胶带有限公司	6.47
阳泉煤业(集团)有限责任公司奥伦胶带分公司	6.29
山东威普斯橡胶股份有限公司	6.00

五、橡胶制品

企业名称	主营业务收入/亿元
安徽中鼎控股(集团)股份有限公司	135.80
株洲时代新材料科技股份有限公司	116.41
宁波拓普集团股份有限公司	33.22
陕西延长石油西北橡胶有限责任公司	21.25
江阴海达橡塑股份有限公司	9.41
大连巅峰橡胶机带有限公司	8.66
山东美晨科技股份有限公司	7.47
南京金腾橡塑有限公司	6.10
衡水中铁建工程橡胶有限责任公司	5.74
衡水橡胶股份有限公司	3.74

六、乳胶制品

企业名称	主营业务收入/亿元
北京华腾橡塑乳胶制品有限公司	7.02
中红普林医疗用品股份有限公司	6.97
山东星宇手套有限公司	6.80
山东英科医疗制品有限公司	5.20
蓝帆医疗股份有限公司	4.40
桂林紫竹乳胶制品有限公司	2.69
上海科邦医用乳胶器材有限公司	2.20
广州双一乳胶制品有限公司	1.89
张家港大裕橡胶制品有限公司	1.47
北京瑞京乳胶制品有限公司	1.41

七、炭黑

企业名称	主营业务收入/亿元
江西黑猫炭黑股份有限公司	41.01
龙星化工股份有限公司	16.89
山西永东化工股份有限公司	7.44
大石桥市辽滨碳黑厂	7.35
山东贝斯特化工有限公司	7.24
苏州宝化炭黑有限公司	7.09
山西三强炭黑集团	6.84
山东耐斯特炭黑有限公司	6.83
山东金能科技股份有限公司	6.50
山西安仑化工有限公司	6.14

八、助剂

企业名称	主营业务收入/亿元
圣奥化学科技有限公司	23.29
山东尚舜化工有限公司	22.50
彤程新材料集团股份有限公司	14.26
科迈化工股份有限公司	13.36
山东阳谷华泰化工股份有限公司	12.40
蔚林新材料科技股份有限公司	11.37
南京曙光硅烷化工有限公司	6.03
南京化学工业有限公司	5.25
山东斯递尔化工科技有限公司	5.02
山东天源化工有限公司	4.97

九、钢丝帘线

企业名称	产量/万吨
江苏兴达钢帘线股份有限公司	61.00
贝卡尔特(中国)	47.00
山东胜通钢帘线有限公司	27.30
山东大业股份有限公司	25.50
首长宝佳(中国)	18.80
骏马化纤股份有限公司	15.60
高丽制钢(中国)	14.10
张家港胜达钢绳有限公司	10.20
恒星科技股份有限公司	9.60
湖北福星科技股份有限公司	9.50

十、化纤帘线

企业名称	产量/万吨
骏马化纤股份有限公司	9.40
神马集团实业有限公司	6.71
宁波锦纶股份有限公司	5.06
晓星化纤(嘉兴)有限公司	5.05
联新高性能纤维有限公司	4.50
江苏海阳化纤有限公司	4.10
杭州帝凯工业布有限公司	2.94
江苏太极实业新材料公司	2.26
浙江海利得新材料股份有限公司	2.07
山东博莱特化纤有限公司	1.94

十一、轮胎模具

企业名称	主营业务收入/亿元
豪迈集团股份有限公司	42.00
巨轮智能装备股份有限公司	7.20
山东万通模具有限公司	3.47
合肥大道模具有限责任公司	2.11
揭阳市天阳模具有限公司	2.04
软控联合科技有限公司	0.77
荣成宏昌模具有限公司	0.70
焦作市金牌山模具有限公司	0.52
浙江来福模具有限公司	0.42
山东恒益模具有限公司	0.35

十二、废橡胶综合利用

企业名称	主营业务收入/亿元
南通回力橡胶有限公司	3.67
莱芜市福泉橡胶有限公司	3.60
山东新东岳再生资源科技有限公司	2.99
福建环科化工橡胶集团有限公司	2.95
安徽宏磊橡胶有限公司	2.60
仙桃市聚兴橡胶有限公司	2.49
京环兴宇(唐山)橡塑环保科技有限公司	1.66
广西远景橡胶科技有限公司	1.36
江西亚中橡塑有限公司	1.18
湖北华亿通橡胶有限公司	1.17

（中国橡胶工业协会秘书处）

全球橡胶工业概况

2017 年度中国轮胎企业排名数据析评

2017 年 8 月 24 日，在中国橡胶工业协会《中国橡胶》杂志社于安徽铜陵举办的“橡胶工业前沿技术论坛暨 2017 年度中国轮胎企业排名发布会”上，中橡协《中国橡胶》杂志社和轮胎分会正式发布了“2017 年度中国轮胎企业排行榜”“2017 年度中国境内轮胎企业排行榜”“2017 年度轮胎企业专利排行榜”。

参与排名企业的变化

参与排名的轮胎企业总数量有所增加。2016 年共有 54 家内外资轮胎企业参与了排名，2017 年总数字增加 3 家，共 57 家。

去年参与排名，今年没有参加的企业有 11 家：盛泰集团有限公司、山东永泰集团有限公司、青岛黄海橡胶有限公司、潍坊市顺福昌橡塑有限公司、山东永盛橡胶集团有限公司、山东三工橡胶有限公司、大连轮胎厂有限公司、徐州徐轮橡胶有限公司、山东宏宇橡胶有限公司、山东恒宇橡胶有限公司、威海平安轮胎有限公司。

这些企业因自身各种原因没有参与今年的排名。如黄海橡胶因企业整合的原因，今年的数据由风神轮胎统一申报；山东永泰由华盛托管；盛泰与兴源重组；山东恒宇今年由其母公司山东恒宇科技集团统一申报；徐州徐轮在公示前数据没有申报而没能参加今年的排名，其 2016 年销售收入为 16.61 亿元；有的企业则是由于市场和资金问题没有参与排名。

有 14 家新企业加入今年的排名：米其林（中国）投资有限公司、三角轮胎有限公司、山东万达宝通轮胎有限公司、江苏江昕轮胎有限公司、山东恒宇科技集团、山东永丰轮胎有限公司、山东华盛橡胶有限公司、建新轮胎（福建）有限公司、天津市万达轮胎集团有限公司、青岛启航轮胎有限公司、江苏华安橡胶科技有限公司、山东金旺达轮胎有限公司、河南圣邦轮胎有限公司、江苏托普车轮有限公司。

中国轮胎企业排行榜的变化

与 2016 年度中国轮胎企业排行榜相比，2017 年度的排名次序有较大的变化。以前 10 名企业为例，2017 年度中国轮胎企业排行榜和中国境内轮胎企业排行榜的变化分别见表 1 和表 2。其排名变化的原因如下：

中策橡胶以 207.8 亿元遥遥领先，继续位居榜首。厦门正新 2015 年销售收入数据仅为厦门工厂一家的数据，但 2016 年包含了正新在大陆工厂的总销售收入，因此其销售收入大幅增加，从第 4 位升至第 2 位。玲珑轮胎由第 2 位降至第 3 位。赛轮金宇由于海内外工厂的收入大幅增加，排名由第 6 位升至第 4 位。双星集团 2016 年销售收入包括其分公司及多家代加工工厂的销售收入，因此比 2015 年大幅增加，排名由第 10 位上升到第 5 位。风神轮胎由于整合了青岛黄海和中车双喜，因此由第 8 位上升至第 6 位。三角轮胎排名第 7，其去年没有参与排名，今年的数据是采用的上市公司年报数据。由于统计方法的原因，兴源轮胎的数据比上年有所下降，排名由第 5 位降至第 8 位。山东恒丰 2015 年的数据包含了山东恒丰、昌丰、永丰 3 家，但 2016 年仅含山东恒丰和山东昌丰，山东永丰单独参与排名，因此恒丰由第 3 位降至第 9 位。双钱轮胎销售收入有所下降，由第 7 位降至第 10 位。

还有一些排名变化比较大的，如宁夏神州由于 2015 年 6 月刚刚投产，因此去年排名为第 51 位，今年则大幅上升为第 41 位。

表 1　2017 年度中国轮胎企业排行榜(前 10 名)

2017 年度排序	2016 年度排序	单位名称	2016 年销售收入/亿元	2015 年销售收入/亿元
1	1	中策橡胶集团有限公司	207.810	196.796
2	4	厦门正新橡胶工业有限公司	119.867	84.230
3	2	山东玲珑轮胎股份有限公司	105.170	86.194
4	6	赛轮金宇集团股份有限公司	100.140	80.569
5	10	双星集团有限责任公司	73.000	47.413
6	8	风神轮胎股份有限公司	72.300	62.048
7	-	三角轮胎股份有限公司	67.100	-
8	5	兴源轮胎集团有限公司	66.307	82.269
9	3	山东恒丰橡塑有限公司	59.828	86.027
10	7	双钱轮胎集团有限公司	59.080	68.315

注:含中国轮胎企业海外工厂销售收入。

2017 年度中国境内轮胎企业排行榜的变化原因如上所述。

表 2　中国境内轮胎企业排行榜(前 10 名)

2017 年度排序	2016 年度排序	单位名称	2016 年销售收入/亿元	2015 年销售收入/亿元
1	1	中策橡胶集团有限公司	196.320	196.796
2	2	佳通轮胎(中国)投资有限公司	131.000	136.518
3	4	厦门正新橡胶工业有限公司	119.867	84.230
4	6	山东玲珑轮胎股份有限公司	82.440	75.403
5	11	双星集团有限责任公司	73.000	47.413
6	9	风神轮胎股份有限公司	72.300	62.048
7	8	赛轮金宇集团股份有限公司	68.400	62.664
8	-	三角轮胎股份有限公司	67.100	-
9	5	兴源轮胎集团有限公司	66.307	82.269
10	-	米其林(中国)投资有限公司	61.980	-

注:不含海外工厂销售收入。

通过对排名的分析,可以得出 2 个结论:一是我国轮胎行业目前正处于兼并重组、转型升级的转折时期。今后,我国轮胎企业走出去、兼并重组以及实现国际化发展战略将成为一种常态。二是轮胎行业面临的国内外大环境仍然严峻,内外销市场竞争激烈,很多企业都面临较大的经营压力和资金链压力。

为此,今后一段时期,我国轮胎企业名称变化、隶属关系变化以及退出市场等情况也将不是意外。“中国轮胎企业排名”活动可以从另一个侧面提供轮胎行业改革和转型发展的缩影。

中国大陆市场轮胎生产情况

按 55 家轮胎企业 2016 年在中国大陆工厂的统计数据(不包括海外工厂),不含三角轮胎与米其林轮胎数据。

2016 年度,参与排名的 54 家轮胎企业在中国大陆工厂 2015 年的总销售收入为 1642 亿元,轮胎总产量为 4.14 亿条。

2017 年度,参与排名的 55 家轮胎企业在中国大陆工厂 2016 年的总销售收入为 1851.61 亿元,轮胎总产量为 5.2 亿条。需要说明的是,因为统计中有部分特种轮胎、工业轮胎等,今年新增的统计企业有一些是特种轮胎生产企业,统计单位是“条”,所以从数字看增幅较大。

子午胎生产情况

55 家企业中,子午胎生产企业共有 44 家,2016 年子午胎总产能为 5.26 亿条,总产量为 4.37 亿条,平均产能利用率为 83%,比上年增加 10 个百分点。

其中,产量排在前 10 位的企业是:佳通轮胎、中策橡胶、玲珑轮胎、厦门正新、赛轮金宇、山东昊华、潍坊跃龙、山东恒丰、万力轮胎、双星集团。10 家企业子午胎产量合计为 2.66 亿条,占 44 家企业子午胎产量的 60.9%,比上年统计增加 2.6 个百分点。

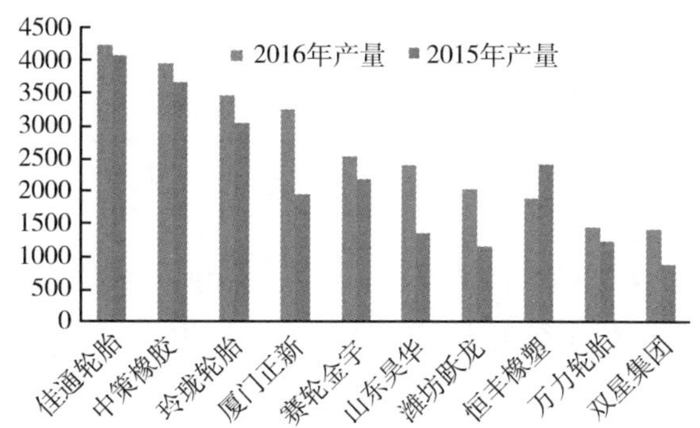

图 1　2017 年度前 10 家轮胎企业大陆工厂子午胎产量

表 3　44 家子午胎生产企业

1	佳通轮胎(中国)投资有限公司	23	四川海大橡胶集团有限公司
2	中策橡胶集团有限公司	24	山东中一橡胶有限公司
3	山东玲珑轮胎股份有限公司	25	山东丰源轮胎制造股份有限公司
4	厦门正新橡胶工业有限公司	26	山东长虹橡胶科技有限公司
5	赛轮金宇集团股份有限公司	27	南港(张家港保税区)橡胶工业有限公司
6	山东昊华轮胎有限公司	28	兴源轮胎集团有限公司
7	潍坊市跃龙橡胶有限公司	29	陕西延长石油集团橡胶有限公司
8	山东恒丰橡塑有限公司	30	江苏通用科技股份有限公司
9	万力轮胎股份有限公司	31	山东华盛橡胶有限公司
10	双星集团有限责任公司	32	天津市万达轮胎集团有限公司
11	山东永丰轮胎有限公司	33	贵州轮胎股份有限公司

续表 3

12	浦林成山(山东)轮胎有限公司	34	朝阳浪马轮胎有限责任公司
13	山东国风橡塑有限公司	35	山东万鑫轮胎有限公司
14	山东恒宇科技集团	36	山东奥戈瑞轮胎有限公司
15	青岛森麒麟轮胎股份有限公司	37	山东省振泰集团股份有限公司
16	山东万达宝通轮胎有限公司	38	山东中创轮胎股份有限公司
17	双钱轮胎有限公司	39	宁夏神州轮胎有限公司
18	八亿橡胶有限责任公司	40	山东豪克国际橡胶工业有限公司
19	江苏韩泰轮胎有限公司	41	建新轮胎(福建)有限公司
20	风神轮胎股份有限公司	42	好友轮胎有限公司
21	山东银宝轮胎集团有限公司	43	青岛奥诺轮胎有限公司
22	山东省三利轮胎制造有限公司	44	江苏华安橡胶科技有限公司

全钢胎生产情况

参与排名的55家企业中,全钢胎生产企业34家,2016年全钢胎总产能为1.28亿条,总产量1.07亿条,平均产能利用率为84.2%,比上年统计增加4.6个百分点。

其中,产量排在前10位的企业分别是:中策橡胶、风神轮胎、双钱轮胎、玲珑轮胎、佳通轮胎、双星集团、山东恒丰、兴源轮胎、浦林成山、赛轮金宇。10家企业的名称不变,但排名顺序有变化。10家企业全钢胎产量合计为6297万条,占34家企业全钢胎总产量的58.66%。

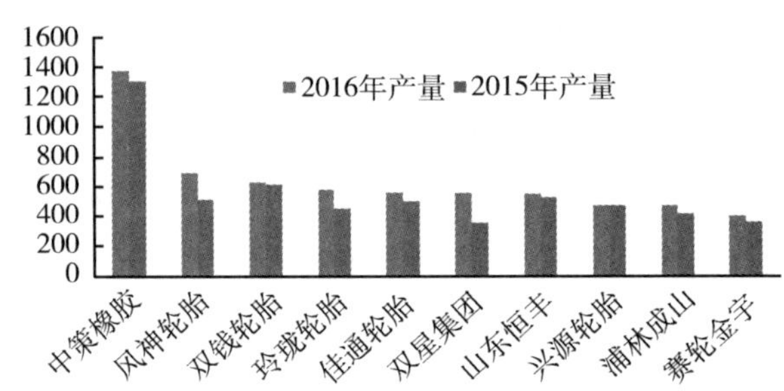

图2 2017年度前10家全钢胎企业大陆工厂产量

表4 34家全钢胎生产企业

1	中策橡胶集团有限公司	18	朝阳浪马轮胎有限责任公司
2	风神轮胎股份有限公司	19	山东永丰轮胎有限公司
3	双钱轮胎有限公司	20	八亿橡胶有限责任公司
4	山东玲珑轮胎股份有限公司	21	山东银宝轮胎集团有限公司
5	佳通轮胎(中国)投资有限公司	22	山东恒宇科技集团
6	双星集团有限责任公司	23	山东万鑫轮胎有限公司
7	山东恒丰橡塑有限公司	24	山东奥戈瑞轮胎有限公司
8	兴源轮胎集团有限公司	25	江苏韩泰轮胎有限公司
9	浦林成山(山东)轮胎有限公司	26	陕西延长石油集团橡胶有限公司

续表 4

10	赛轮金宇集团股份有限公司	27	万力轮胎股份有限公司
11	江苏通用科技股份有限公司	28	山东中创轮胎股份有限公司
12	潍坊市跃龙橡胶有限公司	29	四川海大橡胶集团有限公司
13	厦门正新橡胶工业有限公司	30	宁夏神州轮胎有限公司
14	山东昊华轮胎有限公司	31	山东豪克国际橡胶工业有限公司
15	山东华盛橡胶有限公司	32	建新轮胎(福建)有限公司
16	贵州轮胎股份有限公司	33	好友轮胎有限公司
17	山东万达宝通轮胎有限公司	34	江苏华安橡胶科技有限公司

2016 年全钢胎开工率提高,主要原因一是国内重卡市场好转带动配套轮胎市场大幅增长。去年,国家有关部门开展了治超限载专项行动,这项政策性干预,导致大量重卡汽车迎来替换需求。2016 年国内重卡销量同比增幅达 30%,其中大部分集中在三季度后半段以后。二是卡客车轮胎出口量增长。美国去年初对中国卡客车轮胎发起“双反”调查,一般情况下中国轮胎出口量应大幅下降。但去年的情况恰恰相反,中国出口美国的卡客车轮胎出现了两个时间段的高潮,第一段是从发起调查到初裁成立;第二段是初裁有效期结束到终裁之间的“窗口期”。这两个时间段由于不涉及出口保证金及保证金较低,因此为中国轮胎企业出口留出了“窗口”,卡客车轮胎全年对美国出口量下降 8.4%,但卡客车轮胎总出口量增长 5.8%。

半钢胎生产情况

2017 年统计半钢胎生产企业 31 家, 2016 年半钢胎总产能为 3.98 亿条,总产量 3.29 亿条,平均产能利用率为 82.7%,比上年统计增加 11.7 个百分点。

其中,产量排在前 10 位的企业是:佳通轮胎、厦门正新、玲珑轮胎、中策橡胶、赛轮金宇、山东昊华、潍坊跃龙、山东恒丰、万力轮胎、山东国风。10 家企业半钢胎产量 2.18 亿条,占 31 家企业半钢胎总产量的 66.26%。

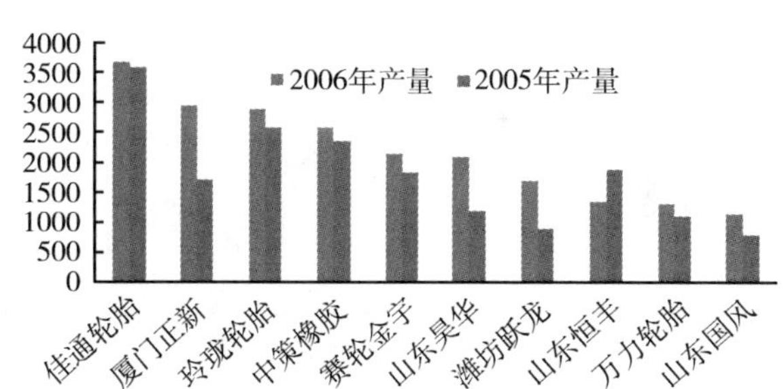

图 3 2017 年度前 10 家半钢胎企业大陆工厂产量

表 5 31 家半钢胎生产企业

1	佳通轮胎(中国)投资有限公司	17	山东省三利轮胎制造有限公司
2	厦门正新橡胶工业有限公司	18	江苏韩泰轮胎有限公司
3	山东玲珑轮胎股份有限公司	19	山东中一橡胶有限公司
4	中策橡胶集团有限公司	20	八亿橡胶有限责任公司
5	赛轮金宇集团股份有限公司	21	山东丰源轮胎制造股份有限公司
6	山东昊华轮胎有限公司	22	山东长虹橡胶科技有限公司

续表 5

7	潍坊市跃龙橡胶有限公司	23	四川海大橡胶集团有限公司
8	山东恒丰橡塑有限公司	24	南港(张家港保税区)橡胶工业有限公司
9	万力轮胎股份有限公司	25	山东银宝轮胎集团有限公司
10	山东国风橡塑有限公司	26	天津市万达轮胎集团有限公司
11	山东永丰轮胎有限公司	27	双钱轮胎有限公司
12	青岛森麒麟轮胎股份有限公司	28	陕西延长石油集团橡胶有限公司
13	双星集团有限责任公司	29	山东省振泰集团股份有限公司
14	山东恒宇科技集团	30	青岛奥诺轮胎有限公司
15	浦林成山(山东)轮胎有限公司	31	好友轮胎有限公司
16	山东万达宝通轮胎有限公司		

工程胎生产情况

2017 年参与排名的企业有 21 家生产工程胎(含部分特种轮胎),总产能为 330.48 万条,总产量为 224.14 万条,平均产能利用率为 67.82%,比上年增加 16.87 个百分点。

其中,产量排在前 10 位的企业是:风神轮胎、贵州轮胎、威海中威、青岛启航、中策橡胶、山东金旺达、河南圣邦、兴源轮胎、恒宇科技、泰山轮胎。10 家企业工程胎产量 183 万条,占 21 家企业总产量的 81.65%。

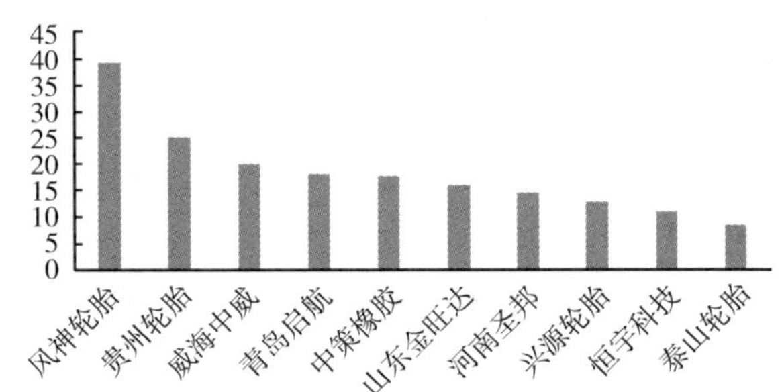

图 4　2017 年度前 10 家工程胎企业大陆工厂产量

表 6　21 家工程胎生产企业

1	风神轮胎股份有限公司	12	天津国际联合轮胎橡胶股份有限公司
2	贵州轮胎股份有限公司	13	山东省振泰集团股份有限公司
3	威海中威橡胶有限公司	14	山东银宝轮胎集团有限公司
4	青岛启航轮胎有限公司	15	山东万达宝通轮胎有限公司
5	中策橡胶集团有限公司	16	赛轮金宇集团股份有限公司
6	山东金旺达轮胎有限公司	17	山东省三利轮胎制造有限公司
7	河南圣邦轮胎有限公司	18	双钱轮胎有限公司
8	兴源轮胎集团有限公司	19	厦门正新橡胶工业有限公司
9	山东恒宇科技集团	20	四川海大橡胶集团有限公司
10	山东泰山轮胎有限公司	21	福建省海安橡胶有限公司
11	浦林成山(山东)轮胎有限公司		

从上述数据可以看出，2016 年中国大陆境内轮胎企业子午胎生产平均开工率情况比 2015 年大幅提高，平均产能利用率为 83%，比上年增加 10 个百分点。其中，全钢胎开工率为 84.2%，比上年统计增加 4.6 个百分点；半钢胎开工率为 82.7%，比上年统计增加 11.7 个百分比。工程胎最低，平均产能利用率为 67.82%，但增幅最大，比上年增加 16.87 个百分点。

中国轮胎企业海外工厂情况

2015 年，中国有两家轮胎企业——玲珑轮胎和赛轮金宇填报了海外工厂的销售收入和产量，2 家企业海外工厂的销售收入合计为 28.7 亿元，子午胎产量合计为 951.27 万条。

2016 年，中国在海外生产轮胎的企业增加到 4 家，分别为玲珑轮胎、赛轮金宇、青岛森麒麟、中策橡胶，海外工厂的销售收入合计为 72.15 亿元，子午胎产量合计为 2108 万条。

从图 5 可以看出，2016 年，中国轮胎企业海外子午胎产能和产量大幅增加，主要表现在半钢胎的增量方面。2015 年全钢胎产量的基数较小，但 2016 年产量增幅较大，达到 93.4%。

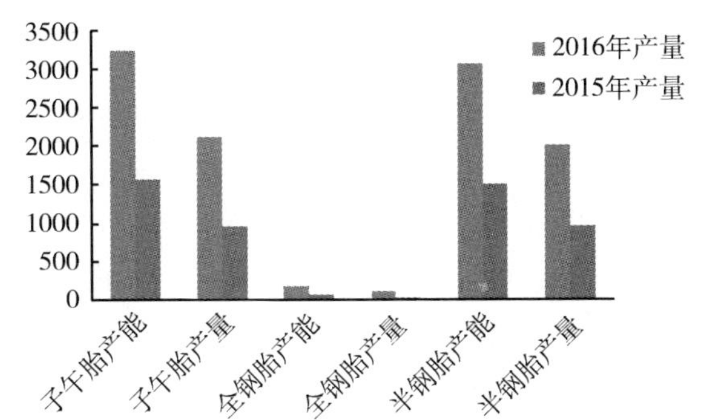

图 5　2017 年度中国轮胎企业海外工厂生产情况

随着更多轮胎企业走出去，以及现有企业产能的不断释放，预计 2017 年中国轮胎企业海外工厂的产能将得到更多释放。

轮胎企业利税情况

参与 2016 年度排名的 54 家企业中，有 49 家轮胎企业填报了利税数据，2015 年利税合计为 102.14 亿元。其中，有 5 家企业亏损，亏损额为 3.85 亿元。

参与 2017 年度排名的 57 家企业中，有 50 家企业填报了利税数据，2016 年利税合计为 107.15 亿元。其中，有 4 家企业亏损，亏损额为 2.67 亿元。

表 7　2016 年利税排名前 20 名企业

1	中策橡胶集团有限公司	11	山东中一橡胶有限公司
2	厦门正新橡胶工业有限公司	12	双星集团有限责任公司
3	山东玲珑轮胎股份有限公司	13	朝阳浪马轮胎有限责任公司
4	浦林成山（山东）轮胎有限公司	14	山东永丰轮胎有限公司
5	兴源轮胎集团有限公司	15	赛轮金宇集团股份有限公司
6	江苏韩泰轮胎有限公司	16	山东万达宝通轮胎有限公司
7	青岛森麒麟轮胎股份有限公司	17	南港（张家港保税区）橡胶工业有限公司
8	风神轮胎股份有限公司	18	江苏江昕轮胎有限公司
9	江苏通用科技股份有限公司	19	山东华盛橡胶有限公司
10	山东恒丰橡塑有限公司	20	贵州轮胎股份有限公司

2017 年度中国轮胎企业排行榜

中国橡胶工业协会《中国橡胶》杂志社和轮胎分会发布

排序	单位名称	2016 年销售收入/亿元	2015 年销售收入/亿元	主导品牌	备注
1	中策橡胶集团有限公司	207.810	196.796	朝阳、好运	含海外工厂销售收入
2	厦门正新橡胶工业有限公司	119.867	84.230	正新、玛吉斯	
3	山东玲珑轮胎股份有限公司	105.170	86.194	玲珑、ATLAS	含海外工厂销售收入
4	赛轮金宇集团股份有限公司	100.140	80.569	赛轮、金宇	含海外工厂销售收入
5	双星集团有限责任公司	73.000	47.413	双星、狂野大师	含分公司及多家代加工厂
6	风神轮胎股份有限公司	72.300	62.048	风神、河南	含中车双喜、青岛黄海
7	三角轮胎股份有限公司	67.100	–	三角	采用上市公司年报数据
8	兴源轮胎集团有限公司	66.307	82.269	兴源、华鲁	
9	山东恒丰橡塑有限公司	59.828	86.027	双丰、昌丰	含山东昌丰轮胎
10	双钱轮胎集团有限公司	59.080	68.315	双钱、回力	
11	浦林成山(山东)轮胎有限公司	43.700	42.000	成山、浦林	
12	潍坊市跃龙橡胶有限公司	43.100	43.000	康耐斯、奥耐特	
13	贵州轮胎股份有限公司	40.410	47.335	前进、大力士	
14	山东万达宝通轮胎有限公司	39.180	–	WINDA、BOTO	
15	江苏江昕轮胎有限公司	38.600	–	江昕	
16	山东恒宇科技集团	36.000	–	金途、HEADWAY	含恒宇橡胶、恒宇科技
17	山东银宝轮胎集团有限公司	35.579	24.443	银宝、固耐特	
18	万力轮胎股份有限公司	34.730	33.715	万力、万里星	

续表

排序	单位名称	2016 年销售收入/亿元	2015 年销售收入/亿元	主导品牌	备注
19	江苏通用科技股份有限公司	33.360	32.572	千里马、赤兔马	
20	四川海大橡胶集团有限公司	33.286	30.100	海大、天府	
21	山东国风橡塑有限公司	30.560	16.000	GOFORM、益路利	
22	山东永丰轮胎有限公司	30.433	-	欧威森、凯驰蓝德	
23	山东昊华轮胎有限公司	29.500	40.000	华运通、艾普勒(aplus)	
24	山东中一橡胶有限公司	29.220	28.849	JOYROAD、CENTARA	
25	山东华盛橡胶有限公司	25.360	-	华盛、康佩森	
26	青岛森麒麟轮胎股份有限公司	22.990	18.887	路航、德林特	含海外工厂销售收入
27	八亿橡胶有限责任公司	21.940	17.280	八亿、亿陆行	
28	朝阳浪马轮胎有限责任公司	16.650	17.124	LONGMARCH、ROADLUX	
29	山东省三利轮胎制造有限公司	14.830	14.688	BEARWAY、MARSWAY	
30	山东豪克国际橡胶工业有限公司	13.945	28.054	雄鹰、鹰霸	
31	山东泰山轮胎有限公司	12.980	12.656	泰山	
32	陕西延长石油集团橡胶有限公司	12.700	8.828	德安通、传志	
33	山东中创轮胎股份有限公司	12.300	5.774	奥通达、百瑞德	
34	山东万鑫轮胎有限公司	12.000	10.500	万鑫、坤元	
35	建新轮胎(福建)有限公司	11.000	-	建新	
36	南港(张家港保税区)橡胶工业有限公司	10.090	10.463	南港、速耐	

续表

排序	单位名称	2016 年销售收入/亿元	2015 年销售收入/亿元	主导品牌	备注
37	天津市万达轮胎集团有限公司	8.760	–	WANDA、JOURNEY	
38	福建省海安橡胶有限公司	8.040	9.614	陆安	
39	山东丰源轮胎制造股份有限公司	7.600	4.096	远路（FAR-ROAD）	
40	山东奥戈瑞轮胎有限公司	6.720	29.355	骄马、川越	
41	宁夏神州轮胎有限公司	5.700	0.728	银宁、冀宁	
42	山东省振泰集团股份有限公司	5.520	7.068	昱升、振泰耐力根	
43	天津国际联合轮胎橡胶股份有限公司	3.400	4.143	天力、TIANLI	
44	好友轮胎有限公司	3.100	9.272	好友、路耐特	
45	威海中威橡胶有限公司	2.630	2.384	ZOWIN	主营特种轮胎
46	青岛启航轮胎有限公司	2.600	–	FORERUNNER、ROADGUIDER	
47	山东长虹橡胶科技有限公司	2.245	3.679	CHARMHOO、GOPRO	
48	江苏华安橡胶科技有限公司	2.200	–	HUAAN(华安)、国豪	2016 年 8 月投产
49	青岛奥诺轮胎有限公司	1.900	1.230	HONOUR	
50	中国化工集团曙光橡胶工业研究设计院有限公司	1.340	0.910	三环	主营航空轮胎
51	山东金旺达轮胎有限公司	1.300	–	山霸王	
52	河南圣邦轮胎有限公司	1.020	–	邦立信、固若金	
53	烟台万雷橡胶轮胎有限公司	0.760	0.680	WRST、WonRay	主营实心轮胎
54	江苏托普车轮有限公司	0.325	–	TOPOWER、JADEKING	主营实心轮胎

注：该排行榜是针对中国轮胎企业的排名，以 2016 年企业在中国大陆工厂和海外工厂总销售收入（包括出口）为依据。

2017 年度中国境内轮胎企业排行榜

中国橡胶工业协会《中国橡胶》杂志社和轮胎分会发布

排序	单位名称	2016 年销售收入/亿元	2015 年销售收入/亿元	主导品牌	备注
1	中策橡胶集团有限公司	196.320	196.796	朝阳、好运	
2	佳通轮胎(中国)投资有限公司	131.000	136.518	佳通、佳安	
3	厦门正新橡胶工业有限公司	119.867	84.230	正新、玛吉斯	
4	山东玲珑轮胎股份有限公司	82.440	75.403	玲珑、ATLAS	
5	双星集团有限责任公司	73.000	47.413	双星、狂野大师	含分公司及多家代加工厂
6	风神轮胎股份有限公司	72.300	62.048	风神、河南	含中车双喜、青岛黄海
7	赛轮金宇集团股份有限公司	68.400	62.664	赛轮、金宇	
8	三角轮胎股份有限公司	67.100	-	三角	上市公司年报数据
9	兴源轮胎集团有限公司	66.307	82.269	兴源、华鲁	
10	米其林(中国)投资有限公司	61.980	-	米其林	
11	山东恒丰橡塑有限公司	59.828	86.027	双丰、昌丰	含山东昌丰轮胎
12	双钱轮胎集团有限公司	59.080	68.315	双钱、回力	
13	浦林成山(山东)轮胎有限公司	43.700	42.000	成山、浦林	
14	潍坊市跃龙橡胶有限公司	43.100	43.000	康耐斯、奥耐特	
15	贵州轮胎股份有限公司	40.410	47.335	前进、大力士	
16	山东万达宝通轮胎有限公司	39.180	-	WINDA、BOTO	
17	江苏江昕轮胎有限公司	38.600	-	江昕	
18	山东恒宇科技集团	36.000	-	金途、HEADWAY	含恒宇橡胶、恒宇科技
19	山东银宝轮胎集团有限公司	35.579	24.443	银宝、固耐特	
20	万力轮胎股份有限公司	34.730	33.715	万力、万里星	
21	江苏通用科技股份有限公司	33.360	32.572	千里马、赤兔马	

续表

排序	单位名称	2016 年销售收入/亿元	2015 年销售收入/亿元	主导品牌	备注
22	四川海大橡胶集团有限公司	33.286	30.100	海大、天府	
23	江苏韩泰轮胎有限公司	30.890	31.175	韩泰	
24	山东国风橡塑有限公司	30.560	16.000	GOFORM、益路利	
25	山东永丰轮胎有限公司	30.433	–	欧威森、凯驰蓝德	
26	山东昊华轮胎有限公司	29.500	40.000	华运通、艾普勒(aplus)	
27	山东中一橡胶有限公司	29.220	28.849	JOYROAD、CENTARA	
28	山东华盛橡胶有限公司	25.360	–	华盛、康佩森	
29	八亿橡胶有限责任公司	21.940	17.280	八亿、亿陆行	
30	青岛森麒麟轮胎股份有限公司	16.800	18.887	路航、德林特	
31	朝阳浪马轮胎有限责任公司	16.650	17.124	LONGMARCH、ROADLUX	
32	山东省三利轮胎制造有限公司	14.830	14.688	BEARWAY、MARSWAY	
33	山东豪克国际橡胶工业有限公司	13.945	28.054	雄鹰、鹰霸	
34	山东泰山轮胎有限公司	12.980	12.656	泰山	
35	陕西延长石油集团橡胶有限公司	12.700	8.828	德安通、传志	
36	山东中创轮胎股份有限公司	12.300	5.774	奥通达、百瑞德	
37	山东万鑫轮胎有限公司	12.000	10.500	万鑫、坤元	
38	建新轮胎(福建)有限公司	11.000		建新	
39	南港(张家港保税区)橡胶工业有限公司	10.090	10.463	南港、速耐	
40	天津市万达轮胎集团有限公司	8.760	–	WANDA、JOURNEY	

续表

排序	单位名称	2016 年销售收入/亿元	2015 年销售收入/亿元	主导品牌	备注
41	福建省海安橡胶有限公司	8.040	9.614	陆安	
42	山东丰源轮胎制造股份有限公司	7.600	4.096	远路（FAR-ROAD）	
43	山东奥戈瑞轮胎有限公司	6.720	29.355	骄马、川越	
44	宁夏神州轮胎有限公司	5.700	0.728	银宁、冀宁	
45	山东省振泰集团股份有限公司	5.520	7.068	昱升、振泰耐力根	
46	天津国际联合轮胎橡胶股份有限公司	3.400	4.143	天力、TIANLI	
47	好友轮胎有限公司	3.100	9.272	好友、路耐特	
48	威海中威橡胶有限公司	2.630	2.384	ZOWIN	主营特种轮胎
49	青岛启航轮胎有限公司	2.600	–	FORERUNNER、ROADGUIDER	
50	山东长虹橡胶科技有限公司	2.245	3.679	CHARMHOO、GOPRO	
51	江苏华安橡胶科技有限公司	2.200	–	HUAAN(华安)、国豪	2016 年 8 月投产
52	青岛奥诺轮胎有限公司	1.900	1.230	HONOUR	
53	中国化工集团曙光橡胶工业研究设计院有限公司	1.340	0.910	三环	主营航空轮胎
54	山东金旺达轮胎有限公司	1.300	–	山霸王	
55	河南圣邦轮胎有限公司	1.020	–	邦立信、固若金	
56	烟台万雷橡胶轮胎有限公司	0.760	0.680	WRST、WonRay	主营实心轮胎
57	江苏托普车轮有限公司	0.325	–	TOPOWER、JADEKING	主营实心轮胎

注：该排行榜是针对在中国大陆设厂的所有轮胎企业（包括外资企业）的排名，以 2016 年企业在中国大陆工厂的销售收入（包括出口）为依据。

2017 年度轮胎企业专利排行榜

中国橡胶工业协会《中国橡胶》杂志社和轮胎分会发布

排序	单位名称	专利总数/个	发明专利/个	实用新型专利/个	外观专利/个
1	厦门正新橡胶工业有限公司	701	25	156	520
2	山东玲珑轮胎股份有限公司	399	13	118	268
3	风神轮胎股份有限公司	316	18	142	156
4	双钱轮胎集团有限公司	313	47	123	143
5	佳通轮胎(中国)投资有限公司	291	12	108	171
6	中策橡胶集团有限公司	272	47	53	172
7	江苏通用科技股份有限公司	230	38	77	115
8	双星集团有限责任公司	197	31	99	67
9	赛轮金宇集团股份有限公司	168	35	19	114
10	贵州轮胎股份有限公司	129	9	41	79
11	青岛森麒麟轮胎股份有限公司	112	6	12	94
12	四川海大橡胶集团有限公司	102	12	28	62
13	中国化工集团曙光橡胶工业研究设计院有限公司	88	63	24	1
14	江苏江昕轮胎有限公司	86	3	7	76
15	浦林成山(山东)轮胎有限公司	83	3	30	50
16	万力轮胎股份有限公司	82	5	41	36
17	兴源轮胎集团有限公司	74	–	14	60
18	朝阳浪马轮胎有限责任公司	54	1	19	34
19	山东银宝轮胎集团有限公司	41	4	30	7
20	八亿橡胶有限责任公司	39	3	7	29
21	山东丰源轮胎制造股份有限公司	34	3	13	18
22	福建省海安橡胶有限公司	33	2	21	10
23	徐州徐轮橡胶有限公司	30	3	25	2
24	潍坊市跃龙橡胶有限公司	25	7	18	–
25	山东华盛橡胶有限公司	25	–	8	17
26	山东恒宇科技集团	24	2	7	15
27	山东豪克国际橡胶工业有限公司	22	3	4	15

续表

排序	单位名称	专利总数/个	发明专利/个	实用新型专利/个	外观专利/个
28	山东万达宝通轮胎有限公司	20	–	7	13
29	天津市万达轮胎集团有限公司	18	–	–	18
30	山东省三利轮胎制造有限公司	15	1	6	8
31	山东万鑫轮胎有限公司	15	6	9	–
32	威海中威橡胶有限公司	15	1	11	3
33	山东中一橡胶有限公司	14	4	1	9
34	天津国际联合轮胎橡胶股份有限公司	14	1	13	–
35	好友轮胎有限公司	14	14	–	–
36	宁夏神州轮胎有限公司	13	4	9	–
37	陕西延长石油集团橡胶有限公司	12	–	–	12
38	南港(张家港保税区)橡胶工业有限公司	8	–	8	–
39	山东省振泰集团股份有限公司	7	–	7	–
40	江苏托普车轮有限公司	7	–	7	–
41	山东国风橡塑有限公司	6	–	–	6
42	山东泰山轮胎有限公司	6	–	6	–
43	青岛奥诺轮胎有限公司	6	–	6	–
44	山东中创轮胎股份有限公司	5	–	3	2
45	山东奥戈瑞轮胎有限公司	5	–	–	5
46	山东长虹橡胶科技有限公司	4	–	–	4
47	江苏华安橡胶科技有限公司	4	1	3	–
48	青岛启航轮胎有限公司	1	1	–	–

（杨宏辉）

2016 年北美轮胎市场概况

Northcoast Research Holdings LLC 研究部高级副总裁 Nick Mitchell 表示,2016 年主要是高增值轮胎(HVA,轮辋名义直径为 17 英寸及以上)的发展,未来还将需要更多的生产能力来满足美国市场,在未来 5 年内美国将有 4 个新的轮胎厂投产。

2016 年福特 F-150 再次成为畅销车型,但 CUV(Car-Based Utility Vehicle)成为增长最快的车型。CUV 指以轿车底盘为设计平台开发的,融轿车、MPV 和 SUV 特性为一体的多用途车,也被称为跨界休旅车。根据 IHS 公司编制的车辆登记数据显示,跨界车辆现已占美国汽车市场总量的 27%。如跨界车型雪佛兰探界者、福特锐界和道奇酷威等,也开始反映在零售市场份额上。

飞劲轮胎公司营销副总裁 Rick Brennan 说,最畅销的轮胎规格是 225/65R17,其次是 215/70R16、235/65R17、235/70R16、225/60R17 和 235/55R18。配有 225/65R17 轮胎且在道路上行驶的车辆比 2012 年增加了 370 万辆。

尽管竞争加剧,独立轮胎经销商仍然是轮胎销售渠道中最强者。独立轮胎经销售商占乘用替换胎零售销售额的 61%,当考虑批发分销时可占到 78%,占比均比 2015 年有所增长。

零售商平均每个店铺的销售额为 190 万美元,经销 14~15 个不同品牌的轮胎。批发商平均销售额为 520 万美元,并为其零售客户提供 11~12 个不同品牌的轮胎。

2016 年美国轿车替换胎和原配胎出货量略有下降,同比(下同)分别下跌 0.4% 和 0.2%,轻型载重替换胎和原配胎出货量增长 6.9% 和 6.5%。载重轮胎包括宽基轮胎、中型载重轮胎和重型载重轮胎,替换胎出货量增长 2.2%,原配胎出货量下降 14.3%。

2016 年美国替换胎销售额为 381 亿美元,其中轿车轮胎 246 亿美元、轻型载重汽车轮胎 51 亿美元、载重汽车轮胎 63 亿美元、工程机械轮胎 16 亿美元、农业轮胎 5.12 亿美元。

一、美国轮胎出货量

2016 年初,轮胎经销商库存呈现过剩状态,年中再一次出货量下降,而至年终乘用车轮胎销售情况转好。2016 年轿车替换胎和原配胎出货量均略有下降,替换胎从 2.059 亿条下降至 2.05 亿条,下降 0.4%;原配胎出货量从 4910 万条下降到 4900 万条,下降 0.2%。轻型载重替换胎出货量从 2900 万条增加至 3100 万条,增长 6.9%;原配胎出货量从 460 万条增长至 490 万条,增长 6.5%。载重替换胎出货量增长 2.2%,原配胎出货量下降 14.3%。见表 1~3。

表 1　2013~2016 年美国轮胎出货量　　百万条

类别	2013 年	2014 年	2015 年	2016 年
轿车轮胎	236.0	252.9	255.0	254.0
替换胎	192.0	206.6	205.9	205.0
原配胎	44.0	46.3	49.1	49.0
轻型载重轮胎	33.0	33.6	33.6	35.9
替换胎	28.8	28.8	29.0	31.0
原配胎	4.2	4.8	4.6	4.9
中/重型载重轮胎	20.7	23.1	24.3	23.8
替换胎	15.7	17.3	18.0	18.4
原配胎	5.0	5.8	6.3	5.4

由于关税影响，从中国进口的乘用车轮胎大幅减少，尽管其他国家几乎弥补了因此而产生的减量，但最终总进口量还是略有下降。依据进口量按降序排列，2016 年乘用轮胎进口国依次为泰国、韩国、中国和加拿大。

根据美国政府和《现代轮胎经销商》统计，2004～2016 年从中国进口的乘用轮胎（同比）依次为：1460 万条（36.0%）、2100 万条（44.0%）、2700 万条（28.0%）、4050 万条（50.0%）、4650 万条（14.8%）、4300 万条（－7.5%）、3100 万条（－27.9%）、2600 万条（－16.1%）、3250 万条（25.0%）、5130 万条（57.8%）、6050 万条（17.9%）、3020 万条（－50.0%）和 1900 万条（－37.0%）。

表 2　2016 年世界知名轮胎公司新胎销售额　　亿美元

公司名称	2016 年	2015 年
普利司通公司	258	262
米其林集团	217	223
固特异轮胎橡胶公司	148	159
大陆集团	117	116
倍耐力公司	67	70
住友橡胶工业有限公司	59	60
韩泰轮胎公司	58	57
优科豪马橡胶公司	40	41
正新橡胶工业股份有限公司	38	38
固铂轮胎橡胶公司	29	30
东洋轮胎橡胶有限公司	27	27
锦湖轮胎有限公司	25	27

表 3　2016 年世界知名轮胎公司在美国及加拿大新胎销售额　　亿美元

公司名称	2016 年	2015 年
普利司通（美洲）公司	77	79
固特异轮胎橡胶公司	67	69
米其林（北美）公司	65	67
大陆轮胎（美洲）有限责任公司	29	29
固铂轮胎橡胶公司	21	22
韩泰轮胎美国公司	16	12
东洋轮胎集团美国公司	14	14
优科豪马轮胎股份有限公司	11	12
住友橡胶工业有限公司	8	8
倍耐力轮胎（北美）有限公司	5	6
锦湖轮胎（美国）公司	5	6

二、乘用轮胎市场份额

Northcoast 研究控股有限责任公司高级副总裁 Nick Mitchell 称,根据每月统计轮胎需求指数的结果,在 2016 年前 10 个月中,有 6 个月的一线品牌轮胎需求指数低于三线品牌和二线品牌轮胎。更大轮辋直径的乘用轮胎(17 英寸及以上)的持续增长趋势也影响了售后市场的组合。轮胎制造商认为到 2021 年底,这些"高附加值(HVA)"轿车和轻型载重轮胎的出货量将增加 5420 万条。

1. 替换轮胎市场份额

2016 年美国轿车替换胎品牌市场份额(基于 2.05 亿条轮胎)见表 4。

表 4　2016 年美国轿车替换胎品牌市场份额

品牌	占比	品牌	占比	品牌	占比	品牌	占比
固特异	13.0%	优科豪马	4.0%	佳安	2.0%	Big O	1.0%
米其林	9.5%	飞劲	3.0%	住友	2.0%	Cordovan	1.0%
普利司通	8.0%	通用	3.0%	尤尼罗伊尔	2.0%	Delta	1.0%
费尔斯通	7.5%	东洋	3.0%	邓禄普	1.5%	Fuzion	1.0%
固铂	5.5%	锦湖	2.5%	佳通	1.5%	凯里	1.0%
百路驰	5.0%	Multi - Mile	2.5%	大力士	1.5%	赛轮	1.0%
韩泰	4.5%	耐克森	2.5%	马斯特	1.5%	Sigma	1.0%
大陆	4.0%	倍耐力	2.5%	日东	1.5%	其他	3.0%

注:上述仅列出轮胎出货量所占市场份额为 1% 以上的品牌。

2016 年轻型载重替换胎品牌市场份额(基于 3100 万条轮胎)见表 5。

表 5　2016 年轻型载重替换胎品牌市场份额

品牌	占比	品牌	占比	品牌	占比	品牌	占比
固特异	12.0%	韩泰	4.0%	大力士	2.0%	玛吉斯	1.5%
百路驰	8.5%	Multi - Mile	4.0%	马特斯	2.0%	耐克森	1.5%
普利司通	7.5%	东洋	4.0%	尤尼罗伊尔	2.0%	Big O	1.0%
米其林	7.5%	优科豪马	4.0%	大陆	1.5%	Delta	1.0%
费尔斯通	7.0%	锦湖	2.5%	Cordovan	1.5%	Eldorado	1.0%
固铂	6.5%	倍耐力	2.5%	飞劲	1.5%	佳通	1.0%
通用	5.0%	邓禄普	2.0%	凯里	1.5%	其他	5.0%

注:上述仅列出轮胎出货量所占市场份额为 1% 以上的品牌。

2. 原配轮胎市场份额

(1)轻载汽车轮胎

2016 年美国/加拿大轻型载重汽车市场份额:通用占 21.0%,福特占 18.6%,克莱斯勒/菲亚特占 14.5%,丰田占 13.6%,本田占 11.7%,日产占 6.9%,其他占 13.7%。

2016 年美国及加拿大轻型汽车品牌原配胎份额(不包括进口)依次为:

克莱斯勒/菲亚特汽车品牌:固特异占 53%,米其林占 15%,费尔斯通占 7%,百路驰占 4%,大陆占 4%,普利司通占 3%,锦湖占 3%,倍耐力占 3%,通用占 2%,耐克森占 2%,优科豪马占 2%,飞劲占 1%,韩泰占 1%。

福特汽车品牌:米其林占 24%,固特异占 21%,大陆占 20%,百路驰占 9%,倍耐力占 8%,通用占 7%,韩泰占 7%,普利司通占 2%,固铂占 1%,东洋占 1%。

通用汽车公司:固特异占 40%,米其林占 20%,普利司通占 17%,费尔斯通占 13%,大陆占 6%,韩泰占 3%,通用占 1%。

宝马汽车品牌:倍耐力占 30%,普利司通占 24%,大陆占 22%,邓禄普占 20%,米其林占 4%。

本田汽车品牌:米其林占 42%,固特异占 32%,普利司通占 17%,大陆占 3%,费尔斯通占 3%,韩泰占 2%,优科豪马占 1%。

现代/起亚汽车品牌:韩泰占 39%,锦湖占 32%,耐克森占 15%,大陆占 14%。

梅赛德斯 - 奔驰汽车品牌:大陆占 29%,倍耐力占 26%,邓禄普占 15%,普利司通占 11%,米其林占 10%,固特异占 9%。

日产汽车品牌:大陆占 34%,米其林占 29%,固特异占 15%,百路驰占 6%,东洋占 6%,普利司通占 3%,通用占 2%,韩泰占 2%,邓禄普占 1%,飞劲占 1%,锦湖占 1%。

斯巴鲁汽车品牌:普利司通占 67%,大陆占 30%,固特异占 3%。

特斯拉汽车品牌:米其林占 49%,固特异占 49%,倍耐力占 2%。

丰田汽车品牌:普利司通占 33%,米其林占 24%,固特异占 12%,百路驰占 8%,邓禄普占 8%,费尔斯通占 5%,东洋占 3%,大陆占 2%,通用占 2%,优科豪马占 2%,韩泰占 1%。

大众汽车品牌:大陆占 53%,韩泰占 32%,普利司通占 15%。

(2)乘用汽车轮胎

2016 年美国/加拿大乘用车原配胎品牌市场份额(基于 5390 万条轮胎)见表 6。

表 6　2016 年美国/加拿大乘用车原配胎品牌市场份额

品牌	占比	品牌	占比	品牌	占比
固特异	27.1%	费尔斯通	4.7%	邓禄普	2.0%
米其林	21.5%	百路驰	3.7%	东洋	1.2%
普利司通	13.3%	倍耐力	3.6%	耐克森	1.0%
大陆	11.4%	通用	2.4%	其他	0.9%
韩泰	4.9%	锦湖	2.3%		

注:上述仅列出轮胎出货量所占市场份额为 1% 以上的品牌。

三、美国商用轮胎市场

1. 载重轮胎市场

2016 年美国载重汽车替换胎出货量增长 2.2%,达到 1840 万条。根据《载重货车运输》杂志发表的《美国商用车市场概况》,8 级重型卡车总量增长 5.8%,这是自 2011 年以来接近创纪录的增长幅度,这也有助于载重汽车替换轮胎出货量的增长。

2016 年 8 级重型卡车车辆登记数量下降,导致载重汽车轮胎原配胎出货量下降 14.2%。

载重汽车轮胎的独立经销商和批发经销商平均销售利润率分别为 15% 和 9.5%,商用轻型卡车轮胎的利润率为 19.1%。

2011 ~ 2016 年,美国从中国进口的载重汽车轮胎(同比)依次为:550 万条(37.5%)、630 万条(13.5%)、630 万条(0.1%)、820 万条(30.1%)、940 万条(14.6%)和 780 万条(-17.0%)。

2016 年美国中型/重型载重替换胎品牌市场份额(基于 1840 万条轮胎)见表 7。

表 7 2016 年美国中型/重型载重替换胎品牌市场份额

品牌	占比	品牌	占比	品牌	占比	品牌	占比
普利司通	16.0%	双钱	3.5%	Dynatrac	2.0%	凯里	1.0%
米其林	16.0%	大力士	3.0%	百路驰	1.5%	锦湖	1.0%
固特异	11.5%	Roadmaster	2.5%	Dayton	1.5%	Samson	1.0%
优科豪马	8.5%	赛轮	2.5%	duraturn	1.0%	Westlake	1.0%
费尔斯通	7.0%	风神	2.0%	dynacargo	1.0%	其他	4.0%
大陆	6.0%	通用	2.0%	住友	1.0%		
韩泰	3.5%	东洋	2.0%	Gladiator	1.0%		

注:上述仅列出轮胎出货量所占市场份额为 1% 以上的品牌。

2016 年美国载重翻新轮胎市场份额(基于 1450 万条轮胎)依次为:普利司通(奔达可)占 43.5%,固特异占 23.0%,米其林/ Oliver 占 23.0%,马轮固力占 5.0%,大陆占 2.0%,其他占 3.5%。

2. **农业轮胎**

(1)驱动轮农业子午胎市场

费尔斯通品牌是美国市场的领先者,占美国原配胎市场的 40% 和替换胎市场的 31%。在原配胎市场,固特异品牌以 32% 的市场份额居于第 2 位,米其林凭借 14% 的市场份额居于第 3 位;在替换胎市场,BKT 品牌以 23% 的市场份额居于第 2 位,随后是米其林占据市场份额的 17.5%。

(2)驱动轮农业斜交胎市场

帝坦品牌占 35% 的原配胎市场份额成为领先品牌,BKT 占 38% 的替换胎市场份额夺魁。

(3)美国农业原配胎市场出货量

①驱动轮子午线轮胎

美国农业原配胎市场驱动轮子午线轮胎出货量为 16.8 万条,品牌份额依次为:费尔斯通占 40%,固特异占 32%,米其林占 14%,帝坦占 5%,BKT 占 3%,Mitas 占 2%,特瑞堡占 2.0%,其他占 2%。

②驱动轮斜交轮胎

美国农业原配胎市场驱动轮斜交胎出货量为 27.7 万条,品牌份额依次为:帝坦占 35%,费尔斯通占 30%,固特异占 25%,联盟占 6%,BKT 占 1%,特瑞堡占 1%,其他占 2.0%。

③小规格轮胎

美国农业原配胎市场小规格轮胎出货量为 26.3 万条,品牌份额为:固特异占 32.5%,帝坦占 20.5%,费尔斯通占 15.0%,卡莱尔占 12.0%,BKT 占 7.0%,联盟占 6.5%,American Farmer 占 2.0%,特瑞堡占 1.5%,Mitas 占 1.0%,其他占 2.0%。

(4)美国农业替换胎市场出货量

①驱动轮子午线轮胎

美国农业替换胎驱动轮子午线轮胎出货量为 28.91 万条,品牌份额为:费尔斯通占 31%,BKT 占 23%,米其林占 17.5%,固特异占 12.5%,联盟占 7%,帝坦占 4%,特瑞堡占 2.0%,Mitas 占 1.5%,其他占 1.5%。

②驱动轮斜交轮胎

美国农业替换胎市场驱动轮斜交胎出货量为 46.4 万条,品牌份额依次为:BKT 占 38%,费尔斯通占 24%,联盟占 11%,固特异占 7%,Harvest King 占 5%,帝坦占 4.5%,特瑞堡占 2.5%,Akuret 占 2%,卡莱尔占 2%,American Farmer 占 1%,其他占 3%。

③小规格轮胎

美国农业替换胎市场小规格轮胎出货量为 122 万条,品牌份额依次为:费尔斯通占 22%,BKT 占 17%,固特异占 15%,帝坦占 13%,卡莱尔占 12.0%,Harvest King 占 8%,Akuret 占 4%,联盟占 3%,特瑞堡占 2.5%,American Farmer 占

1%，其他占 2.5%。

四、北美地区轮胎生产能力

据《现代轮胎经销商》统计，截至 2017 年 1 月 1 日，2016 年北美轮胎产能达到 3.245 亿条，增长了 4.6%，到 2023 年还将至少增加 2230 万条轮胎，增加的产能主要是美国和墨西哥的新工厂和产能升级的结果，仅美国产能就增长近 5%。

自 2000 年以来，美国有 10 家乘用轮胎厂关闭，其中 8 家为非美国钢铁工人联合会会员。它们是固特异田纳西州尤宁城厂（2011 年）、德克萨斯州泰勒厂（2008 年）和阿拉巴马州亨茨维尔厂（2003 年），大陆北卡罗来纳州夏洛特市（2006 年）和肯塔基州梅菲尔德厂（2005 年），米其林阿拉巴马州欧佩莱卡厂（2009 年）和内华达州里诺市厂（2002 年），普利司通俄克拉荷马州俄克拉荷城厂（2006 年），固铂乔治亚州奥尔巴尼厂（2009 年）和倍耐力加利福尼亚州汉福德厂（2001 年），这些工厂轿车轮胎和轻型载重汽车轮胎日产能估计为 2.63 万条。见表 8 ~9。

表 8　2016 年北美轮胎日生产能力①　　千条

公司名称	工厂数量	轿车轮胎	轻型载重轮胎	载重轮胎	其他	合计
普利司通（美洲）公司	10	85.8	21.8	15.2	4.89	127.69
卡莱尔轮胎车轮公司	2	0	0	0	41.0	41.0
大陆轮胎（美洲）有限责任公司	2	36.4	6.1	8.0	0	50.5
固铂轮胎橡胶公司	3	73.0	24.0	0	0	97.0
固特异轮胎橡胶公司	7	128.0	22.5	16.5	15.1	182.1
GTY（通用/优科豪马）	1	0	0	3.9	0	3.9
韩泰美国轮胎公司	1	10.0	5.0	0	0	15.0
锦湖轮胎有限公司	1	8.0	3.0	0	0	11.0
米其林（北美）有限公司	15	158.6	32.3	11.5	0.68	203.18
倍耐力轮胎（北美）有限公司	2	9.2	3.5	0	0	12.7
特种轮胎美国有限公司	2	1.22	0.68	0.1	2.6	4.6
住友橡胶（北美）有限公司	1	3.0	2.0	2.3	5.0	12.3
帝坦轮胎有限公司	3	0	0	0	19.68	19.68
东洋轮胎（北美）制造有限公司	1	8.8	8.8	0	0	17.6
特瑞堡车轮系统	2	0	0	0	0.56	0.56
优科豪马轮胎股份有限公司	2	25.7	1.1	2.0	0	28.8
Grupo Carso/Euzkadi（大陆集团）	1	15.0	5.0	0	0	20.0
JK 轮胎和工业车辆	3	15.0	5.0	1.5	0.14	21.64
固铂轮胎橡胶有限公司②	1	10.0	7.2	2.8	0	20.0
美国合计	51	473.52	113.18	55.0	76.01	717.71
加拿大合计	1	41.3	10.2	4.5	13.5	69.5
墨西哥合计	8	73.0	24.6	4.3	0.14	102.04
总计	60	587.82	147.98	63.8	89.65	889.25

注：①时间截至 2016 年 1 月 1 日。②固铂轮胎橡胶有限公司在其墨西哥瓜达拉哈拉合资工厂的持股比例为 58%。③在运营中的 60 家轮胎厂中，有 35 家、占 58.3% 的工厂是非美国钢铁工人联合会会员，而在 1976 年有 62 家轮胎厂几乎全部是会员。

表 9　乘用轮胎预计新增产能

公司名称	工厂地址	投资/亿美元	投产日期	年产能/万条
固特异轮胎橡胶有限公司	墨西哥圣路易斯波托西	5.5	未载名	600
佳通轮胎(美国)有限公司	美国南卡罗来纳州切斯特县	5.6	未载名	500
米其林(北美)有限公司	墨西哥莱昂	5.1	2018 年四季度	400～500
倍耐力轮胎(北美)有限公司	墨西哥 Silao	2	2019 年	250
住友橡胶(北美)有限公司	美国纽约州托纳旺达	0.87	2020 年	180
普利司通(美洲)公司	美国北卡罗来纳州威尔逊	3.44	2018 年	100
	加拿大魁北克祖列特	2.5	2023 年	100

五、轮胎畅销规格、价格及销售渠道

1. 最畅销轮胎规格

17 英寸及以上尺寸的大轮辋直径轮胎已成为常用规格，占美国轮胎轮辋协会统计的所有 351 个规格尺寸的 56.4%，也被称为高附加值轮胎(HVA)。

沃尔玛商店仍然宣传小轮辋直径的轮胎，例如沃尔玛一直在提供规格为 195/60R15 的固特异 Eagle RS－A，且仍在十大畅销轮胎规格中位居第九位，至少 5 年之久。其价格一直保持稳定，现已从 2011 年的 65 美元/条下降到 54 美元/条。

155/80R13 规格已基本不用，但并没有完全被摒弃，在沃尔码官网上仍有 Douglas All－Season 花纹品种，其价格是 40.91 美元/条。同时还有其他公司 8 个花纹品种 155/80R13，其每条价格从 Evergreen 公司 EH22 的 28.70 美元到固铂公司 Trendsetter SE 的 70.95 美元。

据美国轮胎轮辋协会统计，乘用轮胎以名义轮辋直径统计为：12 英寸(1 个)、13 英寸(13 个)、14 英寸(26 个)、15 英寸(56 个)、16 英寸(57 个)、17 英寸(59 个)、18 英寸(67 个)、19 英寸(25 个)、20 英寸(29 个)、21 英寸(2 个)、22 英寸(7 个)、23 英寸(2 个)、24 英寸(6 个)和 26 英寸(1 个)。名义轮辋直径为在 15～18 英寸轿车轮胎数量占总数(351 个)的 68.1%。

2016 年新增加的 9 个乘用轮胎规格为：P255/80R17、P275/45R18、P325/35R18、LT355/40R26 LRF、35 × 11.50R17LT LRE、33 × 11.50R20LT LRE、37 × 13.50R26LT LRE、36 × 15.50R20LT LRE 和 40 × 15.50R26LT LRE。

(1)2016 年美国替换胎市场最畅销的轿车轮胎规格是：205/55R16、215/60R16、195/65R15、215/55R17、265/70R17、225/65R17、225/60R16、225/50R17、195/60R15 和 235/70R16。

(2)2016 年美国替换胎市场最畅销的轻型载重汽车轮胎规格是：LT265/70R17、LT245/75R16、LT265/75R16、LT225/75R16、LT235/85R16、LT275/70R18、LT285/70R17、LT245/75R17、LT285/75R16 和 LT215/85R16。

(3)2012～2015 年，美国原配胎市场最畅销的规格见表 10。

表 10　2012～2015 年美国原配胎市场畅销规格

年份	公制轿车轮胎	轻型载重轮胎
2012 年	P215/55R17(6.1%)、P265/70R17(4.4%)、P215/60R16(3.8%)、P275/65R18(3.4%)和 P205/65R16(3.1%)	LT245/75R17(22.1%)、LT245/75R16(14.7%)、LT225/75R16(11.1%)、LT265/70R18(8.1%)和 LT265/70R17(7.7%)

续表 10

年份	公制轿车轮胎	轻型载重轮胎
2013 年	P215/55R17(6.1%)、P265/70R17(4.0%)、P275/55R20(3.2%)、P275/65R18(3.1%)和 P215/60R16(3.1%)	LT245/75R17(21.9%)、LT245/75R16(14.0%)、LT225/75R16(11.3%)、LT265/70R17(8.9%)和 LT265/75R18(8.1%)
2014 年	P215/55R17(5.0%)、P215/60R16(3.4%)、P215/55R17(2.7%)、P265/70R17(2.7%)和 P275/65R18(2.6%)	LT245/75R17(21.7%)、LT245/75R16(12.0%)、LT225/75R16(11.4%)、LT265/70R18(10.3%)和 LT275/65R18(7.8%)
2015 年	P215/55R17(4.1%)、P265/70R17(3.4%)、P215/60R16(3.2%)、225/65R17(2.8%)和 215/55R17(2.8)%	LT245/75R17(18.6%)、LT225/75R16(9.8%)、LT265/75R18(9.7%)、LT275/70R18(7.9%)和 LT245/75R16(7.6%)

2. 轮胎价格

福特 F－150 皮卡是美国最经典车型，已连续 35 年名列美国皮卡销售第一，其 2012～2014 年款共有 7 个原配胎规格。据 The Fitment Group 预测，7 个规格轮胎 2016 年销售量见表 11。

表 11　2016 年 7 个规格轮胎销售量

规格	销售量	规格	销售量
235/75R17	260312 条	245/75R17	70530 条
265/70R17	6615436 条	255/65R17	659592 条
275/65R18	1071650 条	265/60R18	1176025 条
275/55R20	2502360 条		

这 7 个规格胎在其他车型上也有使用，销售量共计达到 1230 万条轮胎，接近 2016 年替换胎出货量的 5%。见表 12～13。

表 12　2016 年美国典型轮胎规格广告平均价格

美元

规格	主要品牌价格	低成本轮胎价格	广告平均价格
205/55R16	137.23	77.14	123.98
215/55R17	153.27	88.39	136.87
215/60R16	126.89	78.15	112.15
235/75R15	137.27	100.10	123.20
275/65R18	230.62	211.30	221.06
LT225/75R16	172.60	123.74	155.88
LT245/75R16	180.39	127.30	162.92
LT245/75R17	213.73	150.61	195.81
31×10.50R15	182.17	139.29	167.01

注：数据来源于轮胎情报有限责任公司。

表 13　不同速度级别 215/55R17 轿车轮胎广告平均价格

速度级别	主要品牌价格/美元	低成本轮胎价格/美元	广告平均价格/美元
V 速度级别	157.60	90.59	140.87
H 速度级别	151.75	100.43	146.44
T 速度级别	139.78	106.86	132.24

注:数据来源于轮胎情报有限责任公司。

根据 The Fitment Group 统计,最畅销轿车轮胎 265/70R17 规格在美国 9 个地区 5 种价格见表 14。

表 14　265/70R17 轿车轮胎在不同地区的价格　　美元

区位	低成本	有价值	较好的	最好的	冬季	平均价格
东北地区	111.81	141.96	168.60	177.55	145.21	164.84
东南地区	114.85	126.80	160.83	178.30	146.18	159.37
中大西洋地区	122.00	137.03	174.31	185.61	144.14	170.72
山地地区	110.24	142.29	151.72	168.60	157.11	153.76
新英格兰地区	134.04	157.54	180.74	194.82	134.39	179.33
太平洋沿岸地区	105.11	164.89	158.81	175.75	175.40	164.73
南大西洋地区	118.40	134.98	170.31	180.28	146.89	166.20
西北地区	114.34	107.94	163.44	176.09	160.64	161.19
西南地区	108.20	134.17	163.44	176.09	160.64	161.16
全国	115.36	136.00	167.37	178.87	150.35	164.45

3. 销售渠道

在各种分销渠道中,2016 年独立经销商出售给最终用户的乘用轮胎数量最多,占市场的78%。很长时间以来,独立经销商一直占据优势,1975 年轮胎经销商占市场份额的 39%,而在 1922 年几乎所有轮胎销售渠道都是通过轮胎经销商销售,市场份额达到了 98%。见表 15 ~ 16。

表 15　乘用轮胎分销渠道市场份额　　%

年代	2016 年	2014 年	2012 年	2010 年
独立经销商	78.0	77.0	77.0	75.0
轮胎公司直营店	7.5	8.0	8.0	8.5
其他	14.5	15.0	15.0	16.0

注:其他包括:大型购物中心、仓储式俱乐部、汽车经销商、汽车零部件分销中心和石油公司/服务站。

表 16　乘用轮胎零售市场份额　　%

年代	独立经销商	大型购物中心	仓储式俱乐部	汽车经销商	轮胎公司直营店	其他网点
2016 年	61.0	12.0	9.0	8.5	7.0	2.5
2014 年	60.5	13.0	9.0	8.0	7.5	2.0
2012 年	60.5	14.0	8.5	7.0	7.5	2.5

在美国《现代轮胎经销商》统计的 100 强中，米其林、百路驰和固特异成为最受欢迎的三大品牌。2016 年美国现代轮胎经销商前 20 强品牌(总计 6004 家店铺)依次是:米其林(81 个经销商/5059 家店铺)、百路驰(78 个经销商/4870 家店铺)、固特异(73 个经销商/4716 家店铺)、大陆(66 个经销商/3895 家店铺)、普利司通(65 个经销商/4386 家店铺)、优科豪马(60 个经销商/4266 家店铺)、费尔斯通(60 个经销商/2794 家店铺)、通用(56 个经销商/3582 家店铺)、固铂(55 个经销商/3822 家店铺)、尤尼罗伊尔(52 个经销商/2623 家店铺)、韩泰(48 个经销商/3937 家店铺)、邓禄普(43 个经销商/4013 家店铺)、凯里(41 个经销商/2306 家店铺)、倍耐力(40 个经销商/4235 家店铺)、东洋(33 个经销商/2395 家店铺)、锦湖(31 个经销商/2677 家店铺)、耐克森(25 个经销商/1625 家店铺)、飞劲(24 个经销商/2374 家店铺)、日东(22 个经销商/2200 家店铺)和 Fuzion(20 个经销商/922 家店铺)。

(贺年茹　苏　博)

国内外航空轮胎市场现状及专利分析

前言

航空轮胎在国民经济中有着不可或缺的地位，作为技术密集型、资本密集型产业，其具有产品技术性能复杂、对技术和设备依赖程度高、研发人员在职工中所占比重较大、需要较多资本投入等特点。

航空轮胎是轮胎产品家族中的一个特殊分支，是航空业腾飞的伙伴。除了滑撬式起落架直升机和部分水上飞机外，航空轮胎是所有飞机不可或缺的部件。航空轮胎通常有三大功能：⑴承载飞机在地面时的全部重量，缓冲飞机起飞、降落和滑行时产生的震动和冲击；⑵辅助飞机在地面上滑行；⑶飞机在地面上最主要的操纵系统，向跑道传递制动力，为转向提供侧向力。

与汽车轮胎相比，航空轮胎具有 5 个基本特点：负荷大，速度高，充气内压高，下沉率大，短时、间歇使用。由于飞机起飞时速度高（高原航空轮胎起飞速度已达到 450km/h 以上），轮胎单胎载荷高（目前部分轮胎的单胎载荷已达 30 吨以上），飞机要在几十秒内起飞，轮胎承受着极高的加速度而高速运转，轮胎的滚动惯量和临界速度发挥得淋漓尽致，此时轮胎的温度快速升高，某些情况下温度高达 140℃以上，因此，航空轮胎既要具有良好的高速性能又要具有良好的耐高温性能，这是保证飞机安全起飞的首要条件。

飞机着陆时，航空轮胎承担着飞机的全部载荷和高速冲击载荷，由于轮胎是一个由橡胶和骨架材料组成的较强弹性体，具有较好的变形能力，能较好的吸收这些冲击动能，而此时刹车又通过轮辋将动能传给轮胎，从而使轮胎剧烈升温，轮胎需经受这一严峻的考验。轮胎胎体需具有较好的耐高温性能和较高的安全系数，才能保障飞机的正常安全着陆。

通常飞机是由停机坪滑行到起飞跑道上再进行起飞，而飞机着陆后，又需从跑道滑行到停机坪，这期间的距离有的长达数千米，滑行速度通常在 45km/h～64km/h。因此，要求航空轮胎不但在高速时表现优越，而且在低速时具备良好的抗疲劳性能和胎圈部位耐高温性能。这对航空轮胎是一个极大的考验。

除上述主要性能外，航空轮胎还要有良好的导静电、耐低温、抗臭氧和耐磨性能，这些可靠的性能安全地保障了航空轮胎的正常使用。航空轮胎出色的载荷系数，即承受载荷/轮胎重量可达 350 以上。轮胎的下沉率可达 35%，这是其他地面轮胎无法比拟的。这些优越的性能决定了航空轮胎的高技术产品属性，也是飞机安全起飞、着陆、滑行的可靠保证。

综上所述，为了保证飞机安全起飞、着陆、滑行，航空轮胎必须同时具备赛车轮胎的速度能力、巨型工程轮胎的负荷能力。由于航空轮胎的特殊性，其制造、销售、质量控制都有着一套与汽车轮胎完全不同的运作模式和管理体系。除了上述特点外，航空轮胎的特殊性还表现在其产业集中度较高，关键技术被国外少数几家航空轮胎企业所掌握，市场容量不大，技术要求、安全要求苛刻，市场准入门槛高等。

航空轮胎还是一种战略物资。军用飞机没有轮胎就不能起飞、降落，无法执行作战任务。民航飞机不仅是国民经济发展不可或缺的重要工具，而在战时，民航飞机可以迅速转化成重要的运输能力，因此，民航飞机更是一种重要的战略资源。

一、市场分析

1. 世界航空轮胎工业现状及发展

据报道，截至 2012 年底，全球在役的商用飞机（民用客机和民用货机）共计 24350 架，其中北美地区所占的市场份额最大（33%），其次是欧洲（26%）、亚太地区（24%）、南美（8%）、非洲（5%）和中东（4%）。截止 2016 年底，我国民航大型运输机2170架,占全球商用飞机总量的8.9%,与我国经济地位不相适应。

(1)主要企业产能与分布

至2016年底,全球有以法国米其林集团公司、美国固特异轮胎橡胶公司、英国邓禄普航空轮胎公司、日本普利司通公司为代表的航空轮胎生产企业共17家,总计22个航空轮胎厂,分布在美国、法国、英国、日本、俄罗斯、中国等12个国家。其中,米其林有3个生产厂,固特异、邓禄普航空轮胎公司、普利司通、印度MRF公司各2个,韩国锦湖轮胎公司等13家企业各1个。全球航空轮胎生产企业情况见表1。

表1　全球航空轮胎生产企业情况

航空轮胎生产企业	总部所在地	拥有航空轮胎厂数量/个	2016年全球轮胎75强排名
米其林集团公司	法国	3(美国、法国、泰国各1个)	2
固特异轮胎橡胶公司	美国	2(美国、泰国各1个)	3
邓禄普航空轮胎公司	英国	2(英国、印度各1个)	/
普利司通公司	日本	2	1
美国特种轮胎公司	美国	1	/
Mitas公司	捷克	1	42
Altai轮胎公司	俄罗斯	1	/
卡迪安特股份公司(JSC Cordiant)	俄罗斯	1	34
Amtel股份公司	俄罗斯	1	/
银川佳通长城轮胎有限公司	中国	1	/
中橡集团曙光橡胶工业研究设计院(蓝宇航空轮胎发展公司)	中国	1	/
北京大地神州轮胎科技有限公司	中国	1	/
青岛森麒麟轮胎有限公司	中国	1	/
Michigan轮胎有限公司	印度	1	/
MRF公司	印度	2	14
锦湖轮胎公司	韩国	1	12
Petlas轮胎工业公司	土耳其	1	52

从表1可见,17家航空轮胎生产企业中,有8家为全球轮胎75强企业,其中3家(普利司通、米其林、固特异)位居全球轮胎前3名。

与汽车轮胎相比,航空轮胎属于小众产品,其全球年销售收入约占轮胎总销售收入的3%~5%。大部分工厂出于生产规模以及合理利用水电风等能源、资源考虑,在项目投资时往往同时上马其他品类轮胎,如轿车轮胎、轻卡轮胎、卡客车轮胎、农业轮胎、摩托车轮胎、工程机械轮胎、工业轮胎、赛车轮胎等生产线。除邓禄普航空轮胎公司外,全球 17 家航空轮胎生产企业中有 16 家是多品类混搭建厂生产。全球航空轮胎生产厂综合产能及其分布见表 2。

表 2 全球航空轮胎生产厂综合产能及其分布

国家(厂数)	轮胎企业名称	工厂具体地址	生产能力	劳动用工/人	投产时间	备 注
美国(3)	固特异轮胎橡胶公司	弗吉尼亚州 Danville	10000 条/天	2300	1966 年	3 + 8(R + X)
	米其林北美公司	北卡罗来纳州 Norwood	7000 吨/年	439	1987 年	8(X)
	美国特种轮胎公司	宾夕法尼亚州 Indiana	3300 条/天	300	1915 年	2 + 4 + 6 + 7 + 8 + 9(X)
捷克(1)	Mitas 公司	Zlin	19000 吨/年	906	1993 年	2 + 4 + 5 + 6 + 7 + 8(R + X)
法国(1)	米其林公司	Bourges	4500 吨/年	495	1953 年	8(R)
俄罗斯(2)	Altai 轮胎公司	Barnaul	280 万条/年	5100	1968 年	1 + 2 + 3 + 4 + 8 (X)
	卡迪安特股份公司	Yaroslavl	320 万条/年	2700	1932 年	1 + 2 + 3 + 8(R + X)
英国(1)	邓禄普航空轮胎公司	Birmingham	11 万条/年	424	1910 年	8(R + X)
中国(4)	银川佳通长城轮胎有限公司	银川	220 万条/年	3280	1965 年	1 + 2 + 3 + 4 + 8 (R + X)
	蓝宇航空轮胎发展公司	桂林	8 万条/年	-	1974 年	8(X)
	北京大地神州轮胎科技有限公司	宁夏	2000 万条/年	-	-	1 + 3 + 8(R)
	青岛森麒麟轮胎有限公司	即墨	1500 万条/年	-	2009	1 + 2 + 8
印度(4)	邓禄普(印度)有限公司	西孟加拉邦 Calcutta	39000 吨/年	4007	1936 年	1 + 2 + 3 + 4 + 5 + 6 + 8(X)
	Michigan 轮胎有限公司	中央邦 Betul	60 万条/年	650	1993 年	1 + 2 + 3 + 4 + 5 + 6 + 7 + 8(X)
	MRF 公司	安得拉邦 Arkonam	52000 条/天	4100	1973 年	1 + 2 + 4 + 5 + 8 + 9(R + X)
	MRF 公司	安得拉邦 Medak	30000 条/天	3700	1991 年	1 + 2 + 3 + 4 + 5 + 6 + 7 + 8(X)

续表 2

国家(厂数)	轮胎企业名称	工厂具体地址	生产能力	劳动用工/人	投产时间	备注
日本(2)	普利司通公司	福冈县 Kurume	10080 条/天	940	1931 年	1+2+8+9(R+X)
		东京 Tokyo	23430 条/天	519	1960 年	1+2+8(R+X)
韩国(1)	锦湖轮胎公司	光州广域市 Gwang-ju	1600 万条/年	1988	1972 年	1+2+3+8+9(R+X)
土耳其(1)	Petlas 轮胎工业公司	Kisehir	890 万条/年	2300	1991 年	1+2+3+4+6+7+8(R+X)
泰国(2)	固特异(泰国)公司	曼谷	7000 条/天	600	1996 年	1+2+3+6+8((R+X)
	米其林(泰国)公司	北标府	61700 吨/年	1774	1992 年	3+8(R+X)

注:①国外企业数据来源于美国克雷恩传媒集团公司《2016 年全球轮胎报告》,我国企业数据由各自企业提供。

②1=轿车轮胎,2=轻卡轮胎,3=卡客车轮胎,4=农业轮胎,5=摩托车轮胎,6=工程机械轮胎,7=工业轮胎,8=航空轮胎,9=赛车轮胎,R=子午线结构,X=斜交结构。

据统计,2009 年底,全球共有航空轮胎生产企业 18 家,总计 23 个航空轮胎厂。2010 年前后,生产航空轮胎多年的两家企业——日本横滨橡胶公司和俄罗斯 JV Matador 公司先后退出航空轮胎生产领域;印度 MRF 公司安得拉邦 Arkonam 工厂航空轮胎项目投产,为国内航空公司和军工企业提供航空轮胎和直升机轮胎,成为航空轮胎领域的新加入者。另一方面,航空轮胎工厂规模的两极分化现象加大,大型厂由上世纪 3000 条/天(100 万条/年)扩大到 6000 条/天(200 万条/年),中小型厂规模则保持 10 万条/年不变。上述迹象表明,全球航空轮胎产业集中度进一步提升。

2016 年底,全球航空轮胎实际年生产能力大约为 1400 万条。横滨橡胶公司和俄罗斯 JV Matador 公司退出航空轮胎生产领域所减少的产能,由米其林北美公司、固特异公司、俄罗斯 Mitas 公司等提升的产能得到了补偿,全球产能保持稳定态势,见表 3。

表 3 2010~2015 年航空轮胎产能变化

生产厂	综合产能		用工人数/人	
	2010 年	2015 年	2010 年	2014 年
米其林北美公司北卡罗来纳州 Norwood 工厂	1000 条/天(航空轮胎)	7000 吨/年(航空轮胎)	350	439
固特异公司弗吉尼亚州 Danville 工厂	13000 条/天(含 10000 套/天卡客车轮胎)	10000 条/天(含卡客车轮胎)	2200	2300
捷克 Mitas 公司 Zlin 工厂	14000 吨/年(含轻卡轮胎、农业轮胎、摩托车轮胎、工程机械轮胎、工业轮胎)	19000 吨/年(含轻卡轮胎、农业轮胎、摩托车轮胎、工程机械轮胎、工业轮胎)	790	906

续表 3

生产厂	综合产能		用工人数/人	
	2010 年	2015 年	2010 年	2014 年
俄罗斯卡迪安特股份公司 Yaroslavl 工厂	460 万条/年(含轿车轮胎、轻卡轮胎、卡客车轮胎)	500 万条/年(含轿车轮胎、轻卡轮胎、卡客车轮胎)	2700	2700
俄罗斯 Altai 轮胎公司 Barnaul 工厂	280 万条/年(含轿车轮胎、轻卡轮胎、卡客车轮胎、农业轮胎)	320 万条/年(含轿车轮胎、轻卡轮胎、卡客车轮胎、农业轮胎)	5100	2700
韩国锦湖轮胎公司	1500 万条/年(含轿车轮胎、轻卡轮胎、卡客车轮胎、赛车轮胎)	1600 万条/年(含轿车轮胎、轻卡轮胎、卡客车轮胎、赛车轮胎)	2329	1988
土耳其 Petlas 轮胎工业公司	100 万条/年(含轿车轮胎、轻卡轮胎、卡客车轮胎、农业轮胎、工程机械轮胎、工业轮胎)	890 万条/年(含轿车轮胎、轻卡轮胎、卡客车轮胎、农业轮胎、工程机械轮胎、工业轮胎)	658	2300

注:数据来源于美国克雷恩传媒集团公司《2016 年全球轮胎报告》。

(2)品种与结构

目前航空轮胎品种有低速胎、高速胎、低压胎和高压胎 4 种。低速胎是指滑行速度≤193km/h 的轮胎,高速胎是指滑行速度>193km/h 的轮胎。低压胎是指轮胎充气内压≤686kPa 的轮胎,高压胎是指轮胎充气内压>686kPa 的轮胎。充气内压达到 981kPa 以上的航空轮胎,通常称为超高压轮胎。低速胎和低压胎一般在通用航空领域应用较多,高速胎和高压胎在军用、商用大中型飞机上应用较多。超高压轮胎通常应用于重载、高速、长距滑跑或高原起降。

航空轮胎类型分为有内胎(TT)轮胎和无内胎(TL)轮胎两种。

按轮胎结构划分,航空轮胎可分为斜交轮胎和子午线轮胎两种。航空子午胎是斜交轮胎的升级换代产品,优势明显。主要体现在 6 个方面:①耐磨耗。相同机型和规格的航空子午胎起落次数比斜交轮胎多 40% 左右。②工作温度低。轮胎 75% 的重量由橡胶、帘线构成,生热是橡胶、帘线老化的主要导因。航空子午胎胎体薄,散热快,可延长轮胎寿命。③轻量化。航空子午胎的重量比斜交轮胎轻 10% 以上。用子午线结构取代斜交结构时,航空轮胎规格越大,重量减轻越多。④改善操作性。航空子午胎的滚动中圆度好,使操纵灵敏度提高 5% ~15%,制动效率提高 10%。⑤可靠性高。航空子午胎抗刺扎、耐切割,防爆破性能好;抓着力大,抗侧滑;缓冲性能好,减轻振动对机械部件的损坏。⑥经济性佳。航空子午胎的滚动阻力比斜交轮胎低 30%,可节油 10% 以上。

在航空轮胎产品中,目前斜交结构占 60%,子午线结构占 40%。全球航空轮胎总体子午化率(军用、民用新老机型一起统计)约为 40%。同时呈现地区性不平衡,其中欧洲、美国、日本等发达国家和地区子午化率超过 80%,其他国家,如中国、俄罗斯则低于 40%。另外,近年来,航空轮胎总体子午化率正处于上升通道,呈逐年增长态势。

随着子午线结构的航空轮胎越来越受到市场的认可,航空轮胎企业开始逐渐淘汰航空斜交轮胎产能,并增设航空子午胎生产线。以米其林为例,其在北美地区的航空斜交轮胎产能已由 2005 年的 22.8 万条削减到 3.5 万条/年。与 2000 年相比,目前固特异在美国的航空子午胎生产能力已经提高了 7 倍。

在积极推广子午胎技术的同时,航空轮胎企业坚持对斜交轮胎进行可靠性改进,努力提高综合性能。米其林、普利司通、固特异均已成功研发采用波形芳纶或钢丝的高强度保护层,用以提高轮胎的抗刺扎能力。如米其林研发成功的 NZG 轮胎和用作对比的普通航空轮胎分别以低速(20km/h)及高速(324km/h)碾过 30cm 长锐利钢刃,NZG 轮胎无漏气和掉屑,普通航空轮胎爆破,无法参与下一项试验。碾过钢刃的 NZG 轮胎接着进行 3 次滑行—起飞—着陆—滑行试验,结果一一顺利通过。2011 年,邓禄普航空轮胎公司将波形防护层技术确定为航空斜交轮胎改质技术措施,应用该技术的第一批轮胎在空中客车 A400MXX 运输机上投入使用。据邓禄普用户评价,应用该技术的斜交轮胎,具有更好的抗外物致损能力,飞机在简易机场起降或紧急情况起降时,能够提供更周到的保护、更强有力的保障。

(3)技术水平和研发能力

随着飞机的发展,航空轮胎已由初期满足飞机起飞、着陆、滑行的基本要求,到现今高速、高载、下沉量大、长距离起飞等苛刻的使用条件,航空轮胎工业经历了一次次的技术革命和创新,技术水平不断提升。

①轮胎设计方法不断创新。电子计算机技术的普及与应用促进了航空轮胎设计方法创新,缩短了研发时间。国外主要航空轮胎企业将设计理念转化为设计模块,即实现从一个创新概念到一种实用工具的转化,20 世纪中叶平均需要 8 年时间,而目前平均仅需 1 年。国际一流航空轮胎企业拥有完善的计算机辅助设计平台和独具特色的设计模块。

②设计工具基于计算机平台。国外现代航空轮胎设计是基于大型计算机辅助设计平台,并引进了许多新技术元素,包括有限元分析、动态模拟、仿真优化,从而改变了轮胎研发过程,节省了时间、成本,提高了工作效率,尤其是提高了结果可控度。

③各有独创的轮胎结构设计理论。国外主要航空轮胎企业一向重视轮胎结构设计理论研究,并各自拥有独创的轮胎结构设计理论。普利司通利用 ANSYS、ABAQUS 等大型通用有限元软件对轮胎进行静、动态力学模拟分析,经过不断的分析和总结,提出了最佳滚动轮廓理论,随后又提出了最佳张力控制理论;米其林运用同样的方法提出了预应力轮廓理论和动态模拟最佳轮廓理论。这些新型轮胎结构设计理论的提出,优化了轮胎结构,大幅度提高了轮胎的使用性能,为轮胎能很好地满足现代先进飞机的性能要求提供了保障。

④先进的工艺装备。近年来,国际上轮胎工业开始了新一轮的技术革命,推出了“全新概念技术”。目前具有“全新概念技术”特点的新技术有米其林 C3M 技术、大陆 MMP 技术等。这些技术具有加工精度高、产品一致性好、自动化程度高、生产效率高、节约原材料、降低生产成本等显著优点,这些技术经过改造后也适合应用于航空轮胎工业,如米其林已经将 C3M 技术应用于航空轮胎制造。除此之外,国外先进航空轮胎企业普遍运用圆形钢丝圈、型胶部件压出、波形冠带层等先进技术,这些技术都需要专门的工艺装备来实现。

⑤分析测试和试验检验设备齐备。米其林和普利司通等企业在新材料运用方面开展了深入的研究,运用帘线弯曲疲劳试验机、高低温拉力机、动态力学分析仪、黏合试验机等骨架材料测试设备,对新型高强力、高模量的轮胎骨架材料进行分析试验。

除常规检测设备外,国外主要航空轮胎企业还自主研发、定制了一些特殊的检测设备。米其林拥有航空轮胎六分力试验台和能够模拟跑道表面散落异物对航空轮胎造成损伤的外物致损试验机;固特异拥有军用航空轮胎海洋环境测试台。美国飞机着陆动力试验场可全面评价航空轮胎在干、湿跑道上的所有表现,其作用类似于汽车轮胎室外道路试验场。国外主要航空轮胎企业都有利用该试验场验证新开发产品的记录。

二、航空胎的专利分析报告

使用专利数据库:智慧牙全球专利数据库

1. 技术挖掘

本报告通过关键词检索进行技术挖掘。

检索式:TAC:(“aircraft tire” or “airplane tire” or “aviation tire” or “aeronautic tire” or “air tire” or “aircraft tyre” or “airplane tyre” or “aviation tyre" or "aeronautic tyre" or "air tyre")

截至 2017 年 6 月 15 日，可以检索到与航空轮胎相关专利总共 1795 组 2296 条。

2. **趋势追踪**

(1)专利概况

①航空轮胎专利类型

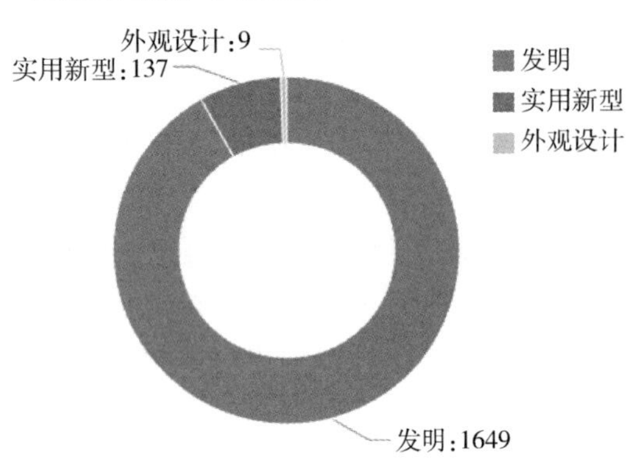

图 1　航空轮胎专利类型和件数

由图 1 可以看出，航空轮胎的相关专利中，发明专利占绝大多数，为 1649 件，实用新型专利 137 件，外观设计专利仅 9 件。

②航空轮胎专利的简单法律状态

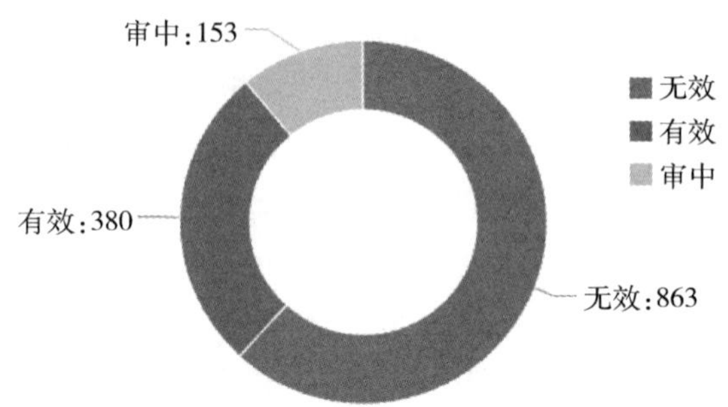

图 2　航空轮胎专利的法律状态

由图 2 可以看出，全部专利的法律状态，已授权专利为 380 件，审中专利 153 件，而高达 863 件专利则因为种种因素视为无效。

(2)专利趋势

①专利申请趋势

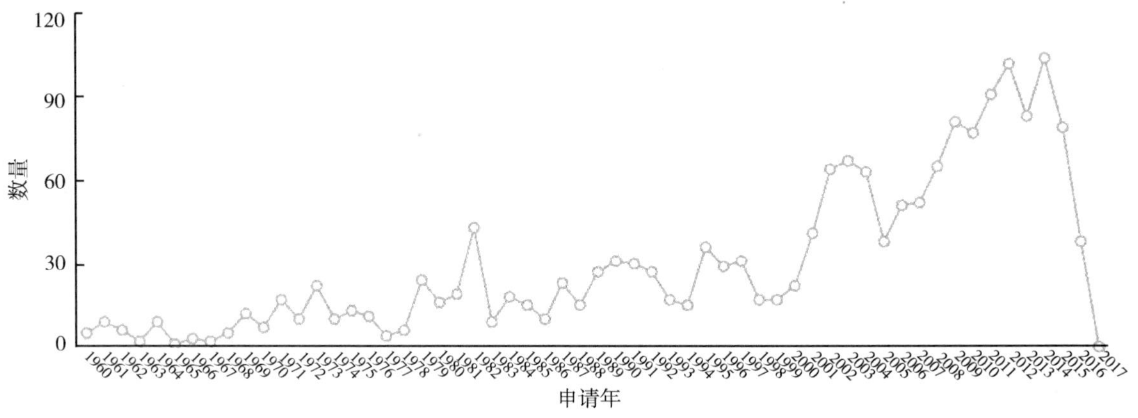

图 3　航空轮胎专利历年申请趋势

由图 3 可以看出，航空轮胎的相关专利申请量整体呈阶段性上升趋势。1960～2000 年，每年的专利申请量基本在 30 件以内，2001～2003 年专利申请量增长较快，并于 2003 年达到顶峰。之后在 2005 年出现了大幅下降，2005～2014 年同样增长迅速，并于 2014 年再次达到顶峰。

②申请人国家申请趋势

从图 4 可以看出，美国在航空轮胎方面研究较早，专利申请总量排名第一，但其整体发展较为平缓。中国在航空轮胎方面的研究起步相对较晚，但近些年发展速度明显加快，专利申请总量仅次于美国。

(3)申请人排名

由图 5 可以看出，专利申请最多的企业为固特异公司，共计 178 组专利申请。其次为 MICHELIN RECHERCHE ET TECHNIQUE S. A. 与 COMPAGNIE GENERALE DES ETABLISSEMENTS MICHELIN，分别有 120 组和 78 组专利申请。中橡集团曙光橡胶工业研究设计院有 36 组专利申请，位列第 5。

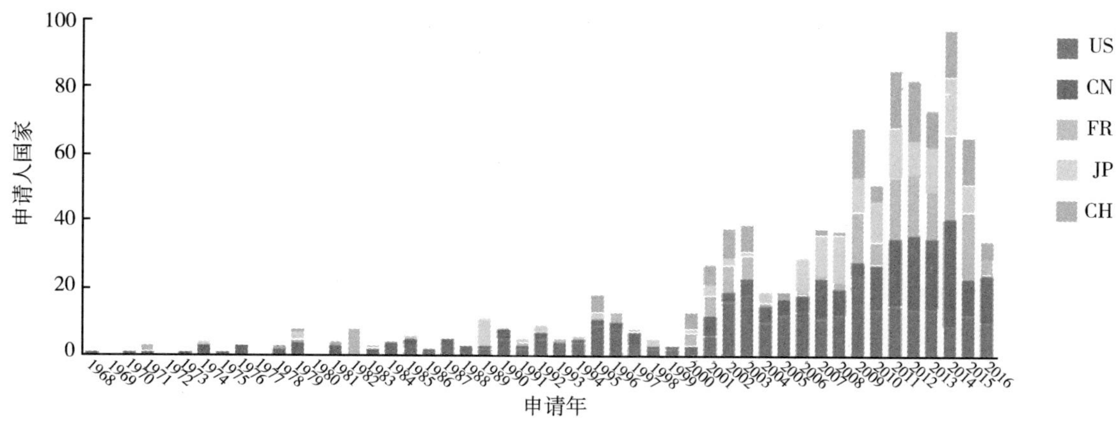

图 4 航空轮胎专利申请人国家申请趋势

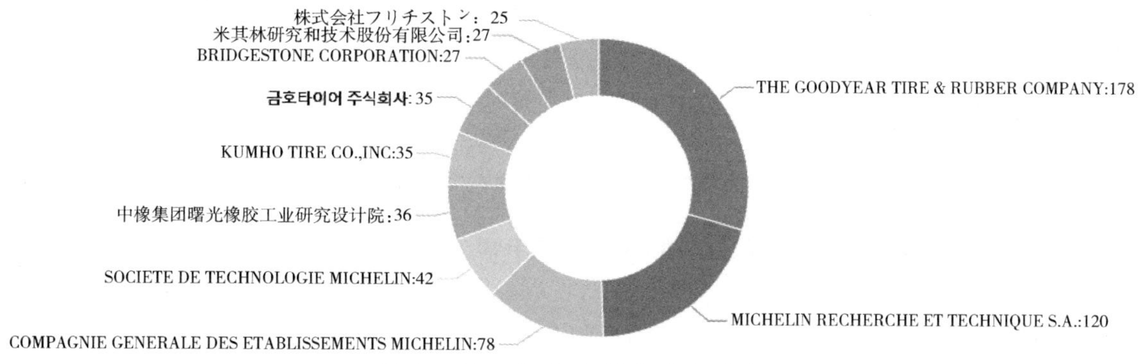

图 5 航空轮胎专利申请人排名

(4)专利地理布局

从图 6 可以看出,1795 组航空胎专利主要分布在美国和中国,其次是法国、日本和瑞士。其他国家的分布相对较少。其中美国有 300 组，中国

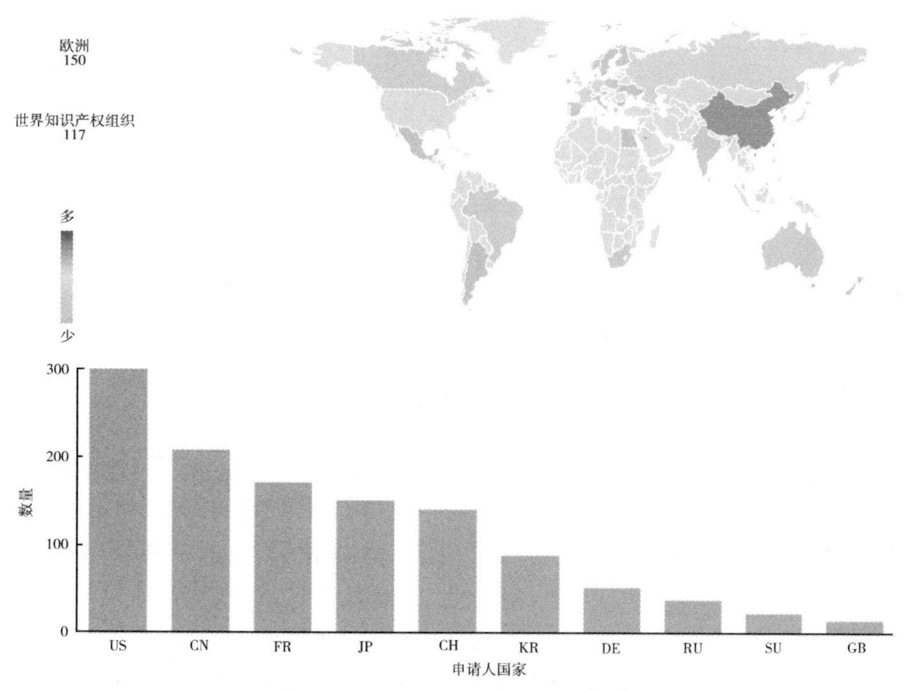

图 6 航空轮胎专利地理布局

有 208 组,而英国的申请专利最少,只有 15 组。

(5)主要公司地域趋势

图 7 显示了在航空轮胎技术领域内的主要公司在全球重要市场范围内拥有的专利数量,圆圈越大代表专利数量越多。

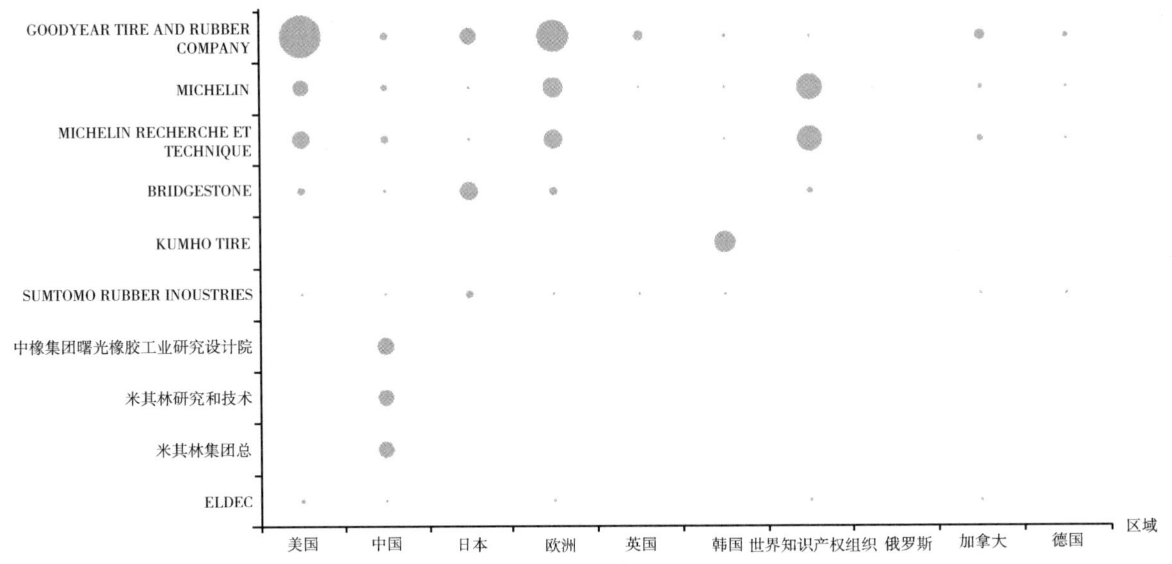

图 7　航空轮胎专利主要申请公司地域趋势

(6)专利价值分析

①专利价值分布

图 8 为专利价值分布图,图中将专利价值分为 5 个等级,分别为 $、$$、$$$、$$$$、$$$$$。$ 越多表示专利价值逐步增加。从图 8 可以看出,航空轮胎专利技术领域绝大部分为 $ 等级,共计 251 个简单同族。专利价值最高等级的微乎其微,只有 12 个简单同族。高价值专利占比较少,表明有待进一步开发。

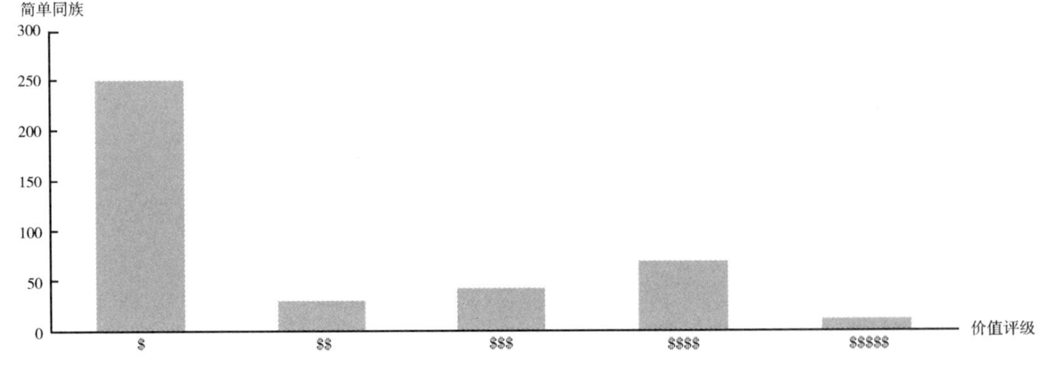

图 8　航空轮胎专利价值分布

②市场价值最高的专利

由图 9 可以看出,US6659233、RU2406617C2、RU2396173C1 等专利价值分别位列第一、第二、第三。

(7)专利引用分析

图 10 显示了被引用次数最多的前 10 项专利。由图 10 可以看出,US6659233 被引用次数最多,共计 134 次;US5845975、US4143545 分别被引用 85 次和 78 次。专利被引用次数越多,表明该专利具有较强的影响力,代表着核心技术。同时,被引用次数最多的前 10 项专利均为美国专利,表明美国在航空轮胎方面的研究较为前沿。

专利名称	当前申请人	家族	价值/美元	专利期
US5659233 用于飞机刹车系统使用监视系统和方法	HYDRO AIRE	14	$6012000	15年6个月 申请日 过期日
RU2406617C2 层流基板和其制作，以及内部的空气轮胎、航空轮胎包络方法	BRIDZHSTOUN CORP	7	$5193000	9年11个月 申请日 过期日
RU2396173C1 空气轮胎，轮胎和空气轮胎生产方法模具	DZE JOKOGAMA RABBER KO	7	$4919000	8年3个月 申请日 过期日
RU2508994C2 空气与非对称花纹轮胎	SUMITOMO RABBER INDASTRIZ	8	$4458000	7年6个月 申请日 过期日
KR101492670B1 充气轮胎和生产方法为此	SUMITOMO RUBBER INDUSTRIES	8	$4324000	7年1个月 申请日 过期日
US8376011 航空子午线轮胎	GOODYEAR TIRE AND RUBBER COMPANY	5	$3439000	8年6个月 申请日 过期日
CN1986260B 增强的子午线飞行器轮胎	GOODYEAR TIRE AND RUBBER COMPANY	5	$3035000	10年6个月 申请日 过期日
CN100591534C 热塑性树脂与橡胶的叠层体、和使用它的充气轮胎	YOKOHAMA RUBBER COMPANY	4	$2954000	10年8个月 申请日 过期日
US7797096 计算飞机刹车磨损和其他有关的着陆性能参数的基础从飞机上飞行数据管理系统接收的数据的方法及装置	AVIATION SAFETY TECH	13	$2746000	11年4个月 申请日 过期日
AU2002345447B2 熔点4，6纤维的制造工艺	DSM	15	$2746000	14年11个月 申请日 过期日

图9　市场价值最高的航空轮胎前10件专利

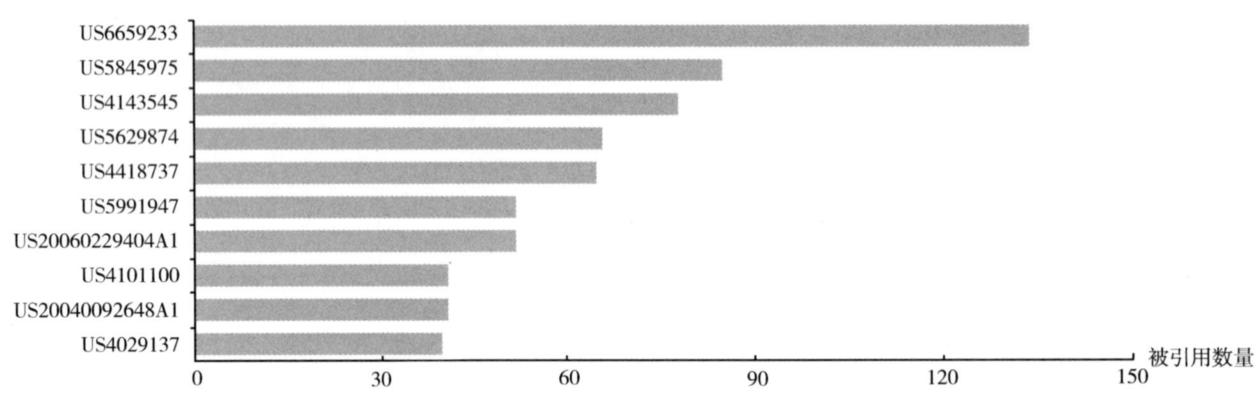

图 10　引用次数最多的前 10 件航空轮胎专利

3. **航空轮胎专利申请标杆企业**

(1)固特异公司

2004 年,固特异公司申请了 EP1550565 专利。

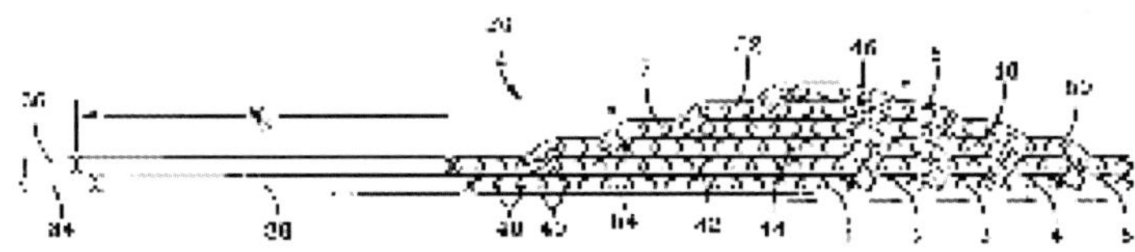

该项专利是有关航空气动轮胎服务与肩带包钢筋的专利。

(2)普利司通公司

2001 年,普利司通公司申请了 EP20010908151 专利。这是一项有关内部气垫气动轮胎橡胶组成的专利。

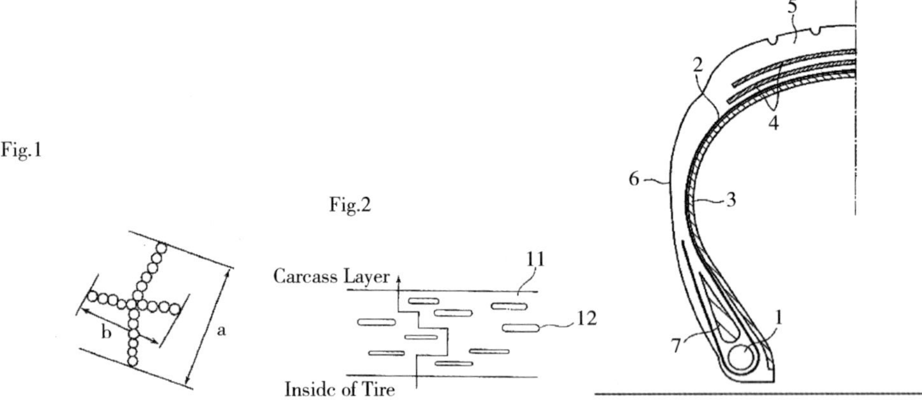

(3)住友橡胶公司

1991 年,住友橡胶公司申请了 US07/794646 专利,该项发明专利是有关航空子午胎高速持久的内容。

(苏　博　李玉庭)

全球轮胎前 20 强产能分布情况

轮胎制造商正努力应对多层面的变化，这体现在技术、产能分布、标准、政策、立法和原材料等方面。

2016 年度全球轮胎 75 强排行榜中，世界轮胎制造业三大巨头普利司通、米其林和固特异仍稳居前 3 位。第 4 ~ 10 位排名并未发生变化，具体排名如下：

表 1　全球主要轮胎制造商的销售额

2016 年排名	2015 年排名	企业名称	2015 年轮胎销售额/亿美元	2014 年轮胎销售额/亿美元
1	1	普利司通	240.45	260.45
2	2	米其林	221.3	246.685
3	3	固特异	148	163.55
4	4	大陆	107.8	118.75
5	5	倍耐力	69.336	79.922
6	6	住友橡胶	60.512	69.177
7	7	韩泰轮胎	53.2	62.006
8	8	横滨	41.538	47.032
9	9	正新	38.47	44.413
10	10	中策橡胶	33.95	41.185
11	11	佳通轮胎	31.307	34.74
12	12	固铂轮胎橡胶	29.729	34.248
13	14	东洋轮胎橡胶	26.904	29.593
14	13	锦湖轮胎	26.63	32.399
15	15	三角集团	24.377	28.697
16	16	MRF 公司	21.458	23.258
17	17	阿波罗轮胎	19.314	20.845
18	18	耐克森轮胎	17.784	18.623
19	19	诺记轮胎	13.895	17.527
20	20	山东玲珑	13.467	16.728

1. 普利司通

普利司通2016年排名全球第一，其2015年轮胎销售额为240.45亿美元，比其2014年轮胎销售额减少20亿美元。

普利司通在北美地区组建的轮胎厂中，墨西哥2家、加拿大1家和美国7家。美国占有的数量最多，多以生产汽车子午胎和轻卡子午胎为主，其中位于美国南卡罗莱纳州格拉尼特维尔的轮胎厂产能最大，日产能达到37750条。另外，普利司通在墨西哥库埃纳瓦卡和谢内加德弗洛雷斯、加拿大魁北克若利耶特分别建有轮胎厂，也是以生产汽车子午胎和轻卡子午胎为主。

表2　普利司通北美轮胎公司产能分布

厂址	轮胎类型	产能/条·日$^{-1}$
美国伊利诺伊州布卢明顿	矿用机械/工程轮胎(r,b)	300
美国爱荷华州得梅因	农用轮胎(r,b)	4000
美国南卡罗莱纳州格拉尼特维尔	乘用车轮胎和轻卡轮胎(r)	37750
美国田纳西州拉维恩	载重汽车/公交汽车轮胎(r)	4800
美国南卡罗来纳州特伦顿	矿用机械/工程轮胎(r)	130
美国田纳西州沃伦县	公交汽车轮胎(r)	8100
美国北卡罗莱纳州威尔逊	乘用车轮胎和轻卡轮胎(r)	33600
墨西哥库埃纳瓦卡	乘用车轮胎和轻卡轮胎(r)	18500
墨西哥谢内加德弗洛雷斯	乘用车轮胎和轻卡轮胎(r)	5600
加拿大魁北克的若利耶特	乘用车轮胎和轻卡轮胎(r)	16500

普利司通在拉丁美洲阿根廷、哥斯达黎加和委内瑞拉各建有1家轮胎厂，另外两家位于巴西巴伊亚的萨尔瓦多和圣安德烈的圣保罗。

表3　普利司通拉丁美洲轮胎公司产能分布

厂址	轮胎类型	产能/条·日$^{-1}$
阿根廷布宜诺斯艾利斯	乘用车轮胎、轻卡轮胎、载重/公交汽车轮胎、农用轮胎、矿用机械/工程轮胎和工业轮胎(r,b)	10100
哥斯达黎加的圣何塞	乘用车轮胎、轻卡轮胎、载重/公交汽车轮胎和农用轮胎(r,b)	12500
委内瑞拉的巴伦西亚	乘用车轮胎、轻卡轮胎和载重/公交汽车轮胎(r)	6800
巴西巴伊亚的萨尔瓦多	乘用车轮胎和轻卡轮胎(r)	7600
巴西圣安德烈的圣保罗	乘用车轮胎，轻卡轮胎，载重汽车/公交汽车轮胎，农用轮胎，矿用机械/工程轮胎和工业轮胎(r,b)	28500

普利司通轮胎公司在欧洲多个地区建有轮胎厂,法国 1 家、匈牙利 1 家、意大利 1 家、波兰 2 家和西班牙 3 家。在法国贝休恩、匈牙利陶陶巴尼奥、意大利巴里、波兰波兹南均生产汽车子午胎,产能最大的是位于波兰的波兹南轮胎厂,日产能可达到 28800 条。西班牙卡斯蒂利亚 - 莱昂地区的布尔戈斯轮胎厂生产汽车子午胎和轻卡子午胎。而其余轮胎厂生产载重汽车/公交汽车轮胎、农用轮胎、工业轮胎和矿用机械/工程轮胎等。

表 4　普利司通欧洲轮胎公司产能分布

厂址	轮胎类型	产能/条·日 $^{-1}$
法国贝休恩	乘用车轮胎(r)	21500
匈牙利陶陶巴尼奥	乘用车轮胎(r)	6400
意大利巴里	乘用车轮胎(r)	21500
波兰波兹南	乘用车轮胎(r)	28800
波兰施塔加德	载重汽车/公交汽车轮胎(r)	2300
西班牙巴斯克派斯的毕尔巴鄂	载重汽车/公交汽车轮胎(r)	5000
西班牙卡斯蒂利亚 - 莱昂地区的布尔戈斯	乘用车轮胎和轻卡轮胎(r)	27300
西班牙普恩特圣米格尔	农用轮胎、矿用机械/工程轮胎、工业轮胎(r)	800

普利司通轮胎公司大多数厂区都位于亚洲,中国大陆 4 家、中国台湾 1 家、印度 2 家、印度尼西亚 2 家、日本 10 家和泰国 4 家。其中,位于日本滋贺的彦根轮胎厂产能最大,日产能高达 52600 条汽车子午胎。普利司通仅在亚洲印度尼西亚西爪哇的勿加泗、日本山口的防府和下关、泰国帕素萨尼地区和罗勇府地区的 5 家轮胎厂生产矿用机械/工程轮胎和工业轮胎。

表 5　普利司通亚洲轮胎公司产能分布

厂址	轮胎类型	产能
中国惠州	载重汽车/公交汽车轮胎(r)	3300 条/日
中国沈阳	载重汽车/公交汽车轮胎(r)	3400 条/日
中国天津	乘用车轮胎和轻卡轮胎(r)	19300 条/日
中国无锡	乘用车轮胎和轻卡轮胎(r)	16800 条/日
中国台湾新竹	乘用车轮胎和轻卡轮胎(r,b)	11300 条/日
印度科达	乘用车轮胎和轻卡轮胎、载重汽车/公交汽车轮胎(r)	15100 条/日
印度普那	乘用车轮胎和轻卡轮胎、载重汽车/公交汽车轮胎(r)	10000 条/日
印度尼西亚西爪哇的勿加泗	乘用车轮胎、轻卡轮胎、农用轮胎、矿用机械/工程轮胎和工业轮胎(r,b)	7400 条/日

续表 5

厂址	轮胎类型	产能
印度尼西亚西爪哇的加拉	乘用车轮胎和轻卡轮胎(r)	28000 条/日
日本福冈的日城	载重汽车/公交汽车轮胎、轻卡轮胎(r)	11000 条/日
日本滋贺的彦根	乘用车轮胎和轻卡轮胎(r)	52600 条/日
日本山口的防府	乘用车轮胎、轻卡轮胎和矿用机械/工程轮胎(r,b)	12600 条/日
日本福冈的北九州	矿用机械/工程轮胎(r,b)	145 吨/日
日本福冈的久留米	乘用车轮胎、轻卡轮胎、航空轮胎和赛车轮胎(r,b)	10080 条/日
日本那须町	乘用车轮胎、轻卡轮胎、农用轮胎、摩托车轮胎和工业轮胎(r,b)	15400 条/日
日本山口的下关	矿用机械/工程轮胎(r,b)	253 条/日
日本枥木	乘用车轮胎、轻卡轮胎和载重汽车/公交汽车轮胎(r)	18200 条/日
日本东京	乘用车轮胎、轻卡轮胎和载重汽车/公交汽车轮胎(r,b)	23430 条/日
日本佐贺的乌栖	乘用车轮胎和轻卡轮胎(r)	19800 条/日
泰国罗勇府	矿用机械/工程轮胎(r)	85 吨/日
泰国琼布里	载重汽车/公交汽车轮胎(r)	8100 条/日
泰国廊坑	乘用车轮胎和轻卡轮胎(r)	43000 条/日
泰国帕素萨尼	乘用车轮胎、轻卡轮胎、载重汽车/公交汽车轮胎、农用轮胎、矿用机械/工程轮胎和工业轮胎(r,b)	4700 条/日

中国市场和印度市场是普利司通亚太区的重点发展地区。其中,印度市场的廉价劳动成本是普利司通在印度扩张的一大原因。

普利司通在非洲南非建有 2 家轮胎厂。

表 6 普利司通非洲轮胎公司产能分布

厂址	轮胎类型	产能/条·日$^{-1}$
南非布里茨	乘用车轮胎、轻卡轮胎和载重汽车/公交汽车轮胎(r)	5800
南非伊丽莎白港	乘用车轮胎、轻卡轮胎、载重汽车/公交汽车轮胎、农用轮胎和矿用机械/工程轮胎(r,b)	4501

表7　普利司通中东轮胎公司产能分布

厂址	轮胎类型	产能/条·日$^{-1}$
土耳其伊兹米特	乘用车轮胎、轻卡轮胎、载重汽车/公交汽车轮胎、农用轮胎和矿用机械/工程轮胎(r,b)	30273

2. **米其林**

米其林轮胎公司在北美地区所组建的轮胎厂中,墨西哥1家、加拿大3家、美国9家。其中,位于美国南卡罗来纳州的列克星敦和斯塔尔这两家轮胎厂生产矿用机械/工程轮胎。

表8　米其林北美轮胎公司产能分布

厂址	轮胎类型	产能
加拿大新斯科舍省布里奇沃特	乘用车轮胎和轻卡轮胎(r)	61200吨/年
加拿大新斯科舍省格兰顿	乘用车轮胎和轻卡轮胎(r)	25400吨/年
加拿大新斯科舍省沃特维尔	载重汽车/公交汽车轮胎(r)	117300吨/年
墨西哥奎瑞塔汝	乘用车轮胎和轻卡轮胎(r)	6000条/日
美国俄克拉荷马州阿德莫尔	乘用车轮胎和轻卡轮胎(r)	23000条/日
美国亚拉巴马州多丹	轻卡轮胎(r)	6800条/日
美国印第安纳州韦恩堡	乘用车轮胎和轻卡轮胎(r)	21000条/日
美国南卡罗来纳州格林维尔	乘用车轮胎和轻卡轮胎(r)	27000条/日
美国南卡罗来纳州列克星敦	乘用车轮胎、轻卡轮胎和矿用机械/工程轮胎(r)	273100吨/年
美国北卡罗来纳州诺伍德	航空轮胎(b)	7000吨/年
美国南卡罗来纳州斯帕坦堡	载重汽车/公交汽车轮胎(r)	7000条/日
美国南卡罗来纳州斯塔尔	矿用机械/工程轮胎(r)	6100吨/年
美国阿拉巴马州塔斯卡卢萨	乘用车轮胎和轻卡轮胎(r)	15000条/日

米其林轮胎公司在拉丁美洲的巴西建有2家轮胎厂,用于生产乘用车轮胎、载重汽车/公交汽车轮胎和矿用机械/工程轮胎。位于巴西利奥雷森迪的工厂已关停。

表9　米其林拉丁美洲轮胎公司产能分布

厂址	轮胎类型	产能
巴西里奥的格朗德	载重汽车/公交汽车轮胎、矿用机械/工程轮胎(r)	141300吨/年
巴西里奥的伊塔蒂亚	乘用车轮胎和轻卡轮胎(r)	4000条/日

米其林轮胎公司在欧洲多个地区建有轮胎厂，德国 4 家、英国 2 家、罗马尼亚 2 家、匈牙利 1 家、法国 9 家、意大利 2 家、波兰 1 家、俄罗斯 1 家和西班牙 4 家。

表 10 米其林欧洲轮胎公司产能分布

厂址	轮胎类型	产能
德国普法尔茨的巴特克罗伊茨纳赫	乘用车轮胎和轻卡轮胎(r)	26000 条/日
德国巴伐利亚的哈尔施塔特	乘用车轮胎(r)	22000 条/日
德国萨尔洪堡	载重汽车/公交汽车轮胎(r)	4000 条/日
德国巴登－符腾堡的卡尔斯鲁厄	轻卡轮胎和载重汽车/公交汽车轮胎(r)	5000 条/日
匈牙利尼赖吉哈佐	乘用车轮胎和轻卡轮胎(r)	3000 条/日
意大利亚历山德里亚	载重汽车/公交汽车轮胎(r)	3500 条/日
意大利库内奥	乘用车轮胎(r)	35000 条/日
波兰奥尔什丁	乘用车轮胎、轻卡轮胎、载重汽车/公交汽车轮胎、农用轮胎和工业轮胎(r,b)	199200 吨/年
罗马尼亚席尔瓦尼亚	载重汽车/公交汽车轮胎、工业轮胎(r)	2000 条/日
罗马尼亚普拉霍瓦的维多利亚	乘用车轮胎和轻卡轮胎(r,b)	11840 条/日
俄罗斯达维多沃	乘用车轮胎和轻卡轮胎(r)	6000 条/日
西班牙阿兰达	载重汽车/公交汽车轮胎(r)	6500 条/日
西班牙拉萨尔特	摩托车轮胎(r,b)	10000 条/日
西班牙巴利亚多利德	乘用车轮胎和农用轮胎(r)	94500 吨/年
西班牙维多利亚	乘用车轮胎和矿用机械/工程轮胎	224400 吨/年
英国巴利米纳	载重汽车/公交汽车轮胎(r)	4000 条/日
英国邓迪	乘用车轮胎和轻卡轮胎(r)	25000 条/日
法国布尔日	航空轮胎(r)	4500 吨/日
法国绍莱	轻卡轮胎(r)	15000 条/日
法国克莱蒙特	乘用车轮胎(r)	5000 条/日
法国克莱蒙特	乘用车轮胎和轻卡轮胎(r)	2000 条/日
法国 La Roche	公交汽车轮胎(r)	3500 条/日
法国 La Pur	矿用机械/工程轮胎(r)	41900 吨/年
法国蒙索莱米讷	矿用机械/工程轮胎、工业轮胎(r)	25000 吨/年
法国罗阿纳	乘用车轮胎(r)	14000 条/日
法国特鲁瓦	农用轮胎(r)	1000 条/天

米其林轮胎公司在亚洲建厂数量远不及与欧洲，其中中国 2 家、印度 1 家、泰国 3 家。

表 11　米其林亚洲轮胎公司产能分布

厂址	轮胎类型	产能
中国沈阳	乘用车轮胎，轻卡轮胎和载重汽车/公交汽车轮胎(r)	1180 万条/年
中国上海	乘用车轮胎和轻卡轮胎(r)	18000 条/日
印度	载重汽车/公交汽车轮胎和矿用机械/工程轮胎(r)	11400 吨/日
泰国林查班	乘用车轮胎和轻卡轮胎(r)	17000 条/日
泰国沙拉武里府	航空轮胎、载重汽车/公交汽车轮胎(r,b)	61700 吨/年
泰国帕巴当地区	乘用车轮胎、轻卡轮胎条/日、载重汽车/公交汽车轮胎、矿用机械/工程轮胎和工业轮胎(r,b)	38000 吨/年

3. 固特异

固特异轮胎公司在北美地区所组建轮胎厂中，加拿大 2 家、美国 7 家。

表 12　固特异北美轮胎公司产能分布

厂址	轮胎类型	产能
加拿大阿尔伯塔省梅迪新	乘用车轮胎(r,b)	13000 条/日
加拿大安大略省纳帕尼	乘用车轮胎和轻卡轮胎(r)	20000 条/日
美国俄亥俄州阿克伦	赛车轮胎(r)	2000 条/日
美国弗吉尼亚州丹维尔	载重汽车/公交汽车轮胎和航空轮胎(rd)	10000 条/日
美国北卡罗来纳州费耶特维尔	乘用车轮胎和轻卡轮胎(r)	40000 条/日
美国阿拉巴马州加兹	乘用车轮胎和轻卡轮胎(r)	25000 条/日
美国堪萨斯州托皮卡	轻卡轮胎、载重汽车/公交汽车轮胎和矿用机械/工程轮胎(r,b)	7000 条/日
美国俄克拉荷马州劳顿	乘用车轮胎和轻卡轮胎(r)	65000 条/日
美国纽约州托纳旺达(与住友合资)	乘用车轮胎、轻卡轮胎、载重汽车/公交汽车轮胎和摩托车轮胎(r,b)	28800 吨/年

固特异轮胎公司在拉丁美洲所建轮胎厂中，巴西 1 家、智利 1 家、哥伦比亚 1 家、委内瑞拉 1 家和秘鲁 1 家。

表 13　固特异拉丁美洲轮胎公司产能分布

厂址	轮胎类型	产能/条·日$^{-1}$
巴西阿美里卡纳	乘用车轮胎、轻卡轮胎、载重汽车/公交汽车轮胎、农用轮胎和矿用机械/工程轮胎(r,b)	35000
智利圣地亚哥	乘用车轮胎、轻卡轮胎和载重汽车/公交汽车轮胎(r,b)	16000
哥伦比亚卡利	乘用车轮胎、载重汽车/公交汽车轮胎、农用轮胎、矿用机械/工程轮胎(r,b)	1800
秘鲁利马	乘用车轮胎、轻卡轮胎、载重汽车/公交汽车轮胎、农用轮胎和工业轮胎(r,b)	5000
委内瑞拉巴伦西亚	乘用车轮胎和轻卡轮胎(r)	12000

固特异轮胎公司在欧洲多个国家建有轮胎厂,德国 4 家、波兰 1 家、卢森堡 1 家和斯洛文尼亚 1 家。位于波兰登比察轮胎厂产量最大,每日可生产 48000 条乘用车轮胎、轻卡轮胎、载重汽车/公交汽车轮胎、农用轮胎和工业轮胎。

表 14　固特异欧洲轮胎公司产能分布

厂址	轮胎类型	产能/条·日$^{-1}$
德国菲利普斯堡	乘用车轮胎和轻卡轮胎(r)	18000
德国富尔达	乘用车轮胎和轻卡轮胎(r)	21000
德国菲尔斯滕瓦尔德(与住友合资)	乘用车轮胎和轻卡轮胎(r)	10000
德国里萨(与住友合资)	乘用车轮胎(r)	16000
卢森堡科尔马伯格	轻卡轮胎、载重汽车/公交汽车轮胎和矿用机械/工程轮胎(x)	6000
波兰登比察	乘用车轮胎、轻卡轮胎、载重汽车/公交汽车轮胎、农用轮胎和工业轮胎(r,b)	48000
斯洛文尼亚克拉尼	乘用车轮胎、轻卡轮胎和载重汽车/公交汽车轮胎(r)	20000

固特异轮胎公司在亚洲建厂主要集中在发展中国家,其中中国 1 家、印度 2 家、日本 1 家、泰国 1 家、马来西亚 1 家和印度尼西亚 1 家。

表 15　固特异亚洲轮胎公司产能分布

厂址	轮胎类型	产能/条·日$^{-1}$
中国大连	乘用车轮胎和轻卡轮胎(r)	31000
印度新德里	乘用车轮胎、轻卡轮胎、载重汽车/公交汽车轮胎(r)	4000
印度尼西亚茂物	乘用车轮胎、轻卡轮胎、载重汽车/公交汽车轮胎、农用轮胎、矿用机械/工程轮胎(r,b)	11500
日本辰野(与东洋和三菱合资)	矿用机械/工程轮胎(r,b)	110
马来西亚雪兰莪	乘用车轮胎、轻卡轮胎、载重汽车/公交汽车轮胎、农用轮胎(r,b)	7000
泰国曼谷	乘用车轮胎、轻卡轮胎、载重汽车/公交汽车轮胎、矿用机械/工程轮胎和赛车轮胎(r,b)	7000
印度奥兰加巴德	乘用车轮胎、轻卡轮胎、载重汽车/公交汽车轮胎和矿用机械/工程轮胎(r)	11000

固特异在非洲的南非建有 1 家轮胎厂，产品涉及乘用车轮胎、轻卡轮胎、载重汽车/公交汽车轮胎、农用轮胎、矿用机械/工程轮胎和工业轮胎，日产能达到 10000 条。

表 16　固特异非洲轮胎公司产能分布

厂址	轮胎类型	产能/条·日$^{-1}$
南非奥埃滕哈赫	乘用车轮胎、轻卡轮胎、载重汽车/公交汽车轮胎、农用轮胎、矿用机械/工程轮胎和工业轮胎(r,b)	10000

固特异在中东的土耳其建有两家轮胎厂，分别位于阿达帕扎勒和伊兹米特，前者日产能较大。

表 17　固特异中东轮胎公司产能分布

厂址	轮胎类型	产能/条·日$^{-1}$
土耳其阿达帕扎勒	乘用车轮胎、轻卡轮胎、载重汽车/公交汽车轮胎、农用轮胎、矿用机械/工程轮胎和工业轮胎(r,b)	17000
土耳其伊兹米特	轻卡轮胎、载重汽车/公交汽车轮胎和农用轮胎	3000

4. 大陆

大陆轮胎公司在北美地区所组建的轮胎厂中，墨西哥 1 家、美国 2 家。

表 18　大陆北美轮胎公司产能分布

厂址	轮胎类型	产能/万条·年$^{-1}$
墨西哥圣路易斯波托西	乘用车轮胎、轻卡轮胎(r,b)	620
美国伊利诺伊州芒特弗农	乘用车轮胎、轻卡轮胎和载重汽车/公交汽车轮胎(r)	1350
美国南卡罗来纳州萨姆特(与横滨和东洋合资)	载重汽车/公交汽车轮胎(r)	150

大陆轮胎公司在拉丁美洲所建轮胎厂中，巴西 1 家、厄瓜多尔 1 家。这两家都生产乘用车轮胎、轻卡轮胎和载重汽车/公交汽车轮胎。

表 19　大陆拉丁美洲轮胎公司产能分布

厂址	轮胎类型	产能/万条·年$^{-1}$
巴西圣保罗	乘用车轮胎、轻卡轮胎和载重汽车/公交汽车轮胎(r)	720
厄瓜多尔昆卡	乘用车轮胎、轻卡轮胎和载重汽车/公交汽车轮胎(r,b)	180

大陆轮胎公司在欧洲多个地区建有轮胎厂，德国 2 家、法国 1 家、捷克共和国 1 家、葡萄牙 1 家、罗马尼亚 1 家、俄罗斯 1 家和斯洛伐克 2 家。其中，位于捷克共和国奥特罗科维采轮胎厂年产能较大，达到 2200 万条。

表 20　大陆欧洲轮胎公司产能分布

厂址	轮胎类型	产能
捷克共和国奥特罗科维采	乘用车轮胎、轻卡轮胎、载重汽车/公交汽车轮胎、农用轮胎和工业轮胎(r,b)	2200 万条/年
法国萨尔格米纳	乘用车轮胎(r)	980 万条/年
德国亚琛	乘用车轮胎和轻卡轮胎(r)	820 万条/年
德国科尔巴赫	乘用车轮胎、轻卡轮胎、摩托车轮胎和工业轮胎(r,b)	30000 条/日
葡萄牙 lousado	乘用车轮胎(r)	1290 万条/年
罗马尼亚蒂米什瓦拉	乘用车轮胎和轻卡轮胎(r)	1610 万条/年
俄罗斯	乘用车轮胎、轻卡轮胎	280 万条/年
斯洛伐克普霍夫	载重汽车/公交汽车轮胎(r)	240 万条/年
斯洛伐克普霍夫	乘用车轮胎和轻卡轮胎(r,b)	1380 万条/年

大陆轮胎公司在亚洲建厂为数不多，其中中国 1 家、马来西亚 2 家、巴基斯坦 1 家。

表 21　大陆亚洲轮胎公司产能分布

厂址	轮胎类型	产能/万条·年$^{-1}$
马来西亚吉打州亚罗士打（与 Sime Darby Bhd. 合资）	乘用车轮胎、轻卡轮胎和摩托轮胎（r，b）	380
马来西亚雪兰莪	载重汽车/公交汽车轮胎、农用轮胎、矿用机械/工程轮胎和工业轮胎（r，b）	36
巴基斯坦卡拉奇	乘用车轮胎、轻卡轮胎、载重汽车/公交汽车轮胎和农用轮胎（r，b）	170
中国安徽合肥	乘用车轮胎、轻卡轮胎和赛车轮胎（r）	520

大陆在非洲仅建有 2 家轮胎厂，位于南非和埃塞俄比亚。

表 22　大陆非洲轮胎公司产能分布

厂址	轮胎类型	产能/万条·年$^{-1}$
埃塞俄比亚亚的斯亚贝巴（与当地政府和 matador 橡胶公司合资）	乘用车轮胎、轻卡轮胎和载重汽车/公交汽车轮胎（r，b）	50
南非伊丽莎白港	乘用车轮胎、轻卡轮胎、载重汽车/公交汽车轮胎、农用轮胎和矿用机械/工程轮胎（r，b）	300

5. 倍耐力

倍耐力墨西哥工厂位于墨西哥中部的锡劳（Silao），于 2012 年 5 月建成投产，主要产品为轿车及皮卡用高性能及超高性能轮胎，主要市场为北美地区，即加拿大、美国及墨西哥。倍耐力轮胎公司在美国鲁吉亚州罗马建有一家轮胎厂，用于生产乘用车轮胎和轻卡轮胎。

表 23　倍耐力北美轮胎公司产能分布

厂址	轮胎类型	产能/万条·年$^{-1}$
美国格鲁吉亚州罗马	乘用车轮胎和轻卡轮胎（r）	40
墨西哥锡劳	乘用车轮胎和轻卡轮胎（r）	350

倍耐力轮胎公司在拉丁美洲所建轮胎厂中，巴西 4 家、阿根廷 2 家和委内瑞拉 1 家。

表 24　倍耐力拉丁美洲轮胎公司产能分布

厂址	轮胎类型	产能
阿根廷布宜诺斯艾利斯的梅洛	乘用车轮胎、轻卡轮胎(r,b)	50 万条/年
阿根廷布宜诺斯艾利斯的梅洛	载重汽车/公交汽车轮胎(r)	70 万条/年
巴西圣保罗坎皮纳斯	乘用车轮胎和轻卡轮胎(r)	34000 条/日
巴西费拉迪圣安娜	乘用车轮胎、轻卡轮胎和载重汽车/公交汽车轮胎(r)	15200 条/日
巴西巴伊亚的格拉瓦塔伊	轻卡轮胎、载重汽车/公交汽车轮胎、农用轮胎和摩托车轮胎(r)	39000 条/日
巴西圣保罗圣安德烈	载重汽车/公交汽车轮胎、农用轮胎和矿用机械/工程轮胎(r)	4500 条/日
委内瑞拉瓜卡拉	乘用车轮胎和轻卡轮胎(r,b)	4000 条/日

倍耐力轮胎公司在欧洲多个国家建有轮胎厂,德国 2 家、意大利 2 家、罗马尼亚 1 家、俄罗斯 2 家和英国 2 家。

表 25　倍耐力欧洲轮胎公司产能分布

厂址	轮胎类型	产能
德国布罗伊贝格	摩托轮胎(r,b)	5700 条/日
德国布罗伊贝格	乘用车轮胎(r)	21400 条/日
意大利米兰的博拉特	乘用车轮胎(r)	10000 条/日
意大利都灵的 settimo vettura	乘用车轮胎，载重汽车/公交汽车轮胎和赛车轮胎(r)	10000 条/日
罗马尼亚斯拉蒂纳	乘用车轮胎和轻卡轮胎(r)	1000 万条/年
英国伯顿河畔斯托克	乘用车轮胎和轻卡轮胎(r)	1000 条/日
英国卡莱尔	乘用车轮胎和轻卡轮胎(r)	10000 条/日
俄罗斯	乘用车轮胎、轻卡轮胎、载重汽车/公交汽车轮胎、农用轮胎和摩托车轮胎(r,b)	860 万条/年
俄罗斯	乘用车轮胎、轻卡轮胎、载重汽车/公交汽车轮胎、农用轮胎	780 万条/年

倍耐力轮胎公司在亚洲建厂数量较少，只有中国1家。

表26 倍耐力亚洲轮胎公司产能分布

厂址	轮胎类型	产能/万条·年$^{-1}$
中国山东兖州	乘用车轮胎、轻卡轮胎载重汽车/公交汽车轮胎和摩托车轮胎(r)	1190

倍耐力在非洲和中东建厂数较少，分别位于埃及和土耳其。

表27 倍耐力非洲轮胎公司产能分布

厂址	轮胎类型	产能
埃及亚历山大	载重汽车/公交汽车轮胎(r)	85万条/年

表28 倍耐力中东轮胎公司产能分布

厂址	轮胎类型	产能
土耳其伊兹米特	乘用车轮胎、轻卡轮胎、载重汽车/公交汽车轮胎和赛车轮胎(r,b)	800万条/年

6. 住友

住友轮胎公司在巴西建有一家轮胎厂，用于生产乘用车轮胎，月产能达到1000吨。

表29 住友拉丁美洲轮胎公司产能分布

厂址	轮胎类型	产能/吨·年$^{-1}$
巴西法曾达里奥格兰德	乘用车轮胎和轻卡轮胎(r)	22800

住友轮胎公司在欧洲多个地区建有轮胎厂。其中，位于德国哈瑙轮胎厂日产能较大，达到16000条，用于生产乘用车轮胎。

表30 住友欧洲轮胎公司产能分布

厂址	轮胎类型	产能/条·日$^{-1}$
德国菲尔斯滕瓦尔德(与固特异合资)	乘用车轮胎和轻卡轮胎(r)	10000
德国里扎(与固特异合资)	乘用车轮胎(r)	16000
法国亚眠(与邓禄普合作)	乘用车轮胎(r)	16000
法国蒙吕松(与邓禄普合作)	轻卡轮胎、载重汽车/公交汽车轮胎、农用轮胎、矿用机械/工程轮胎、工业轮胎和摩托车轮胎(r,b)	6000

住友轮胎公司工厂主要分布在亚洲。

表 31 住友亚洲轮胎公司产能分布

厂址	轮胎类型	产能/吨·年$^{-1}$
中国江苏常熟	乘用车轮胎、轻卡轮胎和载重汽车/公交汽车轮胎(r)	84000
中国湖南长沙	乘用车轮胎和轻卡轮胎	22800
印度尼西亚芝坎佩(与 Indomobil 集团合资)	乘用车轮胎、轻卡轮胎、载重汽车/公交汽车轮胎和摩托车轮胎(r,b)	61200
日本大阪泉大津	乘用车轮胎、轻卡轮胎、农用轮胎、矿用机械/工程轮胎和工业轮胎(r,b)	9000
日本宫崎	乘用车轮胎、轻卡轮胎、载重汽车/公交汽车轮胎和农用轮胎(r,b)	112200
日本名古屋	乘用车轮胎、轻卡轮胎、赛车轮胎和摩托车轮胎(r,b)	9380
日本白川町	乘用车轮胎、轻卡轮胎、载重汽车/公交汽车轮胎,矿用机械/工程轮胎和工业轮胎(r)	124200
泰国罗勇	乘用车轮胎、轻卡轮胎、农用轮胎、摩托轮胎和工业轮胎(r)	174000

7. 韩泰

韩泰轮胎公司在欧洲匈牙利拉曹尔马什建有一家轮胎厂,年产能达到 1000 万条乘用车轮胎和轻卡轮胎。

表 32 韩泰欧洲轮胎公司产能分布

厂址	轮胎类型	产能/万条·年$^{-1}$
匈牙利拉曹尔马什	乘用车轮胎和轻卡轮胎(r)	1000

该公司主要厂区集中在亚洲,分别是中国 3 家和韩国 2 家。其中产能最大的是位于韩国大田和锦山的轮胎厂,年产能都是 2300 万条以上,包括乘用车轮胎、轻卡轮胎和载重汽车/公交汽车轮胎。

表33　韩泰亚洲轮胎公司产能分布

厂址	轮胎类型	产能
中国嘉兴	乘用车轮胎(r)	1940万条/年
中国淮安	乘用车轮胎、轻卡轮胎、载重汽车/公交汽车轮胎(r)	940万条/年
中国重庆	乘用车轮胎、载重汽车/公交汽车轮胎(r)	34500条/日
韩国大田	乘用车轮胎、轻卡轮胎和载重汽车/公交汽车轮胎(r)	2350万条/年
韩国锦山	乘用车轮胎、轻卡轮胎、载重汽车/公交汽车轮胎(r)	2320万条/年

8. **横滨**

横滨轮胎公司在美国弗吉尼亚州塞林小镇和密西西比河西点地区分别建有一家轮胎厂，塞林小镇轮胎厂年产能达到620万条乘用车轮胎和轻卡轮胎。

表34　横滨北美轮胎公司产能分布

厂址	轮胎类型	产能/万条·年$^{-1}$
美国弗吉尼亚州塞林小镇	乘用车轮胎和轻卡轮胎(r)	620
美国密西西比河西点地区	载重汽车/公交汽车轮胎(r)	100

横滨轮胎公司工厂主要分布在亚洲，中国3家、泰国1家、菲律宾1家、日本4家和越南2家。

表35　横滨亚洲轮胎公司产能分布

厂址	轮胎类型	产能
中国杭州	乘用车轮胎(r)	500万条/年
中国苏州	载重汽车/公交汽车轮胎(r)	35万条/年
中国苏州	乘用车轮胎(r)	600万条/年
日本三重	乘用车轮胎、轻卡轮胎和载重汽车/公交汽车轮胎(r)	590万条/年
日本三岛	乘用车轮胎、轻卡轮胎和赛车轮胎(r,b)	1390万条/年
日本尾道	工业轮胎和矿用机械/工程轮胎(r,b)	19440吨/年
日本丰桥	乘用车轮胎和轻卡轮胎(r)	1690万条/年
泰国阿马塔	乘用车轮胎、轻卡轮胎和载重汽车/公交汽车轮胎(r)	440万条/年
越南顺安区(与南方橡胶集团和三菱公司合资)	轻卡轮胎和工业轮胎(x)	130万条/年
越南胡志明市(与南方橡胶集团和三菱公司合资)	轻卡轮胎、摩托车轮胎和工业轮胎	2160吨/年
菲律宾克拉克经济开发区	乘用车轮胎和轻卡轮胎(r)	1250万条/年

9. 正新

正新轮胎厂都在亚洲地区，其中中国大陆7家、台湾1家，泰国1家，越南1家。

表36　正新亚洲轮胎公司产能分布

厂址	轮胎类型	产能/条·日$^{-1}$
中国福建厦门	乘用车轮胎、轻卡轮胎、载重汽车/公交汽车轮胎、农用轮胎、摩托车轮胎、矿用机械/工程轮胎、工业轮胎、航空胎和赛车胎(rx)	364450
中国江苏昆山	乘用车轮胎、轻卡轮胎和载重汽车/公交汽车轮胎(r)	60600
中国重庆	乘用车轮胎和轻卡轮胎(r)	25955
中国福建漳州	乘用车轮胎和摩托车轮胎(r,b)	121500
中国福建厦门	载重汽车/公交汽车轮胎(r,b)	9850
中国福建厦门	工业轮胎(r,b)	546200
中国天津	摩托轮胎(b)	115610
中国台湾	乘用车轮胎、轻卡轮胎、载重汽车/公交汽车轮胎、农用轮胎、摩托车轮胎、工业轮胎和赛车胎(r,b)	151640
泰国罗勇	乘用车轮胎、轻卡轮胎、载重汽车/公交汽车轮胎、农用轮胎，摩托车轮胎和工业轮胎(r)	42900
越南东来	轻卡轮胎、载重汽车/公交汽车轮胎和摩托车轮胎(r,b)	84570

10. 中策

中策在中国轮胎产能为4500万条，共有4个轮胎生产基地，分别为：杭州下沙经济技术开发区集团总部基地，生产半钢子午胎、斜交胎、力车胎、内胎；杭州下沙经济技术开发区朝阳公司生产基地，生产全钢子午胎；建德基地，生产全钢子午胎、斜交胎；富阳基地，生产全钢子午胎。此外，在泰国罗勇府有1家轮胎工厂，生产全钢子午胎、半钢子午胎、斜交胎。

表37　中策亚洲轮胎公司产能分布

厂址	轮胎类型	产能/万条·年$^{-1}$
中国浙江	乘用车轮胎、轻卡轮胎、载重汽车/公交汽车轮胎、农用轮胎、摩托车轮胎、矿用机械/工程轮胎、工业轮胎和赛车轮胎(r)	4500
泰国 Pattaya	乘用车轮胎、轻卡轮胎和载重汽车/公交汽车轮胎(r)	600

11. 佳通轮胎

佳通轮胎工厂主要集中在亚洲地区，其中中国 6 家、印度尼西亚 1 家。

表 38 佳通轮胎产能分布

厂址	轮胎类型	产能
中国安徽	乘用车轮胎、轻卡轮胎、载重汽车/公交汽车轮胎(r,b)	2060 万条/年
中国重庆(已关闭)	乘用车轮胎、摩托车轮胎(r,b)	140 万条/年
中国黑龙江	轻卡轮胎、载重汽车/公交汽车轮胎、农业胎、工业轮胎(r,b)	600 万条/年
中国福建	乘用车轮胎(r)	1900 万条/年
中国宁夏	载重汽车/公交汽车轮胎(r)	240 万条/年
中国宁夏	航空胎(r,b)	-
印度尼西亚	乘用车轮胎、轻卡轮胎、载重汽车/公交汽车轮胎、农用轮胎、摩托车轮胎、矿用机械/工程轮胎、工业轮胎(r,b)	70 条/天

12. 固铂轮胎橡胶

固铂轮胎工厂主要集中于北美洲，主要以生产全钢子午线汽车轮胎、轻卡轮胎为主，其中位于美国图博洛的工厂产能最大，可以达到 42000 条/日。

表 39 固铂轮胎橡胶产能分布

厂址	轮胎类型	产能
墨西哥埃尔萨尔托	乘用车轮胎、轻卡轮胎(r)	21500 条/天
美国芬德利	乘用车轮胎、轻卡轮胎(r)	21000 条/天
美国特克萨卡纳	乘用车轮胎、轻卡轮胎(r)	31000 条/天
美国图博洛	乘用车轮胎(r)	42000 条/天
塞尔维亚克鲁舍瓦茨	乘用车轮胎(r)	280 万条/年
英国威尔特郡	乘用车轮胎、轻卡轮胎、摩托车轮胎、赛车轮胎(r,b)	5800 条/天
中国昆山	乘用车轮胎、轻卡轮胎(r)	15000 条/天

13. 东洋轮胎橡胶

东洋轮胎作为日本轮胎企业的代表，主要厂区分布于亚洲地区，其中中国、日本、马来西亚各有两家工厂，以生产乘用车轮胎、轻卡轮胎、载重汽车/公交汽车轮胎为主。

表 40　东洋轮胎橡胶产能分布

厂址	轮胎类型	产能
美国怀特	乘用车轮胎、轻卡轮胎(r)	580 万条/年
中国山东	载重汽车/公交汽车轮胎(r)	200 万条/年
中国江苏	乘用车轮胎、轻卡轮胎(r)	200 万条/年
日本桑名	乘用车轮胎、轻卡轮胎、载重汽车/公交汽车轮胎、工业轮胎(r)	80400 吨/年
日本仙台	乘用车轮胎、轻卡轮胎、载重汽车/公交汽车轮胎、工业轮胎、赛车轮胎(r)	74400 吨/年
马来西亚甘文定	乘用车轮胎、轻卡轮胎、载重汽车/公交汽车轮胎、农业轮胎、工业轮胎、赛车轮胎(r)	260 万条/年
马来西亚太平	乘用车轮胎、轻卡轮胎(r)	250 万条/年

14. 锦湖轮胎

与东洋轮胎情况类似,锦湖轮胎主要工厂分布于亚洲,其中中国 4 家、韩国 3 家、越南 1 家。其中以韩国光州的工厂年产能最大,可以达到 1600 万条/年,以生产乘用车轮胎、轻卡轮胎、载重汽车/公交汽车轮胎、航空轮胎以及赛车轮胎为主。

表 41　锦湖轮胎产能分布

厂址	轮胎类型	产能/万条・年$^{-1}$
美国梅肯	乘用车轮胎、轻卡轮胎(r)	400
中国长春	乘用车轮胎、轻卡轮胎(r)	410
中国天津	乘用车轮胎、轻卡轮胎(r)	1190
中国南京	载重汽车/公交汽车轮胎(r)	44
中国南京	乘用车轮胎、轻卡轮胎(r)	1300
韩国谷城	乘用车轮胎、载重汽车/公交汽车轮胎(r)	1500
韩国光州	乘用车轮胎、轻卡轮胎、载重汽车/公交汽车轮胎、航空轮胎、赛车轮胎(r)	1600
韩国平泽	乘用车轮胎、轻卡轮胎(r)	220
越南边葛	乘用车轮胎、轻卡轮胎(r)	330

15. 三角集团

三角集团 3 家工厂位于中国山东,年产能最大的工厂可以达到 1200 万条/年,以生产乘用车轮胎、轻卡轮胎、载重汽车/公交汽车轮胎、矿用机械/工程轮胎为主。

表 42　三角集团产能分布

厂址	轮胎类型	产能/万条・年$^{-1}$
中国山东	乘用车轮胎、轻卡轮胎、矿用机械/工程轮胎(r,b)	1200
中国山东	乘用车轮胎,轻卡轮胎、载重汽车/公交汽车轮胎、矿用机械/工程轮胎、工业轮胎(r,b)	900
中国山东	乘用车轮胎、轻卡轮胎(r)	400

16. MRF 公司

MRF 公司是印度轮胎企业的代表，印度轮胎企业是目前全球轮胎企业中一股不可忽视的力量，印度轮胎市场潜力巨大。MRF 公司在印度共有 9 家工厂，其中以印度泰米尔纳德工厂产能最大，可以达到 52000 条/日。

表 43　MRF 公司产能分布

厂址	轮胎类型	产能/条·日$^{-1}$
印度特伦甘纳	乘用车轮胎、摩托车轮胎(r)	18000
印度泰米尔纳德	乘用车轮胎、轻卡轮胎、农业胎、摩托车轮胎、航空胎、赛车轮胎(r,b)	52000
印度泰米尔纳德	轻卡轮胎、载重汽车/公交汽车轮胎、农业胎、矿用机械/工程轮胎、工业轮胎(b)	4600
印度果阿	轻卡轮胎、载重汽车/公交汽车轮胎、农业胎(r)	5800
印度喀拉拉	轻卡轮胎、载重汽车/公交汽车轮胎、农业胎(r,b)	2600
印度安德拉	乘用车轮胎、轻卡轮胎、载重汽车/公交汽车轮胎、农业胎、摩托车轮胎、矿用机械/工程轮胎、工业轮胎(b)	30000
印度泰米尔纳德	农业胎(r)	2700
印度泰米尔纳德	轻卡轮胎、农业胎、摩托车轮胎(b)	25000
印度本地治理	乘用车轮胎、轻卡轮胎、载重汽车/公交汽车轮胎、赛车轮胎(b)	15000

17. 阿波罗轮胎

阿波罗轮胎是印度排名第二的轮胎企业，其位于古吉拉特的工厂产能最大，可以达到 514 吨/日。

表 44　阿波罗轮胎产能分布

厂址	轮胎类型	产能/吨·日$^{-1}$
印度泰米尔纳德	乘用车轮胎、载重汽车/公交汽车轮胎(r)	522
印度喀拉拉	轻卡轮胎、载重汽车/公交汽车轮胎、农业轮胎、矿用机械/工程轮胎、工业轮胎(b)	112
印度古吉拉特	乘用车轮胎、轻卡轮胎、载重汽车/公交汽车轮胎、农业胎、矿用机械/工程轮胎、工业轮胎(r,b)	514
印度喀拉拉	轻卡轮胎、载重汽车/公交汽车轮胎、农业胎(r)	340

18. 耐克森轮胎

耐克森轮胎在亚洲地区共建有 4 家工厂，其中韩国 3 家、中国青岛 1 家，主要以乘用车轮胎、轻卡轮胎、工业轮胎为主。

表 45　耐克森轮胎产能分布

厂址	轮胎类型	产能
中国青岛	乘用车轮胎、轻卡轮胎(r)	1040 万条/年
韩国庆尚南道	工业轮胎(r)	500 吨/年
韩国昌宁	乘用车轮胎、轻卡轮胎(r)	1000 万条/年
韩国梁山	乘用车轮胎、轻卡轮胎(r)	1830 万条/年

19. 诺记轮胎

诺记轮胎共建有 2 家工厂，全部位于欧洲，其中芬兰诺基亚市工厂产能最大，可以达到 76100 吨/年。

表 46　诺记轮胎产能分布

厂址	轮胎类型	产能
芬兰诺基亚市	乘用车轮胎、轻卡轮胎、农用轮胎、矿用机械/工程轮胎、工业轮胎(r,b)	76100 吨/年
俄罗斯弗谢沃尔斯克	乘用车轮胎、轻卡轮胎(r)	120 万条/年

20. 山东玲珑

山东玲珑共有 4 家工厂，中国山东 2 家、广西柳州 1 家以及泰国罗勇府 1 家，其中位于中国山东招远的工厂产能最大，达到 3500 万条/年。

表 47　山东玲珑产能分布

厂址	轮胎类型	产能/万条·年$^{-1}$
中国山东招远	乘用车轮胎、轻卡轮胎、载重汽车/公交汽车轮胎、农业胎、矿用机械/工程轮胎、工业轮胎、赛车轮胎(r,b)	3500
中国山东德州	载重汽车/公交汽车轮胎	200
中国广西柳州	乘用车轮胎、轻卡轮胎、载重汽车/公交汽车轮胎、矿用机械/工程轮胎(r,b)	2200
泰国罗勇	汽车轮胎，轻卡轮胎、载重汽车/公交汽车轮胎(r)	1320

（苏　博　李玉庭）

阿朗新科－立足亚太地区，保持强劲增长

阿朗新科成立于2016年4月，是一家全球领先的合成橡胶公司。作为朗盛化学与沙特阿美公司的合资企业，阿朗新科拥有母公司100多年的丰富经验，为全球市场提供高品质的橡胶产品。

随着亚太地区对合成橡胶需求的持续增长[1]，阿朗新科继续致力于为区域内众多行业提供服务，全力满足市场对性能、美观、耐用性以及环境影响等各方面的个性化需求。

公司的总部位于荷兰，核心业务是研发、制造并营销高性能合成橡胶，其产品广泛应用于汽车轮胎、建筑业、石油和天然气等行业。公司持续发展和壮大亚洲和中国市场，旗下两大业务部门——高性能弹性体（HPE）、轮胎和特种橡胶（TSR）均取得良好的全球业绩，2016年销售额达到27亿欧元。

阿朗新科在中国

亚太地区：紧密联系 稳固基础

全球每年的合成橡胶消费量超过1260万吨，其中一半以上的需求来自亚太地区。市场分析预计，到2022年，全球需求量将上升约50%[2]。

随着中国国内汽车工业和轮胎替换市场的崛起，以及塑料改性和家装应用等其他行业对合成橡胶需求的增长，中国将继续作为阿朗新科在亚洲及全球其他地区的重要枢纽。

位于中国常州的三元乙丙橡胶（EPDM）厂内的橡胶技术中心（RTC）是目前先进的综合性橡胶实室，通过不断改善产品组合，全力满足日益增长的市场需求，兑现对本地市场的郑重承诺。

在橡胶技术中心（RTC）的实验室可进行混合、流变、物理特性、样品制备以及分析测试等各项操作。通过紧密整合的生产和技术开发过程，阿朗新科开展合成橡胶研究制造的联合教育和培训项目，与本地伙伴及客户建立起更密切的联系和更良好的协作。

常州三元乙丙工厂以及橡胶技术中心印证了中国对阿朗新科的重要价值，以及在公司战略和本地市场中的关键作用。

亚洲制造，服务亚洲

新加坡：工厂基地 支持全球

阿朗新科在亚太地区的其他国家也有所投资，如在新加坡投资建立了一家亚洲现代化的丁基橡胶厂。这家新的工厂与位于加拿大萨尼亚市（Sarnia）和比利时兹韦恩德雷赫特市（Zwijndrecht）的丁基橡胶厂，形成了丁基橡胶全球供应网络。

在新加坡，阿朗新科还拥有一家全球大型钕系顺丁橡胶（Nd-BR）厂。钕系顺丁橡胶是一种高度创新的橡胶材料，主要用于制造轮胎、高尔夫球、跑鞋鞋底、传送带，还应用于注塑成型所需的高抗冲聚苯乙烯（HIPS）。随着全球环保意识的不断增长，对使用“绿色轮胎”　以减少机动车辆对环境影响的呼吁也日益增加，推动了轮胎的重要组成成分——钕系顺丁橡胶的需求。

这两家工厂同时位于新加坡的化工和石油加工中心裕廊岛上，在许多方面享有协同效应，如具备联合的基础设施和物流，以及从邻近工厂获得生产两种产品所需的原材料。凭借公司在亚太地区的制造和加工能力，阿朗新科将继续投资并强化在该区域的市场地位，并持续保持增长势头。

---

1 橡胶统计公报，2017年4月～6月版，2017年6月（Rubber Statistical Bulletin, April － June 2017 Edition, June 2017）

2 Ceresana，市场调研：合成橡胶，2016年2月（Ceresana, Market Study: Synthetic Rubber, February 2016）

蒸蒸日上，精进前行

全新技术 引领未来

阿朗新科将继续积极为不断增长的橡胶市场开发新产品。作为阿朗新科的新发展成果，Keltan5467C兑现了公司对中国合成橡胶市场的真挚承诺。

Keltan5467C是针对热塑性硫化橡胶（TPV）、消费品以及减震橡胶制品市场在常州厂开发的一款新牌号。该产品为具有中等第三单体含量（ENB）和充油75份的高分子量半结晶三元乙丙橡胶（EPDM），兼具KeltanACETM催化技术和可控长链支化技术的优点，使K5467C具备了优异的可加工性、物理机械性能和动态使用性能。

此外，阿朗新科在全球范围内提供具有优化性能和成本效益的智能解决方案。在荷兰赫伦（Geleen）和中国常州的生产厂所采用的KeltanACE™催化技术降低了能源消耗，从而减少了碳排放，提升了质量，带来全品级、多样化的产品组合以及相较早期技术的生产厂更低的投资。它能帮助客户减少水和天然气消耗，并避免了氨的使用。

轮胎和特种橡胶（TSR）业务部门最近推出了两款溶聚丁苯橡胶（SSBR）：Buna®FX3234A-2和Buna®FX5000，分别具有第一代和第二代官能化技术。

这两款新产品中，Buna®FX3234A-2是一种高苯乙烯含量SSBR，具有设计用于与二氧化硅填料相互作用的官能团，以减少轿车轮胎胎面的滚动阻力。该款产品含有37.5phrTDAE填充油，专为高性能夏季轮胎而设计。而Buna®FX5000具有阿朗新科第二代官能化技术特色的高乙烯基含量SSBR，也可与二氧化硅填料相互作用，通过降低滚动阻力而提高燃料经济性。该款产品仅含有5phrTDAE填充油，在共混过程中可减少填料添加量而进一步优化滚动阻力，适用于全季轮胎。

此外，作为橡胶加工业全球领先的合成橡胶供应商之一，阿朗新科的高性能弹性体（HPE）业务部门还为客户提供广泛的技术橡胶产品组合。阿朗新科在包括中国在内的所有重要市场建立了工厂生产高质量的产品，在全球范围内满足一系列的工业应用需求。

该业务部门提供用“常规”橡胶根本无法实现的解决方案，其橡胶产品广泛应用于各种领域，如汽车行业、燃气/石油勘探和生产以及机械、建筑和电缆工程等各行业的功能部件。例如，比常规橡胶更具耐油性的丁腈橡胶（Krynac®、Perbunan®和Baymod®N），对臭氧、紫外光、热空气以及长期老化有着更高耐受性的氢化丁腈橡胶（Therban®），对湿热、微生物有着优异的动态性能和耐候性能的氯丁橡胶（Baypren®，Baypren®ALX），具有耐高温、透明性好、性价比高，尤其适合低烟低毒无卤阻燃的乙华平（Levapren®）.

阿朗新科

拥抱光明未来

作为合成橡胶领域新的独立参与者，阿朗新科已在业界受到广泛关注，并继续扎根于全球市场，为轮胎、汽车、黏合剂和建筑施工等全球重要行业客户提供世界领先的合成橡胶。在创新热情的驱动下，阿朗新科（ARLANXEO）将秉持对中国及亚太地区的坚定承诺，继续为合作伙伴和客户提供最佳解决方案。

南京利德东方橡塑科技有限公司

原南京七四二五橡塑有限责任公司

地址：江苏省南京市迈皋桥创业园7号

业务咨询：4009907425　售后服务：4009007425

邮编：210028　www.orlete.com

南京利德东方橡塑科技有限公司(原南京七四二五橡塑有限责任公司)

由中国化工集团公控股，作为一家**以橡胶制品科技研发和高端制造为主体**的数字化企业，我公司是目前**国内大型汽车制动软管研发生产基地**和**中国铁路总公司铁路橡胶件定点研发中心**。产品出口**美国、日本和东南亚等**国家和地区。“和德东方”、"ORLETE"和“7425” 品牌产品在行业内具有极高知名度和美誉度。公司以“科技引领未来，创新驱动发展”为发展战略，“三优”、“四满意”为发展定位，努力成为国内一流、国际先进的橡胶制品研发中心。

近年来，南京利德东方投资大量资金采购全新自动化设备，新建恒温防尘车间及异型管车间，具备了配套中高档车型的生产条件。

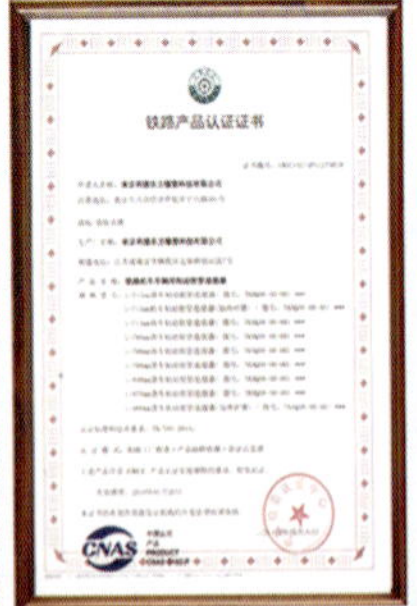

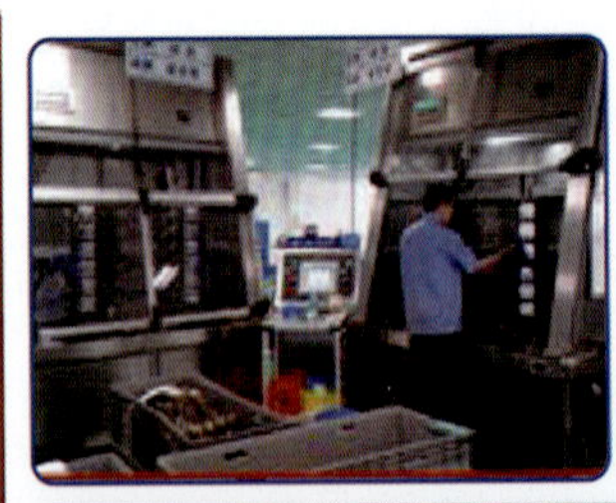

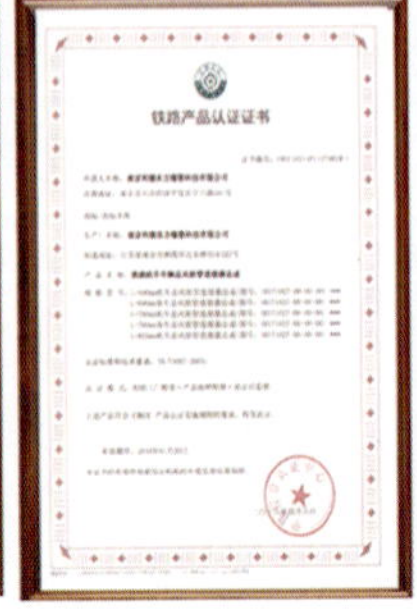

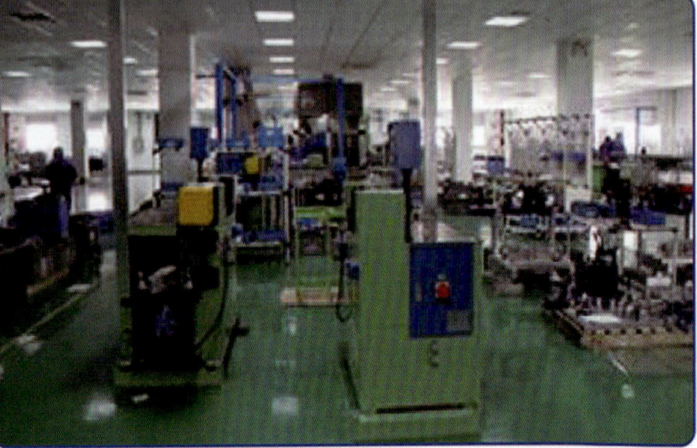

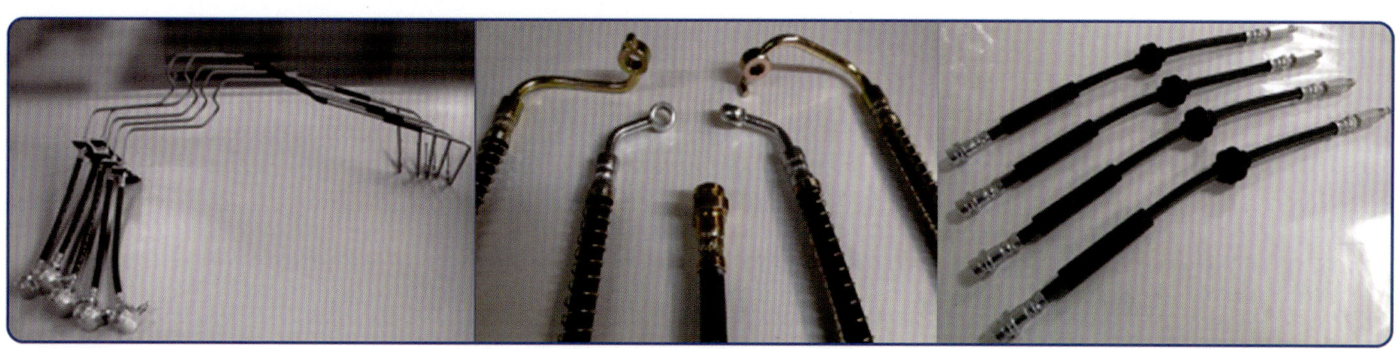

汽车制动软管及总成---标准：产品执行SAE J1401、FMVSS NO.106、GM3056、大众TL821 52、雪铁龙B245210、菲亚特FIAT9.02138/31、本田HESD3201、日产D8201、日本JIS D2601、GB16897、GB/T7127等标准。

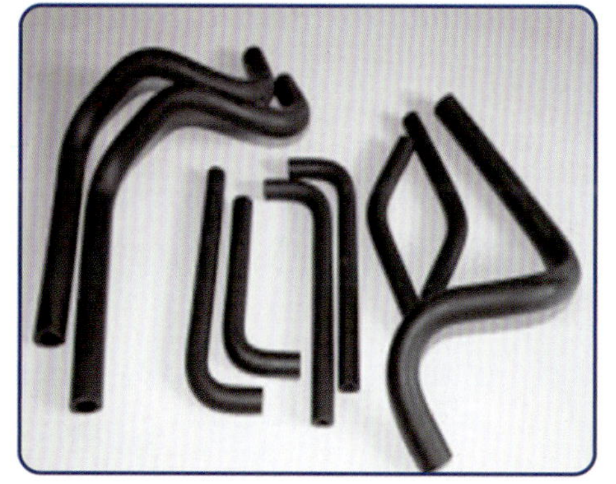

异型管

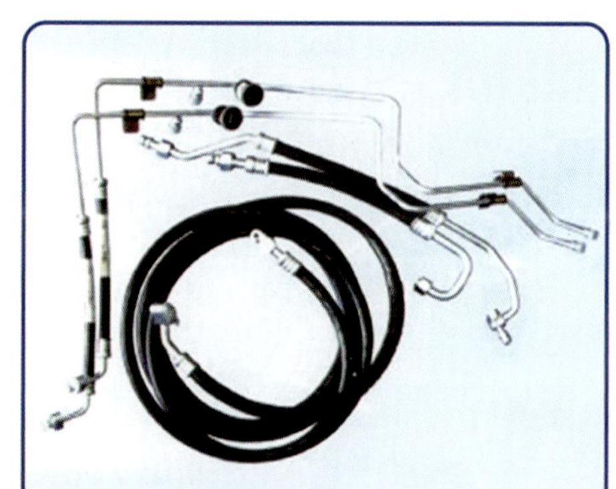

空调软管及总成

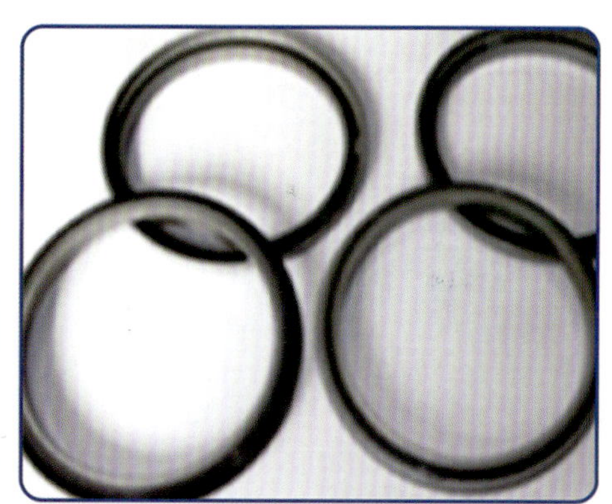

铁路车辆用轴承油封

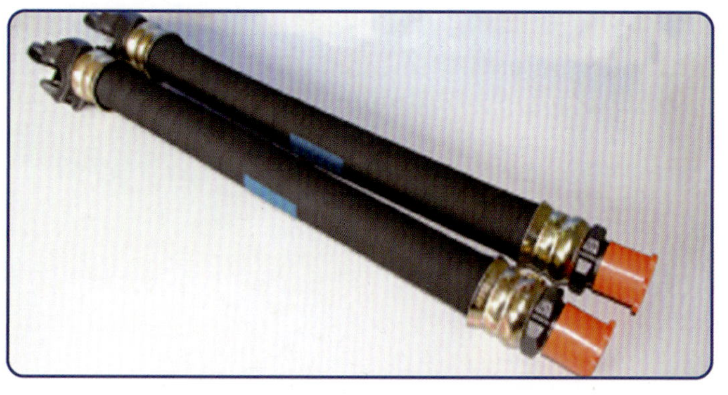

铁路制动软管连接器总成

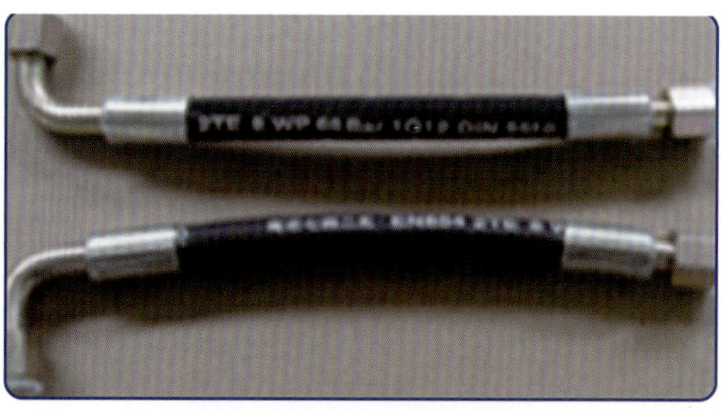

高铁动车组橡胶软管及总成

致力于成为行业领先的

轮胎及周边产品解决方案提供商

橡塑机械 | 轮胎 | 钢圈 | 化工

www.shunfuchang.com 86 536 5780701

百日无忧换胎
倡导者
FIREMAX 福麦斯
守 护 驾 驶 生 活
www.firemaxtyre.com
百日无忧
86 536 5780701

中汽中心盐城汽车试验场有限公司

中国汽车技术研究中心 轮胎测试平台

中国汽车技术研究中心(简称中汽中心) 是1985年根据国家对汽车行业管理的需要，经国家批准成立的科研院所。中汽中心作为行业技术归口单位和国家政府主管部门的技术支撑机构，目前拥有总资产71.4亿元，净资产46.8亿元，占地面积7380亩。

中汽中心轮胎测试平台成立于2016年1月，投资近1亿元人民币，引进国外先进的室内、室外轮胎测试设备，并充分利用盐城汽车试验场国际一流、国内领先的测试场地和设施，建立满足全世界较严格的欧盟轮胎标签法规测试项目的全项试验能力和欧盟轮胎产品型式认证的全项测试能力，以满足轮胎企业出口认证测试和研发测试的迫切需求，同时拓展轮胎产品研发的其他道路试验、台架试验以及轮胎主观评价试验，逐步形成全面的轮胎静态和动态测试评价能力，致力打造中国优秀的汽车轮胎测试平台，不断为客户提供更有价值的技术服务。

目前已形成以轮胎标签法测试及CCC试验为核心的法规认证测试平台(国内外认证试验)学以轮胎滑行噪声、轮胎湿地抓着性能、雪地胎试验为核心的轮胎道路试验平台(轮胎道路测试平台) 以高速均匀性及Flat-Trac.轮胎六分力测试为核心的研发验证测试平台(研发试验平台) 共同组成中国汽车技术研究中心的轮胎测试平台。

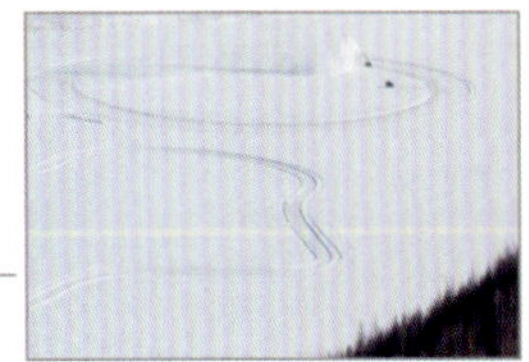

中汽中心呼伦贝尔冬季试验场

中汽中心天津核心基地

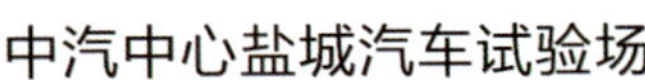

中汽中心盐城汽车试验场

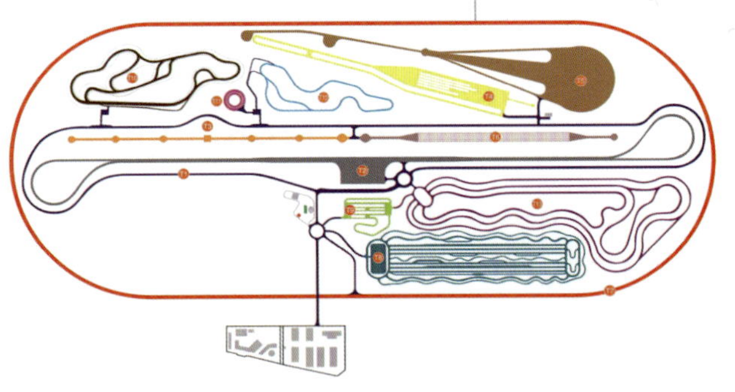

轮胎标签法测试平台	轮胎法规认证测试平台（出口认证及CCC试验）	轮胎道路测试平台	轮胎研发验证测试平台
轮胎滚动阻力测试	轮胎滚动阻力	轮胎通过噪声测试	履带式六分力分析 (MTSFlac-Trac)
轮胎通过噪声测试	轮胎通过噪声	轮胎湿地抓着性能测试	转鼓式六分力分析
轮胎湿地抓着性能测试	轮胎湿地抓着性能	雪地胎性能测试	高速均匀性
	高速性能	耐久磨耗测量试验	踏面分析
	耐久性能	湿滑绕桩测试试验	纵/横向刚性
	强度、脱圈	专项性主观测试	扭转刚性
	无内胎轮胎脱圈阻力	操控性主观测试	包封刚性
	轮胎尺寸、外观质量	舒适性主观测试	径向刚性
	胎面磨耗标志		斜角刚性

轮胎测试平台主要设备设施

◎中汽中心盐城汽车试验场道路设施

盐城试验场是目前国内面积大、设施全、技术指标先进的独立第三方汽车试验场。试验道路总长超过60公里，主要测试道路的设计建造充分考虑了乘用车和商用车的测试要求，能够满足所有类型车辆的法规测试和研发测试，同时还兼顾制动系统、轮胎系统、先进主动安全系统(ADAS)、新能源汽车的研发试验和出口认证试验。

◎轮胎湿地抓着性能测试系统

进口高精度轮胎制动附着力测试系统配合符合欧盟法规ECER117和EU 228/2009要求的湿抓着路面，可满足标签法对C1轮胎湿地性能测试要求。同时实车法覆盖C2、C3轮胎湿地抓着性能试验。

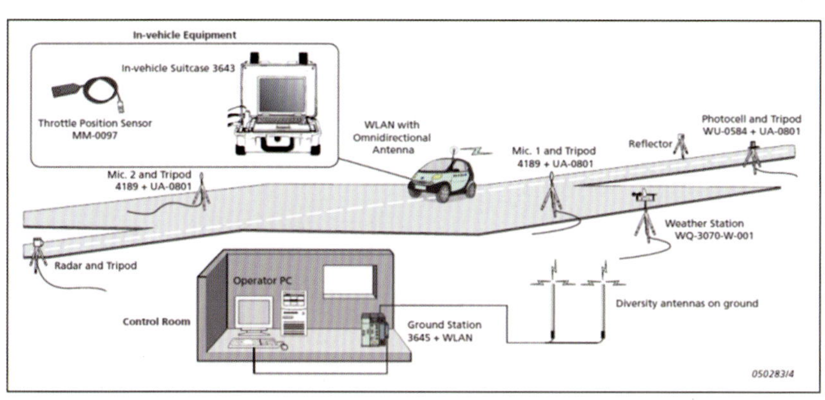

◎轮胎通过噪声测试系统

进口高精度和高可靠性的外场通过噪声测试分析系统，各测试部件自动采集数据。配合符合相关要求的车外通过噪声路面，可满足欧盟轮胎标签法噪声测试及研发测试要求。

◎轮胎滚动阻力试验机

进口高精度双工位轮胎滚动阻力试验台，可使用力法或扭矩法测量轮胎滚动阻力。试验机附带调节轮胎角度功能，可满足法规标准测试及其他研发类非标准测试。

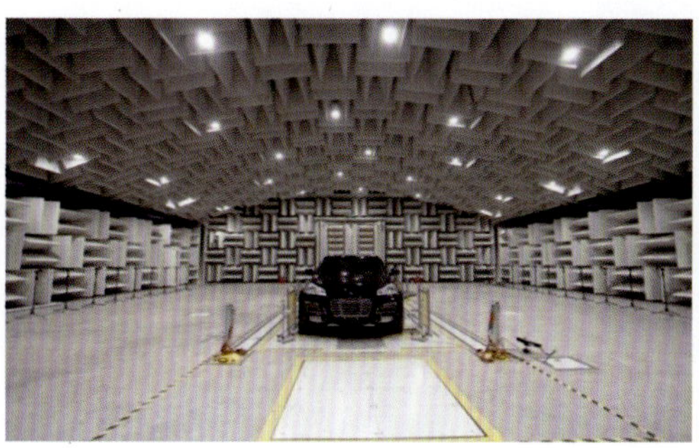

◎Flat-Trac CT+六分力测试设备

进口新一代Flat-TracCT+,可满足稳态侧偏与侧倾试验、纵滑试验、侧偏角扫掠与正弦试验、侧倾角扫掠与正弦试验、动态半径扫掠与正弦试验、有效滚动半径测试、残余侧向力与回正力矩试验。

◎室内双侧Passby噪声测试

整车半消声室满足GB1495-2002、ECE R51加速噪声测量对声场的要求。转毂鼓面采用标准的沥青路面，能够精准模拟轮胎噪声。

◎中汽中心呼伦贝尔冬季试验场

中汽中心呼伦贝尔冬季汽车试验场位于内蒙古牙克石市，与世界著名的欧洲冬季试车场在同一纬度带。年平均温度在零下20度以下的天数多达120多天，积雪深度可达到55厘米，平均风速2.1米/秒，可以进行轮胎法规及各种研发冰雪地测试。

一、轮胎智能制造“排头兵” 重塑智能制造新生态

2016年森麒麟成为智能制造新模式应用项目入选企业。森麒麟以助推中国传统制造产业转型升级为己任，所缔造的森麒麟轮胎工业4.0智慧工厂紧密围绕智能制造新模式应用项目，研发出具有自主知识产权的“森麒麟智能管理系统”，构建出具有自动化、信息化、智能化和个性化的智慧工厂，实现了原材料仓储-密炼-部件-成型-硫化-检测-入库的自动化、信息化、智能化生产。

二、全球化布局持续发力 抢占世界轮胎话语权

2016年，森麒麟轮胎北美轮胎智造基地——森麒麟轮胎北美有限公司（SenturyTire North America Inc）历经9个月的选址过程，正式落户美国佐治亚州拉格兰奇市，这是中国自主轮胎企业在美国投资建设工厂，是继森麒麟轮胎（泰国）有限公司建成投产后，森麒麟轮胎全球化发展战略的又一关键步骤。此次森麒麟轮胎生产制造基地进驻美国本土，也成为中国自主轮胎品牌亮剑世界轮胎舞台的重要里程碑，吹响了进军美国本土的号角，建成后的森麒麟美国轮胎智造基地将继续发挥工业4.0智能制造的强大生命力，持续助力森麒麟打造成为一个世界高端中国轮胎品牌。

三、亮点研发新品频现 为“高端中国制造”夯基垒台

森麒麟轮胎始终坚持“自主研发、持续创新、着眼未来”的研发理念，2016年森麒麟精英研发团队持续发力，亮点研发新产品频现，森麒麟轮胎四季全天候缺气保用轮胎路航Landsail 255/55R18109V正式亮相；与华高墨烯共同研发的石墨烯导静电轮胎路航245/45R18LS588@RSC在森麒麟诞生，石墨烯导静电轮胎量产基地正式落地森麒麟；11月，森麒麟防刺扎轮胎于美国市场正式亮相；森麒麟研发团队最新研发成果20寸夏季缺气保用轮胎又让森麒麟成为全球少数几家能够研发与生产这款产品的轮胎企业。

四、“中国赛车轮胎品牌” 逐鹿2016赛季

2016年，公司持续发力赛车运动领域，森麒麟旗下路航轮胎剑指“中国赛车轮胎品牌”，继续逐鹿2016赛季，领跑中国自主轮胎品牌赛车轮胎新格局。

2016赛季，路航与德林特陪伴赛车手们呈现了一场场飞沙走石、酣畅淋漓、激情澎湃的精彩比赛，轮胎的超高性能也被一次次验证：COC携手众泰越野车队拿下年度总冠军；助力汪海拿下中国越野顶级赛事—2016年中国大越野冠军……冠军品质毋庸置疑！

五、青岛制造业“新五朵金花” 荣誉与肯定伴我们同行

2016年，国家、山东省、青岛市各级领导对于森麒麟的成长给予了高度关注和支持，荣誉与肯定伴随森麒麟的成长，青岛制造业“新五朵金花”之路踏实坚定。

2016年，森麒麟国家实验室复审再认证顺利过审，森麒麟检测中心科学化、规范化运作再获国家认可。

六、航空轮胎研发新突破

取得中国民航局颁发的民用航空轮胎适航证的自主轮胎企业，是中国民航局委托的中国民用航空技术标准规定CTSO-C62e《航空轮胎》（2014版）的制定者，也是世界上屈指可数的掌握航空轮胎核心技术的轮胎企业。目前森麒麟航空轮胎适配波737-300/400/600/700/800/900ER型号飞机前后起落架的轮胎产品已通过全部测试，并已开始军用航空轮胎的研发与生产。

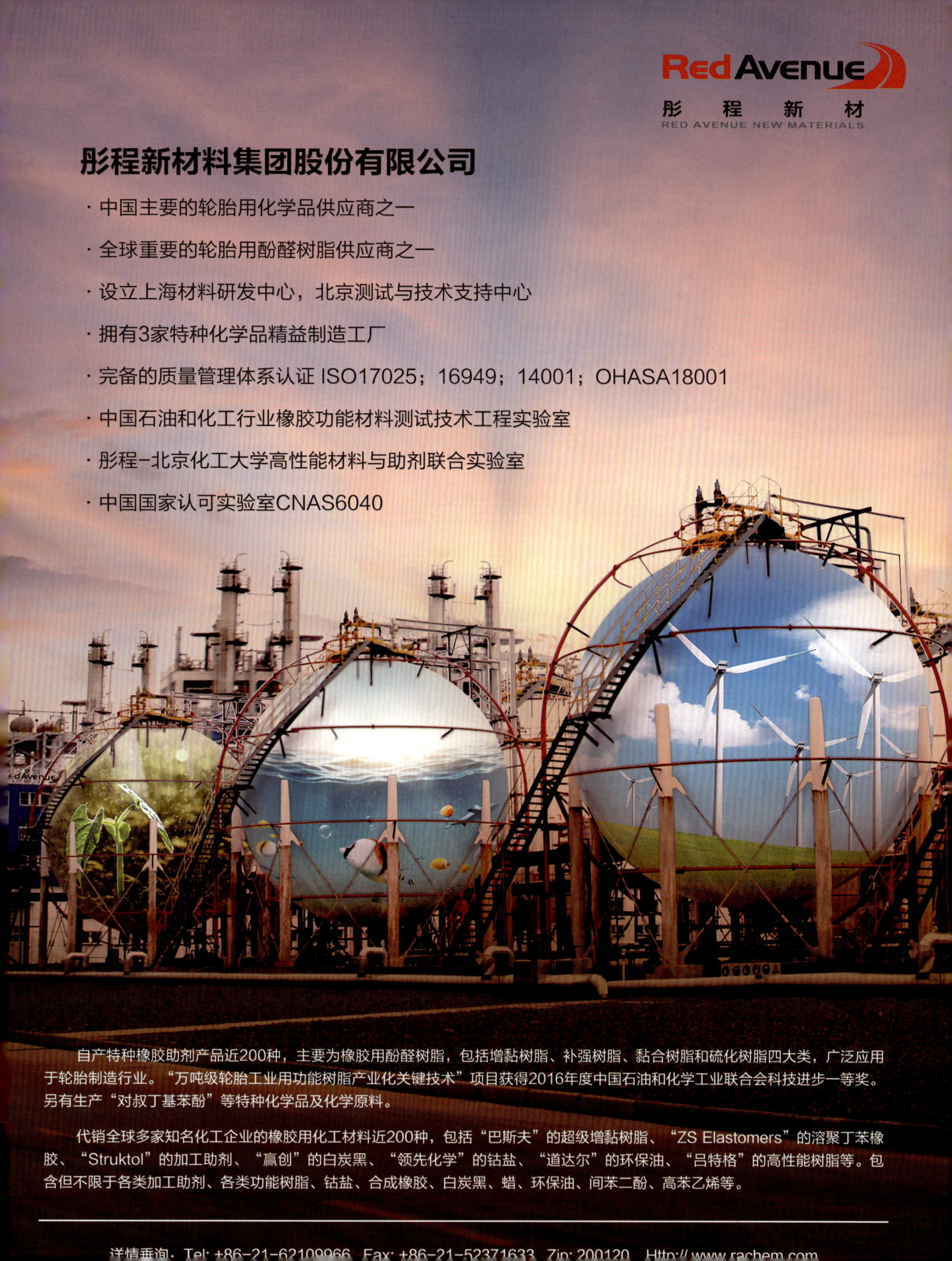

文登市三峰轮胎有限公司

文登市三峰轮胎有限公司是以生产轮胎为主的中型专业企业，主导产品“三峰”牌轮胎已形成工业轮胎、农业轮胎、林业轮胎、工程机械轮胎、特种拖车轮胎、ATV/GOLF轮胎、卡客车载重轮胎等系列200多个规格品种。获得ISO9001质量管理体系认证、国家CCC强制性产品认证、美国DOT标准认证、ISO14001环境管理体系认证、28001职业健康安全管理体系认证和安全标准化二级达标。2017年，成功注册了“SOLIDWAY”国际商标。产品90%以上出口，销往美国、墨西哥、加拿大、哥伦比亚、智利、瑞典、厄瓜多尔、希腊等20多个国家。

公司始终坚持“以人为本，秉承服务理念；持续改进，塑造精良品质”的质量方针和“质量优先，用户至上，用户的需求就是我们的努力方向”的服务理念，不断推进企业技术创新体系建设和设备管理现代化进程，持续改进公司管理体系，促进了生产设备升级换代，加快了产品结构调整步伐，实现了公司低成本、高质量、高效率、高效益的运营目标。

公司十分注重品牌建设、重视企业社会责任，从产品花纹设计、配方匹配、工艺实施、设备配置等方面采取各种措施，在产品质量、生产安全、职业健康、环境环保等方面严格遵守国家的法律法规，使产品能够不断适应客户、市场和社会对环保、节能、安全的要求，维护了企业信誉，树立了良好的企业形象。

地址电话：山东省威海市文登区龙山路148号
电话：0631- 8353410/8358698
传真:0631-8352100/8358798
网站：www.sanfengchina.cn
E-mail:sanfeng@sanfengchina.cn

轮胎用环保型溶聚丁苯橡胶

RC2557S、RC2564S

项目	产品典型值		测试方法
	2557S	2564S	
填充油	NAP10	NAP10	–
总苯乙烯含量，%	25	25	Q/SY DS 0520
乙烯基含量，%	57	64	Q/SY DS 0520
$ML_{(1+4)}^{100℃}$	53	48	Q/SY DS 0522
拉伸强度/MPa（35min）	18	18	ASTM D 412
300%定伸应力/MPa（35min）	11	11	ASTM D 412
扯断伸长率/%（35min）	440	450	ASTM D 412

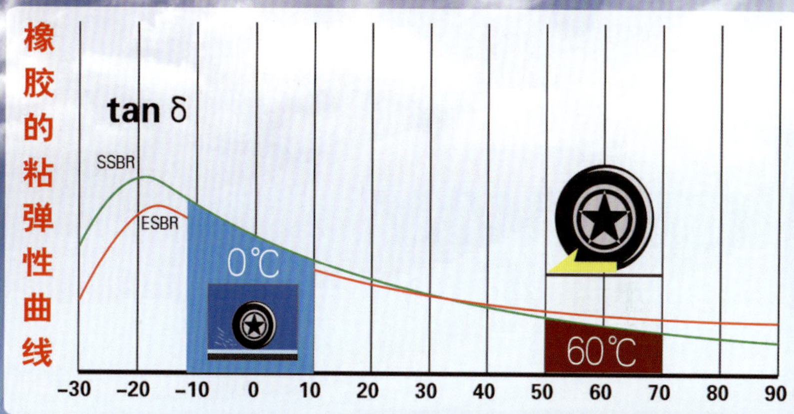

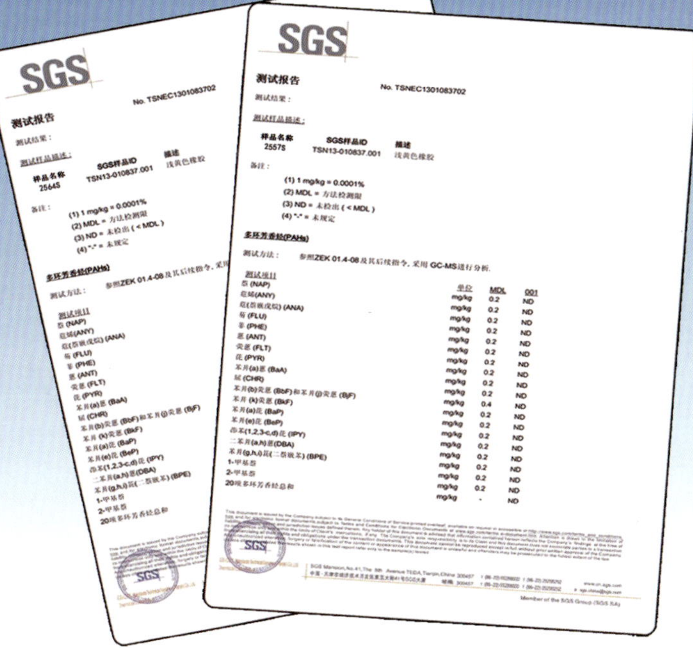

独山子石化公司始终秉承“真诚追求卓越”的经营方针，为市场提供性能优异的合成橡胶产品和快速有效的技术支持。

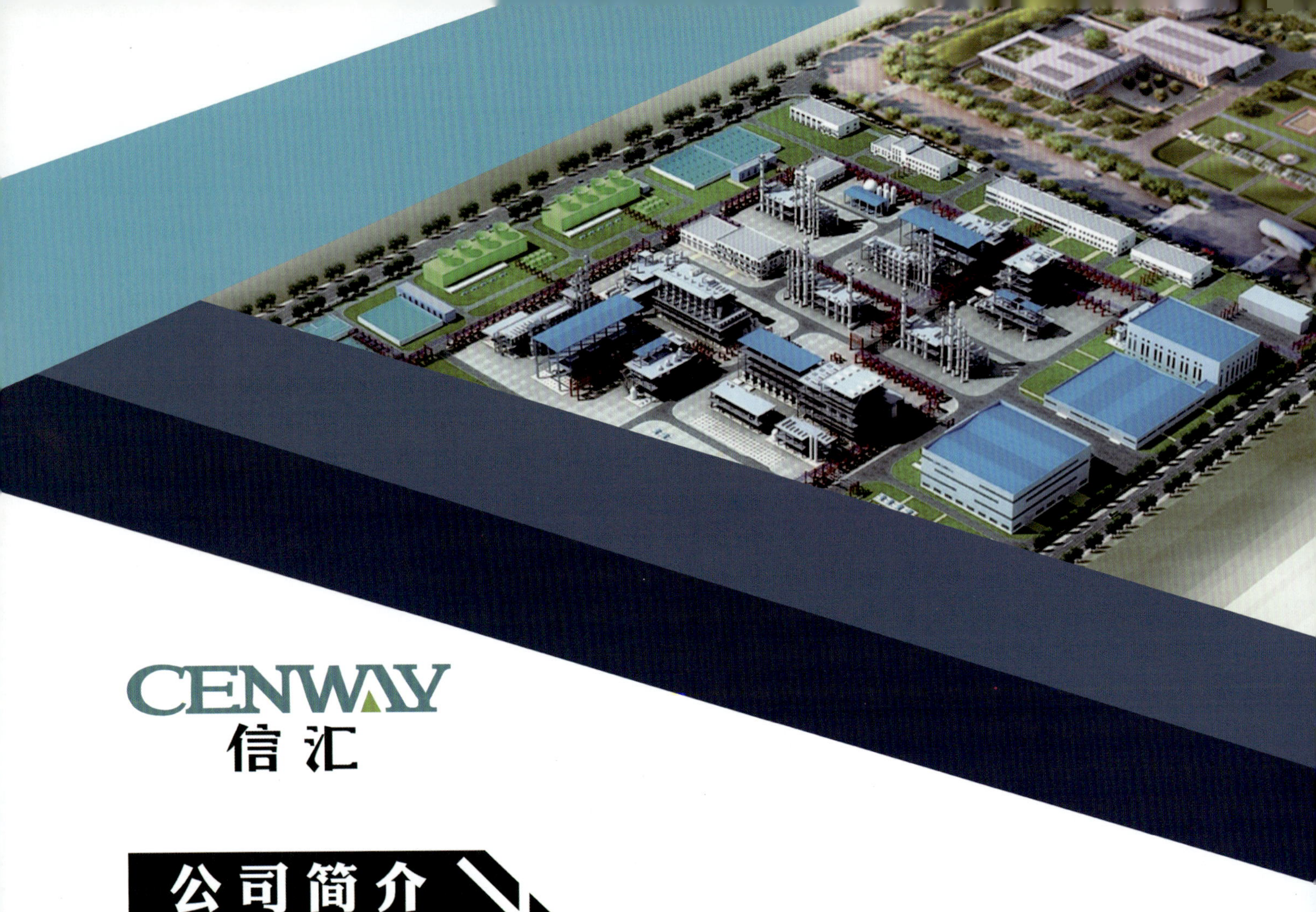

CENWAY
信汇

公司简介

浙江信汇新材料股份有限公司成立于2008年，位于浙江嘉兴港区，占地400亩，项目总投资人民币30亿元，现有员工508人，是中国大型丁基橡胶生产企业之一。

截止2016年，公司丁基总产能达10万吨，拥有自由组合的先进生产线，生产品种包括普通、氯化、溴化丁基三大类九个规格，可为轮胎、医药包装、食品、橡胶制品等领域提供专业服务。

信汇将秉承“持续改进，止于至善”的宗旨，向客户和市场学习，坚持“质量就是生命”的原则，不断完善自己，打造一家精神丰富、技术领先、客户满意、绿色安全的现代化企业。

我们力争成为可信赖的世界丁基橡胶供应商，致力于给客户提供卓越服务并创造独特价值！

Tiger 飛虎

公司简介

云南云维飞虎化工有限公司（以下简称“公司”）是由云南曲煤焦化实业发展有限公司(占15%股权)、云南大为制焦有限公司(占50%股权)、萍乡市飞虎炭黑有限公司（占35%股权）经资产重组设立的混合所有制企业。通过资产重组、资源整合，优化资金、技术、人才等生产要素配置，业务流程再造和技术升级改造，发挥公司“专、精、特、新”的优势，公司注册资金3.66亿元，公司现有员工480人，其中国务院津贴获得者1人、高级工程师9人、工程师18人，技师16人、高级工62人，中级工107人。

公司依托控股公司完整的煤化工产业链，实现了国内少有的从自有煤矿→炼焦→焦油加工→炭黑生产的全产业链优势，在云南与江西有两个生产基地，现有2套煤焦油深加工装置，年加工量30万吨(其中云南20万吨/年、江西10万吨/年)和6条湿法造粒炭黑生产线，年产量达18万吨(其中云南4条线，产能13万吨/年，江西2条线，产能5万吨/年)。炭黑产品齐全，拥有“珠源”、“安稳”及“飞虎”三个品牌，能满足各类橡胶、塑料制品的需求，主要生产橡胶用炭黑：N110、N115、N121、N134、N220、N234、N326、N330、N339、N375、N550、N660、N774；橡胶用超高纯炭黑：YFG501、YFG502、YF503；制品专用炭黑：YF701、YFZ8301、YFZ8302、YFZ8303；母粒专用炭黑：YFM200、YFM300。煤焦油深加工产品：改质沥青、工业萘、洗油、粗酚、炭黑油等化工原料，公司通过了ISO9001、ISO14001及OHSAS18001管理体系认证和IATF16949-2016汽车质量管理体系认证，取得国家石油和化工企业质量检验机构A级证书，产品畅销国内外市场。

厂容厂貌

产品包装

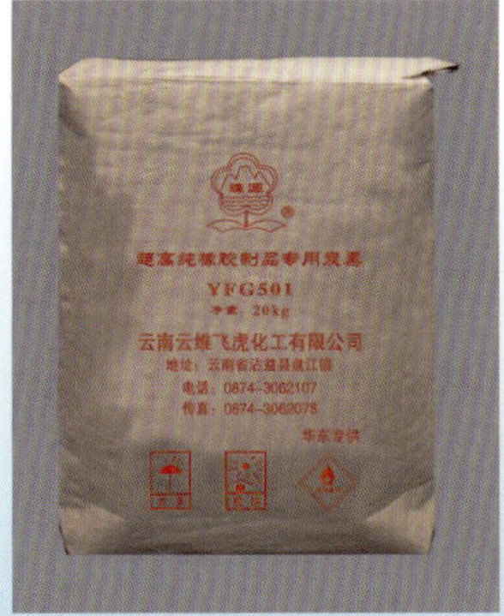

纸袋(20/25公斤)

塑编袋(20/25公斤)

PE袋(20/25公斤)

塑编袋(500/600/1000/1200公斤)

云南云维飞虎化工有限公司
地址：云南省曲靖市沾益区盘江镇松林村
电话：0874-3061098　0874-3062107
传真：0874-3061098　邮编：655336
服务电话：400-8740789

江西云维飞虎化工有限公司
地址：江西省萍乡市经济技术开发区工业园区上柳源管理处
电话：0799-2191986　0799-2191999
传真：0799-2191987　邮编：337000

浙江沪天胶带有限公司

公司简介

浙江沪天胶带有限公司创建于1986年，下设胶带分厂与塑管分厂，位于天台县福溪街道南工业区。公司集研发、生产、销售于一体，主导产品普通V带、汽车V带、PVC涂塑软管、多楔带、同步带、切割带等畅销国内市场，远销欧美、日本、东南亚等三十多个国家和地区。公司一直重视产品质量，行业内率先通过了ISO9001质量体系认证、TS16949认证，并取得了汽车V带生产许可证。现有总资产1.8亿元，占地100多亩，员工160余人。2016年公司实现销售收入2.4亿元。

基于公司良好的发展，可靠的质量以及“沪天”品牌不断扩大的市场影响力，2009年被认定为浙江省企业技术中心、2010年被认定为国家高新技术企业。

主要产品：普通V带、汽车V带、PVC涂塑软管、多楔带、同步带、输送带、切割带。

普通包布三角带和切割带

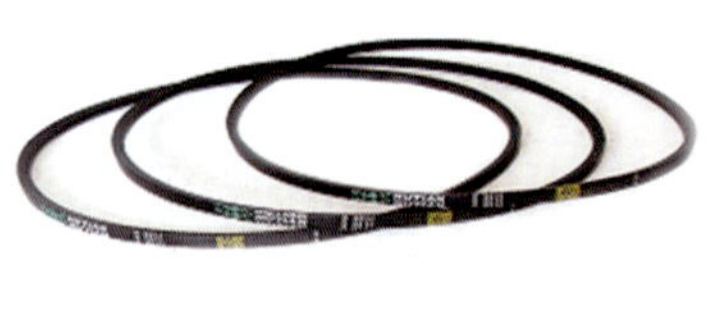

选用强拉力聚酯线，强力缓冲橡胶和特殊棉帆布，具有高抗张性，抗曲挠性和耐磨性。

适用于机械设备及汽车发动机的传动。

汽车同步带和多楔带

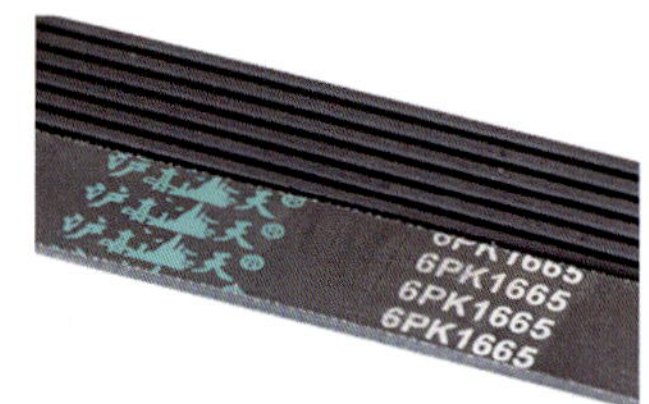

带体柔软，弯曲性能优良，传动时振动小，发热低，噪音低，耐热耐油耐磨，使用寿命长，伸长小。

适用于各类车型发动机的传动。

PVC农用水带

采用高强度纤维长丝和PVC，产品具有拉力强、耐压力大、使用方便、使用寿命长等特点。

适用于建筑抗旱、排涝、农田灌溉等理想输水设备。

阜新环宇橡胶（集团）有限公司

阜新环宇橡胶（集团）有限公司成立于2003年，占地32万平方米，坐落于辽宁省阜新市经济技术开发开通街92号，是大型橡胶输送带生产加工企业，是中国橡胶工业协会胶管胶带分会副理事长单位，国家高强力和环保型输送带重点生产企业，公司主导产品“环宇牌”输送带为行业推荐品牌、石油化工企业推荐品牌。集团公司先后荣获全国“国家火炬计划重点高新技术企业”“国家高新技术企业”“辽宁省企业博士后科研基地”“辽宁省知识产权工作先进单位”“辽宁省专利产业化示范企业”“辽宁省阜新橡胶工程技术研究中心”“省级技术中心企业”“省高新技术企业”等300多项殊荣，并成为国家863计划CIMS应用示范企业。

公司拥有一支专业的科技人员队伍，其中，具有高级职称人员21名（其中国务院津贴获得者1名），具有专业技术职称人员300多名。在新产品开发中，集团充分发挥国家重点高等院校的科研实力，与北京化工大学、华南理工大学、沈阳化工学院、辽宁工程技术大学联合组建了国内高分子工程技术和新材料研究开发中心，开发高技术含量、高附加值的新产品，其中网络结构钢丝绳芯输送带、环宇IV—GF耐热输送带、抗冲击、防撕裂织物芯输送带等共13项新产品获得自主知识产权，且环宇IV—GF耐热输送带获得国家火炬计划项目证书，并有30多项实用新型技术应用于输送带生产之中。公司首次将“环保”理念引入输送带领域中，并在输送带行业中率先获取了环保型难燃输送带自主知识产权、中国商品学会颁发的环境保护推荐产品证书和IS014021环境标志国际标准II型环境标志证书。在同行业中率先通过了IS09001、IS014001、GB/T28001、质量、环境及职业健康安全管理体系认证，同时，通过了IS010012测量管理体系认证。

环宇橡胶集团拥有多条国内外先进的高科技含量输送带生产线和国内先进的各类检测设备，拥有公司自主研究设计的横向网铺设装置属国际先进，并分别在国内和国外获得了自主知识产权，是同行业公认的世界先进技术，以该生产线为核心的装备群将引领输送带行业未来发展方向。正在建设的二期工程已完成土建工程建设，项目建成后输送带年生产能力达4000万平方米。

产品行销国内冶金、煤炭、交通、电力、建材、化工等行业，部分产品直销或配套出口20多个国家和地区，在国内外用户中享有很高的声誉。

公司主导产品“环宇牌”输送带主要分为10大系列60多个品种。现已拥有自主知识产权33项。

在“十三五”期间，要按照“巩固、提高、深化、创新”的要求，全面推进管理改革，加快科技进步，优化资产配置，加强市场竞争能力。

中国橡胶工业协会会员展示专版

西双版纳路博橡胶有限公司

西双版纳路博橡胶有限公司成立于2007年10月，路博公司作为具有独立法人资格的有限责任公司，为云南省核准的境外罂粟替代种植企业。主要业务和经营项目是在老挝丰沙里奔代县开发种植天然橡胶、组织加工生产橡胶、干胶产品为主，发展中老贸易和东南亚贸易。公司总部位于中国云南省西双版纳州勐腊县。并在老挝全资成立子公司——老挝丰沙里省荣泰橡胶有限公司。经老挝政府考查，截止2011年9月最终确认项目开发橡胶种植总面积为75345亩，其中独资部分为27271亩，与老百姓合作为48075亩。公司目前有管理人员16名，技术人员72人，截至2016年末，公司累计在境外罂粟替代种植项目中投入资金7746.43万元。

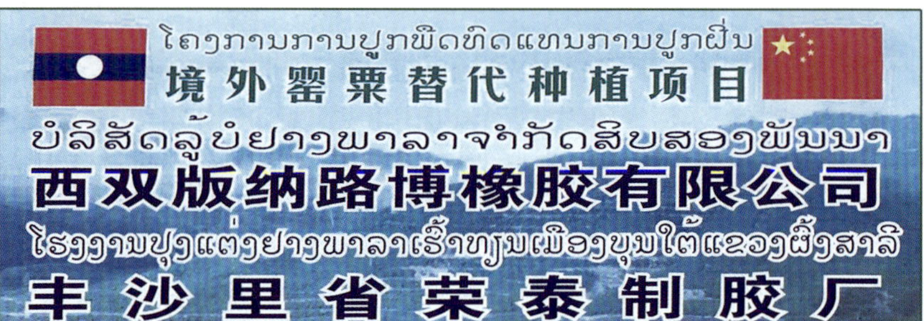

完善产业链，注重基础建设

公司结合境外项目的特殊性，自主开发了100亩的橡胶苗圃基地，实现橡胶基地的自助供应，提高经济效益的同时又为当地村民提供更多的劳务机会。公司旗下制胶厂现已建设完成，距离老挝奔代县城4公里，总占地面积为75亩，其中主厂房建筑面积为5439.2平方米，原料库1161.55平方米，成品库2807.96平方米。投资期限为2013年~2043年，预计总投资为4528万元，2013年完成杂胶生产线一条，完成前期厂房等建设使用资金2080万元，10月制胶厂正式投入生产。2015年完成橡胶7000吨产量，2016年生产线全面升级换代，大大提高了工厂生产量，现目前为止工厂日加工量达到64吨，年产达到20000吨，主要产品为SCR10标准橡胶。

秉承“诚信”，强化管理

我们尊崇“踏实、拼搏、责任”的企业精神，并以诚信、共赢、开创的经营理念，大力提升橡胶品牌，提高种植基地村民和胶农收入，提升境外替代种植企业形象。公司一贯秉承“精细管理、卓越品质、持续优化”宗旨，大力提高橡胶加工技术水平，保证产品质量。特别是在天然橡胶价格一路走低导致橡胶原料收购、加工、销售方面面临严峻形势和困难下，公司进一步强化内部管理，全面修改、完善公司原有的规章制度，明确各部门管理人员岗位分工及职责，确保公司各项工作在制度规范下有序运行，有效的规避了各种风险。

橡胶防老剂4020（6PPD）

山西翔宇化工有限公司创建于2000年，是以生产制造橡胶防老剂6PPD、IPPD、TMQ和染料中间体吐氏酸为主业的绿色、环保型精细化工企业。公司总资产20亿元，拥有员工1000余人，拥有技术中心和数名专业博士领衔的学术带头人。翔宇化工是拥有核心知识产权技术、后持续研发能力强的国家高科技企业。目前，公司已与美国固特异、德国朗盛、日本住友、日本优科豪马、韩国耐克森、韩国锦湖、印度MBF等诸多国际知名企业建立合作关系，橡胶防老剂经营规模已经位居国内前矛。

橡胶防老剂4010NA（IPPD）

2012年投运的年产4万吨橡胶防老剂6PPD生产线，其生产工艺技术采用公司自主研发，并获得知识产权的先进技术，生产过程采用自动化控制的DCS系统，物料输送全封闭清洁生产，副产品循环再利用，实现了生产线绿色、低碳、环保、安全。6PPD生产系统的主要原材料大部分来自煤化工产品，也是煤化工产品向精细化工延伸的典范。与《全省煤化工产业调整振兴实施方案》中关于“依托山西翔宇，提升橡胶防老剂6PPD装置水平，拓宽精细化工发展领域”的政策要求相符。

吩嗪（PHENAZINE）

为响应“以科学发展为主题，把推动发展的着力点转到质量和效益上来，下大气力推进绿色发展、循环利用、低碳发展”的调整和发展方式转变，翔宇公司2014年投资3.5亿元、年产5万吨橡胶防老剂RD项目于2015年5月正式投入运行。2015年年底，翔宇公司新增销售收入10亿元，并将成为全球为数不多的、防老剂产业链健全的供应商。

到“十三五”末，翔宇化工将全面形成绿色、环保、清洁生产、高附加值的橡胶助剂生产产业集群，建成全球轮胎企业助剂产品供应基地，为区域经济的发展和稳定作出更大的贡献。

橡胶防老剂（TMQ）

地址：山西省临猗县高新工业园区
全国统一服务热线：400-0359-222
电话：0359-4062361、4062806、4062751
传真：0359-4062694
网址：www.xiangyuchem.com

RT培司（4-ADPA）

湖北福星新材料科技有限公司

湖北福星新材料科技有限公司经过39年的发展，现已成为国家高新技术企业、国家大型企业、湖北省“巨人工程”企业，是湖北福星科技股份有限公司全资子公司。先后获得“全国五一劳动奖状”“全国质量管理先进单位”“全国诚信守法乡镇企业”“全国文明示范乡镇企业”“中国优秀诚信企业”等荣誉，从2005年开始，连续多年被评为“中国工业行业排头兵企业”。

湖北福星新材料科技有限公司主要产品有钢帘线、预应力PC钢绞线、钢丝绳、轮胎钢丝四大系列、共80多个品种、1000多个规格，年生产能力为50万吨。其中高新技术产品--子午轮胎钢帘线18万吨。

公司质量管理体系通过了ISO9001:2015、ISO/TS16949:2009、英国劳氏船级社、欧盟CE等认证，环境管理体系和职业健康安全管理体系通过了ISO14001：2015、OHSAS18001:2007认证。

地　址：湖北省汉川市沉湖镇福星街1号
电　话：0712-8740098/8740078
传　真：0712-8740089
邮　编：431608
邮　箱：fxkj0926@chinafxkj.com
网　址：www.chinafxkj.com

钢帘线

切割钢丝

胎圈用钢丝

公司简介

世达集团，成立于1991年，总部位于广州市机场路2721号，专业研发、生产、销售各类密封件及汽车用零部件。集团旗下公司有广州市世达密封实业有限公司、广州奥力斯油封有限公司、广州世达橡塑科技有限公司、广州市阳石模具有限公司、广州市阳力企业有限公司、上海世达密封件有限公司和南京世达橡塑科技有限公司。拥有三大生产基地及完善的全球运营网络，占地总面积为83000平方米。集团拥有从意大利、日本、法国、中国台湾引进的全套塞雅油封生产线设备、橡胶注射机、真空平板硫化机、橡胶微波硫化生产线、塑料挤出生产线，具备国际先进生产技术水平，在同行业中极具优势。

我们的产品主要应用于汽车、工程机械、家电三大行业，产品畅销海内外，出口额占总销售的30%以上。目前已与本田、日产、日野、广汽集团、住友电装、曼胡默尔、NSK、ITW、TJ、矢崎、江森控制、卡特彼勒、日立、GE、美的等客户提供配套服务。在管理过程中顺畅运用ERP系统管理，推行六西格玛管理及精益生产活动，并取得了ISO9001、QS9000、ISO14001、TS16949的环境、质量体系认证。

集团建立了一支高素质的员工队伍，公司十分注重人才的培养和科技创新的建设，推荐儒家思想，经常举行管理、技术和团队培训，曾选送127名员工到日本同行研修1年，学习日本同行的先进管理经验和生产技术。世达集团通过与日本、美国的同行进行密切的商务和技术合作，企业的经营和管理迈上国际化的快车道。

核心产品

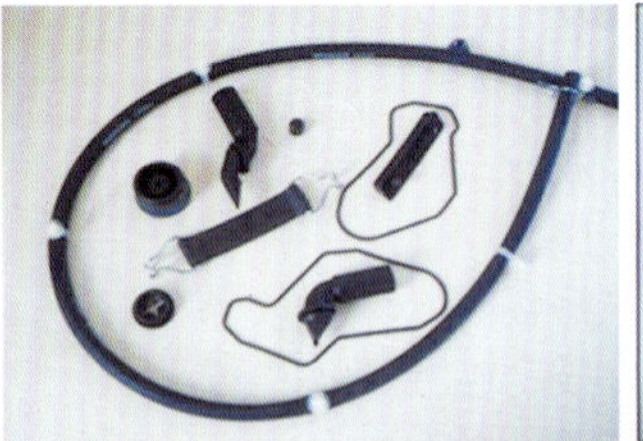
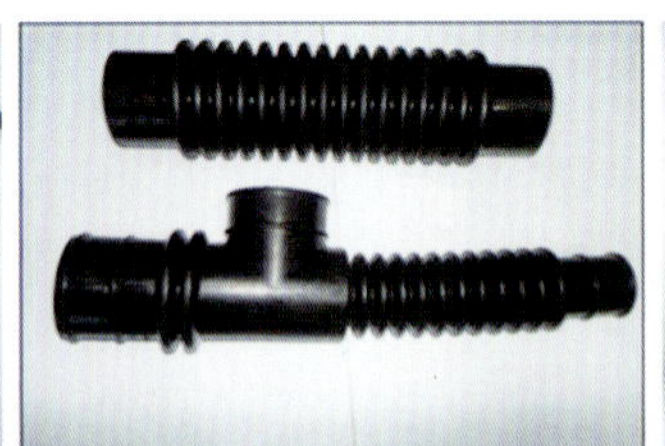

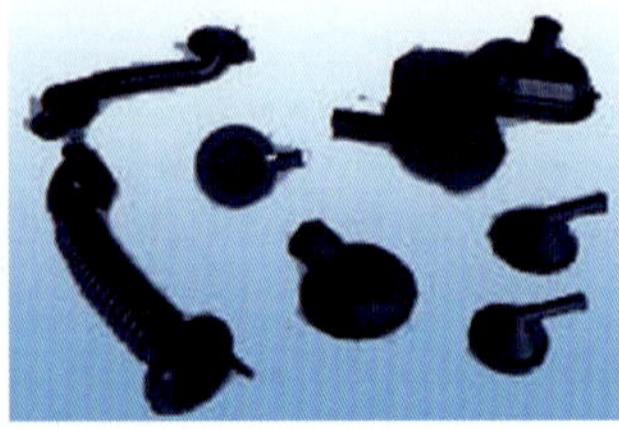

地址：广州市机场路2721号　邮编：510425　电话：86-020-86082311
传真：86-020-86083390　网址：www.gz-star.com

中国橡胶工业协会会员展示专版

石家庄贝克密封科技股份有限公司

一、公司简介

石家庄贝克密封科技股份有限公司（以下简称IBG），股权代码：660357，成立于2007年，是一家专注于合成橡胶工业应用技术研究与生产的企业。公司依照ISO/TS:16949建立了橡胶产品的生产产品质量管理体系。在复杂严谨的生产控管机制下，应用先进的生产、管理和检测技术，已达成产品全部制程一贯化。

IBG以创新技术和满足用户需求为经营理念，为国内外广大客户提供合理先进的密封技术解决方案。这种合作方式为原始制造商（ODM）及IBG公司提供了持续的竞争优势。发展到今天，IBG公司已经成为全球橡胶市场上具有很强竞争优势的橡胶制品供应商，产品主要应用在汽车、航空、机械、石化、医疗、电子、国防军事等工业的流体密封设施中。

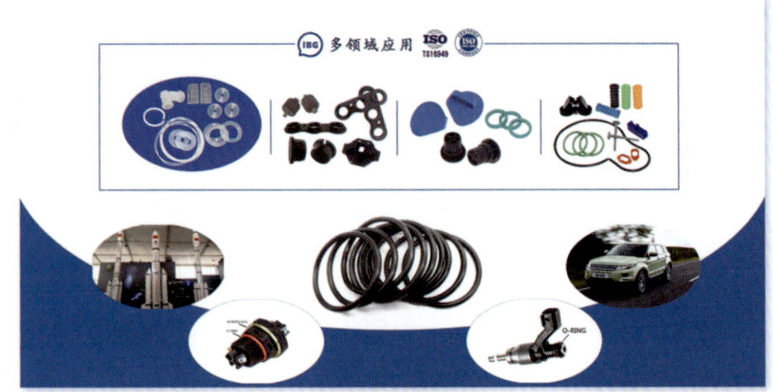

产品展示

二、贝克优势

1、原料优势

与道康宁、杜邦、苏威、JSR等公司的紧密合作以及庞大的原料配方数据库，使我们的原料物性相对稳定，制品品质可控。独立的橡胶配方设计能力使我们更大程度上满足了客户的实际工况需求，从而赢得了更多的竞争优势。

2017年5月我司主办了“‘一带一路’橡胶新材料产业链创新与发展论坛”暨石家庄贝克密封科技股份有限公司10周年庆。北京橡胶工业研究设计院、中国电子科技集团54所、中国石化北京化工研究院、北京航空航天大学、石家庄铁道大学、四川大学、中北大学等相关科研单位、企业和高校近200人出席此次论坛。主要对石墨烯基橡胶复合材料的制备及应用方面进行重点讨论和交流。着力突破一批新材料品种、关键工艺技术与专用装备，提升中国新材料产业的国际竞争力。

2、技术优势

实验室检测设备齐全，原料可实现满足ASTMD2000国际标准所有检测项目。已获得30余项自主知识产权。在国家核心期刊发表专业性论文数篇。应用先进的生产、管理和检验技术，已达成产品全部制成一贯化与可追溯性。

3、质量优势

模具检验：模具开发完成后进行全模检验，确保每个腔体的产品品质一致。

产品中检：产品生产过程中中检人员定时对半成品进行尺寸与外观检测，确保工艺的合理性。

质量控制：质量部出/入库前会对每一批产品进行再次抽检。

4、体系认证：通过了ISO/TS16949以及ISO9001：2008标准质量体系认证。

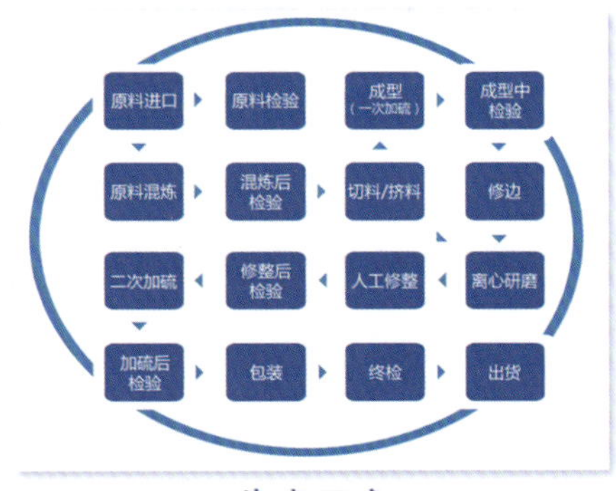

生产工序

公司及工厂展现

三、合作伙伴

目前与我方合作的机构有：兰州空间技术物理研究所、中国电子科技研究所、半导体研究所、核物理研究所、航天十五所、中国科学院高能物理研究所、中国工程物理研究院、中船重工集团707研究所、清华大学、北京理工大学、北京化工大学、河北科技大学、中北大学和北京航空航天大学等。

知名企业有：中国中车、中国石油华北油田公司、罗森博格、NTP、富奥瀚昂、长春索菲玛、南方德尔、安瑞科、日芯光伏、本田（巴西工厂）、TOTO（马来西亚工厂）、ABB（中国）有限公司。

石家庄贝克密封科技股份有限公司
电话：400-0311-758
地址：石家庄市高新区天山大街266号方大科技园4号楼8层
传真：0311-86856298
网址：www.ibgchina.cn

成都俊马密封科技股份有限公司

成都俊马密封科技股份有限公司始建于 1997 年，是专业生产内燃机密封材料和密封制品的高新技术企业，2002 年公司成功自主研发符合欧美环保法令要求的辊压无石棉材料，成为国内较早生产无石棉密封材料的企业之一，2008 年公司又成功研发抄取无石棉密封材料，经客户验证可以完全替代同类进口产品，打破国内高端市场一直被国外产品垄断的局面。

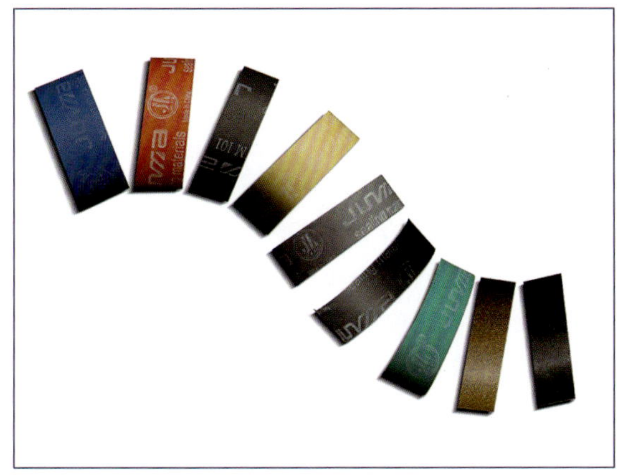

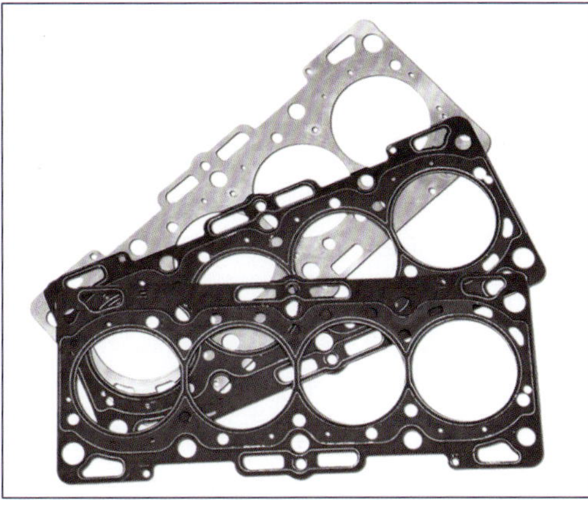

我公司的产品性能卓越，具有无渗漏、无腐蚀、不粘缸的优点，产品广泛应用于汽车、摩托车、通机、压缩机、船舶、石化工业、制冷、农业机械等行业。产品销售不仅遍布国内，而且远销至欧美、中东、南美及东南亚地区。

我公司的产品强调质量、安全与环保，除已通过 ISO/TS16949:2009 国际质量体系认证外，所有无石棉产品都经由国际检验公司验证合格，并符合 ROSH、REACH 等标准。

全面质量管理系统是我公司产品保持高标准质量的保证，我们对问题分析和解决方案的设定一直强调与客户的沟通和合作，及时、准确、有效地服务客户！

我公司以“诚信、专业”为企业的宗旨，以“创新、专业、差异”为经营理念，我们随时准备以优质的产品和周全的服务来回报广大的用户。

际华三五一七橡胶制品有限公司

一 公司发展及现状

际华三五一七橡胶制品有限公司前身为中国人民解放军第三五一七工厂。2000年军队军需被装物资采购改革后整体移交到了国企，现为新兴际华集团的三级子公司，为际华集团股份有限公司的全资子公司。际华三五一七橡胶制品有限公司1951年建厂，现有在职员工2800余人，离退休员工4000余人。主营业务以胶鞋、橡胶制品以及印染、胶布制品为主体，为中小企业定制提供个性化混炼胶，各类鞋材。2014年，公司生产经营保持了持续健康的发展势头，盈利能力进一步加强。全年实现销售收入13.89亿元，利润1.1亿元。际华三五一七橡胶制品有限公司是中国橡胶工业协会主席团主席单位、胶鞋分会副理事长单位、橡胶制品分会副理事长单位，在中国橡胶行业拥有较高的知名度和较大的影响力。同时，际华三五一七橡胶制品有限公司产品畅销全国31个省（市、自治区）和欧美、东南亚、中东等40余个国家和地区。

8号工房

二 公司技术平台现状

际华三五一七橡胶制品有限公司拥有湖南省企业技术中心，是湖南省高新技术企业、湖南省知识产权优势培育企业。公司技术中心基础设施齐全，设有鞋类结构、胶布制品结构、配方工艺、橡胶配件、印染产品等5个设计室，1个信息室，1个理化检测室，1个小工厂和1条中试线，拥有价值500多万元的各类试验科研及检测设备150多台，是中南地区较大的鞋类与橡胶制品理化检测中心。现有享受国务院津贴专家1人，各类研发人员106人，其中高级职称15人、中级职称28人、初级职称7人，各专业线配有首席工程师8人。公司技术中心技术力量雄厚，拥有一批从事橡胶配方、工艺、结构设计和橡胶机械专业，知识丰富，具有创新精神，素质较高的专业技术队伍。公司各研究室有主要技术带头人，公司还与华南理工大学、青岛科大、总后军需装备研究所等科研机构建立了长期的产学研合作关系。近年开发并投产了驻港部队雨衣、01武警雨衣、99作训鞋、01登陆作训鞋、07作训鞋、空军地勤鞋、铁路雨衣、充气桑拿桶、充气席梦思、橡胶密封圈、足球鞋等多个产品，为公司创造出了良好的经济效益。公司现有全国橡胶与橡胶制品标准化委员2人，近年来起草并制定的行业标准1个，部颁标准6个，企业标准4个。

三 公司发展规划

根据岳阳市政府城市中心企业“出城入园、优二进三”总体要求，上级集团际华集团股分公司“强二进三”战略部署，际华三五一七橡胶制品有限公司在城陵矶临港产业新区征地550亩，岳阳市综合保税区征地150亩，建设公司“工业升级入园”项目，打造以“三园一地两中心”为架构的际华高分子材料高科产业园。

规划设计

三园：制鞋产业园、制品产业园、高分子材料改性加工产业园。

一地：高分子新材料及制品进出口加工、仓储集散地。

两中心：国家高分子材料企业技术研发中心、高分子新材料研发应用中心。

发展路径

一是立足应用模式（经营、商业、产业整合）创新，金融模式（转口贸易、外贸融资）创新，通过“装备、产品、技术、市场、管理”升级手段，实现由劳动密集型向技术密集型、生产制造型向经营服务型、产业离散型向产业聚集型转型；二是构建平台、聚集产业、引领行业。构建天然橡胶和大宗商品现货交易平台；外贸结算、订单融资、供应链的金融服务平台；全产业链配套、专业化的产业整合平台；行业前沿、技术高地的技术研发平台；聚集高分子材料产业链，中高端制鞋产业链，新材料、新工艺资源；以高品质高附加值节能环保引领行业新工艺新技术，以产品差异化、高性价比引领行业新装备、新产品，以品牌运作、市场合作引领行业新市场、新模式。

四 公司发展目标

百亿企业、千亿产业。建设综合保税区外向型经济新模式，打造高分子材料研发、新技术产业化高地。形成中部地区高分子材料进出口集散地；中部地区高分子材料研发应用基地；中部地区高分子材料产业链聚集洼地；中部地区高档新鞋都；制鞋产业链聚集解决就业10万人，产值达100亿元；产值500亿～1000亿元；建立国家技术平台；促进金融服务业、物流服务业，酒店、餐饮、地产其他三产服务业的发展。

产品

FORGET

1927 回力

永 远 的 陪 伴
永 恒 的 记 忆